亞洲人物史

〔16－18世紀〕

7

GREAT FIGURES *in the* HISTORY *of* ASIA

近世帝國的繁榮與歐洲

近世の帝国の繁栄とヨーロッパ

編者的話

姜尚中

人之所以對歷史產生興趣，其根本乃是對人的關心。就像《史記》是以〈列傳〉為支柱一般，史家在史書中貫注全心全力的，也是評傳。於是，我們著眼於不論是誰都會自然抱持的好奇心，構想出這套由著名、無名人們的評傳積累而成、進行描述的《亞洲人物史》。作為討論對象的地域，包括了東亞、東南亞、南亞、中亞、西亞，也就是足以用「亞洲」一詞指涉的整體領域。我們集結了在現代亞洲史研究中具代表性的編輯委員，經過數年反覆協議，發掘出各領域的主人翁、副主人翁，以及圍繞在他們身邊人們的關聯性，從而形成充滿魅力的小宇宙。

當我們在選定人物之際，重視的關鍵要素是「交流」。所謂交流，不限於交易、宗教、思想、藝術傳播等和平友好的事物，也包括掠奪、侵略、戰爭等激烈衝突。我們在每一卷中，針對整個地域的人物群進行鉅細靡遺的配置，並以跨越各個小宇宙的方式，將之聯繫起來；從第一卷到最終卷，大致是按照時代順序安排。透過這樣的構成，我們讓一種堪稱與縱觀式地域史迥然相異的「亞洲通史」形象，自然而然地浮現出來。透過這項由承繼東洋史研究深厚基礎的人們合力進行的嘗試，我們期望相異文化圈、言語圈的讀者，都能有共享的一日到來。

序言

三浦徹

十六世紀之後的亞洲，出現了被稱為「帝國」的強大國家，在不斷反覆的衝突與交流之際，逐漸形成各地區社會與文化的特色。這裡所說的強大國家，指的是地中海區域的鄂圖曼王朝（一二九九—一九二二年）、伊朗的薩法維王朝（一五〇一—一七三六年）、南亞的蒙兀兒王朝（一五二六—一五四〇年、一五五五—一八五八年）、東亞的明朝（一三六八—一六四四年）與清朝（一六三六—一九一二年）。東南亞、朝鮮半島和日本這些地區，除了一邊與這些國家有政治、經濟上的聯繫之外，也在朝著國家的統一與改革前進。此外，歐洲各國（葡萄牙、西班牙、荷蘭、大英帝國等），也帶著火器與基督教，進入亞洲的政治與經濟圈。他們從美洲大陸帶來的銀和農產品（馬鈴薯、菸草等）不僅活化了亞洲各地區的經濟，也帶來了結構性的變化。

十六—十八世紀的時期具有這樣的特徵，因此我們將這段時期從前後的時代劃分出來，稱為「近世」（early modern）。隨著與美洲大陸的人們與物品的往來，世界（地球）逐漸成為一體，歐洲和亞洲都產生了巨大的變化。十六世紀之後的世界經濟逐漸一體化，伊曼紐爾．華勒斯坦（Immanuel

Wallerstein）提出以歐洲為中心的「現代世界體系」理論，也逐漸廣為人知。但是，如同珍妮特·阿布·盧格霍德（Janet L. Abu-Lughod）在《歐洲霸權之前：1250-1350年的世界體系》一書中所提到的，在十三—十四世紀時，歐洲已經有八個與東亞聯繫的交流圈（貿易圈），形成了一個世界體系，商人們以貨幣、信貸、合作經營等方式，累積了許多財富。在一五〇〇年的「大航海時代」，亞洲的國內總生產是凌駕於歐洲之上的。十六世紀後半到訪中國的葡萄牙傳教士達克魯斯（Gaspar da Cruz，約一五二〇—一五七〇年）曾如此描述富裕的中國明朝：「中國是一個整體國家幾乎所有土地都拿來利用的地方，最驚人的就是其人口之稠密，人民數量非常多。人們的生活相當鋪張浪費，吃食、飲酒、衣著，以及家庭的其他各種層面，都近乎奢侈講究。……這片土地不歡迎懶惰的人，他們認為『不勞動者不得食』」（達克魯斯，《中國概說》）。對亞洲近世這般的定義與特徵，就如同第八卷的開頭所述。

鄂圖曼王朝、蒙兀兒王朝和清朝，在世界史的論述當中，有時會被稱為「帝國」。在人類史當中，最初正式宣稱帝國的，是秦（前二二一年）與羅馬（前二七年），皇帝握有絕對的權威和權力，掌控了包含不同民族的廣大領土。按照這個道理，握有絕對權力的君主，統治了多民族的國家，不同於單一民族（組成人民）所形成的國家，無論是自稱或者是被他人稱呼，都被視為是帝國。「近世的帝國」相較於古代或近現代的帝國，有著什麼樣的特徵呢？

西亞、南亞的三個帝國（鄂圖曼、薩法維、蒙兀兒）在君主之下，採用軍人與文官雙軌的統治方式，並建立了錄用、晉升的階級組織（官僚制）。軍人會依照職務（軍務與行政）來制定俸祿（鄂圖曼的蒂馬爾制、蒙兀兒的曼薩卜德爾Mansabdar制），另一方面，有編制了直屬於君王，且能使用火器的常備軍（鄂圖曼的耶尼切里軍團、薩法維軍隊）。在法律、財務等行政方面，會使用文書，並整頓任用、管理具有文書技術的文官（烏理瑪、Khatib等）制度，制度完善。第二，確立了國家的財政基礎，為了支付軍人與文官的俸祿，進行了土地調查（相當於現今的稅務調查）。鄂圖曼王朝在十五世紀之後，針對省—縣—郡分別進行土地與人口的調查，記載著各個行政單位稅收的地籍簿，甚至一直保存到了今日。另一方面，十七世紀之後，將徵稅權委託給個人的「委託制度」也逐漸普及。這可以被視為是集權的統治體系逐漸鬆散，但也可被視為是一種改革，將徵稅委託給精通地方狀況的人士。第三，在統治之下的人民，不分種族與宗教，都被視為是君主的臣民，猶太教、基督教或印度教徒等非穆斯林也有機會被錄用。若有違反伊斯蘭教法等統治的法律或規範，臣民能夠向法庭或君主提出申訴。鄂圖曼土耳其語和波斯語，除了是行政上的語言，也被使用在法律、思想、歷史、文學著作上，獲得君主保護的壯麗建築與繪畫，為城市增添了色彩。

以上這些特色也可以在明、清朝中看到。明末的土地丈量，確定了土地所有者與納稅人，應對土地與人的流動，可說是企圖建立一套有效徵稅的財政體系。在中國，早有一套錄用官僚的科舉制度，在明清時代，這些科舉官僚（士紳）在其出身地，以鄉紳的身分對行政有很大的影響力，扮演著協調皇帝與臣民關係的角色。在日本，十六世紀末的土地調查和兵農分離，形成了一個以將軍為頂點、武士為行政官，來統治（各藩）臣民的體制。

近世的時代，帝國內外都有很活躍的往來。織豐政權（安土桃山）時代，葡萄牙傳教士佛洛伊斯（Luís Fróis，一五三二—一五九七年）憑著在日本居住三十多年的經驗，將日本的歷史與文化寫成詳細的報告送回葡萄牙。在《日歐比較文化》一書當中，他比較了日歐食、衣、住和生活習慣等生活文化，對女性做出了以下的敘述：「在歐洲，未婚的女性最高的榮譽與品格就是貞潔，……但是日本的女性絲毫不重視處女的純潔。就算不是處女，既不會失去名譽，也還是能夠結婚。」「在歐洲，妻子沒有經過丈夫的許可，就不能出家門，但日本的女性卻可以在丈夫不知情的狀況下，自由的到想去的地方。」「歐洲的財產是夫妻之間共有的，但日本卻是個人擁有自己的財產。有時候妻子還會把錢借給丈夫再收取高利息。」相較歐洲的女性，他精準的描繪出日本戰國時代女性自主自立的姿態，同時也表示女性附屬於男性或家庭，是江戶時代之後才形成的現象。

近世亞洲和歐洲的往來，成為彼此認識自己與他人文化的契機，也形成了變革的土壤。我們在本卷裡收錄的人物軌跡，能夠讓我們看見各式各樣的可能性。

亞洲人物史7
近世帝國的繁榮與歐洲

目次

太美斯普一世（一五一四—一五七六年） 058
海爾・妮薩・貝加姆（？—一五七九年） 061
馬傑萊西（一六二七—一六九九年） 064
尚・夏丹（一六四三—一七一三年） 066
其他人物 068
杜爾米什・汗／塔吉魯・哈姆努／山姆・米爾札／米爾札・薩爾曼／阿拉威爾迪汗／札尼汗／謝赫・阿里汗／瓦希德・加茲維尼／喀拉齊／巴哈丁・阿米里／米爾・達馬／穆拉・薩德拉／穆罕默德・穆斐德／伊斯坎達・貝格／白扎德／米爾・埃馬德・哈薩尼／阿拉凱爾／薩伊博／米爾札・哈利勒之妻／恩格爾貝特・肯普弗／汗・艾哈邁德・汗／夏拉夫汗・比德利西／巴拜・伊本・盧特夫／沙阿・馬哈茂德・霍塔克／納迪爾沙

第二章　鄂圖曼帝國的繁榮
——邁向東地中海世界伊斯蘭盟主之路
林佳世子

前　言	087
塞利姆一世（一四六七？—一五二〇年）	089
蘇萊曼一世（一四九四—一五六六年）	098
傑拉薩德．穆斯塔法（約一四九〇—一五六七年）	118
許蕾姆王妃（約一五〇五—一五五八年）	120
艾布蘇尤德．伊馬迪（一四九〇—一五七四年）	123
巴　基（一五二六／七—一六〇〇年）	125
米馬爾．希南（一四九〇—一五八八年）	127
海雷丁．巴巴羅薩（約一四七八—一五四六年）	130
索庫魯．穆罕默德帕夏（一五〇五—一五七八年）	133
其他人物	137

塞利姆二世／米赫麗瑪公主／皮里．穆罕默德帕夏／
易卜拉欣帕夏／哈德姆．蘇萊曼．帕夏／魯斯坦帕夏／沙庫爾／
布斯貝克／皮瑞．雷斯／馬特拉克．那西／
卡拉．穆罕默德．切萊比

第三章　衰退期抑或成熟期
——審視十七—十八世紀鄂圖曼帝國的兩個觀點　宮下遼

前　言　148
柯塞姆蘇丹（一五八九？—一六五一年）　151
穆拉德四世（一六一二—一六四〇年）　156
易卜拉欣一世（一六一五—一六四八年）　158
圖爾汗蘇丹（一六二七—一六八三年）　160
科普魯律・穆罕默德帕夏（一五七五—一六六一年）　162
卡蒂普・切萊比（一六〇九—一六五七年）　165
埃夫利亞・切萊比（一六一一—一六八四年後）　173
涅　菲（一五七二—一六三五年）　181
納　比（一六四二—一七一二年）　183
阿姆卡扎德・侯賽因・帕夏（一六四四—一七〇二年）　188
費祖拉・埃芬迪（一六三九—一七〇三年）　191
艾哈邁德三世（一六七三—一七三六年）　193
內夫謝希爾勒・易卜拉欣帕夏（一六六〇—一七三〇年）　195
耶米賽奇茲・穆罕穆德・切萊比（？—一七三二年）　197

易卜拉欣・穆特費里卡（一六七四－一七四五年） 200
納迪姆（一六八一－一七三〇年） 203
勒弗尼・埃芬迪（？－一七三二／三三年） 205
帕特羅納・哈利爾（一六九〇－一七三一年） 207

第四章　蒙兀兒帝國的榮光
——從阿克巴大帝到奧朗則布　真下裕之

前　言 213
阿克巴（一五四二－一六〇五年） 216
賈漢吉爾（一五六九－一六二七年） 252
沙賈漢（一五九二－一六六六年） 255
奧朗則布（一六一八－一七〇七年） 258
其他人物 261
米爾札・阿齊茲・科卡／馬哈姆・阿納加／穆尼姆・汗／曼・辛格／阿卜杜勒・哈桑／哈基姆・馬錫胡札曼／米爾・朱馬爾／哈尼・賈漢・洛迪／賽義德・馬哈茂德・巴拉／托達爾・馬爾／艾哈邁德・西爾信德／熱羅尼莫・沙勿略／

席拉維亞拉蘇里／阿卜杜拉辛・哈尼・哈南／法伊茲／
阿布・法茲爾／賈邁勒丁・侯賽因／塔利卜・阿姆利／
張德拉・班／尼札穆丁・艾哈邁德／阿卜杜・薩馬德／戈瓦爾丹／
曼蘇爾／穆罕默德・侯賽因・喀什米里／毛拉納・阿卜杜拉辛／
阿馬納特・汗／坦森／賽迪・阿里・雷斯／尚蒂達斯／
薩瑪坎迪／弗朗西斯科・佩爾薩特／托馬斯・羅伊

第五章　亞洲的耶穌會傳教士　岡美穗子

前言　286

沙勿略（一五〇六—一五五二年）　287

范禮安（一五三九—一六〇六年）　306

若昂三世（一五〇二—一五五七年）　327

安立奎・恩里奎茲（一五二〇—一六〇〇年）　329

費爾南・門德斯・平托（約一五一四—一五八三年）　330

彌次郎（?—一五五三年）　332

路易斯・德・阿爾梅達（約一五二五—一五八三年）　334

瓦倫丁・卡瓦略（一五五八—一六三一年）　336

第七章 克服國家危機的朝鮮——秀吉的侵略與後金（清）的侵襲

辻大和

第八章　朝鮮朱子學　川原秀城

第十章　經世學的發展與考據學的興盛
——從明末清初到清代的學術與思想

伊東貴之

第十一章　轉世的聖者們之光與影
——被印上虛假烙印的兩位達賴喇嘛　池尻陽子

前　言　692
達賴喇嘛六世（一六八三－一七〇六年）　695
新達賴喇嘛六世（一六八六－一七二五年）　698
達賴喇嘛五世（一六一七－一六八二年）　701
桑結嘉措（一六五三－一七〇五年）　703
拉藏汗（？－一七一七年）　704
其他人物　706
達賴喇嘛三世／達賴喇嘛四世／達賴喇嘛七世／班禪喇嘛四世／章嘉呼圖克圖二世／哲布尊丹巴呼圖克圖一世／固始汗／噶爾丹汗／康熙帝／策妄阿拉布坦

第十二章　近世東南亞的王國與末羅瑜世界的發展

伊東利勝／川口洋史／北川香子
菊池陽子／青山　亨／菅原由美
田村慶子／今井昭夫／西尾寛治

前　言　717
大陸地區
良淵王（一五五五—一六〇六年）　722
敏東王（一八一四—一八七八年）　728
納黎萱（一五五五—一六〇五年）　731
那萊王（一六三二—一六八八年）　735
鄭　玖（一六五五—一七三五年）／鄭天賜（一七一八—一七八〇年）　741
吉．哲塔（一五七九—一六二五年）　744
蘇里雅．翁薩（一六一三—一六九四／五年）　746
昭阿努（一七六八—一八二九年）　749
島嶼地區
阿勞丁．卡哈爾（？—一五七一年）　753

伊斯干達・穆達（約一五八三－一六三六年） 757

蘇丹阿貢（？－一六四六年） 762

杜魯諾佐約（約一六四九－一六八〇年） 768

蘇丹哈山努丁（一六三一－一六七〇年） 771

史丹佛・萊佛士（一七八一－一八二六年） 774

其他人物 777

勃印曩／德・布里托／博涅贊／拉瑪一世／山田長政／茶屋四郎次郎／蘇丹馬末沙（麻六甲蘇丹國）／塞納帕蒂／揚・彼得生・庫恩／蘇丹馬末沙二世（柔佛蘇丹國）／拉賈・克西爾／羅芳伯

作者簡介 791

圖片出處 797

凡例

＊本書的結構是，首先敘述各章的中心人物，接著針對該人物周遭的重要人物，再來是其他相關人物，分別立項進行敘述。不過，也有不採這種形式構成的例外章節。

＊關於人名和地名等，參照教育部審定歷史教科書及臺灣慣常用法，予以適當檢視和採用。

＊日本、中國的人名、地名，以漢字為準，除此之外的人名及地名，則以當地音之中譯表示。

＊關於外語文獻的翻譯，沒有特別要求的部分，皆依執筆者為準。又，關於日本的古代典籍等，也會依執筆者進行適宜易讀的整理。

＊引文中的執筆者補註，原則上使用括號。

＊年代原則上是用西曆（陽曆）標記。關於月日，在採用西曆之前的東亞地域，也有按照陰曆標示的章節，但除此之外的地域，沒有特別要求的部分，都是以西曆標記。

＊伊斯蘭圈的伊斯蘭曆等，換算成西曆時會橫跨兩年的情況，原則上是在底下用「／」號來連結標記（如「一四〇〇／一年」等）。

＊人物的實歲與虛歲，尊重執筆者的標記。

＊本書包含有以現代來說會被視為歧視的用語和表現手法，不過這都是基於史料等的記述；因為是理解人物與時代重要的線索，所以原則上不會任意加以更替。關於這點，還請務必深切理解。

近世帝國的繁榮與歐洲

第一章

薩法維帝國的榮華

——統治伊朗高原的什葉派國家

近藤信彰

前言

在伊朗高原建國的薩法維帝國（一五〇一—一七三六年），不僅大大改變了同時代西亞的情勢，也對後世帶來諸多巨大的影響。薩法維一般都被稱為王朝，但我們在這裡稱呼「帝國」。如果同時期的鄰國被稱為「鄂圖曼帝國」、「蒙兀兒帝國」的話，那麼與這些帝國在外交上屬於同等地位的國家，也應該能夠被稱為「帝國」才對。

此外，被稱呼為「薩法維王朝」的國家是伊朗，其中的涵義或許表示了「薩法維王朝時期」是伊朗這個國家的一個時期。由於鄂圖曼帝國和土耳其之間有著斷裂，因此專家學者之間很忌諱使用「鄂圖曼土耳其」這樣的表現方式。儘管薩法維王朝和伊朗的關係並非完全和鄂圖曼與土耳其相同，不過就如同本章所述，我們也不能把薩法維和伊朗完全視為同一物。這個國家目前主要的民族除了伊朗和土耳其人之外，還有喬治亞系和亞美尼亞系等多樣的民族，因此採取與鄰國相同的「帝國」來稱呼，是更適合的。本章也致力於介紹更多多樣的人物。

必須要注意的是，這個帝國在持續兩百年以上的時間當中，其樣貌發生了很大的變化。某位學者將這個過程用「薩法維專案」的表現方式來稱呼。也就是說，政治體系和統治意識形態不斷發生變化，儘管其變化的方向性很明確，但我們卻很難用「薩法維帝國是〇〇的」這樣的說法來形容。

我們將帝國的兩位君主伊斯邁爾一世和阿拔斯一世作為本章的主角。帝國的建國者伊斯邁爾一世（Ismail I，一五〇一—一五二四年在位）是伊斯蘭神祕主義[1]教團的教主，這個教團企圖以神祕的方法實現與神合一，而伊斯邁爾自稱是出現在世界末日之前的救世主，他率領了土耳其系遊牧民族的信徒奇茲爾巴什，到東安納托利亞和中亞一帶進行軍事遠征。一五一四年，薩法維在和鄂圖曼帝國的戰役（查爾迪蘭戰役）當中敗北，失去了安納托利亞的東部，建立起以伊朗高原為中心的帝國基礎。他在建國時所採用的是什葉派當中最具勢力的一派「十二伊瑪目派[2]」，直到今天都受到伊朗高原人民的信奉。

另一位君主阿拔斯一世（Abbas I，一五八七—一六二九年在位）被稱為帝國中興之祖。當初對建國有功的奇茲爾巴什結黨結派，成為一股足以動搖帝國的勢力，而阿拔斯就是為了壓制其勢力而出現的強大君主。阿拔斯進行了軍制改革，建立以喬治亞為中心的古拉姆軍（奴隸士兵），並打造以固定居民所組成的槍兵、砲兵等新的制度，阻擋了來自中亞烏茲別克軍隊的攻勢，也打敗了鄂圖曼軍隊，成功奪回巴格達等地。此外，他也重新整頓中央與地方的官制，除了建立了一套更中央集權的體制之外，亦實行都市計畫，改造新的首都伊斯法罕，並在裏海沿岸打造了另一個主要都市法拉哈巴德。隨著他的改革成功，帝國達到了伊斯蘭期的全盛時期。

除了這兩位君主之外，還有一些人物銜接了兩者之間的時期，例如太美斯普一世（Tahmasp I，一五二四—一五七六年在位）、海爾．妮薩．貝加姆（Khayr al-Nisa Begum，?—一五七九年）。太美斯普一世繼承伊斯邁爾一世，是致力於整頓帝國的人物，他改革了什葉派化的政策與官制，這是早於阿拔斯一世之前的革新。貝加姆則是在太美斯普過世後，政局陷入一片混亂之際，短暫掌握了權力的王妃。儘管她遭到奇茲爾巴什的殺害，但她的兒子阿拔斯卻成功的再造了帝國。

接下來還有兩位是在阿拔斯之後時期的人物，什葉派的法學者馬傑萊西（Mohammad Baqer Majlesi，一六二七—一六九九年），他不僅寫下了什葉派的聖訓（穆罕默德與什葉派伊瑪目的言行錄）《光輝的大海》和參拜指引書《給朝聖者的禮物》，也在君主即位時授予王冠等，在政治上握有很大的影響力，對帝國的什葉派化作出了貢獻。另一方面，尚．夏丹（Jean Chardin，一六四三—一七一三年）是法國出身的探險家，他對阿拔斯二世之後的帝國，留下了許多詳細的旅遊紀錄。這部著作不僅對當時歐洲的知識分子有所影響，同時也影響了今日專家學者的看法。

一七二二年，薩法維的首都被阿富汗系（普什圖人）的沙阿．穆罕默德所奪，一七三六年，薩法維被阿夫沙爾王朝的納迪爾沙（Nader Shah）所滅。但是，超越了兩百年的帝國統治，對其中心地區帶來了一定程度的地域性統合。什葉派在伊朗高原的社會深深的紮了根，遜尼派至終都沒有辦法回到此地。近代以後的伊朗，是建築在薩法維帝國的遺產之上，伊朗之所以能成為中東少數的穩定國家之一，其原因正來自於此。

伊斯邁爾一世（一四八七—一五二四年）

一、薩法維家族

薩法維家族在伊朗高原建立了帝國，「薩法維」的意思是「來自薩非」，這個家族源自於謝赫薩非·丁（Safi-ad-din Ardabili，一二五二—一三三四年）。「薩法維耶教團」是以伊朗西北部亞塞拜然一個城市阿爾達比勒為據點的神祕主義教團，而謝赫薩非·丁是這個教團的創始人，這個家族的人代代世襲教長之位。這個薩法維家族其後也創立了什葉派帝國，然而始祖謝赫薩非·丁卻是不折不扣的遜尼派。關於他的事跡，有一本名為《清淨的精華》的傳記，書中介紹了許多他所顯現的奇跡。薩法維家族主張，若再往上回溯祖先，他們甚至可以追溯到先知穆罕默德的賽義德譜系。教團以建在阿爾達比勒的神殿與修道場為中心發展，憑藉著宗教捐贈和購入，逐漸持有許多不動產。

薩法維家族從謝赫薩非·丁開始算起的第四代，到了謝赫·朱納德（Shaykh Junayd，?—一四六〇年）的時代開始進行政治、軍事的活動。朱納德離開了阿爾達比勒，前往西方的敘利亞和安納托利亞，在這些地方獲得了眾多的土耳其系（突厥）遊牧民族信徒。他在安那托利亞東部的迪亞巴克爾也待了一段時間，並和統治東安納托利亞到伊朗高原西部的土耳其系（土庫曼）白羊王朝君主烏尊哈桑（一四五三—一四七八年）的妹妹結婚。當時正是伊斯蘭神祕主義教團的全盛時期，王朝君主們都對教團有著極高的敬意。而對世俗權力懷抱野心的朱納德，率領信徒群眾，攻打黑海沿岸的特拉布宗（Trabzon）。即使回到阿爾達比勒，他也多次為了征服希爾凡（Shirvan，現亞塞拜然共和國）而遠征，最後因戰敗而身亡。

教團其後由朱納德的兒子謝赫．海達爾繼承（一四五九—一四八八年）。信徒們崇敬朱納德為神，並視海達爾為神之子一般的存在且推崇他。海達爾本身在烏尊哈桑的宮廷中長大，並與君主的女兒結婚。以這樣的意義來看，儘管他是神祕主義者，但同時也很了解王朝君主所代表的意義。其後，他回到阿爾達比勒，集結了信眾，整備武器，率領了一萬大軍，如同自己已故的父親一般，向希爾凡地區遠征。除此之外，他也為了信徒，採用了頭戴十二角紅帽的紅頭軍（奇茲爾巴什），這個紅頭軍後來也成為薩法維耶勢力的另一個名字。但是這樣的軍事行動造成與白羊王朝之間的關係惡化，在白羊王朝支持希爾凡統治者的局面下，海達爾最終也戰敗身亡。

薩法維耶教團是創立於阿爾達比勒的遜尼派神祕主義教團。然而由於伊斯邁爾一世的祖父朱納德和父親海達爾的行動，教團在安那托利亞和北敘利亞增加了土耳其系遊牧民族奇茲爾巴什的教徒，同時也與統治王朝結為姻親關係，並動員大軍進行遠征，逐漸擴展其對權力的野心。而伊斯邁爾最終以相異於父執輩的規模，創立了薩法維帝國，登上首任君主之位。

二、帝國的建立

伊斯邁爾的母親，就是前面提到的烏尊哈桑的女兒。因此伊斯邁爾父系的血統是謝赫薩非．丁，再往前追溯，甚至可以到達先知穆罕默德的賽義德族譜，而母系血統則是可以連結到白羊王朝。伊斯邁爾自幼便學習了神祕主義，在海達爾過世後，伊斯邁爾的兄長蘇丹．阿里（Sultan Ali）成為了繼位者，但一家最終卻被白羊王朝流放到伊朗南部。之後儘管他們回到阿爾達比勒，卻再次受到白羊王朝的迫害，阿里被殺，伊斯邁爾被迫率領八十名族人逃往裏海南岸的吉蘭地區。他在此度過了六年的蟄伏退隱生活後，帶領了一千名的信徒，企圖發動反擊，成為祖父與父親的後繼者。

伊斯邁爾一世

一五〇〇年夏天，一個巨大的轉機造訪了安納托利亞的埃爾津詹。當地大約有七千名的土耳其系遊牧民族奇茲爾巴什，此時奇茲爾巴什紛紛起身響應，視伊斯邁爾為救世主，集結到他的麾下。伊斯邁爾與響應者商議後，表明了自己想要創建新國家的野心。他擊敗了宿敵希爾凡．沙阿，隔年更打敗白羊王朝的君主，進入亞塞拜然的首府大不里士，他在此地即位，創立了薩法維帝國，將自己虔誠信仰的什葉派十二伊瑪目之名，刻在貨幣之上，並在週五聚眾禮拜的講道時，讓人朗誦十二伊

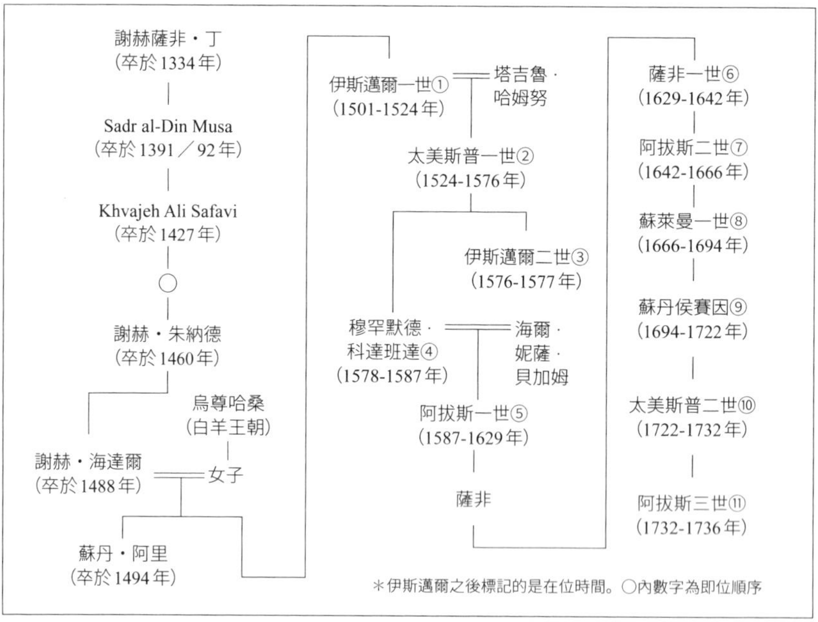

薩法維家族譜系圖

瑪目之名。伊朗高原什葉派的起源就始於此。這時候的伊斯邁爾，僅僅只有十四歲。

伊斯邁爾的進攻並沒有停止於此。首先，他從埃爾津詹遠征到安納托利亞，在一五〇三年將朝伊朗高原中央前進的白羊王朝餘黨消滅殆盡，並在次年征服了主要城市。一五〇七年，他再度遠征安納托利亞，征服了迪亞巴克爾，次年又再度遠征伊拉克，收服了巴格達。一五一〇年，他往東方的呼羅珊前進，十二月在莫夫城近郊的戰爭當中，打敗了烏茲別克族昔班王朝的昔班尼[3]（一五〇〇—一五一〇年在位）。接著在隔年，他又和烏茲別克的君主交涉，擴展了版圖至今天阿富汗北部。僅僅十年的時間，他就建立了一個從安納托利亞東部、囊括伊拉克，直到北阿富汗的大帝國。

薩法維軍隊強悍的祕訣，在於名為「奇茲爾巴什」的遊牧民族聯合軍隊。換句話說，烏斯塔吉爾、沙姆魯、塔卡魯、魯姆、祖爾卡達爾等土耳其系的遊牧民族，全都從安納托利亞和敘利亞北部來投奔伊斯邁爾。他們以部落為單位組成軍隊，在戰場上分為左翼、右翼，根據十進法來編製軍隊，繼承了蒙古以來的部落傳統。同時，他們也是薩法維耶教團的信徒，對教主伊斯邁爾顯示出絕對的忠誠。在某種意義上，他們算是野蠻的集團，在征服伊朗高原的過程中，不時會對當地的居民進行大屠殺。甚至據說在討伐昔班尼時，奇茲爾巴什在伊斯邁爾的命令下吃了他的遺體。由遊牧民族奇茲爾巴什組成軍隊的薩法維帝國，當然繼承了土耳其、蒙古的血統，除此之外，更透過信仰與君主，達到團結一致，這是在其他國家看不到的特徵。

三、採用什葉派

伊斯邁爾是將什葉派定為國教的人。遜尼派的各王朝並不會特別將之定為國教，所以儘管不說是異端，但以「定為國教」這個舉動來說，什葉派普遍就被視為較特殊的宗教。但是從十五世紀到十六世紀的狀況來看，十二伊瑪目信仰絕非特殊。他們雖侍奉白羊王朝，但就連因為厭惡奇茲爾巴什而移居布哈拉的遜尼派法學者法茲拉拉・昆吉・伊斯法哈尼（Fazlallah Khunji Isfahani，一四五五—一五二一年），都曾寫下讚譽十二伊瑪目的阿拉伯文詩文。自稱救世主（Mahdi）的人物，除了有諾巴許（教團始祖Muhammad Nurbakhsh Qahistani，一三九二—一四六四年），與在伊朗西南部樹立地方政權的穆沙沙（Sayyid Muhammad al-Musha'sha'，?—一四六四／五年）之外，還有其他人。

伊斯邁爾對十二伊瑪目的傾心，可以從他亞塞拜然土耳其語的詩中一目瞭然。

我確信哈塔伊為如神般的存在
　　哈塔伊如先知穆罕默德
薩非的子孫、朱納德之子、海達爾之子
　　哈塔伊如伊瑪目阿里
進入哈桑之愛的廣場
　　哈塔伊如卡爾巴拉的胡笙
禮拜者的裝飾阿里、巴基爾、賈法爾
　　哈塔伊如穆薩・卡齊姆領袖一般
如穆罕默德・塔基、阿里・納基
　　哈塔伊如同哈桑・阿斯卡里
時而成為穆罕默德・馬赫迪
　　門下行乞的哈塔伊
我的名字是聖者沙阿伊斯邁爾
　　我是哈塔伊、哈塔伊、哈塔伊[4]

哈塔伊（犯錯的人）是伊斯邁爾在寫詩時所用的雅號（筆名），詩中出現的名字，除了先知穆罕默德之外，也有什葉派十二伊瑪目。尤其是第一任伊瑪目阿里、救世主（Mahdi）的第十二代伊瑪目穆罕默德，更是花了一個對句，來強調自己對神和伊瑪目深切的信仰，以及自己擁有他們各自的屬性。除此之外，現今也還留有他親自書寫的什葉派聖訓的手抄本，更能看出他的信仰。

也因為如此，在他進入大不里士城時，會採用什葉派，就是非常自然而理所當然的事了。當時伊斯邁爾具體的命令，有在週五禮拜時要以十二伊瑪目之名進行呼圖白（宣講教義）、在禮拜時所採用的什葉派宣禮詞中放入「我證明阿里是安拉所喜悅的」等文句、禮拜的方式或禮拜用的米哈拉布（壁龕）都採用什葉派的方式等，在市集上譴責遜尼派的阿布．伯克爾等首三位哈里發，若有人不遵照這些命令，或者迫害什葉派，就會遭到處決。大不里士大多數的居民原本都是遜尼派信眾，因此被迫要接受什葉派的信仰。奇茲爾巴什這些薩法維耶教團的信徒非常狂熱支持教長伊斯邁爾，視他為神一般的存在，不只崇敬他，據傳只要為了他，紅頭軍更願意為他做出赴死的覺悟，披上戰袍上戰場。

除了極度狂熱和極度殘虐的特徵之外，在帝國創建之時，他們對什葉派十二伊瑪目的教義，也缺乏充分的知識。尤其是對於管理社會的什葉派，據說甚至沒有可以學習的法學書籍。在波斯灣沿岸和阿拉伯半島西部的希賈茲（又譯為漢志）等帝國以外地區的什葉派法學者當中，也有人認為伊斯邁爾是暴君，而不願意支持他。儘管是在同樣是什葉派的世界裡，對於帝國的意見也出現了分歧。

其中對帝國呈現合作姿態的，有黎巴嫩出身的什葉派法學者穆哈格奇．卡拉基，在他的努力之下，隨著時間的遷移，阿拉伯的烏理瑪（伊斯蘭教法學者）也陸續移居而來，什葉派正統的十二伊瑪目信仰逐漸取代奇茲爾巴什的信仰，成為主流。然而這樣的過程是否真的是伊斯邁爾的計畫，我們不得而知。不過至少由於他強迫帝國人民信仰什葉派，造就了一個讓什葉派學者得以活躍的場域。

四、查爾迪蘭戰役

打敗昔班尼汗之後，伊斯邁爾持續進行軍事遠征。一五一一年，他親自遠征到河中地區（中亞錫爾河和阿姆河流域），和烏茲別克軍發生戰爭，因為講和而率軍回返。隔年，他命令Khuzani家的納賈姆·薩尼（Najm-e Sani）為指揮官，再度派遣征軍到河中地區。這時候他們和之後建立蒙兀兒帝國的巴布爾[5]會合，渡過阿姆河，攻下了卡爾希。接著他們又前往布哈拉，在近郊的吉日杜萬被烏茲別克軍所敗，指揮官也戰死於此。烏茲別克軍乘著這股氣勢，入侵了呼羅珊，占領了主要城市木鹿和赫拉特。伊斯邁爾隔年又進行反攻，奪回了木鹿、赫拉特和巴爾赫等地。

另一方面，在帝國的西邊，鄂圖曼帝國的君主奧斯曼一世（一五一二—一五二〇年在位，↓第二章）也在一五一四年，率領十萬大軍朝亞塞拜然方向侵襲。因應此舉，伊斯邁爾率領了四萬軍隊出陣迎擊，兩者在亞塞拜然西北方的查爾迪蘭交手。鄂圖曼軍隊的戰法，是以鎖鏈連接馬車，確保陣地並鞏固防禦之後，再使用子彈或大砲攻擊。薩法維軍隊的左翼指揮官迪亞巴克爾總督穆罕默德·汗·烏斯塔吉魯（Mohammad Khan Ustajlu）對鄂圖曼軍隊非常了解，因此進言要在鄂圖曼軍隊鞏固好陣地之前，就先開始發動攻擊。然而右翼的指揮官杜爾米什·汗·沙姆魯（Durmish Khan Shamlu）卻反對此意見，

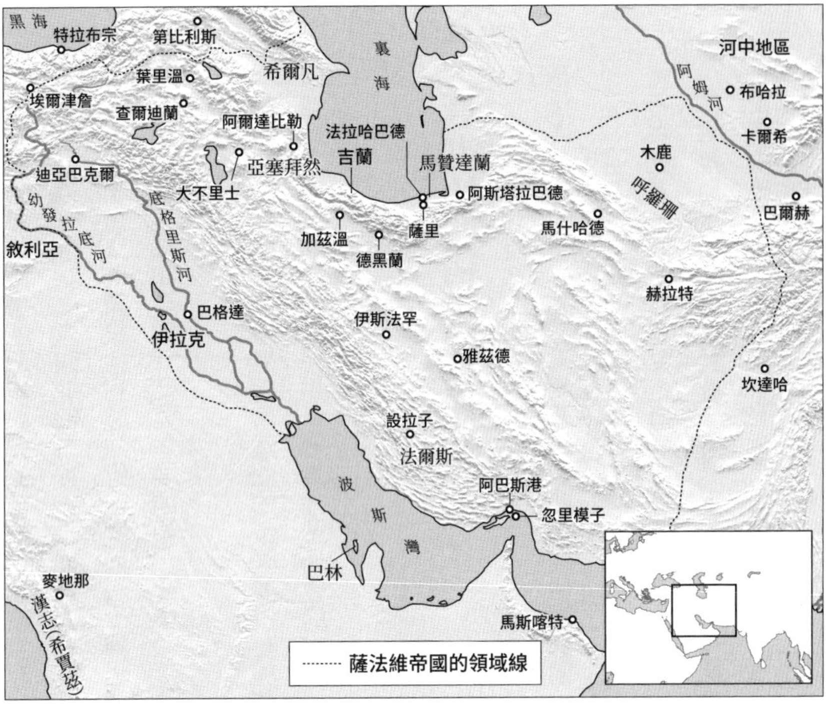

十六世紀初的薩法維帝國

他強烈的認為應該等待鄂圖曼軍隊完成軍隊與火砲的布署後，再進行攻擊。伊斯邁爾在此之前的所有戰役當中，都獲得了勝利，他採用了後者的意見，然而這卻成了最致命的錯誤。

一五一四年八月二十三日，雙方開啟了戰端，以騎兵為主體的薩法維軍隊向鄂圖曼軍隊發動了突擊，但卻無法攻破鄂圖曼穩固的陣營，成為耶尼切里軍團槍火砲彈下的犧牲品。薩法維軍隊潰不成軍。除了宰相之外，高官與武將紛紛戰死，就連伊斯邁爾的兩位王妃也被俘擄，最終伊斯邁爾只能與手下剩餘的三百名軍隊撤退出戰場。

查爾迪蘭的敗戰，對薩法維帝國之後的走向有著很大的影響。過去積極擴張版圖的伊斯邁爾，在這場戰役之後，便不再主動對外發動戰爭。原本如領頭羊般引領建立起帝國的狂熱奇茲爾巴什紅頭軍，在這一場戰役中失去了氣勢。儘管鄂圖曼帝國並沒有進一步往東方侵略，但卻至少在兩年之內，收服迪亞巴克爾，對奇茲爾巴什進行了徹底的鎮壓。對薩法維帝國而言，與之前的黑羊王朝（Qara Qoyunlu）、白羊王朝相同，是以安納托利亞東部和亞塞拜然為主要的領土。失去了這片領土，薩法維帝國就必須將統治重心向東方轉移。

但是，儘管戰敗，伊斯邁爾所建立的帝國並沒有因此而動搖。他們在一五一六年失去了東邊的巴爾赫，但他任命自己的兒子塔赫馬斯普為呼羅珊省的總督，維持著領地。巴格達仍舊是屬於薩法維帝國的領土。

五、真實的面貌與其作品

某位同時代的義大利冒險家曾經如此描述伊斯邁爾：

這位君主的膚色白皙，面容姣好，極具魅力。儘管他身高並不高，但身形修長，骨架良好。與其說瘦弱，不如說是精壯，肩膀也很寬闊。他的髮色帶有一點紅，嘴邊留了一點小鬍子，平常不使用右手，而是使用左手。他像是鬥雞一般英勇，比他手下的任何一位貴族都還要強壯。在射箭的比試中，十顆蘋果他射中了七顆。在他休息的時候，人們演奏著各式各樣的樂器，唱著讚頌他的歌曲。[6]

從這段文字當中，我們能看出他面容姣好、武藝超群。另一位探險家是這麼描述的：

他非常有威嚴，相貌堂堂，在在顯示出終有一天他會成為偉大的君主。他心靈的美德與儀表非常一致，同時他擁有的天賦之才與高貴的氣質，讓人簡直無法相信他的年紀竟如此之輕。[7]

從這段文字，可讓人得知他具有成為君主的魅力與資質。

另一方面，伊斯邁爾也是喜好文藝、創作詩歌的人。他會以波斯文和土耳其文寫詩，特別是他以土耳其語所寫的詩集巨作，都獲得很高的評價。前面所引用的詩句，也收錄在這部詩集當中。

說到敘事故事，他喜歡以先知穆罕默德的叔父為主角的《哈姆扎傳奇》，他會賜與說故事的人高額獎賞。他兒子的名字太美斯普和阿爾卡斯等，都是依《哈姆扎傳奇》當中的人物所命名的。此外，據說他還延攬當時最知名的細密畫畫家白扎德（Kamal al-din Bihzad）到大不里士城。儘管在戰場上，他有著激烈與殘酷的一面，但他同時也有著喜好文化的一面。

六、臨終與留下來的影響

在於喬治亞的狩獵當中，患病的伊斯邁爾最終於一五二四年五月二十三日去世，享年三十六歲。在查爾迪蘭戰敗後，他不再管理朝政，沉溺於享樂，據說也失去了奇茲爾巴什的支持。

儘管伊斯邁爾經常被視為近代伊朗建國者，但還是必須要注意以下幾點。第一，伊斯邁爾本身既沒有建立伊朗的野心，也沒有建立伊朗的概念。他所體現的完全是後蒙古時代的各種要素，包含了伊斯蘭神祕主義、末世論和對救世主的渴望、對阿里與先知血統的崇敬、遊牧民族的軍事力等，把這些一個一個分開來看，都是在同一時期廣泛可見的現象。在這之間，伊斯邁爾這位極具魅力且傑出的人物，把所有的要素集結起來，建立了帝國。

伊斯邁爾想要打造的是一個西起安納托利亞東部，東迄河中地區的大帝國，只不過由於和周邊各大勢力之間的戰爭與角力關係，最終領土的國境成為了與現在伊朗國境差不多的狀態。伊斯邁爾所建立的帝國持續了兩百年以上的時間，以結果而言，在帝國統治之下的地區，達成了某種程度的統一，而這可說是成為現代伊朗的基礎。

第二，關於引用十二伊瑪目的什葉派，的確是伊斯邁爾在進入大不里士城之後同時開始的。然而，這是因為反映了他本人或奇茲爾巴什的信仰所做出的選擇，其實這個新政權不但欠缺了什葉派教義學的知識，也缺乏了支持這個教派的法學者。要減低奇茲爾巴什的要素、穩固正統什葉派，花上了很長的一段時間，而正是因為有長期帝國的統治，才得以達到這個狀態。有位學者將薩法維帝國的歷史視為一個

「project」（專案），如果按照這個說法，那麼伊斯邁爾便是這個專案的創始人，他的存在非常重要，但當時這個專案的走向可能還尚未確定。

另一方面，伊斯邁爾在伊朗的鄰國，也就是前蘇聯的亞塞拜然共和國，也被視為民族英雄。不僅是因為他的詩集是以亞塞拜然的土耳其語所寫成，以亞塞拜然共和國的角度來看，在最初期征服伊朗高原之前的薩法維帝國，就是一個人民幾乎都是亞塞拜然人所組成的亞塞拜然國家。回顧歷史，在過往的國家當中，能符合他們心目中認為的那個包含伊朗一側亞塞拜然地區的「亞塞拜然」，也只有最初期的薩法維帝國而已。正因為這個緣故，在今天亞塞拜然的首都巴庫和第二大都市占賈，都立有伊斯邁爾的銅像。

在現代的土耳其，我們也可以找到伊斯邁爾所留下來的影響。占總人口約兩成的宗教少數派阿列維派（崇敬阿里並有神祕主義傾向的集團），被認為是繼承了安納托利亞地區奇茲爾巴什的傳統。對他們而言，伊斯邁爾是伊斯蘭教神祕主義的聖人之一。他的詩集以及關於他的傳說，都成為阿列維派文化當中重要的一部分。因此，伊斯邁爾所遺留下來的影響，不僅只有在伊朗一個國家之內，更能在周邊各國當中看見。

阿拔斯一世（一五七一—一六二九年）

一、即位與掌握實權

薩法維帝國第五位君主阿拔斯一世，為帝國帶來了全盛時期，他的父親穆罕默德・科達班達（Mohammad Khodabanda）原本是呼羅珊總督，後成為第四代君主，母親則是海爾・妮薩・貝加姆（Khayr al-Nisa Begum），他出生於今日阿富汗的赫拉特。他的父親之後轉任南部法爾斯省總督，但把阿拔斯留在了赫拉特，讓他以兩歲的年紀上任呼羅珊省的總督。他的叔父，即帝國第三代君主伊斯邁爾二世（一五七六—一五七七年在位），對年幼的阿拔斯相當警戒，處決了輔佐監護阿拔斯的奇茲爾巴什人。接著，當杜米許・可汗的孫子阿里・庫里汗（Ali-Qoli Khan Shamlu）任呼羅珊省總督時，伊斯邁爾二世又命令他暗殺阿拔斯。然而阿里・庫里汗並沒有執行命令，當阿拔斯的父親穆罕默德・科達班達即位後，他又轉換立場，成為擁護阿拔斯的輔佐人。在一五八五年，烏斯塔吉魯部落的穆希德・庫利・汗（Murshid Quli Khan）擊敗阿里・庫里汗，奪得阿拔斯，而最終這位馬什哈德總督，又成為了阿拔斯的輔佐導師。他的年幼時期，可說是被這些奇茲爾巴什的當權者牽著鼻子走。

一五八七年，穆希德・庫利・汗帶阿拔斯從馬什哈德向西，朝首都加茲溫前進。十月，阿拔斯代替父親科達班達在首都即位，阿拔斯當時年僅十六歲。穆希德．庫利擔任攝政，掌握國家實權。由此可見，阿拔斯只不過是在奇茲爾巴什們的權力鬥爭之間，幸運的登上君主大位罷了。

然而在一五八九年夏天，阿拔斯暗殺了穆希德．庫利，成功掌握政權。暗殺者其中一人是古拉姆（奴隸士兵）出身的阿拉威爾迪汗（Allahverdi Khan）。

二、內外遠征

儘管掌握了中央實權，在地方上卻仍然有反抗的奇茲爾巴什勢力。一五九〇年，阿拔斯遠征到南方的設拉子，征服了祖爾卡達爾和阿夫沙爾等部落。一五九二年，他又征服了裏海沿岸的吉蘭，但是為了平定叛亂，又花了他三年時間。接著他又著手平定鄰接的馬贊達蘭地區，直到一五九七年才完成大業。這些地方在薩法維帝國成立以前，就由一些有權有勢的人所統治，但阿拔斯成功的征服了這些人。

阿拔斯一世

另一方面，東邊有著烏茲別克勢力的威脅。當阿拔斯為了即位，從馬什哈德開始西進之際，就已經從昔班王朝的阿布都拉汗（Abudallah II）手中奪下赫拉特，在一五八九年，占領了其子阿布爾穆米內的領地馬什哈德。其後，他對昔班王朝的呼羅珊反覆發動入侵攻擊，在一五九七年，攻擊了中部的雅茲德。隔年阿布都拉汗和阿布爾穆米內相繼過世，情勢發生逆轉，阿拔斯成功奪回了馬什哈德和赫拉特。一六〇二年，阿拔斯又遠征到今天阿富汗的巴爾赫，不過並沒有順利征服此地。

在其他方面，他與西邊鄂圖曼帝國，在一五九〇年時簽訂了《伊斯坦堡條約》，被迫割讓包含亞塞拜然首都的大不里士等廣大的領土。從一六〇三年開始，阿拔斯發出攻勢，奪回大不里士，隔年又征服了亞美尼亞的首都葉里溫。一六〇八年，他成功征服了巴格達，又成功抵禦了鄂圖曼軍隊的反攻，在一六一八年，簽訂了《賽拉夫條約》，成功確保了領土。

在南邊，阿拔斯下令平定阿拉威爾迪汗，在一六〇一年征服波斯灣對岸的巴林，而他的兒子伊瑪目．克里．米爾札（Imam Qoli Mirza）則在一六二二年，與大英帝國的東印度公司共同作戰，從葡萄牙人手上奪下忽里模子島。同年，亦成功征服今天阿富汗的坎達哈，足以維持與帝國這個頭銜相符的版圖。

三、外　交

除了主要的外敵鄂圖曼帝國和烏茲別克的戰爭之外，阿拔斯也致力於與其他國家的外交活動。一五九九年，阿拔斯策畫了反鄂圖曼的同盟，向西班牙、大英帝國等歐洲國家派遣使節團，命他們攜帶分別給九位君主的書信。大英帝國的探險家安東尼．雪莉（Anthony Shirley）也與其同行。儘管在布拉格成功謁見神聖羅馬帝國皇帝，但在羅馬時，使節團發生內鬨，出現了三位希望改信基督教的人。與安東尼分道揚鑣的使節團到了西班牙，但卻無法在同盟方面取得進展，就此歸國。

一六〇八年，阿拔斯再度派遣修道士到西班牙，其中包含了在伊斯法罕活動的聖奧斯定修道會的修道士。這時候，除了對抗鄂圖曼的同盟外，最大的絲綢貿易路線也發生了問題，因此他們試圖尋找能避開鄂圖曼帝國的出口路線。最終這個使節團也沒有獲得成果，回國之後，使節團的團長因惹怒了君主而遭到處刑。

另一方面，大英帝國的東印度公司在一六一五年取得了在伊斯法罕貿易的許可。自一五〇八年葡萄牙貴族阿方索·德·阿爾布克爾克（Afonso de Albuquerque）取得了荷姆茲島（Hormuz Island）的所有權後，薩法維帝國就一直希望能一統波斯灣沿岸。阿拔斯為了一掃葡萄牙的勢力，便如前述與大英帝國的東印度公司共同作戰，終於征服了荷姆茲島。他與大英帝國一直維持友好關係，在一六二七年，英國使節隨著安東尼·雪莉，在伊斯法罕謁見了阿拔斯。

另一方面，東方也相當積極與阿拔斯進行外交。在一五九五年，阿拔斯與位於北印度的蒙兀兒帝國之間，曾因爭奪交通要衝坎達哈而發生衝突，但他與一六〇五年即位的賈漢吉爾之間，是以「兄弟」相稱的關係。甚至有很多描繪賈漢吉爾的波斯細密畫，畫的都是他和阿拔斯擁抱的景象。另一方面，同樣信奉十二伊瑪目什葉派的阿迪勒·沙阿王朝（Adil Shahi dynasty，約一四九〇—一六八六年）、顧特卜沙希王朝（Qutb Shahi dynasty，約一四九六—一六八七年）和艾哈邁德訥格爾王朝（**Ahmadnagar Sultanate**，亦稱尼扎姆·沙希蘇丹國 Nizam Shahi **Sultanate**，一四九〇—一六三六年）也都和阿拔斯維持著緊密的關係，牽制著蒙兀兒帝國的南下。前面提到阿拔斯曾遠征坎達哈，也是因應了這些王朝的期望。

阿拔斯以上的外交活動從伊比利半島到印度次大陸，為了達成他的野心，十分活用了外交手段。

四、軍制改革

阿拔斯之所以會獲得軍事上的成功，是因為他執行了軍制改革。薩法維軍隊的主力原本是由傳統遊牧民族奇茲爾巴什所組成的騎兵。在阿拔斯初即位之時，提供軍事力的各大部落，掌握著比君主更大的權力。阿拔斯強化了中央軍隊，除了提升君主的權力之外，也打破了內外的反對勢力。

中央軍隊是直接受君主管轄的近衛騎兵。這支軍隊在帝國建國初始時便已存在，在阿拔斯領導之下，更獲得了強化。根據史料記載，在阿拔斯時代接近尾聲時，這支軍隊有五千二百五十七名軍人，包含沙姆洛（Shamlu）部落一千零六人、阿夫沙爾（Afshar）部落五百四十三人等，全都是從總計二十四個土耳其系庫德族部落中挑選出來的。軍隊以一百人為單位編制，並設百人長領導。統領整個中央軍隊的統帥，就是帝國軍隊的最高領袖。藉此制度，進行軍事行動時，就不會被特定的部落左右。

接著，還有古拉姆軍隊。這是以中央軍隊為例，從喬治亞、亞美尼亞、切爾克斯人等高加索諸民族所選拔出來的軍隊。這支軍隊最初是由阿拔斯的兄長哈姆扎·米爾札（Hamza Mirza，一五六六—一五八六年）所組織，再由阿拔斯繼承並強化。根據史料，在阿拔斯時代接近末期時，這支軍隊還有三千七百六十五名士兵。古拉姆軍隊的最高統帥，在軍人中的地位僅次於中央軍隊的統帥。阿拔斯最初任命的古拉姆統帥，是喬治亞出身的阿拉威爾迪汗。

中央軍隊與古拉姆軍隊成為阿拔斯時代的帝國軍隊主力，這個事實也反映在戰績之上。史料中記載了一六〇四年在亞美尼亞的葉里溫包圍戰當中，敵人被砍下的首級數量，其中七成以上都是中央軍隊與古拉姆軍隊所為。憑藉著君主的信賴，中央軍隊與古拉姆軍隊當中，許多人最終都爬上了大省總督之位。

此外，阿拔斯也在帝國內將小部落和平民組織起火槍軍隊。他從伊斯法罕、大不里士和雅茲德等地的城市居民當中，挑選一些心性暴躁的人，組成了這支軍隊。阿拔斯時代尾聲的史料，甚至記載了這支軍隊有九千七百四十二人，儘管可能也包含了砲兵在內，但仍是龐大的數字。這支軍隊不如中央軍隊或古拉姆軍隊一般精銳，但由於錄用了一般平民，藉此削弱了奇茲爾巴什的軍事力。

五、行財政改革

薩法維帝國在建國以來，就以一種稱為伊克塔（Iqta'）的土地制度來供養軍隊。也就是說，任命奇茲爾巴什的將領為地方的總督或地方首長等官員，讓他們獲得一部分地方徵稅的權利，並培養軍隊，在戰爭的時候帶領其軍隊參與的制度。這個制度能讓總督等地方長官致力於地方建設，受到尚．夏丹的好評，但由於總督等地方官員的權力很大，成為奇茲爾巴什的反抗勢力割據各地的原因，中央能獲得的上繳稅收也很有限。

因此阿拔斯擴大了王領地（直轄省），命文官統治直轄省，也不需實行伊克塔的土地制度來養軍隊，因此能獲得更多的稅收。增加的稅收就能用在中央軍隊與古拉姆軍隊的俸祿上，伊斯法罕等伊朗中央、裏海南岸的吉蘭省和馬贊德蘭省也都成為直轄省。尤其是長年受到艾哈邁德（Ahmad Khan）一族所統治的吉蘭，是帝國最大的出口產品絲綢的產地，隨著直轄化，滋潤了帝國的財政。

在財政面上另一個改革，是創立了有別於一般會計的帝國會計。根據某項史料記載，之所以會成立會計部門，是因為軍人經常會對阿拔斯所進行的各種建設事業提出異議：「拿來用在建築和建設上的費用，是軍人的軍餉。我們反對把我們的軍餉使用在建設上的政權。」因此阿拔斯才會把經費從一般會計中切分開來，建立了這個帝國會計，按照自己的意願自由支出金額，也另外設定了以直轄省為中心的財源。帝國會計的收入支出額度大約是一般會計的百分之三十左右，有專門的財務官員，金額用在各式各樣的目的上。

此外，他也進行了文書行政方面的改革。君主的私人祕書是被稱為御前書記的官職，擁有公職的性質，這與一個新形式的敕令有關。這個新的敕令，是要持有簡易的印章，用黑色的印泥，開頭會寫著：「以下的規定，命全世界都遵照」的簡易文書。根據某項史料，阿拔斯之所以會開始使用這個形式的敕令，是由於實務上的問題。當時帝國周邊呈現不穩定的狀況，幾乎每個小時都會有呈報書，而阿拔斯必須一一對此回覆。然而過去的敕令要從起草、抄寫、加入開頭結尾到蓋上玉璽，每個步驟都由不同的官僚進行，到真正發行為止，要花上好幾天，無法因應隨時都在改變的情勢。因此阿拔斯改變了方式，讓御前書記隨時在君主身側，以這種形式隨時下達必要的命令。御前書記同時也擔任國家最高決策機構樞密會議的書記官，因此後來便出現了像瓦希德．加茲維尼（Vahid Qazwini）這種從御前書記登上宰相之位的人。

以上的改革，可以說是由於君主的意志，反映在帝國的經營上，因此造就了強大的帝國。由於經歷了奇茲爾巴什人專橫所帶來的痛苦經歷，讓阿拔斯以新的形態改造了國家的制度。

六、首都伊斯法罕和法拉哈巴德

阿拔斯新設立的首都是位於伊朗高原中央的伊斯法罕。這裡在過去對伊斯蘭教就是一個有傳統的城市，但是從十一世紀後半到這個時期為止，都不曾為王朝的中心。阿拔斯由於這個城市有扎因代河流過，適合狩獵、風光明媚等理由，而對此地情有獨鍾。在才鎮壓了這個城市不久的一五九一年，就開始按照舊首都大不里士來改造此地的建築物，並著手設計市場與廣場。這個廣場在今天被稱為「伊瑪目廣場」（國王廣場），是個長方形的廣場，長約五百公尺，寬約一百五十公尺，在當時被稱為「世界圖廣場」。面對這個廣場的西側有王宮阿里卡普宮的大門，東側是希克斯羅圖福拉清真寺，北側是通往市場入口的蓋薩里門，周圍的建築物有店家、工廠等設計好的建築。這些商家成了宗教捐獻（瓦合甫），這我們會在後面提到。位於廣場西側的王宮之內，設計有廣大的夏巴大道（Chahar Bagh）波斯式庭園。

阿拔斯在一五九八年二月帶著王公貴族遷都伊斯法罕時，工程才大約完成了一半左右。接著在這一

從「伊瑪目清真寺」眺望「伊瑪目廣場」

照片中央偏右上的是希克斯羅圖福拉清真寺（Sheikh Lotfollah Mosque）。廣場在當時並沒有水池或噴泉，而是被用來當馬場和露天市場。

年裡，完成了將河川引進庭園中的水路，噴泉和周圍的亭子也完工。相較於王宮，君主在庭院度過了更多的時間，「世界圖的廣場」周圍的店鋪在一六〇二年完成，這個廣場南側是伊朗最有名的伊斯蘭建築「王的清真寺」（現為「伊瑪目清真寺」），始建於一六一一年。整個首都花費了二十年以上的歲月，一點一點建設而成。

接著郊外也有兩個地點是由阿拔斯下令建設的。其一是位在夏巴大道西側的阿巴薩巴德（Abbasabad）地區，他讓原為大不里士的居民移居到此地。另一個是新焦勒法（New Julfa）地區，此處位於扎因代河南岸，誠如亞美尼亞歷史學家阿拉凱爾（Arakel of Tabriz）所詳述，阿拔斯在一六〇五年下令現亞塞拜然共和國的焦勒法和亞美尼亞的亞美尼亞商人移居到此地。尤其是新焦勒法成為亞美尼亞商人的根據地，而亞美尼亞商人握有國際貿易的網絡，阿拔斯給予新焦勒法地區的亞美尼亞商人能夠出口絲綢的權利，因此此地逐漸繁榮興盛。包含了這些郊外地區在內，伊斯法罕在全盛時期擁有五十萬的人口，其繁榮的程度被譽為「世界之半」、「伊斯法罕半天下」，這都要拜阿拔斯的都市計畫所賜。

阿拔斯所建立的主要城市，還有一個位於裏海南岸馬贊德蘭地方的法拉哈巴德（Fallahabad）。這片土地沿著海岸，風光明媚，於一六〇八年正式開始整頓，在阿拔斯的命令下興建了宮殿、庭園、公共浴場、商業設施等，並將土地分配給高官們，也讓五千個穆斯林家族、一千兩百個猶太教家族從高加索地區移居於此。這些移民從事出口等貿易，將吉蘭生產的絲綢販賣到鄂圖曼帝國等地。在對待猶太教徒們的態度，也並不僅止於巴拜·伊本·盧特夫（Babai ibn Lutf）所說的鎮壓而已。一六一二年之後，阿拔斯待在這個城市的時間超出了待在伊斯法罕的時間，除了進行新年的儀式，他也在此迎接外國的使節，將此地視為另一個首都。

阿拔斯以整頓建設帝國內的街道和商隊驛站（Caravanserai）而聞名，他也重新建設了伊斯法罕和法拉哈巴德的街道。尤其是從馬贊德蘭的首府薩里到法拉哈巴德之間的道路，更以石頭鋪建而成。

七、宗教政策與捐贈

阿拔斯非常致力於振興正統的十二伊瑪目什葉派。他命巴哈丁·阿米里（Baha' al-din al-'Amili，

Shaykh Bahai）所編纂的《阿拔斯大全》，以波斯語簡而易懂的解說什葉派的教法和教義。此外，在一六〇一年，他又從首都伊斯法罕徒步了約一千兩百公里，抵達建有十二伊瑪目第八代伊瑪目阿里·達里寺廟的馬什哈德，到廟裡參拜。他對遜尼派採取嚴厲的態度，在一六一五年，驅逐了遜尼派的人民，對伊朗中央下達了免稅的敕令。同一時期，他也認為原來臣服於阿拔斯的卡赫季、卡特利等神祕主義者們，是捨棄了十二伊瑪目的帽子，背叛了薩法維帝國轉向鄂圖曼帝國，因此加以殺害。

值得注意的是，由於阿拔斯的政策，國家擁有大規模的宗教捐贈（瓦合甫）。過去已知的五大瓦合甫，其中規模最大的就是對「十四聖賢」，也就是先知穆罕默德、其女法蒂瑪和十二伊瑪目的捐贈。根據日期為一六〇四／五年的捐獻檔案，捐獻金的收入有一半左右都是給先知穆罕默德的後代賽義德（Sayyid），同時也是什葉派的人們捐獻，其餘一半則是給篤信什葉派且生活貧困的信徒。捐獻金用在伊斯法罕和伊朗高原中部和呼羅珊省的土地、店家、庭園、水車及農業、工業用水路等。捐獻金的收入相當龐大，因此為了管理這些金錢，還另外設置了專門的大臣和財務官等職位。除此之外，也有馬匹、牛隻、駱駝、羊等家畜和珠寶、銀製餐具的捐獻。在「十四聖賢」的陵墓，也有圍繞聖棺的柵欄、金子打造的圓頂等，都是信眾的捐獻。這些捐贈等信仰上的報酬，都是奉獻給祖先謝赫·薩非及歷代君主的靈魂。

對「十四聖賢」的捐贈，其實也帶動了什葉派的振興。與此同時，人們也大量的對位於阿爾達比勒的薩法維家族祖廟謝赫薩非·丁聖殿進行捐贈。由於來自亞塞拜然地區的捐贈，讓這座聖廟得以向貧困者提供食物，大約一千兩百名信眾也獲得了生活費，接著又負擔了大約八十名孤兒的生活費與教育。薩法維耶教團的道場周圍，也有提供食物。亦在此時，位於馬什巴德的伊瑪目里德廟開始收到阿拉伯語的宗教書籍捐贈，謝赫薩非．丁聖殿則是收到波斯語歷史書籍的捐贈。阿拔斯對謝赫薩非．丁聖殿進行改建，設置了特別的房間，專門收納信徒捐贈的陶器。

在過去伊朗並沒有見過君主這麼大規模對宗教的捐贈。除了阿拔斯自身的信仰之外，其中的目的也包含了為了振興十二伊瑪目什葉教派、維護薩法維宗廟、建設信徒捐贈的商業設施和公共浴場等，因此這些捐贈也帶有進行公共政策的角色。

八、真實面貌與繼位者的問題

某位來自義大利的冒險家，在謁見了阿拔斯之後，做出了以下的描述：

他身高中等、並不消瘦，但體型優美健壯，身形均衡，舉手投足帶著威嚴。無論他是在說話、走路，或是看著我，他的動作都很大，帶著活力。儘管他總是靜不下來，又帶著天生的心浮氣躁，但他總是維持著一種認真和威嚴的態度，而這也顯示了他身為君王的身分。他的面容說得上是英俊，但他的臉色相當深沉，不知是天生的，還是經常在太陽下而曬黑的。他有著鷹勾鼻，唇鬚很長，長得垂下來，但和他的眉毛一樣是黑色的，且下巴沒有蓄鬍。[8]

另一位探險家也描述了他不加修飾的面貌。阿拔斯喜好狩獵和釣魚，會自行料理捕獲的獵物，招待前來拜訪的客人。據說料理巧妙的使用調味料，非常美味。另外，只要路過聞到美味的香氣，他也不介意就在那裡的餐廳吃飯。據說當他帶著隨侍到達較遠的地方時，也會拜訪當地的人家，吃當地人所準備的料理。

根據詩人傳記載，他經常會造訪伊斯法罕的咖啡店。當他到訪由夏巴大道的少年們工作的咖啡店時，也會和當地人交談。當有人詢問阿拔斯他的職業時，他總是回答：「詩人」，可見詩是他的喜好。有一次他讀到這樣的詩句：

在世界的庭院陷入愛戀的我們猶如薔薇的葉子
與彼此比肩沾滿鮮血的坐著[9]

他一邊讚賞，一邊也表示：「將陷入愛戀的人比喻為薔薇的葉子，似乎不是很恰當」。除此之外，也有一些軼事提到他會造訪當時詩人們聚集的沙龍咖啡館，由此可窺見他好動、喜好詩句的君主之姿。除此之外，他也有閱讀伊朗經典《列王紀》和擁讚米爾·埃馬德·哈薩尼（Mir Emad Hassani Qazvini）等書法家這類喜好藝術的一面。

另一方面，他為了掌握權力，曾殺害繼位者，也曾處決過奇茲爾巴什的一位領袖，猜忌心很強，個性也有殘忍的一面。借用編纂編年史的伊斯坎達·貝格（Iskandar Beg Munshi）的話，只要他下達命令，沒有人可以拖延時間。假設阿拔斯命令一個父親殺死自己的兒子，並即刻在如天命一般的敕令上署名之後，如果被交付命令的使者，出於對父親的憐憫，許可了父親延後殺害兒子的行為，那麼阿拔斯就會反過來命令兒子殺害父親。如果這個命令也稍有延遲，那麼阿拔斯就會下令殺了這兩個人。即使是大多都會稱讚君王的編年史作者，也不得不寫下他的殘酷。

對於有可能威脅到自己權力的兄弟和子息，他也採取了嚴厲的態度。他將兄弟們送往十二世紀尼查里（Nizari）派的要塞阿拉穆特堡，並加以囚禁。將兒子們關進後宮，若有臣子輕易接近，則會加以處刑。阿拔斯原本視母親為切爾克斯人的長子薩非（Mohammed Baqir Mirza,Prince Safi Mirza）為王儲，但在一六一四／五年，他的親信由於阿拔斯的命令被處刑，因此心懷不滿策動叛亂，而被阿拔斯處刑。事後阿拔斯對此事感到後悔，甚至還為他建了寺廟，也對寺廟進行捐獻。阿拔斯的次子、四子皆夭折，三男穆罕默德．米爾札在一六二一年被處以奪去視力的盲刑，因而失去了繼承權，被送到阿拉穆特堡囚禁。五子伊瑪目．庫里．米爾札曾在短時間被視為繼承人，但在一六二六／七年，亦被處以盲刑。理由不明，但據說是因為他和鄂圖曼帝國私下勾結。

被處刑的長子薩非的長子也被處以盲刑，只剩下他的弟弟，也就是母親是喬治亞人的薩姆。然而儘管阿拔斯非常寵愛薩姆，卻不讓他接近政治，甚至給他吸食鴉片，讓他毫無作為。這或許也是源自於他的猜忌心吧。當阿拔斯在一六二九年去世時，薩姆繼位，成為薩非一世（一六二九－一六四二年在位），但他的能力遠遠不及祖父。

阿拔斯一世完全改造了薩法維帝國。他削弱了奇茲爾巴什的勢力，讓代表喬治亞系的新軍事菁英得以抬頭。透過他的宗教政策，什葉派的信仰更加滲透帝國。由於中央集權制的軍事改革、財政改革，帝國獲得強化，在軍事上，也從周邊各勢力中獲得勝利，成功收復失土。他將首都遷到伊斯法罕，和法拉哈巴德同樣進行都市計畫，打造了整個城市。

在阿拔斯的治理之下，薩法維帝國獲得了前所未有政治安定。後繼的君主們都只是繼承了他所改造的國家。當然，他也有著將皇子們囚禁於後宮的惡習，並非他所有的行為都有正面的結果。然而如果沒有他的存在，薩法維帝國也不可能在後來持續了一百年之久。

太美斯普一世（一五一四—一五七六年）

伊朗薩法維帝國的第二代君主（一五二四—一五七六年在位）。母親是來自奇茲爾巴什莫西魯（Mawsillu）部落的塔吉魯．哈姆努（Tajlu Khanum）。

他在一歲時便被任命為名義上的呼羅珊省總督，並與其攝政埃米爾．貝格．土庫曼一同前往赴任。在父親伊斯邁爾一世過世後，年僅十歲就繼位了。根據先王的遺言，由羅姆魯部落的迪夫蘇丹來攝政，但由於他過於專橫跋扈，在一五二七年遭到處刑。後任的則是塔卡魯部落的楚哈蘇丹。然而在一五三一年，楚哈遭到殺害，塔卡魯部落失勢，取而代之的是沙姆魯部落的侯賽因汗，他站上了軍人的頂點，成為大埃米爾，掌握了權力。一五三三年，侯賽因汗垮臺，遭到處決，太美斯普才終於掌握了君主的實權。

其後，太美斯普便致力於強化自己的權力。他得到奇茲爾巴什烏斯塔吉爾部落的後援，並在地方與中央設置各個部落的代表，企圖切斷各部落，他特別優待薩法維家族旁系，任這個家族出身的馬素姆．貝格為朝臣中地位最高的攝政。由於他巧妙的政治手腕，成功的壓制了奇茲爾巴什的各部落。

一五四四年後，太美斯普階段性的將首都由大不里士遷到加茲溫。他在一五五八年之後，就再也沒有離開首都了。在這個期間裡，他整頓了帝國的官衙。三十年以來，他每天早上都會去財務局，待到接近中午，也會和官僚們一起吃午餐。他深知官僚的重要性，也對他們施予恩惠。帝國的財務機構、財務處理的方式在太美斯普的時代獲得了很大的整頓。根據十八世紀的行政刊物上記載，就是以太美斯普時代的慣例和常規來做為先例。

此外，說到敕令的頒布，他也帶來了很大的變化。伊斯邁爾一世的敕令在蒙古時代以後，在伊朗和中亞廣泛的被使用，承襲了開頭使用土耳其古語「我的話語」的形式。但是太美斯普制定了新的形式，在敕令的開頭使用波斯古語寫上「君主之命」。過去的形式是在君主的名字前，以手寫的方式記載「我的話語」，而新的形式則是在中央上方蓋上印章。在他的時代裡，帝國開始了一套獨特的做法，而此做法也傳承到後續的各個王朝，一直到二十世紀初期。

另一方面，在外交關係上，太美斯普在與西方鄂圖曼帝國和東邊烏茲別克勢力的關係中，一直都處於守勢。從一五二四年起的三十八年間，昔班王朝後裔布哈拉汗國的奧貝杜拉汗，總共發起五次大規模入侵呼羅珊。一五二六年起的第二次入侵，占領了從馬什哈德到阿斯塔拉巴德（現為「哥干」）的廣大地區。太美斯普出面迎擊，在賈姆穆之戰中獲得勝利，擊退了奧貝杜拉汗。在一五二九年的第三次侵襲中，儘管赫拉特和馬什哈德被占領，但太美斯普進軍呼羅珊，擊退了烏茲別克軍。

鄂圖曼帝國的君主蘇萊曼一世（一五二〇—一五六六年在位。↓第二章），在一五三四年率領大軍遠征至伊朗。在此之前，於薩法維帝國垮臺的塔卡魯部落，逃亡到鄂圖曼帝國，並向他們提供了情報。鄂圖曼軍隊先占領了大不里士後進而南下，但在要進入伊朗高原時，因暴雪而被阻擋，只能轉向巴格達，並占領了此地。太美斯普想要追討以凡城（Van）為據點的塔卡魯部落，但沒有成功。在巴格達越冬的蘇萊曼，到了次年再次往伊朗方向前進，但薩法維軍隊成功抵抗，迫使鄂圖曼軍隊撤退。

一五四八年，蘇萊曼再次大規模遠征，而且太美斯普同父異母的弟弟阿爾卡斯發動叛變，向蘇萊曼投誠。蘇萊曼再度占領了大不里士，但由於太美斯普的焦土作戰，苦無補給，大不里士的地下水源全部都被堵了起來，由於供水不足，蘇萊曼只好撤退。一五五五年，薩法維和鄂圖曼帝國簽訂了《阿馬西亞和約》（*Peace of Amasya*），兩國相互承認對方的統治權。儘管只是短暫的，但他們選擇了共存的道路。正因為情勢的變化如此紛亂，薩拉丁等國境周邊庫德族或土耳其系的諸侯都苦於該向哪一邊投誠。

在宗教方面，太美斯普是虔誠的十二伊瑪目派教徒。他稱黎巴嫩出身的法學者喀拉齊（Karaki）為「隱遁伊瑪目的代理人」，視他為帶領帝國邁上顯赫大道的存在，命眾人必須遵循他的教導，並給予他宗教人士與軍人的任免權。一五三二／三年和一五五六年，他進行了宗教懺悔，嚴格禁止違反伊斯蘭教法的行為。具體而言，飲酒、用藥、唱歌舞蹈、賣春、賭博等行為，都遭到禁止。此外，自蒙古時代以來課徵的商稅（tamgha），也因違反伊斯蘭教法而被廢除。各地都對什葉派聖廟進行了龐大的捐贈，先知的後代賽義德獲得非常充實完善的照顧。伊朗高原在他的手下，什葉派的地位更加穩固。

太美斯普撐過了對外處境艱難的時期，成功的防衛了帝國，在超過半個世紀的治理下，他可說是建立了帝國的基礎。從決定了帝國變化的方向性這個角度來看，他的事跡是極為重要的。

海爾．妮薩．貝加姆（？—一五七九年）

她是伊朗薩法維帝國第四代君主穆罕默德．科達班達（一五七八—一五八七年在位）的王妃，第五代君主阿拔斯一世的母親。她是在薩法維帝國前半期的宮廷當中，握有權勢的其中一位女性。她是裏海南岸馬贊德蘭總督米爾．阿卜杜拉汗的女兒。這個家族是先知穆罕默德及什葉派第四代伊瑪目後裔賽義德的名門。

他的父親在權力鬥爭中失敗並戰死，她就被送到第二代君主太美斯普身邊。太美斯普初次見到她就很中意，一五六七年，太美斯普讓她成為長子穆罕默德．科達班達的第二個妻子。她生了四個兒子，包含為帝國帶來全盛時期的阿拔斯一世，後來甚至得到了「母后」的稱號。

穆罕默德．科達班達因為有弱視，因此被排除在王位繼承的名單之外，擔任南部的法爾斯省總督。但是一五七七年十一月，他的弟弟、第三代君主伊斯邁爾二世突然過世，讓他被擁立為王。此時海爾．妮薩雖懷有身孕，但仍身處法爾斯，代表了她掌控了法爾斯省的實權，重要的事項都要先與她商議才能決定，武將、高官們都必須像向穆罕默德．科達班達下跪一般，跪在海爾．妮薩面前。同時她也任命了她專屬的大臣。

當時在首都加茲溫主掌宮廷的是穆罕默德．科達班達同父異母的妹妹帕里汗．哈努姆。對薩法維帝國的建設貢獻良多的土耳其系部落集團奇茲爾巴什，是帕里汗．哈努姆的支持者。她在先王伊斯邁爾二世在位時就相當活躍，此時更因擁立伊斯邁爾二世剛出生的皇子，而企圖掌握實權。但是宰相米爾札．薩爾曼（Mirza Salman Jaberi）等當權者支持科達班達，因此帕里汗．哈努姆也被迫承認科達班達的繼位。宰相遠赴法爾斯，對王與王妃傳達了「若不排除帕里汗．哈努姆，恐怕科達班達只能成為名義上的君王」的消息。收到此消息，在一五七八年二月，抵達首都的王與王妃在即位後不久，就下令殺害帕里汗．哈努姆。藉此，海爾．妮薩成為帝國最高的掌權者。

國家重臣們每天早上都會到海爾．妮薩身邊問候，等候她的命令。國家的重要事項，都要等她下達最終決定，沒有人能提出異議。她任長子哈姆扎．米爾札為攝政，在文書行政上，地位較宰相還要高。接著，她又自領封地，派親屬出任官職，控制了大局。而她的長女也在六月初左右誕生。

她並不排斥上戰場。在一五七八年九月，她帶著年僅十二歲的長子哈姆扎．米爾札到帝國北部的希爾凡地區（Shirvan，位於亞塞拜然共和國）進行遠征。這是由於鄂圖曼帝國違反了協定，進軍此地的緣故。鄂圖曼軍隊的大將是其屬國克里米亞汗國的君主及其弟弟阿迪勒．格萊（Adil Geray）。薩法維軍在首役打了敗戰，但宰相所率領的中央軍大破阿迪勒．格萊，並將其俘虜。薩法維的武將們建議將阿迪勒送返，以換取鄂圖曼軍隊的撤退，但海爾．妮薩並沒有聽信此建言，內部發生了爭論。或許是無從解決，她因而回到了首都。她款待了一同來到首都的克里米亞王弟阿迪勒．格萊，而阿迪勒在宮中成為了客人一般的存在，在薩法維待了下來。有各種傳聞說海爾．妮薩和阿迪勒之間的關係很微妙、海爾．

妮薩愛上了阿迪勒，或是阿迪勒主動勾引海爾．妮薩等等。

即使如此，海爾．妮薩的地位仍沒有動搖。一五七九年三月，在慶祝伊朗曆新年時，武將們在伺候了君主穆罕默德．科達班達和其子哈姆扎．米爾札之後，接連到後宮的庭園，隔著窗子問候海爾．妮薩，之後才前往新年的宴席。

同年，她決定要對自己的故鄉馬贊德蘭地方出手。當時，統治這個地方的是她的遠房堂兄弟。她派遣了親信的武將，企圖一掃殺了自己父親、奪走政權的親戚。遠房堂兄弟發動抵抗，死守要塞，但最終還是以保障自己性命為條件，對武將降伏。不過海爾．妮薩並沒有放過他，還是將他處決。此位人物是先知穆罕默德的後裔，因此這場殺害在宗教上被視為禁忌。

由於此事，她與宰相及當權的武將們之間，產生了決定性的分歧。她免除宰相的職務，打算只任用自己的心腹。但是當權的武將們私底下團結起來，在一五七九年的七月，發動武裝叛變，首先突襲阿迪勒．格萊，並予以斬首，接著又朝後宮前進，殺害了海爾．妮薩與其母親。他們將她與母親的屍首搬往首都的聖廟，埋葬於此。

我們可以將她的人生視為沉溺於權力之中的女性悲劇，但以更廣義的角度來看，她也可以被視為是薩法維帝國王權與其麾下土耳其系武將們（奇茲爾巴什）之間緊張關係的犧牲者。而決定性的改變了這種關係的，就是她的兒子，阿拔斯一世。

馬傑萊西（一六二七─一六九九年）

薩法維帝國知名的十二伊瑪目派法學者，聖訓學者。全名為穆罕默德·巴克爾·馬傑萊西（Mohammad Baqer Majlesi）。

他出生於伊斯法罕，祖先可以追溯到曾寫過伊斯法罕地方志的歷史作家艾布·努亞姆（Abu Nu'aym al-Isfahani，九四八─一〇三八年），他的父親穆罕默德·塔奇·馬傑萊西（Mohammad Taqi Majlesi，馬傑萊西一世，一五九四─一六五九年）也是著名的什葉派法學者、聖訓學者，晚年在伊斯法罕的清真寺擔任禮拜導師。馬傑萊西在父親的身邊，學習了法學和法學理論。不過父親穆罕默德·塔奇屬於什葉派內注重聖訓的艾赫巴爾（Akhbaris）學派，而兒子穆罕默德·巴克爾的學派則不明確。

他在三十多歲的年紀便已經以學者的身分脫穎而出，在王朝的編年史當中，也被記載為當時有名的學者之一。一六五九年，他著手編纂由他擔任主編的《光輝的大海》（*Bihar al-Anwar*）。他受到薩法維帝國第八代君主蘇萊曼一世（一六六六─一六九四年在位）的庇護，在一六七四／五年又以波斯文寫了《心魂的生命》（*Essence of Life*或*Ayn al-Hayat*）。這本書的內容是統整了先知及伊瑪目生平所寫成的傳記。一六八七年，他受到君主蘇萊曼的任命，在首都伊斯法罕擔任謝赫伊斯蘭（Shaykh al-Islam，高級法官）的職位。這個職位地位比首都的法官（卡迪）還高，是教導其他法務人員的職位，而實際上，馬傑萊西到去世之前，都是帝國法學者當中，最具有政治影響力的人。即位後不久，他就命令拆掉王宮當中印度教系的雕像。

一六九四年，在第九代君主蘇丹侯賽因（一六九四－一七二二年在位）即位時，馬傑萊西在王宮的即位大典加冕儀式上，擔任了將王冠授予新君主的角色。法學者替君主加冕，在薩法維帝國歷史上是首次出現。接著，侯賽因制定了內容為遵守伊斯蘭法和禁止違法行為的誓約書，第一個在誓約書上署名的人也是馬傑萊西。根據這份誓約書，新的君主頒布了禁止賣酒、禁止賣春等整頓紀律的敕令，在伊斯法罕打破了無數的葡萄酒桶。

在一六九四年前後完成的阿拉伯文著作《光輝的大海》，印刷成冊後總共有一百一十卷，成為什葉派最浩瀚的聖訓集。據說他利用了四百冊以上的遜尼派、什葉派書籍，集結了一萬條以上的聖訓。另一方面，他也考慮到法學者以外的讀者，用波斯文著述了四十冊以上的書籍。《給朝聖者的禮物》（*A Gift for the Pilgrims*），是給信徒們去什葉派重視的伊瑪目神廟朝聖時的指引書，在十九世紀時以石版印刷出版了無數次。一六九七年他寫下的《堅定的真理》（*Reality of Certainty*），是解說什葉派的法理和教義的著作。他嚴厲的批判遜尼派，咒罵最初的三位正統哈里發。由於這本書，在敘利亞和斯里蘭卡等薩法維帝國以外的地區，也增加了許多什葉派的信徒，因此對什葉派具有諸多貢獻。

在過去，由於打壓宗教的少數派，他被評價為將薩法維帝國導向滅亡的冥頑固陋的法學者。然而他讓伊朗高原的什葉派更加穩固，在這一點上，不能否定馬傑萊西有著很大的功勞。除了以浩瀚的聖訓集建立起什葉派教學的基礎外，他也透過波斯文的著作，向法學者以外的人們簡明的闡述了什葉派的教義。

尚・夏丹（一六四三—一七一三年）

法國出身的商人、探險家。夏丹（Jean Chardin）出生於巴黎，父親是基督教喀爾文教派的富裕寶石商。

一六六四年，據說他代替父親為了進行寶石交易，進到王宮向第七代君主阿拔斯二世（一六四二—一六六六年在位）推銷。一六六七年，他又從波斯灣的忽里模子旅行到伊斯法罕。他一度回到印度後，又再次造訪帝國，在薩法維帝國度過了六個月的時間。一六七〇年中旬，他回到巴黎。他最初在一六七一年於巴黎出版了著作《波斯王蘇萊曼的加冕》（*Le Couronnement de Soleiman Troisième*），這本書曾被翻譯為日文。這本書採取的形式是翻譯一位名為米爾札・薩斐亞的人物所寫的波斯文史書，是一本相當自由的著作。

他準備了新的高級手錶等商品後，在一六七一年八月離開巴黎，準備經由伊斯坦堡、第比利斯，前往伊斯法罕。他在一六七三年一月進入薩法維帝國統治下的第比利斯，在同年六月抵達伊斯法罕。這段旅遊的紀錄成了他最初的旅遊記（日文譯本《波斯紀行》）。其後，他花了四年的時間待在薩法維帝國，主要是在伊斯法罕，也曾兩度到波斯灣沿岸的阿巴斯港。他所寫的《伊斯法罕誌》當中，就有留下當時的紀錄。一六七七年末，他前往印度，之後搭上法國東印度公司的船前往歐洲，在一六八〇年抵達倫敦。

身為喀爾文教派的新教徒，為了躲避宗教迫害，他在一六八〇年後主要生活在英國，進入英國的東印度公司工作，並獲得英國國王授予了爵位。他最初的旅行手稿《波斯紀行》在一六八六年，以法文和英文出版。法文的版本出版了許多次，甚至還被翻譯成德語和荷語。

到了夏丹晚年，一七一一年，他的旅行續集才得以在阿姆斯特丹出版。這套書有三本和十本的兩個系列，和七十九張的版畫一起出版。這套書也有日文譯本，書名為《伊斯法罕誌》和《波斯見聞記》。除此之外，一八一一年在東方學者朗格萊（Louis-Mathieu Langlès）的編輯下，在巴黎出版了夏丹所有的作品，包含《波斯王蘇萊曼的加冕》在內，總共有十卷和圖鑑。這個版本的作品長久以來被視為定本，不過近年來，也有人對朗格萊以東方學的立場寫下的註記，提出了批判。

夏丹的著作，不僅僅是遊記，更該說是十七世紀薩法維帝國的博物誌。沒有日文翻譯的部分，內容還包含了「波斯的科學與藝術」、「波斯人的政治、軍事、民事行政」、「波斯的宗教」等。當然，相較於波斯語的史料，處處可見被視為不正確的記述，但這些內容都是只有夏丹才能敘述的狀況，以一個歐洲人而言，它所帶來的資訊量比起肯普弗（Engelbert Kämpfer）等其他歐洲探險家來說，都是壓倒性的大量。他對宰相米爾札．塔奇和武將札尼汗（Jani Khan）之間的對立等政治事件，也做了詳細的敘述。在當時，歐洲相對東方尚未處於優勢，因此夏丹的敘述，也不像後代的觀點，對此地區並不帶有輕視。若想了解同時代的歐洲人士對薩法維帝國有什麼樣的認知，他的一系列著作都相當具有意義。

就算是著作裡包含著因為外人所引起的誤會，夏丹也毫無疑問是對薩法維帝國最了解的歐洲人。根據四本日文的譯本，我們得以聽到關於當時帝國的活生生的證言。另一方面，夏丹的遊記在歐洲也獲得了好評，法國啟蒙時期的思想家孟德斯鳩（Montesquieu，一六八九－一七五五年）、伏爾泰（Voltaire，一六九四—一七七八年）、盧梭（Jean-Jacques Rousseau，一七一二—一七七八年），英國的歷史學家吉朋（Edward Gibbon，一七三七—一七九四年）、東方學者瓊斯（William Jones，一七四六—一七九四年）都曾讀過他的書，並做出正面的評價。不難想見這些知識分子的世界觀，都受到了夏丹的影響。

其他人物

一、薩法維帝國的王族、軍人與官僚

杜爾米什・汗

?—一五二四／五年。出身於奇茲爾巴什部落當中有權勢的沙姆魯部落。父親阿卜迪・貝格（Abdi Beg Shamlu）是帝國第一代君主伊斯邁爾一世在埃爾津詹起義時，疾馳而來的人物，並娶了伊斯邁爾的姊妹。因此，杜爾米什算是伊斯邁爾的外甥，在所有的軍人當中，是最接近伊斯邁爾的人。一五〇二／三年，他擔任伊斯法罕的首長，但在另一方面，一五一四年的查爾迪蘭戰役中，他反對在鄂圖曼軍隊準備好之前進行偷襲，因此導致作戰失敗。不過，在戰敗之後，他仍然維持著自己的身分，成為伊斯邁爾之子山姆・米爾札（Sam Mirza Safavi）的導師，實質上一直擔任赫拉特的總督，直到他逝世為止。沙姆魯部落在帝國末期也出過宰相，算是奇茲爾巴什當中重要的一支，維持影響力。

塔吉魯・哈姆努

？—一五四〇年。伊斯邁爾一世的妻子，太美斯普一世的母親。奇茲爾巴什當中的莫西魯（Mawsillu）部落，身分上是白羊王朝君主雅古布（一四七八—一四九〇年在位）的孫女。和伊斯邁爾結婚後，備受寵愛。她曾參與和鄂圖曼帝國的查爾迪蘭之役，其中一說稱她曾一度被俘虜，但後來被成功救出。在伊斯邁爾的時代裡，她掌管後宮，甚至也負責任免武將和大臣等官職。在伊斯邁爾過世後，她盡力執行其遺言，讓兒子太美斯普登上王位。太美斯普即位後，她也管理著後宮，免於受到奇茲爾巴什內亂的影響。一五二六年的內亂，她也支持反對烏斯塔吉魯部落的陣營，對勝利有著決定性的影響。一五三三年進行了對攝政的處決，而她的支持是非常關鍵性的。然而一五四〇年，流行病在首都大不里士蔓延，塔吉魯離開了後宮，在南部的設拉子過世。她可說是在薩法維帝國的王宮中掌握實權的女性先驅。

山姆・米爾札

一五一七—一五七六年。伊斯邁爾一世第三個兒子，太美斯普的弟弟。以文人、書法家而聞名。母親是格魯吉亞（喬治亞）人。一五二〇／一年，在奇茲爾巴什沙姆魯部落的杜爾米什・汗等人的督導下，成為名義上的赫拉特總督。赫拉特在過去是帖木兒帝國文化的中心，他在這裡學到了文學和書法等的素養。一五三四／五年，他在赫拉特發起叛亂，攻擊坎達哈，然而並沒有成功。其後獲得太美斯普一世的赦免，回到加茲溫的宮中。一五四九年起，他在阿爾達比勒的謝赫．薩非聖殿擔任了十二年的財產管理人，但其後被懷疑要發動謀反，因此被判囚禁在阿爾達比勒西北邊的卡夫卡城，他在被囚禁了六年後過世。他除了詩集之外，還有留下題為《山姆的禮物》的著作。這本書是當代代表性詩人的列傳，收錄了七百一十名波斯語詩人的小傳與作品選集。而他獨特的書法體「伊朗波斯懸體」也一直流傳至今。

米爾札．薩爾曼

？—一五八三年。第三代君主伊斯邁爾二世和第四代君主穆罕默德．科達班達的宰相。伊斯法罕的名門賈貝里（Jaberi）家族出身。他利用人脈，到了太美斯普一世的身邊，被任命為皇室總務部門的長官。一五七七年，成為宰相，最初他在王宮當權者伊斯邁爾二世同父異母的妹妹帕里汗．哈努姆身邊效力，接著又跟隨穆罕默德．科達班達的妻子海爾．妮薩．貝加姆，確保了自身的地位。在海爾．妮薩遭到暗殺後，他又將自己的女兒嫁給皇子哈姆札．米爾札，最終成為宰相。在行政方面，他有領導才能，在一五八一年，格魯吉亞（喬治亞）被收為薩法維帝國領土時，他進行了談判，發揮了交涉手腕。此外，他也有很深的藝術造詣，至今仍留有依照他的命令所製作的波斯細密畫豪華抄本。然而由於他介入奇茲爾巴什之間的政治鬥爭，在君主的許可之下，在赫拉特被殺害，屍身被暴露在城鎮上。

阿拉威爾迪汗

？—一六一三年。阿拔斯一世時代的古拉姆（Ghilman，奴隸士兵）當中的將領。出身於喬治亞地區卡爾特利地方貴族的溫迪拉爾茲（Undiladze）家族。他最初在哈姆扎．米爾札手下擔任金礦工藝部長，接著又成為了造幣局的管理官員。在阿拔斯一世繼位時，他在首都的造幣局負責發行刻有新君主名字的新貨幣。在成為造幣長官之後，他依阿拔斯之命，殺害了輔佐君王的重臣穆爾希德．科利汗（Morshed-Kholi Khan Ostaglu），獲得了君主深厚的信賴。之後在一五九〇／一年，他受命擔任古拉姆的長官，率領阿拔斯擴充的古拉姆軍隊。之後，他屢屢參加軍事遠征建立功績，在一五九五／六年成為伊朗南部法爾斯的總督，隔年更兼任相鄰的科吉盧耶總督，並在接下來的一年獲得了汗的稱號。一五九八年，他在對抗烏茲別克的戰爭中獲得勝利，一六〇一年又遠征波斯灣岸，征服了巴林。他病逝後，他的兒子伊瑪目庫利汗（Imam-Quli Khan）繼承了法爾斯總督之位。

札尼汗

？—一六四五年。第六代君主薩非一世（一六二九—一六四二年在位）、第七代君主阿拔斯二世（一六四二—一六六六年在位）時代當權的將領。奇茲爾巴什的沙姆魯部落出身。在一六二六年的巴格達攻防戰中，由於他相當有交涉能力並且雄辯，成為前往鄂圖曼的使節。一六二九年，他晉升侍衛禮賓長，一六三一年，他擔任使節前往鄂圖曼帝國，一六三五年，又以禮賓長官的身分接待了蒙兀兒帝國的使節。一六三七年，他被任命為武將的領袖近衛長官，並兼任克爾曼地方首長。他與宰相米爾札．塔奇（通稱薩魯．塔奇）一同輔佐君王，然而在政治、財政方針上和宰相產生了對立，在得到阿拔斯二世的許可後，他殺了米爾札．塔奇。然而阿拔斯二世的母后是米爾札．塔奇的庇護者，因此在母后的安排之下，札尼汗及其黨羽也遭到報復殺害。

謝赫・阿里汗

約一六一一—一六八九年。薩法維帝國後期的宰相。庫德族贊加內部落出身。與自己的父親與兄長相同，自一六三八年起擔任廄舍長官。隔年，隨著兄長之死，他成為克爾曼沙赫地區及其周邊部落的首長。謝赫・阿里（Shaykh Ali Khan Zanganeh）致力於振興國境與鄂圖曼相鄰的地區，整頓了貿易、朝聖的路線。一六六六年，為了抵禦烏茲別克軍侵襲呼羅珊，他被任命總將軍而出兵。由於軍事上的才能，他被第八代君主蘇萊曼（一六六六—一六九四年）召回中央，擔任槍兵長官，隔年出任宰相。為了解決財政危機，他又致力於屬於國家專賣的絲綢出口，並課以百分之五的稅金，防止了白銀的流失。他也相當關心貿易，曾和亞美尼亞商人進行交易。他果斷的改革，讓他樹立了許多敵人，在一六七二年一度垮臺。不過在十四個月後，他再度站上宰相的位子，代替幾乎躲在後宮的君主執行政務，直到他過世為止。

瓦希德・加茲維尼

一六〇六／七—一七〇〇／一年。薩法維帝國後期的宰相、文人、歷史家。他在故鄉接受了初等教育後，學習了財務、信件書寫法、波斯書法等學問。其後，他成為稅務支出事務官，為帝國工作，被歷任宰相認可後，被任命為第七代君主阿拔斯二世的御前書記。第八代君主蘇萊曼即位後，他也繼續擔任御前書記，不過他與宰相謝赫・阿里汗產生了對立，在一六七四／五年遭到解任。在謝赫・阿里汗過世後，一六九〇年，蘇萊曼任命他為宰相。在第九代君主侯賽因即位後，他也繼續留在宰相的職位，直到一六九九年離職。他同時也是一位非常優秀的詩人，留下了許多波斯語的詩句，並且也出版過詩集。他的《書信範例集》不僅在伊朗，在印度也有很多手抄本。他所寫的《阿拔斯二世編年史》，成為這個時代的基本史料。

二、伊斯蘭法學家、哲學家

喀拉齊

一四六四—一五三三年。十二伊瑪目什葉派的法學者。他出身於今天黎巴嫩巴勒貝克附近的卡拉克。他離開了故鄉到埃及、敘利亞留學，同時也學習了遜尼派的法學。一五〇四年，他移居到薩法維帝國統治之下的納傑夫，接受了伊斯邁爾一世的資援，時不時會前往王宮拜訪。到了太美普斯一世時，他的權力增加，頒布於一五三三年的敕令，稱呼他為「隱遁伊瑪目的代理人」，命令帝國的貴族名門必須要遵從他的教導，並且也賦予他對宗教人士和軍人的任免權。當時在帝國擔任宗教事務最高長官薩迪爾（Sadr）的人，也因與他有所對立而被解除職位。在同年代十二伊瑪目什葉派法學者當中，也有一些人是不認同薩法維帝國、不願意配合的人，然而喀拉齊卻是全面的配合，在建設帝國時，幫忙解決了許多教義上的問題，貢獻良多。

巴哈丁・阿米里

一五四七—一六二一年。十二伊瑪目什葉派的法學者、科學家。出生於今天黎巴嫩的巴勒貝克附近，少年時代隨著父親移居到薩法維帝國。繼承父親的志業，在赫拉特擔任謝赫伊斯蘭（Shaykh al-Islam，高級法官），其後在一五七六年，被命為伊斯法罕的謝赫伊斯蘭。其後，他前往麥加朝聖，並造訪埃及、敘利亞。他獲得第五代君主阿拔斯一世深厚的信賴，也曾經與君主同行造訪地方。一六〇八年，當阿拔斯進行大規模的宗教捐贈時，他製作了捐獻的文書。他的主要著作之一為《阿拔斯大全》，這是受到阿拔斯一世的命令所寫的，內容是以波斯文記載什葉派法的規範，從淨身到血的代價，都做出了簡而易懂的說明。除了伊斯蘭各種學術之外，他還精通數學、天文學等自然科學，他的《數學要點》與《阿拉伯語詞法學》，在伊斯蘭文化圈都被當成教科書，廣泛使用。他也留下了許多阿拉伯語、波斯語的詩。

米爾・達馬

？—一六三一年。哥干（舊稱阿斯塔拉巴德）出身的十二伊瑪目什葉派法學者、哲學家。由於米爾・達馬（Mir Damad）的父親是喀拉齊的女婿（Damad），因此被稱做這個名字。自幼便在馬什巴德，從父親謝赫・巴哈丁等人身邊學習十二伊瑪目派法學。其後開始進出王宮，在不斷與其他學者交談議論後，獲得了各家學術的知識。隨後他移居伊斯法罕，收了弟子，創立伊斯法罕學派，穆拉・薩德拉（Mulla Sadra）也是他的門徒之一。他創作了五十本以上的作品，將伊本・西那（Ibn Sina，九八〇—一〇三七年）

的哲學和蘇哈拉瓦迪（Shahab al-Din Suhrawardi，一一五四—一一九一年）的照明學派一起，以十二伊瑪目的框架再次進行闡述。因其在哲學方面的貢獻，他被稱為繼亞里斯多德、法拉比之後的第三位大師。他法學者的身分也相當知名，一六二九年，第六代君主薩非一世即位之際，他擔任了禮拜的導師。

穆拉・薩德拉

約一五七一—一六三五／六年。薩法維帝國時代的哲學家、神祕主義思想家。伊斯法罕學派的代表性人物。出生於設拉子，在加茲溫和伊斯法罕向謝赫・巴哈丁等人學習。一六〇一／二年回到故鄉，但他沒有找到適當的庇護者，因此移居到庫姆郊外的村子，一邊進行學術活動，一邊培育許多的門生。一六三〇／一年，他應法爾斯省總督伊瑪目庫利汗的邀請回到設拉子，並在任職總督的父親阿拉威爾迪汗所建立的學院執教鞭。他因為融合新柏拉圖主義的伊斯蘭哲學和伊本・阿拉比神祕主義思想，獲得了很高的評價。代表作有《四次旅程》。

三、知識分子、作家

穆罕默德・穆斐德

?—一六八〇年以後。伊朗中部雅茲德地方的小城市巴夫克（Bafq）出身的歷史家、探險家。自一六六七年後，擔任過雅茲德地方的宗教捐贈財務官、地方總監代理、宗教捐贈監察官等職務。但是在兒子死後，他立志旅行，在一六七〇年後離開雅茲德，到伊拉克南部什葉派聖地朝聖，並在一六七一年沿著從巴斯拉以海路往印度前進。他到達印度後，由西部的斯里蘭卡前往德里，之後又往德干前進，在一六七四年抵達海得拉巴。回到德里之後，他成功至蒙兀兒帝國的皇子身邊替他工作，接著又為皇女工作。他的著作有《穆斐德全書》，共三卷，內容是非常詳細的雅茲德地方史誌，他在旅行途中，從巴斯拉開始執筆，在一六七九年於今天巴基斯坦的木爾坦完成。他的另一部著作是薩法維帝國的地方志《有益的梗概》，是將十四世紀的伊兒汗國地方志《心魂的歡喜》加上了同時代的資訊，本書於一六八〇年完成於拉哈爾。

伊斯坎達．貝格

約一五六一──一六三四年。薩法維帝國代表性的歷史學家。奇茲爾巴什塔克曼部落出身。一開始他學了波斯語簿記術後，在中央的財務部獲得了一個職位，但因他喜歡文書起草，在一五九二／三年，成為替君主起草敕令和書信的書記官。由於他侍奉在君主身邊，親眼見到許多事件，同時也會與宰相哈提姆．貝格同行。除了書記官的職務之外，他漸漸也對歷史產生興趣，他寫的《裝飾阿拔斯世界的歷史》是帝國代表性的歷史書籍，序章是阿拔斯年代之前的薩法維帝國史，第一部是阿拔斯的前半治世，第二部是阿拔斯的後半治世，接著是終章。第一部和第二部採用的是利用十二生肖的土耳其曆紀年法。本書的文辭華麗，但他為了避免誇張，盡量保持記述的正確性，非常受到後世歡迎，有許多的手抄本。伊斯坎達．貝格也著手執筆了這本書的續篇，記錄第六代君主薩非一世的時代，但只寫了最初五年，最終並未完成。

白扎德

?—一五三五／六年。伊斯蘭文化圈當中最知名、成就最高的細密畫家。他出身赫拉特，最初為帖木兒王朝的文人阿里希爾．納沃伊工作，其後為君主忽辛．拜哈拉服務，之後又在昔班王朝的昔班尼手下活動。其後，他追隨薩法維帝國的伊斯邁爾一世，移居到大不里士。伊斯邁爾一世標記著一五二二年日期的敕令流傳至今，敕令上任命他為王宮圖書作坊的長官，不過有些學者對其可信度抱持著懷疑的態度。太美斯普一世對繪畫的造詣極深，因此白扎德便繼續在圖書作坊當中工作，他為許多手抄本提供了插畫，埃及國家圖書館和檔案館館藏有薩迪．設拉茲（?—一二九一／二年）作品《果園》，為了忽辛．拜哈拉製作於一四八八年的手抄本，其中就收錄了白扎德署名的細密畫。

米爾．埃馬德．哈薩尼

約一五五四—一六一五年。伊朗的波斯文書法大家。擅長伊朗獨特的文字書寫體「伊朗懸體」。出身於加茲溫的賽義德名門，在大不里士學習過書法。其後到過安納托利亞、敘利亞、漢志、巴格達等地遊學，在一五七三年回到故鄉，開始了創作活動。他曾經受過第五代君主阿拔斯一世的武將法爾哈德．汗．卡拉曼魯（Farhad Khan Qaramanlu）的庇護，他在一五九九年上書阿拔斯一世後，開始為君主工作。十六年來，他和亦敵亦友的雷扎．阿巴西（Reza Abbasi）一起在王室圖書作坊中工作，創作出無數波斯懸體等的傑作。但是或許是由於他對自己的才能有著不可動搖的自信，他逐漸被阿拔斯疏遠，最後被懷疑是遜尼派，而遭到處刑。

阿拉凱爾

？—一六七〇年。亞美尼亞的歷史學家。他在亞美尼亞使徒教會所在地埃奇米阿津（今日的瓦加爾沙帕特）的神學院學習，獲得了能夠成為修道院長的資格。一六三六年，他成為亞美尼亞阿什塔拉克地方的修道院長。其後，他回到埃奇米阿津，並被任命為總主教的對外使節，前往伊斯法罕、阿勒頗、耶路撒冷和雅典等地執行任務。儘管他在晚年想要安穩的過生活，但在一六五一年被總主教任命進行編纂《歷史》的工作。這部以亞美尼亞語所寫成的《歷史》於一六六二年完成，七年後在阿姆斯特丹出版。內容以一六〇二年到一六六二年的亞美尼亞為主，總共有五十四章。書中對阿拔斯一世征服亞美尼亞、格魯吉亞（喬治亞）、迫害基督教徒、強制將亞美尼亞人遷居焦勒法等事跡，都有詳細的記述。本書也曾被譯為英語、法語、俄語等語言。

薩伊博

約一五九二—一六七六年。十七世紀最著名的波斯語詩人。薩伊博（Saib Tabrizi）出身大不里士，年幼時移居伊斯法罕，在此地長大。一六二四／五年，經由坎達哈到達印度，並在蒙兀兒帝國的高官扎法爾汗（Zafar Khan）手下工作。但是，在他隨著扎法爾汗到德干高原遠征時，由於水土不服，不適應當地氣候，同時年邁的父親從伊朗到蒙兀兒首都阿格拉發來召喚，因此他決意歸鄉，在一六三二年出發，朝伊斯法罕前進。他在薩法維帝國，成為了第七代君主阿拔斯二世（一六四二—一六六六年在位）的桂冠詩人。一六四九年，當阿拔斯二世奪回坎達哈時，他也寫了詩文讚頌此事。他並不依賴王室來維持生計，他會在伊斯法罕的咖啡店聚集聽眾，有許多富豪顯赫的人士贊助他，他的詩席捲了整個波斯語文化圈，不僅影響了蒙兀兒帝國和薩法維帝國，同時也帶給鄂圖曼帝國的文壇極大的影響。

米爾札．哈利勒之妻

十七世紀末—十八世紀初。她是《韻文朝聖旅行記》的作者，也是先知穆罕默德的後裔賽義達。她出生於今天的亞塞拜然共和國，後移居伊斯法罕。丈夫米爾札．哈利勒（Mirza Khalil）是御前書記手下的敕書製作官。丈夫死後，她苦於親戚和他人的冷嘲熱諷，過著不得安寧的生活。然而她似乎是企圖藉著到麥加朝聖，想要改變這個局面。她的《旅行記》是由一千兩百首對句韻文所組成的瑪斯納維詩，以女性所創作的作品來說，極為少見。她的朝聖之路由伊斯法罕向北，經過加茲溫、大不里士、葉里溫，進入鄂圖曼帝國的領土經過艾斯倫、馬拉蒂亞、阿勒頗、大馬士革，由亞喀巴到達麥地那。她以平易近人的文字敘述途中的困難和朝聖的過程，以及到先知一族的陵墓朝聖的情形等。

恩格爾貝特．肯普弗

一六五一—一七一六年。德國醫師和探險家。一六八一年移居瑞典，一六八三年參加瑞典的俄國、伊朗使節團，並在隔年三月抵達伊斯法罕，待了二十個月。在此期間，他獲得了許多和伊斯法罕建築物以及薩法維帝國各項制度的相關見聞。他並沒有跟著使節團一同回國，而是加入荷蘭東印度公司，繼續往南前進。一六八五年底，他到達阿巴斯港，在此地待了兩年。接著在一六八八年，他離開此地，前往雅加達。一六九〇年到一六九二年，他成為東印度公司的醫師，待在長崎的出島，甚至兩度參見江戶的大將軍。一六九三年，他回到歐洲，在萊頓大學持續進行研究，並在隔年取得博士學位。他的論文提到薩法維帝國的電鰩、麥地那龍線蟲等，而這些內容也收錄在一七一二年出版的《異域采風錄》當中。《異域采風錄》由拉丁語所寫成，是根據其經驗所寫下的亞洲各國相關博物誌，以薩法維帝國為中心，當中也包含了一部分關於日本的論述。

四、與帝國的衝突

汗・艾哈邁德・汗

?——一五九六／七年。裏海南岸吉蘭地方王朝喀爾吉亞王朝（Kar-Kiya dynasty）的末代君主。喀爾吉亞家族是繼承先知穆罕默德血統的賽義德譜系，在十四世紀後半以來，一直統治著這個地方，在薩法維帝國成立後，也存續在其統治之下。在一五三六年，汗・艾哈邁德・汗（Khan Ahmad Khan）儘管年幼，仍繼承了父親之位，成為東吉蘭的統治者，歷經了吉蘭內部各種政治鬥爭，獲得最終的勝利，在一五五八／九年，成為此地的統治者，確立了自身地位，並對帝國中央採取反抗的態度。也因此，太美斯普下令捉拿他，而他也在一五六八年被捕，被關進獄中，不過在一五七八年，新君主穆罕默德．科達班達即位後獲釋。阿拔斯一世試著想要讓自己的兒子與艾哈邁德的女兒成婚，採取懷柔政策，不過卻遭到艾哈邁德拒絕。知道他和鄂圖曼帝國私下有連繫後，阿拔斯便在一五九二年派兵前往吉蘭，征服此地，艾哈邁德則逃往伊斯坦堡，在四年後於此地逝世。

夏拉夫汗．比德利西

一五四三—約一六〇三年。庫德族羅札基（Rojaki）部落出身，這一部落原本是安納托利亞、凡湖西岸比特利斯的領主。他的父親在薩法維帝國和鄂圖曼帝國的對立之中，選擇向太美斯普一世投誠。夏拉夫汗（Sharafkhan Bidlisi）也因此有一位奇茲爾巴什人的母親，出生於中伊朗庫姆附近的村子裡。九歲時，他搬到首都加茲溫，接受了宮廷教育。隨著父親的隱居，他在十二歲時成了羅札基（Rojaki）的酋長。一五六七年，他參加到裏海南岸吉蘭地區的遠征，因遠征有功，被任命為通卡邦的首長。在伊斯邁爾二世的時代裡，他被任命為庫德族的大埃米爾，其後又被任命為納希契凡的首長，但由於他太過思念故鄉，在一五七八年，歸順鄂圖曼帝國，被任命為比特利的首長。引退後，他回到故鄉寫下《榮譽之書》，這部作品應被視為最早的庫德族民族史，其中包含了其他史書中沒有的資訊。

巴拜．伊本．盧特夫

？—一六六二年以後。伊朗中部卡尚地區出身的猶太教徒，一六五六年，由於阿拔斯二世的敕令，猶太教徒被迫改變宗教信仰。巴拜曾經思考過要逃到鄂圖曼統治下的巴格達，但由於無法捨棄故鄉，以此為契機寫下《偽改宗之書》。他使用希伯來文字，用波斯語寫下五千三百首對句，成為最早由伊朗的猶太教徒寫下關於自己歷史的史書。儘管並沒有按照年代順序，但其中紀錄了一六一七年到一六六二年的歷史。當中雖然也包含了傳說和民間故事，不過是讓後世能夠了解猶太教徒在薩法維帝國之下處境的史料，同時也提供了帝國各種人物傳記的資訊。

沙阿・馬哈茂德・霍塔克

？—一七二五年。擊敗薩法維帝國，奪得權力的阿富汗政權君主。沙阿・馬哈茂德・霍塔克（Mahmud Hotak，一七二二—一七二五年在位）出身於阿富汗普什圖族吉爾查伊部落。父親米爾維斯・霍塔克是吉爾查伊部落領袖，舉兵反抗薩法維帝國，並達成實質上的獨立。父親死後，他殺死繼承的叔父，奪取政權，於一七一九年開始進攻薩法維帝國。一七二二年，馬哈茂德在戈納巴德戰役擊敗了薩法維帝國的軍隊，並包圍首都伊斯法罕。在長達七個月的包圍之後，薩法維軍隊降伏，第九代君主沙阿・蘇丹侯賽因親自將象徵王位的羽毛戴在馬哈茂德頭上。儘管在兩年半後，他被部落內的敵對者暗殺，然而遜尼派的阿富汗政權仍持續了七年之久，帶給薩法維帝國致命的打擊。

納迪爾沙

約一六八八—一七四七年。阿夫沙爾王朝的開國君主（一七三六—一七四七年在位）。他出身於呼羅珊地方的阿夫沙爾部落。一七二六年，當薩法維帝國第十代君主太美斯普二世（一七二二—一七三二年在位）被阿富汗軍追擊到呼羅珊時，他率軍馳援，幫助太美斯普二世，企圖恢復失土。他是軍事的天才，曾被稱為東方的拿破崙。在一七二九年於達姆甘東北方的邁赫曼達斯特（Mehmandust）戰役中，打敗了阿富汗吉爾查伊族的阿什拉夫．漢達基，奪回了伊朗高原中部。接著又在西邊大破鄂圖曼軍，在東邊平定了阿富汗族，活躍於各處。但是當太美斯普二世獨斷的到高加索地區進行遠征，大敗於鄂圖曼軍隊後，納迪爾沙廢黜了太美斯普二世，並擁立君主年幼之子阿拔斯三世（一七三二—一七三六年在位）為第十一代君主。一七三六年，他在平原上召集了各地的當權者，舉行會議，廢了阿拔斯三世，自立為君主。至此薩法維帝國滅亡。

注釋

1. 透過朗誦、舞蹈等方式的神祕體驗，達到靈魂與神合一的思想和宗教運動。
2. 視先知穆罕默德的正統後代為阿里的什葉派。其中的伊瑪目派將其中十二位阿里和其子孫視為伊瑪目，也就是眾人的領袖、楷模之意。他們認為十二伊瑪目遁世隱沒，但將會在末日復臨人世。
3. 「昔班尼汗」請參照第六卷第九章。
4. V. Minorsky, "The Poetry of Shāh Ismā'īl I," *Bulletin of the School of Oriental and African Studies, University of London*, 1942, 10（4）.
5. 「巴布爾」請參照第六卷第九章。

6. G. M. Angiolello, "A Short Narrative of the Life and Acts of the King Ussun Cassano," in C. Gray ed. and tr., *A Narrative of Italian Travels in Persia in the Fifteenth and Sixteenth Centuries*, London, 1873.

7. C. Zeno, "Travels in Persia," in C. Gray ed. and tr., *A Narrative of Italian Travels in Persia in the Fifteenth and Sixteenth Centuries*, London, 1873.

8. J. Pinkerton ed., *A General Collection of the Best and Most Interesting Voyages and Travels in All Parts of the World*, vol.9, London, 1811.

9. Muḥammad Ṭāhir Naṣr-ābādī, *Tazkira-'i Naṣr-ābādī*, ed. M. Nājī Naṣr-ābādī, Tehran, 1999/2000.

參考文獻

伊本・札伊努丁（al-'Amili, Hasan ibn Zayn al-Din）著，村田幸子譯，《イスラーム法理論序説（伊斯蘭法理論序說）》，岩波書店，一九八五年

樺山紘一等編，《岩波講座世界歴史14　イスラーム・環インド洋世界16—18世紀（岩波講座世界歷史14　伊斯蘭、環印度洋世界16—18世紀）》，岩波書店，二〇〇〇年

黑柳恒男，《ペルシア文芸思潮（波斯文藝思潮）》，近藤出版社，一九七七年

後藤裕加子，〈サファヴィー朝宮廷の女性たち——近世イスラーム王朝女性史研究の展望（薩法維王朝宮廷裡的女性們——近世伊斯蘭王朝女性史研究之展望）〉，《お茶の水史学（御茶水史學）》六十二，二〇一八年

櫻井啟子，《シーア派——台頭するイスラーム少数派（什葉派——抬頭的伊斯蘭少數派）》，中公新書，二〇〇六年

尚・夏丹（Jean Chardin）著，佐佐木康之、佐佐木澄子譯，《ペルシア紀行（波斯紀行）》，岩波書店，一九九三年

尚・夏丹（Jean Chardin）著，岡田直次譯注，《ペルシア見聞記（波斯見聞錄）》，東洋文庫，一九九七年

尚・夏丹（Jean Chardin）著，岡田直次譯注，《ペルシア王スレイマーンの戴冠（波斯王蘇萊曼的加冕）》，東洋文庫，二〇〇六年

永田雄三、羽田正，《世界の歷史15　成熟のイスラーム社会（世界的歷史15　成熟的伊斯蘭社會）》，中公文庫，二〇〇八年

羽田正編著，《シャルダン「イスファハーン誌」研究——17世紀イスラム圈都市の肖像（尚・夏丹「伊斯法罕誌」研究——17世紀伊斯蘭圈都市的肖像）》，東京大學出版會，一九九六年

羽田正，《冒険商人シャルダン（冒險商人尚・夏丹）》，講談社學術文庫，二〇一〇年

羽田正編，《イラン史（伊朗史）》，山川出版社，二〇二〇年

A.J. Ansari、薩迪克・希達亞特（Sādegh Hedāyat）著，岡田恵美子、奥西峻介譯注，《ペルシア民俗誌（波斯民俗誌）》，東洋文庫，一九九九年

平野豐，〈シャー・イスマーイールの『シーア派国教宣言』とは何か（沙阿・伊斯邁爾的《什葉派國教宣言》是什麼？）〉，《駿台史學》一六四，二〇一八年

Jonathan M. Bloom、Sheila Blair，桝屋友子譯，《イスラーム美術（伊斯蘭美術）》，岩波書店，二〇〇一年

大衛・孛羅（David Blow）著，角敦子譯，《アッバース大王——現代イランの基礎を築いた苛烈なシャー（阿拔斯大王——建立起現代伊朗基礎的嚴苛沙阿）》，中央公論新社，二〇一二年

前田弘毅，《イスラーム世界の奴隷軍人とその実像——17世紀サファヴィー朝イランとコーカサス（伊斯蘭世界的奴隷軍人和他們的實際面貌——17世紀薩法維王朝與高加索之地）》，明石書店，二〇〇九年

守川知子，〈バイエルン州立図書館所蔵 Cod. pers. 431 写本をめぐって——書写奥書署名 "Ismāʿīl b. Ḥaydar al-Ḥusaynī"とは誰か?（巴伐利亞邦立圖書館所藏 Cod. pers. 431手抄本——書法批注簽名 "Ismāʿīl b. Ḥaydar al-Ḥusaynī" 究竟是誰?）〉，《東方學》一一七，二〇〇九年

Newman, Andrew, *Safavid Iran: Rebirth of a Persian Empire*, London: I. B. Tauris, 2006.

Quinn, Sholeh, *Shah ʿAbbas: The King Who Refashioned Iran*, London: Oneworld, 2015.

第二章

鄂圖曼帝國的繁榮

——邁向東地中海世界伊斯蘭盟主之路

林佳世子

前言

十六世紀的東地中海世界，可說是鄂圖曼帝國的時代。經歷了十五世紀，成長為巴爾幹安納托利亞西部大國的鄂圖曼土耳其帝國，在進入了十六世紀後，更是往東西南北四方擴張，成為了大帝國。開啟這個開端的，是塞利姆一世（Selim I）。他與薩法維帝國爭奪安納托利亞的霸權，獲得了安納托利亞中部、安納托利亞東部和敘利亞、埃及等地區。他取代了馬木路克蘇丹國，成為麥加、麥地那的守護者。這個變化，讓原本遠離伊斯蘭世界「中心」的邊境國家鄂圖曼帝國，搖身一變成為「伊斯蘭盟主」。

而打造了「伊斯蘭盟主」的實質地位的，則是在他後面繼位的蘇萊曼一世（Suleiman I）。在他的時代裡，鄂圖曼帝國征服了歐洲的中部地區，包含匈牙利和外西凡尼亞，在地中海南岸則是逐漸統治了今天的摩洛哥東部。在東邊，他與薩法維帝國分廷抗禮，儘管沒有獲得決定性的勝利，但卻統治了伊拉克。接著派遣艦隊前往印度洋，以「伊斯蘭盟主」的身分，展現了與「異教徒」戰鬥的姿態。

不過這樣的擴張，在蘇萊曼一世的前半治世就大致停止，從擴張的時代進入到安定的時代。蘇萊曼一世在他的後半治世，花費心力整頓官僚體制和稅制，讓國家從軍人的國家，搖身一變成為官僚的國家。而這也讓鄂圖曼帝國在蘇萊曼逝世之後，仍維持了很長一段時間的安定。

十六世紀的鄂圖曼帝國，肩負起歐洲國際關係的責任。他和哈布斯堡家族與威尼斯，競爭中歐與地中海的霸權引發戰爭，並由於法國瓦盧瓦王朝是敵國之敵國，因此鄂圖曼帝國和法國締結了同盟。在面對哈布斯堡家族時，鄂圖曼包圍了維也納，算是十分逼近要害，並且在普雷韋扎海岸的海戰當中，大破以威尼斯為中心的艦隊。戰爭屢屢以和平終結。蘇萊曼一世的政府，和哈布斯堡家族及威尼斯的使節交涉，使其多次支付納貢金等換取和平。這樣的做法，正是鄂圖曼帝國是歐洲國際秩序一分子的證據。

另一方面，對鄂圖曼帝國來說，在與薩法維帝國的對抗，和因「領土」所引起的戰爭有所不同。因為薩法維帝國遊牧民族傳達的訊息，讓許多出身安納托利亞遊牧民族的人民產生共鳴，因此有很多人期待安納托利亞能依附薩法維帝國。塞利姆一世、蘇萊曼一世都從安納托利亞遠征到伊朗高原，擊敗了薩法維帝國後，才讓安納托利亞的人們服氣的成為鄂圖曼帝國的臣民。如此一來，安納托利亞這塊土地上土耳其和伊朗的界線，也逐漸固定下來。

蘇萊曼一世非常愛護文藝和藝術。他喜好詩句，自身也留下不少詩篇，非常照顧詩人。此外，他也支持史書和地理書籍的編纂。不斷製作附插圖的手抄本，在他的兒子塞利姆二世、孫子穆拉德三世的時代裡，都出現了許多優秀的作品。在建築方面，藝術彩繪了十六世紀的鄂圖曼帝國。在建築家米馬爾·希南（Mimar Sinan）手下，發展出繽紛多彩的圓頂建築，例如有紀念蘇萊曼王子的澤扎德清真寺（Şehzade Camii）、蘇萊曼一世的陵墓蘇萊曼尼耶清真寺（Süleymaniye Camii）、以最大的圓頂建築為傲，並冠上塞利姆二世之名的塞利米耶清真寺（Selimiye Camii，位於埃迪爾內）等。其他還有魯斯坦帕夏（Rüstem Paşa）、索庫魯·穆罕默德帕夏（Sokollu Mehmed Paşa）等政要所要求建造的清真寺等建築傑作。這些建築的內部，裝飾了伊茲尼克生產的植物圖樣磁磚，直到今天，仍向眾人傳達著鄂圖曼帝國的輝煌。

塞利姆一世（一四六七?—一五二〇年）

一、誕生

塞利姆一世，被認為於一四六七／八年（伊斯蘭曆八七二年）或一四七〇年（伊斯蘭曆八七五年）出生於安納托利亞的阿馬西亞，當時是穆罕默德二世的統治時期，他的父親是當時鄂圖曼帝國的巴耶濟

塞利姆一世

德王子，父親之後成為鄂圖曼帝國第八代蘇丹。關於他的母親，有眾多說法，其中一說認為他的母親是安納托利亞東南部杜勒卡迪爾侯國的阿拉優德夫勒貝伊之女古爾巴哈可敦（Gülbahar）。穆罕默德二世和東方杜勒卡迪爾侯國締結同盟，而巴耶濟德王子和杜勒卡迪爾侯國的女子結婚，很有可能就是結盟的一項證據。

在祖父穆罕默德二世過世後，他的父親巴耶濟德和弟弟傑姆蘇丹爭奪繼位權，最終由巴耶濟德獲得勝利。若是由傑姆獲勝，塞利姆的性命可能不保。即位後的君主按照往例都會殺了曾是敵人的兄弟，這種「屠殺兄弟」也會波及兄弟的子女們。戰敗的傑姆逃向鄂圖曼帝國的敵方，也就是威尼斯和羅馬教皇那一邊，被當成人質，有很長一段時間在政治上不斷被利用，當成談判的籌碼。因此，即位的巴耶濟德二世在統治的前半期，鄂圖曼帝國的外交政策呈現綁手綁腳的狀態。一四九五年，傑姆遭到暗殺，有人認為這可能是出自巴耶濟德二世的命令。從此之後，巴耶濟德二世的統治才總算獲得自由。

塞利姆有阿卜杜勒、艾哈邁德、科爾庫特、阿雷穆夏等兄弟，這些兄弟都是他在繼位時的敵手。由於從祖父穆罕默德二世的時代起，「屠殺兄弟」就已成為慣例，那麼不難想見這些兄弟在為了爭奪王位時，都會採取非常有戰略性的行動。年輕的塞利姆，一出生就處於不利的狀況，不過他只向前看的判斷力和行動力，讓他最終獲得了勝利，可說是憑實力開創自己命運的人物。

二、王子時代

塞利姆在身分仍為王子的時代裡，擔任特拉布宗（舊稱特拉佩佐斯）的縣軍政官長達二十多年的時間。以縣軍政官的上任地點來說，當父親蘇丹過世時，若要最早抵達首都伊斯坦堡，最好的地點是布爾薩、阿馬西亞或馬尼薩等地，但特拉布宗太遠，非常不利。以這層意義來說，塞利姆當時可說是被放在繼承者之爭的圈外。

然而長時間待在特拉布宗的經驗，對塞利姆而言帶來了正面的影響。面黑海的特拉布宗，是拜占庭帝國後裔特拉比松帝國的中心，在一四六一年，由塞利姆的祖父穆罕默德二世所征服，被納入鄂圖曼帝國的領土，人民大多都是基督教徒，透過黑海航線，可以到達義大利各城市、高加索地區或克里米亞半島等地。另一方面，又能把經由伊朗而來的產品，藉由海路運送出去，是非常重要的地點。塞利姆王子經常向伊斯坦堡方面報告位處「國境」城市特拉布宗、安納托利亞東部、南部和高加索、伊朗各方勢力的情報。在和格魯吉亞（喬治亞）等勢力抗爭時，國境地帶的戰爭讓他累積了非常充分的軍事經驗。不過，特拉布宗缺乏農業耕地，收入短缺，因此留下塞利姆親自為了準備資金而奔走的史料紀錄。

當他進入三十歲後，安納托利亞東部的情勢，由於薩法維王朝和支持其勢力的土耳其系遊牧民族奇茲爾巴什勢力的抬頭，而風雲變色。原本薩法維王朝在出兵安納托利亞東部的埃爾津詹時，就高舉著激進的異端信仰旗幟，深深吸引了土耳其系遊牧民族的人心。這股勢力在一五〇一年攻占了大不里士，成為伊朗高原的霸主後，大大動搖了生活在鄂圖曼帝國領土上的土耳其遊牧民族人心。薩法維王朝甚至派遣傳教士到安納托利亞，企圖拉攏土耳其系遊牧部落。

塞利姆王子對此情勢抱持著危機感，但父親巴耶濟德二世卻採取靜觀其變的態度，告誡塞利姆不要太心急。但是位於西安納托利亞的安塔利亞的沙庫爾勢力，屬於親薩法維派，當沙庫爾在一五一一年發動叛變時，情勢產生了突變。原本艾哈邁德和科爾庫特等兄長們在繼承者之戰中占了優勢，但在應對沙庫爾的叛變時，失去了土耳其禁衛軍耶尼切里軍團的信賴，因此情勢轉向對塞利姆有利。

在此之前的一五一〇年，塞利姆就已經從任職地特拉布宗出發，到達兒子蘇萊曼擔任軍政官的克里米亞半島費奧多西亞（舊稱卡法），並以此為據點，對支持哥哥艾哈邁德的父親巴耶濟德二世打著反抗的旗幟。一五一一年八月，事態甚至演變至他在喬爾盧近郊，和父親的軍隊直接對峙的局面，不過他在對父親第一次的直接挑戰失敗，退回了奧多西亞。

然而在一五一一年九月，艾哈邁德為了要求讓位，抵達伊斯坦堡，但耶尼切里軍出面抵抗，司令官表示他們支持在奧多西亞的塞利姆王子的立場。受到耶尼切里軍的壓力，一五一二年三月，父親巴耶濟德二世召回在奧多西亞擔任「軍人司令官」的兒子塞利姆王子，同年四月，塞利姆成功讓父親退下蘇丹之位。

之後，巴耶濟德二世在前往季季莫蒂霍隱居的途中死亡。有傳言認為他是遭到塞利姆的毒害，不過鄂圖曼帝國方面的史料對此事保持沉默。即位的塞利姆一世，在接下來的一年裡，陸陸續續殺害了剩下的兄弟以及兄弟的孩子們，鞏固了自己蘇丹的地位。

三、對薩法維王朝的戰爭——查爾迪蘭戰役

塞利姆一世在即位後不久，便開始著手處理位於安納托利亞東部的威脅——薩法維王朝，並展開與其君主伊斯邁爾一世（↓第一章）的戰爭。在安納托利亞東部，一直有許多遊牧民族和農民從鄂圖曼帝國的統治之下，逃亡到薩法維王朝，自從在特拉布宗擔任縣軍政官的時代，塞利姆的職責就是必須阻止這樣的狀況發生。同時，在塞利姆遠征之前，他就在安納托利亞各地進行調查，鄂圖曼的史書中能見到很多敘述，記載他當時處決了許多伊斯邁爾的支持者，處決的人數高達四萬人。不過根據近年的研究，認為這些史料的證據很薄弱，而「調查」的，則是關於兄長艾哈邁德王子逃到薩法維王朝保護傘下的兒子穆拉德（Şehzade Murad），但四萬的數字應該是太過誇張了。儘管如此，這樣的「傳說」之所以會流傳下來，是因為身為特拉布宗縣軍政官的塞利姆一世，深知當地的狀況，而他也深知薩法維王朝這樣的威脅，儘管和他們一樣信仰伊斯蘭教，但異端色彩太過強烈，讓他並不信任薩法維王朝人民的信仰，而由於安納托利亞的人民支持這樣的信仰，所以他也理解這個問題影響了安納托利亞人民的歸屬。

一五一四年，塞利姆一世從埃迪爾內出發，在伊斯坦堡接受了出征儀式之後，經過亞洲前往安納托利亞。他向伊斯邁爾一世送出了開戰的書信，並前進至錫瓦斯。再往前的話，就是當時屬於薩法維王朝

的領地，但是卻不見薩法維王朝的軍隊，且遠征道路又被與薩法維王朝勾結的勢力破壞。因此，由於糧食難以確保，造成軍隊士氣大落，但塞利姆會下令處死主張消極論的當權軍人，以穩定對軍隊的管理。

在此時，伊斯邁爾一世則是祕密整頓軍隊，準備在凡湖東邊的查爾迪蘭迎擊鄂圖曼軍隊。儘管鄂圖曼軍隊因為長途遠征而疲憊困頓，但兩軍在一五一四年八月二十三日進行決戰。一部分說法稱當初雙方軍隊都有大約十萬人左右的士兵，不過實際上估計應該是四萬—六萬人左右。戰爭一開始是雙方都是騎在馬上的騎兵，到最後鄂圖曼軍隊的大砲和火繩槍發揮了威力，讓鄂圖曼獲得了最終的勝利。儘管路途遙遠，鄂圖曼軍隊仍運了一百五十座大砲，且有兩千名步兵製作了火槍。大砲和火槍等火器戰勝了騎兵，這可說讓人回想起日本的長篠之戰。

在這場戰役之後，塞利姆一世追擊薩法維軍隊到大不里士，並在此地獲得了許多戰利品，最終回歸安納托利亞的阿馬西亞。據說塞利姆一世希望在新征服之地越過冬天，並繼續追擊伊斯邁爾，不過最終卻由於軍隊期望歸返，甚至暗示要發動叛亂，塞利姆只好妥協。

隔年春天，塞利姆一世的軍隊從阿馬西亞出發，朝著安納托利亞東南部前進。他們攻下柯馬城後。又攻打了與馬穆魯克王朝結盟、且對薩法維王朝採取消極處理的杜勒卡迪爾侯國。塞利姆一世在一五一五年六月，大敗杜勒卡迪爾侯國的君主博茲庫特（Ala al-Dawla Bozkurt），並把他的首級送往馬穆魯克王朝。另外，在安納托利亞東南與薩法維王朝的國界，他吸收庫德族人到自己的陣營，獲得了底格里斯河的要衝迪亞巴克爾（一五一五年九月）。

而已經在七月回到伊斯坦堡的塞利姆一世，遷居埃迪爾內，並在此地度過了一五一五、一五一六年的冬天。

四、征服敘利亞和埃及

一五一六年，塞利姆一世再度開始準備遠征東方。他的目的被認為仍舊是薩法維王朝持續反抗的迪亞巴克爾。六月他從埃迪爾內出發，很快就發現馬穆魯克王朝的蘇丹正在進軍阿勒頗，因此他轉向南前進。儘管原來的目的是薩法維王朝，但他獲得了宗教領袖的教令（法特瓦，Fatwa），表示「幫助異端之人，亦是異端。與異端的戰爭即為聖戰」，因此他計畫攻打馬穆魯克王朝。

在一五一六年八月二十四日，他們在阿勒頗的近郊開戰。此戰役和當初的查爾迪蘭戰役相同，大砲和火槍發揮了威力，在短時間內，鄂圖曼軍隊便獲得了壓倒性的勝利。馬穆魯克王朝的蘇丹坎蘇二世·葛里在戰爭中死亡。而塞利姆一世俘虜了阿拔斯家族的哈里發。據說塞利姆一世對他非常禮遇，也帶著他進行剩下的遠征之旅。接著塞利姆一世又前往大馬士革，和平征服此地後，接著又成功到耶路撒冷朝聖，最後度過沙漠，前往開羅。

他最終能攻下開羅，和原本是馬穆魯克王朝太守、對鄂圖曼帝國輸誠的貝伊有很大的關係。一五一七年一月，在決戰之地里達尼亞，馬穆魯克王朝的陣營以新即位的蘇丹圖曼貝伊二世為中心，發動激烈反抗，戰爭十分激烈，甚至連鄂圖曼帝國宰相哈德姆·錫南帕夏都戰死了。但最終還是由鄂圖曼帝國獲得了最終勝利。然而開羅城內持續了兩個多月的抵抗戰，在一五一七年四月，圖曼貝伊二世遭到處決。

塞利姆一世在開羅前後滯留了九個月的時間，他將阿拔斯王朝的哈里發及其他烏理瑪（伊斯蘭學者）和工匠、在開羅獲得的聖物等戰利品，裝載在從伊斯坦堡開來的艦隊，並送往伊斯坦堡。並且他在六月公開宣言繼承馬穆魯克王朝蘇丹之位，因此獲得了麥加、麥地那保護者的地位。接著他又下達了許多命令，在穩固了統治埃及的基礎後，離開開羅。之後，他在一五一七年十月起，總共在大馬士革待了大約八個月的時間，修復伊本·阿拉比的墳墓，在隔年的一五一八年七月才回到伊斯坦堡。換句話說，這趟遠征歷時兩年一個月，他征服了開羅、大馬士革、阿勒頗等阿拉伯世界自古以來的都城，並待上了很長的一段時間。隨著成為麥加、麥地那的保護者，這趟遠征可說是鄂圖曼帝國擔負起伊斯蘭傳統的契機。

五、塞利姆一世之死

從敘利亞回來之後，塞利姆一世短暫待在埃迪爾內，隨後在一五一九年四月移居伊斯坦堡，在此地整頓艦隊，並為遠征羅得島做準備。但是在東方的國境地帶，與薩法維王朝的抗爭再度升溫，因此最終他的羅得島遠征無法成行。一五二〇年，由於伊斯坦堡流行黑死病，因此塞利姆一世在六月離開了伊斯坦堡。但是在前往埃迪爾內的途中，他在喬爾盧（Çorlu）染病，於一五二〇年九月去世。死因據推測是由黑死病所引起的。

在他死後，他的死訊一直被隱瞞到蘇萊曼王子抵達伊斯坦堡之際。其後他被埋葬在能俯瞰伊斯坦堡金角灣的山丘上。這時塞利姆一世的清真寺還在興建基礎的階段，但在蘇萊曼一世的命令之下，建造了一座圓頂的清真寺。塞利姆一世便被改葬在清真寺後的寺廟裡。

六、塞利姆一世帶來的影響

塞利姆一世的治世僅短短八年，但卻從根本改變了鄂圖曼帝國的性質，讓蘇萊曼王子繼承了一個新的時代。第一，出乎意料成功的遠征馬穆魯克王朝，讓鄂圖曼帝國成為阿拉伯地區以及麥加、麥地那的保護者，也讓鄂圖曼帝國從一個邊境的帝國，搖身一變成為「伊斯蘭盟主」。而「伊斯蘭盟主」的實際角色，就託付給兒子蘇萊曼的治世了。

第二，在討伐薩法維帝國時獲得了成果，將安納托利亞東部和東南部都收歸版圖。這也打造了安納托利亞人民接受伊斯坦堡統治的基礎。今天被稱為「土耳其」的地區，都在鄂圖曼帝國的支配之下。然而塞利姆一世突然逝世，讓這項偉業無法完成。剩下的課題就由蘇萊曼的時代承接下去。

塞利姆一世在土耳其語被稱為亞武茲．蘇丹．塞利姆（Yavuz Sultan Selim）。亞武茲的意思是「冷酷者」，而事實上，他的一生的確是剛毅且貫徹冷酷的人。眾所周知他屠殺了許多親近的人與家臣，但是這位「冷酷者」受到後世很高的評價，記載了其治世的《塞利姆王書》等多部傳記，都將塞利姆描繪成鄂圖曼帝國歷代蘇丹當中的明君。

塞利姆一世死後，他只留下了一位蘇萊曼王子繼位。從墓碑推測，他在特拉布宗擔任軍政官時，應該還有其他王子，但實際上只有蘇萊曼一人活至成年的年紀。另一方面，他有至少六個女兒，都活過成年，且都和高官聯姻。這個對比數字非常不自然，讓人認為他是為了防止繼位者發生爭奪戰，因此殺害了自己的其他兒子，不過其中真偽不明。無論如何，塞利姆的兒子並不需要經歷父親所親身經歷過的權力繼承血洗鬥爭。根據書記官傑拉薩德．穆斯塔法（Celâlzâde Mustafa Çelebi）記載，臨終前他在床上，提到自己經常斥責宰相皮里．穆罕默德帕夏（Pîrî Mehmed Paşa），說：「（自己）對他做得太過分了，但這也是不得已的啊，這都是為了國家與人民。」這或許也符合了「冷酷者」這個名字吧。他是帶領鄂圖曼帝國走向繁榮的優秀蘇丹。

蘇萊曼一世（一四九四—一五六六年）

一、王子時代

蘇萊曼出生於一四九四年，當時他的父親塞利姆仍是王子的身分，在特拉布宗擔任軍政官。母親是艾謝．哈芙莎王妃。他的父親在蘇丹的繼承鬥爭當中，曾針對兒子蘇萊曼的縣軍政官任職地出現一些條件交換，不過在一五〇四年，他被任命為克里米亞半島卡法（今烏克蘭的費奧多西亞）的軍政官。當時他和母親艾謝・哈芙莎一同赴任。從一四七五年起，克里米亞汗國納入鄂圖曼帝國的保護下後，卡法就成為鄂圖曼帝國相當重要的城市。透過黑海的海上航線，可以通往特拉布宗，也能通往伊斯坦堡，除此之外，沿著黑海沿岸的路線，也能通到巴爾幹半島各省，地理位置優越。父親塞利姆為了要逆轉在繼位者爭奪中不利的立場，想要利用兒子的赴任之地，以巴爾幹半島為據點，透露出半獨立的動向，向伊斯坦堡的蘇丹巴耶濟德二世施加壓力，因此選擇了此地。父親塞利姆自己也在一五一〇年移居卡法，採取了從這裡瞄準伊斯坦堡的鮮明態度。

父親塞利姆在繼承鬥爭中獲得勝利，繼位成為塞利姆一世之後，持續討伐自己的兄弟，在此期間，蘇萊曼王子一直待在伊斯坦堡守護著父親的王位。其後，一五一三年四月，他赴任馬尼薩擔任縣軍政官。父親塞利姆一世在他短暫的治世當中，花了一大半的時間在遠征伊朗地區、安納托利亞東南和阿拉伯地區，而蘇萊曼王子在此期間，則為了可能從西方而來的攻擊做準備，花了很長的時間待在埃迪爾內。儘管不清楚他身為王子，也是唯一的繼承者，受過什麼樣的教育，不過從他的言行舉止可以推知，

蘇萊曼一世

他的身邊有許多優秀的烏理瑪，且受過文與武的帝王教育。當王子待在馬尼薩的期間，他除了與瑪希德弗朗王妃之間生下穆斯塔法王子之外，還誕下了馬哈茂德王子和穆拉德王子。

二、即位

父親塞利姆一世在一五二〇年九月因黑死病而逝世後，由於沒有其他的王子，因此他穩穩當當的繼承王位。蘇萊曼一世在即位之際，按照耶尼切里軍等常備軍的要求，分發了繼位時已成慣例的獎金配給。除此之外，他也把父親時代的遠征戰利品，歸還給從大不里士和開羅被帶到伊斯坦堡的烏理瑪和工匠們。在這一連串的政策之中，他也讓原本在馬穆魯克王朝，被俘虜到伊斯坦堡的阿拔斯王朝哈里發穆塔瓦基勒三世能夠回到開羅。這個舉動使得在十八世紀之後，產生了一個「哈里發之位由鄂圖曼帝國的蘇丹所繼承」的解釋。

取代了強權的塞利姆，帝國內外都視年輕的蘇丹即位是一個大好機會。歐洲各國的使節都向上報告「蘇萊曼一世是沒有經驗的年輕人」。前馬穆魯克王朝的軍人、被鄂圖曼帝國任用的大馬士革縣軍政官，也試著發動叛亂，鄂圖曼帝國在阿拉伯地區的統治仍然稱不上很完全，不過在這樣困難的局面之下，蘇萊曼一世卻相當積極的處理對外的關係。

這時候的宰相（大維齊爾）仍舊和父親塞利姆一世時代相同，是烏理瑪出身的皮里·穆罕默德帕夏。

三、征服貝爾格勒和羅得島（一五二一－一五二二年）

一五二一年春天，蘇萊曼首先選擇的遠征地是巴爾幹的塞爾維亞匈牙利王國。大維齊爾皮里．穆罕默德帕夏和之後發動叛亂的哈因．艾哈邁德．帕夏（Hain Ahmed Paşa）之間不合，蘇雷曼一世原本希望往西方薩瓦河方向拓展，但在大維齊爾的強烈要求下，轉而包圍貝爾格勒。當時的貝爾格勒是屬於雅蓋隆王朝的土地。鄂圖曼軍包圍了當時由年輕的匈牙利國王拉約什二世所守護的多瑙河畔城市，並在一五二一年八月二十九日攻下這座城。貝爾格勒對蘇萊曼來說，是曾祖父穆罕默德二世所無法征服的土地。藉由這次的成功，毫無疑問地提升了蘇萊曼這位年輕蘇丹的威望。

到了秋天，他們在伊斯坦堡舉行了慶祝戰勝的儀式。但是在這個時候，馬哈茂德王子和穆拉德王子因病身亡的悲劇，卻降臨在蘇萊曼一世身上。為了彌補這個遺憾，他和許蕾姆王妃產下了他們之間的第一個孩子穆罕默德王子。

一五二二年，蘇萊曼遠征至地中海的羅得島。這裡也曾是曾祖父穆罕默德二世試著要征服、但卻失敗的地方。我們不清楚這個選擇究竟是偶然抑或有意，但可以推測他和曾祖父穆罕默德二世同樣是「征服者」。據說也是因為有大維齊爾皮里．穆罕默德帕夏和親信易卜拉欣帕夏（Ibrahim Pasha）的強烈建言。

他在一五二二年六月派出了海軍，這支海軍以父親留下的艦隊為中心。他親自走陸路，帶領海軍在七月抵達安納托利亞西邊的馬爾馬里斯港，從此地搭船到羅得島。他持續包圍羅得島直到此年的十二

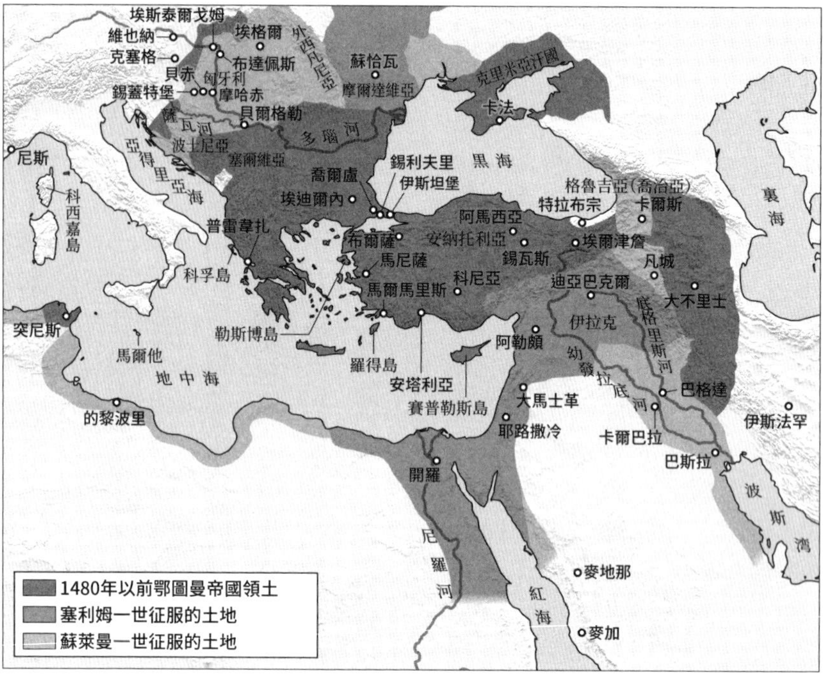

十四—十七世紀鄂圖曼帝國的擴張

月，在激戰過後，最終羅得島的聖約翰騎士團降伏，退出羅得島。

據說之後蘇萊曼一世進到羅得島的城裡，行了伊斯蘭週五禮拜，象徵完成了此地的征服。祖父巴耶濟德二世的弟弟傑姆之子穆拉德王子在羅得島上，他已改信基督教，但在島嶼被征服後遭到殺害。蘇萊曼在隔年一五二三年回到了伊斯坦堡。

四、親信的鬥爭與埃及問題（一五二三—一五二四年）

在征服了羅得島之後，蘇萊曼的親信之間爆發了權力鬥爭。第二維齊爾哈因．艾哈邁德．帕夏和蘇萊曼的親信易卜拉欣帕夏計策，讓大維齊爾皮里．穆罕默德帕夏在一五二三年六月垮臺，他們所端出的理由是「皮里．穆罕默德帕夏收了原本是馬穆魯克王朝、已經回到開羅的那些烏理瑪和工匠們的賄賂」。而這被判有罪，因此皮里．穆罕默德帕夏只得退隱至錫利夫里。接著，蘇萊曼的親信易卜拉欣帕夏便被擢升為大維齊爾，他被視為「蘇丹跟前的大紅人」，此拔擢之舉被視為特例。當時蘇萊曼一世還為易卜拉欣帕夏舉辦了盛大的婚禮。

蘇萊曼一世對易卜拉欣帕夏如此的厚愛，使得原本是大維齊爾第二把交椅的哈因．艾哈邁德．帕夏，自願成為埃及的省軍政官，離開了伊斯坦堡。當他在赴任地開羅時，便以自己的名字進行週五禮拜，對蘇萊曼一世發動叛變。這場叛變很快就被弭平，但埃及卻陷入了混亂。眼見這個狀況，大維齊爾易卜拉欣帕夏被派遣到開羅。傑拉薩德．穆斯塔法身為書記官也一同前往。易卜拉欣帕夏除了努力恢復開羅的治安之外，也調查了在馬穆魯克王朝統治時代的徵稅帳本，他活用了這些帳本，統整出治理埃及的法令。易卜拉欣帕夏的這些施政，讓鄂圖曼帝國得以穩定的統治埃及。

另一方面，在一五二四年十一月，蘇萊曼一世於伊斯坦堡，對耶尼切里軍團叛亂的首謀者做出了處決的嚴正姿態，努力的掌握民心。

一五二四年五月，他與許蕾姆王妃產下了他們之間的第二個孩子塞利姆。

五、遠征中歐等（一五二五—一五三二年）

第三次的親征，他再度把目標放在歐洲方面。歐洲的霸權爭奪，一直是哈布斯堡家族成為神聖羅馬帝國皇帝的查理五世，與法國的法蘭索瓦一世之間的對立。但法蘭索瓦一世的母親遭到查理五世俘虜，她在一五二五年時向蘇萊曼求援，因此蘇萊曼決定加入歐洲的戰爭。他做足了各種準備，並在一五二六年四月出發遠征。六月他抵達貝爾格勒，由此地進入匈牙利的平原，在八月於摩哈赤（又稱莫哈奇）與匈牙利軍隊對戰。

這場摩哈赤戰役很快的便以鄂圖曼帝國的勝利告終，匈牙利王國的拉約什二世戰死於此。而匈牙利的雅蓋隆王朝，實質上也在此刻告終。鄂圖曼的軍隊仍持續前進，在九月進入布達（今部分的布達佩斯）後，就打道回府，回到伊斯坦堡。此時他們俘虜了城裡的猶太教徒至伊斯坦堡。

摩哈赤戰役的勝利帶來了很大的影響。拉約什二世沒有留下繼承者就過世了，因此與他妹妹締結婚姻關係的斐迪南一世，是哈布斯堡家查理五世的弟弟，主張擁有匈牙利領地（一五二六年十二月）。另一方面，匈牙利的貴族們卻推舉特蘭西瓦尼亞總督扎波堯伊．亞諾什（John Zápolya）為王（一五二六年十一月）。在鄂圖曼帝國的支持之下，他企圖成為鄂圖曼帝國的屬國，來維持匈牙利王權的存續。另一方面，斐迪南一世在一五二七年九月奪下布達，自行宣布為匈牙利國王，因此哈布斯堡家族和鄂圖曼帝國的對立，以匈牙利為軸線，更顯鮮明。

受到這一狀況，蘇萊曼一世為了奪回布達，在一五二九年五月親自出發遠征。在此期間，一五二七年、一五二八年，蘇萊曼一世都未進行遠征，這是因為安納托利亞東邊出現了親薩法維王朝的反叛勢力（卡倫德．切萊比叛亂），因此安納托利亞的情勢較混亂的緣故。在後面會提到，安納托利亞在被塞利姆一世征服後，開始的「鄂圖曼化」政策，由蘇萊曼一世所繼承，但這些政策讓安納托利亞當權的家族和遊牧民族產生了叛變，也讓向薩法維王朝投誠的運動表面化，越來越多希望脫離鄂圖曼帝國的聲音。因此在一五二七年，易卜拉欣帕夏被派遣到安納托利亞東南，他巧妙運用恩威並濟、軟硬兼施的策略，懷柔當地的各股勢力。因此蘇萊曼一世得以在一五二九年，開啟了這趟名留歷史的歐洲遠征。

此行遠征，他任命易卜拉欣帕夏為總司令官。這一年的天氣惡劣，因此旅途相當困難，他們終於在八月抵達了匈牙利的摩哈赤，在此地與扎波堯伊．亞諾什會合，前往奪回布達。九月，他們從哈布斯堡家族手中奪回布達，達成了目的，並在此地為扎波堯伊．亞諾什戴上匈牙利國王的王冠。不過此時蘇萊曼一世本人卻沒有參加加冕儀式，而是在狩獵場度過。這可說是他對內外表示，以鄂圖曼帝國來說，匈牙利國王的加冕，充其量只不過是家臣的一項儀式罷了。蘇萊曼一世為了落實鄂圖曼帝國的「家臣」扎波堯伊．亞諾什對匈牙利的統治，又進入到哈布斯堡家族統治的土地，從九月二十七日開始，花了十七天包圍維也納。不過最後卻無法征服此地，由於天氣過於寒冷，最終只好打道回府。在鄂圖曼帝國方面的史料中，提到了解除圍城和撤退的理由，當中有提到是因為斐迪南一世不在城中的緣故。

一五三〇年六月，伊斯坦堡為了祝賀戰勝和穆斯塔法王子、穆罕默德王子、塞利姆王子的割禮，進行了長達數週的慶祝典禮。

但是在這之後，斐迪南一世又包圍了布達（一五三一年）、哈布斯堡家族不間斷的干涉，因此一五三二年，蘇萊曼一世再度為了與哈布斯堡家族「西班牙王」查理五世進行決戰，出發遠征到中歐。但是當鄂圖曼軍隊進入哈布斯堡領土的途中，哈布斯堡家族的軍隊並沒有出現，因此沒有交戰的機會。最後，鄂圖曼軍隊征服了距離維也納南邊八十公里的克塞格，但趕在冬天來臨之前，又返回了伊斯坦堡。不過哈布斯堡軍隊如此迴避開戰，代表著哈布斯堡承認了布達以南的匈牙利是由鄂圖曼所統治，這在一五三三年一月，斐迪南一世派遣使者造訪伊斯坦堡，並提出和平協議時可以看出。這個協議的結果，由斐迪南一世統治匈牙利北部和西部，由扎波堯伊．亞諾什統治包含布達在內的中部和南部，雙方都必須對鄂圖曼帝國納貢。

六、薩法維遠征和易卜拉欣帕夏的處刑（一五三三—一五三六年）

在哈布斯堡與匈牙利之間的抗爭告一段落之後，蘇萊曼一世開始進攻被視為安納托利亞紛亂的「元兇」薩法維王朝。一五三三年十月，他派遣了以易卜拉欣帕夏為首的先發隊，並在一五三四年六月，開啟他的第六次親征。帶頭的易卜拉欣帕夏在六月進入凡城，八月進入大不里士。而蘇萊曼一世的主力部隊也在九月進入了大不里士。儘管在接下來南下途中遭遇了惡劣的天氣，且路途艱難，但他們卻沒有遇到薩法維軍隊的抵抗，順利的在十一月進入巴格達，並在此度過冬天。在巴格達，他們除了「發現」了遜尼派始祖阿布．哈尼法之墓，並進行重建之外，也造訪了什葉派的聖地卡爾巴拉和納傑夫等地，在此地度過了四個月的時間。

進入一五三五年，薩法維王朝收到凡城被攻占的消息，在四月出發前往巴格達。薩法維軍隊繞過北伊拉克，六月進入了大不里士。他們從此地追擊薩法維軍隊，不過他們獲知薩法維王朝的太美斯普一世回到了伊斯法罕，並沒有對戰之意，因此他們也踏上歸途，結束了長達一年六個月的遠征，在一五三五年底回到伊斯坦堡。

最終這趟長途親征，他並沒有和薩法維王朝直接對決，在無傷亡的狀況下獲得了巴格達，同時也取得了波斯灣岸巴斯拉的統治權。但是鄂圖曼帝國的主力軍隊一離開，薩法維王朝又立刻奪回了大不里士。因此這趟遠征原本是要討伐薩法維王朝，卻失去了其意義，顯示出東方的戰爭困難度更勝西方的結果。

從薩法維王朝遠征回來不久，蘇萊曼一世的王宮裡就發生了重大的事件。一五三六年三月，親信易卜拉欣帕夏突然被處以絞刑而死。在鄂圖曼帝國裡，德夫希爾梅（血稅）制度出身或王宮出身的軍人，就算是當到大維齊爾，也仍然是「蘇丹的奴隸」。以這點來看，與不算是「蘇丹的奴隸」的烏理瑪和官僚，有很大的差異。在蘇丹的後宮中擁有獨立房間這種特別待遇的寵臣，竟然遭到處死，這件事引起了很大的波瀾，不過原因並沒有被公開。極有可能是易卜拉欣帕夏行使了可能會威脅到蘇丹的權力，又或者是起源於許蕾姆王妃等宮中勢力的鬥爭。但無論如何，在沙場征戰無數的蘇萊曼一世對易卜拉欣帕夏的處刑，成了蘇萊曼一世治世的轉折點。

在處決了易卜拉欣帕夏之後，蘇萊曼一世的戰爭失去了光輝。然而取而代之的是他致力於內政，讓後代的歷史學家賦予他意為「立法者」的稱號：卡努尼。在易卜拉欣帕夏之後，阿亞斯．穆罕默德．帕夏被拔擢，成為了大維齊爾。

七、地中海的勝利等（一五三七—一五三九年）

鄂圖曼帝國的海軍軍力本來就比較弱，但地中海的知名海盜奧魯奇和赫茲爾這對兄弟（赫茲爾其後以海雷丁．巴巴羅薩〔Barbaros Hayreddin Paşa〕而為人所知），卻為鄂圖曼帝國帶來了轉機。在一五一九年，塞利姆一世的時代裡，他們的艦隊曾臣屬於鄂圖曼帝國。到了一五三四年，蘇萊曼一世任命海雷丁為海軍總督，他攻掠了北非的突尼斯，活動範圍相當廣泛（但在一五三五年，突尼斯被查理五世奪回）。

蘇萊曼一世企圖仰賴強化海軍來達成征服義大利之夢，在一五三七年五月，他出發征服在愛奧尼亞海的科孚島。但是在攻占科孚島要塞時失敗，只好在九月踏上歸途回到伊斯坦堡。不過在海上的海雷丁仍持續活動，攻下了愛琴海上屬於威尼斯的島嶼。在一五三八年九月的普雷韋扎海戰當中，他與威尼斯之間的鬥爭，分出了勝負。海雷丁打敗了安德烈亞．多里亞所率領的維也納西班牙聯合艦隊，確保了地中海的制海權。

一五三八年，蘇萊曼一世轉向摩爾達維亞進行遠征。摩爾達維亞公國原本投靠哈布斯堡，該年八月，蘇萊曼征服了巴巴達，九月攻陷蘇恰瓦，追擊摩爾達維亞公國，將黑海沿岸納入統治之下。憑藉此舉，鄂圖曼帝國確保了從黑海北岸到巴爾幹的交通管道，並且獲得了黑海的控制權。

在接下來的一五三九年、一五四〇年裡，蘇萊曼一世並沒有參加遠征，這兩年他幾乎都在打獵和慶祝儀式中渡過。到了一五三九年，為了取代過世的阿亞斯．穆罕默德．帕夏，他任命妹妹的丈夫呂特菲帕夏為大維齊爾。這一年，巴耶濟德王子和吉漢哲王子行了割禮，蘇萊曼一世並將自己和許蕾姆王妃所生的米赫麗瑪公主（Mihrimah Sultan）許配給當權軍人魯斯坦帕夏。

八、中歐的情勢（一五四〇—一五四三年）

一五四〇年七月，匈牙利王扎波堯伊．亞諾什過世後，匈牙利的情勢再度陷入混亂。哈布斯堡家的斐迪南主張擁有全匈牙利的土地，並在一五四一年五月包圍布達。受此影響，蘇萊曼一世再度出發遠征中歐，並發動匈牙利軍，決定不再透過匈牙利王，要親自統治布達以南的匈牙利領土。蘇萊曼一世在九月進入了布達。此後的一百五十年間，匈牙利南部的布達，被劃入鄂圖曼帝國的省縣體制之內。此外，他將外西凡尼亞列為屬國，讓扎波堯伊．亞諾什的兒子來管理。

但是到了一五四二年秋天，哈布斯堡的軍隊包圍了布達在多瑙河對岸的佩斯（今天布達佩斯的一部分），因此蘇萊曼在一五四三年的四月，第十次出發遠征，再度前往匈牙利。他在六月征服了佩奇、八月征服厄斯特貢，擴充了布達省，更加確保了布達的安全。

一五四三年十一月，擔任馬尼薩縣軍政官的穆罕默德王子死亡。他是蘇萊曼和許蕾姆王妃之間的第一個兒子，蘇萊曼極為痛心，下令建築家米馬爾．希南在伊斯坦堡的中心建立紀念王子的清真寺建築。

蘇萊曼一世非常照顧自己的孩子們，然而包含穆罕默德王子在內，順利成人的五位兒子當中，只有一人能繼承他的地位。因此他其他的兒子們，總有一天都會遭到兄弟殘殺的對待。穆罕默德王子原本被視為是最有機會繼位的人，在他死後，對王位虎視眈眈的兄弟們，加劇了彼此之間的鬥爭。

九、穆罕默德王子死後的鄂圖曼帝國（一五四四—一五四七年）

一五四三年穆罕默德王子的死，對蘇萊曼一世的行動可說是帶來了影響。其後的五年間，蘇萊曼一世完全沒有進行遠征。在此期間，他的女婿魯斯坦帕夏，代替了從一五四一年起擔任大維齊爾的哈德姆．蘇萊曼．帕夏（Hadım Suleiman Pasha）（一五四四年）。

儘管蘇萊曼一世待在伊斯坦堡，但距離伊斯坦堡遙遠的戰場上，仍有著各式各樣的動靜。首先鄂圖曼帝國獲得了葉門的統治權，在此地設立了葉門省。此外，海雷丁帕夏在地中海和法國聯手，指揮對抗哈布斯堡的共同戰線，包圍了親哈布斯堡的尼斯。尼斯是鄂圖曼帝國所攻擊最西方的城市。

在這樣的交戰當中，哈布斯堡家族派出使者來到蘇丹跟前，進行和平交涉。最終在一五四四年十一月休戰，並約定雙方到一五四七年六月的五年之間，都要維持休戰。藉此，哈布斯堡家的斐迪南承認，儘管他統治匈牙利北部，但要向鄂圖曼帝國納貢。以鄂圖曼帝國的角度來看，這意味著匈牙利北部也成為了鄂圖曼帝國的屬國。

除了外交的交涉，這時候的蘇萊曼一世也相當致力於整頓法律等內政。一五四五年十月，艾布蘇尤德．伊馬迪（Ebussuud Efendi）被任命為謝赫伊斯蘭（伊斯蘭長老），由他主導，開始了一連串對烏理瑪官僚制度的改革。

十、第二次對薩法維王朝的遠征及其後（一五四八—一五五二年）

一五四七年，薩法維王朝太美普斯一世的弟弟阿爾卡斯．米爾札（Alqas Mirza），在薩法維宮內的鬥爭中失敗，因此逃亡到鄂圖曼帝國。蘇萊曼一世試圖利用他，進行有效的計畫，來對抗敵手薩法維王朝。

一五四八年三月，蘇萊曼一世把埃迪爾內託付給兒子塞利姆王子，離開了伊斯坦堡，在途中與巴耶濟德王子和穆斯塔法王子會合，於六月抵達大不里士。但是最終沒有實現和薩法維王朝的決戰，由此地往回走，託付大維齊爾魯斯坦帕夏再度征服凡城，他自己則前往迪亞巴克爾，接著又往阿勒頗前進，在此度過了寒冬。鄂圖曼和薩法維王朝之間有著漫長的領土界線，造成了無數的城市爭奪和掠奪戰，在一五四九年，蘇萊曼一世停留在東方，不過仍沒有實現和薩法維王朝的決戰。蘇萊曼一世原本計畫滅絕薩法維王朝的根，但最終卻無法實現這個計畫，結束了接近兩年的遠征，在一五四九年十二月回到伊斯坦堡。

之後的三年間，蘇丹都待在伊斯坦堡和埃迪爾內，帝國把關注轉向外西凡尼亞。第二維齊爾卡拉．艾哈邁德帕夏和布達省的軍政官阿里．帕夏被派遣去征戰，在一五五二年成功奪下蒂米什瓦拉，但卻沒有成功取得匈牙利北邊的埃格爾。

十一、處決穆斯塔法王子和高加索的情勢（一五五三—一五五六年）

一五五三年八月，蘇萊曼一世再度從伊斯坦堡出發，前往伊朗方向，不過無人知曉，這趟旅程的目標，究竟是否是想要進行與薩法維王朝的戰爭。這是因為一五五三年十月五日，在途中的科尼亞，來到父親身邊的穆斯塔法王子竟被處以絞刑。因此有說法認為，這趟遠征，是為了罷黜穆斯塔法王子的出行。這趟遠征，蘇萊曼一世還帶上了吉漢哲王子，不過病弱的吉漢哲王子在十一月死亡，有說法認為他的死因是由於受到此事件的衝擊而亡。

穆斯塔法王子是由瑪希德弗朗王妃所產下的長子，不過比起之後受寵的許蕾姆王妃所生下的四個兒子，他的赴任地點遙遠，很明顯就處於不利的地位。但是他獲得政府高官和軍人高度的支持，據說他也藉此要求蘇萊曼一世讓位。蘇萊曼此時經常多病，因此後繼者之間的鬥爭逐漸表面化。儘管不知當時是否有叛變的動靜，但有傳言認為許蕾姆王妃、女兒米赫麗瑪公主、女婿魯斯坦帕夏共謀，讓蘇萊曼一世相信穆斯塔法王子密謀叛變。無論如何，突然處決穆斯塔法王子，不僅造成吉漢哲王子逝世，也對鄂圖曼社會造成很大的衝擊。為了要鎮壓軍中的反感，蘇萊曼一世罷免了任誰都覺得是事件幕後黑手的大維齊爾魯斯坦帕夏，並立卡拉·艾哈邁德帕夏擔任大維齊爾。

在這樣的狀況之下，蘇萊曼一世不願意回到伊斯坦堡，他在阿勒頗度過了冬天。他持續進行對薩法維王朝的遠征，並在一五五四年四月離開阿勒頗，途經迪亞巴克爾、卡爾斯，在七月攻下葉里溫和納希契凡。這麼一來牽制了薩法維王朝，在十月，他回到了阿馬西亞。阿馬西亞是穆斯塔法王子長久以來擔任縣軍政官之地。

一五五五年，蘇萊曼一世待在阿馬西亞的期間，法國亨利二世派來的使者到來，並要求持續在海上拉起共同戰線，對抗西班牙哈布斯堡。早在一五五一年於今天利比亞的的黎波里、一五五三年攻占科西嘉島時，雙方就曾進行共同作戰，在獲得此要求後，雙方在一五五六年再度進行合作。

而薩法維王朝的太美斯普一世派來的使者到達了阿馬西亞，對蘇丹進行議和談判，因此在一五五五年六月簽訂了《阿馬西亞和約》，決定了雙方勢力的界線。此外，關於什葉派和遜尼派之上的宗教問題，也獲得了建言。

這麼一來，與薩法維王朝多年來的抗爭，總算暫時平靜了下來。由於不再需要遠征伊朗，因此蘇萊曼一世在七月回到了伊斯坦堡。

一五五五年九月，蘇萊曼突然處決了卡拉・艾哈邁德帕夏，再度任命魯斯坦帕夏為大維齊爾。據說這是應許蕾姆王妃的要求，不過真偽不明。

十二、病榻上的十年和王子間的鬥爭（一五五七—一五六四年）

蘇萊曼一世從一五五〇年左右起，就飽受痛風所苦，據說在他人生最後的歲月裡，都受到病痛的折磨。在病痛之中，蘇萊曼一世仰賴信仰來追求心靈的平和。他除了修建麥加的卡巴聖殿和耶路撒冷的圓頂清真寺之外，也致力於保護到麥加的朝聖者等。儘管他自己喜好酒宴，但在一五六二年，卻取締飲酒等，努力維持社會風紀。在這一連串的動作中，一五五七年蘇萊曼尼耶清真寺的完工，必定讓蘇萊曼一世備感欣慰。他命令建築師米馬爾．希南，在距離穆罕默德王子的清真寺（澤扎德清真寺）附近的山丘上，建立了清真寺、神學校、醫院、餐廳、住宿和古蘭經學校等連在一起的聯合設施，並事先在此地準備了自己的墓地。

一五五八年四月，許蕾姆王妃逝世。

在這之後，蘇萊曼一世進行遠征中歐的準備，但最終卻未能成行。其中的理由是他為了守護剩下的兩位王子──塞利姆和巴耶濟德之間的鬥爭。許蕾姆王妃之死和蘇萊曼一世的病痛，讓王子們急著鬥出個結果。最初行動的是被認為曾有許蕾姆王妃支持的巴耶濟德王子。蘇萊曼一世命令這兩位王子改變赴任地，但巴耶濟德王子不願意接受蘇萊曼一世指派的地點阿馬西亞，因此發動了反抗。另一方面，塞利姆王子卻接受了指派地科尼亞，因此獲得了蘇萊曼一世的歡心。雙方對立加劇，終於走上了戰場，在一五五九年五月三十日，雙方在科尼亞的平原對峙。結果，戰敗的巴耶濟德王子退到阿馬西亞。接著蘇萊曼一世又表示要遠征格魯吉亞，擺出要出兵的態勢，因此一五六〇年八月，巴耶濟德王子逃到了薩法維王朝。但是蘇萊曼一世與太美斯普一世進行了交涉，以金錢和卡爾斯城作為交換條件，讓薩法維王朝交出巴耶濟德王子，於是在一五六二年六月，王子和其孩子們都被處刑。如此一來，蘇萊曼一世在世時，經歷了一番後繼者之爭，最終只剩下塞利姆王子一人。這期間，一五六一年六月，大維齊爾魯斯坦帕夏病死，大維齊爾由塞米茲．阿里帕夏接任，再之後由索庫魯．穆罕默德帕夏接任。

蘇萊曼一世的晚年都在伊斯坦堡和周邊度過。

十三、最後的遠征（一五六五—一五六六年）

一五六五年，鄂圖曼海軍在西地中海征服馬爾他島時失敗。此時的蘇萊曼一世已年邁，且在國內因為王子的儲位之爭而大傷了名聲，不過為了挽回這次的敗北，給予歐洲各方勢力「強悍蘇丹」的印象，據說他仍決定要遠征匈牙利。但是考慮到自己的病情，意識到自身即將死亡的蘇丹，這趟遠征也很有可能是為了要戰死沙場而找的理由。遠征的直接原因是斐迪南之子馬克西米利安二世在匈牙利攻擊了鄂圖曼帝國的城市。

一五六六年五月，蘇萊曼一世和大維齊爾索庫魯・穆罕默德帕夏一起離開了伊斯坦堡。他們到達匈牙利西部的錫蓋特堡，並進行圍城。蘇萊曼一世將帳篷搭建在能俯瞰錫蓋特堡的山丘上，在途中和戰場上都臥病在床的蘇萊曼一世，在包圍戰正在進行的九月六日半夜裡身亡。很快的，鄂圖曼軍攻下了錫蓋特堡，在索庫魯・穆罕默德帕夏的指揮下，隱瞞了蘇萊曼一世的死訊，原本軍隊期望要再繼續前進，不過索庫魯・穆罕默德帕夏以修復錫蓋特堡需要時間、冬天即將來臨等為由而打道回府。索庫魯・穆罕默德帕夏將後繼者塞利姆王子招來貝爾格勒，在這裡首次公布了蘇萊曼一世的死訊。蘇萊曼一世的棺木被運回伊斯坦堡，並在蘇萊曼尼耶清真寺舉行了喪禮後，被埋葬在清真寺正面牆外的陵墓，喪禮由謝赫伊斯蘭艾布蘇尤德・伊馬迪擔任前導。清真寺的方向朝向麥加，蘇萊曼一世長眠於人們禱告的方向，這意味著之後，蘇萊曼一世都將站在清真寺禱告人群隊伍的最前端。詩人馬哈茂德・阿卜杜勒巴基（Mahmud Abdülbâkî，筆名巴基 Bâkî）以哀悼詩為蘇萊曼之死表示了悼意。

十四、蘇萊曼一世留下的影響

蘇萊曼一世將近五十年的統治，為鄂圖曼帝國在七個方面，帶來了劃時代的影響。

第一，他繼承了父親塞利姆的王位，擴大了鄂圖曼帝國的領土，特別是東西兩邊。在西方，他把匈牙利納入版圖，除了外西凡尼亞和摩爾達維亞之外，威尼斯和哈布斯堡家族領有的奧地利也具有納貢的義務，在東邊則獲得了伊拉克。不過若把伊斯坦堡看成圓的中心來思考這個範圍的話，這已經達到了最大極限。也因此，對於離帝國中心較遠的地方，就任命勢力強大的省軍政官來坐鎮，或者是運用當地勢力，留下屬國或能獨立經營的省，創造出守護鄂圖曼帝國「國土」的體制。

第二，透過長期與薩法維帝國的戰爭，成功的讓安納托利亞東部、東南部土耳其系、庫德系的遊牧民族勢力，穩定的歸屬於鄂圖曼帝國。

第三，對征服的土地進行土地調查，根據調查的結果實行蒂馬爾制（將農地的徵稅權分配給軍人的制度），同時也吸收各地的風土習慣頒布法令，鞏固鄂圖曼帝國對新征服土地的統治。這必須歸功於書記官員傑拉薩德．穆斯塔法和代表烏理瑪的艾布蘇尤德．伊馬迪，具有很大的貢獻。

第四，他致力於鞏固伊斯蘭教遜尼派。成為麥加、麥地那的守護者後，他意識到自己是全伊斯蘭世界的領袖，並深入宗教的探討，他特別盡力於穩固遜尼派的各種慣例，以對抗薩法維王朝什葉派的政治宣傳。此外，他也支持艾布蘇尤德．伊馬迪進行的烏理瑪教育、錄用的法律，並改革了讓烏理瑪能成為司法官負擔地方行政的體制。

第五，他將姊妹、女兒、孫女嫁給當權的軍人，把這些軍人當成自己的手足，編制進領導階層裡，並讓這套策略固定下來。君主本身有排除自己兄弟的慣例，因此在這之後，鄂圖曼帝國的梁柱，就由這些和蘇丹有關係的軍人女婿來擔任。藉此策略，讓蘇丹的王妃、母后等女性和宦官等後宮的勢力，打開了參與政治之路。

第六，他穩固了蘇丹「藝術保護者」的形象。在建築的領域，他重用米馬爾・希南，在包含伊斯坦堡在內的主要城市內，建立了鄂圖曼式的清真寺，讓鄂圖曼的統治成為一個肉眼可見的標誌。在文學方面，他支持富祖里和巴基等詩人，他自己也用穆希比的筆名，留下了許多優秀的詩作。他尊重各領域的學術，對書籍的編纂也顯現了強烈的關心。法土拉・阿里菲・切萊比（Fethullah Arifi Çelebi）所寫的《蘇萊曼王傳》（*Süleymanname*）、皮瑞・雷斯（Piri Reis）的《海洋之書》、馬特拉克・那西（Matrakçı Nasuh）的《兩伊拉克遠征記》等，都是代表性的例子。

第七，身為代表鄂圖曼帝國的蘇丹，他也給後世帶來了強大的影響。他是鄂圖曼帝國帶給歐洲最大威脅的優秀君主，被歐洲稱為「光榮者」（the Magnificent）。另一方面，在鄂圖曼帝國的內部，親身體驗過其統治的文人（傑拉薩德・穆斯塔法、呂特菲帕夏等人），也將其時代所發生的事，記錄在編年史書當中。這些記載，讓接下來的十六世紀後半、十七世紀處於政治混亂期當中的當代文人，不斷理想化蘇丹的形象。蘇萊曼一世的確是重視正義，並為了維持人民生活安寧而行動的蘇丹，但進一步被理想化的形象，無疑是因為在政治混亂的時期，需要一個參照的例子。

傑拉薩德·穆斯塔法（約一四九〇—一五六七年）

出身於安納托利亞的托斯亞。父親是傑拉雷丁。出生於大約一四九〇年，地點可能是托斯亞或伊斯坦堡。父親是由伊斯蘭學校的教師當上卡迪（伊斯蘭教法法庭裁判官或法官）的人物。穆斯塔法本身也接受伊斯蘭學校的教育，和可說得上是當時「最高學府」的伊斯坦堡穆罕默德二世的伊斯蘭學校就讀後，在當時的維齊爾皮里·穆罕默德帕夏的推薦之下，於一五一六年進入鄂圖曼宮中的書記局。接著他在不久之後晉升為大維齊爾皮里·穆罕默德帕夏的手下，擔任書記官。藉此推薦，他開始幫塞利姆一世寫書信，逐漸嶄露頭角。隨著皮里·穆罕默德帕夏，他也親身經歷了征服貝爾格勒和羅得島等事件。

一五二三年，皮里·穆罕默德帕夏失勢，由易卜拉欣帕夏接任，他也仍繼續擔任書記官的職位，自此之後，他就以隨同易卜拉欣帕夏的形式，親身經歷了許多鄂圖曼帝國重要的戰役。其中在一五二五年，為了要鎮壓剛征服不久的埃及所發生的混亂，他隨著易卜拉欣帕夏到開羅時，也致力於新法令的編纂和實行，將統治當地的原則編進新法令中。穆斯塔法可說是起草了法律的原則，以統治埃及的人。

一五二五年從埃及回到伊斯坦堡，他被任命為書記局長。接著在一五三四年，又成為國璽大臣（鄂圖曼帝國高官，Nişancı）。國璽大臣是在蘇丹的敕令上簽上花押的職位，不過實際上，這個職位是鄂圖曼帝國書記階層最高的職位，負責管理所有發出的敕令和書信，甚至是徵稅調查和法令的改革等。穆斯塔法深獲蘇萊曼一世的信任，位居此職位長達二十三年的時間，為整頓鄂圖曼帝國的國家體制做出了許多貢獻。

具體來說他的貢獻有以下三大要點。第一，整頓書記局的體制。穆斯塔法剛就任這個職位時，書記官的數量是三十六人，然而在他的治理下，員額逐漸增加。此外，在他的時代，行政文書也逐漸鄂圖曼土耳其語化。在這之前，蘇丹所發出的文書會因收信人不同，而使用阿拉伯文、波斯文、希臘文或義大利文，但隨著鄂圖曼帝國的權威提升，越來越多文件都使用鄂圖曼土耳其語。並且文書的水準也有顯著提升。例如寫給薩法維王朝君主的書信，就是由穆斯塔法親手所寫的優美鄂圖曼土耳其語，其文字仍流傳至今。在他的手下，鄂圖曼帝國的官僚機構獲得了很大的整頓，而這也是鄂圖曼帝國後期的特徵。

第二，鄂圖曼政府在各地進行徵稅調查的實施體制有所改善。根據徵稅調查所製作的帳簿，越來越精細化。具體來說，徵稅調查的帳簿越來越詳細，調查的次數也增加，國有地的調查和瓦合甫（宗教捐獻）地的調查被分離開來記錄。

第三，鄂圖曼帝國的法令改革有很大的進展。鄂圖曼帝國的法令有以省或縣為單位的地方法，以及適用整個帝國的一般法，兩者都在蘇萊曼一世時代獲得了更進一步的改革。這個功勞要歸在穆斯塔法的身上，尤其是他和艾布蘇尤德．伊馬迪聯手，創造出將鄂圖曼帝國的法令置於伊斯蘭法基礎下的框架。

穆斯塔法在一五五七年退下國璽大臣之位，回到伊斯坦堡的埃於普，專心寫作。他在引退當時，儘管年事已高，但仍有人認為是因為魯斯坦帕夏想讓自己的兒子擔任國璽大臣之職，在背後的操作。然而事實是如何，不得而知了。他在這個時期所創作的重要著作，有《國家的人們與各職業》，當中記載了從蘇萊曼一世即位到完成蘇萊曼尼耶清真寺之間，他所親身經歷的各種事，以及《塞利姆王記》，記述了從皮里．穆罕默德帕夏那裡獲知的各種傳聞，以此為中心，記錄塞利姆一世的治世。尤其是前者，當中有蘇萊曼一世所進行的戰爭始末和政府要人的行動，以及作者對此的見解等，是當代的史料。後世的史學家，都以此為依據來撰寫史書，算是第一級的資料。

此外，他的其他著作還有《法令集》等。誠如前述，他致力於整頓鄂圖曼帝國的法令，應大維齊爾呂特菲帕夏的要求，將刑法和與國家組織相關的法令整理成冊，這是他在擔任國璽大臣時代的著作。

在他晚年，他再度被任命為國璽大臣。當蘇萊曼一世最後一次遠征中歐的時候，隨同前往遠征的穆斯塔法，收到繼任國璽大臣的死訊，因此在大維齊爾索庫魯·穆罕默德帕夏的指令下，他接受了在錫蓋特堡圍城戰中其實已逝的蘇萊曼一世的「任命」，再度成為國璽大臣。此舉或許是他在配合大維齊爾，想要隱瞞蘇丹已身亡的策略吧。穆斯塔法在蘇萊曼一世逝世一年後的一五六七年十月過世。他被安葬在伊斯坦堡郊外埃於普，自己清真寺的庭院裡。

許蕾姆王妃（約一五〇五—一五五八年）

蘇丹蘇萊曼一世的妻子，為他生下五男一女（其中一男夭折）。塞利姆二世的母親。據說於一五〇五年前後出生於今天的烏克蘭地區，但詳細的出身不明。她被統治黑海北岸的韃靼人俘虜，當成奴隸被送進王宮。有同時代的義大利資料顯示她是「從奴隸市場買來的」，不過這個說法缺乏可信度。在她進入王宮的時代裡，有人說是蘇萊曼一世仍是王子，待在馬尼薩，也有人說蘇萊曼已經在伊斯坦堡，且即將即位。無論如何，她受到了蘇萊曼的寵愛，在一五二一年產下第一個兒子穆罕默德王子，蘇萊曼一世在馬尼薩時所出生的馬哈茂德王子和穆拉德王子，在同時期因黑死病的流行而死亡，因此穆罕默德王子的出生受到了盛大的祝福。

在此之前的鄂圖曼帝國，蘇丹都會疏遠產下王子的宮中女性，並將王子派往邊疆就任，而生母也要隨行。但是蘇萊曼一世卻長期將許蕾姆留在身邊，其後又和她生下了塞利姆、巴耶濟德、吉漢哲等三位王子，以及米赫麗瑪公主。蘇萊曼一世在一五三四年以伊斯蘭法為她解除了奴隸的身分，並與她「結婚」，在一五三六年更舉辦了盛大的慶祝典禮。上述舉動全都打破了過去的傳統。後宮女性能夠離開舊皇宮（當中只有後宮），並平時就住在新皇宮，也是從許蕾姆王妃開始的事。這展現出蘇萊曼一世對許蕾姆王妃的愛，而蘇萊曼一世在長途遠征時，許蕾姆王妃所寫給他的信，也能看得出兩人之間的互動。一開始那些書信應該是由書記官所寫的，但後來王妃都親自動手書寫，寫下家人的近況、伊斯坦堡的狀況等，書信中充滿情感。

蘇萊曼一世在「結婚」後沒多久，就從國庫中贈與許蕾姆王妃私有財產，讓她在伊斯坦堡的中心建造清真寺、醫院、學校、伊斯蘭學校、餐廳等大規模的設施群。這項捐贈活動成為宮中女性在首都裡進行建設的開端。儘管清真寺的規模中等，但餐廳的規模很大，特徵是每天都會提供烏理瑪和窮人食物。許蕾姆王妃接著又在麥加、麥地那，甚至耶路撒冷建造餐廳，為朝聖者提供食物。蘇萊曼修補了麥加的卡巴聖殿和耶路撒冷的圓頂清真寺，也為大馬士革的朝聖者蓋了設施，而許蕾姆的此舉可說是蘇萊曼一世的兩聖地政策。也就是說，他表明了要肩負起伊斯蘭盟主的立場。此外，也有一些說法認為蘇萊曼是想要藉由這些善行，來逆轉大眾對許蕾姆王妃的負面評價。

許蕾姆王妃的負面評價，除了違反過去宮中女性的傳統之外，還因為她介入了蘇丹王位繼承的問題。當時的文人和詩人都曾毫不猶豫的發表批評的意見，詩人妮薩伊甚至稱呼她為「俄羅斯的女巫」。

關於發生在蘇萊曼一世身邊的一連串事件，也就是處決他的親信易卜拉欣帕夏、瑪希德弗朗王妃所生的蘇萊曼一世長子穆斯塔法王子遭到處決等，大多數的人都認為是許蕾姆王妃的陰謀。她所生下的王子當中，穆罕默德王子在一五四三年病死，讓蘇萊曼一世陷入深深的哀傷中，並命令米馬爾．希南在伊斯坦堡的中心建設澤扎德清真寺來紀念他。多病的吉漢哲王子也在一五五三年過世。在剩下的兩位王子當中，據說許蕾姆王妃支持巴耶濟德王子，但是她並沒有親眼見到王位繼承的結果，就在一五五八年過世。失去後盾的巴耶濟德王子，在接下來與塞利姆王子的戰爭中失敗，逃到薩法維王朝，最後遭到處決。

許蕾姆王妃先是被安葬在蘇萊曼一世建造的蘇萊曼尼耶建築群當中的陵墓裡，之後又建立了她獨立的陵墓。許蕾姆王妃命運坎坷的一生招來鄂圖曼帝國國內外許多的關注，在歐洲語言中她被通稱為「柔克塞拉娜」，當她在世時，就有人將她的一生拿來當作戲曲的題材。由於她的一生有很多謎樣的部分，因此加上人們的「想像」，就讓鄂圖曼帝國在歐洲人的印象中，成了「美麗的後宮女性操縱著蘇丹」的國家。

艾布蘇尤德・伊馬迪（一四九〇—一五七四年）

鄂圖曼帝國的烏理瑪。一四九〇年出生於伊斯坦堡，父親原本是安納托利亞一個小城市的宗教者，據說獲得巴耶濟德（後成為巴耶濟德二世）的賞識，在他即位後便被召到伊斯坦堡。艾布蘇尤德的本名是穆罕默德，他在伊斯坦堡接受了當權烏理瑪的優秀教育，一五一六年後，在幾間伊斯蘭學校擔任教職，其後到了當時最高學府穆罕默德二世的伊斯蘭學校任教。之後，他轉為擔任卡迪（法官），當過布爾薩和伊斯坦堡的卡迪。接著在一五三七年，他被任命為烏理瑪其中一個最高階的職位：巴爾幹地區的司法長官（Rumeli Kazasker）。他之所以能逐漸在中央政界露出頭角，據說是有蘇萊曼一世的拔擢。在他前任的巴爾幹司法長官，因為質疑蘇丹對親信易卜拉欣帕夏處刑的理由，而被罷免，而接任的艾布蘇尤德以現實且柔軟的法律方式解決了其後無數的問題，獲得蘇丹深厚的信賴。

艾布蘇尤德在一五四五年就任謝赫伊斯蘭一職。謝赫伊斯蘭意味著「伊斯蘭長老」，這是從過去就有的職位，但艾布蘇尤德長期擔任這個職位，提升了其權威，且他也參與烏理瑪要職的任用等，讓這個職位達到烏理瑪的最高地位。直到艾布蘇尤德在一五七四年過世前，他都一直擔任這個職位。

他有眾多功績，其中一個就是改革烏理瑪任官的制度。在過去，上級烏理瑪能夠賦予弟子或子弟任官資格（Mulazemet），艾布蘇尤德將其制度化，確立了七年一度的任官資格，並讓司法長官有權管理任官名單。在現實當中，的確經常會看見違反這個制度的案例，不過這個制度在往後持續了很長一段時間。此外，他也統整了和伊斯蘭學校有關的法令，用心確保培養卡迪的教育品質。

艾布蘇尤德在擔任謝赫伊斯蘭的期間，以法特瓦（伊斯蘭教令）及議論的形式，對各種問題提供法律的判斷，當鄂圖曼帝國國內各個傳統習慣和伊斯蘭法之間產生矛盾時或有多個不同解釋時，他都會用自己的權限，盡力用「法」來做出解釋。其中例如整頓了鄂圖曼帝國土地制度原則的解釋、現金瓦合甫捐獻的合法解釋、咖啡的合法解釋等，包含了各式各樣的問題。他的判斷並不會過度拘泥於過去之法的解釋，特徵在於提供符合當代社會、經濟要求，是有彈性且現實的解釋。例如「讓現金瓦合甫合法化」的例子，出現過當權烏理瑪反對的狀況，不過藉由艾布蘇尤德長期擔任領導地位的影響力，大多數時候，這些解釋便逐漸普遍化、一般化。

不過當然也有例外。例如租賃相關的法律判斷就沒有固定下來。原則上，宗教捐獻的店舖等商業不動產的租賃，在伊斯蘭法上原本是只能短期租賃，不過在十六世紀前半，先付租金並成為長期租賃的契約處處可見。艾布蘇尤德強烈反對這樣的狀況，也留下相關的論述考察文章，不過實際到了十六世紀後半，這樣的文化習慣卻完全固定了下來，可以說也有些社會變化，超出了他的法律判斷吧。

在蘇萊曼一世時代之後，鄂圖曼帝國從常備軍和騎兵所組成的軍人主體國家，轉變為有政治領導力和行政力的軍人政治家，和參與實務的書記官僚、烏理瑪官僚，以及擔任徵稅與其他國家事務的中下層軍人，相互協力的官僚國家。其中改革烏理瑪的官僚體制，可說是艾布蘇尤德的功績。

巴基（一五二六／七—一六〇〇年）

活躍於十六世紀的詩人，出生於伊斯坦堡，本名馬哈茂德·阿卜杜勒巴基。父親是在穆罕默德二世清真寺擔任宣禮員（Muezzin）的烏理瑪。他雖然接受伊斯蘭學校的教育，但作詩的才能逐漸展露頭角，從年少時就在當時伊斯坦堡著名的詩人扎蒂（Zatî）門下學習。扎蒂對他的才能給予了極高的評價。

對巴基來說，詩是一個攀關係的重要手段，他向師父或當權者獻上詩作，並拜託他們提拔自己當烏理瑪。這樣的手法奏效，經歷了蘇萊曼尼耶清真寺的建築師和阿勒頗的生活後，他終於獲得了在錫利夫里和伊斯坦堡的伊斯蘭學校教職。當他獲得在伊斯坦堡的職位後，他開始透過詩作和宮中的當權者進行交流，成功獲得蘇萊曼一世的支持。蘇萊曼一世相當喜愛他的詩，據說甚至還讓他修改自己創作的詩。這樣的厚待，似乎讓他成為周遭忌妒的對象，他曾在詩中提到這樣的煩惱。

蘇萊曼一世相當稱讚他，並給予厚待，蘇萊曼一世在一五六六年過世後，他將自己的哀傷以Terkib-i Bent詩的形式，寫成長詩哀悼。而這也成為鄂圖曼詩的代表作品。以下為引述部分詩篇：

啊，因世上毀譽而難以向前的人們啊
不停地想在這個俗世生存的欲望，要持續到何時呢
也許有一天，生命的春天會結束
生命的春天將會終結，閃耀著鬱金香顏色的臉龐

成為秋天的枯葉，到了那一天

……

王將其美得讓新鮮薔薇花凋落的美，放置在土上

時間的寶庫守護者，將他如一顆珍珠般，放進棺木　（《巴基詩集》）

在之後塞利姆二世、穆拉德三世的時代，他屢次獲得高官之位又失去，逐漸提升官職，最後成功的擔任司法長官的職位。這在所有烏理瑪的職位當中，算是第二、三高的職位。但是他經常被質疑身為烏理瑪的能力，因此沒能長久待在這個位子上。已屆高齡的巴基，希望爬到烏理瑪最高職位謝赫伊斯蘭，因此頻頻向大維齊爾和穆罕默德三世表態，但最終還是沒能實現夢想，於一六〇〇年過世。當時在蘇萊曼尼耶清真寺為他舉行了盛大的葬禮。

像他這樣為了地位和庇護而積極向蘇丹和大維齊爾獻上詩作，並且在大多數時都能達到目的的狀況，其實在當時官員當中相當普遍，並不只有他這麼做。不過以巴基來說，他的寫詩才能和當官能力之間有很大的差距，這也是不爭的事實。

儘管他身為烏理瑪的資質讓人質疑，不過在詩的世界裡，他是加扎勒（Ghazal）這種戀愛詩的高手。加扎勒是由五個對句到九個對句所構成的短篇詩文，主要是寫神或男女戀人的愛。巴基的加扎勒詩句，以酒席或戀愛的苦與樂為主題，寫下夢幻而短暫的人生快樂。他的風格除了帶有視覺性、享樂性之外，同時也寫出內心的激情。巴基在詩中，儘管採取了對戀人思念的形式，但卻吐露出想要出人頭地的

欲望和自己為了獲得官職對敵手的強烈想法等。

他的詩作有詩集《迪萬》（*Divan*）。這是在蘇萊曼一世的命令下，他進行編輯，之後追加他所寫的詩而編纂而成的書，以《巴基詩集》而廣為人知，有超過一百本的手抄本。這也是巴基的詩作受到鄂圖曼社會愛戴的佐證。在薩巴哈丁．庫楚克編輯的版本當中，收錄在巴基《迪萬》當中的詩作，有二十七篇獻上詩（Qasida）、九篇非對句且多節的詩、五百四十八篇加扎勒、二十一篇短詩、三十一篇對句。其他還有依索庫魯．穆罕默德帕夏之命所翻譯的《麥加歷史》等書。除此之外，還有許多文集有未被收錄在《迪萬》當中的詩。

他是以鄂圖曼土耳其文寫詩的奠定者，直到今天，他的詩作仍為眾人所傳唱。

米馬爾．希南（一四九〇—一五八八年）

一四九〇年出生於安納托利亞中部開瑟里近郊的小鎮阿伊爾納斯，父親是基督教徒，不過他屬於基督教的哪一個教派，以及其真實身分並不明確。有各種說法稱他是亞美尼亞教徒、希臘正教徒、土耳其系基督教徒，其中以亞美尼亞教徒的說法最為有力。一五一二年，他透過德夫希爾梅系統成為軍人，這年他二十二歲。之所以會這麼晚入伍，據推測是因為看中了他在家業——也就是建築業方面的才華。

誠如接下來所提到的，他在鄂圖曼帝國的文學家、藝術家當中，算是例外，因為史料當中關於他的資訊相當豐富。這是因為他的朋友，詩人薩伊．穆斯塔法．切萊比，在希南的晚年寫下了希南的自傳性著作（《建築紀要》）。當時很少有鄂圖曼帝國的人物留下同類的著作，因此希南便顯得很突出。在他擔任宮廷建築局長的五十年間，他擔負起鄂圖曼帝國的土木事業，留下了許多建築作品。在著作中，他也顯示出對這些建築的自負。書中以希南的第一人稱做論述，儘管手抄本或多或少有些差異，不過除了他經歷的事件和回憶之外，例舉了三、四百件建築物，並以八十座以上大規模清真寺為中心。

根據這本書，希南透過德夫希爾梅系統成為軍人後，當上耶尼切里預備軍（acemi oğlan），接著又被分配到工兵部隊。他參與了塞利姆一世遠征伊朗和埃及。到了蘇萊曼一世的時代，他也加入了蘇丹到貝爾格勒、羅得島、匈牙利、中歐、摩爾多瓦等的遠征，並以工兵隊的指揮官嶄露頭角。工兵隊是修建軍隊前進的道路、挖攻擊用的壕溝以及進行築城的部隊。有一則軼事是他在摩爾多瓦的遠征，花了十三天在普魯特河上蓋了橋梁，廣為人知。

一五三九年，高度評價希南的呂特菲帕夏成為了大維齊爾，任命希南為宮中的建築局長。宮廷建築局長要為蘇丹等國家重要人士建造清真寺、伊斯蘭學校，或者造橋、建水路等，是宮廷直屬的建築師。從此之後，希南在蘇萊曼一世的命令下，在伊斯坦堡建造了澤扎德清真寺建築群、蘇萊曼尼耶清真寺建築群、大馬士革的提基亞清真寺（朝聖者住宿、餐廳等慈善機構），在塞利姆二世的命令下，在埃迪爾內建造塞利米耶清真寺，依許蕾姆王妃之命建造了伊斯坦堡的許蕾姆建築群和耶路撒冷的公共廚房，為米赫麗瑪公主在伊斯坦堡的埃迪爾內卡皮（Edirnekapı）和於斯屈達爾（Üsküdar）建造設施群，也在大維齊爾、維齊爾、海軍總督的命令下在伊斯坦堡、保加利亞、波斯尼亞、敘利亞等地的城市指揮，打造清真寺等建築。不過他自己並不見得會親臨現場。整體而言，只要是宮中建築局的工作，都會到希南的手上。

身為宮廷建築局長，他應該是有一定程度的裁量權。例如蘇萊曼尼耶清真寺的建築，他就曾受到蘇萊曼一世這樣的斥責：

「為何你不關心我的清真寺，做一些不重要的工作？你不知那些發生在我的先祖蘇丹．穆罕默德．汗的建築家身上的事嗎？你現在就告訴我，這座清真寺究竟什麼時候能蓋好？不然後果將不堪設想！」我從蘇丹的話語裡察覺了他的怒氣，驚訝的舌頭都打結了，但仍在神的助力下，毫不遲疑的告訴他：「若這是神所願，親愛的蘇丹，我會在兩個月內完成。」（《建築紀要》）

這裡所說的不重要的工作，指的是受其他維齊爾所託，建築清真寺的工作。他接受帝國各處的事業請託，很有可能是處於過度忙碌的狀態。不過在此之後的兩個月，他集中於蘇萊曼尼耶清真寺的建設，並在接下來的敘述中，提到自己如期完成了工作的榮耀。

希南的功績可統整為以下三點。首先，他完成了色彩繽紛的圓頂型式建築。他將聖索菲亞大教堂作為目標範本，並蓋出超越範本的鄂圖曼帝國清真寺，而當他在建造蘇萊曼尼耶清真寺時，確實達到了此目標。但是並不僅止於此，他還使用四柱型、六柱型、八柱型等多種支撐圓頂的建築型式，應對清真寺的不同大小，打造出美麗的圓頂。在希南手下發展出的圓頂型清真寺，成為往後鄂圖曼式清真寺的標準。

第二點是，他藉著打造建築物，進行了城市開發。例如在伊斯坦堡的周邊，有米赫麗瑪公主的建築群和許蕾姆王妃的設施群、皮雅利帕夏建築群等，都對城市區域的擴大有所貢獻。而中心地區的魯斯坦帕夏清真寺，集中在一個區域內，也實現了有效的土地利用。

第三點是對水路的管理。他建造了水道橋，整頓水路航道，讓伊斯坦堡的城市生活更為充實。水路的管理在當時宮廷建築局的任務當中，是一項重要度比擬清真寺建造的工作。

希南曾在蘇萊曼一世、塞利姆二世和穆拉德三世手下工作過。根據他生前所留下的捐贈書信，他不僅在伊斯坦堡蓋了學校和噴泉，也在自己的出生地阿伊爾納斯留下了捐獻設施。他支援基督教徒的親戚改信教，順應出身地小鎮人們的要求，引介蘇丹，不斷的和出身地的人們保持互動交流。一五八八年，他以超越九十歲的高齡過世後，他被安葬在另外蓋在蘇萊曼尼耶清真寺旁邊的陵墓中。他一生留下無數的建築，不過考慮到蘇萊曼一世對他來說是最大且最佳的資助者，蘇萊曼尼耶清真寺可說是他的人生代表作。

海雷丁・巴巴羅薩（約一四七八—一五四六年）

原本以海盜活躍於地中海，在蘇萊曼一世時代搖身一變成為鄂圖曼海軍總督，奠定了鄂圖曼帝國海軍基礎。

根據晚年他讓賽伊德・莫拉蒂執筆的自傳性著作《聖戰記》，他出身於愛琴海的勒斯博島，推測時間約是一四七八年前後。原名赫茲爾（Hizir），後被塞利姆一世賜予海雷丁之名。根據歐洲的史料，兄長奧魯奇雷斯的綽號是「巴巴羅薩」（紅鬍子），因此兩人被稱為巴巴羅薩兄弟，威震四方。

奧魯奇和赫茲爾兄弟一開始在愛琴海北部海上活動，之後奧魯奇在羅得島被聖約翰騎士團俘虜，以此為契機，轉移到西地中海活動，以突尼西亞的傑爾巴島為據點，頻繁進行海盜活動。一五一三年，他在阿爾及利亞征服了面地中海的吉傑勒，並成為當地的蘇丹（統治者），不只在海上，甚至在北非的陸地上都有根據地。

奧魯奇和赫茲爾兄弟持續進行海盜活動，也是大約在這個時期，開始和鄂圖曼帝國有正式的接觸。在當時的地中海世界，西班牙哈布斯堡家族的海軍勢力變強，因此他們認為必須要有強大國家作為後盾。儘管在攻下傑爾巴島前，巴巴羅薩兄弟就已經和科爾庫特王子（之後敗給塞利姆一世）有所接觸，在一五一五年又向塞利姆一世送上一艘船之多的珍貴禮物，宣示加入鄂圖曼帝國的陣營。在此之後，他們從西班牙哈布斯堡家族手中奪下阿爾及爾，成為此地的統治者。但是一五一八年在西邊的特萊姆森攻防戰中，奧魯奇戰死，由赫茲爾繼任海盜軍的指揮官和阿爾及爾的君主之位。在伊斯坦堡收到這個消息的塞利姆一世，在一五二〇年承認赫茲爾是阿爾及利亞的統治者，並決定對他送出援軍。此後，在阿爾及利亞會以鄂圖曼帝國蘇丹之名進行週五禮拜，此地成為鄂圖曼帝國的領地。

在此之後，被稱作海雷丁的赫茲爾，在整個一五二〇年代都致力於北非領地的統治，並努力鞏固對當地的治理。他也曾帶領三十五艘艦隊，襲擊西班牙沿岸。在復國運動（Reconquista）之後，很多被趕到安達魯斯（伊比利半島）的穆斯林，都被帶到了阿爾及爾。這些在北非和海上的活動，加劇了與西班牙哈布斯堡家族之間的對立。

蘇萊曼一世為了要在中歐持續和西班牙哈布斯堡家族對抗時，能夠獲得優勢，在一五三三年，將海雷丁召喚到伊斯坦堡，隔年任命他為愛琴海諸島省的省軍政官（貝勒貝伊）和海軍總督的職位。在這之後，海雷丁致力於增強鄂圖曼的海軍，並指揮和法國的聯軍，在地中海和西班牙哈布斯堡家族對抗。他帶領八十艘艦隊從伊斯坦堡出發，在一五三四年攻掠突尼斯，儘管次年被安德烈亞·多里亞所率領的西班牙軍打敗，但卻接連從威尼斯手中奪得愛琴海的島嶼，在一五三八年，於普雷韋扎灣大敗數量眾多的西班牙威尼斯聯合艦隊，讓鄂圖曼帝國掌握了東地中海的海上霸權。一五四三年，他與法國同盟，在西地中海與哈布斯堡家族抗爭，攻擊了親哈布斯堡家族的薩伏依公國所統治的尼斯。尼斯的包圍戰比預期花了更多的時間，這一年他們必須在土倫過冬，但是其間法國和西班牙簽訂了協議，海雷丁便回到了伊斯坦堡。攻打尼斯成為海雷丁在海上最後的活動。其後，他對擴充鄂圖曼帝國的造船廠做出了貢獻，最後他在一五四六年逝世，葬於伊斯坦堡的貝西克塔什。

海雷丁·帕夏的時代，是鄂圖曼帝國從「陸上帝國」開始將霸權伸向海上的時代。他們吸收已經在地中海活躍的「海盜」海雷丁，並利用其經驗，打造鄂圖曼帝國獨特的海軍。此舉帶來的結果，讓鄂圖曼帝國攻下許多地中海上的島嶼，並將阿爾及利亞等北非納入帝國鬆散的統治下。鄂圖曼帝國在海上的統治，持續了大約兩百年，而為此統治奠定基礎的人物，毫無疑問就是海雷丁·帕夏。

索庫魯・穆罕默德帕夏（一五〇五—一五七八年）

前後經歷過蘇萊曼一世、塞利姆二世、穆拉德三世三代蘇丹的大維齊爾。一五〇五年，出身於波士尼亞維謝格拉德的索科洛維奇小鎮，家裡是塞爾維亞正教會的教徒。透過德夫希爾梅制度，從帝國的地方被帶到伊斯坦堡，逐漸出人頭地，並擁有了權與勢。據他後來對威尼斯的使節所說，他被德夫希爾梅制度徵招的年齡是十八歲。

在眾多被德夫希爾梅制度徵招的人物當中，索庫魯之所以特別，是因為他一生都維持著和故鄉以及家族的關係。他在成功之後，在流經自己出身地維謝格拉德的德里納河蓋了橋（穆罕默德帕夏・索科洛維奇橋），並在波士尼亞中心地塞拉耶佛建造了重要的商業設施。此外，他把許多親戚叫到伊斯坦堡，讓他們改信伊斯蘭教，但另一方面，也讓仍是基督教徒的親戚擔任東正教的重要職位。他之所以採取這些行動，很有可能是當他被徵招時，年齡已經十八歲了。也很有可能是他的家族在波士尼亞算是當權家族。德夫希爾梅制度，主要是徵召農民或牧羊的孩子當耶尼切里的士兵，不過也有很多例子是像索庫魯一樣，為了讓各地舊勢力階級的後代改信宗教，讓他們以「蘇丹的奴隸」登上鄂圖曼的統治階級。他在埃迪爾內的宮廷中接受教育，在改信伊斯蘭教之後，被命名為穆罕默德。其後，他遷移到伊斯坦堡的宮廷，成為照顧蘇丹生活的近侍。他經歷過拿馬鞍、拿刀等職位後，成為侍衛隊指揮官。在他結束了在宮廷中的工作，離開宮廷進入軍隊後，首先被任命為海軍總督，之後又成為埃及的省軍政官、魯米利亞省軍政官等要職。

在魯米利亞省軍政官的時代，他在一五五一年指揮了外西凡尼亞的遠征，但是在蒂米什瓦拉圍城戰中失敗。接著在一五五二年，他和第二維齊爾卡拉．艾哈邁德帕夏，再度包圍蒂米什瓦拉，這次攻城成功。之後他又攻下匈牙利西部和外西凡尼亞許多城市，但卻沒能成功攻下埃格爾。一五五三年，他在成為大維齊爾的卡拉．艾哈邁德帕夏手下，參加了在東安納托利亞對抗薩法維王朝的戰役，在期間於一五五四年被任命為第四維齊爾。之後卡拉．艾哈邁德帕夏垮臺並遭到處刑，他便在一五五五年三月，晉升為第三維齊爾。

當塞利姆王子和巴耶濟德王子在爭奪蘇萊曼一世的繼承權時，索庫魯支持塞利姆王子，並在一五五九年的科尼亞之戰，塞利姆王子之所以能成功擊敗巴耶濟德王子，扮演了很重要的角色。這一年的冬天，他受到蘇萊曼一世之命，為了嚴防逃到伊朗的巴耶濟德王子，留守在阿勒頗。

一五六一年，當大維齊爾魯斯坦帕夏過世時，他成為第二維齊爾，並在同年和塞利姆王子的女兒伊思米罕公主成婚。一五六五年六月六月，由於大維齊爾塞米茲．阿里帕夏過世，讓他終於被任命為大維齊爾。

這個時候，鄂圖曼帝國和哈布斯堡家族再度因為外西凡尼亞而燃起戰火，蘇萊曼一世帶著病痛，在一五六六年遠征匈牙利西部的錫蓋特堡。索庫魯．穆罕默德帕夏在其身旁，指揮包圍戰。九月六日夜半，蘇萊曼一世身亡，穆罕默德帕夏為了要隱瞞死訊，便持續包圍戰，在之後的七天攻陷內城，並通知人在屈塔希亞的塞利姆王子蘇萊曼一世的死訊和戰爭的成功。穆罕默德帕夏在塞利姆王子到達貝爾格勒之前，以修建錫蓋特堡的行動，來隱瞞蘇萊曼一世之死。

塞利姆王子到達貝爾格勒之後，他才通知軍隊蘇萊曼一世的死訊。耶尼切里軍團向塞利姆王子要求新君繼位的獎金等，引起了騷動，但穆罕默德帕夏向塞利姆王子保證他會派發獎賞，鎮壓住了譁變，同時也確定了塞利姆二世的即位。

王位從蘇萊曼一世轉移到塞利姆二世時，由於沒有其他後備繼承人，所以理應是能夠很平穩的轉移。然而實際上，軍人提出若要他們承認新蘇丹，就要提供獎金報酬，而在處理騷動的過程當中，塞利姆二世也不得不承認索庫魯．穆罕默德帕夏的領導能力。與此同時，塞利姆二世也理解到，他沒辦法使用他在王子時代所新組成的「親信團」，必須沿用蘇萊曼一世政府來支持政權。在蘇萊曼一世的時代裡，以大維齊爾為中心的中央政府官僚體制，獲得了長足的發展。認識到這一點的塞利姆二世，在即位之後，一次也沒有進行遠征，一直待在伊斯坦堡和埃迪爾內的宮殿中，將內政、外交都交給大維齊爾穆罕默德帕夏。

而塞利姆二世的時代，在實際上也是穆罕默德帕夏的時代。他為了要讓鄂圖曼的海軍能夠更積極地在印度洋上活動，計畫要蓋蘇伊士運河，不過最終卻沒有實行。然而在一五六七年，他將運輸船等送往印尼的亞齊（蘇門答臘），積極持續進行「世界帝國」的戰略。他原本計畫在頓河和伏爾加河之間建造一道運河，擴大中亞的勢力，也是戰略其中的一部分。不過這也在途中放棄了。

另一方面，在地中海，於一五七〇年開始了賽普勒斯包圍戰，並在隔年獲得成功。但是，歐洲各勢力由於此舉而受到刺激而集結，因此在一五七一年十月的勒班陀戰役中，鄂圖曼失敗，幾乎喪失了所有的海軍艦隊。歐洲因這場戰役的勝利而歡欣鼓舞，但穆罕默德帕夏命令鄂圖曼海軍重整軍隊，在一五七二年夏天，再度將鄂圖曼海軍的新艦隊送往地中海。威尼斯以和平的態度來應對此次事態，在一五七三年宣布放棄賽普勒斯。而在西地中海，突尼斯在一五七三年被西班牙無敵艦隊奪走，不過在一五七四年再度成功奪回。獲得賽普勒斯，並在勒班陀海戰後「挽回局勢」，都算是穆罕默德帕夏的功績。

塞利姆二世在一五七四年過世後，在他眾多的兒子當中，索庫魯．穆罕默德帕夏確保了長子穆拉德王子即位的權利，因此在穆拉德三世統治下，他也守住了自己大維齊爾的地位。但是在與拉拉．穆斯塔法帕夏和科賈．錫南帕夏等鷹派的敵對勢力權力鬥爭之下，他的影響力逐漸低下，在這之中他持續走和平路線，守住了和哈布斯堡家族與威尼斯之間的和平。

他最終在一五七八年被刺客暗殺。據推測應該是過去對教祖處刑的教團成員所為，但也有一說認為是政敵的指示。

多年擔任大維齊爾，讓索庫魯．穆罕默德帕夏累積了龐大的財富，但他也做了很多宗教捐獻。例如建築家希南在伊斯坦堡所打造的兩座中型清真寺，都是非常美麗的建築，可說是希南的代表作。在伊斯坦堡城牆外的埃於普，他建了伊斯蘭學校，並指定一塊鄰接的土地為自己的陵墓。除此之外，他也在埃迪爾內和麥加、麥地那、哈塔伊和安塔基亞建造清真寺等建築，也像在開頭提到的一樣，他在故鄉波士尼亞、塞爾維亞的維謝格拉德、塞拉耶佛、維奇柯雷基等地進行建設活動，致力於當地的發展。

其他人物

一、鄂圖曼王族

塞利姆二世

一五二四－一五七四年。是蘇丹蘇萊曼一世和許蕾姆王妃之子。一五三〇年，和兄長穆斯塔法王子、穆罕默德王子一同接受了割禮，當時舉行了盛大的慶祝儀式。一五四二年赴任屈塔希亞，接著在一五四四年赴任馬尼薩的縣軍司令官，並擔任此職長達十四年之久。一五四六年，他和努爾巴努王妃生下穆拉德王子。

他在登上蘇丹之位前，經歷了一番曲折。在這之間，最受蘇萊曼一世和許蕾姆王妃寵愛的穆罕默德王子病故（一五四三年），瑪希德弗朗王妃所生的穆斯塔法王子遭到處刑（一五五三年），這些事件都和塞利姆沒有直接關係。之後，更支持弟弟巴耶濟德王子的許蕾姆王妃在一五五八年過世，最終父親蘇萊曼一世認為塞利姆最「聽話」而支持他，讓他成為了唯一生存下來的王位繼承人。他和弟弟巴耶濟德王子在一五五九年決戰於科尼亞的平原，憑藉著父親所給予的索庫魯・穆罕默德帕夏軍隊、拉拉・穆斯塔法帕夏軍隊，他大敗巴耶濟德王子。這場戰役是他人生中唯一一場親自指揮的戰役。從此之後，他再也沒有出現在戰場上。

一五六六年，父親蘇萊曼一世在遠征匈牙利的途中過世，在大維齊爾索庫魯．穆罕默德帕夏的安排下，他在貝爾格勒迎接父親的棺木，面對在伊斯坦堡要求報酬，並準備叛亂的耶尼切里軍團，他向姊姊米赫麗瑪公主借錢，來支付獎金。經過這番繼位的過程，讓原本就喜歡享樂生活的塞利姆二世，更加遠離政治與戰爭，直到他死前，都一直待在伊斯坦堡和埃迪爾內的宮廷和狩獵場度過。他將政治和軍事交給索庫魯．穆罕默德帕夏，把詩人、說書人、畫家、雜技演員和音樂家放在身邊，經常飲酒作樂到天明。由於他對於藝術的喜愛，讓塞利姆二世的時代出現了許多優秀的藝術作品。

他於一五七四年過世。這也被視為舒適耽溺生活的結果。他被葬在鄰近聖索菲亞大教堂的陵墓。除了繼位的穆拉德之外，他還有其他五位王子，但都因穆拉德的即位而被處以絞刑，塞利姆二世與這五位王子葬在一起。

米赫麗瑪公主

一五二二—一五七八年。蘇萊曼一世和許蕾姆王妃之女。是蘇萊曼一世唯一一位活到成年的女兒，成長過程受到雙親的寵愛。她和宮廷出身並擔任迪亞巴克爾省軍政官的魯斯坦帕夏結婚。她的婚姻在一五三九年，和巴耶濟德王子等人的割禮時，一起舉辦了慶典。丈夫魯斯坦帕夏在一五四四年被提拔為大維齊爾（—一五五三年，一五五五年再度復職）。儘管聯姻是鄂圖曼王室在政治上為了要攏絡有政治力的軍人所做出的策略，但從許蕾姆王妃在魯斯坦帕夏失去地位期間所寫的書信，可知米赫麗瑪公主和魯斯坦帕夏之間的關係是很好的。米赫麗瑪公主參與了蘇萊曼一世王位繼承之爭，蘇丹會給予公主大筆財產的狀況，也是由她開始的。當塞利姆二世即位時，她也投注了資金的援助。此外，她在伊斯坦堡打造了於斯屈達爾（龐大住宅區）和埃迪爾內卡皮，建立清真寺和伊斯蘭學校，並且整頓了水道，對擴大伊斯坦堡做出了貢獻。

二、大維齊爾

皮里·穆罕默德帕夏

一四六三—一五三二年。出生於科尼亞，在阿馬西亞長大。父親是Halvetiyya教團的謝赫（伊斯蘭教教長）。他本身除了受伊斯蘭學校的教育之外，也同時接受教團的教育。當巴耶濟德王子在阿馬西亞度過王子時代時，他受到王子的賞識，被任命為地方的卡迪。之後他轉為擔任宮廷的書記相關職位，接著被任為國庫長官、財政長官，隨後獲得了維齊爾的地位，並在一五一八年被任命大維齊爾。在塞利姆一世過世到蘇萊曼一世繼位的三年間，他都待在這個位子上（至一五二三年）。在蘇萊曼一世即位後，他也在遠征中相當活躍，但是因塞利姆一世時代從埃及遠征來到伊斯坦堡的烏理瑪和工匠被送回故鄉時，他被批評收了賄賂，因此在一五二三年遭到罷免。退隱之後，在一五三二年過世。據說罷免是由蘇萊曼一世的親信易卜拉欣帕夏和艾哈邁德·帕夏一手策畫的計謀，易卜拉欣帕夏害怕他再度翻身，因此教唆兒子去毒殺了他。他是十六世紀少數文人出身的大維齊爾之一。

易卜拉欣帕夏

？—一五三六年。關於他的出生有很多說法，因此事實如何不明。他應該是出生於今天希臘的帕爾加，以奴隸的身分被帶到伊斯坦堡，在馬尼薩服侍蘇萊曼王子，並成為他的親信。隨著蘇萊曼一世的即位，他出現在中央政界當中，在蘇萊曼一世的前半治世，他立下很多軍功。也就是說，透過征服貝爾格勒（一五二一年）、征服羅得島（一五二二年）的戰功，他特例獲得了提拔，在一五二三年當上大維齊爾。當他的政敵艾哈邁德．帕夏在開羅引發叛亂時，他前往埃及，恢復了秩序（一五二五年）。接著他又在中歐的摩哈赤戰役中，對戰爭的勝利做出了貢獻（一五二六年），獲得布達。接著，他被派遣到安納托利亞東南方，挽回向薩法維王朝靠攏的勢力。一五二九年，他在第一次維也納圍城戰時，在歐洲方面的戰爭中擔任總司令官，另一方面他也和哈布斯堡家族進行談判。但是在接下來對薩法維王朝的遠征（一五三四年），儘管他與蘇萊曼一世一起攻下了巴格達，但據說他在此期間的言行惹得蘇萊曼一世不悅。回到伊斯坦堡後不久，他便在一天半夜，於托普卡匹皇宮遭到絞殺。蘇萊曼一世對於親信的處決完全沒有任何說明，不過據傳原因是因為易卜拉欣帕夏冒稱蘇丹之名，做出了逾矩的行為，也有一說指這是許蕾姆王妃的計謀等。由於在他的宅邸（易卜拉欣帕夏宮）裝飾有雕像，因此在民眾之間都認為他是「異教徒」。不過他相當禮遇詩人，對藝術有高度關注廣為人知，對歐洲的使節，也發揮了強大的外交能力。

哈德姆・蘇萊曼・帕夏

？——一五四七年。在蘇萊曼一世的時代裡，由宮廷白人宦官轉為軍職，並成為大維齊爾的人物。出身不詳，有一說認為他出生於匈牙利。在宮廷內由國庫侍衛長被任命為海軍總督（一五二三年），接著又擔任大馬士革省軍司令官（一五二四年）、埃及省軍司令官（一五二五年）。他使用對埃及新頒布的鄂圖曼法令，企圖穩定對埃及的統治。他也在蘇伊士蓋了造船廠，打造艦隊。他曾經離開埃及省軍司令官的職位，於一五三六年，再度被任命相同的官職，並在印度洋開始對抗葡萄牙勢力的作戰。他率領七十二艘艦隊前往印度西岸古加拉特的迪烏，支援當地勢力，不過卻未獲成功，放棄進入印度洋和印度（一五三八年）。不過他征服了紅海出口附近的亞丁，創設了葉門省（一五三九年）。之後他回到伊斯坦堡，在一五四一年被任命為大維齊爾。他和胡斯雷夫・帕夏的爭執，讓他在一五四四年被罷免，並於一五四七年逝世。他長期以埃及為據點，以宗教捐獻在開羅建立了很多清真寺和伊斯蘭學校等，因留下了許多建築物而聞名。

魯斯坦帕夏

約一五〇〇——一五六一年。出生於塞拉耶佛近郊的一個基督教徒的村子裡。根據他告訴威尼斯使節的話，他是養豬人家的孩子。因德夫希爾梅制度被帶到伊斯坦堡，踏上成為耶尼切里之路，偶然被蘇丹看上，成為照顧君主起居的近侍。從此他開始展露頭角，擔任持盔甲、持刀等的職務，接著在摩哈赤之戰後，當上御馬官（mirahur），步上了出人頭地的坦途。之後他離開宮廷，在安納托利亞擔任軍職，在迪亞巴克爾擔任省軍政官時，他按照蘇丹指示和米赫麗瑪公主結婚，並在一五三九年十二月，於巴耶濟德王子進行割禮祭典的時候結婚。歷經安納杜魯軍司令官、第二維齊爾，在一五四四年被任命為大維齊爾。他身為大維齊爾，和哈布斯堡家族進行交涉，穩定了中歐的情勢。在一五四七年，當太美斯普一世的弟弟阿爾卡斯．米爾札從薩法維王朝逃往鄂圖曼帝國時，他也巧妙的運用此情勢，率領蘇丹遠征薩法維王朝。據說為了讓許蕾姆王妃之子繼承王位，在一五五三年他和許蕾姆王妃以及自己的妻子米赫麗瑪公主設計，讓蘇萊曼一世的長子穆斯塔法王子遭到處決。儘管真相不得而知，但為了要平定因處決穆斯塔法王子而引發的軍人反抗，蘇萊曼一世解除了魯斯坦帕夏的大維齊爾之職。之後在一五五五年，魯斯坦帕夏再度被任命大維齊爾，直到一五六一年過世為止，他都一直擔任這個職務。他因自身的才能聞名，進行了擴充徵稅委託、徵收任命稅等財政改革，重振了鄂圖曼帝國的財政。另一方面，由於他過度累積財富，以及穆斯塔法王子事件，也讓他在鄂圖曼史書當中遭到批評。他將部分累積的財富用在各地的建設活動，留下了龐大的宗教捐贈。其中建在伊斯坦堡艾米諾努地區的清真寺，就是米馬爾．希南的代表作之一，內部以美麗的花卉和幾何圖案的精美瓷磚著稱。

三、叛亂者

沙庫爾

生卒年不詳。生於安納托利亞南部安塔利亞附近的村落。在政權從巴耶濟德二世轉移到塞利姆一世的混亂期間，對鄂圖曼帝國發動叛亂的人物，父親是土耳其系遊牧民族太凱（Teke）部落出生，屬於薩法維耶教團。其子沙庫爾在安塔利亞集結了認同薩法維耶教團的人，在一五一〇年發動叛亂。其背景是一五〇一年薩法維王朝建國、鄂圖曼帝國因王位繼承之爭產生混亂，且國力因而衰弱、一五〇九年伊斯坦堡地震引起了社會不安等。沙庫爾的勢力，突破了安塔利亞縣的鄂圖曼守備部隊，接著又往屈塔希亞方向前進，在一五一一年殺了安納托利亞省的軍政官（卡拉格茲．艾哈邁德帕夏），鎮壓村落，接下來又前往薩魯汗（馬尼薩），攻破科爾庫特王子的軍隊，並接近布爾薩。巴耶濟德二世對暫時退回安納托利亞中部的沙庫爾勢力，派出了艾哈邁德王子和大維齊爾哈德姆．阿里帕夏。在一連串的戰爭中，鄂圖曼軍隊的騎士們不時拒絕出戰，或者選擇加入沙庫爾陣營。沙庫爾的勢力和大維齊爾阿里帕夏在錫瓦斯近郊對峙，大維齊爾在這場戰役中戰死，但是也對沙庫爾陣營造成了很大的損傷，從此造反勢力崩解，無人知曉沙庫爾往後的行蹤。

在鄂圖曼帝國不斷進行中央集權統治之際，在安納托利亞等地區，出現了很多反抗帝國統治的土耳其系遊牧民族和騎士，而沙庫爾等於是集結了這些親薩法維王朝的意志，並用一種更有組織化的形式展現出來。沙庫爾不只向各地派遣使者，擴大勢力，更在攻掠下來的地區，任命類似鄂圖曼帝國的官職，企圖形成國家。極有可能是仿效薩法維王朝的建國，企圖成為新的勢力，不過最終卻以失敗告終。然而在鎮壓叛亂的過程中，科爾庫特王子和艾哈邁德王子失去了軍隊的信賴，也造就了塞利姆一世登上王位，可說在政治史上是個重要的轉捩點。

四、對文化貢獻的人物

布斯貝克

一五二二—一五九二年。全名奧吉爾．吉斯林．德．布斯貝克（Ogier Ghiselin de Busbecq）。出生於今天法國、比利時國境附近的科米納，是布斯貝克領主的庶子，接受了相當高的教育後，在一五五四年受到哈布斯堡家族之命，和與英格蘭女王瑪麗一世成婚的菲利普二世一同前往英國。接著，他又以使節的身分被派遣到鄂圖曼帝國的伊斯坦堡。前任的使節因為中歐的情勢惡化，被監禁在伊斯坦堡的監獄中長達兩年之久，但布斯貝克針對外西凡尼亞的問題等進行了外交談判，最終得以安全歸國。在一五五四年到一五六二年的在任期間，他寄了四封以拉丁文所寫的信給在義大利的友人，敘述了期間的所見所聞。歸國後，他也活躍於法蘭西王國瓦盧瓦王朝和哈布斯堡家族之間的外交活動等。他在一五九二年過世。他的四封書信在一五八九年以拉丁文出版，其後被翻譯成各國語言，內容不帶成見的描述鄂圖曼帝國的政情、與蘇丹和大維齊爾等人的政治交涉、日常生活等，是了解十六世紀鄂圖曼帝國的重要資訊來源。

皮瑞．雷斯

約一四七〇—一五五三年。出生於蓋利博盧（Gelibolu），在地中海以海盜的身分活躍一段時間後，成為鄂圖曼帝國的海軍將領。同時也因地圖製作者而聞名。全名是艾哈邁德．穆希丁．皮瑞。在海盜時期，他在叔父凱瑪爾提督統治下的西班牙為止的整個地中海區域進行活動，其後他歸順於鄂圖曼帝國，在海上進行支援鄂圖曼海軍的行動。當海雷丁對鄂圖曼軍隊進行重新編製時，他成為艦隊將領，和匈牙利艦隊對戰，再度征服了阿拉伯半島的亞丁（一五四九年）。但是他並沒有成功取得波斯灣的忽里模子，而這一點也成為他在一五五三年遭到處刑的理由。他本身是一位優秀的製圖師，在一五一三年獻給塞利姆一世的世界地圖上，甚至包含了美洲大陸的西岸。在一五二六年獻給蘇萊曼一世的《海洋之書》第二稿，當中有兩百二十三張愛琴海、地中海的港口和海岸線的地圖。這本書綜觀了地中海航海時需要的資訊，受到很高的評價。

馬特拉克・那西

?——一五六四年。是活躍在蘇萊曼一世時代的文人。父親或祖父透過德夫希爾梅制度從波士尼亞來到伊斯坦堡，他本人應該也在宮廷內受過教育。他是以劍術著稱的軍人，同時也在蘇萊曼一世時代裡著述了史書和數學書。他最為人知的作品是《兩伊拉克遠征記》，書裡記載著蘇萊曼一世對薩法維王朝的第一次遠征，從伊斯坦堡為出發點，經過大不里士，到達巴格達，再往回走的行程，手抄本附上了描繪各城市的細密畫，至今仍是托普卡匹皇宮的珍藏。原本這個作品應該是《史撰》第四卷「鄂圖曼史」的一部分，這本書翻譯了歷史學家塔巴里的世界史，再加上續篇所構成的。同樣也是「鄂圖曼史」一部分的，還有「塞利姆的歷史」、「蘇萊曼之書」和「希克洛西征服記」等。另外，在《史撰》第三卷中，記錄了從先知穆罕默德出生到阿拔斯王朝、土耳其人、塞爾柱王朝的歷史，和鄂圖曼帝國傳說始祖埃爾圖魯爾加齊等內容。在數學方面，他著有《書記的美德與會計的完整性》等。其卒於一五六四年。

卡拉・穆罕默德・切萊比

生卒年不詳。在蘇萊曼一世和賽利姆二世時代活躍於鄂圖曼宮廷的畫師。其生涯不詳。他在從大不里士被召來宮廷手抄本裝飾作坊的畫師沙庫爾的手下學習，完成了鄂圖曼風格的手抄本裝飾，特徵是使用細長的樹葉和薔薇、康乃馨、鬱金香等形式化的植物圖案，來裝飾書籍手抄本、書法作品、敕令、宗教捐贈的書信等。此外，宮廷的作坊也負責裝飾蘇丹所蓋的建築物，因此有紀錄顯示卡拉為了蘇萊曼尼耶清真寺的圓頂建築和拱門等裝飾工作了十天，並因此獲得了報酬。作坊工匠們的一生很少為人所知，卡拉也不過是在幾本手抄本上留下名字，但他所確立的圖案樣式，卻在往後很長一段時間，規範了鄂圖曼樣式的藝術，留下了很大的功績。

參考文獻

小笠原弘幸，《オスマン帝国——繁栄と衰亡の６００年史（鄂圖曼帝國——繁榮與衰亡的６００年歷史）》，中公新書，二〇一八年

林佳世子，《オスマン帝国５００年の平和（鄂圖曼帝國５００年的和平）》，講談社學術文庫，二〇一六年

Andrews, Walter G., & Mehmet Kalpaklı, *Age of Beloveds: Love and the Beloved in Early-Modern Ottoman and European Culture and Society*, Durham: Duke University Press, 2005.

Atıl, Esin, *The Age of Sultan Süleyman the Magnificent*, New York: Harry N. Abrams, 1987.

Emecen, Feridun M., *Yavuz Sultan Selim*, Istanbul: Yitik Hazine Yayınları, 2010.

Emecen, Feridun M., *İmparatorluk Çağının Osmanlı Sultanları -I*, İstanbul: İSAM Yayınları, 2011.

Emecen, Feridun M., *Kanuni Sultan Süleyman ve Zamanı*, Ankara: Türk Tarih Kurumu, 2022.

Finkel, Caroline, *Osman's Dream: The Story of the Ottoman Empire 1300-1923*, New York: Basic Books, 2006.

Imber, Colin, *The Ottoman Empire, 1300-1650: The Structure of Power*, New York: Palgrave Macmillan, 2002.

Murphey, Rhoads, *Exploring Ottoman Sovereignty: Tradition, Image and Practice in the Ottoman Imperial Household, 1400-1800*, London: Continuum, 2008.

Necipoğlu, Gülru, *The Age of Sinan: Architectural Culture in the Ottoman Empire*, Princeton: Princeton University Press, 2005.

Peirce, Leslie P., *The Imperial Harem: Women and Sovereignty in the Ottoman Empire*, New York: Oxford University Press, 1993.

Şahin, Kaya, *Empire and Power in the Reign of Süleyman*, Cambridge: Cambridge University Press, 2013.

第三章

衰退期抑或成熟期

——審視十七—十八世紀鄂圖曼帝國的兩個觀點

宮下遼

前言

鄂圖曼帝國是一個長壽的帝國。自鄂圖曼一世征服了安納托利亞西邊的耶尼謝希爾，並在一二九九年宣布從宗主魯姆蘇丹國獨立之後，直到一九二二年最後的蘇丹穆罕默德六世離開首都伊斯坦堡為止，實際上經歷了六百二十三年的歷史。歷史學家伊本·赫勒敦（Ibn Khaldun）因鄂圖曼帝國而又被看見，並再度受到評價，他認為國家是擁有壽命的生物，若按照他的見解，那麼無論什麼樣的國家，都無可避免衰老的宿命。

那麼，這個大帝國究竟是從什麼時候開始逐漸衰老的呢？這是一個長久以來都有許多議論的命題。

在過去有許多人認為，鄂圖曼帝國是從十七世紀，建國經過約三百年後開始衰老的。事實上，鄂圖曼帝國在這個時代的有識之士自己本身，根據伊本．赫勒敦的歷史理論，就已經認為自己是個衰老的帝國了。在他們的認知裡，在十六世紀（或者伊斯蘭曆十世紀）被稱為「光榮者」（the Magnificent）、讓歐洲各國聞風喪膽的蘇萊曼一世（一五二〇—一五六六年在位）的榮光，讓他們悶悶不樂。

的確，在本章接下來會看到的十七到十八世紀初期這段時代，由安納托利亞東部各省長達一百年斷斷續續發生的動亂揭開序幕，在一六八三年夏天第二次包圍維也納失敗，接下來長期而艱苦的大土耳其戰爭（神聖聯盟戰爭）、一六九七年森塔戰役的失敗，一六九九年和歐洲各國之間簽訂了《卡洛維茨條約》，喪失了領土，讓伊斯蘭文化圈首次經歷了「西歐化」，再由帝王的奴隸軍隊（實質上是常備軍）耶尼切里發動武裝政變，造成政權顛覆，因此而閉幕。可說是相當風起雲湧的一個世紀。

接下來，這個時代的後宮（宮殿內女性居住的區域，除了蘇丹和宦官以外，原則上其他人禁止進入）中的權力鬥爭，也左右了國政，可說是女性天下的時代。此外，耶尼切里軍團和烏理瑪（在指定的高等教育機構裡習得伊斯蘭教知識的人士。不只有導師等宗教人物，對法律界、教育界也廣泛提供人才，是伊斯蘭文化圈特有的優良知識分子）、伊斯坦堡庶民等頻繁的對政權發起反對和起義等，考慮到此狀況，這些知道蘇萊曼一世當初多有威嚴、多叱吒風雲的人，會主張帝國邁向衰退，也可說是情有可原。十八世紀後半之後，在改革帝國各種制度之際，鄂圖曼帝國的人們也反覆高唱著「重拾蘇萊曼的榮光」，更證實了這樣的見解。自古以來，從外部觀察這個國家，並留下紀錄的西歐人們，和鄂圖曼帝國的傑出人士們，也都把十七—十八世紀看作帝國衰微的時代。

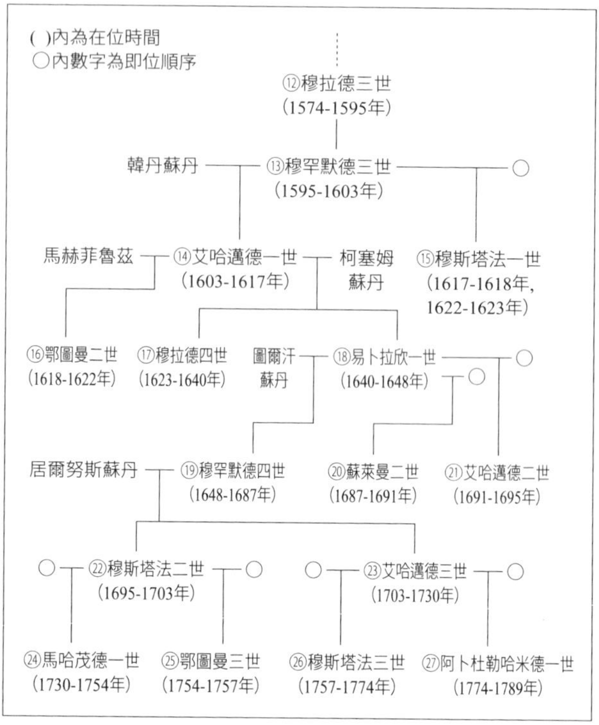

鄂圖曼家族世系圖

然而現代的土耳其史學家們，多次對這樣的看法提出異議。整理了各式各樣的主張後，大致如下。十七世紀的帝國在對外戰爭方面，持續著一進一退的狀態，並沒有決定性的敗北，這可以從十七世紀後半，帝國得以獲得最大領土的事實看出。此外，國內經濟持續穩定發展，鄂圖曼帝國從居住在城市中各個階層的人們手中，獲得了稅收等財富，而民間和地方城市也不斷累積資本，這讓十八世紀鄂圖曼帝國各個城市豐富的城市文化得以開花結果。

當然，這樣的見解並不能反映到整個廣大帝國領土的所有地區，但這個時代的鄂圖曼社會比起過去，更為富饒、且更為複雜。這也因此導致了政治上為了各種利益發言的黨派林立，這和十六世紀英明且時而殘酷的「戰鬥的蘇丹們」颯爽的英姿，產生了鮮明的對比。鄂圖曼帝國停止了勢如破竹的進攻，戰鬥的蘇丹們的形象，讓十七世紀的帝國給人一種衰微的感覺，或許也是其中的一個原因吧。本章的主要目的，就是要透過同時代人們的角度，來探討其成敗、盛衰，不斷被議論的十七—十八世紀鄂圖曼社會。

女人天下時代的為政者們

柯塞姆蘇丹（一五八九？—一六五一年）

綽號「山羊」的皇太后

崇高的鄂圖曼家族所建立的國家——如此自稱的帝國，其首都伊斯坦堡，想當然以皇室帶頭，各大貴族、高官們都會不遺餘力的傾注投資於各種寺廟建築。其中面對舊城區中心的蘇丹艾哈邁德廣場（過去的君士坦丁堡賽馬場）的，有托普卡匹皇宮、易卜拉欣帕夏宮殿，還有蘇丹艾哈邁德清真寺，別名藍色清真寺。直到二〇一九年，矗立在亞洲沿岸山丘上的強穆勒佳清真寺完工為止，藍色清真寺一直都是伊斯坦堡最大的清真寺。建造者是艾哈邁德一世（一六〇三—一六一七年在位）。他是鄂圖曼家族中歷經多次兄弟屠殺後，最後剩下來的兩個兒子之一，而且弟弟穆斯塔法（之後成為穆斯塔法一世）因為權力鬥爭，心理失去了平衡，且厭惡女色，因此艾哈邁德一世除了致力於建造清真寺以外，也努力創造下

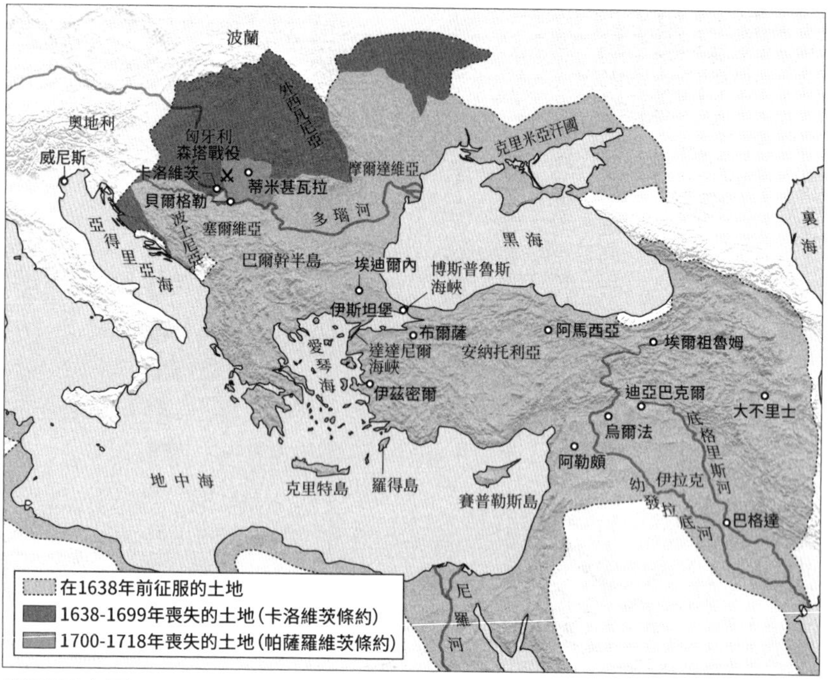
波蘭
奧地利
外西凡尼亞
匈牙利
森塔戰役
威尼斯
卡洛維茨
蒂米甚瓦拉
摩爾達維亞
克里米亞汗國
貝爾格勒
多瑙河
亞得里亞海
波士尼亞
塞爾維亞
黑海
裏海
巴爾幹半島
埃迪爾內
博斯普魯斯海峽
伊斯坦堡
布爾薩
阿馬西亞
埃爾祖魯姆
愛琴海
達達尼爾海峽
安納托利亞
伊茲密爾
迪亞巴克爾
大不里士
烏爾法
底格里斯河
阿勒頗
地中海
克里特島
羅得島
賽普勒斯島
伊拉克
幼發拉底河
巴格達
尼羅河
在1638年前征服的土地
1638-1699年喪失的土地(卡洛維茨條約)
1700-1718年喪失的土地(帕薩羅維茨條約)

鄂圖曼帝國

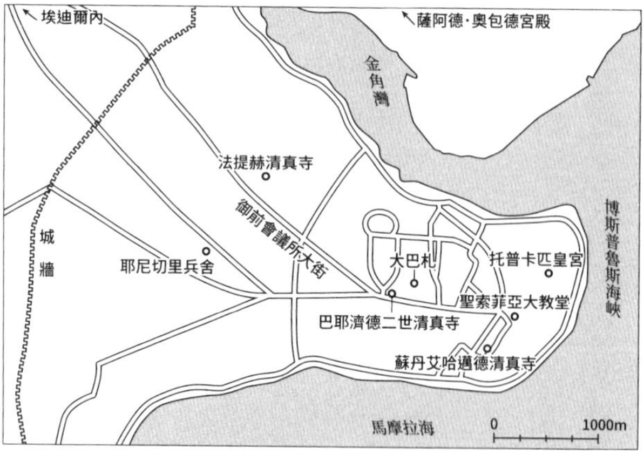
埃迪爾內
薩阿德·奧包德宮殿
金角灣
法提赫清真寺
御前會議所大街
城牆
耶尼切里兵舍
大巴札
托普卡匹皇宮
博斯普魯斯海峽
聖索菲亞大教堂
巴耶濟德二世清真寺
蘇丹艾哈邁德清真寺
馬爾馬拉海
0
1000m

伊斯坦堡(現今的舊城區)

一代。

在這個帝王的治世，宮殿中的後宮有位大約二十歲的女性。這位女性被命名為馬皮克（Mahpeyker），意味著「如月亮般潔白美麗的面容」，被穆罕默德三世的妃子韓丹蘇丹看中。穆罕默德三世喜好細密畫和音樂，且沉溺女色，長久關在後宮中。韓丹母后把馬皮克送給了艾哈邁德一世。馬皮克很快成為艾哈邁德一世的寵妃，為他產下了皇子，並被取了柯塞姆（Kösem，山羊）的綽號。有人認為她是因為皮膚光滑如山羊皮因此獲得了這個稱號，不過應該是由於她像是領導羊群的領頭羊一般，有卓越的領導能力，才被賦予了這個稱號。畢竟這樣的說法更能解釋她的一生。因為她正是往後鄂圖曼帝國女人天下時代裡，展現權威、不容二者，且守護了國家的皇太后。

柯塞姆的出生地不詳。在過去有些說法認為她可能是巴爾幹半島的波士尼亞人，或者是高加索的切爾克西亞人。不過到了今天，一般定論都認為她是希臘人。從她去世的年份往前推算，她應該是出生於一五八九年前後，最遲也應該是在一六〇八—一六〇九年左右進入後宮。由於她的美貌，讓她迅速獲得蘇丹的寵愛，並在一六一二年，產下日後的蘇丹穆拉德四世（Murad IV），在一六一五年又產下日後同樣成為蘇丹的易卜拉欣。一六一七年，當丈夫艾哈邁德一世駕崩時，她為了阻止另一位王妃馬赫菲魯茲（Mahfiruz Hatun）的兒子鄂圖曼皇子即位，因此協助艾哈邁德一世的弟弟穆斯塔法繼位。這也是為了守護自己的兒子所做出之舉。但是患有精神疾病的穆斯塔法一世，即位僅三個月就被耶尼切里軍罷黜，最終還是由鄂圖曼皇子繼位。

名字冠上開國始祖鄂圖曼之名，年僅十四歲的的鄂圖曼二世，因其年紀輕，而被稱為年輕的鄂圖曼。他如同歷代鄂圖曼家族的君主一樣，精通藝術，才氣煥發，被認為將來必定會大有所為，至今仍受到許多人敬愛，但年紀輕似乎也成了他的致命點。他做出了要改革耶尼切里的提案。耶尼切里當時在城市裡是具備武力與財力的工商業者們，他們豪氣的投資與贊助，使得自身在輿論上發揮了很大的力量。才剛上位，就想要立刻對積塵已久的懸案做出軍事改革，讓後世對鄂圖曼二世都有著正面的評價，這絕非是後世者對他有所偏袒。不過正因為他這舉措，讓他遭到軍人的反對而被逼退，並在伊斯坦堡舊城區的七塔城堡被祕密殺害。他只在皇位上待了四年。

如果按照當時的傳統，遭到幽禁的鄂圖曼二世被殺害，其背景必定是政治性的謀略，不過長久一來，到底犯人是誰，仍是眾說紛紜。而說到指示這場殺害的嫌疑人，第一個會讓人想到的就是柯塞姆。儘管沒有直接證據，但柯塞姆一直到她的權勢末期，都和耶尼切里軍團維持著合作關係，而這也是她被懷疑的其中一個理由。

而鄂圖曼二世被廢後，一度遭廢的穆斯塔法一世復位。當然很少人會歡迎無法執行政務的軟弱君王，因此在一六二三年，他禪讓帝位給柯塞姆的長子，也就是日後獲得「巴格達征服王」、「葉里溫征服王」兩個稱號的久違的「戰鬥的蘇丹」——穆拉德四世。穆拉德即位時年僅十一歲，因此在統治初期掌舵的便是成為母后的柯塞姆。

柯塞姆首先忙於鎮壓東方的大叛亂，自穆拉德即位的一年前，安納托利亞東部埃爾祖魯姆的總督阿巴札·穆罕默德·帕夏（Abaza Mehmed Pasha），聲稱耶尼切里殺害了鄂圖曼二世的行為不當，因此為了討伐各地的耶尼切里軍團，揭竿起義。順帶一提，阿巴札名字的來由是用鄂圖曼語稱呼阿巴札人所起的綽號。阿巴札．穆罕默德．帕夏的勢力從埃爾祖魯姆，延伸到安納托利亞中部的錫瓦斯，他將屯駐在各地的耶尼切里軍殺個片甲不留。事實上，主張要帝王去討伐這些盜賊，也是合乎道理的。再加上安納托利亞東部從十六世紀前半起，就經常發生叛亂，可說是危險地帶，因此阿巴札．穆罕默德．帕夏吸收了因為叛軍而失去土地的農民和貧民，以及當地的當權部落，日漸壯大，最後甚至造成蘇丹的司令官戰敗而亡，叛亂長達了六年之久。

而位在伊斯坦堡、也就是帝國核心地帶的柯塞姆，最擔心的就是位處叛亂地區背後的薩法維王朝的動靜。薩法維王朝在此動亂時期，正是阿拔斯一世的時代，由於騎兵團奇茲爾巴什紅頭軍自負為王朝屏障而任意妄為，因此阿拔斯一世削弱其力量，遷都伊斯法罕，建立起王朝的全盛時期。早在一六一八年的慘敗，讓鄂圖曼帝國失去了蘇萊曼一世獲得的亞塞拜然，以及以大不里士為最大城市的伊朗西部地區。這時候阿巴札．穆罕默德．帕夏發動叛亂。他與西歐各國締結了同盟關係，企圖夾擊鄂圖曼帝國，而阿拔斯一世自然不會放過這個機會。就這樣，在一六二三年，東方的要衝巴格達落入薩法維勢力之手。

柯塞姆想要出兵恢復失土，但最終還是做下現實性的判斷，認為要先穩定埃爾祖魯姆地區。換句話說，她赦免叛徒阿巴札．穆罕默德．帕夏的起義，命他轉任巴爾幹領土的司令官，企圖平定叛亂。首都伊斯坦堡竟然對叛亂首謀者巴結諂媚，因而獲得了惡名，不過總而言之，母后柯塞姆成功阻止了薩法維勢力的西進。一六三二年，她將政權轉移給兒子，並正式在後宮獲得了皇太后的稱謂，持續維持著莫大的影響力。

穆拉德四世（一六一二—一六四〇年）

嚴謹而苛刻的戰鬥帝王

一六二三—一六四〇年在位。二十歲的穆拉德四世從母親手中接下政權後執政了八年。接著在一六四〇年，因兄長之死而即位的易卜拉欣在位八年，因此柯塞姆的兒子們共計統治了十六年。穆拉德四世的母親柯塞姆操控並運用包含耶尼切里軍團在內的奴隸軍團，在一六三八年收復了於一六二〇年代失去的東方土地巴格達，在軍事上獲得了很大的成功。

另一方面，穆拉德四世的治世充滿了各式各樣的奇談，在土耳其史上留下了令人深刻的印象。除了他擁有能與大力士一較高下的臂力以外，他還因為極為嚴謹和一絲不苟，讓人認為並不符合他尚輕的年紀而得名，他也非常厭惡自己下達的命令無法達成。因此在他在位期間，只要不順他的意，高官和宗教領袖就會一個接一個的遭到處決或被流放。不僅是上層引起這樣的騷動，這個時代也頒布了許多影響庶民生活的禁令。除了有名的咖啡禁令、菸草禁令之外，還有一則誇張的軼事，傳說只是飄散著菸草的味道，那一整個街區都會被剷除。光是看到這裡，或許對他會抱持他是驍勇善戰的暴君的印象，但重新以城市社會史的觀點來看的話，他的各項命令也有著其他的面向。菸草和咖啡都是在當時伊斯坦堡社會扎根的庶民社交場所咖啡館（kahve-hâne）會提供的商品，結束一天工作的男性們會從傍晚到夜裡聚集在咖啡館裡。

帝國政府和咖啡館，有一段很長的抗爭歷史。在十六世紀蘇萊曼一世的時代，這種經過炒豆、研磨並煮泡後，會散發出迷人香氣，只要一點點就有提神功效的飲料，被引進伊斯坦堡。自此以來，針對咖啡的飲用就有著各式各樣的爭論，咖啡館這種新型態的行業、男性的社交場合，很快地就在帝國各個城市擴散開來。我們很難定義一個咖啡館大流行的原因，不過很有可能是因為在首都庶民當中，屬於同行業公會的工商業者們，擁有了某種程度的經濟寬裕，且在國內生產的咖啡豆，在運輸和保存上都相對容易，因此能夠以較便宜的價格供應，成為了這股流行的助力吧。如果要更進一步說的話，土耳其咖啡在提供時溫度極高，要冷卻下來需要一段時間。在這段時間裡，可以和隔壁客人聊天，不知不覺間就產生了友情。逐漸出現了同業公會的聚集地，或者是街坊鄰居男人的社交場合等，有各種不同樣貌的咖啡館，甚至還有想要打賞小費的說書人和皮影師會在店裡占有一席，成為「戲劇咖啡館」。有了男人聚集，上咖啡館的文化逐漸滲透到整個土耳其的街道上了吧。直到許久以後的一九七〇年代，當土耳其左派和右派的政治鬥爭激烈化之際，為了搶奪各處的咖啡館為據點，而展開了武裝鬥爭，其背景也是相同的。購買了同業公會股份，逐漸成為各公會保護者的耶尼切里，開始提出要經營咖啡館後，更出現了在兩層樓建築的店裡建造料理用的爐灶或噴水裝置等的高級店鋪。

長久以來，咖啡館成了男人的社交場所，在鄂圖曼帝國的首都已然確定，但是不特定多數庶民聚集的咖啡館，在出現的一開始，就引發了帝國核心的危機意識。不只是因為這裡提供咖啡、菸草，以及可以用相同器具服用的各式麻藥，違反了社會的公序良俗，也因為在帝國腳下的伊斯坦堡，很有可能會形成一股險惡的輿論。事實上，帝國庶民之間的傳言擁有著絕大的力量，例如耶尼切里因為俸祿拖欠，以及其他種種不滿而發動起義時，也是因為在庶民之間形成了一股力量所促成。因此在一六三三年，穆拉德四世頒布了禁止咖啡與菸草的敕令時，理由（直接的理由是因為咖啡店起火引發大火）很有可能就是為了要先發壓制火災後很有可能引發的耶尼切里軍團起義。儘管事實上穆拉德四世本人極有可能是個討厭菸草的人，但同時他所禁止的菸草、咖啡，以及外出的限制，都反映了國家想要規範及管理帝國首都庶民階層生活的意圖。

儘管穆拉德四世採取了嚴苛的政策，但神卻沒有給這位帝王隨著年齡逐漸軟化，或是獲得某種斷念的時間。歷經長期與薩法維王朝的鬥爭，終於重新獲得巴格達的領土後，在隔年一六四〇年，他以二十七歲的年紀病逝。根據後文會登場的埃夫利亞．切萊比（Evliya Çelebi）紀錄，他擁有三十二個孩子，但男孩都夭折，而鄂圖曼家族最終唯一留下的男子，就是他的親弟弟易卜拉欣。

易卜拉欣一世（一六一五—一六四八年）

瘋狂之君

一六四〇—一六四八年在位。關於易卜拉欣的即位，後世有很多的傳聞軼事。據說兄長穆拉德四世在臨死前，下令殺了弟弟易卜拉欣，但母親柯塞姆在臨門一腳之際阻止了此事。又有另外一說，母親柯塞姆擔心要把帝國的統治權交給精神不穩定的易卜拉欣，因此策畫了要從克里米亞汗國的格來王朝找人來當君主——這樣的傳言流入了當時歐洲人的耳裡，由此可見當時的帝國首都並沒有蔓延一片歡迎易卜拉欣即位的氣氛。順帶一提，儘管這裡說是傳言，不過在易卜拉欣即位之後，他就把被流放到羅得島的前克里米亞汗國夏欣．格來（Şahin Giray）處死了。

新皇帝易卜拉欣從兩歲開始，就被幽禁在黃金的鳥籠中長達二十三年，一直處在被殺害的恐懼之中，一般都認為他心理有很大的創傷，也因此他獲得了「瘋狂的易卜拉欣」（Deli İbrahim）的綽號。在土耳其語當中的「瘋狂」（Deli），除了有「殘酷」、「激烈」，也有「發瘋了」等多層意義，在那個時代似乎在表面上，某種意義是帶有「殘酷且勇猛」的意思。不過他究竟是否真的欠缺理性，就不得而知了。的確，他會從宮殿向在大街上行走的人射箭，在狩獵時也會踐踏獵犬，而不是獵物，這些行為都脫離了常軌，但這些鮮血淋淋的軼事，與其說原因是帝王有心理創傷，還不如說是因為他在宮廷裡日夜沉溺於房事，一旦有人惹得他不高興，就沒有人能阻止他，這個狀況可能才是真正的原因。

無論如何，導致蘇丹易卜拉欣一世垮臺的，與其說是他的個性與身為一國之主的適性，還不如說是他的政策。一六四五年，易卜拉欣計畫征服東地中海最後的天主教勢力據點，發動大軍前往克里特島。而在此之後，克里特戰役實質上持續了二十三年的時間，儘管剛開始時獲得勝利，但威尼斯軍隊從背後反擊，封鎖了達達尼爾海峽，而物資通路被阻斷的首都伊斯坦堡則陷入了大混亂。由於首都庶民不安，且耶尼切里軍團的俸祿遭到拖欠，不滿的情緒讓軍團發動叛亂，向大維齊爾討交代，也導致易卜拉欣遭到罷黜。接著他的長子穆罕默德被半強迫的繼位。從此，長度直逼蘇萊曼一世、治世長達三十九年的穆罕默德四世，就在這樣一片混亂之中開始了他的統治。想當然耳，在以年僅七歲便即位的年幼皇帝背後，後宮的鬥爭是相當暗潮洶湧的。

圖爾汗蘇丹（一六二七—一六八三年）

討伐皇太后柯塞姆蘇丹的女人

當時在托普卡匹皇宮的後宮中，有一位名叫娜迪雅的少女。如同其他在後宮的女人一樣，娜迪雅也是因克里米亞汗國遠征，成為奴隸被帶到伊斯坦堡來的。除了臉上有痘疤之外，她的肌膚非常細緻白皙，身高也很高䠷，是一位金髮碧眼的少女。她在後宮被賦予了圖爾汗．哈蒂斯（Turhan Hatice）之名。據說母后柯塞姆蘇丹想要將她賜給對女性沒有興趣的兒子易卜拉欣，因此長期幽禁了她。母親柯塞姆確實很有眼光，易卜拉欣因而漸漸的對女色產生興趣，一個接一個的與後宮的女人接觸，並把其中八個人立為「皇子母」（Haseki，皇后）。儘管身為生下穆罕默德的皇后，圖爾汗也沒辦法過著悠閒度日、養尊處優的生活。

有一則關於她的知名軼事。某天易卜拉欣和另一位愛妾薩斐列與兒子在後宮的泳池畔遊玩。明明第一皇子穆罕默德也在身邊，但易卜拉欣卻對他視而不見。圖爾汗見狀感到非常不滿，他對易卜拉欣直言：「若你要親愛女奴，請愛我；要關愛皇子，請愛穆罕默德！」遭到指責的易卜拉欣感到不悅，因此將第一皇子穆罕默德推入水中。皇太后柯塞姆聽聞此事之後，拉著薩斐列的頭髮，並處罰她，最後將她流放到埃及。

這則軼事乍看之下彷彿會讓人認為柯塞姆是支持圖爾汗的，不過站在皇太后柯塞姆的立場來看，很有可能只是想要維持宮廷內的秩序罷了。因為穆罕默德四世繼位之後的三年之間，以年幼的皇帝為中心，祖母和母親仍進行著權力鬥爭。眼見圖爾汗在後宮的力量一天一天增加，越來越難以掌控，皇太后柯塞姆因此開始擁立蘇萊曼皇子（日後成為蘇萊曼二世），破壞了危險的平衡。當時大維齊爾梭福．穆罕默德帕夏（Sofu Mehmed Pasha）和柯塞姆正處於權力鬥爭之中，柯塞姆主要的支持者是奴隸軍團的將官們（Ocak Agalari），並透過耶尼切里軍團，在伊斯坦堡的各地擁有影響力。最終，在與威尼斯的戰爭失敗後，耶尼切里軍團要求罷免大維齊爾，對戰敗負責，這麼一來，宮中的高官，尤其是宦官們，便聚集到了圖爾汗的身邊。在宮殿外，柯塞姆掌握了政治、軍事的大權，不過為了擁護皇子，圖爾汗卻穩住了自己的腳邊。接著在一六五一年九月二日，柯塞姆被宦官長所組織的暗殺兵團所絞殺，身為母親的圖爾汗守護住了穆罕默德四世的繼位。而偉大母后的遺體，並沒有像其他女人一樣從托普卡匹皇宮的後宮城牆被丟到海裡，而是被埋葬在丈夫艾哈邁德一世所建立的蘇丹艾哈邁德清真寺，又被稱為藍色清真寺。

但是如果要說皇太后的退場，讓圖爾汗建立了鞏固的權力，那也不盡然。尤其是在宦官抬頭的同時，帝國各地的戰線都持續在往後退。在這樣的狀況下，還有一個不容忽視的現象，那就是由於耶尼切里軍團的俸祿已經幾度付不出來，因此在起義時，在前面帶頭的都是那些位階較高的騎兵軍團。由於他們多次發動叛亂，造成大約三十名宦官遭到處刑，為了安撫這些反叛軍，他們被吊在首都最大的蘇丹艾哈邁德廣場上的梧桐樹上。人們把這一連串的慘劇稱為「地獄樹之變」，為之恐懼。

科普魯律・穆罕默德帕夏（一五七五—一六六一年）

鐵腕的老維齊爾

年幼穆罕默德皇帝的治世，在一片政局混亂當中，以極為血腥的肅清揭開了序幕。重新回顧這個皇帝的治世，竟長達了三十九年。他的政權之所以穩定，簡單來說，是因為托普卡匹皇宮的核心認同奴隸軍、烏理瑪階級、首都庶民及地方當權者等新興政治參與者的實力，以及他們不間斷的照顧這些人，不過在初期，要收拾這個混亂，還是少不了一位老政治家的手腕。

當時包括耶尼切里軍團在內，國家中樞的人才在這個時代都逐漸世襲化，不過這位人物卻並非如此。當時這位老人隱居在安納托利亞北部的要衝阿馬西亞鄉間的科普魯律村，他是被德夫希爾梅制度所帶出來的最後一個世代。德夫希爾梅制度是阿爾巴尼亞地區的傳統制度，透過這個制度，出了許多士兵與知識分子，直到帝國滅亡為止（由統治地徵收基督教徒子弟，成為奴隸士兵，或者培養成政務官的人才培育制度）。名為科普魯律・穆罕默德（Köprülü Mehmed）的老人，歷任了各地的政務官、總督後，進入退休的生活，當時已屆齡八十歲。

成為皇太后的圖爾汗，在一六五六年將這位奴隸出身，並努力向上爬的政務官，拔擢為大維齊爾。

在首都伊斯坦堡有卡迪扎德利勒（Kadızâdeler）的勢力，這是源自耶尼切里軍團的反彈，在今天被評論為伊斯蘭復興主義者的宗教勢力，還有由帝國高官所率領，再次引發的東方叛變，以及仍然封鎖達達尼爾海峽的威尼斯共和國軍隊，和與奧地利共謀企圖脫離鄂圖曼掌控的巴爾幹邊境地帶的諸侯——當時的情勢可說是腹背受敵，就連首都家門前的博斯普魯斯海峽（伊斯坦堡海峽），都不只受到威尼斯，也從陸地上受到烏克蘭哥薩克的威脅。面對這樣的艱難困境，在就任的僅僅五年間，便讓狀況得以收拾，科普魯律可說是手段高超。在就任不久，他就獲得了步兵軍團的協助，肅清騎兵軍團，在隔年夏天，解決了懸而未決的威尼斯封鎖達達尼爾海峽的問題，接著再隔一年，他又派兵到外西凡尼亞，鎮住在匈牙利、波蘭貴族背後的哈布斯堡勢力。

不過迅速的改革，也讓國內產生了反對的勢力。誠如前述，這些不平分子經常會在遠離首都的安納托利亞，對壟斷君主的奸臣發動叛變。這些叛亂被總稱為傑拉里叛亂，他們在老科普魯律掌權的時間，趁著對巴爾幹進行遠征的空檔發動了東方叛亂。當時阿勒頗的總督是阿巴札·哈桑帕夏，他並沒有響應外西凡尼亞的遠征，聚集了士兵，打著處決科普魯律的訴求，發起了叛亂。

他集結了三萬大軍，這股反抗科普魯律改革的叛亂勢力，就從舊都城布爾薩進軍，展開了包圍戰。然而城鎮的守備勢力並不善戰，科普魯律的勢力利用謝赫伊斯蘭的法令，宣言以人民的力量驅逐阿巴札·哈桑這個朝廷的政敵、叛徒，很快的他們就只能撤退到阿勒頗了。由於物資不足，集結了眾人的不滿，很快的，投降派的聲勢漸大，在一六五九年初阿巴札·哈桑遭到暗殺，叛亂終於劃下句點，這也是帝國史上最後的傑拉里叛亂。

科普魯律在五年之內，顯示出對蘇丹與母后的忠誠，並以鐵腕收復了這些叛亂，但是卻突然在一六六一年病倒。十九歲的蘇丹穆罕默德似是在科普魯律的枕邊，答應要任命科普魯律當時二十六歲的兒子法佐．艾哈邁德為下一任大維齊爾。聽到這番應允，這位稀世的大維齊爾嚥下最後一口氣。

接下來的十五年裡，科普魯律．法佐．艾哈邁德登上了大維齊爾之位，除了有父親肅正了綱紀的軍隊之外，他自己也充分發揮了軍事上的才能。他以戰勝的成果，結束了長年持續壓迫帝國國庫的克里特戰役，將這個島歸為帝國領土，成為他最大的戰績。也因此，在女人天下的這個時代裡，鄂圖曼帝國的領土達到最大。不過，當科普魯律家出的第三位大維齊爾卡拉．穆斯塔法帕夏，率領了第二次的維也納包圍戰，以帝國失敗告終，而卡拉．穆斯塔法遭到處決，科普魯律家的榮光也轉眼即逝。

十七世紀鄂圖曼帝國的文人義士

卡蒂普・切萊比（一六〇九—一六五七年）

戰場的學徒

讓我們把時間往回拉一些來看。在穆拉德四世揭竿討伐薩法維王朝，並收復失土，而前往巴格達之際，軍隊中有一位二十多歲的青年。他的名字是穆斯塔法，出生於首都伊斯坦堡。不過直到今天，仍很少人知道他的本名。由於他是鄂圖曼軍隊的書記，因此人們對他加上了對學者的稱號「切萊比」，稱呼他為卡蒂普・切萊比（Kâtip Çelebi），歐洲人則是稱呼他為哈只・哈里發（Ḥājjī Khalīfa），這是因為他完成了伊斯蘭的朝覲，因而獲得了此稱號。在這裡我要用一般最通用的卡蒂普・切萊比來稱呼他。當談到誰是鄂圖曼帝國裡最偉大的知識分子時，許多人一定會首先提到卡蒂普・切萊比的名字。

卡蒂普的父親阿布杜勒（Abdullah）是在托普卡匹皇宮受教育的軍人。兒子卡蒂普在六歲左右開始受教育，在許多位老師的身邊學習伊斯蘭的各種學問，到了十四歲，受到父親徵召，成為鄂圖曼軍隊的書記官僚，走上了官途。

卡蒂普・切萊比

卡蒂普的青春歲月，被穆拉德四世所率領的多次對外遠征所填滿。一六二三年，當埃爾祖魯姆的總督阿巴札・穆罕默德・帕夏發動叛變時，他第一次隨著父親，參加了帝國建立以來最嚴重內亂的鎮壓行動，接著在一六二五年參加了奪回巴格達之戰，隔年又從軍參加埃及遠征。他的父親也死於埃及戰線上。不知是否是受到父親之死所影響，他一六二七／八年回到首都之後，開始去上卡迪扎德利勒（Kadızâdeler）派的課。

集帝國學識之大成

在他本人的回憶錄裡，在伊朗的戰線上，砲彈會從頭上飛過，和陣營裡的士兵一起過冬也是非常辛苦的經歷，不過這趟東方之行卻為這位日後的博學者奠定了基礎，尤其是從一六三三年到一六三五年這一連串的東方遠征，他停留在鄂圖曼帝國的阿勒頗和迪亞巴克爾這些東方的要衝城市，這裡與阿拉伯語、波斯語的世界接觸，他只要找到機會就去逛逛各地的書庫，調查各地書籍的收藏狀況。此外，他也拿父親的遺產去購買各種的書籍，毫無疑問的就是一個愛書成痴之人。在東方，他調查了許多被首都所遺忘、甚至是不為人知的文獻，一回到首都，他又參加聚集在帝國最高學府的學者們的講座，一步一步獲得伊斯蘭各學術書籍當中所有的知識。若要借用鄂圖曼人那稍微有點誇張的語氣來說的話，那就是他在十年間，將身心奉獻在探求真理上，不分晝夜地讀書，在夜裡點亮的蠟燭，不到早上不會吹熄，然而他卻完全不會覺得厭倦。據推測，他住在法提赫清真寺和塞利米耶清真寺中間的地區，在大約二十九歲時結了婚，而他儘管剛從遠征之行歸來，還是立刻埋頭於書齋中，到了天明時燈火仍亮著，讓妻子不禁擔心的窺視其中，可見她有多麼擔心丈夫。

公務和遠征、收集書籍和閱讀，再加上做學問——這樣忙碌不得閒的生活，要一直到蘇丹易卜拉欣一世首次從克里特戰役歸來，在他三十六歲之時，才終於得以喘一口氣。他大約在首都待了三年左右的時間，在神祕主義教團的道場授課，並開始花時間執筆創作。

著作所寫的內容

卡蒂普是一位讀了很多書、學習很多知識，也有許多創作的學者。他的創作從法制史研究到跟菸草相關的考察，橫跨許多領域，以今天的分類來說的話，大致上有文獻學、歷史、地理地方志、宗教，以及探討其他當代命題的論述。他的知識庫首先建立於處理古往今來文獻的文獻學基礎之上，因此在他各著作的一開頭，都能看到他的知識橫斷了伊斯蘭世界的古今知識，有些地方讓人不太能輕易的以今日學術分類法來看待。儘管如此，他逼近二十五冊的眾多著作當中，廣為後世所知的就有史書《諸史曆》、地理書《世界之鏡》、對當代道德與社會真實樣貌有批判性論述的《為了做出正確選擇的真實天秤》，以及可說是鄂圖曼文獻學頂點的《對各書各學的疑問探求》，這四本書都非常知名。

《諸史曆》記載了從亞當（伊斯蘭教譯為「阿丹」）的誕生開始，到一六四八年的歷史，是一本大作。這本書從伊斯蘭史到鄂圖曼史，使用了固定形式的歷史敘述，是正統的散文王朝正史，獲得了傑作的高評價，也收錄在後面會提到的鄂圖曼帝國第一本阿拉伯文字活版印刷本全集當中。此外，卡蒂普過世後不到半世紀，這本書就被翻譯為拉丁語、義大利語、法語，並各自有手抄本，被介紹到歐洲世界，對研究學者們在形成鄂圖曼帝國史觀時，有著很大的影響。

地理書《世界之鏡》是他從克里特戰役歸來後，開始執筆寫下的世界地方志。當初第一部提及大陸、海洋等世界的概論，第二部則是由西向東記載各地區的地方志，由於主要參考阿拉伯語的著作，因此較為缺乏西歐、巴爾幹、安納托利亞等鄂圖曼帝國中樞地帶的資訊，因此他曾一度斷念。之後，卡蒂普為了取得西歐各語言的地方志文獻，隔了一段時間，很有可能是參照麥卡托、約多庫斯·洪第烏斯所製作的地圖集《阿特拉斯》（*Atlas*）等，並再度於一六五四年開始執筆。卡蒂普於三年後過世，因此本書被視為他的遺稿。《世界之鏡》卓越之處在於，卡蒂普參照了西歐的地理學，同時也提及了美洲大陸、東南亞、東亞和遠東。這也顯示出當時鄂圖曼帝國的人在地理方面的想像力和知識欲望，並沒有被限制在伊斯蘭文化圈之內，而是觸及了外面的世界。在十八世紀初期出版的版本當中，也有對日本的記載，書中除了日本島的名字之外，還記錄了除了蝦夷之外的大八洲，也正確的以鄂圖曼語拼出許多國的名字。

邊境伊斯蘭帝國的信仰與學術

《為了做出正確選擇的真實天秤》，反映了作者的半個人生，以及在鄂圖曼帝國出生成長之人的價值觀，是社會史上一本重要的著作。書中記載著在卡蒂普生活的時代裡，安納托利亞的動亂頻繁。這些都是因為政府高官高舉反抗的旗幟，而那些對政權有所不滿的人，和地方因為重稅而荒廢的人們，便在反抗的旗幟下逐漸聚集，並擴大勢力。傑拉里叛亂會如此頻繁發生，甚至波及地方，原因就在於在蘇萊曼一世的年代裡，以首都伊斯坦堡為中心建立起來的統治框架，無法符合地方的實際狀態。而《為了做出正確選擇的真實天秤》，就是針對帝國社會所產生的畸形與扭曲做出探討的著作。

在本書中，卡蒂普看到了賄賂的橫行、為政者的不忠與糜爛，導致對國政的各種影響，以及不遵守原則的宗教禮儀蔓延、使用菸草和咖啡、各式各樣粗俗失禮等日常生活等級的不道德氾濫等，內容可說是針對整個社會群體。鄂圖曼帝國從十六世紀後半開始，這種針對當代命題做出批判性評論的「獻策書」相當興盛，被總稱為「批判書」，而卡蒂普的特徵則是把各種問題的根源歸因於對伊斯蘭的無知，導致欠缺信仰之心，不夠虔誠。那麼這裡就會出現一個問題：「什麼才是正確的信仰？」關於這一點，卡蒂普回顧了大約一百年前服侍蘇萊曼一世的艾布蘇尤德．伊馬迪（Ebussuud Efendi，一四九〇－一五七四年）和伊斯蘭學者穆罕默德．比爾吉維（Muhammad Birgivi，一五二二－一五七三年）的爭論。由於是針對鄂圖曼帝國人們信仰的方式所提出的重大問題，因此在此稍做介紹。

艾布蘇尤德．伊馬迪在蘇萊曼一世的年代裡，長期擔任謝赫伊斯蘭一職，這也是帝國宗教、司法的最高權威。他是一位按照帝王之意而頒布了許多法令的法學者。如果要用現代的說法來形容的話，那就是他用法律、宗教來承認蘇丹的世俗權力，且採取了現實主義的路線。鄂圖曼帝國努力的將國家、宗教，以及從中產生的正義，盡可能的收束在帝國的統治、管束之下，而這樣的傳統正起源於這個時期，之後也被土耳其共和國所繼承。

另一方面，穆罕默德．比爾吉維的本名是塔居丁．穆罕默德．伊本．馬魯夫（Taqi al-Din Muhammad ibn Ma'ruf），他是在埃迪爾內和伊茲密爾這些地方城市的伊斯蘭學校（培養烏理瑪的高等教育機構）執教鞭的法學者。維齊爾索庫魯．穆罕默德帕夏引薦他到首都造訪，他很快的吸引了首都的庶民大眾，並形成輿論，發揮了無法忽視的影響力。比爾吉維主張，應該把兩樣東西視為信仰和法的根本，第一是聖典（《古蘭經》），第二是統整先知穆罕默德言行的聖訓。這可說是相當原則主義的主張，不過他的能言善道成為了被批判的對象，除此之外，他在朗誦《古蘭經》時收取金錢當作報酬、在朗誦聖典時搖頭晃腦——這些行為在今天的伊斯蘭世界廣泛可見——這些烏理瑪的習性，甚至是喪禮的舉行、寺廟陵墓的建設等，在帝國的城市社會當中一般可見的庶民習慣，在當時也都成為攻擊的箭靶。

在這個本來就是建築在異教土地伊斯坦堡之上的伊斯蘭帝國邊境之國，產生了現實主義路線和理想主義的路線，且對立逐漸顯化。儘管這番論戰最終並沒有發展到必須要禁止艾布蘇尤德和比爾吉維活動的嚴重性，但受到比爾吉維薰陶的學生們仍持續活動，在卡蒂普的時代裡，以卡迪扎德利勒（Kadızâdeler）派，再次於首都的中心大放聲勢。

這個以卡迪扎德．穆罕默德（Kadızâde Mehmed Efendi）為中心的知名宗教派系，並不諂媚於既有的權勢，進行好戰的議論，因此獲得群眾支持。年輕卻嚴謹的穆拉德四世之所以決意取締菸草和咖啡等奢侈品，也是因為有這些厭惡揮霍的人們。而這個狀況和一百年前不同的是，神祕主義教團之一拜拉米耶（Bayramiye）教團中被稱為錫瓦斯派的人們，強烈反抗卡迪扎德利勒派，並與其發生衝突，雙方的對立甚至發展到在首都發生暴動的程度。

話說回來，一般從帝國指定的伊斯蘭學校畢業，取得法學證書的烏理瑪，都會想要從事法律相關行業，或者當學院的教授，與其是想要引導群眾，他們更想要成為法界人士或教育官僚。因此，庶民日常的信仰生活，可說是由各種在城市街道上設立修道場的神祕主義教團負責。也就是說，卡迪扎德利勒派運動的主張，在教義上是找不到缺陷的正義，但是卻否定了和鄂圖曼社會不可分割、深深扎根的神祕主義教團禮儀，甚至是動搖了其存在的意義。宗教的理想和現實之間的衝突，在往後也在鄂圖曼帝國引發了多次爭議，這類教義原則主義式的伊斯蘭「反彈」與震盪，直到成為土耳其共和國的今天，仍是左右國政和輿論的嚴重問題。

審慎的卡蒂普．切萊比，雖然避開了對兩派的鬥爭做下一個明確的判斷，但是至少他很清楚的記得比爾吉維和卡迪扎德利勒派雙方的缺點。他認為他們並不通曉伊斯蘭的歷史和哲學。也就是說，卡蒂普認為培養一個正確的信仰，就要接受正確而廣泛的知識，換句話說，他思考的是「學問」的本身。

伊斯蘭的整體學識——《對各書各學的疑問探求》

在前面已經看見，對卡蒂普來說，涉獵古今東西的文獻才是正確生存之道。而他這種正道的姿態，在經歷數百年之後，仍能確實的傳達給後世，最主要必須歸功於他最偉大的著作《對各書各學的疑問探求》。書中有文章、考察將近一萬四千五百篇，著作家將近一萬名，且對先知穆罕默德接獲預言之後，產生且分化出的三百多個學問領域，做出簡潔扼要且完整的說明，可說是伊斯蘭文獻學的一個巔峰。順帶一提，最初發現這本書價值的歐洲人，是法國的東方學者安托萬·加朗（Antoine Galland），他在卡蒂普逝世的十三年後，來到了伊斯蘭世界相關文獻最大的聚集地——伊斯坦堡。加朗也是第一位將阿拉伯文學作品《一千零一夜》翻譯成歐洲語言的人，他對卡蒂普的這本書萬分激賞，這實在是毫無異議的評價。到了今天，伊斯蘭世界許許多多廣為人知的知識巨人——例如伊本·赫勒敦——也都是透過此書而為伊斯蘭世界之外的人所知。

而卡蒂普·切萊比的晚年，也確實是過得很符合他的個人風格。從克里特島回來之後，他就生了病，但他為了尋求療法，又開始了對醫學的新挑戰。他的後半生除了一邊在學識的世界裡與病痛挑戰之外，也一邊創作出大作，並獲得學生們的崇敬。由於官職都有期限，讓當官的人可能需要經常輾轉各地，因此官場中很多人會開始走向累積財富之路。但他堅持學究的生存哲學，人格可說是相當的了不起。

卡蒂普不只「古今」，也廣泛涉略「東西」的文獻，且身段柔軟有彈性，可說是少有的學究。然而這塊過去屬於拜占庭帝國的首都、東方正教的中心地，也是伊斯蘭邊境的帝國，在十七世紀像他這樣的人物輩出，可見這裡已經不再是邊境，而是聚集了各地的學識，甚至是發展出新見解、新見地的伊斯蘭文化圈中心地。一六五七年，不到五十歲的卡蒂普蒙主寵召。他的墓碑到今天都還靜靜的矗立在伊斯坦堡舊城區阿塔圖爾克大道旁的購物中心裡。

埃夫利亞・切萊比（一六一一—一六八四年後）

博學多聞之人

比卡蒂普只晚了兩年，一六一一年三月，在距離今天卡蒂普墓碑的購物中心僅徒步十分鐘左右的海岸，在寶石工匠的店舖裡，一名男孩呱呱墜地。儘管我們知道他父親的名字是穆罕默德，但卻不知道他本人的真實姓名，只能隨著他在伊斯蘭學校的恩師，稱呼他為埃夫利亞（Evliya Çelebi）。他是遊歷了鄂圖曼帝國內外，且留下了全十卷巨作《旅行之書》（*Seyâhatnâme*）的少見著作家。自從蘇萊曼一世對珠寶裝飾的製作產生了興趣之後，他就長期擔任宮廷的寶石工匠領導人，儘管身分不及軍人或烏理瑪這些統治階層，但在地方工匠的世界裡，這算是極高的地位。他的母親雖說原本是奴隸的身分，但實際上是和大維齊爾梅勒克・艾哈邁德・帕夏（一五八八—一六六二年）有裙帶關係的女性（也有一說是他的姪女）。埃夫利亞除了艾哈邁德・帕夏之外，也和財務長官德夫泰勒・穆罕默德・帕夏（？—一六五六年）、大維齊爾易普希・穆斯塔法・帕夏（？—一六五五年以後）等阿布哈茲系的高官有親屬關係，算是富商家的公子哥。

埃夫利亞並沒有走上寶石工匠的道路，他從伊斯蘭學校畢業之後，就開始過著古蘭詠唱者的生活。穆拉德四世看中了他美妙的歌喉，即使他進到宮廷中擔任近侍，他也以聲樂為中心，專注在提升自己的藝術造詣。在今天，由於他的著作《旅行之書》的影響，他經常會被冠上「旅行家」這個不可思議的職業，不過埃夫利亞．切萊比本人卻只是在禮拜時宣禮誦念的宣禮員（Muezzin）或古蘭詠唱者，並以精通聲樂的才能而自傲。

埃夫利亞．切萊比

四處旅行的伊斯坦堡之子

但是，在過去和現在，宣禮員都是低薪的代名詞，因此光做宣禮員不足以糊口。因此他侍奉和母親有親緣關係的梅勒克．艾哈邁德．帕夏，擔任他的隨從和近侍，隨著他巡遊帝國各地。儘管埃夫利亞自己也是參與伊斯坦堡征服戰的土耳其軍人後代，並經常以出身、成長於首都中心為傲，但卻不見任何他通曉古典詩的蹤影，而古典詩正是帝國菁英們的喜好——只有幾首他自己創作的詩句——《旅行之書》使用的並非鄂圖曼的華麗文體，他使用的是現代土耳其語也能通，且平易近人的口語。埃夫利亞．切萊比的文體所展現出的口語，正如實的顯示出他並非（或者說他也並不想成為）文筆優秀的風雅文人。他不使用超脫世俗的文學，取而代之的，他相當熱心的深入了解庶民所喜愛的笑話、皮影戲、相聲等民間技藝，除此之外，他把當時庶民之間傳唱的故事和民間信仰記錄下來，這樣的態度在當時也算是非常少見的。由於埃夫利亞對通俗的技藝很感興趣，因此他被評價為首都的庶民隱士，也有人稱他為博學者，是個非常特別的人物。而他在旅行當中廣泛的觀察，正可說是讓他保有了這個稱號。

帝國的草圖《旅行之書》

以鄂圖曼語所寫的書當中，知名度最高的要屬這以十卷構成的《旅行之書》了。目前最受到信賴的版本是收藏在托普卡匹皇宮的手抄本，在缺少的部分旁邊有寫著「記載著——」的筆記，有些學者甚至認為這正是本人所寫的原創版本。

事實上，書中有很多提到的地區，都讓人懷疑他是否真的親自去過，例如第六卷的中央、北歐地區等。據推測，《旅行之書》按照一六四〇年之後埃夫利亞以伊斯坦堡為中心巡遊帝國的足跡，照順序所寫成，因此並不會像卡蒂普．切萊比的《世界之鏡》一樣有系統的按照各區域的配置書寫，所以當中敘述的可信度，有不少地方都遭到質疑。儘管對自己的戰功和才智誇張的自吹自擂還算可愛，但有很多地名和數字很明顯的就是雙關語。比起陳述事實，他把語感和故事的劇情擺在優先，這種態度很有可能是為了要娛樂讀者、聽眾這些達官顯要們。不過無論如何，埃夫利亞獨特的敘事當中包含了不正確性，這還要靠日後文學研究者的努力了。接下來是各卷的概要：

第一卷　伊斯坦堡

第二卷　布爾薩、黑海沿岸（阿馬西亞、巴統、特拉布宗、薩姆松等）、克里特島、安納托利

亞東部（埃爾祖魯姆、亞塞拜然）、喬治亞周邊

第三卷　敘利亞、巴勒斯坦、亞美尼亞、巴爾幹領土（葡萄牙、杜布羅夫尼克）

第四卷　凡城、大不里士、巴格達、巴斯拉

第五卷　第四卷旅行的後續（從凡城到布爾薩）、匈牙利、俄羅斯、到安納托利亞中部各趟遠征的隨行記

第六卷　外西凡尼亞、阿爾巴尼亞、斯洛伐尼亞、奧地利、德國、荷蘭、波羅的海沿岸地區、赫塞哥維納、拉古薩、蒙特內哥羅、克羅埃西亞

第七卷　奧地利、克里米亞、達吉斯坦、欽察草原、阿斯特拉罕

第八卷　克里米亞、克里特島、塞薩洛尼基、首都近郊的巴爾幹半島地區

第九卷　安納托利亞西部—東南部、北伊拉克、敘利亞、耶路撒冷、麥加、麥地那

第十卷　埃及、蘇丹

儘管書中有許多錯誤，但是當中有記錄庶民生活的日記，也有像備忘錄一樣的自我文件（Ego-documents），對於缺乏這些資料的鄂圖曼語史料界來說，《旅行之書》可說是珍貴且無可取代的傑作，這也是不爭的事實。而本書的記述其實也可以看到一定的規則。比方說在連結城市與城市之間的旅行，他會簡潔的記錄下所需要的天數，進入到城市之後，就會記錄穆斯林、希臘正教、亞美尼亞教徒、猶太教徒等臣民的街區數，也就是大致上的人口。順帶的他也會記錄這個城市的清真寺、伊斯蘭學校、主要

修道場、商隊住宿或餐廳的地點，有時候也會記錄水井和橋梁等公共設施及其附近的設施，如果有聖者廟或汲水處等參拜地點，他也會羅列出來。這些都是按照伊斯蘭文化圈的地方志傳統格式，再加上埃夫利亞的個人體驗或聽聞的地方軼事，並某種程度也會記錄地方特產和居民的語言。我舉其中一個例子，讓我們來看看他對庫德斯坦地區的要衝城市迪亞巴克爾的記述吧。

首先，他簡潔的敘述了城市名稱的由來、被伊斯蘭教徒征服的過程，和薩法維王朝抗爭等城市的簡史。同時他也依蘇萊曼一世時期的法令為依據，附帶提到這個地區的稅率、迪亞巴克爾所統治的周邊各縣的概要，以及各縣首長的統治地區和稅率。接著他會記錄各地區的軍隊編制、區的法官區等是否有法學派法官的事項。接下來，他敘述到迪亞巴克爾的地形和城市的結構，室內的清真寺、伊斯蘭學校、修道場、汲水處、各街區的名稱、主要的建築、商隊住宿、室內商店街等。再來他列舉了幾位當地名人、著名工匠、詩人的名字等，接著他又描述街上往來行人男男女女的服裝特徵、涼爽的氣候，以及附屬於私人住宅的水井等。除此之外，他還將當地常見的人名，按照男性、女性，還是男、女奴隸做分類，並列舉出來。接下來在記錄了室內的公共浴場之後，他又記載了阿拉伯河等周邊河川的樣貌，有時候還會一邊用解開古老之謎的方式加以解說。再來是介紹城市的主要產業、食物、飲品等之後，他也收集了這個地區特有的土耳其語方言和庫德語單字。在上述這些城市敘述的最後，是該城市裡各個和伊斯蘭聖賢相關的參拜地點。對於這些「觀光景點」的敘述，包含了埃夫利亞的個人體驗和聖賢傳，分量相當可觀。

《旅行之書》的地方志敘述，雖然會隨著陳述的順序和項目的種類而有所不同，不過仍能讓我們了解到許多事情。例如城市的富裕程度和政治狀況，可以從鄂圖曼貨幣阿克切銀幣，以及軍隊、法官等鄂圖曼政府所統治的軍事、行政單位為基準來測量，顯示出可被稱為「鄂圖曼（或者說伊斯坦堡）度量衡」的基準，已經擴大到邊境都能適用。除此之外，他羅列了從公共設施到當地名士、工匠、參拜地點等地區性相當高的要素，就算數量很少，他也一定會記錄，這也讓我們看到埃夫利亞在旅行時抱著一種先入為主的觀念，認為這些都是鄂圖曼帝國的領土。另一方面，儘管伊斯蘭文化圈地方志的傳統三要素是地形、公共設施和地方名士，但他並不只停留於此，他還會積極的記錄語言、食物和服飾等「地區性」的要素，這樣的態度也讓我們看見了許多在廣闊的鄂圖曼世界中，實際上無法用「鄂圖曼度量衡」來衡量的多樣性，且也呈現出透過伊斯坦堡名士的眼睛所記錄的世界，這就有足以留給後世的價值了。

對語言的關注

在前述的各種要素當中，過去的研究特別關注的是有關「地域性」的各種記述，尤其是各地區的語言——包含已消失的語言——的紀錄，長久以來被視為那個年代最重要的資訊。由於埃夫利亞自負是精通聲樂的博學者，因此他在旅行的途中，也彷彿期望自己是個耳朵聽力最好的人一般，每到一個地方，就會試著把當地人的方言或語言拼寫出來。不過儘管埃夫利亞本人說《旅行之書》當中記錄了一百四十到一百四十七個語言，實際上卻只有三十四個。

讓我們來看看文人、軍人和官人輩出的阿爾巴尼亞吧。埃夫利亞是這樣評價阿爾巴尼亞語的：「這是一個音調甜美的語言，人們互相以帶著敬意與謙讓的溫暖語言來交談」，對數字和打招呼的表現，他也把日常用語如「要吃麵包嗎？」「您去哪了呢？」等記錄了下來，同時也寫下葡萄、大麥等食物的名稱。當中甚至還記錄了「你走著瞧！」這種粗俗語言。據埃夫利亞本人說：「雖然這是沒有意義的無聊語言，但對旅人來說卻很重要。只不過說了很有可能會被罵或被打就是了。」像這樣廣泛而淺顯的收集日常表現，並拼寫出來，很有可能跟真實的語言非常相近，這表示埃夫利亞平時旅行時，就對當地的語言相當關注，很有可能是跟著通曉當地語言的人而行，因此他對語言的相關敘述，可信度相當高。

除此之外，他對於缺乏史料的庫德語以及高加索各語言的紀錄，在十九世紀中葉被土耳其學者哈美爾（Von Hammel）翻譯成英文，而介紹到全世界，儘管埃夫利亞僅僅是一個記錄者，但他也試著考察過各語言之間的關聯性。尤其饒富趣味的是關於「義大利語」的記敘。埃夫利亞認為法國人、西歐人使用的各語言都屬於「義大利語」，從法國到德國、伊比利半島到義大利半島所說的語言，都只是義大利語的方言。當然這個「義大利語」應該被置換為「拉丁語」才對，但他的這番考察，在長久以來也被視為一種證據，證實了伊斯蘭教徒開始對羅曼語、日耳曼語和斯拉夫語等「語族」的存在，有了一個模糊的認識。

除此之外，他對土耳其各方言的記錄也同樣重要性相當高，畢竟他自負生長於可說是首都穀倉溫卡帕尼（Unkapanı）港，且是「說正統話」的首都之子，因此他也提到巴爾幹、安納托利亞、高加索、北伊拉克的土耳其系居民，以及亞美尼亞人、阿布哈茲人、切爾克斯人等非母語人士說土耳其語時的口音，並試著分析其共同點和差異性。他把傾向首都庶民的土耳其語——也就是應該被稱為鄂圖曼口語的伊斯坦堡口音的土耳其語——當作軸心來進行分析的態度，組成了他把統治者語言，也就是把鄂圖曼土耳其語當成「鄂圖曼度量衡」最重要的要素，而這也顯示出共通語相當廣泛的被帝國領土各處所使用。

儘管埃夫利亞學會騎馬和武藝，也被評論為開朗且擅長說話，但他既沒有在仕途出人頭地，也沒有獲得良緣，所以沒有妻子、沒有後代。因此儘管他是如此知名的人物，卻連他的本名和去世之地也不為人知。《旅行之書》的最終卷全篇寫的是埃及和蘇丹，但當中的記述卻結束的相當突然。因此大多數的看法都認為他是在一六七一年出發前往麥加朝聖之後，待在埃及執筆第十卷的期間過世的。也有其他的說法認為他是在回到首都的途中過世的，不過透過他的朝聖之行充滿喜悅的記載，可以知道他對他的一生和長途旅行的最後一幕，可以平安的完成朝聖，充滿了滿足感。

十七世紀的兩大詩人

文學或許就是在亂世當中，更增添了其豐裕富饒。十七世紀的鄂圖曼文學，彷彿是吸取了內外動亂一般，繽紛而豐富。這也可以用來形容詩人的出身地。儘管無論是在哪個時代，文壇裡大多數的人都出身首都或首都附近，不過在前一個世紀蘇萊曼一世的宮廷裡，在發展上就以容納波斯文學為主調，並有出身於巴爾幹半島藉由德夫希爾梅制度出現在帝國中央的詩人們，彩繪了十六世紀的文壇。十七世紀則是由土耳其與文學的興隆和出身於安納托利亞的詩人們活躍於文壇。

在此要介紹「詩的帝國」鄂圖曼的詩人們，不可不提到的就是代表十七世紀前半的詩人涅菲（Nef'i）和納比（Yusuf Nabi）這兩人了。

涅菲（一五七二—一六三五年）

將性命賭上諷刺的詩人

筆名涅菲，原名Omer，他的一生波瀾萬丈，至今仍相當受到後人的喜愛與敬重。一五七二年，他出生於安納托利亞東部核心城市埃爾祖魯姆近郊的地方騎兵家庭，在哈桑·卡雷（Hasan Qareh）受教育後，離開了埃爾祖魯姆，之後便開始學習波斯語和阿拉伯語。有一則軼事說他最初的筆名是Zarrî（有害），但當時埃爾祖魯姆的財務長官非常中意他的寫詩才能，因此要他改成了Nef'i，意思是「有用的」。由於財務長官的提拔，他在艾哈邁德一世時到了首都，經歷了幾個官職之後，他在鄂圖曼二世、穆拉德四世的時代裡，成為首都詩壇的寵兒。他一方面是頌歌的名人，經常會將作品獻給鄂圖曼帝國的高官，眾人爭相搶著獲得他的作品，但另一方面，他又會寫一些打趣詩，巧妙的跟著時代的潮流，或者又會開高官的玩笑，在現代的評價裡，大多都認為他的作品是當代鄂圖曼帝國諷刺文學的傑作。

由於他嘲弄當代各式各樣的人物，因此當然也招來很多人的恨意。當他批判高官，被關進監獄時，穆拉德四世這位他最大的擁護者總是會把他救出來。但就連穆拉德四世本人，也拜託過涅菲不要拿他來寫打趣詩。也就是說，連可以一刀劈開一匹馬、擅長摔角，且個性嚴謹到與他過輕的年紀不相符的穆拉德四世，也都無法小看這位詩人帶給首都詩壇以及輿論的影響。

當然涅菲的死也是他自己的文筆所招來之禍，可說是相當符合他的個性。一六三五年，年齡超過六十歲的涅菲，筆鋒越來越犀利，而他的筆尖朝向的正是當時的大維齊爾拜拉姆帕夏（Bayram Pasha）。當時街頭巷尾謠傳，他把拜拉姆帕夏稱為狗的諷刺詩，正是要了他性命的關鍵。另外還有一說是當拜拉姆帕夏命令奴隸抄寫文件時，他看到掉落在紙上的墨水，說了一句：「閣下，你的汗流下來啦！」這是因為在當時，「黑血」是稱呼異教徒出生的輕蔑用語，對出生於伊斯坦堡土耳其系名門的拜拉姆來說，這句話或許就成了不可容忍的毀謗。不過這頂多只是街頭巷尾的傳聞，處決直接的原因並不明確。可說是穆拉德四世姊夫的拜拉姆帕夏，在還未當上維齊爾時，就娶了已故艾哈邁德一世的公主，也算是一位貴族了。在三年後的一六三八年，當這位大維齊爾在目標收復失土巴格達的東方遠征途中陣亡後，穆拉德非常慎重的將他的遺體運回了首都，這件事可說眾人皆知。這麼看來，在一六三五年時，當穆拉德前往葉理溫遠征時，還拜託姊夫守著首都，要是姊夫拜託年紀輕輕的蘇丹：「殺了那個詩人吧！」那麼以政治層面來看，蘇丹的確很有可能就此接受。無論如何，在一六三五年，穆拉德四世無法再保護被大維齊爾盯上的涅菲，應允了對他的處決。

一月，涅菲在宮廷內拜拉姆帕夏的房間遭到絞殺，他的遺體被投到博斯普魯斯海峽。這倒是為他痛快的作品覆上了陰影，不過在他生前，他把讚頌的詩歌、諷刺的詩歌分了開來，堅強的在鄂圖曼的宮廷中生存了下來，儘管有時會被為政者所擺布，但是在卡迪扎德利勒派復興運動和穆拉德四世嚴厲的肅正社會風氣之際，他讓我們看到了在首都伊斯坦堡黨派間，如何使用詩歌有效的進行唇槍舌戰，也讓我們窺見了詩的帝國鄂圖曼激烈的風雅。

納比（一六四二－一七一二年）

詠嘆生存之道

活躍在十七世紀鄂圖曼法律界的烏理瑪詩人當中，最為人所知的就是納比（Yusuf Nabi）了。納比的本名是蘇萊曼，出生於安納托利亞東部的烏爾法，他出生於一個庫德族的貧困家庭，除了在故鄉的伊斯蘭學校苦學以外，一般的詩人列傳中很少提到他在一六六五年到伊斯坦堡之前的人生。據他本人的說法，他在烏爾法時，曾在卡迪里耶（伊斯蘭教蘇非派教團）導師的門下學習，但當時這位蘇萊曼少年，卻只被老師命令去牧羊，他明明是為了想要接近神而進入此門，但每天卻只能放羊吃草，因此他終日煩惱，最後逐漸開始自審，是不是因為自己的心不夠廉潔。導師聽見了蘇萊曼真摯的疑惑，因此把他叫來跟前：「我想要藉由牧羊來考驗你的忍耐度，但你早已具備了（名為謙虛的）學問的素養了。」並且就此把他送往伊斯坦堡。儘管這則軼事真偽不詳，但他總是在自省自我存在意義的那份認真耿直，的確可以被看做是納比寫詩藝術的基礎。除此之外，納比出生並成長在庫德語、土耳其語、阿拉伯語、波斯語混雜的地區，讓他因通曉多個語言，有著優秀的語言知覺，因此他到了伊斯坦堡沒多久，就受到當時知名的雅士、贊助者穆沙西卜．穆斯塔法．帕夏的賞識，並雇用納比擔任他主辦會議上的書記。一六七一年，他隨著維齊爾從軍遠征，並寫了慶祝勝利的頌歌，讓蘇丹穆斯塔法為之驚豔，因此鞏固了他在首都詩壇的地位。納比在一六七八年完成了朝聖，《兩聖都的恩賜》一書記錄了這趟朝聖之行，也成為鄂圖曼語旅行文學的傑作，相當知名。

在各種列傳當中都可看見人們對納比的評價，他是一位口齒清晰、辯才無礙、知識豐富的聰明人士，由此也不難想像他在首都中央足以獲得一席之地，也因為如此，讓他一生中遇到了不少贊助者。他的支持者沙西卜．穆斯塔法．帕夏在一六八六年過世後，他又為日後成為大維齊爾的巴爾塔奇．穆罕默德．帕夏（Baltacı Mehmet Pasha）工作，並隨著當時是阿勒頗縣首長的巴爾塔奇．穆罕默德．帕夏，去了阿勒頗。納比在這個時期，儘管寫了一些悲傷的詩，形容離開首都來到偏僻地方的旅途，不過他在這裡度過了將近二十五年的時間，且阿勒頗也離他的故鄉不遠，在這裡的生活並沒有什麼不自在。他的代表作《善之書》，也是於一七〇一年在此地所創作的。儘管巴爾塔奇離開了阿勒頗的職位後，他們的主僕關係也沒有改變。雖然兩人之間有二十六歲的差距，但兩人都以歌聲優美而聞名，納比還是一位歌手，以Seyid Nuh為藝名。可推測儘管歌謠只是他的興趣，但他也鑽精通這個領域的。回到首都的巴爾塔奇在一七〇三年首都發生叛變時，他負責和叛徒交涉的任務，且致力於罷黜穆斯塔法二世和艾哈邁德皇子的即位，最終讓他在一七〇四年成為了大維齊爾。納比也是這個時候被召回首都，並被任命了幾個政府的要職。

納比的代表作《善之書》，對於穆斯林而言是一本倡導德行要項的道德書籍。以整體來看，書中寫滿了為了維持「hayr」（包含善與榮譽的意涵）所必須要禁止的事項。他特別仰慕波斯詩人內沙布爾的阿塔（Attar of Nishapur），而內沙布爾的阿塔從《神聖之書》這本書開始，開啟了的書寫道德詩的先河，納比可說是忠實的採用了內沙布爾的阿塔的編排方式。不過在十七世紀後半，安納托利亞東部的叛亂頻發，長期在此生活的納比，將親眼所見的鄂圖曼社會的混亂擺在心上。當時常見的道德詩會將《古蘭經》、聖訓和其他的警句、諺語排列出來，並解說其內容，但納比的作品顯然和這些作品有一線之別。他所倡導的正統遜尼派宗教性德目，以詩文來說完成性相當高，不過反過來說，卻不太有新奇的德目。然而考慮到要在與薩法維王朝相鄰的地區倡導遜尼派，或許反倒是沒有一些新的德行要項，才更有意義吧。從這裡就可以看出他試圖再次確認鄂圖曼帝國統治階級正統信仰心的態度。此外，他在政治領域方面的意見，例如禁止在地方官吏和法官們之中的賄賂、拜金主義的蔓延，也可讓人窺見當時帝國社會規範的鬆懈。

頗有意思的是，首先在作品的一開頭，他就寫了稱讚帝國首都伊斯坦堡的城市頌歌，反覆稱讚這裡是所有才子的聚集之地，並勸說如果想要出人頭地，就一定要到伊斯坦堡來。在首都想要發跡，他提出像前述的「禮節」，也就是原則性的禁止事項和禮節、禮儀。而納比所認為的禮節，以「鄂圖曼度量衡」為基礎，且他將這些禮節寫成了詩句，因此他獲得了將鄂圖曼式敘事法文字化之詩人的評價。在這點上，可見鄂圖曼帝國注重實證的學術風氣，的確影響了這位詩人。本書考慮到十七世紀後半鄂圖曼帝國內部可以觀察到的危機，並企圖維持與復興傳統的道德項目，來克服這些危機，以實踐的觀點在社會脈絡上提倡他的想法，可說是劃時代之舉。這本《善之書》之後被帝國的伊斯蘭學校選為教科書，並有許多手抄本。許多官僚詩人受其薰陶，甚至被稱為納比派的詩人當中，也出現許多人創作了可說是補充《善之書》的同類忠告之書。順帶一提，以享樂時代而聞名的鬱金香時代代表人物詩人賽義德・維比（Seyyid Vehbi），就寫了長篇的道德詩《寬容之書》，可說是本書的升級版。在這個時代裡，對廣闊帝國各地的臣民，除了要求他們使用鄂圖曼語作為行政語言、文雅之言之外，也必須習得由一定的行動規範所組成的鄂圖曼禮節。

一七一一年，納比長年的擁護者巴爾塔奇被調職，流放到愛琴海上的海島。這時在首都詩壇已被稱為首席詩人的納比，並未受池魚之殃。他積極的和納迪姆（Nedim）、維比等擔起下一個世代的未來大詩人合作、參加賽詩會，但是在隔年的春天卻突然病倒，因此沒辦法親身經歷由艾哈邁德三世主導、積極且大膽接受西歐文化的鬱金香時期，在春意盎然的首都逝世。儘管不知道這對他而言是幸還是不幸，但位於亞洲海岸邊於斯屈達爾的卡拉卡哈邁特（Karacaahmet Cemetery）被柏樹所環繞，現在已完全西歐化的城市，再也不見過去伊斯坦堡街道的蹤影了。

——我們看了「女人天下時代的為政者們」、「十七世紀鄂圖曼帝國的文人義士」、「十七世紀的兩大詩人」，這些為政者與知識分子、詩人們共通的是，他們從各個地區聚集到首都來，儘管他們屬於各式各樣的社會階層，但他們都遵守著鄂圖曼帝國所頒布的秩序而生存——就算是叛亂者也是一樣。以奴隸軍團和法官所屯駐的清真寺為中心，建設起的公共設施和地方的聖殿、觀光景點，這些地方城市的景觀、計算財富的鄂圖曼貨幣、相當於城市語言的鄂圖曼土耳其語的通用，以及重視實踐、熱切的超越宗教藩籬，收集各種知識學問的態度，反覆推廣對禮儀的重視，詩文的文雅帶給政治廣大影響的文化風俗——這些總和起來應該被稱為「鄂圖曼度量衡」的基準，似乎是存在於當時的。當然，今天當我們重新審視阿拉伯語圈和波斯語圈的帝國領土時，所能瞥見的鄂圖曼社會，必定是呈現了與當時不同的樣貌，畢竟鄂圖曼的社會原本就並存著希臘正教徒、亞美尼亞教徒、猶太教徒等次文化世界，因此在這樣共存的文化世界裡，霸權性的文化強制力本來就不是那麼高，因此我們不能過度評估「鄂圖曼度量衡」實際的影響力。但是至少我們可以透過這個時代鄂圖曼帝國的人們看到，從一四五三年以來，以首都伊斯坦堡為核心之地所統整出來，被稱為「鄂圖曼度量衡」的鬆散規範，逐漸擴展，以此為憑藉的鄂圖曼文化世界，滲透到廣闊領土的各個地區。而這個鬆散的「鄂圖曼度量衡」，會在接下來的十八世紀初期被迫迎來巨大的變革。

鬱金香時期——戰爭之後短暫的盛宴

在土耳其史上，從一七一八年到一七三〇年的十二年間，儘管只是在漫長的王朝史裡，發出了剎那的光亮，但其驚人的燦爛光輝，吸引了無數人，在首都伊斯坦堡正式試圖引進西歐的技術和文物的同時，在各地舉辦了大規模的盛宴，而據說將這個時期命名為「鬱金香時期」的，是詩人、作家葉海亞·凱末爾·貝亞特利（Yahya Kemal Beyatlı，一八八四—一九五八年）。儘管有不同的說法，但他所使用的這個如詩般的表現，透過史學家艾哈邁德·勒菲克而流傳至大街小巷，直到今天。

不過為什麼是鬱金香呢？今天鬱金香因是土耳其的國花而知名。但是人們之所以稱為鬱金香時期，卻完全不是出於這種愛國心。因為對於過去的鄂圖曼帝國——以及中東伊斯蘭文化圈的——人們來說，提到花，不論第一還是第二，先想到的都是玫瑰花。這是象徵佳人、酒杯，甚至是「善」本身的穆斯林之花。但是我們在鬱金香時代，可以看到從荷蘭進口的鬱金香，在首都伊斯坦堡受到熱烈的歡迎，並且開始大量種植。原本是東方世界生產的文物傳到西方，在不知不覺間被精心栽培，甚至再度回到東方——凱末爾和勒菲克將可以預期到土耳其現代化的十八世紀初期的時代，以鬱金香和玫瑰的對比來做比喻。鬱金香時期，正是在東方古式典雅的玫瑰花園一角，讓鬱金香這種從西方回歸的新奇花朵扎了根的時代。

阿姆卡扎德・侯賽因・帕夏（一六四四—一七〇二年）

科普魯律家最後的名宰相

一六九七年九月十一日，鄂圖曼軍隊在匈牙利平原東部，正要橫渡多瑙河的支流蒂薩河時，受到了突擊，超過三萬人戰死，留下了大量的物資，全軍潰逃。這場戰爭被稱為森塔戰役，對西歐來說，僅造成了三百名損傷，就獲得了大勝利，讓薩伏依王朝率軍的歐根親王（弗朗索瓦．歐根）在軍事史上享譽盛名，不過對鄂圖曼帝國來說，卻是一大危機。蘇萊曼一世當初征服了貝爾格勒後，投下了大量的資本重建此地，並稱之為聖戰之家，但此地卻在這場戰役當中，赤裸裸的成了最前線。這場戰役讓人聯想到一六八三年維也納城下的大失敗，經歷了這些失敗，迫使曾三次親自率領奧地利戰爭的穆斯塔法二世，必須要摸索和平的道路。不到一週，他就任命了新的大維齊爾。而這就是正好在四分之一個世紀之前，實現了帝國最大版圖的名門科普魯律家族的阿姆卡扎德·侯賽因·帕夏（Amcazade Köprülü Hüseyin Pasha）。

侯賽因·帕夏是科普魯律家族始祖穆罕默德帕夏的姪子，包含第二次維也納包圍戰在內，他歷經了各地轉戰，擔任過地方首長，是位軍政官，在一六九六年起被命令守衛要衝之地貝爾格勒。在森塔戰役之際，他強硬反對進軍超越貝爾格勒的防衛線，而戰敗的結果，也證實了他的見識與智慧。

被委以和平談判這項重任的侯賽因·帕夏，在森塔戰役失敗後一年多，於一六九九年一月，在卡洛維茨與奧地利、威尼斯、波蘭等國談判，並在次年一七〇〇年於首都伊斯坦堡和俄國各自簽訂了和平條約。這兩個以簽訂地點命名的條約，內容分別是割讓匈牙利、外西凡尼亞給奧地利，割讓伯羅奔尼撒半島和達爾馬提亞給威尼斯，割讓波多利亞給波蘭，割讓亞速給俄國。這些區域大多都是從十五世紀以來，就形成了帝國國境地帶，在過去如果說到往巴爾幹方面向外征伐，那一定都是在說這些地區之外的土地，因此這些內容可說是軍事、外交上的敗北。不過以坐鎮首都伊斯坦堡——有時是埃迪爾內——的帝國政府角度來重新審視巴爾幹情勢時，這些條約也有一定程度的成果。考慮到貝爾格勒已數度遭到包圍的現況，與其付出大量鮮血的代價，這些條約獲得了守住帝國大門的評價。

獲得和平的侯賽因·帕夏，接下來將眼光轉向國內的軍制改革。耶尼切里軍團的人數在當時已膨脹到七萬人，由於舊式裝備和士氣低迷，導致身為國防軍的重要性下降。然而當他們身上背著步槍，手裡揮動著手槍、小刀或短劍，在街上高喊著：「有事上訴！」也無人能阻止他們。要廢除耶尼切里軍團，實際上耗費了之後一百年的歲月，才終於得以實現，而這個過程讓好幾位蘇丹和大維齊爾失去了地位和性命。

侯賽因．帕夏是第一位正式著手軍制改革的軍人政治家，他的卓見至今仍受到相當高的評價。然而可惜的是，他並沒有遇到了解他的主人或同事。在蒂薩河時的穆斯塔法二世，甚至完全不在乎俘虜們憂愁的眼神，就回到了首都，他將政務都交給大自己二十歲的侯賽因．帕夏，離開了首都，把自己關在埃迪爾內。被委任宗教與法務事務的謝赫伊斯蘭費祖拉．埃芬迪（Feyzullah Efendi）仗著自己是蘇丹的恩師而專橫一時。

從《卡洛維茨條約》和《伊斯坦堡條約》中，學到了領土喪失的教訓，侯賽因．帕夏開始著手更新裝備，以增強軍力，不過他急速的改革，卻遭到費祖拉．埃芬迪激烈的譴責，導致身體出了狀況。一七〇二年九月四日，侯賽因將大維齊爾的官璽送給在埃迪爾內的蘇丹，辭去官職，為了療養而隱居首都西邊的鄉村裡。僅僅半個月後，他便蒙主寵召。在其後的十六年裡，鄂圖曼帝國總共更換了十五位大維齊爾，由此充分可見侯賽因．帕夏是無可取代的名宰相。這十五人當中，有一人是科普魯律家族第六位，也是最後一位大維齊爾，努曼帕夏。不過他在與俄國和平交涉時失敗，僅兩個月就遭到罷黜。直到今天，在土耳其共和國都視科普魯律家族為學者家族，並受到崇敬，而侯賽因．帕夏則是展現了宰相最後的矜持的人物。

費祖拉·埃芬迪（一六三九—一七〇三年）

帝王恩師，庶民之敵

可被視為把侯賽因·帕夏折磨至死的費祖拉，出身於埃爾祖魯姆，本名是穆罕默德，由於他吹噓自己是先知穆罕默德的後代，因此在一六六九年，被任命為穆斯塔法二世的老師。他雖然曾經一度擔任算是帝國司法制度次席的魯米利亞省軍政官，但他擅自將馬綁在皇室管理的牧草地，引起了以廉潔著名的穆罕默德四世的憤怒，因此差一點被處決。這時候，穆斯塔法二世和艾哈邁德三世的母親居爾努斯蘇丹出手干預，他才免於遭到處刑。一六八六年，他被任命為司法制度最高地位的謝赫伊斯蘭，不過他再度被懷疑有反叛之心，被穆罕默德四世命令蟄居（軟禁）於埃爾祖魯姆。

在經歷上，不得不說他是一位有缺陷的人，但是至少他得到了學生穆斯塔法二世的信賴。穆斯塔法二世即位後，費祖拉受到了學生的請託，再度回到了謝赫伊斯蘭的職位。有了蘇丹這個最高權力者當後盾，而且這位蘇丹在埃迪爾內，並未處身於首都政界，因此費祖拉便開始展現出權勢凌駕大維齊爾的姿態，將自己年僅二十五歲的兒子法土拉拔擢為魯米利亞省軍政官，甚至讓蘇丹承諾自己的兒子會成為下一任謝赫伊斯蘭。他甚至還任命自己的家族和隨從各式官職，大方的給予他們自己出身地安納托利亞東南部領土的徵稅權，讓首都的庶民大感憤怒。

而穆斯塔法二世由於多次進行戰爭，因此對人民課以重稅，但是自己卻模仿父親，躲在埃迪爾內，過著狩獵和飲宴的日子。鄂圖曼家族的蘇丹，坐擁了從龐大帝國領土各地徵收而來的稅金，是世界屈指可數的富翁。當然，蘇丹的所在地，就會聚集當權者和富豪，形成宮廷，即使他不在此地，被收集到宮廷來的巨大財富，也不會落到首都的社會裡。陛下據說要遷都埃迪爾內——在首都庶民之間，都口耳相傳這樣的傳言。當時的社會已經相當世襲化，而耶尼切里軍人們擔任著城市裡工商業者同業公會重要的職位，這對他們來說當然不是一個有利的狀況，而且科普魯律家族的侯賽因·帕夏還要重整他們的軍隊，對他們施壓。首都的社會上早已累積了許多不滿，而為這股不滿點起一把火的，就是費祖拉·埃芬迪這名專制者了。

一七〇三年八月，由於軍俸拖欠已成常態的賽貝西軍團（Djebedji）發動起義，而首都的庶民起身響應，這群反叛者們就以耶尼切里率領的形式，宣布任命名宰相侯賽因·帕夏的女婿卡瓦諾斯·艾哈邁德·帕夏為大維齊爾，並迅速的通知人在埃迪爾內的蘇丹。在這期間，逃亡失敗的費祖拉·埃芬迪和兒子遭到反叛者俘虜。

穆斯塔法二世為了安撫叛眾，罷免了費祖拉·埃芬迪，但是他本人卻沒有回到首都。因此軍團兵和伊斯坦堡庶民聯合起來組成了六萬人之多的抗議團體，從伊斯坦堡出發，向埃迪爾內前進，並在途中頒布了罷黜穆斯塔法二世的法令，並改立蘇丹被幽禁在埃迪爾內的弟弟艾哈邁德皇子即位。在一七〇三年八月二十日，他們抵達了埃迪爾內城門下。兩天後，艾哈邁德三世的即位被允許，而在九月三日，宣告處決費祖拉·埃芬迪。幾乎半裸被帶到埃迪爾內的費祖拉·埃芬迪父子，在接受了極為殘酷的拷問之後，遭到絞刑，他的首級被砍下來，並用長矛刺穿，被領著在埃迪爾內市中到處轉，至此叛亂終於結束。

這起事件日後被稱為埃迪爾內事件——在十九世紀也有同名的事件——或被稱為費祖拉事件。這個事件清楚的顯示，龐大帝國的財富聚集地伊斯坦堡的庶民階級，已經不再是只能忍受專橫統治者的無辜人民，他們會以實力表現出不滿，是能夠左右國家去向的新階級，而這個階級已經抬頭。

艾哈邁德三世（一六七三—一七三六年）

「盛宴」的主辦者，抑是主賓

一七〇三—一七三〇年在位。中東自古以來的傳統，有個「盛宴與戰鬥」的美學。在白天戰鬥，競爭男子氣概，入夜後杯觥交錯，任自己享樂、盡興於酒宴，這被視為是騎士的一種理想生活形象。艾哈邁德三世在位總共二十七年，他的治世彷彿可說是按照著這個「盛宴與戰鬥」的傳統。

首先在埃迪爾內事件過後的十五年裡，艾哈邁德三世起用了他的女婿內夫謝希爾勒·易卜拉欣帕夏（Nevşehirli Damat Ibrahim Pasha）擔任大維齊爾，並致力於收復在《卡洛維茨條約》中失去的土地。一七一一年，在摩爾達維亞打敗俄國，收復了亞速海，讓黑海再度成為帝國的內海之後，在伯羅奔尼撒半島和克里特島與威尼斯對峙，且在貝爾格勒與奧地利對峙。儘管成功讓威尼斯勢力受困於克里特島本島周邊的小島，獲得了勝利，但在奧地利方面卻失敗，失去了貝爾格勒。因此在一七一八年，簽訂了

艾哈邁德三世噴泉　位於托普卡匹皇宮和市區的帝王之門之間。

《帕薩羅維茨條約》，確認了從一六七〇年代以來鄂圖曼帝國與奧地利、威尼斯之間的戰爭現況。結果導致鄂圖曼帝國永遠失去了蒂米什瓦拉，其他還有要割讓塞爾維亞和波士尼亞給奧地利——不過貝爾格勒的所有權，之後在鄂圖曼帝國和奧地利之間不斷轉移——取而代之的是奪回了希臘的伯羅奔尼撒半島。取得了一定外交、軍事成功的艾哈邁德三世脫下了戰袍，以和西歐之間的和平為背景，盡興於擴充內政與振興文化的饗宴。

戰爭終結於一七一八年，而艾哈邁德三世的盛宴也始於此時，他將引進歐風文化、技術和保護文藝當作兩大支柱。今天我們所熟知的是前者，他派遣使者到西歐各國、建設印刷工廠、主要對奧地利方面進行系統性的檢疫、設置燈塔、消防隊等，種類繁多。此外蘇丹本身也相當擅長書法，對宮殿和庭園的建築過程都相當關注。位於金角灣最深處的卡格塔內（Kağıthane）溪谷，自古以來便是首都伊斯坦堡人們休憩的場所，而艾哈邁德三世在此地建造的正是最具代表性的例子。法國特使耶米賽奇茲．穆罕穆德．切萊比（Yirmisekiz Mehmed Çelebi）所形容的法國王宮與伊朗宮殿，據說就是模仿這座宮殿，而這座宮殿也可說是象徵鬱金香時期的建築物。高官和富裕階級分享了離宮周邊土地，彼此競爭造園的技術，而這也被視為鬱金香時期名稱的直接起源。

不僅只是花，艾哈邁德三世也積極的推薦高官們建設房屋、噴水池和庭園，以結果來看，帝國統治階級們所擁有的龐大資本，時隔許久終於又再度投注在首都伊斯坦堡。今天矗立於博斯普魯斯海岸的避暑勝地，其中也有很多都建設於這個時期。艾哈邁德三世不同於被幽禁於托普卡匹皇宮深處幾十年的皇子們，據說他在埃迪爾內宮殿裡過的是一種相對自由的「幽禁生活」。或許是這樣的自由，培養了這位蘇丹的好奇心與開明態度吧。但是無論是在海洋的東邊還是西邊，盛宴終究是一場泡沫。一七三〇年在伊斯坦堡爆發帕特羅納·哈利爾之亂，造成了這位帝王被廢黜，並在被幽禁六年之後去世。

內夫謝希爾勒·易卜拉欣帕夏（一六六〇—一七三〇年）

「盛宴」的舞臺總監

在另一方面，大維齊爾內夫謝希爾勒·易卜拉欣帕夏是強力支持蘇丹守護文藝的人。內夫謝希爾勒出身名門家族，在二十七歲初次來到首都，一開始擔任書記累積他的仕途，在穆斯塔法二世統治的時代裡，往來埃迪爾內，協助艾哈邁德皇子辦一些私事，因此獲得了他的信賴。接著，改革了長久以來支撐帝國的宰相制度，也為內夫謝希爾勒的權勢推了一把。位階在大維齊爾之下的維齊爾職位被廢止，取而代之的是設置代理大維齊爾。因此內夫謝希爾勒可以不用在意其他對手，也就是其他維齊爾，而專注於文藝的保護上。

有著充滿洞察力與先見之明的內夫謝希爾勒所選出的人才，服侍著具有好奇心和心態開明的蘇丹，這就支撐起鬱金香時期華麗的文化藝術了。其中，帝國首位法國特使耶米賽奇茲．穆罕穆德．切萊比，以及最初開始鄂圖曼語活版印刷的易卜拉欣．穆特費里卡，還有至今仍被認為是代表鄂圖曼帝國的詩人，他的詩仍被眾人傳唱且造成廣大影響的大詩人納迪姆，和被稱為帝國最崇高畫家的勒弗尼．埃芬迪等，皆如閃耀之星，證明了內夫謝希爾勒的眼光的確卓越。不過這是我們後世之人回顧此時期的評價。對於當時代的首都庶民來說，政府首腦們為了振興文藝，毫不遲疑的接受異教徒的技藝，對藝術家們不惜千金，日日舉辦享樂的盛宴、熱愛風雅，都是有錢的褻瀆者做出的行為。當然，這也造成一七三〇年的帕特羅納．哈利爾之亂時，反叛軍們首要的就是砍了他的頭。君王艾哈邁德三世與之幾經交涉，試圖要拯救其性命，但據說最終還是無法實現，內夫謝希爾勒自己開口說：「還是把賤身交給叛黨們吧」。儘管無法確定這則傳言的真偽，但內夫謝希爾勒在艾哈邁德三世勢力所及的宮殿內，以對貴人處決的方式絞殺後，才被交給叛黨。叛黨們將內夫謝希爾勒的屍身大卸八塊後，在城市裡示眾，這才得以氣消。

然而在各地都留下了內夫謝希爾勒所建設的建築物，當時伊斯坦堡中心的澤扎得巴斯（Şehzadebaşı）地區，至今仍有很多冠上他名字的清真寺、大學、噴泉等複合設施。在往後替他設立的陵墓也在此地，但據說現在設置的棺木當中是空的。

耶米賽奇茲・穆罕穆德・切萊比（?—一七三二年）

前往巴黎的「土耳其人」

鄂圖曼帝國自建國以來，便是經常與西歐交流，並接受其文物的國家。在威尼斯共和國有類似土耳其貿易站的辦事處，無論人和貿易品都常有往來。但是身為伊斯蘭文化圈超大國的鄂圖曼帝國，人們要進到西歐文化圈這個異教之地的深處，並不被視為一件好事，因此過去在他們的觀念裡，西歐文物都必須要讓異教徒「帶來」首都。然而自從第二次維也納包圍戰失敗到鬱金香時期這變化劇烈的半個世紀裡，人們的態度有了變化。換句話說，人們不只是等著西歐的文物被帶進來，他們也出現了親自遠赴西方，把東西「帶回來」的意願。而帝國首位出現的法國特使耶米賽奇茲・穆罕穆德・切萊比，可說是如實體現了這樣的變化。

儘管穆罕默德家族被視為喬治亞系的家族，但他本人出生成長於埃迪爾內，並在名字中被冠上尊稱學者和名家子弟的切萊比。他的父親蘇萊曼曾從軍成為耶尼切里軍，在匈牙利南部戰死。穆罕默德也接受了耶尼切里的教育，並服役於二十八軍（在土耳其語裡為「耶米賽奇茲」），因此獲得了這個稱呼。他在擔任大隊長後，又成為財務官，累積了自身的仕途。在艾哈邁德三世即位時，他成為首席會計局長。帝國的會計組織隨著時代的變遷，不同管轄地區和財源也逐漸細分化，但他所在的首席會計局，正如同名稱所言，是首席的位置，主要管理巴爾幹地區和此地區所管理的組織，換言之他是一位累積許多實務經驗的人物。

他的轉機在《帕薩羅維茨條約》簽訂的兩年後，也就是一七二〇年到來。他被艾哈邁德三世選為法蘭西王國的親善大使。在過去也有一些例子是為了簽訂和平條約，命令宰相級的高官擔任特使，派遣到國境之外，但是要說長時間出使帝國之外，而且給予他經常性的代表國家立場——也就是說擔任特使——那他可說是第一人了。穆罕默德被法國人評論為個性穩重且真摯，他受到尚年幼的路易十五和攝政的奧爾良公爵菲利普二世所款待，與隨行的兒子穆罕默德．賽義德在法國停留了十一個月，並將其經歷詳細的記錄於《大使之書》（*Sefaretname*）一書當中。讓我們稍微來看看這本當時鄂圖曼帝國第一本歐洲的見聞錄吧。

他最初抵達的地點是土倫，為了要來看這位知名的「土耳其人」，街道上擠滿了人，甚至還出現了許多女性群眾。穆罕默德看到女性的舉手投足表現得相當自由，看似甚至比男性的地位還要高，因此大為吃驚。另一天，他和攝政王奧爾良公爵菲利普二世一起外出狩獵，穆罕默德看到女性們身穿和男性相同的狩獵服和男性同行後，他甚至連女性瀏海亂了的樣貌，都詳細的記錄下來。女性在公共空間自由的和家族以外的男性一起度過，對來自伊斯蘭文化圈的穆罕默德來說，實在是太震驚了。更不要說每到齋戒月，一到晚餐時間，他都會遇到蜂擁而至的女性群眾，就連穆罕默德也覺得受不了，在記錄時將這個狀況形容為「簡直就像是拷問」。

穆罕默德的觀察，除了君主艾哈邁德三世喜愛的庭園之外，還有對穆斯林來說非常感興趣的異教徒娛樂和日常景致，他甚至還對運河的閘門和噴水等技術面的差異也有所觀察。其中一個讓穆罕默德最有感觸的就是溫室。他被帶到今天的巴黎植物園參觀，並在自己的書中，詳細的記錄下了據說生長在氣候炎熱的新世界（很可能穆罕默德假設的是中美洲）的植物，竟然可以生長在比帝國更北邊的法國首都，且在整個被玻璃罩住的房間裡生生不息。

此外，穆罕默德花費大量墨水記錄的還有歌劇。由於鄂圖曼帝國並不把以人為演員的戲劇傳統，看作是高雅的文化，而在這樣的帝國出生的穆罕默德，卻似乎迷上了歌劇的魅力，把好幾個故事串在一起——也就是一幕轉換的時候，故事的視角就會改變——這樣的敘事手法，以及花大錢維持劇場設施，幾乎連日舉辦公演這些狀況，都能看到他以略帶興奮的筆調做下了記載。

穆罕默德這一連串的記錄，並沒有非難異教徒的口吻，大多數時候只是以中立的態度，平淡時而參雜感嘆的敘述異文化的樣貌。以穆罕默德為始祖的耶米賽奇茲家族，在十八世紀以外交官家族而馳名，他對異文化直率的態度，和之後其他鄂圖曼帝國的外務官僚們是共通的。

從法蘭西王國回到鄂圖曼之後，穆罕默德經歷了幾個會計方面的高位官職，但在帕特羅納·哈利爾之亂之際，由於他與艾哈邁德三世與內夫謝希爾勒·易卜拉欣帕夏的關係親近而起了反效果，最終被流放到賽普勒斯島，於一七三二年客死他鄉。

史上第一位鄂圖曼帝國特使穆罕默德的功績，大致可以分為兩個。首先，他以《大使之書》建立了一個書籍種類的傳統。往後的鄂圖曼大使們，直到十九世紀末為止，會書寫下赴任國家的情勢，並上呈給蘇丹，此外大多數時候，也會藉由出版來傳達西歐的情勢，成為之後外務官僚們的範本。

另外一個功績就是，他將這趟旅程視為一種養分，充分的了解到與西歐之間外交關係的重要性，並且試著傳達給子孫。隨行的兒子穆罕默德．賽義德，儘管在當時和自由奔放的法國女性玩樂，讓父親非常擔心，但他也受到了薰陶，繼承父親的家業，邁上了外交官之路，在十八世紀多次爆發的俄土戰爭之際，與俄羅斯帝國進行談判，並且也造訪瑞典、法國、奧地利等西歐各國。他將瑞典的經歷寫成「大使之書」上呈，最終更爬上了大維齊爾之位。這對父子都是結束在西歐的外交任務之後，回到首都，登上了更高的位階。這樣的仕途在十八世紀之後，將重心放在與西歐談判上的帝國當中，成為新出現的一種外交官僚的路線。而十八世紀、十九世紀，帝國的改革與近代化的核心，也就由這些外務官僚擔起了重擔。

易卜拉欣．穆特費里卡（一六七四—一七四五年）

穆斯林首位印刷技術者

易卜拉欣．穆特費里卡出生於一六七四年今天羅馬尼亞西北部的克盧日．納波卡（克勞森堡），是位匈牙利裔的人物。一邊的看法認為他是一位獨神論派（Unitarian，否認十六世紀基督正統派教義的三位一體，提倡政教分離，以波蘭等東歐為中心擴展勢力的教派）。除此之外他的前半生不明。在一六九〇年代初期，高揭反哈布斯堡口號的特克伊．伊姆雷之亂時，他成為鄂圖曼軍的俘虜，也可能是他自行尋求庇護而投降。無論如何，他在一七一〇年完成了鄂圖曼語作品《伊斯蘭考察》，因此可以推測他最晚在十七世紀後半進入鄂圖曼軍隊，並進入能學習並習慣帝國語言的環境當中。他所屬軍團中地位最高的騎兵軍團，在一七一六年和奧地利軍戰鬥有功，因此被賜予穆特費里卡之職。穆特費里卡指的是近衛騎兵，同時也是擔任蘇丹、維齊爾和各長官等高官的祕書職務的武官（近侍），是一個常會指派名家子弟來擔任的職位。

儘管現在被榮耀的冠上稱號，被稱為易卜拉欣．穆特費里卡，不過在當時，他卻是被稱呼為另一個名字帖哲曼．易卜拉欣．埃芬迪。帖哲曼 Tercüman 意味著翻譯，在一七一七年反哈布斯堡派的匈牙利貴族領袖拉科齊．費倫茨二世逃亡到鄂圖曼帝國之際，他擔任其助理兼翻譯。拉科齊．費倫茨二世最後安身於伊斯坦堡近郊的城市泰基爾達，並在此地度過了十八年的時間，到他死亡為止，易卜拉欣都擔任帝國派遣的翻譯，陪在他身邊。在當時的泰基爾達，由匈牙利貴族們形成了一個共同體，他們都是在對抗哈布斯堡戰爭時失敗的人。顧慮到這一點，被領袖拉科齊．費倫茨二世稱為「有誠意的翻譯」的易卜拉欣，或許在祖國人心目中，是有著相當存在感的人物。在拉科齊．費倫茨二世過世之後，他也從事與巴爾幹方面和高加索方面的外交任務。

從易卜拉欣的經歷來看，應該把他視為匈牙利裔官僚，並長期和祖國人進行外交任務的外務官僚，不過他最大的功績卻是設立了帝國第一間鄂圖曼語活版印刷的工廠，並出版了史上第一件鄂圖曼語的印刷品。在一七一九年，易卜拉欣就已經有印刷過馬摩拉海沿岸地區的航海圖，他接下來又受到耶米賽奇茲扎德．穆罕默德．賽義德帕夏——也就是隨著耶米賽奇茲．穆罕穆德．切萊比到法國的兒子——的龐大資助，便開始摸索印刷技術。後面會提到，他預測到活版印刷會遭到反對，因此事先取得艾哈邁德三世的許可，並向謝赫伊斯蘭取得允許印刷宗教相關書籍之外書籍的法令，在一七二七年於現在伊斯坦堡舊城區西北部的亞武茲塞利姆（Yavuz Selim）地區，易卜拉欣的自家開設了印刷工廠。然而工廠要正式運作花費了兩年的時間，在一七二九年才出版了Vankulu Mehmet Efendi的阿拉伯、土耳其語辭典。這也成為了史上最初的鄂圖曼語版本。

事實上，活版印刷術在鄂圖曼帝國早已是為人所知的技術。在西歐印刷的阿拉伯語版本，也已進口到鄂圖曼帝國，在十七世紀也有在伊斯坦堡進行亞美尼亞語活版印刷。儘管如此，阿拉伯文字出版品的印刷之所以會較遲，理由乃因為烏理瑪排斥使用西歐的技術來複製聖典、聖訓等神聖的文本，除了這種情感上的問題之外，也因為靠著抄寫獲得收入的神學生們反對。尤其是神學生們的反對非常嚴重，蘇萊曼尼耶學院、法提赫清真寺附屬的八學院等都在伊斯坦堡，這裡集結了帝國的最高學府，並且有大量的學生人口，如果年輕人在經濟上貧困，將會直接導致治安問題。謝赫伊斯蘭特別將法令明確記載在Vankulu Mehmet Efendi辭典的開頭，說明只能出版宗教書以外的書籍，就是有這樣的背景。

那麼有哪些書籍得以出版呢？歷史書的比例很高，首先就有兩本卡蒂普．切萊比的著作，分別是史書《諸史曆》，另一本是地理書《世界之鏡》，特別是後者，被視為印刷技術者易卜拉欣的傑作，他有從西歐引進的最新世界地圖，因此進行了追加，獲得了很高的評價。除此之外還有《西印度史》和《土耳其語文法》，前者是一五八三年穆罕默德．素迪．埃芬迪所寫的地方志，當中包含了對新大陸和印度豐富的資料，是長期以來受到鄂圖曼帝國人們參考的書籍。另一本是把兩本在法國出版的土耳其語文法書合併起來的書，與其書名相反，實際上都是作為法語文法書流傳各地。看看這些歷史書、地理書、語言學書，儘管有「宗教書以外」的限制，但反而促進了實用書籍的出版。不過反過來說，今天文學書成為出版一大支柱，但當時的選輯裡卻沒有文學書，甚至沒有詩集，可以想見反映了當時相當重視實學的風氣。

無論如何，易卜拉欣的印刷本在出版的同時，就瞬間售罄。印刷工廠的營運看似順利，但由於一七三〇年的帕特羅納·哈利爾之亂，以及後續的政變，讓易卜拉欣忙於外交任務，到一七四二年為止，也只刊印了十七種、二十三冊的書籍。直到半個世紀後，一七九七年由塞利姆三世允許附屬於工學學校設立印刷所，才終於解除了出版品限制，開始正式出版鄂圖曼語書籍。不過這也是有先驅易卜拉欣的功績。他的半身像被豎立於今天伊斯坦堡的大巴扎（市集）之外，下面列著穆特費里卡精選輯的書籍名單，他彷彿以溫柔的眼神，守護著周圍古書街裡處處皆是的古書。

納迪姆（一六八一——一七三〇年）

歌頌盛宴，死於盛宴

支撐起鄂圖曼帝國藝術的，毫無疑問就是詩歌。而為鬱金香時期染上色彩的詩人當中，最能汲取這股時代脈動，並吟唱成詩的，就是詩人納迪姆。他本名艾哈邁德，一六八一年出生於伊斯坦堡一個烏理瑪家族，父親是軍人法官，母親來自從伊斯坦堡被征服前就延續下來的名門家族 Karaçelebi-zade。納迪姆身為烏理瑪名門子弟，年紀輕輕就於伊斯蘭學校擔任教職，以教育系的烏理瑪順利的展開仕途，最終進到與蘇萊曼尼耶學院並列最高學府的法提赫清真寺附屬的八學院擔任教職。但是他的祖父Merzifonlu Mülakkab Mustafa Muslihiddin Efendi在被稱為狂人的蘇丹易卜拉欣下擔任謝赫伊斯蘭後，在政變中遭到民眾所殺。由於祖父黑暗的過去，成為日後納迪姆的死亡出現各種傳說的根源。

由於納迪姆將多首頌歌獻給大維齊爾內夫謝希爾勒・易卜拉欣帕夏，受到了高度評價，因此他寫詩的才華被首都文壇所認可。他憑藉著自己烏理瑪名門的出身，並巧妙的搭上「盛宴」時代的風潮，他的許多詩歌都是歌頌享樂的酒宴，掌握了技巧，歡喜的成為了詩人之王，可說是典型鄂圖曼詩人的成功案例。

在抒情詩有納比、頌歌有涅菲為典範的時代裡成長的納迪姆，其後甚至被人稱為是「納迪姆風」（nedîmâne）而廣為人知。現代所謂的納迪姆風，傾向於指的是活在當下、享樂性的詩歌，但以語言學的觀點來看，他減少使用適合阿拉伯韻律的阿拉伯語和波斯語所組成的複合語和表現，大膽的使用土耳其語彙，有其創新性。因此，納迪姆所詠唱的詩歌中，有著庶民會使用的日用語彙，很多詩歌也不會顧慮韻律的長短，只按照音節數，也就是庶民也能理解，而且是文雅的詩歌。他不問貴賤，讓眾人「容易親近」的詩歌，充滿了當代首都生活活在當下的喜悅，並將其昇華為文藝空間寫成詩歌，讓納迪姆毫無疑問成為象徵這個時代的詩人。

一七三〇年九月底，在帕特羅納・哈利爾之亂興起後，粉碎了這場鬱金香時期的盛宴，納迪姆也逝世了。關於他的死有諸多說法。有人說他是畏懼反亂，因此從屋頂上墜落而亡，有人說他因為恐懼叛亂而死，有人說他是害怕被暴徒殺害，因此沉溺於酒精與藥物而死等等。儘管在戰亂中，他的人氣仍不墜，絕對沒有失去歡迎，但他的死因不明，似乎也能反映在叛亂當中社會的混亂。

這位幾乎已經到達詩壇巔峰的詩人之王，在當代的列傳作家參雜著想像的記述裡，充滿了對幻滅的恐懼。也由此可見，鬱金香時期這場「盛宴」，在其金碧輝煌的薄紗下，總是隱藏著險惡的氣息。

勒弗尼・埃芬迪（?—一七三二／三三年）

鄂圖曼細密畫的至寶

近年來，伊斯蘭的細密畫藝術之美為人所知。尤其是談到土耳其的細密畫，在一九九八年，諾貝爾文學獎的得主奧罕・帕慕克出版了傑作《我的名字叫紅》之後，更是為全世界所知。這部有名的小說，以十六世紀後半鍾愛細密畫裝飾手抄本的穆拉德三世（一五七四—一五九五年在位）所統治的伊斯坦堡為舞臺背景，但鄂圖曼帝國的細密畫藝術，是在這個時期之後大約一百二十年的鬱金香時期，到達了極盛的頂點。這又是為什麼呢？答案就是勒弗尼（Levni）的緣故。

勒弗尼的本名是阿卜杜塞利勒（Abdulcelil），十七世紀後半生於埃迪爾內，但除此之外，關於他的前半生不詳。他年紀輕輕就進到托普卡匹皇宮的細密畫工坊，並且在穆斯塔法二世的時期（一六九五—一七〇三年）擔任首席畫師，率領整個畫坊。他也很擅長歌謠，他所創作的民謠傳唱後世，因此他也有音樂的長才。在鬱金香時期的十二年間，讓勒弗尼這樣罕見的人才獲得了活躍的機會，可說是非常幸運。因為有艾哈邁德三世和易卜拉欣帕夏這些期望改革的為政者領導國家，宮廷中才會出現這種可能性，讓首席畫師勒弗尼能夠自由致力於新的技巧上。

過去的畫師大多以伊朗和阿拉伯起源的古史古傳為題材，但勒弗尼和他們不同，他和納迪姆一樣，在眼前的首都和宮廷人士當中尋找題材。此外，鄂圖曼帝國的細密畫以雜草、小鳥為固定的裝飾組合，來填滿繪畫的背景，而勒弗尼更創新的加入了花束、流水等新的固定組合。他特別喜愛畫的題材是宮廷中的舞者和歌手、樂師等藝人。事實上，他也畫了很多俊男美女，被評為美人畫，甚至到了「一提到我國，就是這些美人畫吧」的程度。有人認為他是模仿了同時代蒙兀兒帝國細密畫藝術豐滿的優美線條，不過他並不僅於此，他也描繪出了身體動態扭轉的肉體優美曲線，有時也會描繪出女性雪白的胸口，展現出蠱惑性的姿態。除此之外，每個人物的職業、性向都彷彿能從他所畫的人物眼睛中分辨出來，非常具獨特性。例如他所畫的穆拉德四世，充滿威嚴的瞇著眼，而手上拿著咖啡杯的近侍，則是有著細長的眼睛，帶著毫無畏懼的笑容。艾哈邁德三世則彷彿是為了要展現他內心深處的寬大，眼神遙望遠方，並投注迷濛的視線。以羅馬尼亞的貴族身分出生，其後為鄂圖曼帝國工作的音樂家、史學家迪米特里耶·坎泰米爾，為鄂圖曼帝國寫了史書。勒弗尼為這本史書所準備的二十三代蘇丹肖像畫，每一幅都呈現出當時鄂圖曼帝國的人們對昔日帝王所抱持的印象，張張都是傑作。

而他所有的作品當中，被視為鄂圖曼帝國細密畫藝術最高傑作的，要屬在鬱金香時期全盛時期的一七二〇年，為艾哈邁德三世的皇子們舉辦割禮慶典時所畫的《祝賀之書》。書的文章是由詩人賽義德．維比所負責，而這本書也被稱為《維比的祝賀之書》。在本書的裝飾手抄本當中收錄的一百三十七張細密畫，畫著首都同業工會的會員拉著活動花車，或者是組成隊伍在帝王的前方行進的熱鬧畫面。

他卒於一七三二年或一七三三年，據說被埋葬在首都城牆外西側Ayvansaray的墓地，但至今仍找不到他的墓碑。不過他的各幅作品奇跡式未散落各地，至今仍被收藏於托普卡匹皇宮中。

帕特羅納．哈利爾（一六九〇—一七三一年）

親手折斷鬱金香的叛亂者

一七三〇年九月二十五日，在今天的伊斯坦堡舊城區上巴耶濟德清真寺的參拜門前，聚集了一幫無賴，大聲叫囂。

「天佑聖法，我們有事上訴！」

這幫無賴迅速進入了大巴扎（市集），高舉各同業組織的旗幟，集結成群，和聚集而來的民眾開放了市集內的武器店。一行人裝備了武器後，通過首都中心的皇家會議廳大道（現代則有路面電車行走）後往西走，抵達耶尼切里軍團兵舍所在的埃特廣場後，就和一開始一樣大聲訴求。現役的耶尼切里猶豫著是否該加入起義活動，為了說服他們，站在隊伍最前面的就是帕特羅納．哈利爾（Patrona Halil），他甚至還拉著在酒吧裡認識的前軍人。

帕特羅納一詞指的是鄂圖曼海軍的第二旗艦，他原本在這艘旗艦上擔任海軍，因此獲得了這個綽號。他出身阿爾巴尼亞。由於在塞爾維亞的尼什和保加利亞的維丁出現了軍俸遭拖欠的狀況，引發了耶尼切里的起義，因此他在現役時期也曾加入起義，每次都被判死刑，但據說都獲救，可說是有他軍隊就會崩解。他退下軍籍後，回到首都，擔任的是一般阿爾巴尼亞系軍人或力士典型的再就職工作，也就是公共浴場的刷背人。

看到鬱金香時期的繁華，這位前軍人可說是內心充滿了苦楚吧。《帕薩羅維茨條約》雖然換來了和平，但讓善戰的士兵們感到空虛的是，帝國卻失去了貝爾格勒和蒂米什瓦拉。而在這個時候，東方甚至傳來和波斯戰敗的消息。不斷的戰爭導致國家不斷課重稅，並且自己出馬的戰爭不斷戰敗，被迫和異教徒簽下簡直和背叛沒有兩樣的條約，而必須要對這一連串敗北負責的大維齊爾易卜拉欣帕夏，竟然日夜召集詩人們舉辦宴席飲酒作樂，貴重的稅金就如同流水一般，花費在建設各地的宮殿和清真寺之上。帕特羅納·哈利爾在現役的耶尼切里軍人們面前高喊的不滿，可說是替因重稅而苦的軍人們，也替苦於物價高漲的首都庶民們說出了心底話，也因此叛眾開始提出換掉大維齊爾易卜拉欣帕夏的訴求。

此時位於亞洲沿岸於斯屈達爾離宮中的君王艾哈邁德三世與易卜拉欣帕夏，很快就接獲了起義的消息。但是不知是不是由於耶尼切里的司令官哈珊阿札率領手下三百名士兵在伊斯坦堡市中心的緣故，他們並沒有採取進一步的應對。但是，在起義現場的哈珊阿札，眼見高級將領一一離隊，因此向蘇丹上奏，若不罷免大維齊爾，叛徒恐怕不會善罷干休。儘管易卜拉欣帕夏提議要發動武力鎮壓，但這個提議卻不被接受，就這麼過了一個夜晚。這可說是決定叛亂成敗的一晚。因為一到天明，耶尼切里的幼年兵軍團反轉了態度，反叛勢力增加到四千多人，他們在埃特廣場占地為營，並與回到托普卡匹宮殿的蘇丹以及其他人形成對峙。幾經談判，艾哈邁德三世直到最後都希望以罷免易卜拉欣帕夏，並且加以驅逐流放來收拾場面，但哈利爾和其黨羽卻不願退讓，最終艾哈邁德三世只能做出苦澀的決定，處決易卜拉欣帕夏和其派閥主要人物，也就是支援鬱金香時期豪華宮廷文化的各高官。他們的遺體被拉到兵營所在的廣場示眾，但儘管如此，哈利爾一黨還是無法消了這口氣，最終罷黜了艾哈邁德三世，由馬哈茂德一世即位。儘管發起這場起義只有一週多的時間，但率領鬱金香時期的首腦陣營各個皆遭到了肅清。

帕特羅納．哈利爾對新帝王的其中一個要求，就是燒毀薩阿德．奧包德宮殿。他們也許是認為，燒毀了象徵異端與奢侈浪費的離宮，就能更鞏固反叛方的正義吧。馬哈茂德一世宣稱有可能會引發火災，因此想勸退這個提案，但他卻無法阻止這些人的掠奪和破壞，鬱金香時期引以為傲的離宮，就這麼被蹂躪破壞，盛宴至此落幕。

儘管帕特羅納．哈利爾獲得了馬哈茂德一世的赦免令，並答應要解散這幫叛眾，但他卻仗著耶尼切里的兵力，干預國政人士，中飽私囊。因此在一七三一年，他在托普卡匹皇宮的一角遭到暗殺。自此政治才再度回到蘇丹和高官們的手中。儘管馬哈茂德一世並沒有解除艾哈邁德三世的幽禁，但他也充分了解到自己叔父政策的重要性，顧慮到首都的輿論，他並沒有舉辦華麗的酒宴，但卻很快的再度開始引進西歐的技術。此後，城市裡不再舉辦像鬱金香時期那樣奢華而享樂的「盛宴」，但被折斷的鬱金香球根，卻已經在帝國扎了根，並傳承給下個世代。

參考文獻

新井政美，《トルコ近現代史——イスラム国家から国民国家へ（土耳其近現代史——從伊斯蘭國家到民族國家）》，みすず書房，二〇〇一年

小笠原弘幸，《オスマン帝国——繁栄と衰亡の600年史（鄂圖曼帝國——繁榮與衰亡的600年歷史）》，中公新書，二〇一八年

齋藤久美子，〈16—17世紀アナトリア南東部のクルド系諸県におけるティマール制（16—17世紀安納托利亞東南部庫德族系各縣的蒂馬爾制度）〉，《アジア・アフリカ言語文化研究（亞洲、非洲語言文化研究）》七八，二〇〇九年

鈴木董，〈チューリップ時代のイスタンブルにおける詩人と泉——18世紀初頭オスマン朝の都市文化の一側面（鬱金香時代的伊斯坦堡詩人與噴泉——18世紀初期鄂圖曼王朝的都市文化）〉，《東洋文化》七二，一九九二年

Hattox, Ralph S. 著，齋藤富美子、田村愛理譯，《コーヒーとコーヒーハウス——中世中東における社交飲料の起源（咖啡與咖啡屋——中世中東社交飲品的起源）》，同文舘出版，一九九三年

林佳世子，《オスマン帝国500年の平和（鄂圖曼帝國500年的和平）》，講談社學術文庫，二〇一六年

三澤伸生，〈キャーティプ・チェレビーとスーフィズム——『真理の秤』の記述を通して（卡蒂普・切萊比與蘇非主義——透過《真實天秤》的記述）〉，《アジア文化研究所研究年報（亞洲文化研究所研究年報）》三九—六一，二〇〇四年

宮下遼，《多元性の都市イスタンブル——近世オスマン帝都の都市空間と詩人、庶民、異邦人（多元性的都市伊斯坦堡——近世鄂圖曼首都的都市空間與詩人、庶民和異鄉人）》，大阪大學出版會，二〇一八年

山本直輝，〈イマーム・ビルギヴィーにおける倫理の学としてのタサウウフ（伊瑪目・比爾吉維（Imam Birgivi）的倫理學Taṣawwuf）〉，《オリエント（東方學Orient）》五九，二〇一六年

Altınay, A. R., *Lâle Devri*, İstanbul: İlgi Kültür Sanat Yayınları, 2014.（1. ed., 1913）

Altınay, A. R., *Kösem Sultan: Kadınlar Saltanatı*, İstanbul: Yeditepe Yayınevi, 2015.（1. ed., 1923）

Andıç, F. and S. Andıç, *Batıya Açılan Pencere: Lâle Devri*, İstanbul: Eren, 2006.

Dankoff, R.（trans and commentary）, *The Intimate Life of an Ottoman Statesman: Melek Ahmed Pasha（1588-1662）: As Portrayed in Evliya Çelebi's Book of Travels*, Albany: State University of New York Press, 1991.

Dankoff, R., *An Ottoman Mentality: The World of Evliya Çelebi*, reb. 2nd ed., Leiden: Brill, 2006.

Destârî Sâlih, *Destârî Sâlih Tarihi: Patrona Halil Ayaklanması Hakkında Bir Kaynak*, B. S. Baykal（ed.）, Ankara: TTK, 1962.

Evliyâ Çelebi, *Evliyâ Çelebi Seyahatnâmesi, 1. Kitap*, O. Ş. Gökyay（ed.）, İstanbul: Yapı Kredi Yayınları, 1996.

Evliyâ Çelebi, *Evliyâ Çelebi Seyahatnâmesi, 6. Kitap*, S. A. Kahraman and Y. Dağlı（eds.）, İstanbul: Yapı Kredi Yayınları, 2002.

Evliyâ Çelebi, *Evliyâ Çelebi Seyahatnâmesi, 9. Kitap*, Y. Dağlı et al.（eds.）, İstanbul: Yapı Kredi Yayınları, 2005.

Hamadeh, S., *The City's Pleasures: Istanbul in the Eighteenth Century*, Seattle: University of Washington Press, 2007.

Kâtip Çelebi, *Keşfü'z-zunûn An Esâmi'l-kütübi Ve'l-fünûn*, 5 vols., R. Balcı（trans.）, İstanbul: Tarih Vakfı Yurt Yayınları, 2007.

Kâtip Çelebi, *Mîzânü'l-hakk fî İhtiyâri'l-ehakk*, O. Ş. Gökyay and S. Uludağ（eds.）, İstanbul: Kabalcı Yayınevi, 2008.

Mustafa Naîmâ Efendi, *Târih-i Na'îmâ: Ravzatü'l-Hüseyn fi hulâsati ahbâri'l-hâfikayn*. 4 vols., Mehmet İpşirli（ed.）, Ankara: TTK, 2007.

Osmanzâde Tâ'ib Ahmed, *Hadiqat ül-vüzerâ*, Freiburg: D. Robischon, 1969.

Râşid Mehmed Efendi and Çelebizâde İsmaîl Âsım Efendi, *Târîh-i Râşid ve Zeyli*, İstanbul: Klasik, 2013.

Uluçay, M. Ç., *Padişahların Kadınları ve Kızları*, Ankara: TTK, 1992.

第四章
蒙兀兒帝國的榮光
——從阿克巴大帝到奧朗則布

真下裕之

前　言

本章將以蒙兀兒帝國第三代君主阿克巴大帝（Akbar，一五四二—一六〇五年）為中心，說明十六—十七世紀這個帝國的相關人物。首先要介紹人物的舞臺，也就是帝國與這個時代的特徵。

阿克巴大帝可說是蒙兀兒帝國實質上的開創者。在他出生之時，實際上是國家傾覆之時。阿克巴出生之際，他的父王已敗亡，此狀況在帝國歷史上，只出現在他一個人身上。由於父王驟逝，讓阿克巴的時代在這樣緊急的狀況中揭開了序幕。因此阿克巴的帝國也可以說是從零開始的。

此外，在阿克巴的時代裡，帝國不斷的引進各種新的制度。例如：依據新的公定尺丈量土地、根據農產品價格的調查結果制定課稅制度、新的貨幣制度、重新編制帝國政府各部門、制定帝國領土各省、以數字大小表示人事和薪俸位階制度、採行伊朗太陽曆而開始舉辦新年節日（Nowruz，納吾肉孜節）、使用計量施與儀式、新的謁見儀式等，有許多始於阿克巴時代的新政策。從這點來看，說阿克巴是帝國的開創者也不為過，他的帝國也和過去時代的各個王朝有著一線之隔。

但是我們也不能光看這些劃時代的層面。阿克巴的帝國之所以文書行政可以迅速發展，是因為德里蘇丹國（以德里為首都的五個蘇丹王朝）時代所奠定的波斯語文章體文化。此外，帝國的貨幣盧比是蘇爾王朝在打敗阿克巴父親胡馬雍（一五〇八—一五五六年），並短期統治北印度時所開始使用的，而銀幣是支撐租稅現金收支的貨幣，也在十六世紀初期透過印度洋的貿易網，從南亞獲得了豐富的供給。十六世紀後半，有新大陸所生產的銀流入，滿足了蒙兀兒帝國行政財政制度所創造出來的貨幣需求，甚至連十七世紀後半的法國旅行家弗朗索瓦．貝尼爾都曾這樣觀察：「（南亞）將全世界大部分的金和銀，有如深淵一般的吞了進去」，顯示出此時的南洋景氣正旺。不過這股景氣的萌芽和器量，是在帝國以前就存在的。

若更宏觀的思考帝國的成立，可以將它放在十五世紀末到十六世紀前半，南亞所經歷的政治性、社會性變動當中。在北印度有蒙兀兒帝國這個強大的穆斯林國家確立霸權，而在南印度的德干地區，巴赫曼尼蘇丹國瓦解，分解為五個穆斯林的王朝。蒙兀兒帝國成為繼在中亞興起的帖木兒王朝（一三七〇—一五〇七年）的後起國家，這個帝國在行使政治權力時，有伊斯蘭化土耳其裔人們的軍事力量為依據，因此和過去的德里蘇丹國有著共通的特質。此外，南印度的穆斯林五王朝當中，至少有三個由波斯灣沿岸渡海而來的土耳其軍人統治。就連在南印度與穆斯林五王朝對抗的印度教國家毗奢耶那伽羅王國（別名卡納塔王國），軍團的主力也是透過海路從西亞輸入軍馬和土耳其軍人。也就是說，起源於中亞、西亞的人力資源向外擴散，並隨著經濟和社會結構的變動，在十六世紀透過海與陸的兩翼，擴及環印度洋世界，甚至到達了南亞。

根據前述這些連續層面，在重新談論南亞蒙兀兒帝國的開創性時，我們應該探討的是這個王家有著帖木兒王朝這段巨大的歷史。在這一點上，就和德里蘇丹國以及其他穆斯林王朝的創始者有所不同，因為他們皆從奴隸軍人出身，除了自身的事跡之外，毫無值得誇耀的過去（例外只有喀什米爾的蘇丹國，自稱能追溯到古印度的般度族，以及南印度穆斯林五王朝中之一的顧特卜沙希王朝，自稱能溯源到統治伊朗的黑羊王朝家族）。

無論是創新還是連續的層面，蒙兀兒帝國身為在中亞、伊朗的帖木兒帝國的後繼王朝，出現在南亞歷史上，在政治制度、語言文化、宗教等各層面，這個帝國都有著相當混合的特質。在人種結構方面，帝國也包容了不同出身地、民族、宗教宗派，以及社會性機能的各式各樣人民。

之所以會說阿克巴是帝國實質上的開創者，是因為他建立了一個能夠統整這些多樣化人民的機制。本章在接下來，將會介紹阿克巴一生中的軼事，並觀察他的帝國當中不同人物的各種面貌。而透過阿克巴的經歷，也來看看前述這些各種多樣的人們，是如何以不同的方式，在蒙兀兒帝國的歷史舞臺上活動。

阿克巴（一五四二—一六〇五年）

一、從誕生到即位（一五四二—一五五六年）

誕生

一五四二年十月十五日，在印度河下游信德地區邊境一個小村莊烏梅爾科特（Umarkot），一個男嬰呱呱墜地。當時誰也沒想到，這個孩子在日後會成為統治北印度一帶大帝國的君主。

替阿克巴取名的，是他的父親胡馬雍，也是蒙兀兒第二代君主，此時他正與僅數名的家臣逃難中。一五四〇年五月，胡馬雍在恆河畔的根瑙傑（Kannauj）與蘇爾王朝的君主舍爾沙決戰時被擊敗，因此失去了國家。他的弟弟卡姆蘭和阿斯卡里，也都因為各自的打算而從戰線撤退。當時胡馬雍必須要依靠占據印度河流域和拉賈斯坦（相當於阿克巴時代的阿傑梅爾）邊境地帶的地方領主，在一片徬徨與苦難的旅途中，這位王子誕生了。他的母親哈米達·巴努·貝古姆（Hamida Banu Begum）則是胡馬雍在逃難中倉促迎娶的妻子。據說胡馬雍與最小的弟弟欣達勒（Hindal）的軍隊陣營會合之後，看見了這位站在弟弟身邊的女性，這就是他們的初次相遇。哈米達·巴努的父親是欣達勒的老師，因此她算是負責家務的女性，根據隨著這趟逃難同行的妹妹古爾巴丹·貝古姆（Gulbadan Begum）表示，胡馬雍要迎娶負責弟家務的女性，一開始欣達勒並不同意，就連哈米達．巴努本人都不願意，但是由於欣達勒親生母親強烈說服，最後她才終於答應。古爾巴丹．貝古姆是欣達勒同母的妹妹，證言的真實性很高，因此這場婚姻應該的確是讓周遭的眾人感到震驚。不過在阿克巴的官方史書當中，當然完全沒有提到這件事的來龍去脈。

遠征行軍中乘坐在大象上渡過恆河的阿克巴（《阿克巴回憶錄》插畫）

因此這位未來帝國君主的出生，實際上與其說是披著榮光，還不如說是籠罩著烏雲。

幼年期

胡馬雍經過坎達哈，被迫逃亡到西鄰的伊朗薩法維王朝（一五四三年）。當時只有一歲的阿克巴，和僅有的數名家臣，一起落入了阿斯卡里的手中，被留在了坎達哈。一五四五年，胡馬雍獲得了薩法維王朝的援兵，開始了掃蕩弟弟們的作戰，阿克巴被當成人質，不斷交互落在阿斯卡里和卡姆蘭的手上。歷經幾次的爭奪，最終胡馬雍奪得了喀布爾，也成功奪回了兒子，這時候的阿克巴已經五歲了。

據說阿克巴年幼時期是個相當活潑的孩子，有一次卡

阿克巴時代末期的蒙兀兒帝國（約1601年）

姆蘭給自己的兒子一個鼓，而阿克巴也顯示出了興趣，因此卡姆蘭便叫兩個小孩摔角，要把鼓賞給打贏的人。卡姆蘭以為自己的兒子年紀比較大，一定會勝利，沒想到阿克巴卻擊倒了對手。由於鼓在當時是王權的象徵，因此這個獲得鼓的故事，被收錄在阿克巴的官方歷史書中，儘管沒有必要盡信這則軼事，不過至少暗示了這位未來帝王的強壯體質。

另一方面，阿克巴也是一個無法安安靜靜坐著學習的孩子。負責教育他的老師們經常會替換，據說他們甚至還要用抽籤的方式互相推託。最終阿克巴對學習沒有興趣，反倒是非常喜歡觀察駱駝和馬之類的動物、飼養鴿子、帶著犬隻去狩獵等活動。這樣外向的個性，似乎在他成為君主之後也沒有改變。一五六二年在他即位不久，伊朗旅行家拉斐兀丁．設拉子就親眼見到，在炎熱的盛夏中，君主在宮殿的屋頂上赤裸著上半身，興致勃勃放著風箏的樣子，他感到非常吃驚。此外，阿克巴也曾為了參加在首都阿格拉舉辦的穆斯林聖者祭典，而喬裝外出，差點被滿街的群眾識破的阿克巴，隨機應變的變了裝，才蒙混過關。據說當時圍觀的群眾都這麼說：「我們的君主不可能是長這個樣子的啊！」

由於阿克巴這樣的個性，讓他一生都沒有學會書寫和閱讀文字，不過他卻會用波斯語和印度的語言詠詩，在這方面顯現出獨特的才智。在即位後，他每天也會固定在臥房「聽」古今典籍。畢竟吸收學識的手段，並不只限於文字，這麼想來，他的行為也就不足為奇了。阿克巴的兒子賈漢吉爾日後曾這麼寫道：

> 我的父親經常會和所有宗教、宗派的智者交流。尤其是和班智達（Pandit，印度教學者）與印

度的知識分子們。父親雖然不識文字，但由於他經常和智者與學者們交流，在交談時，沒有人會發現他其實不識文字。而且說到他在韻文、散文方面的精妙技巧，更是已經到達了無法想像的境地了[1]。

此外，賈漢吉爾也這樣形容阿克巴的相貌：

他的身高中等，肌膚（的顏色）是小麥色，眼睛和眉毛是黑色的。其優美是超越美麗所能形容的。他的身體有如獅子般強健，有著寬闊的胸膛，修長的上肢。在鼻子的左邊有痣，這顆痣也很氣派，大小有半顆碗豆左右，精通面相學的人們都認為，這顆痣是偉大的幸運和壯大幸福的象徵。這令人感激的意見，意義非常重大。他說話的語調非常獨特，而他的言行舉止和禮節，也展現出世人無可及的神聖光輝[2]。

一五八〇年代訪問帝國宮廷的耶穌會蒙塞拉特神父（Monserrate）提出的報告，也給予我們同樣的印象：

阿克巴是有著傑出風采的人。他的肩膀寬闊，雙腳彎曲。皮膚是小麥色，眼睛和韃靼人一樣細長而小，額頭很寬大。鼻子低，中央的骨頭略微凸起。鼻孔很大，在左邊鼻孔有著小小的疣。他的頭傾向右側，嘴邊的鬍鬚經常修剪，因此很短，但其他臉上的毛髮都按照土耳其的習慣剃得很乾淨。頭髮則是違反祖先的習慣，留得很長[3]。

二、即位和帝國形成的開始（一五五六—一五七一年）

即位

一五五六年一月下旬，父王胡馬雍在德里王宮的圖書館，從樓梯上跌落，撞到了頭部而驟逝。在前一年的七月，他才從蘇爾王朝手中奪回印度的統治權，達成帝國的復興也不過半年的時間。

此時的帝國首腦陣營為了隱匿胡馬雍之死，甚至使用替身，並派遣送急報的使者到阿克巴所在的旁遮普地區（相當於往後阿克巴時代的拉合爾省和木爾坦省），這樣的狀況被當時滯留在德里的鄂圖曼帝國海軍提督賽迪．阿里．雷斯（Seydi Ali Reis），記錄在自己的見聞錄當中。二月十日，沒有君主的德里，以阿克巴的名義——儘管阿克巴本人也不在德里——舉行了呼圖白（伊斯蘭社會在週五禮拜時的演講），並在二月十四日，阿克巴於旁遮普地方宣布即位。在這樣混亂的狀況下繼承了父親的帝國時，阿克巴還只是一位年僅十三歲的少年。

兄弟與乳兄弟

阿克巴有幾位同父異母的兄弟，但能活到成年的，卻只有後面會提到的哈基姆（Mirza Muhammad

Hakim）。然而這位在一五五四年出生的弟弟，在阿克巴即位之際，只是不滿兩歲的幼兒，根本不可能成為競爭對手，因此阿克巴在即位時，並沒有經歷和父親的爭執，也沒有兄弟的競爭，讓他走上了與其後的君主們相當不同的道路。

然而，他還有一點和往後的君主非常不同的是，他有很多乳兄弟。阿克巴乳母的人數，光是有紀錄的至少就有十一人。她們的孩子（乳兄弟，同奶兄弟）或乳父、乳父的兄弟，數量就相當可觀。當中有像馬哈姆·阿納加（Maham Anga）一樣，發揮龐大政治力的乳母，也有像米爾札·阿齊茲·科卡（Mirza Aziz Koka）和翟安·可汗·科卡（Zain Khan Koka，圖中的（①—c）一樣，與阿克巴年紀相仿，自幼一起成長，如朋友的家臣，這些人在帝國的政治都展現出很大的存在感。

賈漢吉爾以後的君主們，紀錄上乳母和其家族都只有一名，且乳母的真名也不確定。相較起來，阿克巴的狀況是很獨特的（圖中的②、③、④）。除此之外，阿克巴的長子薩林王子（日後的賈漢吉爾）娶了翟安·可汗·科卡的女兒，次子穆拉德以及薩林之子庫斯勞也分別娶了米爾札·阿齊茲·科卡的女兒，君主一族和乳母、同乳兄弟家族締結婚姻關係的狀況，也與往後其他君主大為不同。帝國宮廷中乳母、同乳兄弟的意義在阿克巴之後大為轉變，但其原因不明。後面會提到的全權宰相白拉姆汗在垮臺後，由馬哈姆·阿納加一族（圖中的①—a）壟斷了政治，並且這個乳母一族的其中一人，又殺害了另一個乳母一族（米爾札·阿齊茲·科卡的譜系，圖中的（①—b）），引發黨爭，這對往後的君主來說，很有可能成為教訓，要避免在經營家族時出現這樣的危機，不過這個推論也僅是臆測。

無論如何，即位後的阿克巴除了服侍父王的舊臣外，還有帖木兒家族的旁系親屬，以及沒有血緣關

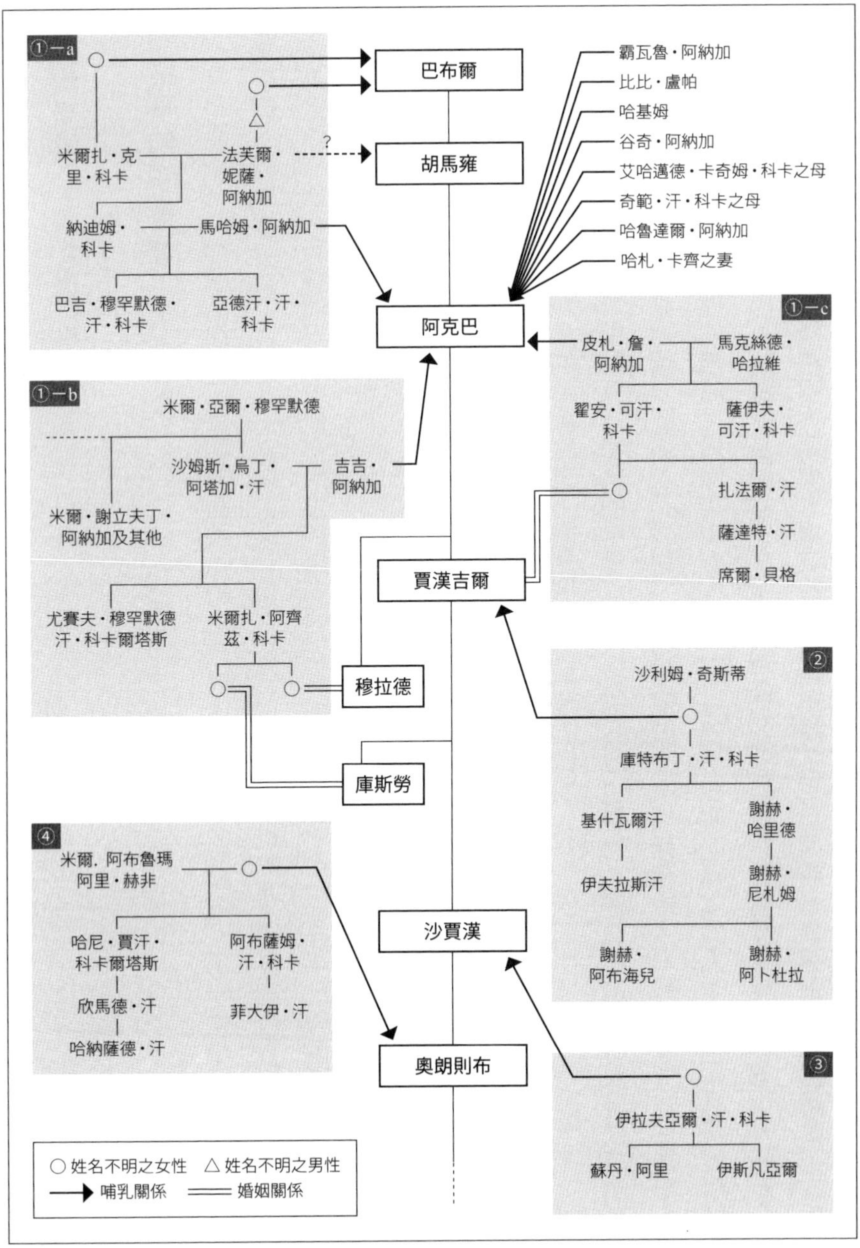

蒙兀兒帝國君主的乳母、乳兄弟關係圖

係，但屬於同乳兄弟的同年齡朋友們，以及其家族等親密的團體所環繞。對阿克巴少年來說，因結婚而產生的連結，又是之後的事了。

新政權的領導者——舊臣

代替滿十三歲即位的阿克巴擔起新政權擔子的，可大致上分為幾種人。第一就是侍奉先王胡馬雍的舊家臣們。例如塔爾迪·貝古汗，在德里時當胡馬雍去世時，他以不在德里的阿克巴名義舉行了呼圖白，為他建立起新政權的方向，他在過去胡馬雍遠征古加拉特邦（一五三五年）時參軍，在主人失去權勢後，他是一同流亡到伊朗的舊臣。另一位謝赫·阿布杜·萬寧（Shaykh Abul Maani）是帖爾米茲（今烏茲別克斯坦）出身的賽義德（對先知穆罕默德後代的尊稱），他在胡馬雍再度征服印度時參軍，為了鞏固後方的守備，而留守在拉合爾（Lahore）。但是這兩位先王時代代表性的舊臣，在阿克巴即位後卻很快的垮臺。前者被攻進德里的蘇爾王朝遺臣禾木（Hemu）麾下的反叛軍打敗，他因此為藉口遭到處刑。後者則是在阿克巴親臨的會議席上，突然遭到逮捕並入獄。

這兩起垮臺劇，都是由阿克巴帝國的全權宰相白拉姆汗所主導的。他也和前述兩人一樣是胡馬雍的舊臣，隨著胡馬雍失去權力後一起逃亡到伊朗，並再度征服印度，都和主人一起行動。在往後經人整理的家族譜系當中，主張他的祖譜可追溯到十五世紀土庫曼部落在伊朗建立的黑羊王朝，且傳說白拉姆汗的父親還曾經服侍過帝國的開創者巴布爾[4]。不過其祖先們的活動非常瑣碎，幾乎完全沒有被記錄進史書的價值，所以說白拉姆汗的出人頭地，與其說是他的出身，更不如說是靠著他自己的行動。在阿克巴的新政權當中，他之所以能確立卓越的地位，也因為他在阿克巴的王子時代是攝政，這位未來的君主甚至喊他「汗叔叔」，兩人建立了親密的關係。

然而白拉姆汗自己也在一片淘汰舊臣的情勢當中，失去了勢力。一五六〇年三月，阿克巴對各地頒布了敕令：「這是我永恆王朝顯現的開始」，宣告了白拉姆汗的失勢。白拉姆汗受命前往麥加朝聖，以此為名義被流放到地方，並在途中死去（一五六一年一月）。但是他的家族卻沒有遭到排除，他的兒子阿卜杜拉辛．哈尼．哈南（Abdul Rahim Khan-i-Khanan）成為當權的政治家，不僅度過了阿克巴和賈漢吉爾的時代，也誠如後面將會提到的，在學術藝術保護方面，肩起了重擔。

其他屬於胡馬雍舊臣的，還有阿里．克里汗．昔班尼等烏茲別克系貴族，他們也是構成阿克巴新政權的要素。阿里．克里是胡馬雍的御膳官，弟弟巴巴杜爾汗擔任書記官。他們的父親也是這位君主的家臣，而阿里．克里是因為和年輕君主的年紀相仿，而開始活躍的。當阿克巴即位後，他甚至還被拉抬到獲得了Hani Zaman（意為「當代的汗」）稱號的程度。但是他在一五六五年，率領遠征軍被派遣到恆河中游，兄弟都被叛變波及。這段叛亂持續了大約兩年，最終於一五六七年，這對兄弟在帝國軍的攻勢之下戰敗而亡，而協助這場叛亂的烏茲別克貴族們，逃到遙遠東方孟加拉政權下。而始於胡馬雍時代舊臣的烏茲別克貴族，可算是實質上的消滅了。

到一五六〇年代為止，這些從上一代延續參加阿克巴新政權的舊臣們都逐一遭到淘汰了。在變動之中艱辛的撐了下來，保全政治生命的當權舊臣，在白拉姆汗垮臺後，也就只有穆尼姆．汗（Munim Khan）繼承了這些人被授予的「汗中之汗」稱號。

新政權的領導者——帖木兒家族

領導阿克巴新政權的第二種人，就是屬於帖木兒家族血統的旁系親戚。蒙兀兒帝國王家的血統，屬於帖木兒之子米蘭沙的族譜，而烏馬爾・沙黑的後裔也有許多人參與阿克巴的政權，屬於帖木兒王朝赫拉特政權的統治者忽辛・拜哈拉的族譜。其中許多人的名字當中，都有意為「貴族子弟」的米爾札稱號，因此這個團體在當時被統稱、記錄為「米爾札們」。

此外，巴布爾父親米爾札・烏馬爾・沙黑的兄弟馬赫穆德・米爾札的後代，也在蒙兀兒帝國的西北邊，在位處與中亞相連的邊界處巴達赫尚地區，建立了獨自的政權。

說到阿克巴對於這些旁系親戚的態度，他是排除米爾札們，但對巴達赫尚的王族卻是試圖整合。米爾札們的當家馬黑麻・蘇丹・米爾札（Muhammad Sultan Mirza），是巴布爾時代以來的舊臣，但在一五六六年卻發動了叛變，這一族的成員在一五七〇年代前半有的遭到逮捕，有的陣亡，或逃到其他的地區，從組成政權勢力的角度來看，幾乎已經消滅殆盡。另一方面，巴達赫尚的王族因為所在的位置，對帝國北邊喀布爾地方的政治動向，有著很大的影響。巴達赫尚的軍隊趁著以此地為據點的王弟哈基姆和親生母親馬伏・曲察克・貝古姆，以及喀布爾的總督蒙哥汗（Mongke Khan）之間的爭執，侵略了喀布爾。而這番騷動更是誘發了阿克巴對哈基姆的仇視。然而一五七〇年代，這個王家的當家米爾札・蘇萊曼和其孫子米爾札・沙魯克之間起了抗爭，導致王家失去了巴達赫尚，米爾札・沙魯克及其子孫們只能以曼薩卜德爾（Mansabdar，由蒙兀兒帝國授予曼薩卜Mansab位階的人物），附屬於歷代君王，並存活在帝國當中。

也因此，對阿克巴來說，帖木兒家族的旁系親屬，是留著和自己血脈相同重要的對手，也是在現實的政治上有可能會成為威脅的敵手。誠如筆者在其他論文中所指出，阿克巴之所以會強調自己的族譜是帖木兒王朝的後裔，或許正是因為意識到周圍的旁系親屬。追溯到中亞英雄帖木兒的族譜，這樣的意識形態，不是因為這些南亞既有的穆斯林競爭對手，也不是非穆斯林的當權者，而是在面對這些旁系親屬時，才有其意義。[5]

婚姻的連結

阿克巴最初的結婚對象，應該是小他幾歲的魯卡亞·蘇爾坦·貝古姆（Ruqaiya Sultan Begum）。她是胡馬雍親弟弟、也就是阿克巴叔父欣達勒的女兒。她與阿克巴之間並無子嗣，不過可能是由於她的血統，在後代的史料中，都稱她為阿克巴「王朝後宮的第一人」。她一直活到一六二六年，當時為賈漢吉爾統治時期的末期。在此期間，她還被委託養育薩林（即後來的賈漢吉爾）的兒子赫拉姆（即後來的沙賈漢）。根據後代的史料，阿克巴在這個時期，曾對她這麼說過：「儘管妳的肚子沒有懷過我的孩子，但這個王子（薩林）既然是我的孩子，那也就是妳的孩子。」此外，她會說突厥語，因此這也成了赫拉姆學習突厥語的契機。在一六〇七年，當一位伊朗貴族因為殺害了君主賈漢吉爾的同乳兄弟庫特布丁·汗·科卡，遭到處決時，也是她收留了貴族的妻子在後宮裡。而這位寡婦正是以賈漢吉爾妻子的身分，獲得「努爾·賈漢」稱號的人物。

一五五七年即位不久，他娶了胡馬雍親信米爾札．阿卜杜勒．穆古魯的女兒。在政權上的當權者白拉姆汗，以這位阿卜杜勒過去曾經服侍過胡馬雍的敵手卡姆蘭為藉口，反對這樁婚事，但是最終還是舉行了婚禮。不過不清楚這位女性和阿克巴之間，是否有生下子嗣。

除此之外，還有一些有名、無名的女性們進入了阿克巴的後宮，他之後又和幾位拉傑普特（多個在印度西部與中部建設在地政權的部落總稱）各家的女性成婚，而當中有些婚姻成為替阿克巴政權注入新要素的契機，具有重要的意義。

首開這類婚姻例子的，是在一五六二年，他娶了以印度琥珀城為據點的卡奇瓦哈（Kachwaha）家族當家巴拉．馬爾（Bharamal）的女兒。而連帶的，當家的兒子巴格溫特．達斯（Bhagwant Das）和孫子曼．辛格（Man Singh）這兩位活躍於往後帝國政治的人才，也都歸順於阿克巴。曼．辛格一族在阿克巴時代之後，也和帝國維持關係，並持續下去。此外，在一五七〇年，比卡內爾的拉托（Rathore）家族當家卡延．馬爾（Kalyan Mal）的姪女入宮，此時歸順的當家之子拉易．辛格也在往後的帝國成為重要的領導者。並且在同一年，賈沙梅爾巴提家的女兒，也進入了阿克巴的後宮，在一五七六年，棟格爾布爾（Dungarpur）的王家也積極推動，希望能將女兒嫁給阿克巴，並在一五七七年實現了這個願望。

因此從一五六〇年代開始，阿克巴就和拉傑普特各家透過婚姻結為親家，在一五七〇年代，在拉賈斯坦地區確立帝國的霸權，並加速其方向性。我們可以注意到，這個時期也和前面提到的排除舊臣與旁系血親的過程，是重疊的。可見阿克巴藉由婚姻連結，逐漸獲得自己帝國的新領導者們。

不過這一連串的婚姻，我們不能只看作是帝國單方面的打算。根據當時的紀錄，每一樁的婚姻據說都是因為有拉傑普特各家的推動，才得以實現。就像美國的研究學者F. H. Taft和C. Talbot所表示，對於各家彼此爭奪的拉傑普特人來說，與帝國的關係，也是生存的一種戰略。[6]尤其是在蒙兀兒帝國以前，卡奇瓦哈家族的當家曾將女兒嫁給阿富汗將軍，因此對他們來說，阿克巴並沒有什麼特別。無論是從哪個角度來看，策略婚姻的對象，每一次都是以現實利益的判斷來做選擇的。

蒙兀兒帝國在這一點上，對拉傑普特的各家來說，是能夠獲取實際利益的存在。帝國會賦予他們拉賈（Raja在印度社會中是「王」的意思）的稱號，而這樣的習俗也緩和了各家爭奪當家權位時所產生的摩擦。在賈漢吉爾的年代裡，儘管拉傑普特的習俗是年長者優先，但帝國在裁定當家繼承人時，卻做出了違反這個習俗的決定，發揮了帝國的主導權。帝國會確保拉傑普特家族的當家「拉賈」的地位，這樣的形式經常可見於蒙兀兒帝國時代中。而「米爾札・拉賈」稱號，就反映了此種現象。顯示了這位擁有拉賈稱號的人，同時也是蒙兀兒帝國的人士，為侍奉君主的米爾札。

孩子們——賈漢吉爾的母親

阿克巴的孩子們，撇除一開始出生且夭折的兩個男孩外，為人所知的共有三個兒子和三個女兒。兒子照順序分別是薩林（一五六九年出生）、穆拉德（一五七〇年出生）、丹尼亞（一五七二年出生）。其中薩林（之後的賈漢吉爾）的母親，也就是以「瑪麗亞姆・薩曼尼」（Mariam-uz-Zamani）稱號出現在史料中的女性，然而她究竟是誰，就成了一個問題。這個稱號的意思是「時代的瑪麗亞姆（瑪麗亞）」，但只是一個對宮中女性的尊稱而已。阿克巴的母親哈米達・巴努・貝古姆，也有一個「瑪麗亞姆・馬卡尼」（Mariam Makani，意為處於瑪麗亞姆立場的人）的稱號，因此沒有必要以宗教的角度來解讀「瑪麗亞姆」這個名詞。

過去的研究鑑定出這位瑪麗亞姆．薩曼尼是阿克巴於一五六二年迎娶的巴拉．馬爾的女兒。支持這個推測的根據是在十七世紀末史書《諸史精髓》當中的記載，不過在遙遠後代的史料當中，只有這一個紀錄，實在讓人很難相信其真實性。

關於阿克巴的孩子們，在《賈漢吉爾回憶錄》當中，有著詳細的資訊。賈漢吉爾對於包含自己在內的六個王子、公主，都留下了非常詳細的紀錄，對於姊妹們的母親也有列出真實姓名來說明。儘管如此，他卻完全不提自己的母親，對兩位弟弟的母親則是只說是「近侍、隨從」。而阿克巴時代的史料，官方王朝史《阿克巴回憶錄》和其他編年史的史料，也完全沒有提到瑪麗亞姆．薩曼尼的身分來歷。因此根據過去的英國研究學者貝佛里奇（H. Beveridge）的考察，以及二十世紀後半印度的學者R. A. Khan的追認，將這位女性看做是後宮的一位侍妾或許是最妥當的做法[7]。

新的領導人——外來的人們

在新登場且成為阿克巴帝國領導者的人們當中，還有來自中亞和伊朗等邊境地區的人們。尤其是來自伊朗的人民顯著增加，不僅有後面會提到的領導波斯語文化的人們，還有像出了阿卜杜勒．哈桑（Abu'l-Hasan Asaf Khan）等活躍於之後君主治世的貴族世家。當初以學者身分來訪的哈基姆．馬錫胡札曼，以曼薩卜德爾進入了帝國的貴族社會，甚至還成為港口城市蘇拉特的首長。其他還有像米爾．朱馬爾（Mir Jumla）一樣，最初是以商人的身分來訪，最終在政治上嶄露頭角，成為新的領導人，其來歷非常多樣化。

此外，新的領導人不只這些外來的人，也有印度既有的穆斯林出身的人。

新的領導人——印度既有的穆斯林（一）阿富汗人

巴布爾所打敗的洛迪王朝、與胡馬雍打仗的蘇爾王朝，都是屬於阿富汗人的王朝。因此在蒙兀兒帝國時代的史料裡，經常都會把阿富汗人敘述為蒙兀兒的敵人。例如十七世紀初期的史書、人名錄《拉辛的事跡》當中，就有這樣的敘述：「對印度人來說，阿富汗的團體是一群毫無畏懼、勇猛果敢的人們，對什麼都很敢要求的人。而且他們也人口眾多。……從印度的史書《阿克巴回憶錄》就能看出他們有多會要求。而且他們也建立了王權。舍爾沙對今天已住進天國的帝王穆罕默德・胡馬雍的叛變、造反和背叛，是比太陽更明亮的事實。」[8] 實際上在阿克巴的時代，阿富汗人在恆河流域中游地區的反抗特別顯著，在這裡以東的孟加拉地區，甚至有一段時期有蘇爾家的分支維持著獨自的政權，和帝國對抗。

但是另一方面，也有許多阿富汗人在阿克巴政權這一方，進行顯著的活動。其中代表性的人物有道拉特・汗・洛迪（Daulat Khan Lodi）。名字末尾顯示歸屬的洛迪，誠如其名，和巴布爾所打敗的德里蘇丹國政權洛迪王朝，屬於同樣的洛迪族旁支。他前面的經歷不明，但曾隨侍阿克巴政權當權的貴族阿卜杜拉辛・哈尼・哈南，到過古加拉特地區和信德地區，參加帝國的軍事作戰，累積了戰績。直到一六〇一年，他在遠征德干地區的途中過世於艾哈邁德訥格爾時，他已晉身到二千曼薩卜（Mansab）

（也有的紀錄說是三千）了。

曼薩卜是蒙兀兒帝國在人事制度方面顯示位階的數值，在剛開始使用這個制度時，數字由十到最大值五千。到了阿克巴的時代，五百曼薩卜以上是由被稱為埃米爾的貴族階級所組成，在兩百多名的埃米爾當中，只有大約不到三十人擁有二千曼薩卜。由此可見，這位阿富汗酋長的地位是很高的。

而他的兒子更在賈漢吉爾的年代裡，以哈尼・賈漢・洛迪（Khan Jahan Lodi）為稱號，以勝過父親的存在感，在帝國政治中發揮實力。阿克巴的帝國，也會像這樣吸收敵對勢力的領導者們。

不過在道拉特・汗・洛迪過世之後，阿克巴曾說過：「舍爾沙已離世了」。他說的這段話被後代紀錄並流傳下來，可見對帝國擴張有所貢獻的阿富汗人，對阿克巴來說，可被譬喻為蘇爾王朝的舍爾沙，是如同讓父王帝國翻覆的存在，不僅是值得佩服的人，也是應該警戒的人物。帝國的君主與各種人士的關係，無論是從哪個角度來看，都是充滿了緊張感的。

新的領導人——印度既有的穆斯林（二）巴拉的賽義德們

提到在阿克巴的帝國擔任領導者的既有穆斯林軍人集團，其中一個例子就必須要提到在史料中被統稱為「巴拉（Barla）的賽義德們」的人們。關於「巴拉」這個詞，在很多紀錄當中的說明，指的都是位於恆河與亞穆納河兩條河的河間地帶（也被稱為多阿布地區〔Doab Region〕）北部的森珀爾地區十二個村（在現代印度語中，Barla就是「十二」的意思）。森柏爾地區大約位於德里東方一百公里左右，離帝國的首都阿格拉也很近。

而賽義德是對先知穆罕默德後代的尊稱。在伊斯蘭世界的各地都有賽義德，北印度到十六世紀為止，都有人自稱是賽義德，而他們也都包含在全世界的賽義德當中。

不過巴拉的賽義德們首次出現在史料當中，是在阿克巴剛即位不久後，為了要追擊蘇爾王朝的殘黨而派遣了軍隊，而這些人參加了當時的軍團。巴拉的賽義德們會在真實姓名的後面加上「巴拉」來表示歸屬，所以在史料中很容易辨識。收錄在阿克巴時代末期史料中的曼薩卜德爾名冊中，就有活躍於治世初期的賽義德．馬哈茂德．巴拉等，名冊中總共列舉了八位巴拉的賽義德名字，以獨立的歸屬團體來說，是相當顯眼的存在。他們的後代及其家族，在往後的時代裡，也以曼薩卜德爾的身分相當活躍，且都以勇猛的軍人而得名。因此這些賽義德，甚至在紀錄當中曾被形容為「王朝的守護者」。這個集團在第六代君主奧朗則布之後也持續存在，甚至在第九位君主法魯克錫亞（一七一三—一七一九年在位）之後，出現了掌控了君主更替的阿卜杜拉．汗和賽義德．侯賽因．阿里．汗（也就是「賽義德兄弟」）的實力派。

根據阿克巴時代的史料，並沒有關於巴拉的賽義德們來歷的紀錄，不過根據後世的族譜書，巴拉的賽義德們祖先在十三世紀前從伊拉克城市瓦西特遷居到印度，然而真偽不明。這些賽義德族譜的可信度，似乎在當時就遭到質疑，關於賽義德．馬哈茂德的出身，也有人指桑罵槐的說過：「這些賽義德的族譜，究竟可追溯到哪裡呢？」因此還流傳了一段軼事，說他走上熊熊火焰的柴堆上，說道：「我們賽義德可是火煉不死的！」並站在火中待了一個小時，最終更是毫髮無傷的走了出來。這段軼事的真偽無從得知，不過如果照這樣說，那麼賽義德血脈的歷史，那就不是族譜等紀錄，而是根據眼前超乎尋常的賽義德的力量來獲得證明了。賈漢吉爾在自己的回憶錄中，也這麼記載：「他們的勇猛，就是證明他們是賽義德的決定性證據。」這也顯示出巴拉的賽義德們展現非比尋常的英勇，對他們與帝王君主之間的關係是相當重要的。無論這些來歷真相如何，但這些巴拉的賽義德們，是隨著帝國的興隆所出現的新領導者，這是不可質疑的史實。

三、新都法泰赫普爾的時代（一五七一—一五八五年）

新的國家制度

在阿格拉西邊大約三十公里一片平原中突然隆起的山丘上，阿克巴於一五七一年下令在此營建新的首都。為了紀念遠征古加拉特地區（一五七二—一五七三年）的勝利，將此地名為法泰赫普爾（勝利之都），這個城市到一五八五年阿克巴將據點轉移到拉合爾為止，都是帝國的首都。在法泰赫普爾時代裡，阿克巴的帝國進入了新的局面。

北印度的大半都已平定，隨著排除舊世代的當權者們，並慢慢獲得新的領導者，阿克巴開始在這個時代逐漸將新的國家制度引進帝國。例如開始用數字來顯示位階（曼薩卜）的人事、薪俸制度（一五七三／四年，一五七四／五年實施）；軍馬烙印制度（一五七五年）、設定政府封地以及配置徵稅官員（一五七五年）、制定測量土地用的公定尺（一五七五年）、開始在帝國領土各地調查農產品的價格（一五七五／六年）、重新編制造幣局、編制帝國領土的行政區劃（一五八〇年）、導入十年評價課稅（一種徵稅法）（一五八〇年）、開始使用伊斯蘭曆法（一五八四年）等，新的制度跨越了行政、財政等各個部門。此外，在歷代財務長官的領導之下，拉加・托達爾・馬爾（Raja Todar Mal）這位印度教徒長期在財務廳為了政策的立案擔任智庫，留下了亮眼的成績。

阿克巴和蘇非教團

當我們把法泰赫普爾時期所開始使用的新制度，對照著阿克巴的人物個性一起思考時，會發現在思考這位君主對於各宗教，包含伊斯蘭教的態度時，有個更重要的角度。

蒙兀兒帝國的歷代君主，包含阿克巴在內，都是伊斯蘭教徒。他們的伊斯蘭信仰，有諸多不同的層面，誠如我們在巴布爾身上明顯所見的，這個帝國在創立初始，就和納克什班迪教團有著密切的關係。這很明顯是因為王族的祖先們帖木兒王朝，在中亞對蘇非教團進行了廣泛的庇護，而蒙兀兒繼承了這樣的行動。我們已知在胡馬雍時代裡，喀布爾留有赫瓦亞・阿赫拉爾（Khwaja Ahrar）的瓦合甫（宗教捐獻），而在阿克巴的時代裡，王弟哈基姆以喀布爾為據點活動，在他手下發揮了極大政治力的赫瓦亞・哈桑（Khwaja Hassan），也是這個教團的一員。由於這些源由，在帝國統治之下的南亞，納克什班迪教團展現出一定的存在感，例如在賈漢吉爾時代活動的艾哈邁德・西爾信德（Ahmad Sirhindi），以「（伊斯蘭曆）第二個千年的革新者」而聞名，就是出自這個教團的重要人物之一。

但是我們也不能忽視了，這些父執輩所留下來的「遺產」，加入了與其他蘇非教團所產生的新連結。例如契斯提教團，這是從德里蘇丹王朝時代就受到歷代王朝尊崇與庇護的教團。巴布爾在一五二六年的帕尼帕特戰役之後進入德里，就到了以此地而知名的契斯提教團謝赫尼札穆丁·歐里亞（Nizamuddin Auliya）陵墓參拜。胡馬雍也在一五三九年於恆河畔的焦薩（Chausa）被舍爾沙所敗，據說他在逃亡之際溺水，而此時拯救了他的近侍名為尼札姆（Nizam），而胡馬雍一聽聞此事，立刻認為這是德里的謝赫尼札穆丁·歐里亞的保佑，因此大為感激。這也顯示出蒙兀兒帝國這個新的政治勢力和既有的宗教性權威，很快的就建立起了關係。

阿克巴在統治初期之所以會對契斯提教團如此景仰，很有可能是延續了祖先及父執輩的態度。阿克巴就屢次造訪拉賈斯坦地區的阿傑梅爾，參拜契斯提教團的聖賢穆因紐丁的陵墓。有時他甚至一年當中會到陵墓參拜三次。此外，新的首都法泰赫普爾，也是建在教團聖賢薩利姆·奇什蒂經營道場的西克里，因此被稱為法泰赫普爾西克里（Fatehpur Sikri）。甚至有一部分的紀錄流傳，正因為這位聖賢薩利姆的靈力，才讓阿克巴喜獲麟兒，誕下了薩林（之後的賈漢吉爾）。父王胡馬雍的陵墓建造於阿克巴的時代，這座雄偉的建築也建設在德里靠近尼札穆丁·歐里亞廟的地點。阿克巴對於契斯提教團的態度，可說是極為積極且密切的。

不過值得注意的是，君主與特定教團的關係，在阿克巴漫長的統治時期裡，僅限於一段非常短暫的特定時間裡。阿克巴在一五六二年首次到阿傑梅爾的陵墓參拜，而他如此頻繁參拜的活動，止於一五七九年。誠如筆者在其他論文中所提到的，阿克巴對契斯提教團的景仰，只偏重阿傑梅爾的陵墓，這很有可能是和阿克巴在一五六〇年代末期到一五七〇年代，專注於經營拉賈斯坦地區以及征服古加拉特地區，有著密切的關係。此外，關於西克里的聖賢薩利姆·奇什蒂，世人甚至連他的來歷都不詳，因此他是否真的對帝國的喜事——也就是王子的誕生有所貢獻，到了阿克巴統治的後半之後，就已經失去當初的意義了[9]。

阿克巴對契斯提教團態度的變化，與法泰赫普爾時代宗教政策的發展有著密切的關聯。最初的契機是一五七五年，新首都的王宮中設立了「信仰之殿」。這個設施究竟在現存王宮的何處，並不明確。然而根據文獻史料記載，這個區域是方形的，在每個禮拜五，設置在這個區域東西南北的伊萬（一種長方形、帶有拱頂的空間，三面圍牆，一面開放的建築物）都會聚集並坐滿貴族（埃米爾）、賽義德、智者、謝赫，而阿克巴會親臨各個場所，參加座談與辯論[10]。據說君主親臨「信仰之殿」的宗教辯論，最初是穆斯林各種人士之間所進行的活動。

然而在一五七八年，這樣的現象有了轉變。這一年的九月底，在「信仰之殿」舉辦的辯論，由「蘇非派教徒、哲學家、神學家、清貧者、遜尼派教徒、什葉派教徒、婆羅門、耆那教聖職人員、耆那教徒、遮盧婆迦（Charvaka）派印度教徒、基督教徒、猶太教徒、拜星教徒、祆教（瑣羅亞斯德教）徒等」參加，可見這個會議不僅只有穆斯林，而是已經變成各種宗教代表會出席的場合了。而在此之前，這一個月的月初，出現了「不因對神的崇拜而關照特定地點[11]」的觀點，因此據說阿克巴對於每年前往阿傑梅爾的陵墓進行參拜的行動，顯示出躊躇不決的態度。最終他只帶了幾位隨從，快馬進行了簡單的參拜，並像前面提到的一樣，次年一五七九年的參拜，成為最後一次的參拜之行。由此可見阿克巴對各宗教的態度，在一五七〇年代後半，出現了很大的轉變。

帝國的秩序與各宗教

一五七八年十二月，阿克巴傳送了邀請到果亞，因此在一五八〇年三月，耶穌會傳教團抵達。阿克巴將他們帶來的聖經印刷本（根據傳教會的紀錄，確實為在安特衛普印刷的多語言聖經 *Plantin Polyglot*）恭敬的放在頭上，根據傳教團的紀錄，他對福音書更是顯現出強烈的興趣。另一方面，在一五八二年，帝國開始了一項禮儀，要在君主的生辰日當天，施予和其體重相同重量的寶物，而這項禮儀被設定為例行活動，在往後君主的統治期間，這項禮儀也被繼承了下來。而這個禮儀很明顯沿用了印度的印度教王權對婆羅門的施予禮儀。從同一時期開始，阿克巴也限制自己吃肉類食物，儘管史料記載這是「蘇非飲食」，但很有可能是扎根於印度背景的德行（實際上在十六世紀後半的耆那教文獻當中，也可看到大讚阿克巴不吃肉的紀錄）。同一年，遵循伊朗既有太陽曆的納吾肉孜節（Nowruz，新年節日），開始成為例行活動。兩年後，這個太陽曆以伊朗曆之名，成為官方的曆法。在法泰赫普爾的時期，阿克巴不只伊斯蘭教，他也接觸印度教、基督教等，試著將各式各樣宗教的權威與傳統加在自己身上。

了解以上的狀況後，再聽到這位在十六世紀末、十七世紀初期於印度中部奧拉奇哈（Orachha）印度教徒領主手下工作的印度語詩人克沙夫達斯（Keshavdas），稱阿克巴是「兩宗教的盟主」，那也就不足為奇了。耶穌會第三批傳教士當中的一人，熱羅尼莫．沙勿略（Jerome Xavier），在帝國宮廷待了將近二十年的時間，他就將阿克巴比喻為毗濕奴的投胎，並有傳說他是毗濕奴十個化身之一的救世主迦樂季。在十七世紀初期，拉傑普特人的歷史故事當中，也有研究將阿克巴和羅摩等同看待[12]。由此可見看在他人眼裡，阿克巴就和他本人的態度一樣，是超越宗教、超越宗派立場的帝王。

不過我們不能將阿克巴這樣的態度，誤以為就是現代意義中的「宗教寬容」。席拉維亞拉蘇里（Hiravijarasuri）是耆那教白衣派的領袖，在阿克巴位於法泰赫普爾宮殿中當官。根據他傳記當中的記述，他描寫了阿克巴帝國的興隆，此亦為這位宗教人士能夠活躍的一個主要原因。阿克巴是「地上的王」，而席拉維亞拉蘇里則是「修行者們的王」。在之後賈漢吉爾的年代裡，於古加拉特地區活動的富商尚蒂達斯（Shantidas Jhaveri），可說是當地白衣派信徒的總代表，他就是因為有帝國君主的敕令，保全了自身管理寺院的權力。此外阿克巴對契斯提教團的關係，光用「寬容的」庇護來形容，也是不足夠的。一五七〇年，阿克巴介入了阿傑梅爾的陵墓和其宗教捐贈的管理權所引起的紛爭，並下達了裁決，命令要替換過去的管理人。阿克巴的親信曾慫恿西克里的聖賢薩利姆擔任新的管理人，考量到這一點，我們可以說阿傑梅爾的契斯提教團僅是在帝國君主之下，服從於帝國君主裁決的宗教性權威。

如果我們把「在帝國秩序之下，編制各宗教的權威和傳統」看作是阿克巴態度的本質，那麼我們也就可以理解在傳統上，將阿克巴與帝國各界人士的君臣關係，比喻成「師傅」（皮爾 Pir）與「徒弟」（穆里德 Murid）的師徒關係，有著什麼樣的意義了。無論隸屬於什麼樣的宗教，為帝國工作的人們都是君主的「徒弟」，實際上，一般蓋在公文上的印章，記載的也都是「帝王〇〇的穆里德〇〇」，而這樣的慣例並不僅止於阿克巴的時代裡，更一直維持到奧朗則布的時代。因此看到皮爾、穆里德這樣的用語，並不需要特別用蘇非教團的意義去解釋，看到當時臣子們對阿克巴使用「神聖宗教」這樣的用詞，也不需要認真解釋其中的宗教性、宗派性的意義。

帝國的秩序與波斯語文化

阿克巴以統整帝國秩序為目標，而這樣的野心也能從語言文化的角度找到端倪。如同眾人所週知的，蒙兀兒帝國的公文是用波斯文所書寫的。宮廷中大多數藝文活動，也都是使用這個語言，除了伊斯蘭神學或法學這一部分的領域之外，大多數學術藝文的創作也都是使用波斯文。在十八世紀末為止的蒙兀兒帝國之下，波斯文的作品甚至凌駕於伊朗和中亞之上。在詩文方面，甚至奠定了一種叫「印度樣式」的文學形式。無論屬於什麼宗教，對波斯文的知識已經是帝國人士必須學習具備的教養和知識，在參與文書行政的實務工作時，也是非常實用且有利的技能。當時在印度有著各式各樣的語言，而波斯語便成了共通語言，具有實用性。

以前述的角度來看，波斯語實質上已成為帝國的官方語言，而波斯語的書寫文化，就由帝國當中各式各樣的人來實行。例如阿克巴時代的桂冠詩人法伊茲（Faizi）及他的弟弟，也就是帝國官方史書《阿克巴回憶錄》（*Akbarnama*）的作者阿布．法茲爾（Abul Fazl），就是印度出身的穆斯林文人，同時也有像馬諾哈爾這樣以波斯文詩人而留名的印度教徒。阿卜杜拉辛．哈尼．哈南是白拉姆汗的兒子，是阿克巴和賈漢吉爾時代當權的政治家，但他同時也是文人，並在自己家中庇護了許多文人與畫家，是帝國知名的贊助家。另外，也有像賈邁勒丁．侯賽因、塔利卜．阿姆利（Talib'Amuli）等來自伊朗的文人、像穆托比．薩馬爾罕蒂等來自中亞的文人，他們都是擔起波斯語書寫文化的重要旗手。活動時期由沙賈漢時代橫跨到奧朗則布時代的張德拉．班，就是學習了波斯語後成為書記、以文人身分活動的印度教徒當中，最顯著的例子。

先考慮到波斯語在帝國當中的功能，以及這些波斯語的領導者們，再看到在阿克巴的年代裡，各種古今東西的古典書籍，都被翻譯成波斯文，而這在當時算是一項國家事業，那麼就能理解其中的意義了。除了梵語的故事集《獅子座三十二話》（*Singhasan Battisi*）、敘事詩《摩訶婆羅多》、《羅摩衍那》等印度文明的創作外，還有阿拉伯文的動物學書籍、地理書籍、察合臺語的《巴布爾回憶錄》等，也都被翻譯成波斯文。我們不能將這一連串的翻譯工作，解釋為「印度與伊斯蘭的相遇」。同樣的，在阿克巴時代末期，他命令耶穌會第三批傳教團熱羅尼莫．沙勿略，以波斯文創作耶穌傳，這些波斯語的基督教書籍，也具有相同的意義。除了一部分的天文學書籍之外，只有少數的波斯語典籍會被翻譯為其他語言，這是非常重要的指標。波斯語和其他各語言的關係，如果只是用「相遇」來解釋，那麼比例上實在太過不對稱，因此說不過去。在帝國各處都能通用的波斯語，不僅是共通語也是官方語言，帶有其他語言所沒有的特殊威信。因此將各種語言翻譯成波斯文，在意義上可說是企圖要將既有的語言文化，納入帝國的秩序之中。

四、拉合爾的時代（一五八五—一五九八年）

帝國的秩序與歷史書籍的編纂

在這樣的背景之下，似乎也能理解阿克巴的年代裡，編纂了許多歷史書的意義了。尤其是阿克巴在一五八五年後離開法泰赫普爾，並以拉合爾為據點之後，一直到他統治末期的期間裡，就已經出現了在之後時代中都能通用、普遍化的歷史書籍類型。阿克巴之所以會遷往拉合爾，是因為一五八五年弟弟哈基姆去世，阿克巴對他原先的據點喀布爾地區、穆斯林政權沙米爾王朝（Shah Miri Dynasty）存續的喀什米爾地區、穆斯林政權答剌罕王朝存續的信德地區等，這些帝國北部、西部邊境地帶，都進行著策略性的侵略。以政治史上的角度來看，拉合爾時代也具備了帝國擴大領土的意義，而在編纂歷史書籍這一點上，在文化史上也是一段重要的時代。

《千年史》是使用陰曆所寫成的編年體伊斯蘭世界通史，而此陰曆以先知穆罕默德逝世的西元六三二年（伊斯蘭曆第十一年）為元年。然而事實上，這本史書後半的敘述範圍幾乎僅限印度、伊朗和中亞，並沒有成為蒙兀兒帝國和其周邊地區的編年史。阿克巴大約在一五八二／三年下令艾哈邁德·塔塔威（Ahmad Tattawi）領導編纂團隊來編輯《千年史》，經過了一番波折，這本歷史書終於在一五九四年之後於拉合爾完成。

在一五九一年下令編纂的《阿克巴回憶錄》，是由阿布·法茲爾主筆的帖木兒朝歷史。當然其中有大半敘述都是當代君主阿克巴的事跡，不過在形式上，從人類的始祖亞當到諾亞、雅弗等《舊約聖經》

上的原始神話，接續到土耳其人的起源，到帖木兒王家的來歷和之後歷代帖木兒王朝的君主，從巴布爾、胡馬雍到阿克巴，整體的體裁是一連串通史性的王朝史書。

在一五九四年所完成的《阿克巴諸章》是由尼札穆丁．艾哈邁德（Nizamuddin Ahmad）所寫的歷史書。書中仍然有大半內容是關於阿克巴時代的紀錄，不過在形式上，也按照各個地區分章提到了成立於印度各地穆斯林政權的歷史，屬於印度、伊斯蘭的整合性通史。在這當中，蒙兀兒帝國把從加茲尼王朝開始的歷史，看作是最後的德里地區穆斯林政權史。

在阿克巴統治時期最末期完成的《清廉者們的樂園》，從創世開始說起，並敘述整個世界的歷史，屬於世界通史，如果用專門敘述伊斯蘭世界歷史的大塚修的歸類法，這本書的形式也可被歸類為他所說的「普遍史」史書[13]。印度、伊斯蘭通史算是其中一部分，蒙兀兒帝國史也是一部分，都是普遍史必須的要素。

誠如上述，在阿克巴的時代裡，有伊斯蘭世界通史性質的年代記、帖木兒朝的通史、印度和伊斯蘭的通史、人類世界的通史，這個時代出現了許多通觀歷史，並最終歸結於蒙兀兒帝國的囊括性歷史敘述。在這些敘述當中，帝國是各種歷史流向的終點，而在這點，阿克巴時代進行編纂史書的工作，具備了想把所有的「時間」都囊括在帝國秩序之中的野心和抱負。

事實上，這些將周邊世界、既有社會的語言文化都涵蓋進去的翻譯作品，其中有不少都成為這些歷史書籍的素材。《清廉者們的樂園》當中的印度史記述，就含有採用自《摩訶婆羅多》的要素，而很顯然的，在法泰赫普爾時代進行的波斯文翻譯，就成了參照的來源。此外，在《清廉者們的樂園》當中，構成伊斯蘭前史的先知列傳當中，也列出了耶穌，誠如筆者所言，這當中所提到的獨特事件，是熱羅尼莫．沙勿略在受到阿克巴之命後，以波斯文寫的耶穌傳《神聖性之鏡》當中出現過的。[14]

當然，古典書籍的翻譯，並不會完全成為編纂歷史書籍時的素材。在翻譯的書籍當中，也有數學書籍和動物學書籍，這些都不可能成為歷史書籍的資訊來源。主要進行於法泰赫普爾時代的翻譯工作，和拉合爾時代之後進行的史書編纂，是屬於不同時期的個別工作。儘管如此，阿克巴的文化政策企圖涵蓋所有和帝國有關的事物，將這兩項國家的事業，導向了同一個方向。

蒙兀兒帝國的繪畫

為前述的翻譯和歷史書作品增添色彩的，是阿克巴時代新出現的手抄本藝術。這些手抄本將文本替換成流利的書寫體，搭配上華麗的插畫，且大多都是由阿克巴宮廷的書畫院所製作的。

蒙兀兒帝國的繪畫，源自於米爾．賽義德．阿里（Mir Sayyid Ali）和伊朗出身的畫家阿卜杜．薩馬德（Abd al-Samad，以「如花之筆」為雅號），他跟隨胡馬雍來到印度。伊朗風格畫風，同時也明顯具備了印度畫風，即為這些參加阿克巴書畫院的印度畫家們既有的風格，因此作品兼備兩種風格，並出現在阿克巴時代前半（在繪畫史研究當中，將一五八〇年後視為後半）所製作的附插畫的手抄本當中，例如《哈姆扎傳奇》、《鸚鵡之書》等。到了後半期製作的作品，伊朗風格的畫風逐漸展現優勢，也成為蒙兀兒帝國的繪畫特徵，並就此固定下來。這個時期的代表作有翻譯成波斯文的《摩訶婆羅多》、《羅摩衍那》，以及《帖木兒家族史》和《阿克巴回憶錄》當中的插畫，而擔任這些繪畫的畫家當中，也包含許多印度出身的畫家。目前已知曾參與前述多項插畫手抄本的，除了畫家巴薩萬（Basawan）之外，還有在阿克巴時代之後也仍在活動的馬諾哈爾（他與波斯文詩人馬諾哈爾是不同人）、戈瓦爾丹，都是此類的代表性畫家，也顯示了蒙兀兒帝國的繪畫有各種不同的人參與。

此外，阿克巴時代的手抄本插畫書，從《哈姆扎傳奇》、《鸚鵡之書》這種幻想故事，逐漸轉變到《帖木兒家族史》和《阿克巴回憶錄》等記錄史實的歷史書籍。在拉合爾時代之後出現的歷史書插畫裡，所描繪的都是真實（根據不同狀況有可能仍在世）的人物，無論是宮廷還是戰爭，都是現實場面所出現、實際發生的事。

像這樣某種程度的「寫實主義」，成為之後蒙兀兒帝國繪畫作品的特徵，繪畫主要的題材是人物肖像畫和植物寫生畫，也與這個原因相關。歷史書《阿克巴回憶錄》的最終卷《阿克巴的制度》（*Ain-i-Akbari*）當中，甚至有記載「為了描寫王朝所有隨侍臣子之姿」，而繪製了一本畫冊（不過這本畫冊已無現存）。在賈漢吉爾的年代之後，也有很多像這樣脫離故事或歷史的脈絡，成為單獨的繪畫，會以「書畫帖」的形式集合成冊的畫冊。許多畫家會貼上繪畫的底紙，畫上精美的裝飾，例如畫家曼蘇爾（Ustad Mansur）就相當擅長這類裝飾的設計與色彩，大為活躍。

蒙兀兒帝國時代的書畫帖當中，會在頁面的一側放繪畫，另一側放書法作品，由兩個頁面構成的開面，會有兩頁繪畫，或者由兩頁書法作品所構成，這是當時一般裝訂的方式。誠如前面所提，繪畫是由帝國的書畫院所製作的「現代藝術」作品，但當時貼進書畫帖裡的書法作品，大多是蘇丹．阿里．馬什哈迪（Sultan 'Ali al-Mashhadi）和米爾．阿里．赫拉維（Mir Ali Heravi）等帖木兒時代末期書法家的古

書畫帖繪畫兩頁相對的例子（賈漢吉爾時代）

貴族摩訶羅闍・比姆・昆瓦爾（右）和拉賈・維克拉瑪蒂亞（左）的肖像畫。兩者都有搭配波斯文詩作的雙重裝飾畫框，被貼在以花草紋裝飾的紙張上。

人筆跡。這種情況也顯示了蒙兀兒帝國文化史上的要素，是延續自帖木兒時代的文化。當然也有很多書法家活躍於蒙兀兒時代，有雅號「黃金之筆」的穆罕默德・侯賽因・喀什米里（Muhammad Husain Kashmiri），以及稱號是「龍涎香之筆」，出身赫拉特的毛拉納・阿卜杜拉辛（Maulana Abdul Rahim），是阿克巴時期的代表性書法家。另外，在沙賈漢的時代裡，伊朗出身的書法家，同時也是曼薩卜德爾的阿馬納特・汗（Amanat Khan）在泰姬瑪哈陵的墓室內壁製作了《古蘭經》章句的刻文，蔚為知名。

此外，在阿克巴的時代裡，人物的肖像畫之所以會成為一種繪畫的類型，許多說法認為這是因為耶穌會的傳教士從歐洲帶來的繪畫和版畫，不過也有一說認為必須要考慮到可能是繼承了帖木兒王朝繪畫當中，有著人物描寫的傳統。此外，阿克巴的肖像也曾經被刻在獎牌狀的紀念金幣上，作為阿克巴「神聖宗教」在授予家臣頭巾時，別在頭巾上的裝飾。也就是說，對阿克巴顯示忠誠的家臣們，會將君主的肖像戴在頭上。無論如何，「肖像畫的流行」這股蒙兀兒帝國獨特的繪畫風潮，的確有著來自阿克巴個性的影響。

五、漫長治世的結束（一五九九—一六〇五年）

一五九八年末，阿克巴離開了十數年以此地為據點的拉合爾，在隔年一五九九年一月，抵達舊都阿格拉。在五月時，擔任對德干地區戰役的第二王子穆拉德死亡，因此在六月時便派出第三王子丹尼亞，到了九月底雨季結束，阿克巴自己也親身前往南方。一六〇〇年八月，蒙兀兒帝國攻陷了德干地區穆斯林五王朝之一的尼扎姆．沙希王朝（Nizam Shahi dynasty）的首都艾哈邁德訥格爾，並在次年一六〇一年初攻陷坎德什地區中部的阿西爾，此地是以布爾漢布爾（Burhanpur）為首都的穆斯林王朝法魯奇王朝（Farooqui dynasty）的屏障，而該王朝為阿克巴所滅。在阿克巴統治期間的最末期，這個稱霸北印度的帝國，正式將勢力往南方擴張。但是這個時期，對阿克巴來說也是經歷晚年痛苦的時期，對帝國來說，也是首次面臨大權必須有人繼承的艱難時期。

當阿克巴前往南方戰線之後，一六〇〇年七月底，第一王子薩林（之後的賈漢吉爾）擅自脫離了拉賈斯坦地區的戰線，到了安拉阿巴德（現為普拉亞格拉吉）。一六〇一年八月，返回阿格拉的阿克巴並沒有對反叛的王子派出軍隊，但在隔年一六〇二年的三月左右，當薩林正前往阿格拉去會見阿克巴的途中，阿克巴命令他遣返，狀況十分險惡。八月，阿克巴的親信也就是官方史書《阿克巴回憶錄》的作者阿布．法茲爾，從南方戰線回到阿格拉的途中，被薩林所差使的刺客所殺害（大多的學者都沒有意識到，正因為此事讓《阿克巴回憶錄》成為了未完成的史書）。儘管在一六〇三年，太后哈米達．巴努．貝古姆當和事佬讓薩林得以謁見阿克巴，但在同年的十月，當阿克巴命令薩林到拉賈斯坦地區去時，薩林卻抗命，在十一月回到了安拉阿巴德。在這番父子「冷戰」之中，一六〇四年九月，太后逝世，為了弔唁，薩林再度回到阿克巴身邊，結束了薩林的「叛變」，次年一六〇五年三月，滯留於南方戰線的丹尼亞因飲酒過量而去世。

在兩個弟弟相繼去世後，在後繼君主之爭當中，薩林的親生長子庫斯勞（Khusrau Mirza）就成了他的新競爭對手。一六〇五年九月，庫斯勞獲得了一萬曼薩卜的破天荒晉升，並由當權貴族曼．辛格擔任他的攝政，這想必讓宮廷中人產生了諸多猜想。根據耶穌會傳教團的紀錄，也證實了阿克巴晚年的確對孫子庫斯勞特別的照顧。庫斯勞迎娶了阿克巴同乳兄弟，也是當權貴族米爾札．阿齊茲．科卡的女兒，這或許也對他本人的立場賦予了特別的意義。

一六〇五年十月，在阿格拉的阿克巴身體狀況出現了異變，並在十天後去世。薩林在十一月二日，以賈漢吉爾之名即位，然而在此期間，在檯面下曼．辛格與米爾札．阿齊茲．科卡都在運籌帷幄，想拱孫子庫斯勞登上王位，這些暗中的運作都被記錄在下級貴族阿薩德．貝格的回憶錄，以及荷蘭東印度公司弗朗西斯科．佩爾薩特（Francisco Pelsaert）的《年代記》當中。另外，雖真偽不詳，但在坊間也流傳阿克巴突然發病與去世，是遭到了毒殺，在佩爾薩特和耶穌傳教士的紀錄當中，也可以找到這些傳言。阿克巴漫長統治的尾聲，在他成就了建立帝國的榮光之外，出現了一抹險惡的陰影。而這在賈漢吉爾即位後，立刻就以庫斯勞發動叛亂的形式爆發出來。之後沙賈漢與奧朗則布也都經歷了父與子之間的爭執，因此這場叛變可說是這個帝國痼疾的前哨站。

六、阿克巴死後

阿克巴被葬在阿格拉郊外錫坎德拉的陵墓中。賈漢吉爾建造的這座雄偉建築，其規模在歷代君主的陵墓當中，可以與胡馬雍的陵墓匹敵，再考慮到華麗的裝飾，他的紀念碑毫無疑問的就是第一了（另一方面，沙賈漢也合葬在內的泰姬瑪哈陵規模很大且相當豪華，不過那並非君主專用的陵墓，因此不列入比較的對象）。

誠如傑出的陵墓所帶來的象徵，在之後南亞史的記憶當中，阿克巴的確也是代表帝國的英明君主。直到今天，阿克巴都會出現在南亞民間流傳的故事當中，綻放其存在感，這也反映了人們對他強烈的記憶。

「納夫拉丹」（Navratan）在印度語中意味著「九顆寶石」，印度既有的觀念認為九種寶石擁有神祕的功效，由此被借用來形容輔助君主的九位忠臣。最終成為隱喻眾星雲集的「九人組」，因此南亞歷史中各式各樣的君主，都會在身邊安置九人組。阿克巴也是其中之一，阿布．法茲爾、拉加．托達．馬爾、阿卜杜拉辛・哈尼・哈南、法伊茲、坦森（Mian Tansen）、曼・辛格、哈基姆・胡馬姆、拉賈・比爾巴（Raja Birbal）、穆拉德・琵雅札等九人所組成的「納夫拉丹」，一直流傳在民間傳說當中。第八位拉賈・比爾巴的確是真實存在的人物，但並沒有證據能證明這九人在阿克巴的手下組成了特別的團體。因此在二〇一四年，阿格拉的開發部門計畫在法泰赫普爾的遺跡設置阿克巴的九人組人像時，歷史學者們卻提出抗議，這也不是毫無道理的。

「納夫拉丹」當中的拉賈・比爾巴，是貧窮的婆羅門，但他以自己的機智與音樂才能為武器，成為阿克巴的近侍並出人頭地，然而直到他在一五八六年戰死期間的經歷，幾乎都沒有被記錄在當時的史料當中。相較於在史料中如此缺乏存在感，和他在民間故事的九人組當中的角色，可說是天壤之別。而在以「阿克巴與拉賈・比爾巴」為主題而衍生出的民間故事當中，他的角色直到今天的南亞，都還是展現出強烈的存在感。在這些故事當中，拉賈・比爾巴以天生的才能解決國王阿克巴提出的各種難題，是個聰明機智的主角。[15]阿克巴與拉賈・比爾巴的故事，甚至在印度共和國被收錄在印度語的教科書裡，在繪本、漫畫、卡通等各式各樣的媒體當中，都是相當受到歡迎的素材。

阿克巴在過世後，仍然活在南亞史的記憶當中。正因為如此，在現代走上了不同軌道的南亞兩個民族國家，才會對阿克巴的評價有著如此鮮明的差異。

在印度共和國的歷史敘述當中，阿克巴將南亞大半部都收歸支配之下，並形成了大帝國，而奧朗則布花了同樣大約半世紀的漫長統治，卻逐漸讓帝國解體，這兩人成了鮮明的對比。而帝國陷入危機的原因，是因為再次開始徵收吉茲亞（對在穆斯林統治之下的非穆斯林實施的人頭稅），以及對拉傑普特人各家族進行的軍事行動等，都可以歸因於奧朗則布（被認為是）親伊斯蘭的宗教性政策。如此看來，相反的阿克巴政策對南亞可說是進行了廣泛的整合，兩者帶有極為不同的性質。這樣的性質，很有可能跟印度共和國長久以來被視為國家根基的「政教分離主義」意識形態非常相符，有時甚至會被形容成「寬容」、「協調」等脫離歷史的概念。但是這樣的性質，先不論是否適當，但和阿克巴的各項政策所孕育出的權力性與非對稱性的整合，是屬於不同次元的。

另一方面，建國後的巴基斯坦伊斯蘭共和國，根據由伊希蒂亞克·海珊·庫賴希（I.H. Qureshi）所主導的蒙兀兒帝國史研究，阿克巴的統治是「（脫離伊斯蘭原理的）非正統性教義成功的頂點」，賦予非穆斯林重要地位的政策，讓穆斯林失去了「對帝國特有的忠誠心」。對各個宗教的「寬待」，導致穆斯林的頹廢與墮落，因此他們認為阿克巴的統治是「印度伊斯蘭歷史的黑暗時期」[16]。不說這個說法是否恰當，誠如本章所示，參與阿克巴帝國的穆斯林們有著各式各樣的出身背景，對帝國的態度也各有不同，這裡所說的穆斯林「特有的忠誠心」，應該被視為與歷史研究不同次元的概念。

當然筆者沒有批評各國民族史意識形態的立場。不過我想確認的是，就算這位蒙兀兒帝國的君主死後經過了四百年的時間，仍附著在現代各式各樣的意識形態。這可說阿克巴個人所成就的事跡具備了巨大的意義，而他死後所留下的遺產，仍長遠的生存於南亞的歷史當中。

賈漢吉爾（一五六九—一六二七年）

一六〇五年十一月二日，在阿格拉即位的王子薩林，冠上了賈漢吉爾的王號。他在自己的回憶錄《賈漢吉爾回憶錄》當中，從自己即位開始寫起，之後更寫了許多讚頌父親阿克巴的紀錄，不過當中卻沒有寫到自己在父親統治末期時，各項叛亂與之後爭執等對自己不妥的過去。親自展現出自己是偉大父王的正統繼承者，這番演繹對賈漢吉爾來說是非常必要的。賈漢吉爾在畫像中，手握父親阿克巴的肖像畫（參照圖片），不僅是出於對父親的敬畏，也可看作是賈漢吉爾在強調自己的正統性。賈漢吉爾寶座頭上掛著阿克巴肖像畫，也具有同樣的意思。

《賈漢吉爾回憶錄》是君王賈漢吉爾自身的事跡錄，以這點來說，巴布爾的《巴布爾回憶錄》也是相同的意義。賈漢吉爾的確是意識到了曾祖父的著作。他經常參照巴布爾親筆寫的《巴布爾回憶錄》手抄本（今已散佚），並親自將所見的珍奇動植物寫生畫，放進自己書中當插畫，特意做了巴布爾不曾做的事，彷彿是主張要在曾祖父所建立起的文藝傳統之上，再加上自己獨特的新方案。

賈漢吉爾對繪畫的喜愛的確非常明顯。在王子時代，他會要求耶穌會的傳教士們帶來歐洲的繪畫與版畫。出逃到安拉阿巴德時，他也從阿克巴的書畫院帶走了許多主要的畫家和書法家。賈漢吉爾時代編纂了多冊書畫帖，是製作繪畫與收集古書法的成果。在現存書畫帖的紙本當中，仍留有他獨特個人色彩的筆跡所寫下的註記。他自誇：「我看過過去和現在所有畫家的作品，就算不說畫家的名字，我也能立刻辨認出是誰的作品。」[17] 這位君主的熱情和鑑賞能力，正是一股推動蒙兀兒帝國圖像藝術的強大力量。由於有《賈漢吉爾回憶錄》這本君主自身的紀錄，因此這個時代並沒有編纂帝國官方的史書。相較於阿克巴時代編纂了各種歷史書籍，沙賈漢、奧朗則布的時代也都沒有編纂官方的歷史書籍，這算是很大的差異。帝國主要的史料僅限於君主的獨白，使得後世對這個時代的歷史研究變得困難。例如賈漢吉爾的王妃是努爾．賈漢，這件事為人所熟知，但是由於君主殺害了寵信的同乳兄弟，而因為這個理由，她在前夫被處刑後進到宮中，賈漢吉爾於一六一一年迎娶，這當中的來龍去脈卻不為人知。她的父親米爾札．基亞斯（Mirza Ghiyas Beg）和哥哥阿卜杜勒．哈桑是在婚後才受到重用，因此也可說是與當權貴族的策略婚姻。在《賈漢吉爾回憶錄》當中，他本人對這段婚姻完全沉默，因此甚至會讓人覺得可疑（在回憶錄當中，這前後幾個月所發生的事都被不自然的跳過了）。

賈漢吉爾時代肖像畫

賈漢吉爾手持阿克巴的肖像畫。約製作於1615年。

然而來到南亞的人們，比起阿克巴的時代，對賈漢吉爾的紀錄算是很多的，這也彌補了史料欠缺的部分。大英帝國東印度公司的使節托馬斯．羅伊（Thomas Roe）、荷蘭東印度公司的佩爾薩特，都鮮明的描寫出帝國宮廷的禮儀與人際關係，在了解帝國史書缺乏的角度時，有很大的幫助。此外，熱羅尼莫．沙勿略所率領的耶穌會第三批傳教士的書信與報告，都留下了今後進行徹底研究時必要的史料。

一六二六年來自中亞的旅行家薩瑪坎迪（Mutribi Samarqandi）在自己的遊記當中，以一個外來者的角度記錄了自己對這位君主最晚年時的見聞。在這部遊記當中，賈漢吉爾對於來自王朝舊地的訪客，以及薩瑪坎迪的家鄉，都顯示出了強烈的關心。例如他詢問了撒馬爾罕的帖木兒廟現狀，甚至還詢問了墓碑的顏色，在薩瑪坎迪回國之際，賈漢吉爾甚至還委託他一筆捐獻金，請他交給這座陵墓的管理人。他也曾向薩瑪坎迪出示過布哈拉汗國昔班王朝的君主阿卜杜拉汗二世（一五八三—一五九八年在位）和阿卜杜勒莫明汗（Abdul-Mo'min bin Abdullah Khan，一五九八年在位）的肖像畫，問他畫中的人物是否相貌與真人符合。

賈漢吉爾對祖先們與故土如此有心，也能從其他角度得知。一六〇七年，當他探訪喀布爾近郊一處庭園時，一見到在巴布爾建造的設備底座上，刻了巴布爾的名字，賈漢吉爾便命人打造另一個底座，並刻上自己的名字，以及自己追溯到帖木兒王朝的族譜。此外，他改造了胡馬雍時代的大型畫作，改成歷代帝國君主和帖木兒時代的祖先齊聚一堂的群像畫，背後有著將族譜形象化的相同思考模式[18]。

對賈漢吉爾來說，中亞（河中地區）是有朝一日都會去征服的「祖先們世世代代的舊土」，不過他卻沒有將這樣的想法轉換成實際行動。賈漢吉爾的對外政策，在德干地區並沒有獲得什麼成果，在面對薩法維王朝時，又失去了坎達哈，因此沒有出現非要進軍征服中亞的狀況。一六二二年，賈漢吉爾與第三王子沙賈漢之間的爭執表面化，隔年這位王子公然發動叛變，並成為整個帝國領土的內患，持續到一六二六年。一六二七年十一月，賈漢吉爾在拉合爾近郊病逝，當時帝國的繼承者除了沙賈漢之外，還有王妃努爾．賈漢所支持的王子沙亞亞爾（Shahryar Mirza），繼承者之爭處於懸而未決的狀態。賈漢吉爾的陵墓是在沙賈漢的時代裡，建於拉合爾。

沙賈漢（一五九二—一六六六年）

出生於一五九二年、王子薩林（之後的賈漢吉爾）之子，原名為胡拉姆（Khurram）。母親是賈伽特·戈賽因（Jagat Gosain），她是出身馬爾瓦爾（Marwar）地區久德浦的拉傑普特人，其父是拉賈·尤代·辛格（Raja Udai Singh）。沙賈漢這個稱號是一六一七年由父王賈漢吉爾所授予的，在這之前，他已經超越兩個哥哥，獲得了最高的曼薩卜，可說是實質上最有希望的王位繼承人。但是在一六二二年後半開始，他與父王之間的不合愈發表面化，父王甚至給他一個「缺乏國運之人」的輕蔑稱號。沙賈漢轉進德干地區和孟加拉地區，而帝國內部實質上已陷入內戰狀態。一六二六年，開始協商和平協議，但王妃努爾·賈漢卻支持其他的王子沙亞亞爾成為後繼君主，在無法預判情勢的情況下，一六二七年十一月，賈漢吉爾因病而逝，隨即沙賈漢派與沙亞亞爾派之間開始了黨派鬥爭，沙賈漢獲得了勝利，並在一六二八年二月，於阿格拉即位。

接下來的兩幅繪畫，原本是沙賈漢時代製作的書畫帖當中的一部分，右方的繪畫放在書畫帖的開頭，左方的繪畫則放在書畫帖的結尾。也就是說，這兩幅繪畫是足以妝點沙賈漢的一雙作品，具有重大的意義。右邊這幅圖是帖木兒（中央）在胡馬雍（右）的面前，親手將王冠交給巴布爾（左）。而左邊這幅畫中，阿克巴（中央）在賈漢吉爾（左）的面前，將王冠交給沙賈漢（右）。這兩個傳承象徵王朝

沙賈漢時代的肖像畫（右）從帖木兒手中接下王冠的巴布爾。戈瓦爾丹（Govardhan）繪製於1630年左右。（左）從阿克巴手中接下王冠的沙賈汗。Vichitr繪製於1630/1年。

權力的王冠的場面，正是在主張現任君主沙賈漢的王權，來自王家的祖先帖木兒，經過帝國創始者巴布爾，脈脈相傳而來的。

沙賈漢對帖木兒意識的強烈，和過去的君主相比，顯得非常顯著。在即位時，他新冠上「薩希布·齊蘭（Sahib Quiran）二世」的頭銜，很明顯的就是因為帖木兒的稱號是「薩希布·齊蘭」，而這麼一來，就表示了沙賈漢自稱是帖木兒正統的繼承人。

考慮到這一點的話，在沙賈漢的宮廷中會突然出現被稱為帖木兒自傳的書籍，那也就不足為奇了。將帖木兒自述的內容抄錄下來的土耳其語手抄本，由葉門首長的書庫，被帶到印度，接著又被翻譯成波斯文，這部「自傳」一般在學界都被認為是捏造之書，這已經成為定論了（除了一部分印度的學者以外）。但是重要的事實是，這部偽書對沙賈漢來說，是有利於自身的「歷史」。沙賈漢擁有且閱讀這部「自傳」，姑且不論其真偽，但都代表了王朝始祖的歷史，由帝國現任君主接續下去的意思。

而在這一對繪畫當中，除了六位坐在寶位上的君主之外，站在他們之前的人物，便是在他們的統治時期最當權的重臣。站在沙賈漢身前的是伊朗出身的當權曼薩卜德爾，阿卜杜勒．哈桑。他是王妃慕塔芝．瑪哈（Mumtaz Mahal）的父親，也就是君主的岳父，在前面提到的王位繼承之爭當中，他就是支持沙賈漢勢力的中心人物。換句話說，這幅繪畫也傳達了君王，以及其政權成立之時的關鍵人物，也就是這位最當權貴族之間的關係。

沙賈漢即位才三年後，王妃慕塔芝．瑪哈便去世。她的陵墓泰姬瑪哈陵也可以看出這樣的關係。在新政權成立時血淋淋的記憶仍十分鮮明的帝國首都，一點一點建立而出現的白色殿堂，所體現的與其說是沙賈漢對已故王妃的愛情，更不如說是阿卜杜勒．哈桑代表已故王妃的權勢。

誠如前述，沙賈漢在他統治時期的初期失去了王妃。而他不可能在其後二十五年以上的治世裡，都把時間花在追憶王妃上。實際上，沙賈漢是一位非常忙碌的君主。他將戰線往德干地區推進，滅了尼扎姆．沙希王朝。此外，對外的部分，他和薩法維王朝爭奪西部邊境的要衝坎達哈，在北部邊境則果敢的遠征巴爾赫地區，不過都以失敗告終。在內政方面，他實施了曼薩卜制度的改革。此外，也積極的進行建築活動。他除了增設阿格拉、拉合爾的堡壘之外，也在德里蘇丹國時代的舊都德里新設城市沙賈漢納巴德（Shahjahanabad），並遷都此地（一六四八年）。泰姬瑪哈陵也是這眾多建築事業其中之一。

一六五七年九月，沙賈漢已屆齡六十五歲，他在這一年生了大病，四位王子之間便爆發了王位繼承的內戰。第三位王子奧朗則布在這場戰爭中獲勝，並於一六五九年六月在德里正式即位為止的這段期間裡，沙賈漢被廢除了王位，遭軟禁在舊都阿格拉的王宮當中。他是帝國第一位生前退位的君主，且奧朗則布也面臨了身為一位新君主，自己的生父卻仍在世這種前所未有的異常狀態。

一六六六年二月，沙賈漢在阿格拉的宮中去世。其遺骸被葬在泰姬瑪哈陵中，王妃慕塔芝·瑪哈的旁邊。因此沙賈漢與歷代君主不同，他沒有自己專屬的陵墓。而奧朗則布也沒有按照帝國的慣例，替前一代君主建造陵墓，不過其中的原因不明。無論如何，這座陵墓的存在，與其說是沙賈漢對王妃之愛，還不如說是呈現了一位君主不尋常的臨終與死亡。

奧朗則布（一六一八—一七〇七年）

他是沙賈漢的第三位王子，由王妃慕塔芝·瑪哈所生。一六五七年九月，父王生重病，他便和第一王子達拉·希科、第二王子沙舒賈、第四王子穆拉德·巴克什開始了繼承之戰。他在首戰之中勝利，並在一六五八年七月暫時即位後，又依序打敗兄弟們，在一六五九年六月正式於德里即位。奧朗則布是他從王子時代起的綽號，即位後的王號是「阿拉姆吉爾」。

奧朗則布在統治期間，將帝國的領土擴展到了最大。國土向東擴及了孟加拉地區東邊阿拉干的大港吉大港（一六六六年），在南邊他則打敗德干的穆斯林王朝阿迪勒·沙阿王朝（一六八六年）和顧特卜沙希王朝（一六八七年），並合併了這個區域。

不過打敗後者也伴隨著巨大的代價。十七世紀後半，阿迪勒・沙阿王朝武將出身的蓬斯爾（Bhonsle）家族的沙赫吉（Shahaji）及兒子希瓦吉（Shivaji，一六二七—一六八〇年），在德干地區穆斯林王朝互相對立之中崛起。奧朗則布將戰線向此地推進時，便與希瓦吉展開了戰鬥與談判。希瓦吉在蒙兀兒帝國與德干的穆斯林兩王朝之間巧妙的奔走，在一六七四年，甚至創立了馬拉塔帝國。其後繼者桑巴吉和穆斯林兩王朝聯手對抗蒙兀爾帝國，則是蒙兀兒對穆斯林兩王朝發動遠征的主要原因。然而蒙兀兒無法鎮壓馬拉塔的勢力，在試圖重整南方戰線之際，奧朗則布病死於艾哈邁德訥格爾。

也因此，奧朗則布的時代雖然是帝國領土擴張的頂點，同時也意味著解體的開始。德里、阿格拉周邊的農民賈特人發動起義，威脅了德干地區和古加拉特方向幹線道路的安全，也發生了掠奪阿格拉近郊的阿克巴廟等事件。帝國軍隊雖然數度擊敗賈特人的叛眾，但卻無法根絕。在喀布爾地區，阿富汗人的尤沙夫塞族（Yusufzai）和阿發利迪族（Arifardi）的叛亂也讓他焦頭爛額。另一方面，一六七五年，錫克教第九位領袖（古魯）得格・巴哈都爾被奧朗則布處死，以此為契機，教團便以旁遮普地區為據點，開始進行軍事集結，開始了與帝國對抗的漫長歷史。接著在一六七九年，蒙兀兒又介入了馬爾瓦爾地區的城市久德浦的拉傑普特人、拉托（Rathore）家族繼承者問題而動員軍隊，甚至還牽連了梅瓦爾地區以烏代浦為據點的拉傑普特家族，成為威脅帝國整合的離心力。

站在帝國逐漸分解的分水嶺之上，奧朗則布和將帝國導向整合的阿克巴，有許多相對的定位。在這樣的對比當中，相較於阿克巴對各種宗教採取全方位涵蓋性的政策，奧朗則布則是採取了許多親伊斯蘭的宗教政策。而這種「宗派主義」的政策，正是帝國解體的主要原因。

的確，奧朗則布傾向伊斯蘭的信條，反映諸多在政策層面上。伊朗的太陽曆，以及根據這個曆法的納吾肉孜節（新年節日），因為其非伊斯蘭的伊朗起源而遭到廢止，改成伊斯蘭曆第十月的初一結束斷食之後進行祭典。此外，在君主的生日按照他的體重，施予同等重量寶物的儀式，也因起源是印度，便在奧朗則布即位第十年左右被廢止。哈乃斐派的伊斯蘭法學書《阿拉姆吉爾判例集》，是由帝王的命令而進行編纂的，這也可以被視為是宗教政策的一環。

然而這些「宗派性」當中實際上也有相當可疑的政策。例如一六六八／九年頒布的音樂禁令，就使用了「將音樂埋葬吧」這樣令人印象深刻的句子而為人所知。的確伊斯蘭對於音樂的合法性，包含了微妙的問題，但是實際上，此後在奧朗則布的宮廷裡，也有演奏音樂，也編纂了許多音樂的理論書籍。根據最近的研究，這項禁令應該是針對特定的音樂種類和演奏的機會。此外，一六六九年下令的破壞寺院政策，就經常被拿出來當作例子，這個破壞命令並不僅止於寺院，就連學院也是破壞的對象，命令的目的是排斥、打擊「異教信仰者各宗教的教授、學習的方式與布教的作法」[19]，因此可能需要從更多角度去做解釋。當然在奧朗則布的時代裡，並不是沒有進行寺院的破壞，但是如同美國學者理查德·伊頓（R. M. Eaton）所指出的，當一個政權要擊敗另一個政權時，會將與敗者連結在一起的權威消滅，這是印度特有的政治象徵行為，而這其中缺乏了宗教性的意義[20]。也就是說，奧朗則布之所以會破壞寺院，是因為與拉傑普特人各家族、馬拉塔帝國勢力鬥爭的最前端，所產生出來的暫時性、選擇性的政治現象，不應該將之視為這位君主所提倡的宗教政策。

一六七九年重新徵收的吉茲亞（向非穆斯林人民實施的人頭稅），也是即位後經過了二十年才展開的施政，考慮到這一點，就不能把它歸類為奧朗則布個人的宗教信條。目前的看法都認為，這個政策是為了要擴大對德干地方各勢力的戰爭，為鞏固穆斯林保守派的支持，而出現的政治盤算下的產物。

當然，破壞寺院與重新徵收吉茲亞，就算原本的性質是限定的，且現實的、政治性的政策，也不能說就不具備「宗派主義」的效果。例如直到一七一二年廢除吉茲亞為止，就讓城市中非穆斯林的居民產生了強烈的反應。如果要說奧朗則布失敗（這並非是歷史家應該做出評論的）的話，那麼這個政策或許就是誤判了傷害帝國整合的「宗派主義」所會帶來的效果。

其他人物

一、阿克巴的親戚、帝國貴族、家臣

米爾札・阿齊茲・科卡

？—一六二四年。阿克巴的同乳兄弟。君主的同乳兄弟會被附上「科卡」或「科卡達西」的綽號。在多位同乳兄弟之間，他與阿克巴的關係特別親密，他的父親與叔父等一族，被稱為「乳母夫一族」。在一五七二—一五七三年參與古加拉特地區的親征。一五七五年，因反對軍馬烙印政策做出的發言而下臺，但在一五八〇年重拾權力，獲得了哈尼・阿札姆的稱號，並授予五千曼薩卜。之後又擔任摩臘婆、古加拉特省的總督。一五九三年，又在沒有敕令的狀態下，帶領親戚到麥加朝聖，於次年歸還，不過並沒有受到責難，反倒在一六〇二年獲得了七千曼薩卜。其中一個女兒和穆拉德王子結婚，另一個女兒嫁給王子薩林的兒子庫斯勞。在阿克巴去世之際，他支持的是庫斯勞，因此遭到薩林，也就是新君主賈漢吉爾的冷落。一六一〇—一六一二年參與了德干戰線，但因失敗而入獄。由於賈漢吉爾夢見阿克巴命令要釋放他，因此獲得釋放。在王子沙賈漢引發動亂，情勢一片險惡之中，他在一六二三年被派往古加拉特，並在一六二四年於當地的首邑亞美達巴德去世。

馬哈姆・阿納加

?—一五六二年。丈夫納迪姆・科卡很有可能是第二代君主胡馬雍的同乳兄弟，其父親米爾札・克里・科卡是第一任君主巴布爾的同乳兄弟。她嫁入的是歷代君主同乳兄弟輩出的家庭。當胡馬雍逃亡到薩法維王朝之際，她與阿克巴一起留在坎達哈。阿克巴即位後，她在後宮握有權力，強化了自身的影響力。一五六〇年，當白拉姆汗垮臺後，她掌握了國政全權，並提拔自己的兒子，也就是阿克巴的同乳兄弟亞德汗・汗・科卡（Adham Khan）。但是當屬於另一個同乳兄弟家族的阿塔加・汗被委託重任後，亞德汗・汗對此產生了危機感，便殺害了他。阿克巴聽聞此事後感到憤怒，因此立即下令處死亞德汗・汗（一五六二年）。馬哈姆・阿納加出於心痛，在同一年死亡，這對母子的墓位於德里南方郊外，目前位於古達明納塔（Qutab Minar）附近。此外，現今德里仍有她當年所建造的清真寺和伊斯蘭學校（一五六一／二年）。

穆尼姆・汗

一四九七—一五七五年。阿克巴時代的軍人、貴族。蒙兀兒帝國第二代君主胡馬雍之弟阿斯卡里的同乳兄弟。從伊朗逃亡歸來的胡馬雍對弟弟卡姆蘭展開的決鬥時，逐漸嶄露頭角，當主君為了再度征服印度而出擊時，他因為擔任阿克巴弟弟哈基姆的攝政，而留在喀布爾。一五六〇年白拉姆汗失去權勢時，他從喀布爾來到阿克巴宮廷，並獲得了哈尼・哈南（汗中之汗）的稱號，以及宰相的地位。但是當他要處理在喀布爾的兄弟與兒子的紛爭時，由於處理失敗，讓他在一五六四年被解除了宰相的職務，被迫離開中央政府，並在一五六七年被任命去治理恆河的中游地區，因此他到江布爾去赴任。以此地為據點，他開始進行比哈爾地區、以及由阿富汗人建立的卡拉尼王朝（Karrani dynasty）統治的孟加拉地區征服行動。一五七四年起，阿克巴親征孟加拉區和奧迪薩地區，他參與其行動，並於一五七五年的戰役當中，在孟加拉地區死亡。

曼・辛格

一五五〇—一六一四年。以拉賈斯坦地區琥珀城為據點的卡奇瓦哈家族拉傑普特人。他是在阿克巴及賈漢吉爾手下工作的曼薩卜德爾（被蒙兀兒帝國授予曼薩卜位階的人物）。一五六二年，和祖父巴拉・馬爾、父親巴格溫特・達斯一起歸順阿克巴。此時，父親的姊妹（即他的姑姑）進入阿克巴的後宮，在一五八五年，自己的姊妹也和王子薩林（之後的賈漢吉爾）結婚，因此他的家族透過與皇室的婚姻關係，建立了穩固的地位。他參與各地方的遠征行動，並領導遠征，討伐烏代浦地區印度教徒的領袖勒那（一五七六年）。經歷比哈爾、孟加拉的總督，在一五八九年父親去世之際，獲得拉賈的稱號與五千曼薩卜。在阿克巴統治末期，他晉升到七千曼薩卜，但因為想要立嫁給薩林的姊妹所生的庫斯勞為後繼君主，因此受到成為君主的賈漢吉爾冷落。他進行的建設活動相當多，馬圖拉的哥文德寺（Govind Dev Ji Temple）、琥珀城的王宮、拉傑瑪哈爾（Rajmahal）的清真寺等，這些建築都帶有此時蒙兀兒建築的特徵。

阿卜杜勒·哈桑

?—一六四一年。活躍於阿克巴與賈漢吉爾時代的曼薩卜德爾。他是賈漢吉爾的王妃努爾·賈漢的哥哥，沙賈漢的王妃慕塔芝·瑪哈的父親。名為米爾札·阿卜杜勒·哈桑。一五七七年左右，他隨著想追求一片新天地的父親米爾札·基亞斯從薩法維王朝統治之下的伊朗，來到阿克巴的手下。這一家從賈漢吉爾統治時期開始，逐漸攀到更高的地位，藉著家族女子與王族的婚姻，建立了緊密的關係。哈桑在一六一一年獲得宮內長官的職位，以及I'tiqad Khan的稱號。賈漢吉爾統治末期，後繼問題表面化，努爾·賈漢支持親生兒子沙亞亞爾，他為了支持沙賈漢，兩人分道揚鑣。因此在沙賈漢即位之後，他成為王室以外還能獲得史上最高八千曼薩卜的人物。死後，沙賈漢命人在拉合爾賈漢吉爾廟的西邊為他建造陵墓。

哈基姆·馬錫胡札曼

?—一六五〇年。出生於伊朗的庫姆，在卡尚長大的醫師、文人、曼薩卜德爾。名為薩德爾鄧·穆罕默德。他的家族世代醫師輩出，於一六〇二／三年來到阿克巴的髦下。最初他名為哈基姆．薩德勒，後由賈漢吉爾授予馬錫胡札曼的稱號，並獲得五百曼薩卜（一六〇九年）。在宮廷當中，他是醫生，同時也是波斯文的詩人，雅號是伊拉希（Ilahi）。在沙賈漢的治世時，他的地位達到三千曼薩卜，並擔任頒布敕令手續的公職。一六三二年，沙賈漢派遣了以君主船舶進行的朝聖團前往麥加，他擔任了朝聖團的團長。一六三五年回歸時，他將在途中巴斯拉獲得的阿拉伯馬獻給君主，此事在文獻中還留下了紀錄。同一年，他被任命為管轄古加拉特地區港口城市蘇拉特的首長，在任期中的一六三七年，他投資了七萬盧比在君主的船舶上，這艘船目標駛向麥加的外港吉達，但由於對出航時期的判斷失誤，導致船舶沉沒。在一六三八年他被解除首長職務之後，其經歷不明，晚年在拉合爾度過，並於一六五〇年於喀什米爾過世。

米爾．朱馬爾

約一五九一——一六六三年。名為米爾．穆罕默德．賽義德。是出身於伊朗伊斯法罕的賽義德。他在一六三〇年左右抵達南印度，從事軍馬的貿易，據說也有從事當地生產的鑽石生意。一六三五年，他受命擔任管理官，前往管理顧特卜沙希王朝（Qutb Shahi dynasty）統治之下的沿海城市默蘇利珀德姆，並擁有數艘船隻，和以此地為據點的荷蘭、英國各家東印度公司締結了微妙的關係，並參與印度洋的貿易。另一方面，他也加深了與顧特卜沙希王朝國政的關係，甚至被任命相當於財務大臣的米爾．朱馬爾的職位（一六四三年）。他獲得了這個通稱，也是來自於此職位。之後，他與王朝的君主關係惡化，因此在一六五五年重新臣服於沙賈漢，獲得了阿薩姆．汗的稱號，並投入由奧朗則布王子所率領的德干戰線。此時他獻給沙賈漢的鑽石當中，據說其中一顆就是當今英國皇室擁有大型（一百零五克拉）鑽石──「光之山」，不過並沒有確實的證據。一六五七年王位繼承的內戰開始後，他加入了奧朗則布王子的陣營，一六五九年，為了追擊戰敗的沙舒賈王子而轉戰孟加拉地區，在一六六〇年因此戰功，獲得了哈尼．哈南的稱號。一六六二年，他進軍阿薩姆地區，並於隔年在戰役中病死。

哈尼．賈漢．洛迪

一五八〇／一─一六三一年。阿富汗洛迪族的曼薩卜達爾。是活動於阿克巴時代的道拉特．汗．洛迪的兒子，原名為皮爾．汗。在父親死後，他到當權貴族阿卜杜拉辛手下工作，被賈漢吉爾所賞識，授予三千曼薩卜，並且相當受到寵愛，甚至被稱為「兒子」，又賜予他薩拉巴特汗（Salabat Khan）的稱號，之後他又被賜予哈尼．賈漢的稱號（一六〇七年）。在德干戰役時從軍（一六一〇─一六一五年），歷任木爾坦總督（一六二一年）、古加拉特總督（一六二五年），並晉升至六千曼薩卜。但是在賈漢吉爾的治世末期，在他擔任德干總督時，由於一連串後繼君主的問題，他所做出的應對，讓他受到新君主沙賈漢的冷落。一六二九年，他與族人逃離阿格拉，並企圖獲得尼扎姆．沙希王朝的協助，但計畫並沒有成功，他受到帝國軍隊的追擊而戰敗死亡（一六三一年）。在德干戰役之時，從父親時代以來的家臣尼亞馬圖拉（Niamatullah）所寫的《哈尼．賈漢史及阿富汗人的寶藏》，就是網羅並敘述了阿富汗各部落族譜與歷史的史書。

賽義德・馬哈茂德・巴拉

?—一五七四年。阿克巴時代的軍人、貴族。是「巴拉的賽義德」當中，首位在蒙兀兒帝國留下顯著功績的人物。關於他之前的工作，有紀錄顯示他曾擔任過白拉姆汗的隨臣，以及蘇爾王朝最後君主錫坎達爾（Sikandar）的家臣，不過真相並不明確。他也曾參加過鎮壓禾木叛亂的軍隊，是從阿克巴時代初期就開始活動的軍人。尤其是參與了阿克巴到古加拉特地方的遠征（一五七二—一五七三年），並立下了顯著的戰果，留有紀錄。根據當時的史料，記錄他是這門賽義德一族的第一人，並為其後該族的活躍開闢了一條道路。

托達爾・馬爾

?—一五八九年。阿克巴時代的財務官。印度教教徒，屬於旁遮普地區的種姓卡特里（Khatri）商人。當此地領主歸順帝國之際，他身為仲介者首次出現於史料當中（一五六二年）。其後他參與摩臘婆地區遠征（一五六四年）、江布爾地區遠征（一五六七年）、吉多爾格爾城攻防戰（一五六七—一五六八年）、倫塔波爾（Ranthambore）圍城戰（一五六九年）、古加拉特地區遠征（一五七二—一五七三年）、孟加拉地區遠征（一五七三—一五七六年）等多次帝國的重要戰役。他在帝國征服了古加拉特地區、孟加拉地區之後，也在建立統治制度時發揮其力量。與此同時，他和歷代財務長官穆扎法爾・汗（一五六三／四年就任）、沙阿・曼蘇爾・設拉子（一五七六年就任）、齊里區・汗（一五八一年就任），以及伊朗出身的文人埃米爾·法圖伏拉·設拉子共同擔任財務廳首席長官（一五八五年），進行貨幣政策和統整稅制等帝國財政制度，一五八五年他獲予四千曼薩卜。此外，他也相當維護學術和文藝，支持梵文學術叢書《托達爾的喜悅》的編纂。

二、宗教文化的旗手

艾哈邁德·西爾信德

一五六四—一六二四年。出身於旁遮普地區的城市西爾信德。年過三十後，他在德里師事納克什班迪教團的長老巴基·比拉（Khwaja Baqi Billah），並受到其影響。他對於伊斯蘭教的現狀備感危機意識，因此訴諸伊斯蘭教的改革，並且提倡見證單一論（Wahdat al-Shuhud），來對抗蘇非教派主流的存在單一論（Wahdat al-Wujud）。他在生前，將說明自己思想的書信集結成冊，並廣泛流傳。他聚集了許多支持者，並進行布教，但賈漢吉爾將其聚眾視為一個問題，因此在一六一九年判他入獄。約一年後當他獲得釋放之際，他接受了賞賜與撫恤金，並決定留在宮中。死後被稱為「(伊斯蘭曆)第二個千年的革新者」。他的支持者形成了納克什班迪教團的支派，這個支派被稱為「復興的納克什班迪」，其影響力不僅止於南亞，直到近現代在中亞都有其宗教勢力。

熱羅尼莫．沙勿略

一五四九—一六一七年。耶穌會傳教士。是方濟．沙勿略外甥米格爾的兒子，出生於西班牙納瓦拉地區的貝雷。一五六八年進入耶穌會，並在一五八一年抵達果亞。一五九四年，他擔任前往蒙兀兒帝國的第三批傳教團團長，從果亞出發，在一五九五年五月抵達拉合爾的阿克巴宮殿。之後他隨著阿克巴前往德干地區、阿格拉等地，在一六〇五年賈漢吉爾即位後，他仍留在宮廷中，一六一四年他離開賈漢吉爾，並在一六一七年於果亞逝世。他停留在帝國宮廷時，受阿克巴之命學習波斯語，獨力編輯了《神聖性之鏡》，並用波斯語創作了許多基督教的典籍。此外，沙勿略和其他第三批傳教士成員寫給果亞和羅馬的書信與報告書，都讓後世能更加了解阿克巴時代末期和賈漢吉爾時代初期的帝國宮廷狀況，是非常重要的史料。

席拉維亞拉蘇里

一五二七—一五九五年。耆那教白衣派塔帕嘎查（Tapa-gaccha）派的領袖。一五八三年受到阿克巴的邀請來到法泰赫普爾，並參加「信仰之殿」的宗教辯論，之後便待在此地直到一五八五年為止。與他同行的維賈亞．塞納（Vijaya Sena）、巴奴張德拉（Bhanuchandra）等，都一起被列在《阿克巴的制度》中當代「智者們」的一覽表當中。席拉維亞拉在推動耆那教祭禮期間禁止動物殺生的敕令，以及禁止在法泰赫普爾的湖泊、池子中捕魚的敕令，都做出了貢獻。此外，根據耆那教的傳記文獻記載，他的稱號

「世界導師」是由阿克巴所授予的。從宮廷歸去時，席拉維亞拉一行人有樂隊、大象、馬匹等象徵王權的裝飾，很明顯是借用了帝國的禮儀。在這裡可以看到帝國和耆那教等印度既有宗教所帶來的影響。

三、波斯語文化的旗手

阿卜杜拉辛・哈尼・哈南

一五五六—一六二七年。他是白拉姆汗的兒子，白拉姆汗是擔任阿克巴的導師、攝政而握有實權的人物。活躍於阿克巴時代與賈漢吉爾時代的貴族。儘管在父親垮臺後，他仍被阿克巴稱為「兒子」，與阿克巴建立十分親密的主僕關係。他被任命為薩林王子（其後的賈漢吉爾）的導師與攝政，他的女兒嫁給了王子丹尼亞。他在一五八四年獲得了哈尼・哈南的稱號，擔任過古加拉特總督、參與信德地區遠征、德干地區遠征等，歷經許多重要的政治事件，不過在賈漢吉爾時代，再度被任命遠征德干地區，卻以失敗告終，並沒有亮眼的成績。賈漢吉爾統治末期，王子沙賈漢發動叛亂，而他在戰亂中身亡。除了以拉辛的雅號創作波斯文詩文之外，他也會阿拉伯文、突厥文，並完成波斯文翻譯的《巴布爾回憶錄》，同時他也有留下印度語的詩作。他親自參與振興文藝的事業，駐留德干地區的前線基地布爾漢布爾時，也集結了許多包含從伊朗來的文人和畫家。

法伊茲

一五四七—一五九五年。阿克巴時代的文人、阿布·法茲爾的哥哥。一五六七年進入阿克巴的宮廷，其文采獲得了肯定，因此被委任負責第二王子穆拉德、第三王子丹尼亞的教育。一五八五／六年，他想要以伊朗詩人尼扎米（Nizami Ganjavi）的《五卷詩》為構想，創作波斯語的五部曲，不過最終完成的是收錄在《摩訶婆羅多》第三卷中的〈納爾達曼〉（*Nal Daman*），這是取材自納拉（Nal）國王與達瑪陽緹（Damayanti）公主愛情故事的波斯語翻案（一五九四年完成）。不僅詩作，他還參與將《摩訶婆羅多》翻譯成波斯語的工作（一五八三年開始編纂），也將印度的數學書籍《利拉瓦蒂》（*Lilavati*）翻譯成波斯語。其波斯語的詩作經常被同時代的歷史書籍和詩人列傳等著作所引用，並因為宮廷桂冠詩人的身分，被阿克巴封「詩人之王」的稱號（一五八九年）。一五九一年，由於阿克巴對德干地區的外交政策，他以使節的身分被派遣到坎德什地區的法魯奇王朝和首都位於艾哈邁德訥格爾的尼扎姆·沙希王朝，進行臣服於帝國的談判，但最後都無疾而終。

阿布·法茲爾

一五五一—一六〇二年。阿克巴時代的歷史學家、文人、曼薩卜德爾。一五七四年進入宮廷，與父親謝赫·穆巴拉克、哥哥法伊茲一同為阿克巴效力。儘管沒有任何紀錄顯示他曾任職特定的官職，但他擔任王子與王孫的教育，負責與宮廷內務有關的工作，以君主近臣的身分展露頭角。一五九九年，他受到指揮德干地區遠征的第二王子穆拉德的徵召，被派遣到當地，由於穆拉德突然去世，便換他指揮德干戰線。一六〇二年，受召喚之命前往阿格拉的途中，被薩林王子（其後的賈漢吉爾）所下令的刺客所殺。在他死之前，他已晉升到五千曼薩卜。他的代表作有帝國的官方正史《阿克巴回憶錄》（一五九一年開始編纂），但因其身亡，因此書中的紀錄在一六〇二年中斷。其他的代表作有印度古典敘事詩《摩訶婆羅多》的波斯文翻譯（一五八三年開始編纂）、改編自故事集《卡利拉和迪姆納》（*Kalila wa Dimna*）波斯文譯本的《知識的試金石》（一五八八年完成）等。在他死後不久所編纂而成的《阿布．法茲爾名文選集》是依阿克巴之命，將他所起草的敕令、外交文書、寫給王族和從屬的書信集結起來的書，當中也收錄了他寫給阿克巴和貴族的書信等，成為優美波斯文的典範，廣泛流傳。

賈邁勒丁．侯賽因

?—一六二五／六年。是出身於伊朗設拉子的賽義德、曼薩卜德爾、文人。曾是德干地區的尼扎姆．沙希王朝君王穆塔扎．尼扎姆．沙阿（Murtaza Nizam Shah I，一五六五—一五八九年在位）手下的重臣，不過從伊朗到德干這段期間的經歷不明。一五七三年到了阿克巴的手下，成為曼薩卜德爾。一六〇一年，他以使者的身分被派遣到德干地區的阿迪勒．沙阿王朝（Adil Shahi dynasty），並於一六〇五年歸來。在一六一六年賈漢吉爾統治期間，他獲得阿杜德．道萊（Adud al-Dawla）的稱號，並以編輯《賈漢吉爾辭典》而為人所知。此外，製作於帖木兒統治下的赫拉特，其後被蒙兀兒帝國歷代君主所繼承的帖木兒朝代記，附插圖的《勝利之書》豪華抄本，就是由他上呈獻給阿克巴的。

塔利卜·阿姆利

約一五八〇—一六二六／七年。伊朗馬贊德蘭地區城市阿莫勒出身的波斯文詩人。遊遍卡尚、伊斯法罕、木鹿，以及薩法維王朝統治之下的伊朗，想要成為宮廷詩人卻未成功，在一六〇八年前往印度。經過木爾坦、阿格拉，在坎達哈進入喀布爾總督米爾札·加齊·塔爾汗的保護傘下。這位贊助者手下集結了多位伊朗出身的詩人，但當他於一六一二年過世後，塔利卜·阿姆利便輾轉於幾位蒙兀兒帝國當權者手下，最後因賈漢吉爾王妃努爾·賈漢的父親米爾札·基亞斯的仲介，而進入宮廷。一六二〇年獲得了「詩人之王」的桂冠詩人稱號，但晚年精神方面發生變故，卒於一六二六／七年。他在印度以波斯文創作的詩歌，對形塑被稱為「印度樣式」的風格，有很大的影響。

張德拉·班

？—約一六七〇年。拉合爾出身的婆羅門、波斯語文人、書記官。使用雅號「梵」（Brahman）。跟著擔任書記官的父親學習波斯語，並在一六一八年左右為拉合爾總督工作。因此機緣，得到阿卜杜勒·哈桑的賞識，並到賈漢吉爾初期的財務長官舒克拉（Shukrallah，阿馬納特·汗的兄弟）手下工作。其後在歷代財務長官手下擔任書記官，同時也擔任為沙賈漢記錄起居的官員。在其統治末期，替來到德干地區的米爾·朱馬爾工作。在他晚年，當一六六六年沙賈漢過世時，有紀錄顯示他擔任了泰姬瑪哈陵設施的財務官。他所留下的《四庭園》有對沙賈漢宮廷的敘述以及自身的回想，除此之外也集結了寫給宮廷人士與文人的書信，並留下了許多波斯文的著作，在當時世間對他的評價就很高。英國東印度公司在加爾各答出版給員工的波斯語教科書《波斯語書記》，當中就收錄了部分《四庭園》的內容當作教材。

尼札穆丁・艾哈邁德

一五五一／二—一五九四年。阿克巴時代的官僚、歷史學家。父親曾擔任巴布爾宮內部局的財務官。尼札穆丁・艾哈邁德很有可能和父親同樣出身於赫拉特。一五六七／八年參與阿克巴政權，顯著的經歷是在一五八三／四年到一五九〇年擔任古加拉特的軍務官。一五九二年，當阿克巴軍團在喀布爾行動時，他被任命為軍務官，並到逝世為止都擔任此職。由於他長期擔任軍務官一職，因此當代史料經常使用他的職稱軍務官（Bakhshi）來稱呼他。儘管他有許多實務經驗，但他在《千年史》（一五八二／三年開始編纂）一開始就被指名加入編纂團隊。並沒有任何紀錄顯示他在執筆印度伊斯蘭史書《阿克巴諸章》時，他是否知道這本書是帝國官方的著作，不過在一五九一年開始編纂《阿克巴回憶錄》時，他是知道其內容的。《阿克巴諸章》在他死前不久才完成（一五九四年十一月）。

四、抄本藝術（繪畫、書法）、音樂的旗手

阿卜杜・薩馬德

約一五〇五到一五一—一六〇〇到〇五年。出生於伊朗的設拉子。奠定蒙兀兒帝國時代繪畫樣式的畫

家之一。原本在薩法維王朝的宮廷活動，但後來受到逃往伊朗的蒙兀兒帝國君主胡馬雍邀請，在一五九四年，隨著畫家米爾．賽義德．阿里來到當時這位奪回喀布爾的君主身邊。從這個時候開始，他便使用雅號「席林．卡拉穆」，意思是「如花之筆」，同時他也教導仍是王子的少年阿克巴作畫。在阿克巴的治世裡，他參與製作宮廷書畫院裡由米爾．賽義德．阿里所指揮的《哈姆扎傳奇》抄本插圖。阿卜杜．薩馬德除了參與培育達斯旺斯（Daswanth）等後進畫家之外，也在原本自己伊朗流派的畫風中加入印度流派的要素，逐漸奠定其畫風。

戈瓦爾丹

生卒年不詳。活躍於阿克巴時代末期（約一五九五年）到沙賈漢時代（約一六四〇年）的畫家，是阿克巴書畫院印度教徒畫家巴瓦尼達斯（Bhavani Das）的兒子。目前已知戈瓦爾丹最早的作品是《阿克巴回憶錄》當中的插圖。原本在一四九二年帖木兒朝統治下，阿里希爾．納沃伊（Ali-Shir Nava'i）在赫拉特所製作的察合臺文詩歌《五卷詩》之中，於一五四〇／一年已在布拉哈追加了插圖，但在賈漢吉爾統治初期，他又對此加以改編。原本來自帖木兒王朝的察合臺語附插畫的抄本文藝作品，在印度出現了一道曙光，而且還有印度教畫家參與其中，這項濃縮了蒙兀兒帝國書畫文藝特性的文物，目前被收藏在英國溫莎堡的王室圖書館中。除此之外，戈瓦爾丹也參與了沙賈漢時代的書畫帖繪畫和背景裝飾等，如《古爾尚畫集》（*Gulshan Album*）和《明托畫集》（*Minto Album*）等。

曼蘇爾

生卒年不詳。活動於阿克巴時代與賈漢吉爾時代的畫家。約一五八〇年末進入阿克巴的書畫院，製作《巴布爾回憶錄》波斯文翻譯本（一五八九年）與《阿克巴回憶錄》的抄本插畫。其後進入王子薩林（之後的賈漢吉爾）的畫坊，在賈漢吉爾即位後，以第一線的畫家活躍於畫壇，並獲得「當代英才」的稱號。擅長動植物寫生、抄本封面裝飾與信紙裝飾。尤其是後者，他在賈漢吉爾手下創作的書畫帖之一《古爾尚畫集》（*Gulshan Album*），當中對底紙所施加的多幅精緻裝飾，就流傳於後世。

穆罕默德・侯賽因・喀什米里

？——一六一一／一二年。活躍於阿克巴及賈漢吉爾時期的書法家。主要擅長用波斯體（Nastaliq）書法，以波斯語書寫體寫阿拉伯文字。以「黃金之筆」的雅號著稱。阿布・法茲爾盛讚這位書法家，和帖木兒王朝在赫拉德擅長此書法體的米爾・阿里・赫拉維齊名。現存的作品是一五八〇年代之後的創作，薩迪・設拉茲的《薔薇園》、阿布・法茲爾的《阿克巴回憶錄》、哈桑・德赫拉維（Hasan Dilhavi）的《詩集》等。蒙兀兒帝國書畫院所製作的豪華抄本，都是出自這位書法家之手。此外，賈漢吉爾和沙賈漢時代製作的書畫帖，也收錄了許多他的書法，流傳後世。

毛拉納・阿卜杜拉辛

生卒年不詳。出身赫拉特的書法家。最初來到印度時，獲得阿克巴時代當權貴族阿卜杜拉辛・哈尼・哈南的庇護，從事多項典籍的書寫工作。之後為阿克巴、賈漢吉爾工作，在宮廷的書畫院中，參與尼扎米的《五卷詩》、薩納伊（Sanai）《真理花園》、拉赫曼・雅米《深交的芬芳》等抄本的工作。擅長波斯體，以「龍涎香之筆」而知名。其技術之高超，在當代的史料當中是這麼記載的：「在穆罕默德・侯賽因・喀什米里之後，在印度，無人能出其（毛拉納）右。」

阿馬納特・汗

？―一六四四／五年。出身伊朗設拉子。是在沙賈漢時代活動的曼薩卜德爾、書法家。名為阿卜杜勒哈克（Abdulhaq）。兄弟舒克拉（Shukrallah）在設拉子修習學問後，經過海路來到印度，為當時的王子沙賈漢工作，在王子即位後，當上了帝國的財務長官。阿馬納特的成就並沒有兄弟耀眼，他在一六三二年獲得阿馬納特・汗的稱號，並在隔年一六三三年被授予一千曼薩卜。當時的紀錄顯示他很擅長一種阿拉伯文體的謄抄體（Naskh），實際上，刻在泰姬瑪哈陵的《古蘭經》詩句，其中至少標記一六三五／六年，以及一六三八／九年的，都出自其手。他是曼薩卜德爾，也是從伊朗來到印度的外來者，像他這樣在帝國活動的書法家，經歷其實相當多元。

坦森

？—一五八九年。印度古典音樂的演奏家、歌手。瓜廖爾（現為中央邦的城市）人。一開始工作於中印度地方印度教君主雷姆錢德拉（Ramchandra）手下，阿克巴聽聞了他的能力之後，在一五六二／三年，邀請他入宮。他的演奏非常高明，在一五八九年逝世之際，王朝官方的年代記記載著：「這千年間無人的音樂能如他一般美妙，無人能像他一樣寫出名句」。在《阿克巴的制度》裡的演奏家一覽表當中，坦森的名字就被列在最前面。不過他在音樂上的成績與特徵，有許多不明之處，關於他的音樂書籍和旋律調式（拉格），也有不少是後世所做。關於坦森的紀錄，幾乎都是出自其名聲與傳說，不過他受到在瓜廖爾活動的沙塔爾派蘇非教團、穆罕默德高斯（Muhammad Ghause）的影響，應該都是史實。坦森的墓在蘇非龐大陵墓的旁邊。

五、旅行者、商人——他者的視線

賽迪・阿里・雷斯

？—一五六二／三年。出生於伊斯坦堡。鄂圖曼帝國的海軍提督、作家。依蘇丹蘇萊曼之命，將停泊在巴斯拉的鄂圖曼艦隊回航到蘇伊士進行作戰。在他指揮下的艦隊於一五五四年七月從巴斯拉出發，卻遭到葡萄牙艦隊的攻擊和季風導致的暴風雨，因此脫離航道抵達了印度，由於失去大半艦隊，決定由陸路回國，並在同年九月底從古加拉特地區的港口城市蘇拉特上陸。之後經過信德地區、旁遮普地區在一五五五年九月或十月，抵達蒙兀兒帝國君主胡馬雍所治理的德里。隔年一月下旬，在胡馬雍意外死亡等一片混亂當中，他從德里出發，並在二月中旬抵達旁遮普地區的拉合爾，會見在當地即位的阿克巴。之後又經過喀布爾、錫班王朝統治下的撒馬爾罕、薩法維王朝統治下的馬什哈德和加茲溫，於一五五七年五月到達伊斯坦堡。他將一連串旅途詳細記錄在《諸國之鏡》當中，對於一五五〇年代中期缺乏史料的北印度情勢，是很寶貴的資料。

尚蒂達斯

一五八五或九五？—一六五八／九？年。十七世紀前半到中葉在古加拉特地區亞美達巴德活動的商人。除了寶石貿易之外，也從事貨幣兌換和金融業。在蒙兀兒帝國的宮廷，從賈漢吉爾到奧朗則布時期，都因供應寶石與帝國維持關係，是御用商人。沙賈漢末期的王位繼承戰爭中，陸續為王子們提供資金融資，度過了政治的混亂。英國東印度公司也為了要在古加拉特地區購買商品，向這位商人融資。他也是亞美達巴德商人組織的總代表。除此之外，他也是耆那教白衣派的信徒總代表，在古加拉特各地建立寺院，供奉聖像。他從蒙兀兒帝國宮廷也獲得了「伊斯蘭教順從者」的稱號，並獲得管理耆那教寺院的管理權證書。

薩瑪坎迪

約一五五九—？年。薩馬爾罕出身。在布拉哈受教育。布哈拉汗國的阿斯特拉罕王朝君主瓦利．穆罕默德．汗（一六〇五—一六一一年）的庇護下，完成了波斯文詩人列傳。在這位贊助人死後，他為了取得經濟的成功，決定前往印度。他親自增補詩人列傳，並上呈給蒙兀兒帝國君主賈漢吉爾，期望獲得其照顧。一六二二年，他與兒子一起出發，在途中收集詩人們的資訊，在一六二六年底，抵達賈漢吉爾停留的拉合爾。薩瑪坎迪僅在此地停留了兩個月，但其間與君主交談了二十次的對話錄，被追加在他的詩人列傳增補版中的後記，流傳後世。是獲知賈漢吉爾晚年言行的貴重紀錄。此增補版為在蒙兀兒帝國及布哈拉汗國昔班王朝、阿斯特拉罕王朝活動的波斯文詩人立傳，是敘述中亞及印度的波斯語書寫文化實際情況的史料。

弗朗西斯科．佩爾薩特

約一五九五—一六三〇年。出生於安特衛普，是荷蘭東印度公司的員工。一六一六年乘著公司的船，於一六一七年抵達爪哇（今印尼）。一六二〇年，以下級商務員的身分派遣到印度，從一六二一年到一六二七年在阿格拉的商業會館從事染料等物產的貿易。他將這個時期的見聞寫在記錄蒙兀兒帝國歷史的《年代記》，以及記錄帝國現況的《報告書》中。前者是在缺乏史料的阿克巴治世末期到賈漢吉爾治世的期間重要的資訊文獻。後者是能了解印度社會現狀的珍貴史料，能看到帝國史料所無法看到的角度，價值相當高。一六二七年十二月，他離開印度，在一六三〇年病死於巴達維亞（今印尼的雅加達）。

托馬斯・羅伊

一五八一以前－一六四四年。獲得英格蘭王詹姆士一世的許可，以英國東印度公司的名義成為使節被派遣到蒙兀兒帝國。一六一五年九月，抵達港口城市蘇拉特，之後走陸路，在一六一六年一月會見當時停留在阿傑梅爾的賈漢吉爾。到一六一八年初為止，他隨著賈漢吉爾移動到摩臘婆（今中央邦）、古加拉特地區，為了獲得公司在進行貿易活動時的特權與保護，多次和賈漢吉爾、赫拉姆王子（其後的沙賈漢）和阿卜杜勒・哈桑等當權貴族進行交涉。羅伊在一六一九年二月從蘇拉特啟航回國，他所留下來的日誌、書信，根據了他自身的經驗，詳細描繪出宮廷的樣貌與印度的風光景物，是賈漢吉爾時代重要的史料。

注釋

1.—2. Jahāngīr, *Jahāngīr Nāmah*, Muḥammad Hāshim（ed.）, Tihrān: Bunyād-i Farhang-i Īrān, 1359 Sh.（1980/1）.

3. 蒙塞拉特（Monserrate），〈關於蒙古人之王伊科巴爾的報告〉，清水廣一郎、池上岑夫譯《蒙兀兒帝國誌》（收錄於大航海時代叢書〈第II期〉第五卷），岩波書店，一九八四年。

4. 「巴布爾」請參照第六卷第九章。

5. 真下裕之，〈蒙兀兒帝的形成與首都法泰赫普爾的時代〉，岸本美緒編，《歷史的轉換期6　1571年　銀的大流通與國家整合》，山川出版社，二〇一九年。

6. F. H. Taft, "Honor and Alliance: Reconsidering Mughal-Rajput Marriages," K. Schomer et al.（eds.）, *The Idea of Rajasthan: Explorations in Regional Identity, Volume II: Institutions*, New Delhi: Manohar; American Institute of Indian Studies, 1994; Cynthia Talbot, "Justifying Defeat: A Rajput Perspective on the Age of Akbar," *Journal of the Economic and Social History of the Orient*, 55-2/3, 2012; C. Talbot, "Becoming Turk the Rajput Way: Conversion and Identity in an Indian Warrior Narrative," *Modern Asian Studies*, 43-1, 2009.

7. H. Beveridge, "Remarks on the above Paper," *Journal of the Asiatic Society of Bengal*, 57-1, 1888; R. A. Khan, *The Kachhwahas under Akbar and Jahangir*, New Delhi: Kitab Publishing House, 1976.

8. 'Abd al-Bāqī Nihāwandī, *Ma'āthir-i Raḥīmī*, Muḥammad Hidāyat Ḥusayn（ed.）, 3 vols., Calcutta: Asiatic Society of Bengal, 1910-1931, vol. iii.

9. 真下，同前。

10. Niẓām al-Dīn Aḥmad, *Ṭabaqāt-i Akbarī*, B. De & Muḥammad Hidāyat Ḥusayn（eds.）, 3 vols., Calcutta: Asiatic Society of Bengal, 1913-1941, vol. ii; Abū al-Faḍl, *Akbar Nāmah*, Mawlawī Āghā Aḥmad 'Alī & Mawlawī 'Abd al-Raḥīm（eds.）, 3 vols., Calcutta: Asiatic Society of Bengal, 1877-1886, vol. iii.

11. Abū al-Faḍl，同前。

12. N. P. Ziegler, "Rajput Loyalties during the Mughal Period," John F. Richards（ed.）, *Kingship and Authority in South Asia*,

Delhi: Oxford University Press, 1998.

13. 大塚修，《普遍史的變化——波斯語文化圈的形成與發展》，名古屋大學出版會，二〇一七年。

14. 真下裕之，〈帝國中的福音——蒙兀兒帝國的波斯語基督教典籍和其周邊〉，齋藤晃編，《傳教與適應——近世的全球使命》，名古屋大學出版會，二〇二〇年。

15. 澀澤青花，《印度機智故事》，社會思想社，一九七九年。坂田貞二、前田式子譯，《印度經典故事》上，春秋社，一九八三年。

16. I. H. Qureshi, "Introductory," *A History of the Freedom Movement*（*Being the Story of Muslim Struggle for the Freedom of Hind-Pakistan*）, *Volume I: 1707-1831*, Karachi: Pakistan Historical Society, 1957.

17. Jahāngīr，同前。

18. 真下裕之，〈蒙兀兒朝印度手抄本與繪畫〉，小杉泰、林佳代子編，《伊斯蘭　書籍的歷史》，名古屋大學出版社，二〇一四年。

19. Musta'idd Khān, *Ma'āthir-i 'Ālamgīrī*, Āghā Aḥmad 'Alī（ed.）, Calcutta: Asiatic Society of Bengal, 1870-1873.

20. R. M. Eaton, "Temple Desecration and Indo-Muslim States," *Journal of Islamic Studies*, 11-3, 2000.

參考文獻

小名康之，《ムガル帝国時代のインド社会（蒙兀兒帝國時代的印度社會）》，山川出版社，二〇〇八年

阿赫桑・揚・凱薩（Ahsan Jan Qaisar）著，多田博一等譯，《インド伝統技術と西欧文明（印度傳統技術與西歐文化）》，

平凡社，一九九八年

神谷武夫，《インド建築案内（印度建築介紹）》，TOTO出版，一九九六年

辛島昇編，《新版世界各国史7　南アジア史（新版世界各國史7　南亞史）》，山川出版社，二〇〇四年

肥塚隆編譯，《V&Aヴィクトリア&アルバート美術館展　インド宮廷文化の華——細密画とデザインの世界（維多利亞和艾伯特博物館展　印度宮廷文化之華——細密畫與設計的世界）》，NHK近畿Media Plan，一九九三年

小杉泰、林佳代子編，《イスラーム　書物の歴史（伊斯蘭　書籍的歷史）》，名古屋大學出版會，二〇一四年

小谷汪之編，《世界歴史大系　南アジア史2——中世・近世（世界歷史大系　南亞史2——中世、近世）》，山川出版社，二〇〇七年

近藤治，《ムガル朝インド史の研究（印度蒙兀兒王朝史研究）》，京都大學學術出版會，二〇〇三年

佐藤正哲，《ムガル期インドの国家と社会（印度蒙兀兒時期的國家與社會）》，春秋社，一九八二年

佐藤正哲等，《世界の歴史14　ムガル帝国から英領インドへ（世界的歷史14　從蒙兀兒帝國到英屬印度）》，中央公論社，一九九八年

安娜瑪麗·希美爾（Annemarie Schimmel）著，大澤隆幸、平井旭譯，《アンネマリー・シンメルのパキスタン・インド歴史紀行（安娜瑪麗·希美爾的巴基斯坦、印度歷史紀行）》，大學教育出版，二〇〇一年

桑賈伊·蘇伯曼亞姆（Sanjay Subrahmanyam）著，三田昌彥、太田信宏譯，《接続された歴史——インドとヨーロッパ（接續的歷史——印度與歐洲）》，名古屋大學出版會，二〇〇九年

竺沙雅章監修、近藤治責任編集，《アジアの歴史と文化10　南アジア史（亞洲的歷史與文化10　南亞史）》，同朋舍，一九九七年
薩提許・錢德拉（Satish Chandra）著，小名康之、長島弘譯，《中世インドの歴史（中世印度的歷史）》，山川出版社，一九九九年
巴布爾著，間野英二譯注，《バーブル・マーナ――ムガル帝国創設者の回想録（巴布爾回憶錄――蒙兀兒帝國創建者的回憶錄）》全三卷，東洋文庫，二〇一四―一五年
弗朗索瓦・貝尼爾（François Bernier）著，關美奈子、倉田信子譯，《ムガル帝国誌（蒙兀兒帝國誌）》全二卷，岩波文庫，二〇〇一年
間野英二，《バブル・マーナの研究IV　研究編　バーブルとその時代（巴布爾回憶錄的研究IV　研究篇　巴布爾與他的時代）》，松香堂，二〇〇一年
間野英二，《バーブル――ムガル帝国の創設者（巴布爾――蒙兀兒帝國的創建者）》，山川出版社，二〇一三年
森本一夫編著，《ペルシア語が結んだ世界――もうひとつのユーラシア史（以波斯語連結起來的世界――另一個歐亞史）》，北海道大學出版會，二〇〇九年
蒙塞拉特（Monserrate）著，清水廣一郎、池上岑夫譯，《ムガル帝国誌（蒙兀兒帝國誌）》（收錄於大航海時代叢書〈第II期〉第五卷），岩波書店，一九八四年
弗朗西斯・羅賓森（Francis Robinson）著，小名康之監修，月森左知譯，《ムガル皇帝歴代誌――インド、イラン、中央アジアのイスラーム諸王国の興亡（1206―1925年）（蒙兀兒皇帝歷代誌――印度、伊朗、中亞的伊斯蘭各國興亡史（1206-1925年））》，創元社，二〇〇九年

第五章
亞洲的耶穌會傳教士

岡美穗子

前言

在十六世紀的整體世界歷史當中，本章將會把焦點放在最近「連結文明的人們」而受到矚目的耶穌會傳教士。其中會以兩位在亞洲及日本傳教時，扮演最重要角色的人物為中心。首先是眾人皆知的「東洋的使徒」方濟．沙勿略（Francis Xavier），另一位則是在亞洲傳播天主教時，企圖建立一個完整架構的范禮安（亞歷山德羅．范禮納諾，Alessandro Valignano）。這兩位生於完全不同的文明世界，並且擁有迥異的精神、文化價值觀，為了傳播自己所相信的信仰，抱持著不停歇的熱誠，為了實現目標而投注全力。不過這是他們初次與亞洲產生文化性的接觸，在能夠將自己的體驗實踐在傳教之前，沙勿略就過世了。而范禮安在累積了一定的資訊後，成功的計畫了傳教策略，因此這兩人在文明交流史上所扮演的角色可說是相當不同。

沙勿略（一五〇六—一五五二年）

新的修道會

一五三四年八月，在巴黎蒙馬特高地上發誓願集結而成的同志會，創立了在一五四〇年正式以耶穌會的名義活動的修道會。他們最初的目的是要去當時由鄂圖曼帝國所統治的耶路撒冷朝聖（傳教），但在一五三八年，他們對教皇保祿三世（一四六八—一五四九年）提出要求，想要以傳教士的身分被派遣到世界各地，此舉改變了過去歐洲修道會的現況。

所謂的耶穌會，是天主教權威的象徵性存在，現在的羅馬教皇（第二六六任）也是耶穌會出身，其深厚的傳統主義與ＩＨＳ絢爛的徽章，顯現出紮實的存在感。出乎意料的是，現任羅馬教皇竟是首位耶穌會教士的教皇。不過這並不代表耶穌會教士就對權力毫不關心。反倒是他們不拘泥於教皇的身分，而確保充分的權利，因為一直以來就有稱呼「耶穌會總會長＝檯面下的教皇、黑衣教皇」的歷史。實際上歐洲各國的天主教宮廷，在十八世紀為止，耶穌會都擔任國王顧問，握有絕大的權力，在外交方面也受到重用。然而在十六世紀這個修道會誕生之際，當時的性質和現代是相當不同的「新的修道會」。

歐洲社會和基督教

在人類的宗教史上，十六世紀是出現了極大轉換的時期。羅馬帝國在狄奥多西一世（三七九—三九五年在位）時代以基督教為國教以來，各個流派對神學抱持著相異的理解，他們相互排斥、分裂，並流傳到歐洲各地區，在這片土地的社會扎根。一〇五四年，基督教分裂成西方教會的羅馬天主教和東方教會的希臘正教，被稱為東西教會大分裂，其整體勢力覆蓋了半個歐亞大陸。歐洲各國諸王的十字軍，與從北非和東邊入侵的伊斯蘭勢力戰鬥，在沒日沒夜的戰爭之中，羅馬教皇的權勢在這個時代達到最大化。中世的王權和統整社會的教會組織，有著密不可分的關係。

在一五一七年，日耳曼的天主教領袖馬丁．路德（一四八三—一五四六年）對教會的權威提出質疑，認為其現況有著神學性的問題。日耳曼各諸侯對天主教的權威以及與其權威不可分割的哈布斯堡家族抱持著不滿，因此支持馬丁．路德，新的基督教（新教）誕生。由於對神聖羅馬帝國皇帝查理五世／西班牙國王卡洛斯一世（一五〇〇—一五五八年）手下帝國化的哈布斯堡家族感到反感，部分日耳曼與尼德蘭加強了新教徒的勢力，而天主教教會也被迫自我改革。在這樣的背景之下，出現了耶穌會。從十三世紀初期便存在的方濟各會與道明會等修道會，也在同時期出現了內部革新和分裂運動。

一五四〇年三月所制定的耶穌會內部規約當中寫著：「依照全教會的領袖教皇聖下的命令，要相互遠離，分散於全世界各地」（沙勿略書信第三）[1]，這時候耶穌會到世界傳教的任務已受到教皇所認可，並開始進行。當時從葡萄牙被派遣到羅馬的教廷大使佩德羅．馬什卡雷尼亞什（Pedro Mascarenhas，一四八四—一五五五年），招攬了剛成立不久的耶穌會到葡萄牙來，自此之後葡萄牙王室便成了耶穌會強大的資助者。耶穌會的教士之所以會被派遣到葡萄牙屬的印度，就是因為這樣的背景。

巴斯克人和猶太改宗者

八世紀之後，北非的伊斯蘭勢力侵襲伊比利半島。尤其是在後倭馬亞王朝的時代裡，整個伊比利半島幾乎都在其統治之下（被稱為安達魯斯，Al-Andalus），不過人民信仰的基督教大致上能受到容許。同樣的，在後倭馬亞王朝的時代裡，有大量的猶太教徒移居此地，故伊比利半島居民的宗教相當多元。猶太教徒中，許多人在商業方面獲得成功，其中也有一些人以融資給王室作為手段，進入了宮廷。

當伊比利半島大半都在伊斯蘭統治下時，自認是西哥德王國繼承者的阿斯圖里亞斯王國，以及聚集了西庇里牛斯山區部落的潘普洛納王國（之後的納瓦拉王國）一直死守著基督教。不過他們終究還是無法與伊斯蘭勢力抗衡，因此直到十一世紀初期，都服從於伊斯蘭統治者，勉強維持著領土。

被西庇里牛斯山和比斯開灣所環繞的地區，在當時有不屬於法蘭西王國，也不屬於安達魯斯而獨立存在的巴斯克人。他們是擁有獨自語言和政治制度的中間地帶。現在屬於西班牙的巴斯克地區，有著獨立於卡斯提亞文化圈的語言和文化。耶穌會創設成員當中兩位代表性的人物：依納爵．羅耀拉（Ignacio de Loyola）和方濟．沙勿略，就都是出身於巴斯克地區。不過儘管同為巴斯克人，依納爵．羅耀拉已經以軍人的身分活躍於西班牙王國勢力之下的城市潘普洛納，而沙勿略則是與法蘭西王國關係緊密的納瓦拉王國宰相之子，兄長們曾參加與西班牙軍對抗的戰爭。當初兩人相識之時，關係並不友好。不過儘管如此，兩人都出身於伊斯蘭勢力之下的伊比利半島，並為了維持勢力而努力，帶有「身為巴斯克人的驕傲」，除了這個共通點之外，巴斯克人的傾向是對「外在世界」的憧憬，因此以「冒險家精神」而知名的船員當中，有很多都是巴斯克人，其中的原因也在此。沙勿略在一五二五年離開故鄉納瓦拉，到巴黎的聖巴巴拉學院讀書，並在此與之後入學的羅耀拉相識。

初期耶穌會的一大特徵是，他們並非受到西班牙哈布斯堡王朝的支援，而是接受鄰國的葡萄牙王室支援，因此很快就能到海外傳教。此外，耶穌會的支柱當中，有像納達爾（Jerónimo Nadal）這樣從猶太教改信[2]（converso）的神學者，他們在新天地扮演了獲得、指導與教化新基督教徒的重要角色。日本在傳教時使用勸人改信的書籍為翻譯版本的《向善書》（*Guia do Pecador*），作者是路易士·德格拉納達（Luis de Granada，一五〇四—一五八八年），他本身也是猶太改宗者而為人所知。當時在伊比利半島，猶太改宗者是受到歧視和迫害的對象，不過實際上也有很多著名的神學者是猶太改宗者，耶穌會積極的接納這些人，並達到飛躍性的發展。

巴斯克人和猶太改宗者等，在西班牙帝國中被分類為「少數族群」的人們，在初期的耶穌會主流中，具有很大的意義。之後，耶穌會並沒有成為「西班牙帝國的尖兵」，他們以獨自的邏輯，時而順應帝國體系，時而採取反抗的行為，原因來自於其背景。耶穌會並沒有成為「帝國的尖兵」，而是一個憑藉獨特自我認同和價值觀而行動的組織。

傳教保護權

所謂的保教權，是羅馬教皇賦予國王任命統治地區裡教會聖職人員的任命權，作為交換的是，國王必須要負擔維持教會的費用。葡萄牙和西班牙開始積極的到世界各地去，競相「發現」未知的土地，這股熱潮在兩國之間非常高漲。為了要和平解決兩國在新土地上的紛爭，他們在地圖上畫了一條教皇子午線（一四九三年），決議了兩國在大西洋上優先掌控地區的界線。之後，經歷了《托德西利亞斯條約》（一四九四年）、《薩拉戈薩條約》（一五二九年），在地圖上，世界在教皇承認之下被區分為這兩國各自優先統治的地區。

到了十五世紀初期，葡萄牙歷經了攻下非洲北岸的休達、非洲內陸探險、發現大西洋上的島嶼，以及開拓非洲西部沿岸，在一四九八年確立了繞道好望角抵達印度洋的路線後，葡萄牙自行宣布非洲和亞洲是自己的領土範圍。一五五八年，葡萄牙的塞巴斯蒂安國王寄給豐後（今大分）國主大友義鎮（宗麟，一五三〇—一五八七年）的書信當中，一開頭就寫著：「葡萄牙暨阿爾加維（葡萄牙南部的舊伊斯蘭王國）國王、幾內亞領主、衣索比亞、阿拉伯、波斯、印度等領土、航海、貿易的統治者」來宣示自己的立場，在給其他國王的外交書信上，也大致以同樣的形式開頭。換句話說，這些地區的保教權，在名義上都屬於葡萄牙國王。

儘管如此，如果要問國王若昂三世派遣沙勿略到亞洲，他本身是否期望非洲和亞洲的各民族信仰基督教，事實卻不明確。沙勿略停留於葡萄牙人的要塞和統治城市時，他寫給國王的書信當中，與其是希望異教徒改信，不如說他是優先考量那些居住在當地被稱為卡薩多（casado）的葡萄牙人、他們在當地的伴侶，以及雙方所生孩子的靈性指導。沙勿略所採取的這種方針，從他寫給若昂三世的書信（一五四六年五月十六日）內容來判斷，可說並非他的獨斷獨行，而是和若昂三世有其共識。

伊比利半島的猶太人

那麼若昂三世和沙勿略，將哪些人視為「教導的對象」呢？總結一句話，就是「猶太人」或被稱為「新基督教徒」的葡萄牙人。

由於羅馬帝國在耶路撒冷進行殖民，造成猶太人的流散，許多猶太人都擴散到地中海沿岸的各個國家。誠如前面所提到，長年在伊斯蘭教徒統治之下的伊比利半島，居住著許多被稱為塞法迪的猶太人（Sephardic Jews）。伊比利半島的猶太人基本上都住在城市，並集中在大城市裡，因此大城市中有一成的居民是猶太教徒，尤其是南邊的格拉納達和塞維亞等安達魯西亞地區，例如格拉納達，據推測甚至有兩成的居民是猶太教徒。

十四世紀末，在基督教徒之間，原本就潛在的反猶太思想逐漸高漲，在一三九一年，賽維亞發生了大規模虐殺猶太教徒的事件。當卡斯提亞王國和亞拉岡王國領土之內，對猶太教徒的迫害逐漸激化之際，葡萄牙正值由阿維斯騎士團（Military Order of Aviz）的若昂一世（一三五七—一四三三年）所建立的阿維斯王朝崛起。王朝交替的原因，是因為和鄰國卡斯提亞王國（世代之間建立了緊密的親戚關係）之間的戰爭，以及為了要擺脫其間接的支配。因此，在卡斯提亞王國和亞拉岡王國領土內的多數猶太教

《加泰隆尼亞地圖集》

徒，就利用了兩國的不合，移居到葡萄牙。在十四世紀末，葡萄牙的猶太教徒團體，已經從三十一個增加到一百五十個了。

阿維斯王朝首任若昂一世的王子恩里克王子（一三九四—一四六〇年）以「航海王子」而為人所知，他召集了以克雷斯克斯家族為中心的馬約卡島猶太人地理學家集團，該家族以完成了波特蘭型海圖《加泰隆尼亞地圖集》的製圖家亞伯拉罕·克雷斯克斯（Abraham Cresque，一三二五—一三八七年）而廣為人知，並邀請了猶太的海圖、航海技術家，負責指導國內的海洋技術。克雷斯克斯家族在十四世紀受到激烈的鎮壓，因此改信天主教，但是馬約卡島一部分擅長海洋知識、以製圖者為中心的族群，得以移居到保障信仰自由的葡萄牙。

在之後的時代裡，若昂二世（一四五五—一四九五年）邀請出生於薩拉曼卡的天文學家亞伯拉罕·薩庫托（Abraham Zacuto，一四五二—

一五一五年）來到葡萄牙，並集結了馬丁・倍海姆（Martin Behaim，一四五九—一五〇七年）等猶太教徒學者，組織了「航海學諮詢委員會」，積極促進航海、海洋技術的發展。卡斯提亞王國和亞拉岡王國領土之內對猶太人和猶太改信者有著強烈的歧視待遇，因此越來越多人移居到葡萄牙，但是最大的變化就是以卡斯提亞、亞拉岡聯合王國雙方的君主伊莎貝拉一世（一四五一—一五〇四年）和斐迪南二世（一四五二—一五一六年）之名頒布的「猶太人驅逐令」（一四九二年）。

在若昂二世死後，旁系的曼紐一世（一四六九—一五二一年）繼承了葡萄牙的王位，為了達到振興經濟的目的，開始了優待猶太教徒的政策。但由於和卡斯提亞王國公主的婚姻[3]，必須採取與卡斯提亞相同的政策，因此為了要將改宗者留在國內，表面上也緩和了對改宗者的調查。由於這項政策，葡萄牙的猶太教徒便都紛紛表明自己是猶太改宗者的身分。不過這種相較寬容的方針，在兒子若昂三世（父親是曼紐一世，母親是伊莎貝爾與費迪南二世的女兒瑪麗亞，也是曼紐一世第二個妃子）迎娶了西班牙國王查理五世的妹妹卡塔里娜之後變得嚴格，因此許多猶太改宗者開始試著離開葡萄牙。他們主要移居的地點是新大陸（巴西、西班牙領中南美）、馬格里布、鄂圖曼土耳其、阿姆斯特丹、倫敦，以及印度以東的亞洲。

葡萄牙國王的傳教支援

一五四〇年，沙勿略來到了葡萄牙，他從里斯本寄出給羅耀拉等人的信件中寫道：「（葡萄牙）國王認為與其在印度，還不如在這裡（葡萄牙）工作，才更能夠侍奉神，所以他說，還沒有決定是否要派遣（耶穌會的教士）到印度」（一五四〇年七月二十六日），在這個時間點，若昂三世對耶穌會教士的期待，與其說是到印度，還不如希望他們能在葡萄牙國內工作。

在同年十月沙勿略的信件裡，他接受了宗教裁判所的長官——也就是國王之弟恩里克樞機（一五一二—一五八〇年）之命，每天造訪宗教裁判所的牢房，對關押中的囚犯（主要是有猶太教徒嫌疑而被收押的葡萄牙人）進行改宗教育。這個期間，耶穌會預計將要派遣葡萄牙人西蒙·羅德里格斯（一五一〇—一五七九年）和西班牙人尼古拉斯·博瓦迪利亞（一五一一—一五九〇年）到亞洲。但是博瓦迪利亞罹患重病，而若昂三世又命令羅德里格斯留在葡萄牙，因此決定要派遣沙勿略。這當中也很有可能是沙勿略認為被派遣到亞洲，是個能將基督教擴展到全世界的大好機會，因此自行做下了決斷。

一五四一年三月（沙勿略出行印度之前）的書信當中寫道：「國王對印度人悲慘的狀況感到心痛悲傷，……他為了基督教的名譽，以及熱切渴望拯救鄰人的靈魂，充滿了熱忱。」由此可見國王也贊成在印度對異教徒進行改宗的事業。

四月七日，沙勿略一行人終於從里斯本的港口出發，在莫三比克島越過冬天，並於次年五月六日抵達葡萄牙領印度的首都果亞。通常四月從里斯本出發的船隻，在九月就會抵達印度，因此這趟航行花了比平常還久的時間。沙勿略到達印度後，第一封寫給若昂三世的信件中，有以下的內容：

王庫因獲得了印度豐富的物產而滿盈，但為了救濟這個地方窮困的靈魂，（陛下）卻只能花費獲得財富中非常小的一部分。……為了拯救印度民眾的靈魂，陛下在（身為國王的）職務上，也

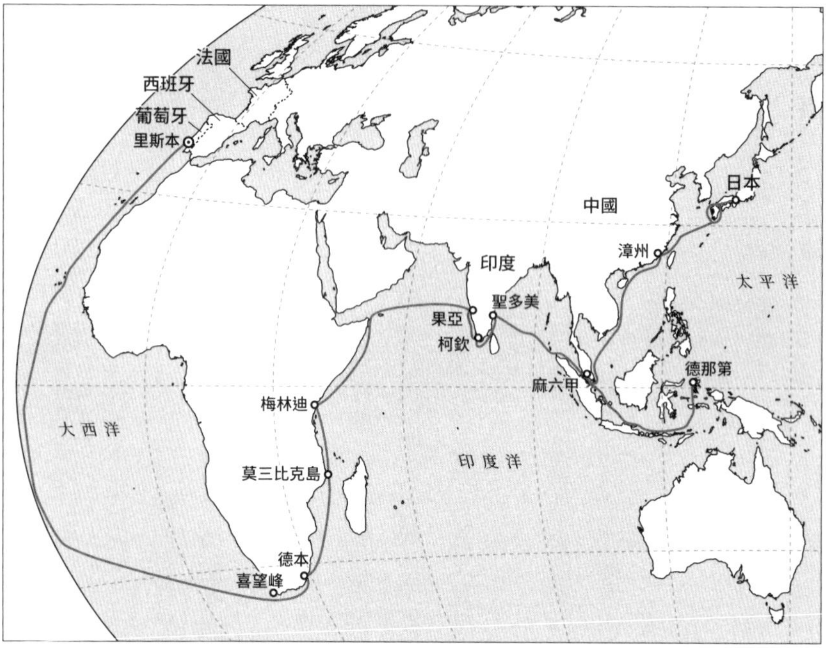

方濟・沙勿略的航路

有責任要嚴加注意……。（一五四五年十月二十日）

在這段敘述的前後，沙勿略都綿綿不絕的訴說著，在印度進行傳福音的工作，卻幾乎沒有得到王室國庫支持的狀況。如果在沙勿略出發之前，葡萄牙王國就把傳福音的工作看做是王國事業的一部分並給予支援，那麼他在信件中如此反覆的上訴就顯得很不自然。在同一封信中，沙勿略還強烈主張要積極派遣官方人員來參與印度的傳教事業，在沙勿略抵達印度時，葡萄牙領印度的行政官僚們對於支援耶穌會的事業，意識都相當薄弱。

之後經過了三年，在一五四八年一月二十日，沙勿略從柯欽寫給西蒙・羅德里格斯的信裡，他提議印度總督不應該將印度傳教的事業都委託給聖職者，而是應該由總督親自負起責任來執行改宗事業，因此他認為在頒布任命總督的訓令時，就應該清楚訂定這項職責。由這件事也可看出，葡萄牙國王本身將耶穌會傳教士派遣到葡萄牙領印度，其實擴大天主教世界的意識並不強烈。充其量只不過是在對於擴張世俗的領土，也就是在擴大葡萄牙領印度的領土有利時，他們才會支援耶穌會教士的活動。在之後寫給國王的書信當中，沙勿略也多次針對國王毫不關心傳教時所花費的費用，做出批判。

果亞的宗教裁判所

沙勿略在一五四六年滯留於摩鹿加群島時，寫信給若昂三世，書信中提到印度葡萄牙人的宗教生活，當時他做出了以下的主張：

> 印度的葡萄牙人們對基督教的信仰薄弱，與他們結婚的當地人和他們的孩子，完全沒有信仰基督教。除此之外，在印度的葡萄牙人甚至還實踐猶太教和伊斯蘭教，而且他們對此態度也很坦蕩蕩而光明正大，毫不隱藏。因此有宗教裁判所存在的必要——。（一五四六年五月十六日的書信內容摘要）

居住在印度的葡萄牙人當中，有很多是猶太改信者，由於控管並不嚴實，因此這算是告發了許多人公然恢復原本宗教信仰的事實。

果亞的宗教審判所

而實際上要到一五六一年才設置宗教裁判所，葡萄牙的王位也從若昂三世改朝換代到孫子塞巴斯蒂安和祖母卡塔里娜攝政的時代，因此很難說沙勿略的建言是否和果亞宗教裁判所的設立有直接的因果關係。倒不如說，果亞會設立宗教裁判所，其背景是葡萄牙屬印度的擴張和遠距離貿易的發展、為了取締因在伊比利半島受到迫害而在印度急速增加的改宗者商人和士兵，以及西班牙國王對葡萄牙當局的影響力逐漸增加，因此為了強化宗教層面，而設立了宗教裁判所。

沙勿略建議在果亞創設的宗教裁判所，處罰對象主要有兩種。其一是葡萄牙的猶太改宗者，為了逃避王國嚴格的宗教統治而逃到印度，在當地恢復原本的宗教。第二是當地人，儘管已改信基督教，但卻還是維持著舊有的信仰，被視為「異端」的人。在十六世紀末滯留於果亞的林斯霍滕（Jan Huygen van Linschoten）就說過，當地的基督教徒通常有雙重、三重的信仰型態。在耶穌會教士進行傳教的其他亞洲地區，大致上也都發生了相同的現象。

宗教裁判所設置在果亞市區的中心，葡萄牙人的猶太改宗者和當地的「異端」被捕，並受到宗教裁判施予處罰後，住在果亞的猶太改宗葡萄牙人，會被帶到離王國的勢力範圍更難以觸及的偏遠地區，例如馬拉巴爾海岸南部的柯欽或香料貿易的據點麻六甲。

柯欽在一世紀因羅馬軍隊攻陷耶路撒冷之後，就成了亡命的猶太人逃往的城市，他們是肩負起柯欽商業機能的重要存在。歷經數個世紀，猶太人進入此地，並與當地人通婚，被稱為「馬拉巴爾猶太人」，到了十六世紀以後，為了要區別新從伊比利半島等地逃亡而來的猶太人，便將他們稱為「帕拉迪西猶太人」。柯欽與東南亞的麻六甲，直接連結著葡萄牙人的商業路線，在麻六甲和果亞之間往來的船隻，在慣例上也會於北上果亞之前，先停靠在柯欽。

改宗的猶太修道士們

在沙勿略活躍的年代裡，伊比利半島會實行異端審問和社會迫害，理由就是在葡萄牙屬印度，猶太改宗者的人口急速增加。其中甚至有一些是志願成為修道、傳教之人。依納爵．羅耀拉認為耶穌基督是猶太人，因此積極的歡迎猶太教徒的改信者入會。因此，擔任歐洲耶穌會要職者、學院院長、教職者等，接受了許多原本就是知識菁英的猶太改信者。

不過沙勿略對於在印度的猶太改信者想要入會，採取的態度是：「要慎重考慮其精神面的適性」。然而這番言論的背後，其實是因為實際上在印度，志願入會耶穌會的猶太改信者，其實並不是那麼多。而且很多都是商人和士兵，有些人在入會後一陣子就會退會。

沙勿略之友「流氓惡棍」的商人們

迪奧戈．佩雷拉（Diogo Pereira）往後被人稱為「澳門之王」，他往來於麻六甲與中國沿岸，是此一地區最強大的商人。沙勿略在當地，對於葡萄牙王國有貢獻的葡萄牙人，尤其是自己的友人，或者是給自己方便的人，在寫給國王若昂三世的信件中，都會詳細敘述他們的功績。其中對沙勿略在中國傳教計畫中，最不可或缺的人物，就是迪奧戈．佩雷拉。在歷經了日本傳教之後，沙勿略宣稱接下來最優先的事項就是開始在中國傳教，並提案讓佩雷拉擔任國王派遣的中國使節副使，在各方面進行了政治推動。但是這個讓佩雷拉擔任大使的計畫，受到當時躺在病床上的麻六甲長官佩德羅（Pedro Da Silva Da Gama，約一四九〇—一五五二年）之弟——也就是有望成為下一任長官的阿泰德（Dom Álvaro de Ataíde da Gama，生卒年不詳）的嫉妒，因此計畫失敗。沙勿略和僅有的同行者搭上華人的船前往中國，並想辦法抓住上陸的機會，卻在上川島過世（一五五二年十二月三日）。

阿泰德是被視為「發現」印度航線的瓦斯科．達伽馬的兒子，他之所以會疏遠迪奧戈．佩雷拉，除了是因為佩雷拉的出身不是貴族或鄉紳等正宗名門之外，也是因為他並沒有透過戰功或貿易來累積財富，沒有帶著許多手下，也沒有經由會徵收稅金的麻六甲，只是在巽他和中國之間進行非正式的貿易，同時他拒絕借錢給阿泰德，阿泰德也嫉妒他的人望。據說理由很多。實際上佩雷拉確實就是一個暴富者，遭到葡萄牙屬印度官僚們的疏遠，這個狀況可以在當時許多史料中獲得確認。

佩雷拉的集團在浙江省沿岸的雙嶼港，和進行走私貿易的華人海商交易，遭到朱紈所率領的明軍大規模討伐（一五四八—一五四九年），手下有很多人被捕，關在廣州的牢裡。佩雷拉跟著沙勿略，目的就是要試著入境中國，進行談判，獲取自己部下的釋放。沙勿略在死前都還在寫信給佩雷拉，可見兩人之間有著相當深厚的信賴關係。佩雷拉之後與弟弟吉列爾梅定居澳門，耶穌會的教士在去日本前，大多都會住在他家，受其招待。

沙勿略木乃伊化的遺體

佩雷拉也將埋葬在上川島的沙勿略遺骸挖出來，運送到果亞。據說沙勿略的遺體並沒有腐敗，彷彿就像活人一樣有著光澤，並散發出芳香。這具木乃伊至今仍被安置在屬於熱帶氣候的果亞慈悲耶穌大殿（Basilica of Bom Jesus），並沒有做特別的防腐措施或溫度管理。

沙勿略在亞洲的活動，絕說不上是獲得了葡萄牙王室強大的支持。還不如說和他一起工作的夥伴中，有更多都是葡萄牙的私人貿易商人、猶太改宗者修道士。

葡萄牙國王認為，如果亞洲當地的當權者，能被耶穌會教士影響而改信基督教，那麼在這個地區進行通商或通行就會更容易。對葡萄牙國王來說，與其增加當地的基督教徒，還不如讓當地的王權改信基督教，以及建立外交關係更為重要。但是實際上卻見不到葡萄牙屬印度的官僚們，為了葡萄牙王國的權益，團結一致、壯大聲勢的傾向，也不見他們積極支持耶穌會傳教的活動。儘管耶穌會的傳教活動經常被視為「征服殖民地尖兵」，但卻不見得和「歐洲擴張」的狀況有所關連。沙勿略一行人並沒有獲得葡萄牙官僚的協助，工作想必非常艱辛。他們沒有乘坐葡萄牙人的船，而是以好不容易籌措到的華人船舶到達薩摩，就可以看出這個現象。

沙勿略與日本

一五四九年八月十五日，沙勿略一行人抵達薩摩的一個港口（有說法認為是坊津，也有人認為是山川）。在這裡有兩位日本人池端彌次郎和他的隨從一起同行。

沙勿略和彌次郎一起登陸薩摩之後，派遣彌次郎去見島津家宗主貴久（一五一四—一五七一年）。當時貴久住在伊集院城，而非鹿兒島。而貴久的母親寬庭夫人也在那裡，他對彌次郎帶來的聖母子畫像展現出強烈的關心和信仰。研究沙勿略和彌次郎的泰斗岸野久判斷，貴久是認為基督教是真言宗的一個流派。其看法根據的事實就是，彌次郎將基督教的主要用語，例如「帝烏斯」（Deus，基督教中全能的神）翻譯成「大日」，「聖母瑪利亞」翻譯成「觀音」等。岸野久認為，彌次郎將基督教理解為真言密教系的宗教，而沙勿略的傳教活動又是透過彌次郎翻譯傳給日本人的，所以在薩摩傳教時，基督教被當成「真言密教的一種」[4]。

當時，薩摩地方除了真言宗之外，也很盛行臨濟宗和曹洞宗，儘管一向宗和法華宗的信仰遭到禁止，但在民間還是私下受到支持（祕密誦經）。彌次郎可能是認為這是個能夠學習真言宗教誨的機會，因此基於彌次郎的口譯和宗教知識，沙勿略和鹿兒島福昌寺（曹洞宗）住持忍室文勝進行對談。儘管如此，忍室文勝在之後坦誠表示，自己完全不理解沙勿略所說的內容[5]。

主要的誤解，與其說是來自「自然的認知」，還不如說原因在於彌次郎使用了「錯誤的」翻譯[6]。他當時將基督教全能的神帝烏斯翻譯成「大日」，並說明帝烏斯是萬物的創造主。當然這個翻譯並非單純的偶然。彌次郎並不是在傳教士來到日本之後，才第一次接觸到基督教的。他曾待在麻六甲等海外葡萄牙人的據點，並在果亞的耶穌會學院學習了基督教教義大約一年的時間。然而最終，他仍然將「帝烏斯」翻譯成真言密教的本尊、諸佛的本地「大日」。然而選擇這種翻譯而導致的問題，我們不能把原因都歸咎於彌次郎一個人的蒙昧。換句話說，這意味著，就連在耶穌會正式的修道設施中學習過基督教教義的人，也不能斷定這並不是佛教的一種。

用語的問題

「基督教」＝「佛教」的認知，在之後由歐洲傳教士以「原語主義」（刻意不將基督教用語翻譯成日文，直接用葡萄牙語的主張）等的努力，而獲得了改正。但是，我近年來卻注意到一件事實，擔任傳教主力的前佛僧修道士們，以及其同宿[7]（非正式會員）會將基督教的教誨透過他們「佛教的用語」，傳達給日本的信徒。就連長期待在日本，在傳教士當中最通日文的路易士·佛洛伊斯（Luís Fróis，一五三二—一五九七年），都曾說過「對日本信徒傳教頗有障礙」，歐洲的傳教士與信徒之間，想必有著溝通方面的障礙。

來自天竺的人們

沙勿略離開日本後，由科斯梅·德·托雷斯（Cosme de Torres，一五一〇—一五七〇年）擔任傳教長，這段時期基督教與佛教混雜的狀況變得更嚴重。從日期標著天文二十一年（一五五二年）八月二十八日，大友宗麟的弟弟大內義長（一五三二—一五五七年）寫給耶穌會教士科斯梅·德·托雷斯，同意建立山口天主堂的許可狀內容，就可看出這個現象。

> 周防國吉敷郡，山口縣大道寺事，從西域來朝之僧，為佛法紹隆，可創建彼寺家之由，任請望之旨，所令裁許之狀如件。……當寺住持

在此值得注目的是他將傳教士寫成「由西域來朝的僧侶」，以及為了「紹隆佛法」而「創建寺廟」，並受到許可寄給這個寺廟的「住持」。這個許可狀的抄寫版被送往印度，接著又被轉送到葡萄牙，被收錄在一五七〇年葡萄牙中部的科英布拉大學所編纂的《科英布拉版　耶穌會日本書信集》當中。

事實上，允許「由西域來朝的僧侶」傳教和建立寺院的，是大內義長的前任大內義隆（一五〇七—一五五一年）召見沙勿略時的事。根據路易士·佛洛伊斯的《日本史》，當沙勿略要求與義隆會面時，仲介的大內家重臣就說：「聽說這個人是來自天竺，也就是佛的出身地暹羅時，（國主）就說他想要見見這個人。」[8] 從這裡可以得知，加在天竺這個地名的屬性，也就是「佛祖的出身地」，讓大內義隆產生

了強烈的興趣。也就是說，要在山口傳教與建立寺院時，許可上使用的「西域」和「天竺」等用語，並非現實中漠然對「西方世界」的地理認知，而是很明確的使用了來自佛教的世界觀。日本人所想像的「天竺」，帶有強烈的「釋迦佛祖出生地、佛教起源」的認知。

同時代紀錄織田信長（一五三四—一五八二年）活動的《信長公記》當中也有記載，當家臣在近江之國逮捕了一個來歷不明、宣傳詭異弘法的修行僧「無邊」時，信長曾直接質問他的出身地是「唐人還是天竺人」。在聽到無邊曖昧不明的回答後，信長說：「人之生所三國（本朝、震旦、天竺），除此之外不審也。」[9]可得知信長的世界觀，認為人的出身地除了日本、震旦（中國）和天竺以外，別無他所。當時耶穌會教士多次帶著世界地圖和地球儀，試圖讓信長理解「世界」，但對信長來說，除了日本和中國以外的「世界」，就是「天竺」了。信長將傳教士們的出身地視為「印度」，這也可以從路易士・佛洛伊斯在《日本史》中對信長的紀錄看出端倪。一五七〇年，以日本傳教長的身分來日的弗朗西斯科・卡布拉爾（Francisco Cabral）到岐阜城造訪信長時，信長就說他是「從印度來訪的高僧」[10]，並重視其「印度」——也就是「天竺」的屬性。

十七世紀初期的《耶穌會日本年報》記載，在薩摩有被稱為「天竺宗」的宗派。有很長一段時間，傳教士並沒有來到薩摩，但在一六〇六年，在關原之戰打敗仗的小西行長（一五五五—一六〇〇年），他的家臣小西行重（？—一六〇二年）就是基督教徒，據說他成為島津家久（一五七六—一六三八年）的手下，就是傳教士進到島原半島的契機。從「天竺宗」信徒的禮拜和信仰的型態來看，可推測「天竺宗」很有可能原本是基督教，因此傳教士們就對老人們進行了更詳細的調查。調查結果顯示「還留有若干（基督教的）痕跡和記憶，同時至今仍保持著幾項基督教徒的事物（行為、習慣）」，因此推測他們可能是受到沙勿略一行人，或者是在一五六〇年代多次造訪薩摩的路易斯·德·阿爾梅達（Luis de Almeida）受洗的信徒後代。在更深入調查後，一位與當地重要人士有親屬關係的老婦人，持有一個裝著聖遺物的「舊棉布小袋子」，裡面除了有以拉丁文寫著「十字架之木」的紙張，還有兩個歐洲製的紀念章。在當地，只要有人生病，這位老婦人就會將這個布袋放在病人的身體上進行祈禱。這些「天竺宗」的人，並沒有意識到自己的信仰是基督教，只知道這個宗教來自「天竺」[11]。

范禮安（一五三九—一六〇六年）

沙勿略和科斯梅·德·托雷斯在日本所遭遇的經驗——也就是日本人因為沒有除了佛教及佛化身的神道以外的宗教知識而造成的誤解，換句話說，日本人將基督教視為來自天竺的「佛教」——是非常自然發生的問題。對耶穌會的教士而言，也沒有能根本性解決這個問題的方法。對此，在一五七九年首度來日的耶穌會義大利傳教士范禮安，就戰略性的創造「誤解」。接下來就讓我們以范禮安為了擴大傳教所採取的方式——也是在神學上受到正當化的「適應」問題為中心，來說明耶穌會在亞洲傳教得以擴張的背景。

義大利籍耶穌會教士

在沙勿略的年代裡，義大利籍耶穌會教士的存在感很低，但一五五一年羅耀拉在羅馬創設了「羅馬學院」（Collegio Romano）神學校，招聘了歐洲一流的神學者和哲學家擔任講師，培養優秀的學生成為神職人員，來擔任耶穌會的教士並派遣到海外。甘迪亞公爵方濟・德・博日亞（Francisco de Borja，一五一〇—一五七二年）是西班牙的貴族，他同時也是耶穌會教士。羅馬學院受到他這位強大贊助者在經濟上的支援，逐漸成為菁英養成學校之後，在西班牙統治之下的義大利各城市的貴族子弟也都紛紛到此學習。博日亞的義大利文發音是波吉亞，博日亞的祖父胡安是羅馬教皇亞歷山大六世（羅德里哥・利安索爾・迪・波吉亞，一四三一—一五〇三年）與情婦所生之子，因此他不僅是西班牙的大貴族，同時也和羅馬教廷存在一些關聯。

范禮安

在羅耀拉死後，其中一位創始成員迪亞戈・萊內斯（Diego Laynez，一五一二—一五六五年）成為第二任總會長，第三任總會長則由前面提到的博日亞擔任。特別是在博日亞在任時，西班牙王室對耶穌會的影響力變大，當時的教皇葛利果十三世（一五〇二—一五八五年）在博日亞死後，極度期望由「非西班牙人」來擔任耶穌會總長。博日亞的左右手是西班牙人胡安・德・波蘭柯（Juan Alfonso de Polanco，一五一七—

一五七六年），在耶穌會內部認為由他來擔任第四任總會長是理所當然之事，但是波蘭柯卻被質疑是改宗者，傳言他不適任擔任總會長。最終透過選舉，選出了比利時人埃維拉德．穆克安（Everard Mercurian，一五一四—一五八〇年），由此可看出這並沒有反映出耶穌會中大半的西班牙人、葡萄牙人會員的意願，而是強烈的反映出了教皇的意願。

穆克安擔任總會長期間，在耶穌會內部，由於屬於少數派的比利時人成為總會長，因此西班牙和葡萄牙之外的人也被起用擔任耶穌會的要職。例如穆克安的後繼者克勞迪奧．阿奎維瓦（Claudio Acquaviva，一五四三—一六一五年）和傳教士范禮安等人。阿奎維瓦出身於面亞得里亞海的阿特利公爵領地（當時是拿坡里王國的一部分），而范禮安出生時也是拿坡里王國的貴族之子，他出生於基替（Chieti）。當時的拿坡里王國是西班牙的屬國，但對於宗主國西班牙的感情很複雜，並非安於其權勢而順從西班牙。出身於拿坡里王國的人，和上一個世代的巴克斯人一樣，內心深處對西班牙抱持著不輕易屈服的精神。耶穌會、羅馬教皇、西班牙國王會因為當下的利害，時而聯手、時而敵對。隨著耶穌會這個組織在西班牙帝國統治地區的逐漸成長，總會長就必須要有聰慧的政治手段。

非西班牙、葡萄牙籍的耶穌會教士必須具備的是，要和對耶穌會有影響力的西班牙國王、馬德里宮廷保持距離，維持並進行耶穌會的獨立運作。一五八〇年之後，葡萄牙被併入西班牙的統治之下，成為西班牙帝國的一部分。馬德里宮廷派遣了國王的弟弟到里斯本擔任執政官，而葡萄牙屬印度的統治，則委託給舊有的葡萄牙人大貴族們。這些貴族們最終在一六四〇年葡萄牙王政復辟運動中，成為核心一般的存在，因此他們並非打從心底服從西班牙王權。而這也意味著葡萄牙屬印度對耶穌會來說，是比較容易活動的地區。

傳教士范禮安

范禮安是義大利籍耶穌會傳教士的代表性存在，一五三九年，他以拿坡里王國貴族之子的身分出生。范禮安家族和與西班牙國王卡洛斯對立的教皇保祿四世（一四七六－一五五九年）有著相當親近的關係。他畢業於帕多瓦大學，之後以在家人的身分為教皇工作，期間發生了對女性的傷害事件。范禮安對此深切的反省，因此為了成為聖職者，再次進入帕多瓦大學學習神學。一五六六年，他進入羅馬學院，入會耶穌會。

他在一五七〇年成為神父，可說是有點遲。不過他和歷代教皇都維持著良好的關係，因此在耶穌會內部很快便出人頭地。一五七三年，他被總會長穆克安任命，去葡萄牙屬印度視察傳教的狀況，並賦予他全權進行組織改革的權力。一五七四年三月，他從里斯本港出發，在同年九月抵達果亞，在印度待了大約三年的時間，詳細觀察了傳教上的問題。一五七八年，他又到了澳門，期望能在中國傳教，且認為歐洲耶穌會教士必須要學會中文，因此先後從印度招來了羅明堅神父（Michele Ruggieri，一五四三－一六〇七年）和利瑪竇神父（Matteo Ricci）。羅明堅和利瑪竇合作，在一五八三年於廣東省肇慶建立了第一座基督教的教會「仙花寺」。隔年，羅明堅又寫了《天主實錄》，作為給中國信徒的簡易教義書。

一五八八年，范禮安為了擴大在中國傳教的範圍，提出了訴求，認為有必要以教皇的名義向北京朝廷派遣外交使節，因此羅馬便派遣羅明堅，但最終因為各種因素而無法實現此行。羅明堅就此停留在歐洲，之後就由利瑪竇來推動在中國的傳教活動。范禮安為了要在亞洲傳教，不僅認為歐洲人要學習當地的語言，更認為需要當地人來當傳教士。在十六世紀末，為了在日本和中國傳教，在澳門創設了聖保祿學院來培養當地的年輕人，而這當然是范禮安的提案。

范禮安似乎是「人事的天才」，他相當重用猶太改宗的耶穌會教士。這並不僅是因為他自己在耶穌會當中算是少數派的義大利人，也是為了保護在亞洲傳教時有所必要，如果王權和官僚產生對峙，就需要有著「獨立於帝國之外的心性」的人才。

人文主義

包含范禮安在內，義大利籍的耶穌會教士和其他歐洲耶穌會教士最大的不同點在於，他們受到人文主義強烈的影響。透過文藝復興時期，對希臘、羅馬古典的研究、重新定義，活化了他們重新對神與人類本質的理解與實踐。文藝復興時期這樣的人文主義，雖然傳播到歐洲各地，有著一定的影響力，但是其他地區都不如義大利如此發達。義大利籍的耶穌會教士受到相當程度人文主義影響，他們認為「未開化的人」有權利享受神的恩典，因此自己的使命便是讓他們受到應享的教育，並理解神的真理。為了要達成這個使命，他們必須要進入文化，讓這些人在自己的知識體系中理解神，而獲得他們的信任是最重要的。這就是「適應[12]」的原理。

在當時的歐洲，理所當然的認為亞洲、非洲和新大陸的原住民都劣於歐洲人，但在海外活動的耶穌會教士，卻研究了各個文明和文化，並採用了配合當地的「模仿」作法。他們將人文主義的理念從桌上的理論搬到實踐，這一點在人類史上就是值得評價的行為了。另一方面，他們將新大陸的原住民社會視為「純粹」的狀態，並從人文主義者的湯瑪斯．摩爾（Thomas More）的《烏托邦》獲得構想，為了實現「理想的土地」，甚至進行了大規模的社會實驗。實際上沒有文字的原住民社會並非「純粹」，因此他們不得不採取了配合原住民價值觀的傳教方式。為了將基督教深植入原本沒有這個概念的社會時，「適應」就是不可或缺的手段。

范禮安的「適應」政策

由於范禮安並沒有實際參與中國傳教，因此他所經歷過與自身經驗差異最大的異文化地區，就要屬戰國時代的日本了。范禮安在抵達日本不久，便埋頭觀察日本文化，並詳細的制定了耶穌會教士在這個地區應該採取的態度，此書名為《日本傳教士之禮儀》[13]。在這本指南當中，他首先提倡基督教的傳教士要擔任像京都五山禪僧一樣的角色和禮法。這時候的五山除了特殊的南禪寺之外，指的是天龍寺、相國寺、建仁寺、東福寺、萬壽寺。這些不僅是宗教設施，同時也肩負著室町幕府重要的機能。廣為人知的就有製作並管理與明之間的外交、通商文書等，室町幕府搭上遣明船的外交使節正使、副使，也都是由五山之僧所選出來的。范禮安意識到在此時的歐洲，耶穌會也擔任著相同的工作（各國間的外交和宮廷顧問），且他認為日本政權已經和明朝斷絕正式往來，所以對與「南蠻國」往來、通商一定抱持著高度關心，他也期待耶穌會教士有取代五山僧的可能性。

不過，「天竺僧」所傳的基督教教義，和既有的佛教大大不同，而沙勿略到日本來時，將基督教的神格置換成佛格的行為也被禁止，因此基督教很難滲透到日本人之中。范禮安認為「日本人對新信仰的和尚（其中尤其是對他們來說是）外國人（特別是）我們這些人，給予相當尊敬的待遇」（《日本諸事要錄》[14]第二十二章），因此想要利用日本人覺得他們是「從天竺來的和尚」這樣的誤解。范禮安知道日本人認為他們是「和尚」，故而看出自己「地位比日本僧侶更高」的優勢。

傳教士的外表

一五五九年，加斯帕·維列拉（Gaspar Vilela，一五二六—一五七二年）計畫在京都開始著手傳教，從豐後經由瀨戶內海往北方走，當時他的外表是「日本式的剃頭」。他想必是穿著僧侶的服裝，這可以從路易士·佛洛伊斯在《日本史》當中的記載：「他剃了鬍子和頭髮，穿著適合朝聖的衣服」推測出來。維列拉抵達後，就立刻獲得了和將軍足利義輝（一五三六—一五六五年）見面的機會。當時他的服裝是：「穿著依循（日本）國家風俗的衣物，上面又披著非常舊、舊到毛都已經掉光的葡萄牙製披風」[15]。

一五六〇年左右，在九州各地進行傳教活動的路易斯·德·阿爾梅達，在書信中寫道：「我剃了髮，穿上佛教僧侶的裝束進行傳教」，不過當這封書信在一五九八年於葡萄牙的埃武拉用活字印刷術被印刷出來時，這段敘述卻被刪除了。因此要等到二〇二二年，這段敘述才首次在日本為人所知[16]。

義大利籍傳教士奧爾岡蒂諾（Organtino Gnecchi-Soldo，一五三三—一六〇九年）與傳教長弗朗西斯科·卡布拉爾大約同時到達日本，隨後他立刻被派遣到京都傳教，他到堺市迎接一五七一年前後來到畿內視察的卡布拉爾時，身上就穿著絲綢的和服。當時卡布拉爾坐上從豐後往北走的船之前，當地的基督教徒和宣教士就強烈建議他，為了旅途中的安全，最好是穿上日本的服裝和頭巾，不過卡布拉爾卻直接拒絕了。因此我們可以知道，這個時候（一五七〇年代）的傳教士普遍都穿著和佛僧類似的服裝。卡布拉爾在岐阜城和信長見面時，穿了耶穌會原本的木棉材質黑色修道服，當信長詢問其理由時，他回答：「過去我只是不希望日本人覺得很怪異，才穿日本服裝的」，並說明接下來他們都會穿著木棉的修道服。對此情景他記錄著：「信長好意的接受了這番說明」[17]。

范禮安的服裝規範

當范禮安神父到達日本後，耶穌會傳教士的服裝再度成為問題，范禮安針對這個問題，訂立了相當堅決的規範。其內容可從日本耶穌會第一次協議會的紀錄得知。統整出范禮安對這個議題所訂下的裁決後，內容如下：

一、耶穌會會員和同宿的服裝，必須各自統一，以黑色為基本，除了聖衣之外不得使用絲綢。二、為了要從服裝區別出修道士和同宿，同宿要在青色的和服之上穿短的黑色短外褂。修道士則可以穿黑色的和服與單衣。

從這裡可以看出重要的點在於，在范禮安下規定之前，歐洲的耶穌會教士並沒有穿著統一的服裝，以及儘管卡布拉爾禁止穿絲綢之後，也還是有人穿絲質的服裝。而且為了要明確區分修道士與同宿的差異，規定了兩者要穿不一樣的服裝[18]。

藍色的衣服

傳教士的助手，也就是還是學生的同宿必須要穿的青色服裝，其實是藍色。藍色原本是印度佛教沙門（修行僧）穿著的僧服顏色。此外，在明末的中國寺院，原本禪僧穿褐色服裝、講僧穿藍色服裝、律僧穿黑色服裝以做區隔，但不知從什麼時候開始，所有僧侶的衣服都變成黑色的了。講僧的工作是在聽眾面前掛上圖畫，一邊指點一邊說唱經文，也就是「講解圖畫的人」，這和同宿的工作也是一致的。利瑪竇等人剛開始在中國傳教時，據說穿著了佛僧的衣服，不過由於發現佛僧的社會地位並不高，因此就改穿儒者的衣服了。范禮安將同宿穿的衣服定為藍色，很有可能是採用了日本人所理解的中國佛教寺院的習慣。而他規定神父和修道士等正式的耶穌會教士穿著黑色的衣物，不僅是因為黑色本來就是耶穌會制服的顏色，很有可能也是因為他認為這樣可以幫助神父和修道士與日本禪僧或律僧同化吧。從外表開始下手這樣的「適應」手法，在中國有利瑪竇，在南印度有羅伯托·德·諾比利（Roberto de Nobili），這些義大利籍的耶穌會教士，也都採取了相同的概念。

日本人傳教士

儘管范禮安找出了一個方式，以外表來中和佛僧和傳教士之間的差異，但實際上歐洲傳教士和日本信徒在宗教禮法之外，與宗教本質相關的事物上，幾乎是無法直接交談的。在傳教和說明教義時，他們總是必須要透過日本的傳教士或同宿。就連路易士·佛洛伊斯如此精通日本文化和政治情況，且給人一種日文頗為流暢的形象，但他在傳教長卡布拉爾的筆下，還是獲得了這樣的形容：

> 在日本的傳教士當中，路易士·佛洛伊斯累積了十六年的（日語）研究，他的確是日文最好的人，但就連佛洛伊斯也沒辦法在異教徒面前公開講道，在基督徒面前（講道傳教）也有窒礙。[19]

日本耶穌會的正式會員除了神父、修道士之外，還有一些日語稱為同宿、看坊、小者的日本人。占傳教士大多數的同宿、看坊、小者，大多數都姓名不詳。看坊是改信基督教的佛教寺院僧侶，住在「教會化」的寺院裡，照顧基督徒的起居。喪葬或日常的宗教指導，則由同宿、看坊為中心進行。范禮安是這樣形容同宿的：「日本修道士的數量不足，語言和風俗習慣對我們來說非常困難，而且也很新奇，如果沒有這些同宿，我們在日本根本什麼事也做不成。」接著范禮安又說，講道、解說教義等神父的大半工作、執行喪禮儀式、製作文書、在教會招待貴人茶湯等，也都是他們的工作。日本的基督教在逐漸變化成被稱為「吉利支丹」（cristão）這個宗教的過程當中，他們扮演了很重要的角色。[20]

佛教寺院轉而被當作「教會」

在京都的傳教工作，是由前面提到在一五五九年剃了髮、穿上佛僧服裝的加斯帕·維列拉，以及日本人琵琶法師羅倫佐了齋（ロレンソ了斎，Ir Lourenco，一五二六—一五九二年）開始的。他們在京都一開始租房子，輾轉居所，到了一五六〇年時，他們購買了姥柳町一處荒廢的佛教寺院和土地，並在此設立了教堂。沙勿略將京都稱為「日本的羅馬」，看到此地寺院之多，他感到非常驚訝。不僅天皇居住在京都，這裡又有很多的佛教寺院，因此從沙勿略開始，耶穌會非常大的目標就是在此傳播基督教。實際上他在京都所進行的講道，聚集了許多僧侶，針對理性的靈魂（anima racional）、來世、創世等議題，和羅倫佐了齋進行了辯答。根據紀錄，在辯論結束後，有大約十到十五位左右的僧侶接受了受洗。儘管不知是羅倫佐了齋個人的意志，還是受到維列拉的指示，在羅倫佐日期標注是一五六〇年六月二日的書信當中，幾乎所有的篇幅都在報告佛僧的改宗。這個時候各宗派的佛僧們，非常努力的試圖理解基督教的宗旨為何，並提出了各式各樣的問題，他們的結論是：「基督教的教義和真言宗很類似[21]。」

一五七四年耶穌會的修道士米格爾．範斯（約一五四六—一五八二年）在信中寫道：「（在大村領）有兩萬人以及六十個以上的佛教僧院改信基督教，之前侍奉惡魔的僧院，現在則獻身於神的教誨」（一五七五年十月一日，米格爾．範斯在日本大村發出的書信），顯示隨著領主的改宗，人民也跟著成為了基督徒，佛教寺院等建築物整個改變成基督教的話，這棟建築就會被二度利用，成為吉利支丹的「教會」[22]。

天正少年遣歐使節

為了達成「適應」，范禮安的其中一個政策就是要與日本的宗教同化，透過此環節，基督教可說是相當廣泛的被日本社會所接受。不過儘管這個方法在融合的初期階段已被接受，范禮安卻認為，有必要階段性的思考與計畫，讓原本基督教的教義滲透到社會中。為此，他計畫派遣優秀的年輕人到歐洲，讓他們學習並意識到基督教和佛教是不同的宗教，並要讓他們看看真正的基督教社會和成熟的歐洲文明。這就是天正少年遣歐使節的計畫。

這個計畫的重點是，擔任使節的少年們必須改信基督教，或者他們必須是對基督教有好感的「日本皇室貴族」的親戚。同時他們還有一個任務，就是必須要將耶穌會在日本傳教的成果，傳達給羅馬教皇和歐洲社會。正使有大友宗麟的遠房親戚伊東祐益（教名伊東滿所，約一五六九—一六一二年）、大村純忠（大村領主）的姪子，同時也是有馬晴信（島原領主）的從兄弟千次羽紀（約一五六九—一六三三年）、副使有大村純忠家臣之子中浦儒略（約一五六八—一六三三年）和原瑪爾定（約一五六九—一六二九年），另外還有至少三位在中等神學校學習的同年齡層日本少年（多拉德兄弟、棹爾傑．羅耀拉）同行。多拉德兄弟（Constantino 和 Augustino Dourado）出身於諫早，也有一說認為他們的父親是葡萄牙人，或許他們也負責口譯的工作。

一五八二年二月，一行人從長崎港出發。范禮安與他們同行到印度，並安排葡萄牙人神父迪奧戈．梅斯基塔（Diogo Mesquita，一五五一—一六一四年）照顧這些少年。在歐洲，他們受到西班牙國王費利佩二世（Philip II of Spain）、羅馬教皇葛利果十三世的召見，葛利果十三世逝世後，他們也參加了後繼的西斯篤五世（一五二一—一五九〇年）的加冕儀式，當時的情景直到今天都還留在梵諦岡圖書館的壁畫上。他們在歐洲待了大約兩年的時間，造訪了義大利各個城市，見了許多大公貴族。最熱烈歡迎他們的，並不是葡萄牙也不是西班牙，而是義大利，其中想必是因為這個使節團是由范禮安促成的，這個因素一定有很大的關聯。

少年們在一五八七年到達印度的果亞，經由澳門，又在一五九〇年七月和范禮安一起回到日本。在歸國之際，大友宗麟和大村純忠都已逝世，豐臣秀吉（約一五三七—一五九八年）頒布了「伴天連追放令」（一五八七年），在日本傳教因此變得非常困難。經常有人指出，少年使節團並沒有受到熱烈的歡迎，不過由於他們在歸國時都還是學生，甚至也還不是修道士，因此實在是不值得受到鋪張的慶祝。反倒是在表面上一片禁止基督教的狀況下，一五九一年在聚樂第，他們被當作印度副王使節團，與范禮安等人一同謁見秀吉，這項事實更值得注目。

聚樂第的謁見

與少年使節團一起二度來日的范禮安，在進入日本國內之前，就知道秀吉頒布的「伴天連追放令」，他一開始逗留在長崎，觀察秀吉的動向。來日後大約經過半年，在一五九一年初，他走瀨戶內航路往北，以農曆正月拜年的名義，請求謁見秀吉。他召集了大約二十名葡萄牙商人，打造出外交使節團的樣子，待在兵庫的室津，等待謁見的許可。等了數週之後，一位吉利支丹黑田孝高（通稱官兵衛，一五四六—一六〇四年）協助交涉，因此秀吉答應要與「印度副王使節」見面，而引見了范禮安等人。

范禮安為了進獻給秀吉，特意準備了歐洲製、裝飾華美的武具和盔甲，以及健美的阿拉伯馬匹。一行人在淀川乘船到京都，城市中圍觀的大批群眾，見到使節團一行人如此華麗，都感到震驚。狩野派的畫師們就曾將服裝華美的葡萄牙商人們、傳教士和異國的各種物品，一同畫在部分的南蠻屏風上，重現了當時的景象。

過去傳教士謁見足利義輝和織田信長時，只有傳教士和日本人的助手。如此伴隨著一大群葡萄牙一般人，以印度副王使節的身分，造訪中央為政者，這還是頭一遭。一五九一年，正是秀吉突然開始對朝鮮、明朝和馬尼拉的菲律賓總督府（西班牙領）進行強硬外交與通商的時期，因此據說當他看到衣著華美的「印度副王使節」帶著進獻品來訪時，感到相當滿意。這個時候，范禮安完全按照日本對地位尊貴者的禮儀來進行謁見，因此受到在場日本人們的讚賞。這些情景都被詳細記錄在路易士．佛洛伊斯的《日本史》[23]當中，佛洛伊斯記錄下范禮安對秀吉進行了日本的禮儀（三叩頭），他當時想必是展現了如果被歐洲人看到，絕對會震驚無比的「適應」吧。

范禮安答應秀吉，會將其豐功偉業轉達給印度和歐洲，秀吉因此非常滿意。秀吉在一五九六年的聖費利佩號事件[24]和二十六聖人殉教為止，實質上並沒有鎮壓吉利支丹，在一五九六年進行鎮壓之時，其對象也是從馬尼拉來的方濟各會修道士，刻意放過了耶穌會的教士，可見當時范禮安打造壯觀的「印度副王使節」帶來了絕佳的效果。耶穌會將秀吉禮遇范禮安視為大好機會，在一五九二年重新開始在畿內傳教。從此時到一五九六年左右，秀吉手下的武將就增加了不少受洗者。

與卡布拉爾的對立

在與秀吉對峙之際，耶穌會因范禮安的機智而化危機為轉機。不過在耶穌會的內部，也有不少人反對范禮安這樣過度的「適應」政策。最為人所知的就是科斯梅．德．托雷斯的繼任者——成為日本耶穌會傳教長的葡萄牙人弗朗西斯科．卡布拉爾。卡布拉爾以葡萄牙領印度的軍人官僚身分到達印度赴任，並加入耶穌會。眾人皆知他十分嚴格，在日本時，他認為必須要導正托雷斯擔任傳教長時期所產生的「不可逆適應」，因此限制了日本人修道士的數量、藉由位階來區分工作內容、主張歐洲人應占有優勢等，其傳教方式讓基督教很難滲透進日本社會。針對范禮安和卡布拉爾對立為題材的研究，都將卡布拉爾總結為一位問題人物，但以當時的歐洲人來看，卡布拉爾的想法可說是非常一般，反倒是范禮安的作法過於先進。

范禮安在一五九二年離開日本，停留在澳門之後，一五九五年開始居住於果亞。在此地，又不知什麼因緣，他被迫和卡布拉爾一起生活。卡布拉爾在日本的傳教方式上和范禮安對立，從日本傳教長的職位退下來後回到印度，但兩人再見面時，他已經站上統整亞洲、非洲耶穌會的印度管區長的地位了。他的權力極大，因此范禮安絕對不會感到舒服，或許正是因為如此，一五九七年他移動到澳門，次年又立刻出發到日本。他在日本待到一六〇三年，在日本相較之下較為安定的十七世紀初期，都在日本和他的同僚也是日本副管區長的波隆那人巴范濟（Francesco Pasio，一五五四—一六一二年）一起度過。一六〇三年，儘管留有遺憾，但他回到澳門，在一六〇六年一月二十日，結束了根據自己的信念，積極在各地完成改革的一生。巴范濟在思想方面受到范禮安非常大的影響，在他擔任日本副管區長、巡察師的期間，也積極修改並推動范禮安所訂立的規則。

卡瓦略「排日」

范禮安的權力和先進的思想太過強大，以至於在日本，表面上很少人支持卡布拉爾。但實際上，有不少耶穌會傳教士的思想和卡布拉爾比較相近。其中最有名的例子就是十七世紀初期擔任日本管區長的葡萄牙人瓦倫丁．卡瓦略（Valentin Carvalho）。

卡瓦略在日本頒布禁教令的前後，解雇了大量耶穌會的同宿和隨從。雖然其中也是有經濟上的原因，但當時耶穌會內部的議論認為，卡瓦略的「排日」是主要的原因。范禮安在思想上的繼承人，西西里傳教士卡路巴（Vincenzo Carrubba，一五七〇—一六二七年），就在一六一七的書信中這樣回顧：

> 神父（卡瓦略）在任職副管區長的期間，對這些同宿都會擺出私底下的面孔。由於他對他們的厭惡感實在太強烈了，在澳門當地他漸漸會開除一些人，有些人前往了印度，有些人則回到日本。[25]

在同一封書信中，他也批判了吹捧卡瓦略的葡萄牙神父們。批評范禮安所制定的「適應」方針，都是以葡萄牙人為中心，因此可見在耶穌會內部也引起了很大的不滿。實際上，和卡瓦略同時期的歐洲人傳教士，尤其是葡萄牙傳教士之間，都對日本有著這樣的情緒。卡瓦略對日本的認知，讓我們彷彿看見了距離他大約四十年前，擔任傳教長的卡布拉爾。卡布拉爾在離開日本後，在印度回顧在日本傳教的情景：

> 他們從孩童時期就在充滿肉欲的罪惡環境以及罪惡之中成長。更邪惡的是，日本人甚至認為這

是名譽的事……。他們（日本人）有些人甚至只能靠此而活，因此在日本入會（耶穌會）的人也通常是這種人。（日期標記一五九六年十二月十日的書信[26]）

卡布拉爾在與范禮安對立後離開日本，在果亞順利的出人頭地，歷經果亞的耶穌會學院長，在一五九二年到一五九七年擔任印度管區長，並在一六〇九年逝世。而這也意味了和范禮安的對立，對卡布拉爾的職業生涯來說，並沒有造成太大的影響。換句話說，在葡萄牙領印度和亞洲各地的耶穌會傳教地，范禮安的「適應」政策在某種方面來說，算是特殊的想法，儘管這樣的政策帶來了莫大的傳教成果，但亞洲耶穌會主要的歐洲成員（尤其是葡萄牙人），並不見得都認同這樣的想法。

退會的兄弟和轉為托缽修道者的人

由於有前面提到的狀況，不只同宿，就連來到澳門的日本弟兄當中，也出現了要退出耶穌會的人（irmão）。一六一五到一六一七年退出的四名弟兄，塩塚路易斯（一五七七—一六三七年）、伊東滿所喬安（一五七八—?年）、野間安德烈（一五八三—?年）、松尾路易斯（一五八二—一六二六年），據說就是對自身處境有所不滿。之後，塩塚暫時回到日本後，又前往馬尼拉、並在方濟各會成為教區神父，松尾則在馬尼拉道明會的教會學校擔任教師，伊東和野間在一六二五年前後重回耶穌會，伊東在日本殉教（他與遣歐使節伊東滿所為不同人）。儘管退到澳門，日本的弟兄們也有十四件被耶穌會提拔成為神父的事例，可見耶穌會並非完全禁止日本人擔任神父。但是在耶穌會的內部，想要晉升為神父，還是必須要達成一定的條件，如果不符合，就要退會，或者到其他的修道會尋找活路。

以馬尼拉為據點的托缽修道會（方濟各會、道明會、奧斯定會）由於人才不足，亟需在禁教狀態下很難光明正大在日本進行活動的日本傳教士，因此將成為神父（僅限教區神父）的基準，訂立得比耶穌會更寬鬆。在禁教期間，大部分透過馬尼拉托缽修會而成為神父的人，有些原本是耶穌會的同宿，有的是在耶穌會教會學校學習的人。除了從耶穌會轉移到托缽修會的同宿們之外，也有人放棄在耶穌會內部晉級為神父，直接去到羅馬，以耶穌會成員的身分當上神父，其中的例子就是過去是同宿的岐部茂勝（一五八七—一六三九年）、小西滿所（一六〇〇—一六四四年）、美濃米格爾（約一五九一——一六二八年）[27]。

十九世紀的聖保祿學院

基督教在東亞的傳教活動

澳門的聖保祿學院原本的目的是為了培養日本神父，但在江戶幕府的伴天連追放之後，就開始接受歐洲的傳教士、日本修道士和學生。由於在日本傳教的狀況漸微，這裡就成了耶穌會成員在中國和東南亞傳教時的重要據點。東南亞的港口城市住了很多從日本離散到此地的吉利支丹，因此在他們居住的地方建立教會，傳教士也被派遣到此地。

在一五八三年，廣東省肇慶建立了第一座教會之後，利瑪竇就在中國國內輾轉改變據點，一邊進行傳教活動。在十七世紀初期，萬曆帝（一五六三－一六二〇年）對耶穌會教士帶來的最新西洋學術知識頗感興趣，因此招來了利瑪竇，首次進到明朝宮廷[28]。一六〇五年，他在北京建立了通稱「南堂」的宣武門天主堂。在這之後，他和明朝的徐光啟（一五六二－一六三三年）和李之藻（一五六五－一六三〇年）等士大夫交流，把自身的知識翻譯成中文，而這些士大夫文化也透過利瑪竇之手，被傳進歐洲。也是在這個時期，雙方合作寫成了《坤輿萬國全圖》。利瑪竇平日身穿儒者的裝束，將基督教的「神」說明成跟中國人所知的「上帝」和「天」是一樣的存在，同時他在中國也容許在日本傳教時表面上被禁止的祖先崇拜。此舉遭到在澳門的道明會教士與方濟各會教士的批判，認為這在神學上是很大的問題，並在後續引發了「中國禮儀之爭[29]」。改信基督教的中國人是否被允許祖先崇拜的問題所引發的爭論，一直持續到十八世紀。這場爭議受到羅馬教廷的影響，傳信部時而會對耶穌會做出善意的判斷，時而又會推翻其判斷。

明朝在萬曆帝在世時，由於女真入侵和地方叛亂，造成國力衰弱，最後在孫子崇禎帝（一六一一－一六四四年）的時代裡，李自成發動叛變，結束了大約持續了三百年的王朝。一六一六年，女真族在滿洲建立了後金國持續南下，與李自成的軍隊引爆衝突，在一六四四年，出現了中華的統一王朝「大清」（不過他們從一六三六年開始就自稱「大清」了）。

在澳門的葡萄牙人們於一六二二年遭到荷蘭艦隊的攻擊，因此在一六三〇年代被迫可能要結束原本是命脈的日本貿易，因此非常關注明清之間的勢力之爭。一六二八年到一六三二年，澳門派遣了由鐵砲隊和砲擊手所組成的援軍前往明朝。在這時候，葡萄牙耶穌會教士陸若漢（João Rodrigues Tçuzu，一五六一—一六三三／四年）曾經因傳教被趕出日本（關於此點有陰謀論），也曾經到過明朝宮廷，因自身的功績還受崇禎帝頒發感謝狀，另一方面，在一六四〇年代，有幾位在中國傳教的耶穌會教士，卻被捕並死於獄中。正好與陸若漢同一時期的朝鮮官僚鄭斗源（一五八一—？年）一行人以陳奏史的身分抵達明朝，他們獲得了耶穌會翻譯成漢文的天文學、曆學、地理書等，又學會了紅夷砲的製作法。一行人當中的翻譯官李榮後（生卒年不詳）和陸若漢交換了書信，詳細而努力的學習曆法計算的方式，而這些交流就成了西洋文物與科學首次傳入朝鮮的契機[30]。

耶穌會的教士們在中國，相較於在明朝的活動，他們在清朝更為活躍。尤其是在康熙帝（一六五四—一七二二年）的時代裡，致力於曆法、天文學、地理學的發展，又為清朝帶來了俄羅斯南下的情報，扮演了為朝廷傳達海外情勢的角色。一六八七年，五位來自法國的耶穌會教士抵達中國，受到了康熙帝的重用。在往後的十五年裡，有四十位法國耶穌會教士在宮廷的學院裡工作，北京朝廷一時之間彷彿充滿了法國人。他們穿著和官僚同樣的絲綢服裝。在康熙的年代裡，北京建造了被稱為「北堂」的新教會。

儘管在朝廷內獲得重用，但是實際上他們對老百姓的傳教工作卻沒有什麼太大的進展，在整個清朝裡，數度頒布了禁止基督教的禁教令。基督教以彌勒的下生信仰為基礎，高唱普渡眾生的概念，時而與進行反政府活動的白蓮教等宗教，有著類似的性質。因為基督教拯救懺悔的人、來世復活這些最重要的教義，時不時也被反政權思想所利用。

被當成「神話」利用的沙勿略

在這個章節中，我們以耶穌會在亞洲傳教的開始時期為中心，深入探討了經常會被認為是「西班牙帝國的尖兵」，其實並不見得都是事實的狀況。具體來說，沙勿略的工作，並非都受到國家對傳教的保護，反倒是由傳教士和商人們在亞洲，透過了與周遭緊密的人際關係，建立起命運共同體。支持沙勿略傳教工作的人們當中，有人是從葡萄牙逃出來的，也有些人是被過去所屬的修道會所排擠，而加入耶穌會的。儘管如此，沙勿略所在亞洲傳教所伴隨的形象，很常會被描述為與「葡萄牙這個國家」有著緊密的關係，因此在沙勿略過世之後，葡萄牙對葡萄牙屬印度的經營，包含宗教統治在內，也經常會將沙勿略「殉教者」、「偉大的聖人」的形象與口耳相傳的事跡，當作「神話」來利用。

此外，耶穌會很強烈的想要壓制自身與國家（這裡指的並非葡萄牙，而是西班牙）權益之間的關聯。義大利籍傳教士范禮安能在亞洲傳教時獲得重要的職位，就是出自於此。范禮安所推崇的「適應當地」的政策，帶來了各式各樣的優點，但是另一方面，和國家有較強連結的葡萄牙人和西班牙人卻因此感到不滿，以日本來說，正好也因為同一時期禁教令在社會上造成了很大的壓力，讓耶穌會的組織接近崩解邊緣。

這樣的想法和理論幾乎不曾出現在過去這個領域的研究之中。可能是因為在日本，人們還不太願意去破壞跟耶穌會和傳教相關的言論與形象吧。耶穌會的貢獻是連繫了各個文明，在人類史上也極為少見，而後世必須好好利用他們所留下來的史料，當作政治史、經濟史、人類學的資料。正因為如此，更應該以中立且科學的角度，來解讀這些歷史資料。

若昂三世（一五〇二—一五五七年）

出生於一五〇二年。為阿維斯王朝葡萄牙國王曼紐一世的兒子。母親是西班牙卡斯提亞王國和雷昂王國的女王伊莎貝拉一世和斐迪南二世的女兒亞拉岡的瑪麗亞公主。他在一五二一年繼承王位為若昂三世（John III of Portugal），並君臨葡萄牙大航海時代的全盛時期。根據與西班牙簽訂的《薩拉戈薩條約》，決定了在《托德西利亞斯條約》中，西班牙和葡萄牙尚未決定的亞洲勢力分界線。西班牙國王卡洛斯一世以三萬五千達克特為交換條件，放棄了摩鹿加群島的所有權，藉此決定了東經一百三十三度附近是領土的分界線。但是在此後，以新西班牙總督轄區（墨西哥）為中心的西班牙殖民地政府，卻又以實質上是要統治摩鹿加群島為目的，派遣了橫跨太平洋的艦隊。沙勿略在摩鹿加碰上的羅・洛佩斯・德・維拉洛博斯（Ruy López de Villalobos）艦隊，也是新西班牙總督轄區的副王府擅自進行的計畫。在《薩拉戈薩條約》當中，西班牙國王之所以會讓步，是因為當時哈布斯堡家族面對重重內亂，讓他必須要與同盟國葡萄牙保持良好的關係。在這之前的一五二五年，卡洛斯的妹妹卡塔里娜嫁給若昂三世，卡洛斯自己也和若昂三世的妹妹結婚。

若昂三世和卡塔里娜一共生了九個孩子，但全數都早夭。葡萄牙王室和卡斯提亞王國歷經數世紀反覆近親通婚，若昂三世與王妃卡塔里娜就是表兄妹的關係，因此很容易產生遺傳性的問題。這對夫妻的第八個孩子若昂・曼紐王子（一五三七—一五五四年）和表姊西班牙公主喬安娜（一五三五—一五七三年）結婚，但他在自己的兒子塞巴斯蒂安出生之前就過世了。也因此，若昂三世的孫子塞巴斯蒂安，代替了若昂・曼紐成為王儲，在若昂三世過世後，以年僅三歲的年紀即位。年幼的塞巴斯蒂安不可能治理國政，因此祖母卡塔里娜就從一五五七年起的五年間擔任攝政。

在卡塔里娜攝政的期間，政治受到西班牙支配的色彩濃厚，導致葡萄牙貴族的反感。卡塔里娜本身的立場也就如同葡萄牙的女王，但在其間葡萄牙宮廷內採取了很多西班牙風格的文化，在宮廷料理書上所找到的「西班牙女王的蛋糕」和傳至日本的南蠻菓子「蜂蜜蛋糕」做法很像，因此傳說那就是蜂蜜蛋糕的起源。這裡的「西班牙女王」，很有可能指的是卡塔里娜在小時候，和她一起被幽禁在托德西利亞斯王宮聖克拉拉修道院的母親卡斯提亞女王胡安娜（一四七九—一五五五年）。

青年期的塞巴斯蒂安在宮廷內重用耶穌會的教士，因此有傳聞說他與他們之間有著同性之愛。此外，塞巴斯蒂安同時也熱衷「復國運動」，因此他應王位被叔父奪走的摩洛哥薩阿德王朝前蘇丹穆罕默德・穆泰瓦基勒（Abu Abdallah Mohammed II, Al-Mutawakkil）之邀，跨海參加了薩阿德王朝的內戰，最終在阿爾卡塞爾・吉比爾（Al Quasr al-kibr）喪命（一五七八年）。塞巴斯蒂安死後，若昂三世的弟弟——當時正在擔任樞機的恩里克，臨時坐了兩年的王位。在因王位而引發的內亂之後，母親是葡萄牙公主的西班牙國王費利佩二世成為葡萄牙國王。自此之後，到一六四〇年以葡萄牙大貴族布拉干薩公爵為中心所發起的獨立運動為止，都是由西班牙國王統治葡萄牙（實質上的合併）的年代。由於塞巴斯蒂安的遺體並未被發現，因此儘管在西班牙實質統治的年代裡，社會上也經常會出現塞巴斯蒂安仍然活著的說法，甚至成為一股被稱為「塞巴斯蒂安主義」（塞巴斯蒂安實際上並未死亡，他還會回歸）的世俗運動，產生了與「義經傳說」類似的神祕組織運動。

安立奎・恩里奎茲（一五二〇—一六〇〇年）

沙勿略在開始傳教之際，恩里奎茲（Enrique Enríquez）就是沙勿略的左右手。出身於葡萄牙的維索薩鎮（Vila Viçosa），家裡是經濟寬裕的猶太改宗者。最初他進入方濟各會的修道院，但一五四〇年代，葡萄牙國內的社會風氣非常盛行「血統純正主義」（排除猶太人），因此他退出方濟各會，進入新設立於科英布拉的耶穌會神學校。之後他在一五四六年前往印度，在沙勿略的指揮之下，主要在印度的漁夫海岸對當地的人民進行傳教活動。

恩里奎茲是最早明確意識到要使用當地語言進行傳教的耶穌會教士，他為了信徒，將初級的教義書（也就是*Doctrina Christã*）翻譯成坦米爾文並印刷成冊，接著又進行坦米爾文和葡萄牙文辭典的編纂工作。安立奎・恩里奎茲所實踐的當地語言主義，符合東印度巡察師范禮安所提倡的「適應政策」，范禮安在印度期間，恩里奎茲無論在任何事情上都受到了重用。恩里奎茲在印度傳教的初期，被推薦為統領漁夫海岸地區耶穌會教士的長官，不過他認為自己是猶太改宗者，葡萄牙的官僚們一定不樂見他成為印度傳教的長官，因此他數度拒絕擔任長官。恩里奎茲的弟弟曼努埃爾・羅培茲（一五二五—一六〇三年）則當上了位於西班牙耶穌會主要神學院埃納雷斯堡（之後成為大學）的院長職位。荷蘭著名的哲學家巴魯赫·史賓諾沙（Baruch de Spinoza，一六三二—一六七七年）是他母親這方的遠親。

和恩里奎茲同時期在沙勿略帶領下的猶太改信耶穌會教士，還有阿方索（Afonso de Castro，一五二〇—一五五八年）。阿方索出生於里斯本富裕的寶石商人之家。他曾經入會方濟各會，但同樣因「血統純正主義」所造成的歧視而退會，轉而加入耶穌會。為了參加沙勿略的傳教活動，他在一五四七年被送往印度，受沙勿略之託到摩鹿加島傳教。摩鹿加島由於反葡萄牙的風氣非常強烈，因此要在此地傳教十分困難，他在德那第被當地人所捕之後，在一五五八年遭到處決。阿方索的「殉教」對當時在亞洲傳教的耶穌會教士而言非常衝擊，在日本的耶穌會教士在書信當中多次寫到阿方索之死，之後以耶穌會教士殉教為作品的版畫，也將他視為是繼沙勿略之後的下一個殉教者。

科斯梅·德·托雷斯（Cosme de Torres，首任日本傳教長）從新西班牙總督轄區搭上維拉洛博斯的艦隊，經由太平洋來到亞洲，在摩鹿加群島見到了沙勿略，並加入耶穌會，西班牙系猶太改信者的知識分子，有很多都和他有著相同的名字（托雷斯），因此也有人認為他是猶太改宗者，不過在耶穌會的史料以及異端審問史料當中，卻沒有找到明確的證據。

費爾南·門德斯·平托（約一五一四—一五八三年）

十六世紀中期，費爾南·門德斯·平托（Fernão Mendes Pinto）在《遠遊記》（*Peregrinação*）當中描繪了由倭寇、葡萄牙商人和海盜們跋扈橫行的東南亞海域。他出生於葡萄牙的舊蒙特莫爾。根據美國研究平托的學者雷貝嘉·卡茨（Rebecca Catz）指出，他很有可能是猶太改宗者，這一說成為定論，不過這並非基於異端審問紀錄，而是從他的經歷和姓名（門德斯是伊比利半島富裕改宗者家族）來推斷的。

費爾南·門德斯·平托實際上是從一五四四年前後就在日本和中國沿岸地區活動的商人。他在一五三七年到達印度，在紅海和土耳其軍戰鬥，成為俘虜，並被當作奴隸販賣。他在忽里模子被其他的葡萄牙人發現，因而被贖身。在東亞，他和名為安東尼奥·德·法里亞（António de Faria，生卒年不詳）的海上商人一起行動，靠著與華人、穆斯林海盜戰鬥和貿易過活。

《遠遊記》被評價為「自傳性小說」，他在書中詳細寫下到達種子島（日本）時的情景。平托把自己描寫成第一個來到種子島，並把砲彈傳入此地的葡萄牙人，但實際上他很有可能只是聽了其他當時在東亞活動的葡萄牙人所說的事，就把這些事當成自己的經驗寫了下來。其他還有很多誇張之處，以及年代的錯誤，因此這部作品長久以來在葡萄牙都被認為是「虛構的作品」。近年來，書中出現的人物被證實是實際人物，因此學界認為有重新將其承認為史料的價值。

從一五五〇年前後開始，平托成為在同一個海域上勢力強大的葡萄牙商人杜阿爾特·達·伽馬（Duarte da Gama）的船員。《遠遊記》的後半，成了「沙勿略傳」，可見在這個時候平托和沙勿略有深入往來的機會。實際上，在沙勿略日期標記一五五二年一月三十日的書信中，也有寫到為了在山口建設修道院，平托借了三百克魯札多（Cruzado）給沙勿略，其功績受到沙勿略的讚揚。

當沙勿略在川島過世，遺體被運送到果亞之際，正好平托人在果亞，他透過了遺體受到了神的啟示，因此志願加入耶穌會。之後由於他對東亞海域和日本很熟悉，因此便隨著喬安・努內斯・巴雷托（João Nunes Barreto，約一五二〇—一五七一年）一同抵達日本。實際上平托和豐後國主大友義鎮打過照面，他以「印度副王大使」的名義進行謁見，並將印度副王的禮物交給他。平托回到印度後，在一五五八年退出耶穌會，之後也從耶穌會的紀錄中被消除。

還俗後，他回到里斯本，居住在里斯本對岸的阿爾馬達，執筆書寫《遠遊記》。回國之後他似乎仍和耶穌會的教士有所往來，寫耶穌會編年記的喬凡尼・皮耶特羅・貝洛里（Giovanni Pietro Bellori，一五三三—一六〇三年）在書寫沙勿略和亞洲耶穌會的歷史時，據說也曾造訪平托。

彌次郎（?—一五五三年）

彌次郎教名為Paulo de Santa Fé。出身薩摩，年輕時因犯下殺人之罪，因此離開母國乘上葡萄牙的船到達麻六甲。他在麻六甲認識了沙勿略，進入印度的聖保祿學院修習了一年之後，與沙勿略一同回到日本。故鄉是鹿兒島的坊津，可能是武士階級，推測從事的是包含和葡萄牙人通商在內的貿易工作。留有兩封葡萄牙語的書信（並非由他本人所寫，很可能是由歐洲傳教士代筆），描述他離開日本的來龍去脈，但除此之外並沒有其他的資訊。

彌次郎在鹿兒島對沙勿略的傳教工作有很大的幫助，但其實他接下來並沒有隨著沙勿略到平戶、山口、京都、豐後等地傳教。從某一個時期開始，在沙勿略的書信當中，也完全不再提到他。考慮到彌次郎的隨從喬安（生卒年不詳）以及幾乎同時期成為沙勿略隨從、原本是奴隸的日本人安東尼奧（生卒年不詳）在沙勿略將死之際，都在沙勿略的身邊，我們可以推測彌次郎這位對沙勿略來說最重要的日本人，和沙勿略一行人之間，可能是在鹿兒島時發生了嫌隙。彌次郎離開沙勿略一行人，在官方的紀錄上是為了「對鹿兒島信徒作靈魂指導」，但是從各種情報中所提到的彌次郎，以及他之後的動向，的確會讓人質疑這個理由的真實性。

關於彌次郎的下場，有多則不同的資訊，不過有一個共同的紀錄是「在和沙勿略一行人分開後幾年，遇上了海盜在中國被殺」。路易士·佛洛伊斯的《日本史》當中記載，他參加了八幡（倭寇），成為海盜船上的一分子，並死於中國。彌次郎投身「倭寇」應該是毫無疑問的。至於他的死亡，究竟是因為海盜之間引發的戰爭而被殺害的，還是被明朝軍隊討伐而死，真相不明。一五五三年（嘉靖三十二年），正好是對「後期倭寇」來說最大的活動「嘉靖大倭寇」開始的時期，以中國的海商為中心，中國沿海居民、薩摩、大隅、五島、博多等日本人（真倭）所參加的中國沿海掠奪行為到達了全盛時期，明軍因此展開大規模的軍事鎮壓行動，也造成了沿海非常多的死者。彌次郎很有可能就是其中一個「真倭」（日本倭寇）而死在這場動亂之中。

佛洛伊斯在形容彌次郎「以八幡的身分出逃」時，寫道：「薩摩國山地非常多，因此這裡本來就很貧困，要仰賴（他國）糧食的補給，為了逃離這樣的窮困，多年來這裡的人從事一種被稱為八幡的職業。也就是說，這些人會前往中國的沿岸和各個地區進行強盜和掠奪」，他記錄著對薩摩人而言，參加「倭寇」也是一種職業。

路易斯·德·阿爾梅達（約一五二五—一五八三年）

他是出身於里斯本的猶太改宗者，擁有外科醫師的資格。青年時期加入葡萄牙海上貿易的團體，在東亞從事貿易。杜阿爾特·達·伽馬是一五五〇年到一五五五年間，每年主要往來於上川島—平戶路線的葡萄牙私人貿易海上商人。一五五一年他到過豐後，隔年又來到鹿兒島。一五五一年，離開日本之際，他將沙勿略從豐後載到上川島。根據耶穌會的紀錄，杜阿爾特·達·伽馬這個時期率領著自家的大型船舶在日本—中國之間進行貿易，是一位非常有權勢的葡萄牙海上商人。前述的費爾南·門德斯·平托也屬於他的集團。

路易斯·德·阿爾梅達（Luis de Almeida）被委任為杜阿爾特小型船舶的船長，航行於中國與麻六甲沿岸之間。杜阿爾特的船在一五五〇年進入平戶港，他的船員對此時停留在平戶的沙勿略進行了懺悔。這時候，阿爾梅達很有可能遇見了沙勿略，但是卻沒有史料能證實這一點。他之所以放棄了經商豐富的財產，選擇成為修道士的道路，最直接的影響是來自於到日本巡查耶穌會教士活動的喬安·努內斯·巴雷托。巴雷托在一五五五年來到日本，本來預定是要擔任耶穌會印度管區重要的職務，但透過沙勿略的書信，他感受到日本這個傳教地的魅力，無法捨棄對日本的憧憬，因此決意來到日本。儘管如此，他在從印度出發的航行中，數度遇到暴風、船難、沉船，在馬來半島的柔佛島附近，被阿爾梅達的船所救。接著，巴雷托自一五四九年（朱紈討伐雙嶼）以來，為了前往廣州談判，要求釋放被關在廣州的葡萄牙俘虜時，阿爾梅達也有同行。

阿爾梅達這位青年和巴雷托（或者以及沙勿略）相遇，捨棄了商人和船上的生活，將自己所有的財產約四千到五千克魯札多，都捐贈給耶穌會，成為修道士。這個事實也對日後基督教在日本的傳教活動有很大的影響。一五六三年，大村純忠等九州的戰國大名接受了受洗，基本上就是在阿爾梅達的指導下進行，招攬葡萄牙船到這些人領地內的港口，也是他的安排。除此之外，他將自身的財產委託給認識的商人們開始進行的貿易，目的就是為了建立耶穌會的經濟基礎。

在日本傳教的期間，耶穌會仰賴葡萄牙商人個人的捐獻來進行活動，但由於阿爾梅達的貿易計畫，建立起了經濟基礎，得以穩定的在日本傳教。傳教士像商人一樣活動，在耶穌會內外都受到了強烈的批判，不過實際上如果不進行貿易，在日本的傳教活動是進行不下去的。阿爾梅達是猶太改宗者，這是公開的事實，某種程度上打著這樣公開身分的旗幟，很有可能也正當化了耶穌會進行貿易的行為。接受受洗的領主們，關心的是領地內與南蠻船的貿易，更有利的取得火藥、武器等進口貨物。

阿爾梅達的功績並不僅限於領主的受洗，他也建立了傳教的經濟基礎，以及慈善活動的基礎，他的貢獻可說是多方面的。但是在一五八〇年之前，他都並非神父，而只是一介修道士。其背景除了他的功績很可能被眾人認為是世俗性的之外，有可能也因為他的出身是猶太改宗者。在范禮安到日本之後，他意識到阿爾梅達眾多的功績，因此強烈主張要將他晉升為神父。

與阿爾梅達同一時期，受到范禮安承認晉升為神父的修道士，還有桑契斯（Aires Sanches，約一五二七—一五九〇年）。桑契斯相關經歷的史料紀錄，不如阿爾梅達詳細，但知道他是猶太改宗者出身，會演奏類似維奧爾琴之類的樂器，當商人出身的他進入耶穌會時已三十三歲，比阿爾梅達大了三歲。桑契斯以商人的身分來到日本後，成為沙勿略的後繼者，在日本傳教開始的時期，其順應當地狀況、文化的傳教方式，受到了科斯梅．德．托雷斯的認可，成為耶穌會的會員。之後，他在阿爾梅達設立的豐後府內醫院擔任醫師的助手，在修道院負責照顧孩子們，並從事教育。

除了他以外，在往後的時代裡，於日本傳教的猶太改宗者耶穌教士，還有將歐洲的天文學教給日本的副管區長佩德羅．高梅茲（Pedro Gómez，約一五三五—一六〇〇年）和培養年輕人成為聖職人員的聖保祿學院院長孟三德（一五三一—一六〇〇年），他同時也著有《天正少年遣歐使節記》。孟三德獲得擢用，想必還是跟范禮安有關。

瓦倫丁．卡瓦略（一五五八—一六三一年）

卡瓦略（Valentin Carvalho）在一五五八年出生於葡萄牙里斯本。在里斯本的耶穌會學院學習後，成為該神學院的哲學教師。一五九三年，與被任命為日本主教區輔佐主教的路易斯．塞爾凱拉（Luis Cerqueira）一起從里斯本出發，在一五九八年一同來到日本，並在一六〇一年被拔擢為澳門第二任神學院院長，直到一六〇八年都待在這個職位上。之後他再度來到日本，就任長崎神學院的院長。卡瓦略是培養神父的專家，但是他待在日本的期間很短，並不能說很理解日本文化或日本人。卡瓦略重用了被認為是天正少年遣歐使節當中最優秀的原瑪爾定，讓原瑪爾定擔任他的口譯兼祕書。

一六一四年一月，全國頒布了禁教令，同年十一月，在日本活動的傳教士和同宿們大半分乘三艘船前往澳門、馬尼拉。在卡瓦略離開日本之時，他優先留下了歐洲的神父，而非日本人神父，並且將優秀的日本同宿分配給他們。卡瓦略的意圖是，他擔心如果留下了像原瑪爾定這樣優秀的日本神父，以後要是禁教令稍微緩和或者獲得解除，那麼對歐洲傳教士就會不再有需求了。除此之外，在禁教體制之下如果要進行檯面下的傳教，那麼日本神父就成了最被需要的人才，因此希望能暫時讓他們留在原本的位子上。

在卡瓦略退避到澳門時，有五十三位同宿隨行，其中二十八位以神學院學生的身分持續學習。其中能確認姓名的人有十九位，遭到卡瓦略解雇或退出耶穌會的有八位，再加上姓名不詳的退會者，數量可觀。實際上，在一六一四年移動到澳門的五十三位同宿（神學院學生＋舊有同宿），在一六一七年十月已減少到十七名了。他們幾乎都退出耶穌會，坐上前往東南亞的日本船，或者是從澳門到長崎的葡萄牙船隻，回到了日本。姓名能夠確認的同宿，大都集中在一六一五年到翌年退出耶穌會，同宿大量退出的時間點集中在抵達澳門之後不久。之後卡瓦略在澳門以日本管區長的身分統領了東南亞的傳教工作，在一六二六年為了出席印度管區會議抵達果亞，並於一六三一年卒於此地。

卡瓦略因為厭惡日本人而為眾人所知，他之所以更為出名，是因為他所寫的《辯駁書》。傳教士被趕出日本之後，西班牙派托缽修會為了追究其中的原因，強烈的主張「是耶穌會的責任」。特別是方濟各會的教士塞瓦斯蒂安·聖佩德羅（Sebastian de San Pedro，約一五七九—約一六二四年），他批判耶穌會介入日本的政治與貿易過深，是觸發了禁教令頒布的原因，並多次將批判的文書送往羅馬。耶穌會對此發出了反駁，特別是當時的傳教長卡瓦略寫了長篇的《辯駁書》。由於聖佩德羅的告發，人們了解了耶穌會介入長崎貿易活動非常深，但在《辯駁書》當中卻陳述了十七世紀初期在日本開始貿易的荷蘭人曾對江戶幕府提出忠告，告知他們西班牙派托缽修道會具有「西班牙帝國尖兵」的角色，而這才是禁教的一大要因。

其他人物

羅伯托·德·諾比利

一五七七—一六五六年。出生於托斯卡尼地區。一六〇五年抵達印度後，受到英國耶穌會教士托馬斯·史蒂芬斯（Thomas Stephens）的影響，借用印度教的用語來傳教，因此出現了很多改信的信徒。他也會穿當地宗教者（印度教出家人）的服裝，廣為人所知。諾比利在一六〇五年到達印度，因此沒有受到范禮安直接的影響。但是他有機會接觸到范禮安所留下來的文件，他參考了范禮安在日本所採用的「適應政策」，自稱「上師」（Guru）。諾比利除了梵語，還學習了泰盧固文、坦米爾文等當地的語言，坦米爾地區增加了不少基督教信徒，都要歸功於他。但是在一六二〇年代的果亞，諾比利的傳教方式被認為是非常異端且危險的，因此有人曾對教廷送出諮詢。教廷所做的回答是，只要不實踐異教的禮法，模仿當地宗教者的外表是可以容許的。換句話說，在果亞以葡萄牙人為中心的高階聖職人員當中，將承襲自范禮安的傳教方式視為問題，不過羅馬教皇卻做出了「算是在容許範圍之內」的見解。順帶一提，當時的羅馬教皇是曾在羅馬學院學習過的波隆那人額我略十五世。諾比利直到死於麥拉坡（印度金奈）為止，都在印度從事傳教工作。

利瑪竇

一五五二—一六一〇年。出生於拿坡里王國馬切拉塔的貴族世家。一五六八年進入羅馬學院。在葡萄牙的孔布拉學習後，在一五七八年啟程，前往亞洲傳教。一五八〇年在柯欽晉升為神父。他在義大利時，曾與范禮安有過交流的機會，在一五八二年，受到范禮安的招聘抵達澳門，並在次年與羅明堅一起開始在廣東省肇慶傳教。利瑪竇剛開始也是穿著佛僧的裝飾，但理解到在中國社會裡，儒者會被當成知識分子而受到尊敬，因此開始穿上儒者的服飾。中國人認可利瑪竇在數學、曆法、天文學方面先進的知識，並試著要接納這些知識，因此在學者和士大夫之間也出現了改宗者。利瑪竇自身也學習了中文，並加深與徐光啟、李之藻等官僚的交流。《坤輿萬國全圖》就是他們相互交流之下的產物，這本書在近世初期也傳進了日本。利瑪竇在說明基督教裡「神」的概念時，將重點放在與道教「上帝」、「天」的共同點上，並且接納了中國人的祖先崇拜，因此傳教的方針被視為「禮儀之爭」，成為往後耶穌會及其他傳教的修道士之間爭論的起點。在利瑪竇往後的教士，也被允許以朝廷知識分子和教師的身分留在中國國內，在過去一般認為他們幾乎沒有對平民進行傳教，不過近年的研究開始發現他們也有進行一般傳教。

卡布拉爾

一五二九—一六〇九年。關於他的出身地，有一派認為他出生於亞速爾群島的聖米格爾島，也有一派認為他出生於葡萄牙北部靠近西班牙國界的瓜達。他是貴族世家之子，在一五五〇年以軍人的身分抵達印度。他與伊斯蘭教徒戰鬥，立下軍功，但在一五五四年進入耶穌會，並在印度的耶穌會教育設施中擔任要職。他的神學知識優秀，對異教徒的教育也受到肯定，因此代替高齡的科斯梅·德·托雷斯被派遣到日本擔任日本傳教長。一五七〇年到達日本後，他在天草的志岐舉辦了傳教區會議，並指出基督教逐漸被日本文化吞沒的傳教方式有問題。他限定了日本耶穌會以正式成員的身分成為修道士的人數，並重視將日本人僅當作「同宿」這樣的助手來使用。種族歧視的傳教政策，與范禮安之間產生了對立，讓他在日本的評價很低，但他離開日本回到印度之後，卻平步青雲，當上了耶穌會印度管區長。

迪奧戈·佩雷拉

生卒年不詳。葡萄牙海上商人，他是沙勿略在進入中國時的計畫協力者。儘管生卒年不詳，但與佩雷拉一起行動的葡萄牙海上商人出身地大多都是葡萄牙北部。北部的山區地帶氣候寒冷，耕作地稀少，相較於南部算是土地貧瘠，因此在大航海時代，非常多人離開葡萄牙到海外去。他的弟弟吉列爾梅·佩雷拉就在一五五〇年代來到豐後府內。一五四〇年代後半，迪奧戈·佩雷拉所率領的船隊在暹羅與緬甸的戰爭中，成為暹羅的傭軍活躍於戰場。在同一時期，佩雷拉帶領的船員為了與倭寇進行走私交易而進出雙嶼附近，遭到明軍的討伐，大多數都遭到活逮。佩雷拉之所以會加入沙勿略進入中國的計畫，很有可能就是為了要救出這些葡萄牙俘虜。迪奧戈·佩雷拉的活動範圍是暹羅—中國沿岸，弟弟吉列爾梅的活動範圍可能包含日本，把這一點考慮進去的話，佩雷拉一族的活動範圍正好和後期倭寇重疊。迪奧戈．佩雷拉本人的出身並無定論，但是根據迪尤哥．都古托（Diogo do Couto）的《亞洲史》記載，他的女婿是葡萄牙貴族佩德羅．德．卡斯特羅（Pedro de Castro）。一五五七年他與廣東省的官廳交涉後，獲得葡萄牙人居住在澳門的許可，他在澳門統領葡萄牙人，也有許多耶穌會教士會逗留於他的居處。

費利佩二世

一五二七—一五九八年。「日不落國」西班牙帝國黃金時期的國王。他的父親是西班牙國王卡洛斯一世，母親是葡萄牙公主伊莎貝拉。父親卡洛斯一世同時也是神聖羅馬帝國皇帝查理五世，但最終皇帝之位由其弟斐迪南一世（一五〇三—一五六四年）繼承，西班牙和尼德蘭王位則由兒子費利佩繼承。自此，家族一分為二：奧地利的哈布斯堡家族和西班牙的哈布斯堡家族。在父親卡洛斯一世的年代裡，西班牙哈布斯堡王朝與法國、尼德蘭、鄂圖曼帝國戰爭不斷，且又有神聖羅馬帝國的分裂，到了費利佩二世的時代，也持續著這樣的狀況，儘管包含新大陸在內，西班牙建立了巨大的帝國，但為了鎮壓各地的動亂需要龐大的軍費，使財政十分緊迫。熱拿亞的商人們對西班牙王室提供了龐大的資金，新大陸所出產的白銀大多都為了支付熱拿亞商人的借款而消失，王室數度為了償還借款而宣告破產。

費利佩一生的婚姻生活非常複雜。一五四三年，他與葡萄牙若昂三世的女兒瑪麗亞．曼努埃拉公主（一五二七—一五四五年）結婚，但是瑪麗亞在十七歲生產時去世。一五五四年，為了西班牙與英格蘭的共同治理，他與比自己年長非常多的瑪麗一世（一五一六—一五五八年）結婚。但在一五五六年，卡洛斯決定要將西班牙王位交給費利佩，因此他回到西班牙。之後費利佩二世和瑪麗一世只共同生活了大約三個月的時間，瑪麗死於一五五八年，次年費利佩就迎娶了原本和瑪麗亞．曼努埃拉生下的王子卡洛斯指腹為婚的法國公主伊莉莎白（一五四六—一五六八年）。其背景是由於西班牙與法國之間為了義大利而戰，西班牙為了維持與法國之間的和平。伊莎貝拉產下兩位公主，但同樣在一五六八年生產後立刻死亡。兩年後，在羅馬教皇的反對之下，費利佩二世又強行和比自己年輕二十二歲的外甥女安娜．馮．奧地利（一五四九—一五八〇年）結婚，兩人之間生了四個孩子，除了成為費利佩三世的王子之外，其他孩子都夭折了。安娜自己也在一五八〇年以三十一歲的年紀死亡，之後費利佩便居住在建造於馬德里郊外的宏偉修道院兼宮殿「埃斯科里亞爾修道院」中，並在此地執行公務，天正遣歐使節的少年們，也是在這裡謁見了費利佩二世。

費利佩二世在位期間，西班牙在勒班陀戰役（一五七一年）之中戰勝鄂圖曼帝國，但在一五八八年與英格蘭的海戰（格瑞福蘭海戰）時戰敗，主要的原因在於新教國家英格蘭急速的成長。整個十六世紀後半，他長期肩負起了政權，並活到一五九八年，建立起了西班牙的繁榮，但在晚年因為尼德蘭的獨立和西班牙國內各地區發動叛亂，讓西班牙「日不落國」逐漸看到夕陽。

依納爵．羅耀拉

一四九一—一五五六年。與沙勿略並列為耶穌會創始者，第一任總會長。出生於西班牙北部潘普洛納的羅耀拉城堡，是城主最小的兒子。據說兄弟姊妹總共有十三人。在他十六歲時，應一位於卡斯提亞宮廷擔任財務官的親族之邀，進入宮廷服務。之後又為了替納瓦拉王國副王工作，因此回到西班牙北部。一五一二年，西班牙王國雖然征服了納瓦拉王國，但納瓦拉地區卻沒有完全服從，地方上的舊王家士兵們經常發動叛亂反抗西班牙帝國。沙勿略的兄弟們也是舊納瓦拉王國的士兵，參加了對西班牙的叛亂。一五二一年，羅耀拉參加了西班牙的鎮壓軍隊，在戰爭中他被砲彈傷及兩腿，因此必須療養。在療養生活期間，他深深為十四到十五世紀第一次天主教改革的思想家托馬斯．肯培（Thomas à Kempis，一三八〇—一四七一年）和薩克森的魯道夫一世（Rudolf I, Duke of Saxe-Wittenberg，一三〇〇—一四七八年）的作品所著迷，據說受到非常大的影響。這兩人都是在尼德蘭和德國風靡一世的「新信仰」（Devotio Moderna）代表性思想家，其思想和中歐新教的改革有所連結，在南歐則是與舊有天主教會的重整運動有關。「新信仰」透過對謙虛、順從、樸素生活等的獻身，以及用希臘文和希伯來文重新解讀《聖經》，以既有基督教生活方式為模範，告別當時充滿世俗欲望與價值觀的教會權力。以這層意義來說，新信仰與十六世紀初期的宗教改革（新教的形成）以及天主教對抗宗教改革的源流可說是相同的。儘管他們順從羅馬教皇的威權，但是在要求天主教重整改革的年輕修道士當中，就有羅耀拉和沙勿略的身影。

一五二二年，羅耀拉在蒙哲臘修道院發誓獻身，並赴耶路撒冷朝聖，祈求終身留在此地，卻遭到當地方濟各會修道士的反對，因此回到義大利，精進神學。羅耀拉的思想中有聖母瑪利亞顯靈等神祕主義思想。之後他進入埃納雷斯堡的學院學習，並在一五二八年進入巴黎的聖塔芭拉學院（Collège Sainte-Barbe）。他在那裡認識了之後的同志沙勿略。一五三四年，他們在蒙馬特誓約成立耶穌會，並在一五四〇年獲得羅馬教廷聖保祿三世正式的承認。耶穌會先進的特性獲得好評，除了西班牙國王和葡萄牙國王外，歐洲各個天主教國王都招聘他們到國內設立修道院和學院。羅耀拉本身在一五四八年著有《神操》、一五五四年又寫了《會章》，被視為往後耶穌會在各地進行傳教活動時，最必須遵守的規章。一五五六年他於羅馬逝世，一六〇九年教皇聖保祿五世（一五五二—一六二一年）為他舉辦了列福式，一六二二年額我略十五世（一五五四—一六二三年）宣布他為聖人。

傑羅姆・納達爾

一五〇七—一五八〇年。出生於馬約卡島一個猶太教改宗家庭。一五二六年，他進入埃納雷斯堡的學院，認識了羅耀拉，但他認為羅耀拉的神祕主義思想很危險，因此刻意保持距離，兩人並不親近。之後在巴黎的聖塔芭拉學院再度遇見彼此，兩人的距離因此拉近，但他認為成立耶穌會的成員「言行舉止都像異端」，且由於自己出身猶太教改宗家庭，因此出於避諱與恐懼，他並沒有加入耶穌會。離開了巴黎，去到亞維農後，他對《舊約聖經》和希伯來語的興趣，讓他與當地猶太系的人們深交，他也被認為在這個時期，開始肯定自己身為猶太人的身分認同。回到馬約卡島後，他以聖職人員的身分順利的走上出人頭地的道路，但由於他聽說自己在巴黎試著保持距離的耶穌會創始成員們，受到了教皇的認可，並且十分活躍，因此產生了非常想要加入耶穌會的心情。

一五四四年，他終於前往羅馬，加入了耶穌會。他很快因為自身的神學知識受到羅耀拉的重用，成為耶穌會最初的神學院墨西拿學院，以及接下來的「羅馬學院」的核心創始成員。他是耶穌會內部學識最淵博的神學者，對於全世界在傳教上所產生的各種問題，都會做出「最高權威」的建言和判斷。在羅耀拉死前，據說選了他擔任繼任者，但實際上第二任的總會長卻是顧及了西班牙國王的意圖，選出了迪亞戈・萊內斯。萊內斯也是一位猶太改宗者。納達爾在一五八〇年逝世為止，都擔任著歷任總會長的輔佐，他成為代表耶穌會的神學者，其名聲廣為歐洲所知。

注釋

1. 基本上本章中所使用的沙勿略書信，皆引用自以下的日文翻譯版本。河野純德譯，《聖方濟沙勿略全書信》，平凡社，一九八五年。原文請參照以下書籍：IHSI, *Monumenta Xaveriana: ex autographis vel ex antiquioribus exemplis collecta: monumenta histórica Societatis Jesu*, Rome: Tomus 1（1899/1900）, Tomus 2（1912/1914）.
2. 也被稱為新基督教徒。在葡萄牙語中也會被稱為「marrano」。主要是指從十四世紀到十六世紀，在伊比利半島由猶太教改信基督教的人。這些受到迫害而逃離伊比利半島的人們，對歐洲新教國家的經濟發展頗有貢獻。
3. 曼紐一世最初與卡斯提亞王國、亞拉岡王國的長女伊莎貝爾公主成婚，但伊莎貝爾早逝，因此他又迎娶了妹妹瑪麗亞。曼紐一世實行壓迫猶太教的政策，據說契機是因為和最初的王妃伊莎貝爾的婚姻有關。
4. 岸野久，《沙勿略與日本》，吉川弘文館，一九九八年。
5. 東京大學史料編纂所編、發行，《日本相關海外史料　耶穌會日本書信集》原譯文編之五，二〇一二年。
6. 岸野久，〈佛教與基督教之爭——初期基督教傳教士之佛教理解與辯證〉，《沙勿略與日本》，吉川弘文館，一九九八年。
7. 原本意味著在佛教寺院裡共同吃住的同輩，但也被吉利支丹的傳教組織拿來轉用。他們並非耶穌會的正式會員，但卻是實質進行傳教工作的人。詳細請參考筆者所著的〈僧形的傳教者〉（齋藤晃編，《傳教與適應——近世的全球使命》，名古屋大學出版會，二〇二〇年）。

8. 松田毅一、川崎桃太譯，《佛洛伊斯　日本史》六，中央公論社，一九七八年。原文請參照此書：Wicki, J.F.（ed.）, *Historia de Japam*, 5 vols., Lisbon: Biblioteca Nacional Lisboa, 1976-1984.
9. 太田牛一著，桑田忠親校注，《新訂 信長公記》，新人物往來社，一九九七年。
10. 松田毅一、川崎桃太譯，《佛洛伊斯　日本史》四，中央公論社，一九七八年。
11. 松田毅一監譯，《十六、七世紀耶穌會日本報告集　第I期》五，同朋舍，一九八八年。
12. 也被稱為accommodatio。指的是耶穌會在世界各地傳教時順應當地文化而採用的傳教方式。各地區的相關「適應」研究，以「文化相對主義」的傾向來看，近年來非常盛行。詳細請參照齋藤晃所編之前述書。
13. 范禮安著，矢澤利彥、筒井砂譯，《日本傳教士之禮儀》，基督教文化研究系列五，一九七〇年。原文請參照此書：Alessandro Valignano, Giuseppe Fr. Schütte（ed.）, *Il cerimoniale per i missionari del Giappone: Advertimentos e avisos acerca dos costumes e catangues de Jappão*, Rome: Edizioni di Storia e letteratura, 1946.
14. 范禮安著，松田毅一等譯，《日本巡察記》，東洋文庫，一九七三年。收錄了〈日本諸事要錄〉、〈日本諸事要錄補遺〉。原文請參照此書：Alejandro Valignano, editado por Jose Luis Alvarez-Taladriz, *Sumario de las cosas de Japón*（*1583*）*y Adiciones del Sumario de Japón*（*1592*）, Monumenta Nipponica Monographs No.9, 1954.
15. 松田毅一、川崎桃太譯，《佛洛伊斯　日本史》三，中央公論社，一九七八年。
16. 東京大學史料編纂所編，同前。
17. 岡美穗子，〈弗朗西斯科·卡布拉爾（Francisco Cabral）從長崎發送的書信（標記日期1572年9月23日）中所看到的岐阜〉，《岐阜市立史博物館研究紀要》二一，二〇一三年。書信原文如下：Biblioteca Real Academia dela Historia, Madrid, 9-2663, fols.85-107v.

18. 井手勝美譯，〈日本耶穌會第一回協議會（一五八〇—八一年）和東印度巡察師范禮安的裁決（一五八二年）〉，《吉利支丹研究》二二輯，一九八二年。

19. Schütte, Josef Franz, *Valignano's Mission Principles for Japan*, vol.1, St. Louis: Institute of Jesuit Sources, 1980. 原文書為下列所藏：ARSI, Goa 32, fol.386.

20. 岡美惠子，〈僧形的傳教者〉，齋藤晃編，《傳教與適應——近世的全球使命》，名古屋大學出版會，二〇二〇年。

21. 東京大學史料編纂所編、發行，《日本關係海外史料　耶穌會日本書信集》原譯文編之四，二〇一八年。

22. ARSI, Jap/Sin 7-2, fls.281-283v.

23. 松田毅一、川崎桃太譯，《佛洛伊斯　日本史》二，中央公論社，一九八一年。

24. 一五九六年帆船聖費利佩號在從馬尼拉前往墨西哥的途中，在土佐的浦戶遇難，被拖到浦戶港，於豐臣秀吉的命令下，船上的貨物遭到收押。

25. 本書信在高瀨弘一郎譯注、岸野久譯的《耶穌會與日本》二（岩波書店，一九八八年）文書二十二號中有全文翻譯，但此處是由筆者直接從原文書翻譯而來的。ARSI, Jap/Sin 17, fls.51-52v.

26. Schütte, 同前。

27. 五野井隆史，《德川初期吉利支丹史研究》增訂版，吉川弘文館，一九九二年。

28. Hsia, R. Po-chia, *A Jesuit in the Forbidden City: Matteo Ricci 1552-1610*, Oxford: Oxford University Press, 2010.

29. 在中國，耶穌會教士接納當地維持舊有的宗教禮儀，並進行傳教，但此舉卻遭到後起的道明會、方濟各會、巴黎外國傳教會等舉發為「異端」。這個問題長期以來引發了爭議，終於教皇克萊孟十一世在教皇憲章（一七一五年）中否定了耶穌會的傳教方式。清朝的康熙皇帝不允許耶穌會以外的傳教，接著雍正皇帝又將基督教視為禁教對象，因此議論也就此終結。

30. 劉小珊等，《明中後期中日葡外交使者陸若漢研究》，商務印書館，二〇一五年。

參考文獻

賈克·阿達利（Jacques Attali），齋藤廣信譯，《1492西欧文明の世界支配（1492西歐文明的世界支配）》，筑摩學藝文庫，二〇〇九年

安野真幸，《バテレン追放令——16世紀の日欧対決（伴天連追放令——16世紀的日歐對決）》，日本Editors School出版部，一九八九年

安野真幸，《教会領長崎（教會領長崎）》，講談社，二〇一四年

岡美穗子〈キリシタンと統一政権（吉利支丹和統一政權）〉，大津透等編，《岩波講座日本歴史 第10卷 近世1》，岩波書店，二〇一四年

尾原悟，《ザビエル（沙勿略）》，清水書院，一九九八年

鹿毛敏夫編，《描かれたザビエルと戦国日本——西欧画家のアジア認識（繪畫中的沙勿略和戰國日本——西歐畫家對亞洲的認知）》，勉誠出版，二〇一七年

神田千里，《戦国と宗教（戰國與宗教）》，岩波新書，二〇一六年
岸野久，《ザビエルと日本（沙勿略和日本）》，吉川弘文館，一九九八年
小岸昭，《マラーノの系譜（Marrano的世系）》，Misuzu書房，一九九四年
五野井隆史，《徳川初期キリシタン史研究（徳川初期吉利支丹史研究）》增訂版，吉川弘文館，一九九二年
五野井隆史，《日本キリシタン史の研究（日本吉利支丹史的研究）》，吉川弘文館，二〇〇二年
齋藤晃編，《宣教と適応――グローバル・ミッションの近世（傳教與適應――近世的全球使命）》，名古屋大學出版會，二〇二〇年
高瀬弘一郎，《キリシタンの世紀（吉利支丹的世紀）》，岩波書店，二〇一三年（初版一九九三年）
高瀬弘一郎，《キリシタン時代のコレジオ（吉利支丹時代的神學校）》，八木書店，二〇一七年
大衛・諾爾斯（David Knowles）等著，上智大學中世思想研究所編譯、監修，《キリスト教史（基督教史）》三―四，平凡社，一九九六年
平川祐弘，《マッテオ・リッチ伝（利瑪竇傳）》全三巻，東洋文庫，一九六九―九七年
松田毅一，《近世初期日本関係　南蛮史料の研究（近世初期日本關係　南蠻史料之研究）》，風間書房，一九六七年
松田毅一監譯，《十六・七世紀イエズス会日本報告集　第Ⅲ期（十六、十七世紀耶穌會日本報告集　第Ⅲ期）》一―七，同朋舍，一九九一―九八年
Maryks, Robert A., *The Jesuit Order as a Synagogue of Jews*, Boston & Leiden: Brill, 2009.
Moran, J. F., *The Japanese and the Jesuits: Alessandro Valignano in Sixteenth Century Japan*, New York: Routledge, 2014 [first

edition 1993].

Schurhammer, Georg, and Costelloe, M. J.（trans.）, *Francis Xavier: His Life, His Times*, 4 vols., Rome: Jesuit Historical Institute, 1973-1982.

第六章 統治天下之人與其時代
——「歐洲」的登場和「鎖國」體制的確立

中野 等

前言

基督教和象徵著槍械類武器的鐵砲，也在十六世紀中期傳入了位於東亞最東邊的日本列島。隨著「歐洲」的出現，日本的世界觀從過去的天竺（印度）、震旦（中國）、本朝（日本）所組成的「三國世界觀」，轉變為「地球儀的世界觀」，列島社會的國際環境出現了劇烈的變化。

當時列島社會長期缺乏政治性的統一，處在內亂時期（也就是戰國時代），社會混亂的狀況不僅限於列島，同時也波及了周邊海域。超越了領域限制，在東亞海域活動相當活躍的海民集團，被總稱為「倭寇」，而基督教和槍砲彈藥等就是透過了「倭寇」這類存在的媒介，而被引介進入日本列島。在西日本，特別是九州的各大名很快的就對這樣的狀況作出反應。他們鼓勵葡萄牙商人到來，允許基督教的傳教，以領國富強為目標，積極的進行交易。當中還出現了主動改信基督教的大名（吉利支丹大名），長年歷經戰亂而疲憊的人們為了尋求救贖而集體入教，基督教的勢力便急速擴大。

日本和葡萄牙以及之後加入的西班牙勢力之間進行的交易，被稱為「南蠻貿易」，貿易品大多是生絲、絲織品等中國的物產，日本則主要以白銀交換。也就是說，貿易實質上是透過葡萄牙、西班牙商人的仲介貿易。順帶一提，當時被帶進日本的鐵砲，據推測是製造於東南亞。「日本」只不過是透過「亞洲」，和「歐洲」產生了連結。儘管如此，由於歐洲勢力的出現，亞洲世界的國際秩序出現了很大的變化，以「中華」為中心的東亞價值觀，也逐漸變化為一種更相對的概念。

在這樣的背景之下，來看織田信長的出現，就會發現長期持續的列島社會內亂，終於開始出現了結束的傾向。雖然在途中信長身亡，但他的重臣豐臣秀吉完成了大業，接著德川家康和德川秀忠又建立起穩固的幕藩體制。儘管他們就任了傳統的官職，但很快的就讓位給後繼者，離開了家督或官職，以更自由的立場為了重整列島社會的秩序盡了心力。在這裡我將他們統稱為「天下人」。

其中出身不明的豐臣秀吉算是象徵性人物，不過許多新興大名也是在以下剋上的混亂狀況之中，開始出現於歷史的舞臺上。這正可說是「王侯將相，寧有種乎」的狀況，也意味著儘管同樣都是武家，卻和室町期之前的存在有著很大的不同。「天下人」與其周遭的人，為了要顯示自己的正統性，對自己的出身加以修飾，將自己置身於傳統性的權威之中。同時他們又打著「天理」（天道）與「朝廷公權力」（公儀）等概念，主張自己的行為合乎這些概念。

在「天下人」的時代裡，新興的武家權力將自身置於頂點，形成了新的秩序，但這樣的跡象並不僅限於列島內。完成國內統一的豐臣秀吉更是以「入唐」為目標，也就是「征服明朝」，試著入侵大陸（出兵朝鮮、侵略大陸）。挑戰位於中華的明朝，也就意味著挑戰既有的東亞國際秩序。但是向外征討的失敗，也成為豐臣政權瓦解的原因之一。繼承的德川家康努力想要修復與明朝和朝鮮的關係。儘管與朝鮮恢復了邦交，但最終卻沒有與明國締結正式的邦交。引退成為大御所的德川家康命島津氏進攻琉球，並頒布朱印狀管理海外貿易，積極推動與西班牙的貿易，開展了獨特的外交政策。

在信長、秀吉、家康、秀忠等「天下人」的時代裡，由於歐洲勢力的出現，讓東亞世界被迫面臨改變，因此這也可以說是一段「日本」嘗試重新定義自己定位的過程。繼承家康、秀忠的德川家光，讓「日本」的重新定位達到了一個歸結。朝鮮和琉球被視為服從日本將軍權力的異國，來自朝鮮的使節（通信使）以及從琉球抵達江戶的使節（慶賀使、謝恩使）展現出「服從的使節」的態度。此外，日本並沒有參與中國大陸的明清交替，放棄了國家之間的外交關係。之後在整個江戶時代裡，中國（清朝）都被定位為「通商之國」。新教國家荷蘭在島原、天草團結起義之際，各處巡航，並從海上攻擊原城，成功驅逐了舊教國葡萄牙，為國家「盡忠」。

透過這一連串的過程所確立的國家權力，只不過是一個重整過去「倭寇」狀況的過程罷了。這個結果也就是所謂「鎖國」制的成立。在本章中，將會把焦點鎖定在十七世紀前半為止大約一百年間，從戰國時期到鎖國制確立的變革時代裡，在列島社會及其周邊多樣化的人物身上，來追尋這個時代的真實樣貌。

織田信長（一五三四—一五八二年）

平定濃尾

戰國時期的尾張，由某種程度保守住自身地位的尾張守護斯波氏，以及尾張守護代織田氏兩家，分擔管理著尾張八郡，分別統治四郡。其中大和守家（織田氏）占據清須城，治理海東、海西、愛知、知多等下四郡。織田信長是這個守護代織田大和守家家臣之長織田信秀的嫡長子，父親死後，信長在一五五一年繼承了家業，並在一五五九年幾乎統一了尾張，隔年又往西方滅了今川義元。跟隨今川義元的德川家康（當時是松平元康）獨立後，與織田信長締結盟約，鞏固其背後勢力。在一五六三年，他為了專心攻打美濃，將居城從清須移到小牧山。小牧山城主要的城牆是由石頭所砌成，而且在城下還有城鎮（城下町），算是相當先進的城堡。一五六七年八月（以下日本人名所提及的相關日期皆為陰曆），他命令齋藤龍興統治美濃後，就將據點移到稻葉山城。太田牛一擔任信長與秀吉文書紀錄（祐筆），根據他所寫的《信長公記》紀錄，這時候的城下町井之口被改名為「岐阜」。

天下布武

織田信長在轉移到小牧山城之後，更改了自己原本簽署印記的花押。根據佐藤進一的考證，花押的來源可能源自於「麟」這個字。「麟」是與「麒」並稱為「麒麟」的一種中國幻想動物（正確來說麒是雄性、麟是雌性）。在中世的日本，也相信這是一種唯有在「至治之世」才會出現的動物。我們很難判斷信長是不是想要憑藉自身之力來達成這樣的治世，不過可以推斷他表明了他希望這樣世界的到來。

接著，在信長將根據地設在岐阜不久後，他又開始頒布印有「天下布武」印文的朱印狀（蓋上朱印的命令文書）。據說選定這個印文的人是澤彥宗恩，他是位於尾張小牧的瑞雲山政秀寺的開山住持。信長在這個階段的「天下」，就算指的是整個「日本」，但也只是一個很限定的概念，範圍只包括京都及周邊地區。將「麟」這個花押一起列入考量的話，這個「天下」與其說是很具體的地區，不如說很有可能是在表達一個抽象的理想。移到岐阜的信長，受到前將軍足利義輝的弟弟足利義昭的懇請，希望能再興幕府。收到這樣的懇請，織田信長在一五六八年（永祿十一年九月）擁立義昭而上京，讓義昭順利成為大將軍。

伸張勢力

成為將軍的義昭，一開始尊稱信長為「御父」，兩者關係互補，達成一種平衡。一五六九年，信長對義昭提出要在堺和近江草津等地任命代官（代理官吏），獲得許可後，信長任命會合眾的今井宗久為堺的代官。

但是信長和義昭的蜜月期並不長久，在一五七〇年正月，信長頒布了《殿中御掟》的追加五條規定，讓義昭的行動受到很大的制約。此外，信長企圖在畿內近國伸張勢力，為了與其對抗，本願寺和越前的朝倉義景、北近江的淺井長政、四國的三好三人眾（三好長逸、三好政康、石成友通）也開始相互集結。同年六月，織田、德川聯軍與淺井、朝倉聯軍在近江的姉川對戰。之後在七月，三好三人眾的軍力從阿波進入攝津之後，信長也進軍攝津。到了九月，以「佛敵信長」為號召的大坂石山本願寺也舉兵出動。為呼應其行動，淺井、朝倉到了南近江，與比叡山延曆寺會合。

透過關白二條晴良與將軍義昭的調停，雙方陣營暫時達成和解，但卻沒有永久維持。一五七一年九月，織田信長派兵放火燒了比叡山延曆寺，接著在一五七二年，甲斐的武田信玄加入了反信長的陣營。十二月，織田、德川聯軍被信玄擊敗之後（三方原之戰），義昭反信長的態度就更加明顯。然而在一五七三年四月，信玄突然身亡，讓信長擺脫了困境。

成為天下人

儘管織田信長和義昭暫時維持和睦，但在一五七三年七月，義昭被逐出了京都。順帶的在八月，他又滅了朝倉義景、九月滅了淺井長政。在次年一五七四年九月，他殲滅了在伊勢長島的一向一揆（起義），於一五七五年五月，又在三河的長篠擊敗了繼承信玄的武田勝賴。在長篠戰役之中，信長將大砲的使用方式組織化，此舉成功奏效。除了大砲之外，在調度子彈、火藥、煙硝等軍備用品時，宗久所代表的堺商人們扮演了重要的角色。考慮到堺的重要性，信長的親信松井有閑（宮內卿法印）被任命為堺的代官。

順帶一提，觀察織田家中發出的文書，在義昭被逐出之前的階段，「上樣」指的是義昭，稱信長時則是用「殿樣」。但在將義昭逐出之後，儘管仍時不時會使用「殿樣」來稱呼信長，但約從一五七五年八月開始，就以「上樣」來尊稱信長了。這一年的十一月四日，信長被任命為從三位權大納言，且在七日又被任為右近衛大將，證實了這項變化。在這前後，信長針對公家、門跡（皇族、貴族擔任特定寺院的住持）等，都進行了大規模新的任用與分封。信長對於天皇與公家都試圖展現出保護者的姿態。考慮到義昭在就職將軍後的一五六九年六月，升格為從三位權大納言，那此時的信長可說是成為名副其實的「天下人」了。

接著在十一月二十八日，信長將織田家的家主之位傳給了後繼的信忠。具體來說，其內容就是岐阜城和尾張、美濃兩國的統治權。進入新的一年，他命令丹羽長秀在近江安土建築新的居城，並在二月二十三日從岐阜遷往天下人之城安土。

對「世界」認知的擴張

信長在一五六九年首次見到耶穌會傳教士路易士．佛洛伊斯。當時正親町天皇禁止在京都傳教，佛洛伊斯為了重新獲得許可，與織田信長見面。信長允許他傳教，因此耶穌會得以重新在京都開始傳教活動。信長對耶穌會的態度整體來說算是相當友好，信長從佛洛伊斯和奧爾岡蒂諾（Gnecchi-Soldo Organtino）聽聞了許多很難獲得的「世界」資訊。尤其最具代表性的事件就是奧爾岡蒂諾贈與地球儀。據說信長聽了奧爾崗蒂諾的說明之後，立即就能了解地球是圓的。

透過耶穌會教士所帶來的「世界」概念，信長對世界的認知，從過去的亞洲逐漸擴大。也可說他的世界觀從過去也可說是儒佛世界觀的「三國世界觀」，變化成「地球儀的世界觀」。不過儒佛價值觀雖然被拿來比較，卻絕非被否定。對信長來說，「地球儀的世界觀」是最新的資訊，當他試著排他性的獨占這樣的資訊，就有其意義。另一方面，儒佛的世界觀和價值觀，相對來說是被「賦予」的，因此在統治與教化的層面，這些世界觀和價值觀並不會失去其存在意義。

儒佛的價值觀

在《信長公記》當中有關於安土城天守的記載。根據這些記載，天守最下層是高十二間（二十一．六公尺）的石造倉庫，在這層當中並沒有再分層。接著從第二層開始，柱子漆成黑色，客廳畫上了狩野永德的繪畫，主題除了風景畫與花鳥畫之外，第二層繪有唐朝儒者，第三層有賢人之室，還有仙人呂洞賓、仙女西王母的繪畫，第四層有龍虎圖、松竹桐及鳳凰、隱者許由和巢父，第五層則沒有繪畫。以八角四間為特徵的第六層，外面的柱子塗成朱色，內側的柱子則是金色，繪有釋迦開悟的佛教講道以及十大弟子，走廊則搭配鯱鉾與飛龍。最頂層的第七層則是三間四方的房間，內外都漆成了金色，柱子上有龍，天花板上繪有天人影向、牆上有三皇五帝、孔子的十大弟子與漢朝的四大賢人（商山四皓）、魏晉的竹林七賢。順帶一提，「影向」是佛家用語，表示神佛顯靈出現在人世的意思。

這些繪畫主題自從平安時期以來，在朝廷等殿舍就一直被拿來當成鑑戒（以過去的事物做為警惕）畫，而安土城天守的內部裝潢，承襲了這些傳統的理念，同時在構成上又加上了信長風格的安排。對信長而言，亞洲傳統的價值觀已經是相對的概念，在視覺上也可以看出他認為自己已凌駕於這些偉人和賢人之上。透過巧妙的利用這些傳統的價值觀，信長展現出自己壓倒性的存在感。

逐漸高升的威勢

足利義昭在被逐出京都之後，在一五七六年二月進入了毛利輝元領地內備後國的鞆，並尋求毛利輝元的救援。因此毛利家就和本願寺的勢力聯合，形成了一股與信長對立的勢力。在對抗本願寺、毛利的戰役中，松永久秀、荒木村重、別所長治等人相繼謀反，讓信長軍陷入苦戰。

不過在一五七九年，信長平定了丹波、丹後，原本屬於毛利陣營的宇喜多直家與毛利家斷交，臣服於信長，在一五八〇年又與本願寺達成協議，讓本願寺的門跡顯如和教如父子退出大坂（石山）。除此之外，在北陸方面又驅逐了上杉勢力，逐漸擴大領地，在一五八二年三月殲滅了武田勝賴。

在此期間，一五八一年二月，信長在京都進行了「馬揃」。以現代的表現來說，就是進行了一場華麗的軍事遊行。在這場遊行中，聚集了以正親町天皇為首的各大貴族顯要，甚至還能看見耶穌會范禮安的身影。當時耶穌會在日本的傳教工作是在印度管區長手下進行的，巡察師是管區長的輔佐，而當時范禮安的職位就是巡察師。

未完成的天下

滅了武田勝賴之後，信長又將眼光看向西方。他任三子信孝為主將，企圖進攻四國，並命令明智光秀去支援和毛利對峙的羽柴秀吉。一五八二年，在佛洛伊斯寫給耶穌會總會長的信件中，他提到這個時期的信長有「征服明國」的意圖。關於這一點，佛洛伊斯在《日本史》中做出了以下的敘述：

信長……平定了毛利，成為日本六十六國的絕對君主之後，編制了一支大艦隊，企圖以武力征服中國，並想將諸國分給自己的子孫後代。（松田毅一、川崎桃太譯，《完譯佛洛伊斯日本史3 織田信長篇Ⅲ 安土城與本能寺之變》，中公文庫，二〇〇〇年）

信長或許是試圖以「征服明國」來具體化相對的亞洲傳統價值觀吧。

一五八二年五月，日本的朝廷對信長提出要授予他最高官職的征夷大將軍、關白、太政大臣，希望信長從中選出自己想要的官職來擔任（也就是所謂的「三職推任」）。重新審視信長到此為止的官位，他在任權大納言之後，於一五七六年十一月被任命正三位內大臣、次年一五七七年十一月升上從二位右大臣。一五七八年正月，他晉升到正二位，四月時，他辭去右大臣、右近衛大將。一五八一年，朝廷展現出想要任命信長為左大臣的意願，但最終並未實現。在這「三職」之中，都還尚未確認知曉他的意願為何，在次年一五八二年六月，信長就在無官位的狀態下，於「本能寺之變」中身亡。

豐臣秀吉（一五三七？—一五九八年）

謎樣的出身

天下人豐臣秀吉第一次出現在確實的史料當中，是永祿年間（一五五八—一五七〇年）的後半，其年幼時期和青年時期，都充滿了謎團。一般認為他出生於一五三六年（天文五年）正月一日，我們能在《太閤素生記》中找到這段史料，不過沒有確實的證據，還有不同的說法。《太閤素生記》是甲斐武田氏的舊臣，也是秀吉的御伽眾當中的土屋円都之子土屋知貞的著作。據說土屋知貞將從父親那裡聽來的事情當作素材，寫成了《太閤素生記》，內容的可信度相對算是高的。

《祖父物語》（別名《朝日物語》）一書，也記載秀吉是誕生於一五三六年（天文五年），不過此書寫到他的生日是六月十五日。據推定這是因為六月十五日是日吉大權現的紀念日。接著，擔任秀吉文書紀錄的大村由己寫了《秀吉事記》，書中記載秀吉的誕生是「天文六年丁酉二月六日」。考慮到史料的性質以及其他相關資料，一五三七年（天文六年）二月六日應該是最妥當的。不過這僅只是一種可能性罷了。

關於他的出生地，《太閤素生記》當中寫的是尾張國愛知郡的中村，因此他出身於尾張的中村，便成了共通的說法。儘管如此，《祖父物語》當中卻寫他的出生地是清須城下，因此也有支持這一說法的學者，關於他的出生地也沒有一個定論。出生地的問題與秀吉出身的家庭如何維持生計的論點，也有關聯。

他的親生母親在往後被稱為「大政所」（通稱「仲」），在秀吉之前還生下了一個女孩，因此秀吉在出生時確實有一個姊姊，不過這個家的實際狀況也不明確。鈴木良一所著的《豐臣秀吉》（岩波新書）當中就寫道他是「出生於尾張中村的一個農家」，不過從親生父親和繼父的經歷來看，與其說是「相當清貧的農家」，更有可能是侍奉武家的「尋常百姓」吧。近年來，清須城下出生的說法和非農民的說法逐漸受到矚目，有些學者指出他在過去身分可能被過度貶低。無論如何，關於秀吉的出身家庭，並沒有一個確定的說法。

「創作」與「置換」的史學史

儘管非來自於門第世家，但秀吉的出身會完全不明，原因在於親生父親的真實身分不明。《太閤素生記》中寫道：「父名為木下彌右衛門，中村之人」，因此這暫且成為定論，不過可能比這更早出現的《豐鑑》則說秀吉是「鄉里貧賤之子」，且說無人知道其父母的姓名。《豐鑑》的作者是在壯年於秀吉手下工作的竹中重治（半兵衛）之子竹中重門。由於出自同時代而受到矚目，但無論是《太閤素生記》還是《豐鑑》都是寬永期之後的著作，當時豐臣家已不存在。

走上「天下人」之路的秀吉，逐漸開始妝點自己的出身。到了今天，有說法認為他是貴族私生子，說秀吉的母親是公家「持萩中納言」這位人物的女兒。在幼兒期失去父親中納言的女兒，因某種緣由嫁給擔任織田信秀鐵砲步兵的木下彌右衛門，生下一子一女，其中的兒子就是秀吉。

接著在大村由己的《關白任官記》當中，又提到侍奉於公家「荻中納言」的秀吉的祖父母，因讒言而被流放尾張，之後他們的兒子上京侍奉天皇，回到尾張生下了秀吉。其內容甚至暗示秀吉是天皇之子，在貴族私生子的說法之中，又有這種天皇私生子的說法。另外，松永貞德所著的江戶初期歌學書《戴恩記》中，也提到親生母親在年輕時候和天皇有關係，生下的孩子就是秀吉。

這些說法都被視為不值一提的傳說，但由於是與當時的當權者有關的言論，因此在當時可能具有某種程度的意義。想要讓「創作」出來的來歷固定化，其前提就是要有意識的消滅「事實」，因此要用虛實交錯的來歷來「置換」，這或許就是他們的計策。不過就算想要讓「創作」固定下來，豐臣政權也太過短命了。除此之外，我們也不能否定繼承了政權的德川家，有刻意貶低秀吉出身的可能性。這麼考量之下，想要探究秀吉出身的「事實」，似乎就沒有太大的意義了。

傳奇的前半生

年輕的秀吉侍奉過今川家中的松下之綱（加兵衛尉、嘉兵衛尉）一段時間，之綱似乎相當重用秀吉，有一說法認為秀吉「木下」的這個姓氏，就是來自於「松下」。

之後秀吉回到尾張替織田信長工作。這個時期的狀況並不明確，不過他在一五六一年迎娶了織田家中杉原定利之女為妻，推測發生於侍奉信長之後。定利有一男三女，次女和三女成為淺野長勝的養女。長勝的妻子是杉原氏，相當於她們的姑母。秀吉的妻子是次女，名為「寧」。三女招了安井重繼的兒子為婿，繼承了淺野家。他就是之後的淺野長吉（晚年以「長政」為名）。

在秀吉開始侍奉信長之後，當清須城的城牆毀壞時，他召集了許多勞工來完成修理工作，以薪奉行（職稱）的身分進行經濟活動，這些都可在小瀨甫庵的《太閤記》中窺知一二，不過這些僅是後世所流傳的小故事，並不值得去追究其真實性。

儘管如此，秀吉發揮了自身的才能，在相對短期間內從低微的身分出人頭地，這是錯不了的。在確實的史料上可以找到「木下藤吉郎秀吉」的名字，時間為一五六五年十一月，他的名字出現在信長頒給美濃坪內利定（喜大郎）的知行充行狀時的隨函上，因此可知他在這個時候晉升為信長的手下。

織田家的抬頭

這個時期的信長統治美濃，並在一五六三年將居城從清須移至小牧山。一五六七年八月，信長終於攻下美濃齋藤氏的居城稻葉山城。在此期間，秀吉的軍隊攻打墨俣一夜城和稻葉山城，都留下不少關於他軍功的故事，但卻幾乎沒有可以佐證的優質史料。儘管如此，身為信長手下的秀吉，成功說服稻葉郡的鵜沼城主大澤基康（次郎左衛門尉）降伏，毫無疑問，歷經進攻美濃之後，秀吉的地位又向上提升了。

一五六八年九月，信長為擁立前將軍義輝的弟弟義昭而出兵，以京都為目標的信長軍隊與南近江的六角氏對抗，秀吉和佐久間信盛（右衛門尉）、丹羽長秀、淺井信廣（新八郎）等人一同進攻六角家的箕作城，當天就攻陷了這座城（《信長公記》）。可得知秀吉已成為領導一支軍隊的將領，不過更值得關注的是，他的名字和佐久間信盛、丹羽長秀等重臣齊名出現在《信長公記》之中。義昭進到京都之後，秀吉和丹羽長秀、明智光秀、中川重政等人，統治了以京都為中心的地區。

一五七〇年六月，在朝倉、淺井軍和信長、家康對戰的姊川之戰後，秀吉被委託掌管對抗淺井最前線的橫山城。在此秀吉成功阻止淺井勢力的反攻，並成功勸降淺井陣營的宮部繼潤，立下了戰功。

長濱城主羽柴秀吉

一五七三年八月，信長攻陷了槙島城，足利義昭投降之後，秀吉便受命護送義昭到若江城。同年八月，信長滅了朝倉氏，九月更是大敗淺井氏，秀吉獲封淺井舊有的領地。他最初以淺井氏的小谷城為居城，但隨即他便在位於水陸交通要衝、湖畔的今濱（往後更名為長濱）開始築城。這個時候，秀吉的姓氏從「木下」改成了「羽柴」。「羽柴」推測來由是從丹羽長秀與柴田勝家的姓氏各取一字所組成的。

朝倉氏滅亡後，越前爆發了一向一揆的起事。秀吉和若狹的丹羽長秀負責馳援和糧食調度。秀吉必須一面進行領土統治，一面在各地抗戰，這時他的身邊組成了一定程度的家臣團。這個階段的家臣團一幫人，以及信長所分配的武士們成為核心性的存在，支持著秀吉。儘管說是一幫人，但當中其實和秀吉有血緣關係的只有同母異父的弟弟小一郎秀長（當時為長秀），其他都是姻親。其中有正室杉原氏的叔父杉原家次（彌七郎）和親兄杉原（之後姓氏改為「木下」）家定（孫兵衛）、其子勝俊、日後被稱為三好吉房的姊夫、連襟淺野長吉（彌兵衛尉）等人，另外還有小出秀政（甚兵衛尉），他的夫人算是秀吉的姨母。

另外信長分配的武士當中，有蜂須賀正勝（小六）與竹中重治（半兵衛尉），以及宮部繼潤等人。除此之外，還有秀吉在統治北近江之前，就在他手下的尾張部眾，例如神子田正治（半左衛門尉）、尾藤知宣（甚右衛門尉）、戶田勝隆（三郎四郎）、山內一豐（伊右衛門尉）、前野長康（將右衛門尉）、桑山重晴（彥次郎）、堀尾吉晴（茂助）、寺澤廣政（藤右衛門尉）等人。

統治中國地區

秀吉從很早的階段就開始擔任與毛利的交涉，信長期待本願寺的勢力得以削弱而開始經營中國地區時，他就被任命為先鋒。這個時期的秀吉認了主君信長的親生兒子為養子。他的乳名為御次丸，實名為秀勝。具體的時期並不清楚，不過推測可能是一五七七年或一五七八年前後。在過去，御次丸被認為是信長第四個兒子，不過近年來也有見解認為他是第五子。無論如何，秀勝也逐漸參與北近江長濱領地的統治。

一五七七年十月，秀吉進入播磨，將姬路定為據點。秀吉獲得了國眾小寺家的家長小寺孝高（黑田官兵衛尉）的協助，在十一月穩定了播磨國內的情勢，開始進攻但馬。回到播磨，秀吉又攻下上月城，在此地尼子勝久、山中幸盛（鹿助）投誠。在西播磨，與毛利和宇喜多勢力的對峙逐漸激化，一五七八年二月，東播磨三木城的別所長治因毛利而背叛織田陣營。由於人民幾乎都追隨別所，因此播磨出現了大混亂。在信長的命令之下，秀吉和荒木村重放棄救援上月城，並優先攻打三木城，然而十月時，攝津有岡城的荒木村重卻背叛了信長。

一五七九年十一月有岡城被攻破，一五八〇年正月三木城陷落。到此為止，秀吉已說服統治備前美作的宇喜多直家背叛毛利陣營，因此穩定了大半播磨。一五八〇年四月開始，他著手修築姬路城，在播磨國內實施土地調查。到了一五八一年三月，原本從屬毛利方的石見福光城主吉川經家，從豐國逃往因幡鳥取城，擺出了抗戰的姿態，但從七月開始，由於秀吉陣營展開的斷糧戰，導致十月末他被迫打開鳥取城門。

信長的後繼

到了一五八二年五月，秀吉包圍了備中高松城。毛利陣營傾全力展開救援，但為了與之對抗，秀吉請求信長出陣。不過信長在六月二日凌晨，在京都本能寺中因明智光秀的謀反而身亡（本能寺之變）。四日凌晨，接獲信報的秀吉急著與毛利陣營議和，命城將清水宗治切腹以反轉軍勢。在這場所謂的「中國大返還」當中成功的秀吉，與原本預計攻打四國的信孝（信長三子）和丹羽長秀會合，在六月十三日於南山城的山崎擊敗了明智光秀。

六月末，他在尾張清須集結了織田家的舊臣，商議今後織田家的問題（也就是所謂的「清須會議」）。儘管在清須暫且達成了協議，但信雄（信長次子）和信孝的對立，以及舊臣間複雜的利害關係，使得協議很快的瓦解。到了一五八三年，秀吉在二月於伊勢長島進攻瀧川一益，四月又在北近江的賤岳大敗柴田勝家，並追擊到居城越前北之庄，將其殲滅，五月又逼迫信孝自盡。

攝津被分配給池田恒興，但秀吉卻將恒興移至美濃大垣，並開始興建自己的居城大坂城。在這個時期，他與過去合作的信雄之間產生了嫌隙，信雄開始接近家康。一五八四年三月，信雄懷疑自己的重臣與秀吉勾結，因此殺害了重臣。以此為契機，秀吉和信雄進入了戰鬥狀態，很快的家康就加入信雄的陣營（小牧之戰）。秀吉進攻了家康的領國三河，因此他命外甥秀次為主將，組織了另一組隊伍，家康獲知消息發動了突襲，秀次遭到突襲而敗走（長久手之戰）。之後兩陣營持續對戰，戰局陷入膠著狀態。到了十一月，信雄與秀吉談和，雙方達成協議，家康也撤兵。

一五八五年，秀吉和信雄的關係穩定化，穩固了背後勢力，秀吉開始加入信雄、家康陣營，征討敵對的勢力。三月時平定了和泉，四月時平定了紀伊，七月又降伏了四國的長宗我部元親，八月則降伏越中的佐佐成政。

任官關白與賜姓豐臣

一五八五年七月，秀吉被任命為關白，九月又受天皇賜姓「豐臣」。成為關白的秀吉，在國內的統一戰也迎來了新的局面。在九州，島津義久壓迫豐後的大友宗麟，氣勢幾乎要一統九州。宗麟向秀吉請求支援，在十月，關白秀吉按照「叡慮」，也就是天皇之意，命令義久停戰。

島津家表示：「羽柴實為不知來自何處之人，真是世間的問題」，藉此評論了秀吉的出身，感嘆天皇任命一個不可靠的人物為關白，其「綸言」（天皇之言）之輕（《上井覺兼日記．大日本古記錄》天正十四年正月二十三日條）。秀吉支持宗麟可能是原因之一，島津家以五攝家之首的近衛家這樣正宗的門第而自傲，之所以會感嘆，或許也和這樣的背景有關吧。

宗麟上大坂時，大坂城的天守閣已完成，秀吉很親切的為宗麟導覽。秀吉命狩野永德和弟子為大坂城畫壁畫，同樣接受導覽的耶穌會教士佛洛伊斯也說，這座城遠遠的凌駕於信長的安土城之上：「這些大量的房間，都裝飾有各式各樣的繪畫。例如日本人最擅長的大小鳥類，以及其他自然風物，還有以日本與中國古代史實為題材的繪畫，看到這些話，就會被勾起好奇心，真是引人入勝。」（松田毅一、川崎桃太譯，《完譯佛洛伊斯日本史4　豐臣秀吉篇Ⅰ　秀吉的天下統一與高山右近的流放》，中公文庫，二〇〇〇年）。

另一方面，秀吉也在考慮追討家康。十一月，石川數正從德川家出奔，投效秀吉，秀吉給予他和泉國內的領地，數正成為秀吉的家臣。數正原本是統領岡崎城的重臣，可想德川家受到相當大的打擊。然而到了年末，家康一轉姿態，並在翌年一五八六年正月與秀吉講和，並達成協議。同一個月，秀吉對毛利、大友、島津家提出九州領土裁定案。但是內容對島津家極為不利，義久因此拒絕提案。十月二十七日，秀吉在大坂城接見家康，德川家康終於臣服秀吉。

伴天連追放令

鞏固了背後勢力的秀吉在一五八七年三月親自下九州，討伐不遵從「綸命」（天皇命令）的義久，平定了九州。秀吉在六月的九州對戰中，接見了對馬宗氏，命令他說服朝鮮王朝的臣服。

接著，他又在九州作戰中發布所謂的「伴天連追放令」（西曆一五八七年七月）。秀吉視日本為「神國」，並命令傳播邪教（基督教）的伴天連（耶穌會傳教士）退出日本。同時，他也限制大名信仰基督教，禁止破壞寺院或強迫領土內的人民改信。發布此禁令的背景在於對耶穌會的疑心。他將傳教活動的目的看作是他們想要征服日本，並且害怕其團結的力量，以及對信仰基督教的各個大名（吉利支丹大名）的影響力。伴天連追放令這一措舉，是為了要削挫耶穌會對領土的野心。除此之外，秀吉之所以會頒布這項命令，前提是認為大名和武士的受封都是暫時性的，再更進一步的說，國土和老百姓都是透過關白秀吉而歸屬於天皇的。這個「伴天連追放令」當中之所以會禁止人口買賣，也必須要從這個觀點來做理解。

不用說，「伴天連追放令」受到耶穌會強烈的反對。但是之後秀吉允許信教的自由，也讓傳教士繼續留在日本或進行貿易。除此之外，也找不到事例可以證明要信仰基督教的大名去尋求秀吉的許可。儘管如此，原本捐獻給耶穌會的肥前長崎被沒收，成為秀吉的直轄地，原本是吉利支丹大名中心存在的播州明石城主高山右近因為沒有順秀吉之意，而遭到流放處分。平川新認為，「伴天連追放令」或許是對於快速成長的耶穌會提出的強烈警告。

聚樂行幸與惣無事

平定九州凱旋歸來的秀吉，在九月遷移到聚樂（又稱聚樂第、聚樂城等）。營建在京都內野（大內裏舊址）的聚樂，機能是關白處理政務之所。一五八八年四月，秀吉迎接後陽成天皇行幸聚樂。這個時候決議了武家的誓紙血判無論關於什麼事項，都必須要服從「關白殿」的命令。必須服從的對象是推戴「叡慮」的「關白殿」。在行幸期間，秀吉對後陽成天皇上供了地子銀五千五百三十兩，京中地子米中有三百石獻給正親町上皇、五百石作為「關白領」，獻給六宮（之後的八條宮智仁親王）。除此之外，各公家、各門跡也增加了分封的領地。天皇到聚樂行幸，是因為成功的消滅了足利幕府，並實現了天下安定，為了要向內外宣傳，關白秀吉已團結了公家和武家，已確立起支持天皇的新體制了。

此外，從一五八八年五月起，秀吉就在京都東山開始建設方廣寺大佛殿。秀吉以此為契機，重整了由真言宗、天台宗、律宗、禪宗、淨土宗、法華宗（日蓮宗）、時宗、淨土真宗等「八宗」所組成的佛教世界的秩序。因此方廣寺這座國家性寺院，擁有君臨於所有佛教宗派之上的性質。

秀吉在這一年的七月，頒布了所謂的「刀狩令」，他表明藉由此令所沒收的武器，會被用來做為大佛殿的釘子或插銷。他原本就企圖解除社會上的武裝，不過值得注目的是，他對民眾表達了佛恩，要建立大佛。在同一個月，秀吉又頒布了「海賊停止令」，可以確定秀吉的統治遍及海上。

這些目標否定自力救濟（憑藉自身或所屬集團的實力，來恢復被侵害的權利）的政策，其實對象並不僅限於自力救濟權被否定的被支配階級。包含大名在內的武家，如果沒有在關白秀吉的命令之下行使武力，也會因為「私戰」而被嚴格懲戒。秀吉在關東奧羽地方發動了「惣無事」，而這毫無疑問也是基於否定自力救濟權的「停止私戰」命令。

國內統一與御前帳徵收

小田原北条氏姑且顯示了服從的意思，不過在一五八九年十一月，爆發了北条軍隊進攻上野名胡桃城的事件。名胡桃按照秀吉的裁定，被定為真田昌幸的城池，因此這件事違反了「惣無事」，觸怒了秀吉。秀吉決定對北条發動進攻，在一五九〇年三月出陣，七月逼迫小田原開城。秀吉大敗小田原北条氏之後，又進軍奧州會津。在途中，他將伊達政宗、最上義光召來下野宇都宮，告知他們統治奧羽的方針，又實行了關東大名的領地分封。八月，進入會津黑川（若松）的秀吉在此地再度審視奧羽各大名的狀況與處境，並沒收沒有參加小田原之戰的大名的領地。

之後，奧羽的混亂持續了一段時間，不過隨著關東奧羽的平定，秀吉完成了國內統一。凱旋歸回京都的秀吉在一五九〇年十一月接見朝鮮國王的使節，次年閏一月則接見了帶來葡萄牙屬印度副王親筆書信的范禮安。秀吉在這些場合中陳述了要征服明國的野心，並向朝鮮使節尋求協力。此外，在寫給朝鮮的國書中，秀吉提到自己的出身，稱自己的母親是感受到日光、太陽之靈而懷孕，因此稱自己是「日輪之子」。這番稱自己的出身是「天」之所為的言論，受到歐亞大陸東部的廣泛認可，被稱為「感生帝說」、「感精神話」等。儘管無法否定其獨善性，不過可看得出他在亞洲進行外交時，企圖強調自身正統性的意圖。

在五月，秀吉命令全國各大名調整並提出「御前帳」和「郡圖」。御前帳是根據石高制、採取檢地帳體裁的帳簿。秀吉針對統治之下的領土、征服的地區都進行了土地調查（也就是所謂的「太閤檢地」）。御前帳可說是集其大成。秀吉的國內統一，是以從天皇手上保管「御劍」的名義而正當化自身的權力，而從全國徵收而來的「御前帳」和「郡圖」，就是達成天下統一的證明，必須要進獻給天皇，供其閱覽。這麼一來，就一掃戰國時代各權力並立的狀況，擁戴「叡慮」的關白秀吉成為核心，完成了權力體系的集中化。

對亞洲的強硬外交

同年一五九一年八月，秀吉發布了「身分統制令」，企圖固定武家奉公人、町人、百姓的身分。十二月末，為了要專心致力於「入唐」，也就是征服明國（征明），他將關白一職讓給自己的外甥秀次，在一五九二年三月從京都出發前往九州名護屋。秀吉要求朝鮮國王為「征明嚮導」，也就是命朝鮮擔任征服明國的先鋒。擔任與朝鮮方進行交涉的小西行長，將此要求更改為意味著無害通行的「假道入明」，但由於朝鮮以明為宗主國，所以不管哪一種對朝鮮來說，都很難接受。

秀吉懷抱著「入唐」的意圖將軍隊送往朝鮮半島，但朝鮮卻拒絕這個要求，因此導致開始了以朝鮮半島為主戰場的戰爭（文祿之役）。日本以破竹之勢進攻，到了五月很快就攻陷了首都漢城（今首爾）。獲知攻陷漢城的消息，秀吉要求秀次做好出陣的準備。秀吉認為在秀次出馬之前就能滅了明，因此預備要讓秀次擔任「大唐的關白職」。他還計畫接下來要將後陽成天皇移到北京，讓他登上中華皇帝的地位。秀吉則計畫自己進入北京後，要接著征服天竺（印度），因此打算將居所移到日明之間貿易興盛的寧波一帶。秀吉征服亞洲的大業，讓他擺出了強硬的外交姿態，這樣的態度不僅限於對待朝鮮，在「入唐」之前，透過島津家要求琉球進貢，在「入唐」前後他也對馬尼拉的菲律賓總督和高山國（臺灣）發出了要求臣服的國書。

無法達成的「入唐」

秀吉接獲了大政所病危的消息之後回到京都，不過又在這一年的十一月回到名護屋。然而明國出手救援朝鮮，朝鮮半島上義兵、義僧兵的抵抗也越發激烈。次年一五九三年，原本日本占優勢的局面一轉，在漢城攻防戰之中，很快的陷入膠著狀態。

儘管朝鮮半島處於這樣的狀況，但人在名護屋的秀吉卻對能狂言（日本傳統藝能）顯示出高度的興趣，甚至自己還會積極參加能的練習。不久之後，沉迷於能的秀吉在天皇面前表演熟記的曲目，甚至創作了展現自身功績的新作品，並親自上演。

到了四月，明軍派遣了一行稱為皇帝使節（偽使節）的人去見小西行長，在此開始了議和的交涉。秀吉在五月時接見了明的使節，到了八月又收到秀賴（乳名御拾）誕生的消息，因此未出面迎接回歸的將兵，急急忙忙離開肥前名護屋，回到大坂。接著他也沒有前往名護屋，秀吉的「入唐」就此告終。

先不論已經開始進行講和的交涉，無法達成最初的目的——也就是征服明國——具有非常大的意義。秀吉以渡海為前提讓出了關白之位，但最終卻和以伏見城為據點處理政務的關白秀次對峙。雙方的關係逐漸緊張，到了一五九五年七月，秀吉懷疑秀次謀反，因而剝奪了他關白與左大臣的官職。被流放到高野山的秀次自盡，秀吉更殲滅了秀次的妻妾子女，被懷疑和秀次夥同謀反的最上義光和細川忠興、伊達政宗等多位大名被究責。

再度派兵慶長與憂心的臨終期

在抹殺了秀次的次年一五九六年九月，秀吉在大坂接見了明國、朝鮮的使節，但秀吉要求的割讓領土，甚至是人質，都沒有如願。儘管「秀吉看到明國封他『日本國王』的國書，感到震怒，因此撕毀國書」等的故事並非史實，但由於講和的談判破局，因此秀吉再次派兵，決定再度開戰（慶長之役）。不同於目標是「入唐」（征明）的文祿之役，慶長之役打從開始的目標就是奪取朝鮮半島（南部）。他強迫占領地的朝鮮人民成為「日本的百姓」，若有不服的朝鮮人民，就施以「斬盡殺絕」或「削鼻子」等殘酷的處分。

在持續的朝鮮半島戰爭中，一五九八年三月，秀吉在醍醐寺舉行了賞花儀式。除了正室北政所（杉原氏）和秀賴母子等近親之外，他也召集了各大名和其家眷，舉辦了盛大的活動，不過這最終卻成了天下人秀吉生命終期的慰藉。六月中旬，秀吉身體狀況出現異樣，之後也未能復原，陷入重病，並在八月十八日逝於伏見城內。朝鮮半島的戰事仍在持續，因此對外都隱匿他死去的消息。他臨終仍在擔憂年幼就必須要繼位的秀賴。據說秀吉期望自己死後能夠被神格化，這也是因為擔心秀賴將來的緣故。朝廷應允了此事，在一五九九年四月贈與秀吉「豐國大明神」的神號，在京都東山設立了豐國社，按照他本人的期望用神的規格來祀奉他。

德川家康（一五四二—一六一六年）

三河松平家

德川家康出生於一五四二年（天文十一年十二月），他是三河國岡崎城主松平廣忠（次郎三郎）的嫡子。幼名是竹千代，親生母親是同為三河的刈谷城主水野忠政之女（名為「於大」，法名「傳通院殿」）。他原用父執輩一直以來的姓氏「松平」，在一五六六年將姓氏改成「德川」。

家康的祖父是松平清康，他曾將據點從安城城移到山中城，接著又移到當時明大寺所在的岡崎城。一五三〇年，他將城堡從明大寺移到現在岡崎城的地點。不過一五三五年十二月，清康在進攻尾張時，在守山陣地中被家臣殺害（守山崩）。失去父親清康的廣忠，被叔公櫻井松平家的信定（清康之父信忠的弟弟）逐出岡崎城。廣忠一度逃到伊勢後，獲得三河東条的吉良持廣和駿河的今川義元等人的後援，在一五三七年六月回到岡崎城。

廣忠在與東条吉良家、今川家聯手時，尾張的織田信秀開始試著進入三河，因此雙方產生對抗。一五四一年，廣忠迎娶刈谷城主水野忠政的女兒。次年，竹千代以嫡子的身分出生，不過一五四四年九月，親生母親回到了刈谷。這是因為水野家企圖接近織田家的勢力。次年一五四五年，廣忠又迎娶了渥美郡田原城主戶田康光的女兒為繼室。

隸從今川家

一五四七年，織田信秀進攻西三河，安城城陷落。廣忠認為無法獨力對抗信秀，因此向今川義元尋求援助。義元提出若要援助，代價是要廣忠交出人質。廣忠決定了以竹千代為人質，這就意味著往後今川家和松平家的主從關係已成立。一五四七年八月，六歲的竹千代從岡崎出發，但在途中遭到田原戶田家的背叛，被送往尾張，而非駿河。

一五四九年三月，廣忠橫死，義元直接接收了岡崎城，接著又在十一月成功奪回安城。義元擄獲安城的守將織田信廣（信秀的庶長子、信長的庶兄），提出要以他來交換竹千代，進行人質交換。這麼一來，竹千代就被移往駿府。在駿府，祖母大河內氏（名「於久」，法名「華陽院」）擔負起養育竹千代的責任。這位女性嫁給水野忠政，生下了竹千代的母親。

一五五五年三月，十四歲的竹千代在駿府接受了成年的冠禮（元服）。由於烏帽子親（行冠禮時的義父）今川義元的偏諱，因此竹千代的初名為「元信」。接著，他迎娶了今川家的關口氏純的女兒為正室。她以「築山殿」之名為人所知，在一五五九年三月誕下嫡子竹千代（之後的信康）。在這期間前後，元信改名為「元康」，且人稱「藏人佐」。這個階段的元康儘管被迫要在駿府生活，不過對岡崎領地和松平家的家臣還是有一定程度的支配權。

從今川獨立

在一五六〇年五月的桶狹間之戰，今川義元受到織田信長的攻擊而戰敗身亡。今川勢力撤退之後，元康進入了岡崎城，並計畫再度集結家臣，開始壓制西三河。義元的戰敗死亡，成了元康獨立的契機。元康建議義元之子氏真和織田勢力抗戰，不過氏真並不打算這麼做。因無望而斷念的元康，在一五六一年二月左右，獲得織田的舅舅水野信元（忠政的後裔）的居中協調，和信長講和。講和的內容推測是確定了各自領域的領土協議。

結束壓制西三河的元康，在一五六一年四月前後開始進攻東三河，正式與今川氏真陣營開戰。一五六二年二月，元康進攻東三河的西郡上之鄉城，討伐城主鵜殿長照，活捉他的兩個兒子。長照的母親是義元的妹妹，和氏真是表兄弟的關係。氏真和長照之子有血緣關係，因此他希望能將長照之子和在駿府當人質的元康之妻做交換。奪回了正室「築山殿」和嫡子竹千代、長女龜姬之後，更加速了元康對今川家的叛離，他將自己的名字從元康更名為「家康」，這個改名之舉否定了義元偏諱，也象徵了與今川家的訣別。

三河一向一揆

家康想以新興的大名達成自立，但腳下的三河爆發一向一揆，卻阻止了他的企圖。所謂的「一向一揆」，是指以真宗（淨土真宗）本願寺門徒為中心的武裝集團蜂起。「一向」本來是「專心致力」的意思，但以親鸞為宗師的教團，經常被其他教派稱為「一向宗」。

在真宗當中，專修寺派與佛光寺派幾乎不曾集結，一向一揆的中心都是本願寺派的門徒。加賀一向一揆為人所知，但在加賀之外的北陸、畿內、東海等，也有許多本願寺門徒，時不時就造成地區的混亂，發動武裝起義。

三河有許多有勢力的真宗寺院，原本是專修寺的支系，到了十五世紀末卻因本願寺派而加速了其組織化。一四六八年，蓮如造訪了三河，儘管時間很短暫，但因此就建立了一家眾（本願寺門主的親族）寺院的本宗寺。在其後蓮如的孫子實円進入本宗寺，三河的本願寺教團在組織化時也以此為頂點。

爆發一揆（起義）的原因並不明確。不過很有可能是由於偶發性的事件，真宗寺院擁有不讓外人進入與介入的特權，這招來了反感，導致反松平勢力集結，發展成一揆。家康一族和家臣當中有許多本願寺的門徒，他們被迫必須做出回應。有許多人出於信仰的因素而和主君家康對抗，族人一分為二，例如本多家，正信加入一揆的陣營，忠勝則順從家康。三河國內的各地都展開了一揆的戰爭。在一進一退的攻防中，從大局來看，家康陣營占有優勢，在一五六四年二月末，家康終於鎮壓了一揆。

「德川家康」的誕生

家康成功鎮壓了讓家臣一分為二的一向一揆後，又再次向東三河進攻。一五六六年五月，過去與今川方抗戰的牛久保城牧野成定歸順家康，達成了三河的統一。同年十二月，家康晉升從五位下三河守，將姓氏由松平改為「德川」。以結果來說，也可以看做是「德川家康」的誕生，不過這次的晉升得來非常不易。姓松平的人物沒有擔任三河守官職的前例，因此正親町天皇並沒有發出允許的敕令。

希望成為三河守的家康，因此將姓氏改為德川（得川），因為這個姓氏源自於清和源氏新田氏的庶流。八幡太郎義家的孫子新田義重的四子義孝住在新田莊的德川，因此使用「得川」為姓氏。根據流傳的族譜，得川氏的庶流有世良田氏，和松平氏初代的親氏可以聯繫在一起。順帶一提，家康的祖父清康在某一時期也曾使用過「世良田」的姓。儘管此舉看起來是意識到足利的支流、擔任尾張守護的斯波氏和駿河守護的今川氏，所做出的粉飾行為，不過家康本身似乎對自己源氏的出身是有所認知的。然而，晉升時他用的並非源氏，而是藤源姓。他稱德川（得川）的祖先有使用藤原姓的人物，以此為先例，家康終於被認可任官三河。

與信長、信玄同盟

一五六七年五月，按照過去的約定，家康的嫡子信康與信長的女兒（德姬）成婚。強化了與織田家連結的家康，在一五六八年，又與甲斐的武田信玄締結盟約，加強對舊主今川家的壓力。

一五六八年九月，信長奉足利義昭之令上京都，家康透過信長向朝廷進貢了法事費用。這一年的年末，信玄進攻今川領地壓制住駿河，氏真離開駿府逃往遠江的掛川。家康也與其同調，開始經營西遠江。接著又應信玄的要求，家康進攻氏真所在的掛川城。從年末開始，攻城戰在一五六九年正月逐漸白熱化，不過卻沒有輕易攻下城來。三月雙方達成和解，到了五月，氏真去依靠岳父北条氏康，掛川城開城。

一五七〇年三月，家康隨著信長，首次入主京都。四月又加入了信長進攻朝倉的陣營。六月，他將居城遷往遠江的引馬，將此地的地名改為濱松，同時將岡崎城讓給成年的嫡子信康。這個月的下旬，家康參與了姊川之戰。八月，他與過去抱持著不信任感的武田信玄決裂，並決心和上杉謙信結盟。

與武田家的攻防

一五七一年十月，北条氏康逝世後，以此為契機，武田北条間再度恢復同盟。一五七二年十月，武田信玄率領大軍西進。經過遠江進攻三河的武田軍，被家康在三方原攻擊，信玄發動反擊，讓家康敗退，戰況犧牲慘烈，家康逃回濱松城。這是家康一生中前所未見的大敗，他為了引以為誡，甚至叫畫師將自己悲慘的樣貌畫了下來。

信玄在遠江的刑部過了年後，攻陷了三河野田城、長篠城，不過他的健康出了狀況，因此退到信州駒場，在一五七三年四月於此逝世。信玄死後，由勝賴繼位，在他的領導下，武田這一方持續進攻，不過獲得信長援軍的家康在一五七五年五月的長篠之戰打敗勝賴。近年的研究認為長篠之戰並非決定性的戰役，各方勢力範圍也沒有因此而產生巨大的變化。以高天神城為據點的武田勝賴，在之後也持續進攻遠江。在持續與武田家的攻防之中，家康在一五七九年八月殺害了正室「築山殿」，接著又在九月逼迫嫡子信康自殺。這個事件的背景眾說紛紜，其中一個原因或許是個性粗暴的信康與正室德姫（織田信長的女兒）之間關係惡化。由於無法化解與武田家之間的緊張關係，家康或許是擔憂與信長之間的關係惡化吧。

一五八一年三月，家康終於攻陷高天神城。藉此總算平定了遠江。次年二月信長開始進攻武田，管理駿河口的江尻城（駿河國庵原郡）的穴山信君（梅雪）因家康的調解而投降，家康便從興津進攻甲斐。武田勝賴逃離新府城之後，在三月十一日於天目山自盡。武田家滅亡後，家康受封駿河一國。

統領五國

一五八二年五月，家康為了慶祝戰勝，造訪了穴山信君與安土的信長，之後又在畿內各地遊覽，並在堺獲知了「本能寺之變」的消息。因急取近道需經伊賀返回三河，最終好不容易回到岡崎後，家康計畫著要討伐明智光秀，但在六月十三日，羽柴秀吉在「山崎之戰」中打敗了明智光秀，光秀在敗走中遭到殺害。失去信長的織田領地產生了很大的動搖。領有甲斐的河尻秀隆受到一揆的攻擊而戰死，上野的瀧川一益敗給北条陣營而逃往伊勢。在混亂之中，家康期望奪取甲斐、信濃，與小田原北条氏對立，但在十月末透過織田家的仲裁，雙方達成和解，相互承認領地界線，家康的女兒（督姬）嫁給北条氏直。其結果，家康將甲斐一國和佐久郡以南的信濃收為領土，再加上過去的三河、遠江與駿河，總共領有五國。

另一方面，在信長的舊臣當中，討伐光秀的秀吉勢力抬頭，殲滅了與柴田勝家聯手的織田信孝（信長三子）。由於滅了共通的敵人，過去聯手的秀吉和信雄（信長次子）之間逐漸產生了距離，信雄開始靠近家康。家康專注於經營新的領國甲斐、信濃，不過在一五八四年三月，他應了信雄的要求派兵前往尾張。一開始，秀吉奪下了犬山城占了優勢，但之後家康占據小牧山，讓戰況陷入僵局。秀吉在信雄、家康的背後發動了另一支軍隊進行突擊，不過家康在長久手將之擊破（小牧長久手之戰）。之後，雙方軍勢並沒有太大的動作，在十一月信雄應秀吉之請締結協議。由於講和而失去戰爭理由的家康，也退兵回到岡崎。

豐臣大名

在與秀吉締結和平關係之際，信雄提出了人質，並割讓南伊勢與伊賀。家康也向秀吉交出了次子（之後的結城秀康）作為人質，可知這份協議是秀吉占了優勢。但是之後雙方仍持續緊張的關係，在一五八五年十一月，管理岡崎城的重臣石川數正出奔對秀吉投誠。

然而到了年末，秀吉轉為懷柔政策，在一五八六年正月，家康和秀吉和議成立。五月，他迎娶秀吉同母異父的妹妹（朝日姬）為正室，在十月二十四日上京、二十七日在大坂城晉見秀吉，確定了雙方的從屬關係。在此期間，因秀吉的上奏要求，家康晉升為參議，在此時更是升任為正三位權中納言。順帶一提，根據推定，家康也是在此時將姓氏從藤原改為源。回到領國的家康，將居城從濱松移至駿府。一五八七年八月，他又到京都，和豐臣秀長一同受封從二位權大納言。「妹夫家康和同母異父的弟弟秀長兩人從東西支援關白豐臣秀吉」的體制在此成立，家康在一五八八年四月的受封儀式，後陽成天皇也親臨聚樂行幸。

一五八九年二月到一五九〇年一月，家康對五個領國（三河、遠江、駿河、甲斐、南信濃）實施了土地調查（五國總檢地）。德川家更藉此舉確立了對領國的統治體制。土地調查結束之後沒過多久，在同年二月為了進攻小田原，他從駿府出發。秀吉在四月之後，完全包圍小田原城，家康也在城東布陣。七月五日，北条氏直終於降伏，氏直的父親、前當家氏政和叔父氏照被命令切腹，但當家氏直是家康的女婿，因此逃過一劫，被流放到高野山。

移封關東

一五九〇年七月，家康接獲移封關東的命令，將居城移至武藏的江戶。因此他的新領國是武藏、相模、上總、下總、伊豆和上野的大半部，以及一部分的下野。這一年的十月，被剝奪士籍（改易）的奧州大崎氏和葛西氏的舊臣發動叛亂，在鎮壓的過程當中，蒲生氏鄉與伊達政宗產生不合。秀吉要求政宗說明，並要求家康全權處理政宗上京都一事。一五九一年二月，在家康運籌帷幄之下，政宗順利的拜謁秀吉，期間在奧州發生了九戶政實之亂，家康和豐臣秀次受命前往鎮壓。這一年的七月，家康從江戶出發下奧州，在九月初成功鎮壓了叛亂。

為了隨秀吉「入唐」，家康在一五九二年二月離開江戶，於三月末抵達肥前名護屋。六月，他和前田利家等人一起勸退想要渡海前往朝鮮的秀吉。秀吉接獲親生母親（大政所）病危的消息，在七月離開名護屋之後，家康便和利家一起留守此地。這一年的十一月，秀吉回到名護屋，但次年五月當明國的使節來到名護屋時，接待的卻是家康和利家。家康在名護屋一直待到同年的八月，之後在上方（大坂、京都一帶）過了一段時間之後，就回到了江戶。家康的女婿北条氏直在一五九一年十一月過世（他在這一年的二月獲得赦免），家康的女兒（督姬）就在秀吉的命令下，在一五九四年再嫁池田照政（之後改名

「輝政」)。

豐臣家「大老」

一五九五年七月,關白秀次被懷疑企圖謀反,因此被流放高野山,且被迫切腹。秀吉令家康迅速上京,與毛利輝元等人對秀吉提出了起請文(建立約定時,向神佛起誓不打破約定的文書)。在八月三日,與前田利家、毛利輝元、宇喜多秀家、小早川隆景等人連署,提出「國政方針」(御掟)和「追加方針」(御掟追加)。這五位及其後上京也加入了連署的上杉景勝,組成了豐臣家「大老」的原型(在當時的年代裡並沒有「大老」這個說法)。一五九六年五月,秀吉上奏,家康晉升為正二位內大臣。

之後與明之間的講和談判決裂,秀吉決定再度派兵朝鮮半島。在慶長之役期間,秀吉於一五九八年七月病危,並在八月十八日逝世。家康成為「大老」之首,指揮軍隊從朝鮮半島撤兵。一五九九年正月,根據秀吉的遺命,秀賴遷徙至大坂,利家也以傅役的身分移往大坂。家康則是留在伏見處理政務。在閏三月利家逝世後,政權內部的對立浮現。家康逼迫石田三成到近江佐和山退隱,並將位於伏見的德川宅邸移到伏見城西之丸。在《多聞院日記》中,記載他「成為天下殿」,世上將家康視為「天下殿」。接著九月家康又遷移到大坂城西之丸,在這裡建立天守。

成為天下人

一六〇〇年六月,由於上杉景勝不理會家康要求他上京的命令,因此家康計畫討伐上杉景勝,率領眾人往東行。家康在上方留守時，前田玄以、增田長盛、長束正家等人連署了討伐家康的彈劾狀〈內府誓約條款〉，並製作檄文，企圖聯合反家康的勢力。以此為契機，石田三成也回到政權中樞，毛利輝元、宇喜多秀家、大谷吉繼響應這股力量，家康終止了對上杉的討伐，帶隊回返，並在九月十五日在西美濃大破石田三成等的軍隊（關原之戰）。

戰後，家康進入大坂城，向秀賴報告戰勝的消息，處分敵對勢力，這個過程中實質上削減了豐臣家六十五萬石左右的直轄地。另一方面，對追隨家康陣營的各大名則論功行賞。前田家（加賀金澤）和加藤家（肥後熊本）等的城池雖然不變，但很多都被移封，甲斐的淺野幸長被轉封紀伊和歌山、福島正則和池田照政等原本領有東海地方封地的大名，也轉封西國。在這之後，德川家一族和譜代都會被配置家臣。無論實質上如何，家康的立場只不過是豐臣家的重臣，因此家康並沒有對各大名進行分封。但是這一年的年末，家康許可九条兼孝再度擔任關白，關白一職從豐臣家回到五攝家。次年三月，家康離開大坂城西之丸移往伏見城。其後家康就在伏見和江戶之間往來處理政務，不過當他要到江戶時，是請求休息，因此他會到大坂城造訪秀賴尋求謁見。

將軍宣下

一六〇三年二月，家康受天皇冊封征夷大將軍，升任右大臣（前年正月晉升從一位）。從此之後，家康不再對豐臣秀賴行臣子之禮。家康脫離了豐臣家「大老」的地位，獲得「將軍」這個傳統的權威，成為名副其實的武家棟梁。

這一年的七月，家康將孫女（秀忠的長女千姬）嫁給大坂城的秀賴。秀賴在這一年的四月受封內大臣（一六〇二年正月，由從二位晉升為正二位）。這個時期，秀賴和各大名之間在各大節氣時會相互贈禮與回禮，各公家仍持續侍奉秀賴。

朝廷宣旨任命家康為將軍後，一六〇三年正月，家康將甲斐交給九子義直，十一月又將常陸水戶封給弟弟賴宣。隨後義直被轉封尾張，賴宣也被轉封紀伊，水戶則被封給賴宣的弟弟賴房，形成了之後的德川御三家。

一六〇五年四月，家康把將軍之位讓給三子秀忠。長子信康已過世，次子秀康成為秀吉以及結城晴朝的養子（與越前松平家連結）。從將軍退位之後，家康把江戶城讓給秀忠，在一六〇六年三月隱居在駿府。引退後的家康被稱為「大御所」，不過實際上他仍握有內政、外交的實權。

家康對亞洲的外交

由於秀吉逝世，日本的軍隊撤出朝鮮半島，國家之間解除了戰爭狀態。家康身為帶頭的「大老」，指示對馬宗氏和朝鮮王朝復交。朝鮮王國派出了探賊使惟政（又稱泗溟大師或松雲大師）到日本。面對日本的侵略軍，惟政率領了義僧在各地轉戰，並且也和加藤清正展開了特殊的外交關係。一六〇五年三月，家康在伏見城謁見惟政。對統治日本的德川家康來說，與朝鮮恢復邦交是一項重要的政治課題，家康為了展示「誠意」，釋放了大約一千四百名朝鮮俘虜，讓要歸國的惟政帶回朝鮮。

另外，他也透過島津氏將俘虜送還明國，致力於邦交的回復。一六〇二年，家康慎重的送還了漂流到伊達領地的琉球船隻。這是因為在和明國講和談判時，家康打著利用琉球的算盤。島津氏催促琉球的中山王尚寧派遣回禮使節去見家康，但由於從秀吉開始的高壓態度，讓尚寧產生警戒心，因此並沒有輕易回應這個要求。

一六〇一年，家康和安南（越南北部）和呂宋（西班牙領菲律賓）交換了親筆書信。家康的回信裡附了許可日本正式商船到海外的朱印狀（海外渡航許可證），並宣告不要和沒有朱印狀的船進行貿易。這個「朱印船貿易」的制度萌芽於秀吉時代，到了家康時代更是積極的推動，其後也和太泥（泰國）、柬埔寨、占城（越南中部）等建立通商關係。

在就任將軍後的一六〇四年正月，家康授與蝦夷的松前（蠣崎）慶廣可以和愛奴進行貿易的黑印狀。家康接見了惟政後，與朝鮮的交涉出現了一道曙光，到了一六〇七年正月，朝鮮王朝派遣了回答兼刷還使到日本，其目的是為了要回答來自日本的國書，並要求日本送還俘虜。已把將軍一職讓給秀忠的家康，在五月於駿府城接見了從江戶要回國的使節，日朝之間的邦交終於回復。另一方面，儘管日本和明國之間時不時的有貿易方面的復甦，但明國方面持續拒絕，因此雙方並沒有恢復正式的邦交。在一六〇九年三月，由於琉球遲遲不回應島津家久（初名忠恒）派遣使節的要求，因此島津出兵琉球，家康也承認了島津家對琉球的統治。一六一〇年八月，家康在駿府，接見了由島津家久伴隨而來的尚寧。

與歐洲勢力的關係

家康透過呂宋，摸索著強化與西班牙之間關係的方式，也試著利用以馬尼拉為據點的西班牙系方濟各會傳教士。葡萄牙在與澳門進行貿易時，以九州為中心，家康意識到自己的動作晚了一步，因此企圖開展關東與呂宋的貿易。接著家康又計畫要和新西班牙總督轄區（西班牙領墨西哥）進行貿易。

西班牙希望基督教可以在日本傳教，不過家康卻質疑基督教有侵略的危險，因此持著否定的態度。此外，家康得知一六〇九年十一月在澳門有許多日本人遭到殺害，因此決定要斷絕和葡萄牙的貿易。同一年，前呂宋總督維未洛（Rodrigo de Vivero）在上總沿岸遇難，家康對他加以安置，之後強烈要求要建立貿易關係，同時也答應傳教士希望家康提供保護的要求。次年家康將他送到新西班牙總督轄區，他也讓京都商人田中勝助搭上了同一艘船。一六一一年五月，家康在駿府接見了新西班牙總督轄區的總督使者塞巴斯蒂安．比斯卡諾（Sebastián Vizcaíno），這位使者送來了感謝的答禮。比斯卡諾提出如果要進行貿易，就必須與荷蘭斷交的要求，不過在這之前的一六〇九年，荷蘭東印度公司的船隻就已經應家康的要求來航，並在平戶設立了荷蘭的商館。

禁止吉利支丹

在這個時期，「岡本大八事件」逐漸敗露。這個事件是肥前的大名有馬晴信和家康的親信本多正純家臣岡本大八之間收賄的弊案。由於當事者都是吉利支丹，其背後有著西班牙與葡萄牙因世界戰略而對立，以及傳教士們的暗潮洶湧。

在這之前，家康就對西班牙人、葡萄牙人，甚至是耶穌會有著強烈的不信賴，並終於在一六一二年三月禁止了基督教的傳教活動。儘管這時候禁教執行的並不算徹底，但家康判斷，就算無法再與西班牙在呂宋進行貿易、與葡萄牙在澳門進行貿易，荷蘭和英國這些沒有顯示出宗教野心的國家也能夠充分取代。但問題是，之後的海外貿易缺乏了穩定性，勢必要重新恢復與葡萄牙之間的通商，因此家康對葡萄牙顯示出一定程度的顧慮，也暫時緩和了對吉利支丹的禁止。

但是不久之後，禁止吉利支丹這個問題再度浮現，成為重要的政治課題，因此最終家康在一六一三年十二月下令擬作「伴天連追放文」。

家康政治的集大成

一六〇九年十月，在家康的主導之下處分了公家與官女私通的事件，因此和後陽成天皇之間發生了爭執。天皇顯示出讓位的意願，意圖與家康對抗，但家康卻讓天皇屈服。一六一一年三月，為了主持後陽成天皇的退位和後水尾天皇的即位儀式，家康從駿府上京。並且他也在二条城會見了豐臣秀賴。此次的會見，被評價為「顯示出秀賴臣服於家康」的會見。除此之外，家康也命其他上京的大名對三條約宣誓，要遵守將軍秀忠的法令等，這個誓約可說是「武家諸法度」的先驅。

一六一四年七月，在秀賴重建的方廣寺即將落成之際，家康批評鐘上的銘文「國家安康」把他的名字「家康」截斷，是對他的詛咒，因此對此發出了責難。這個事件被稱為「方廣寺大佛鐘銘事件」，以此為契機，十月家康決定攻打大坂城的豐臣。

十月十一日，家康為了進攻大坂城從駿府出發，兩天後，根據前一年的「伴天連追放文」，傳教士和信徒們就從長崎被驅逐出國。這個時候，高山右近和內藤如安在加賀前田家的保護之下，被流放到馬尼拉。

十一月家康開始攻大坂城，但除了真田丸的攻防之外，並沒有太大的戰鬥，雙方以填平二之丸、三之丸等護城溝為條件談和（大坂冬之陣）。次年一六一五年四月，家康再度決定攻打大坂城。家康要求秀賴退出大坂城到大和或伊勢，但秀賴並沒有答應，因此四月末雙方開始了戰爭（大坂夏之陣）。五月八日大坂城被攻陷，秀賴與母親（淺井氏淀殿）自盡。

七月七日，家康聚集了各大名於伏見城，並以將軍秀忠之名提出「武家諸法度」。這是金地院（以心）崇傳以家康的命令所起草的法律。到了十七日，又提出了「禁中並公家諸法度」。一六一六年正月，家康發病。三月，他被封太政大臣，但於四月十七日於駿府城中病逝，享年七十五。朝廷在家康死後，賜予「東照大權現」的神號，在他死後以神格敬拜他。

家康的學識

一五九九年，家康命令足利學校的校長閑室元佶和相國寺的西笑承兌出版漢籍。這被稱為「伏見版」，到一六〇六年為止，總共以木頭活字的方式出版了六種十版的漢籍，以及一種一版的國書。家康熱愛閱讀《吾妻鏡》（《東鑑》）廣為人知，這裡所出版的國書，就是以北条本《吾妻鏡》為底本。此外，在此期間，一六〇二年六月，他在江戶城本丸南方的富士見亭建了文庫，在此收藏金澤文庫本和其他書籍。這也成了江戶城紅葉山文庫的起源。

家康把將軍之位讓給秀忠，自己移到駿府後，他也在駿府設立文庫，並命令京都五山的僧侶抄寫重要的古書、補充欠缺的部分等。這些被稱為「慶長御寫本」，並且在駿河以銅活字出版了《大藏一覽》和《群書治要》等（駿河版）。

家康死後，這些藏書和其他遺愛都讓給了江戶和尾張、紀伊、水戶這御三家。這些「駿河御文庫本」當中包含了許多金澤文庫舊藏本、宋版、朝鮮版的文書，對於收集、出版國漢貴重書籍、製作手抄本等都有很大的貢獻，我們絕不能忘記「天下人」家康在文化史的層面，扮演了這樣重要的角色。（↓在第七章「德川家康」的條目中會詳述與朝鮮的關聯）

德川秀忠（一五七九—一六三二年）

德川幕府的第二代將軍，致力於穩定幕府的統治。秀忠是德川家康的三子，一五七九年（天正七年四月）出生於濱松城內。這一年九月，長兄信康自盡。儘管他還有一個大五歲的二哥秀康，但秀忠在出生沒多久，就被視為繼承人了。秀康的親生母親是「築山殿」的侍女，她在得知懷孕後，就暗中離開濱松城，在城外產下秀康。因此在這之後有一段時間，家康都沒有見到秀康。

一五九〇年正月，他初次拜見秀吉，並在次年一五九一年行成年禮（元服），改名「秀忠」，受封正四位下參議兼右近衛權中將，在一五九二年九月成為從三位權中納言。一五九五年九月，他迎娶淺井長政的三女江（淀殿的親妹妹），在一五九七年（慶長二年四月），長女千姬出生。

一六〇〇年關原之戰時，儘管他率領了德川家臣團的主力，但在進攻信州上田時，被真田軍牽制，耽誤了參與主戰的時間，大大的失態。不僅延誤參戰，還因為急於行軍讓軍隊疲憊困頓，激怒了家康，甚至三天都不允許他的會面。

次年一六〇一年他受封大納言，九月次女珠姬嫁給前田利常（利家的庶子四子，是長兄利長的養子）。在家康成為征夷大將軍後，按照秀吉的遺言，將長女千姬嫁給了豐臣秀賴。一六〇五年三月上京，四月十六日在伏見城接下了將軍之位。但是全國的政治實權仍掌握在駿府的大御所家康手中，秀忠必須要指揮動員東國大名，並整頓江戶。

一六一六年（元和二年四月）家康逝世後，開始了名副其實以將軍秀忠為首的政治。秀忠確立了由土井利勝等耆老執政的體制，徹底禁止吉利支丹，限制葡萄牙船只能停靠長崎、英國與荷蘭船停靠平戶進行貿易。一六一九年六月，安藝廣島的福島正則違反了武家諸法度，秀忠褫奪了他的士籍（改易），而出羽山形的最上義俊因引發家中的騷動，在一六二二年九月遭到改易。接著，為了接收最上家改易後的土地，本多正純前往山形的時候，秀忠突然沒收了正純的領地宇都宮。

在一六二三年正月，秀忠庶兄秀康的嫡子、領有越前福井的松平忠直遭流放到豐後。秀忠統治大名時，不僅對外人，就連對父執輩元老及親人都毫不留情。在這一年的七月，他把將軍一職讓給了次子家光（庶長子「長丸」在一六〇二年九月夭折）。儘管他遷移到江戶城西之丸，但仍以大御所的身分掌握實權。一六二六年他上京都，在二条城迎接後水尾天皇的行幸，並被任命為太政大臣。而此時，正室淺井氏（江）也於江戶城西之丸過世。

他與朝廷之間的關係相較之下看似穩定，但因一六二七年發生、一六二九年解決的「紫衣事件」而一度緊繃。朝廷敕許「紫衣」（敕許高德解脫僧穿著的法衣），幕府認為違反法度因此宣布敕許無效，憤怒的後水尾天皇被迫在一六二九年十一月退位。後水尾天皇皇位本來應該傳給皇子高仁親王，但高仁親王在一六二八年六月逝世了。由於這個狀況，一六三〇年，秀忠讓第五個女兒和子（東福門院）與後水尾天皇所生的幼女興子內親王即位，是為女帝明正天皇。

不過在這個時期，三子忠長開始經常出現脫序的行為。忠長在家康死後，被分封了甲斐，在一六二四年又加上駿河、遠江。他的官位也從參議到權中納言，並在一六二六年登上權大納言之位。秀忠判斷不能輕忽忠長的脫序行為，因此命令忠長到甲斐蟄居。接著，直到他死前，他都讓擔任首席年寄的土井利勝輔佐家光，讓譜代的首席井伊直孝（近江彥根）和家康的外孫松平忠明（大和郡山）參與政務。安排好後事的秀忠，在一六三二年正月，以五十四歲的年紀於江戶逝世。

德川家光（一六〇四—一六五一年）

將軍開始親政

德川家光於一六〇四年（慶長九年七月十七日）出生於江戶城，他是秀忠的嫡子。一六二三年七月，家光進京都，在伏見城接受將軍宣下（朝廷任命征夷大將軍的程序），任正二位內大臣。家光成為將軍之後，沒多久便迎娶鷹司信房的女兒孝子為正室，入主江戶城的本丸。一六二六年他再度上京，晉升左大臣。但是在西之丸的父親秀忠掌握了政治實權，繼上一代實行「大御所政治」。

一六三二年（寬永九年一月）秀忠逝世後，將軍家光開始親政。五月他改易肥後的加藤忠廣（清正之子），在十月沒收了親弟弟忠長的領地，次年十二月又命令他自盡。在家光開始實際執政之後，對各大名都表現出自己堅決的姿態。

家光為了重整軍力，讓領有一萬石以上的家臣成為譜代「大名」而獨立，並以旗本（一萬石以下的家臣）為中心，組織了將軍的直轄軍隊。一六三三年，他改訂了規範家臣軍役規模的軍役令，同時又建立了全國規模的「城詰米」制度，以儲備和確保將軍管制下的兵糧米。

一六三四年五月，家光對長崎頒布了「禁令」，禁止「伴天連」來航、武器輸出、「奉書船」以外的船隻出海。此外，這一年的年末，他又命令建造「出島」。他將混居在長崎市中的葡萄牙人遷移到此，為的是要截斷他們在日常生活中與日本人的接觸。次年八月，他又對全國的大名下達指令，命令他們取締自己領土內的吉利支丹，由此可見家光從親政的初期開始，就展現出強烈要根絕吉利支丹的欲望。

大君的國威

宗家重臣柳川調興（調信之孫）與主家關係惡化，他企圖成為將軍家的直屬家臣，在一六三一年對宗義成（義智之子）提出解除主從關係的要求。義成不答應，反過來對幕府抱怨調興之過。調興認為形勢對自己不利，到了一六三三年，向幕府揭發宗家在與朝鮮進行外交時偽造國書一事。

一六三五年三月，家光針對對馬宗家因主家騷動而引發的偽造國書問題（也就是所謂的「柳川一件」），親自下了裁示。調興被冠上偽造國書之罪，流放津輕，義成則維持原領地，並在次年受命負責朝鮮通信使招聘。家光在各大名面前，下達重視君臣秩序的裁示，表示要透過對馬宗家繼續與朝鮮的外交關係。

但是家光對朝鮮並非只是維持過去的外交方式。家光在發出日本國書時，使用的是日本的年號，並規定朝鮮寫來的國書必須將將軍的稱號定為「日本國大君」。「大君」通常用來稱呼國王，或者指相同的地位，因此這個稱呼也體現了日本國內將軍高於其他人的地位。此外，家光決定在一六三六年五月開始鑄造新錢，在這之前日本的貨幣用的是中國錢或者模仿中國的私鑄錢，然而新鑄造的錢幣以「寬永通寶」統一了貨幣的基準，也促進了經濟的效率化。這也開始了日本近世特有的金幣、銀幣、錢幣的「三貨制度」。寬永通寶的品質相當高，因出口到東南亞而廣泛的流通，得以逐漸脫離對中國錢幣的依賴，這可說是強烈意識到要將日本視為「國家」的政策。

一六三六年末，應家光的要求，朝鮮通信使來日，造訪江戶。家光要求使節去參拜這一年剛結束大改建的日光東照社（在一六四五年敕賜了「東照宮」的宮號）。儘管朝鮮一開始並未答應，但在宗義成強烈的要求下，朝鮮通信使進行了日光社參拜，此事也被視為朝鮮服從於家康的神德與家光的威信，被加以宣傳。

「武家諸法度」與政務體制

一六三五年六月，家光大幅修改「武家諸法度」。「武家諸法度」明確規定分封一萬石以上的武士有「大名」的身分。此外，為了在往返時不會產生停滯，他命令管理道橋以維持交通通暢，禁止私有關所新的津留（領主將米穀或物資搬遷到其他領地上），也禁止建造五百石積以上的大船。

其中值得注目的還有「參勤交代」的制度化。在過去，各大名也是會到江戶會見幕府將軍（參勤），但到江戶的時間和交替的時期依各地區而不同。在修訂的「武家諸法度」第二條中，大名要到江戶府進行交替，並明文規定交替期為四月。本來的江戶參勤是臣服於德川將軍家的證明，基本是以外樣大名為對象，也就是原則上對象是所謂的譜代大名。參勤交代在過去的目的是為了削減大名經濟上的財力，因此對大名的經濟帶來壓力，不過在制度化之後，也必須承認此舉確實也有固定量化負擔的效果。

同一年的一六三五年十一月，家光設立了將軍親自直轄的寺社奉行、勘定奉行等「職位」，分離出年寄（老中）所擔任的部分職務，並加以管理。同時又建立了年寄等寺社奉行、勘定奉行、留守居等每個月交替的制度，固定每個職務的服務日，來達到行政的業務順利。在過去主君之下也有奉行，但並沒有明確的職務分工。以這樣看來，對官僚制度的諸多設定，可說是劃時代性的改變。

一六三六年七月，從前一年開始的江戶城大修建完工，這麼一來，從家康時期以來的江戶城擴建和修築，總架構終於完成。一連串的興工動員了全國大半的大名，大修建充分展示了家光的威信，是「跨世代的興工」。但是從一六三七年一月開始的大約一年間，家光的健康出現了問題，以將軍為中心的政務機構陷入麻痺狀態。

重整幕府機構與建立沿岸防禦體制

一六三七年十月，在松倉領的肥前國有馬發生了一揆，波及到寺澤領（城池在肥前唐津）的肥後天草。幕府蒙受了龐大的損害，但在老中松平信綱的指揮之下，在次年二月末叛亂終於遭到鎮壓。在鎮壓叛亂後，家光放寬了大名派兵到自己領地之外的規定，也許可民間建造大型商船。前者是有鑑於出動時延遲的反省，後者則是預想到發生事情時，要確保輸送的能力。

此外，為了建立一個即使將軍臥病在床，政務也能順利進行的體系，他將原本直接掌握在將軍手中的各種職務，重新分配給老中。他重新編製了幕府機構為「將軍─老中─各職」的架構，以親信松平信綱、阿部忠秋、阿部重次等老中穩固自己的勢力。

在這樣的體制之下，幕府對吉利支丹的政策變得更為嚴格。由於新教國家荷蘭並沒有將傳教定為前提，因此家光判斷，仰賴荷蘭或許能夠提供生絲、絲綢等物資，因此在一六三九年七月決議驅逐葡萄牙人，並禁止葡萄牙船來到日本。驅逐了葡萄牙人之後，原本在肥前平戶的荷蘭商館就被移往長崎出島。家光為了要防止葡萄牙船的到來，他命令在松倉勝家被改易後，受封島原的高力忠房在九州沿岸建構防禦體系。

次年一六四〇年五月，來自澳門的葡萄牙商船來到長崎，要求重啟貿易，家光處決了這些違反渡航禁令的葡萄牙船船員，並燒毀他們的船隻。接著為了防止葡萄牙的報復，又命九州的各大名設置遠見番所，以高力忠房和長崎奉行為中心，強化危機管理的體制。他派遣巡見使到九州、四國、中國地區，進行海岸巡視。此外，他又命令家康的外孫松平忠明（一六三九年三月從大和郡山轉而加封播磨姬路），如果葡萄牙船來了並開啟了戰端，就要指揮諸大名作戰。從一六四一年開始，筑前福岡的黑田家和肥前佐賀的鍋島家實行隔年交替，執行長崎的警備。

武家社會的秩序化

一六四一年二月，家光命令太田資宗對大名進行族譜的調查和編纂。網羅了直接臣屬於將軍家的大名、旗本、御家人、醫師、同朋、茶道等各家的族譜，在一六四三年九月完成了《寬永諸家系圖傳》，並將真名（漢字）本與假名本進獻給家光。在編纂時，他要求將重點放在家康和家光的關係之上，因此《寬永諸家系圖傳》的編纂也象徵著德川氏統一了天下。與此同時，大名之下的武家被分類為松平氏、清和源氏、平氏、藤原氏、諸氏，企圖在傳統的姓氏制度之中達成重新定位。《寬永諸家系圖傳》讓德川將軍家成為核心，打造了一個形象化的政治秩序，並固定了下來。

接著在一六四二年，譜代大名被納入參勤交代制的對象。與此並行，譜代大名也必須前往江戶替幕府將軍執行政務以及進行建築等職務，這麼一來就縮小了譜代大名和外樣大名之間的差異。隨著參勤交代制度的固定，軍事力組織性的集結於江戶，這也意味著形成了領主階級團結一致，和百姓、町人等階級對峙的環境，可說是意圖揚棄戰國以來「下剋上」的運動原理。這麼一來，就出現了世界史上少見的集權性封建體制社會。

此外，從一六三〇年代後半到一六四〇年代的前半（寬永末年），也是全國發生饑荒的時期。家光為了轉換農政，從過去的完全單方面徵收，轉向開始憂心農民的生計（「百姓成立」）。不過此舉並非放棄徵收米糧等稅收，而是目標實現永續性的徵收。

明清交替

一六四四年，家光命全國的大名製作國繪圖和城繪圖。這是出自於掌握國內軍事情報的意圖，和前述的整頓沿岸防禦體制有著表裡的關係。

同年三月，中國大陸的「明」帝國滅亡。女真族的「清」抬頭，明皇室逃到南方各地，自立王號、建立王權。這些總稱為南明政權，其中的唐王在一六四五年之後多次向幕府請求援兵（也就是所謂的「日本乞師」）。御三家積極商議是否該派兵到大陸去，不過幕府內的態度逐漸轉為消極，最終福州被攻陷、唐王逃亡，這個消息傳到長崎，幕府決定不派出援兵。幕府與統一中國大陸的清國並沒有締結正式的邦交關係，在之後也一貫的維持對待「通商之國」的態度。

一六五一年四月，仍位居將軍一職的家光在江戶城逝世，享年四十八歲。儘管和中國之間的關係微妙，但家光仍維持著穩定，要求朝鮮、琉球、荷蘭的使節來到江戶參勤，甚至要求他們去日光社參拜，強迫對方配合展現出「服從日本（將軍）」的行為。日本近世的對外關係在此出現了雛形。與此呈現表裡關係的是，家光對「日本」這個國家有一股強烈的國家認同，將戰國的紛亂帶向終結的織田信長、豐臣秀吉，開啟了「天下人」的譜系，而家光也可被視為是其完成。

大友宗麟（一五三〇—一五八七年）

家督繼承與基督教

大友宗麟是豐後、筑後守護大友義鑑的嫡子，出生於一五三〇年。幼名為塩法師丸，於一五四〇年接受成年禮（元服），獲得將軍足利義晴的偏諱，得名「義鎮」。一五五〇年二月的「大友二楷崩之變」之中，父親義鑑被襲擊而死，因此大友義鎮繼承了家業，成為大友家的第二十一代當家。次年一五五一年，葡萄牙登陸豐後，他將原本在山口大內義隆身邊的方濟．沙勿略召至豐後府內。沙勿略在九月中旬啟程前往豐後，但很快的，大內義隆的家臣陶晴賢就發動了叛亂，大內義隆被迫自盡。大友宗麟將親弟弟晴英改稱為「大內義長」，讓他繼承大內家的家業。大內家在實質上肩負著日明之間朝貢貿易的工作，宗麟將親弟弟安插進來，利用大內這個名字，企圖加入對明的貿易。

大友宗麟聽了沙勿略說明的基督教教義之後，允許了傳教，當沙勿略在這一年回到印度時，他也派了使者同行去見印度總督，次年，沙勿略派遣的加戈神父（Balthasar Gago）在九月抵達豐後，並將印度總督的回信親手交給宗麟。在宗麟的保護之下，基督教在豐後的傳教工作，不受佛教寺院直接的妨礙，進展得很順利，獲得了許多改宗的信徒。儘管他們也在府內建了醫院和育兒院，不過據說武士階級的改宗者並不多。

統治九州的進展與毛利家之間的紛爭

一五五四年宗麟在在豐後、筑後、肥後之外，又被任命為肥前的守護。一五五五年十月，在嚴島之戰中，毛利元就打敗陶晴賢，在一五五七年，親弟弟大內義長也被滅。中國地方的狀況極不穩定，宗麟致力於壓制豐前、筑前、肥前方面的狀況，並加強對博多的統治。

博多和明、朝鮮、琉球等地的交流相當興盛，博多由「博多濱」，以及彷彿凸出海上的「息濱」兩個區域所組成。在戰國時期，握有博多濱的大內氏和握有息濱的大友氏長期以來衝突不斷，但大內氏占有優勢，並漸漸加強對息濱的掌控。息濱是海外貿易的據點，在經濟上的利益也大於博多濱。但是，之後由於大內勢力的減退並被消滅，宗麟得以在博多確立單一的統治體制，他因此進行重整，將過去的息濱改成「西分」，博多濱改為「東分」。

宗麟在一五五九年六月受封豐前與筑前的守護職，接著在同一年的十一月被任命九州探題。宗麟之所以想要這個稱號，是因為在對明進行貿易時，需要一個身分和排場。但是宗麟想要參與對明貿易的企圖，最終卻沒有成功。

另一方面，從這個時期開始，毛利元就的勢力已開始觸及九州北部，與此勢力結合的筑前秋月種實等人叛離宗麟，宗麟和毛利元就針對豐前門司城多次發生衝突，在一五六二年五月，他在臼杵建立丹生島城，將據點移至此地，並傳位給嫡子義統。宗麟的信仰很深，他皈依了禪宗，並在這一年剃髮，以「宗麟」為號，不過對於領地內外基督教的傳教活動，依舊是給予很大的方便與空間。

一五六四年，因將軍義輝之命，他與元就之間達成和睦關係（「豐藝一和」），宗麟與毛利方陣營合力，掃蕩各個抵抗的勢力。在這個期間，宗麟在一五六七—一五六八年間，透過傳教士要求印度總督贈與大砲，並持續訂購火藥的主原料硝石。葡萄牙船所帶來的武器彈藥類，對大友的軍事力量來說，是不可或缺的。

一五六五年和一五六八年，以筑前立花山城為據點、屬於大友家庶系的立花鑑載兩次發動叛變，在此期間，與元就聯手的親族、家臣也多次發動叛變。但是一五七一年六月毛利元就去世後，毛利家就以此為契機退出了九州。因為他們被迫要與西進的織田信長勢力對峙。

受洗與耳川之戰

一五七三年（天正元年十二月），宗麟將家督之位傳給嫡子義統，但仍從臼杵對各事下達指令。義統禁止家臣改信基督教，不過宗麟卻依舊對基督教是比較庇護的立場，一族和家臣之間產生了各種摩擦與衝突。宗麟和一貫反對基督教的正室（奈多鑑基的女兒）離婚，在一五七八年（天正六年七月）受洗，得到受洗名「普蘭師司怗」（Francisco），這個受洗名據說是為了展現對沙勿略（Francisco Xavier）的敬意。在這一時期，義統也開始對基督教展現出較有彈性的對待方式。

在受洗這一年，為了要支援領地被島津義久奪取的日向伊東氏，宗麟決定進攻日向。這次的出兵被認為是企圖在日向國內建立一個基督教理想園地。與島津家之間的緊張不斷升高之際，柬埔寨國王派去見宗麟的使節，發生了被拘留在鹿兒島並接受訊問的事件。十月，不顧周遭反對的宗麟出兵日向。不過大友陣營在日向的高城、耳川吃了敗仗，這也導致宗麟的聲望大墜。由於此次戰役的失敗，肥前龍造寺隆信等人背離了大友家，豐後國內也陸續發生一族和重臣的叛亂，大友領國急速的走向瓦解。

宗麟的晚年

一五八二年（天正十年一月），宗麟的代表伊東滿所（原名伊東祐益）等人，也就是「天正遣歐使節」，從長崎出發。但是在使節出發後，宗麟才知道這趟遣歐是由巡察師范禮安所主導的。

到了一五八四年末，他的周圍被毛利、秋月、龍造寺、島津等勢力所包圍，接著又發現了被稱為南郡眾的當權家臣們通敵。一五八六年三月，宗麟親自從臼杵出發，向豐臣秀吉尋求救援。藉此，一五八七年豐臣秀吉平定了九州，讓宗麟終於脫離了危機。在戰後，秀吉也允許大友義統統治豐後一國，並將日向一國分封宗麟。但是在不久之後的一五八七年五月二十三日，宗麟便在豐後的津久見因病身亡。

千宗易（利休）（？——一五九一年）

被稱為「自治城市」的堺

堺被耶穌會傳教士宣傳為「自由城市」、「自治城市」，在平安末期、鎌倉初期開始發揮港口的機能。地名的由來是因為此處位於攝津國與和泉國的交界。在鎌倉時代，這裡是莊園（由貴族、大寺院、神社所占有，具有經濟效益的領地），以南北二莊所構成。南北朝時期商船入港的頻率增加，在史料中也出現了「堺浦」（堺津）這樣的稱呼方式。應仁、文明之亂後，堺取代了兵庫，成為遣明船的港口，接著又進行朝鮮、琉球貿易，逐漸發展成為京都與奈良的外港。一五四九年，沙勿略到訪日本時，人們也向他介紹此地是「日本最大的港都」。

不過堺在一開始並非一個城市，成立於一定的區域之內。誠如「本鄉」、「端鄉」這樣的地域區分所象徵的意義，區域內各個城鎮成立的時期和條件都有所不同。各個城鎮獨自運作，自然而然整個堺就達成了自治。從十五世紀後半開始，「會合眾」（由富商組成的自治團體）就負起處理整個堺政務的責任。

堺的會合眾

關於會合眾的組成，在堺的知名寺院宿松山的海會寺禪僧季弘大叔所寫的《蔗軒日錄》當中，可以見到「會合十人」、「會合眾十輩」等敘述，可知原本是由十人所組成的。此外，當時大坂石山本願寺的證如（光教）也在一五三八年正月的日記裡，記著堺南北的客眾因遣明船一事前來會面。他們是為了在本願寺有影響力的紀伊、土佐等南海航路周邊地區，尋求安全保障以及各式各樣的方便。證如在注記客眾時，寫的是「渡唐之儀，相催眾也」，由此可知堺南北二莊的這十人是遣明船貿易的主要成員。

很有可能這個時期的堺由這十人組織起領導階層，由他們來擔任遣明船貿易的中心，並握有城鎮上政治與經濟的實權吧。他們也被稱為「納屋（貸）眾」，活動的領域各式各樣，隨之也獲得了不同的稱號。這些會合眾在以禪宗、連歌為中心的文藝活動，以及茶湯文化之中，成為代表堺的人民的連結與關鍵。

信長與堺

戰國時代的堺以會合眾為中心，範圍擴及細川、畠山、三好、松永等周邊各勢力。一五六八年九月，為了侍奉足利義昭而上京的織田信長，在尼崎、堺等各城市賦課軍用金（「矢錢」、「屋錢」）。拒絕了這項要求的堺遭到信長的鎮壓，最終只能接受在此設置代官。會合眾的其中一人今井宗久就成了信長的代官。宗久藉由提供大砲、火藥來支持信長。在信長流放義昭的前後，津田宗及取代了宗久非常活躍。一五七四年三月，信長在相國寺舉辦了茶會，召集堺的當權者參加，此時參加的人有紅屋宗陽、塩屋宗悅、今井宗久、茜屋宗佐、山上宗二、松江隆仙、高三隆世、千宗易（利休）、油屋常琢、津田宗及這十人。他們在這個階段是堺的領袖階級，很有可能是會合眾。他們透過茶湯、連歌等場合提供情報資訊、調度軍需品等，來支援信長。

宗易的出身

同樣被招待去相國寺茶會的千宗易，出生於堺的今市町。他的出生年不詳，父親的名字是田中与兵衛，与兵衛也姓「千」。与兵衛的父親千阿彌是足利將軍的同朋眾一員，據說「千」的姓就是源自於此。

千阿彌為了躲避應仁、文明之亂的戰亂而遷移到堺，兒子与兵衛在今市町經營魚店，成為一代富商，列為「納屋十人眾」之一，這很有可能就是前面提到的會合眾。

宗易在十多歲時拜北向道陳為師學習茶道，接著又師事武野紹鷗。從年輕時期開始，他便會收集、珍藏「珠光香爐」、「珠光茶碗」或圜悟禪師的墨跡等寶物，他使用「抛筌齋」的齋號，逐漸提升在茶道家之間的地位，另一方面，宗易和今井宗久等人一樣，也為了信長而調度軍需用品。

宗易的抬頭

宗易原本就有著信長的「御茶頭」的身分，這個排序在宗及和宗久之下。但是隨著本能寺之變，信長死去，秀吉確立了後繼的地位，宗易積極的接近秀吉，最後讓他凌駕於這兩人之上。一五八五年三月，宗易主持秀吉舉辦的大德寺大茶會，同年九月在「禁裏御茶湯」時也擔任秀吉的協助。這時宗易特別被敕賜了「利休居士」的稱號，這是為了要晉升過去無位無官、僅是一名商人的宗易所實施的措舉。在這之後，宗易越加獲得秀吉的信任，並參與政治、軍事上的樞機。一五八六年四月，大友宗麟造訪大坂城，秀吉告訴他：「內部之事找宗易，公事找宰相（秀長），若按照此行事，就不會出錯」。秀長是秀吉同母異父的弟弟，儘管「內部之事」與「公事」有別，但宗易在某種意義上，被認為是與之相提並論的存在。

權勢之巔

深受信任的宗易，去和與秀吉抵抗的島津家進行談判。一五八七年，他也參加了九州平定戰。這一年十月的北野大茶會，他是僅次於秀吉的第二席。順帶一提，第三席是津田宗及、第四席是今井宗久。成為天下第一茶道家的宗易有許多門徒，先不說堺的商人，許多京都、奈良、博多的商人都是宗易的弟子，接著，還有以「利休七哲」為代表的武家門徒，不勝枚舉。其中也包含了高山右近和蒲生氏鄉等著名的吉利支丹大名，備受矚目。此外，在繪畫史的方面，他也非常提拔地方（能登）出身的長谷川等伯。一五八九年，宗易委託等伯製作大德寺三門的天井畫和柱畫。順帶一提，以宗易畫像而為人所知的京都不審庵（表千家）所收藏的宗易像（春屋宗園贊）是等伯在宗易逝世後四年時畫的。宗易在一五九〇年跟隨小田原進攻，在箱根湯本舉辦了茶會，與伊達政宗等家臣斡旋。

但是在次年一五九一年二月，秀吉將他軟禁在堺，他於二十八日切腹自盡。宗易的真實罪狀不明，不過據說他在大德寺三門的樓上放置自己的木雕像，這樣不遜的行為被視為僭越，他也利用自己是秀吉御茶頭的身分，進行茶器買賣獲得了不當利益。

神屋宗湛（一五五三—一六三五年）

博多商人的族譜

他是博多商人之首，在十五世紀前半以「宗金」之名相當活躍。他在九州探題澀川氏與大友氏的手下，對明和朝鮮進行相當活躍的貿易，據說也和博多的禪宗寺院妙樂寺有所關聯。和宗金活躍於同時期的博多商人們，不僅對明、朝鮮，也和琉球進行興盛的貿易。中世的博多寺院，尤其是禪寺的僧侶，或者是歸屬於寺院的僧侶，實質上都是貿易商人在進行貿易。

十五世紀中期，博多由大友氏和少貳（武藤）氏而分治，之後大內氏將少貳氏驅逐出去，也逐漸壓制大友氏對博多的支配。大內氏與細川氏爭奪，得以獨占對明貿易之後，遣明船就在博多進行靠岸裝配、調度裝貨、乘載博多商人，從這裡出港。另一方面，由於十五世紀後半開始，對馬宗氏開始獨占對朝鮮的貿易，因此博多商人就採取在宗氏之下支援的方式，繼續與朝鮮進行貿易。

石見銀山和灰吹法

神屋壽禎是一位在大內氏手下進行對明貿易的博多商人。壽禎是石見大森銀山的開發者而為人所知。根據江戶時代所編纂的《石見國銀山舊記》，一五二六年，前往海路石見的壽禎偶然發現了群山之間散發著靈光。壽禎在大森山中發現了豐富的銀礦脈，他採用了打穿山腰搭建坑道的穿鑿法，接著在一五三三年，他讓博多的吹工進行了新的精煉法，成功在當地獲得大量的白銀。先不論這傳說的真偽，但這都代表了博多商人參與日本銀礦的開發與生產，具有極大的意義。

這個精煉法是在銀礦石中加入鉛後進行熔燒，做成貴鉛（鉛合金），之後再用灰吸收鉛使銀鉛得以分離，剩下白銀。這是中國和朝鮮所採用的技術，稱為灰吹法。在採用這個精煉法之後，銀礦的生產有了長足的增加，接著日本列島各地的銀山都逐一被開發。使得日本列島成為世界少數的產銀地帶，這些銀成為戰國大名貴重的財源，另一方面，日本生產的銀子大量出口到朝鮮和中國，支撐起了歐亞大陸的貿易。

松浦黨和臨濟宗幻住派

進入戰國時代後半，大友氏、大內氏、秋月氏、毛利氏、龍造寺氏和島津氏等都為了爭奪博多而反覆進行激烈的爭奪戰。有權勢的商人們為了躲避戰亂，也被迫離開博多。神屋壽禎的曾孫宗湛出生於一五五三年（在《石城志》當中記載家譜為壽禎—宗浙—紹策—宗湛）。青年期的宗湛和大約長他一輪的島井宗室，也不得不逃到肥前的唐津。唐津是松浦黨的據點。松浦黨被視為後期倭寇的中心勢力，他們是海上集團，支撐著博多商人的貿易活動。在思考他們為什麼將據點選在唐津以取代博多時，就必須要了解這樣的背景。

接著，宗湛娶了「幻住派」禪僧景轍玄蘇的妹妹為妻。宗湛和宗室的背景，有著「幻住派」禪宗的存在。原本的幻住派源自於鎌倉末期，是用來總稱跟著幻住庵中峰明本的法系而歸朝的人們。這一派繼承了始祖中峰的隱遁個性，遵照「禪淨一致」的思想，致力於地方強化，和松浦黨也有很深的關係。幻住派在十五世紀後半以博多為中心，在九州北部擴展勢力，宗室和宗湛因與松浦黨、幻住派的關聯，逐漸擴大其商圈。

博多復興

一五八七年，秀吉結束對島津的進攻，在六月上旬於博多近郊的箱崎凱旋歸來，為了將博多設為派兵大陸的據點，秀吉命人復興因戰禍而凋敝的博多。宗湛也和秀吉的奉行眾一起參與了這次的任務。在滯留於箱崎的期間，秀吉與耶穌會傳教士一起乘上南蠻小型帆船，從海上巡視博多的市區街道，而宗湛也乘上了同一艘船。有人說雖然宗室和秀吉保持著一定的距離，但宗湛卻以身體實踐著秀吉的意志。又或者是為了要牽制當權的秀吉，守護博多的利益而進行的工作分擔也不一定吧。秀吉在箱崎一直待到六月末，期間長達將近一個月，這期間也時不時會舉辦茶會或連歌會。宗湛特別擅長茶道，和千宗易（利休）、津田宗及皆有深交。

支援後勤

平定九州的結果，為筑前與北筑後、一部分的東肥前被分封給了小早川隆景。博多本身很有可能是政權的直轄地，不過宗室、宗湛等人，和以名島城為據點的小早川隆景，都致力於復興博多的城市機能。最終，肥前名護屋城成為秀吉在目標征服明國時的派兵基地，由宗湛等博多商人來支撐起缺乏成熟腹地的名護屋。

在與大陸進行貿易時，儘管博多和博多商人占有獨特的定位，但很諷刺的支撐起對朝鮮半島的出兵，也就是藉由「特需」來達到復興和復甦。一五九八年八月秀吉死後，留在朝鮮半島的將兵開始被移送回日本，博多港也擔起了接回這些撤兵的機能。宗湛的宅邸被毛利秀元徵用，拿來收容歸來的將兵，由此可推測宗湛和宗室等人在實務上也協助了撤兵的行動。

在黑田家手下

在一六〇〇年的關原之戰，黑田長政受封了筑前國，博多也到了他的統治之下。接著，在西邊鄰接之地建造了福岡城和城下町之後，博多就被定位是此地的外港。宗室和宗湛失去了過去的優越地位。或許博多商人相較之下和石田三成等勢力較為親近，算是其中一個原因，壓制住了富商們就能更進一步統治博多了。

「博多文琳」是神屋家從壽禎開始就代代相傳的唐物名茶具。根據宗湛的茶會紀錄，在一五八七年六月，在為停留於箱崎的秀吉泡茶時，用的就是這個茶具，秀吉就算想擁有「博多文琳」，他也沒有出讓。一六二四年，黑田家二代忠之以黃金兩千兩和封地五百石，命令他出讓這個「博多文琳」。由於宗湛成為只不過是居住在城下的一介商人，讓他對此命令毫無抵抗的能力，只能把「博多文琳」讓給忠之。出於過去富商的尊嚴，他拒絕收取黃金和領地。一六三五年十月，在「寬永鎖國令」逐漸進行的局勢下，宗湛結束了八十三年的人生。

宗義智（一五六八—一六一五年）

對馬宗氏

宗氏是對馬國衙地方官僚的惟宗氏一流。在鎌倉時代，兼任對馬國守護的少貳（武藤）氏的地頭代，逐漸在對馬島內擴大勢力。南北朝內亂的末期，宗氏被任命為對馬守護，但之後仍和少貳氏之間維持主從關係，時而也會出兵九州。

一四一九年（應永二十六年，世宗元年）發生了「應永外寇」（朝鮮侵略對馬），因此暫時斷絕了和朝鮮的關係，但次年朝鮮國王世宗給了宗貞盛「圖書」恢復了往來。所謂的「圖書」是朝鮮給予日本人往來通行的銅印，這個用印的文件被視為正式通信的證據。接著在一四二六年，又開始了「文引」制度，日本到朝鮮的船，必須要獲得宗氏所發行的渡航許可證「文引」。宗氏靠著與朝鮮往來的權益，鞏固了在對馬島內的勢力。

進入戰國時期，宗氏在對馬島內確立了單獨的統治，成功脫離少貳氏。一五一〇年發生的「朝鮮三浦之亂」，造成朝鮮再度切斷與對馬的關係。宗氏企圖恢復雙方關係，冒用了足利將軍之名派遣「日本國王使」到朝鮮等，做了很多嘗試。多次交涉的結果，朝鮮與對馬逐漸恢復往來，在一五六三年、一五六七年兩度頒布了多件過去被停止的「圖書」。

服從豐臣政權

一五八七年，秀吉為了討伐島津氏而下九州，宗氏命重臣柳川調信為使者。秀吉任命調信代替一家之主歸順，聽聞此事的宗義智和其監護人義調前往筑前箱崎之陣。義智是將盛的五子，一五七九年繼承兄長義純，當上對馬守護，他受封時只有十二歲，因此已引退的義調就擔任他的監護人，執行島政。

在兩人歸島時，秀吉給他們「對馬一円」的公文書，並附上條件，要求朝鮮國王來日以及上京。無須多說，國王的上京意味著朝鮮王朝要臣服於日本。義智派使節到朝鮮，並把談判的內容替換成派遣使節去慶祝秀吉「統一天下」，不過這次的交涉也沒有成功。義智在一五八八年、一五八九年兩次親自抵達朝鮮，第二次的渡海，尋求了島井宗室的協助，島井宗室是和朝鮮關係頗深的博多富商，義智請求島井宗室一起同行。最終朝鮮終於派使者來日，在一五九〇年四月末，義智隨著朝鮮通信使一起回到對馬島。

這一年，義智迎娶了小西行長的女兒瑪利亞為正室。次年一五九一年，據說他受洗成為基督徒，受洗名為達里奧（Dario）。擔任監護人攝政的義調在一五八八年過世，小西行長就成了義智新的後盾。一五九〇年十一月，秀吉從關東奧羽凱旋歸來，在聚樂接見了朝鮮的使節。使節的任務是將朝鮮的國書交給秀吉，但是現存「萬曆十八年三月」的朝鮮國書，卻是經由義智等人篡改後的文書。義智為了請動朝鮮使節，未經秀吉的諒解，就偽造了日本國書。因此本來朝鮮的國書是對此的回信，如果沒有更動國書上的文字，秀吉很有可能就會發現義智未經許可偽造了國書一事。

「入唐」先鋒

被篡改的朝鮮國書中，稱呼秀吉為大王，表現了最大程度的敬意。藉此，秀吉確信朝鮮國王臣服於日本，因此要求「征明嚮導」，也就是要求朝鮮國王作為「征明」的前導。一五九二年三月，開始實際派兵後，義智與小西行長等人協議，要求朝鮮「假途入明」，也就是要朝鮮許可日本通過朝鮮國土。但是以明為宗主國的朝鮮完全不接受這樣的要求，結果雙方就在朝鮮半島開啟了戰端。義智和西肥前的各大名組織起以小西行長為主將的軍團，從漢城進攻到平壤。初戰的狀況可以在義智手下工作的從軍僧天荊所寫的《西征日記》當中，有詳細的敘述。接著，秀吉又要求義智徵用朝鮮語口譯，義智因此為各將領安排了口譯人員。

進入講和交涉期後，他和小西行長等人守住位於慶尚道南岸的熊川城。為了講和的交涉而派遣到明國的正使，是小西家中的內藤如安，而宗家也派出了早田四郎兵衛景次擔任副使。之後當毛利一族的軍隊回到日本後，小西行長仍持續守在釜山，義智則是移動到東萊看守。講和的交涉進行得並不順利，決定要再次出兵時，秀吉有鑑於義智至今以來的功績，在一五九七年將「朝鮮國唐島」，也就是巨濟島分封給他（慶長二年五月一日）。

慶長年間再度派兵時，義智和小西行長等人一起，加入了主將是宇喜多秀家的「左軍」，攻打南原城。此外，他們也和小西行長看守的全羅道順天城聯繫，守護南海城。一五九八年八月秀吉死後，頒布了從朝鮮半島撤回將兵的命令。義智和在泗川、固城的島津義弘、立花宗茂等人，救出在順天被包圍的小西行長，成為殿軍而逃脫成功。其他的各大名回到了筑前博多，不過義智留在領國對馬島的可能性很高。朝鮮半島的明軍當中，出現了主張要追擊進攻到對馬的人，因此撤兵也並不意味著戰爭立刻就結束了。

與朝鮮復交

由於出兵朝鮮，使得對馬的經濟顯著的疲軟，義智和小西行長、寺澤正成等人企圖恢復與朝鮮的往來，不過朝鮮國內仍有明軍駐留，持續備戰的狀態，因此復交的交涉並未成功。

在一六〇〇年八月，明皇帝對駐留於朝鮮的明軍發出撤退命令。九月發生了關原之戰，義智加入「西軍」。義智本人並沒有上陣，柳川調信之子智永率領了一批隊伍加入了島津陣營。戰後，義智並沒有受到什麼特殊的處分，不過由於行長的沒落，因此與正室（小西氏）斷絕婚姻關係。

一六〇四年，朝鮮派遣僧人惟政（松雲大師）到對馬，義智便和他一起進京，在伏見得以與德川家康、秀忠見面。藉此，宗氏獲得了德川政權的承認，得到特殊的地位，得以與朝鮮進行外交。一六〇六年，朝鮮方為了講和而提出了條件。一是由日本方先送出國書，另一個是要送上在之前戰役中毀壞朝鮮國王陵墓的犯人。以當時的外交慣例來說，先送出國書的話，意味著日本降伏，然而義智認為德川幕府不可能接受這種屈辱的要求，因此暗中偽造了家康的國書，並且將一個在對馬的罪人偽裝成侵犯陵墓的犯人送到朝鮮。藉此在一六〇七年正月，朝鮮正式派遣了回答兼刷還使到日本。這個使節的目的是回覆家康的國書，並帶回被俘虜到日本的朝鮮人。如果朝鮮國書的形式是「回信」，那麼前提的偽造國書就會露出馬腳，因此義智又偽造了來自朝鮮的國書。但無論如何，日本與朝鮮恢復了邦交，對馬宗氏也在一六〇九年與朝鮮王朝締結〈己酉條約〉恢復貿易慣例。在與朝鮮恢復貿易之後，義智致力於治理並維持領國安定，並在一六一五年正月，結束了他波瀾萬丈的一生。

朝鮮俘虜

朝鮮陶工的傳承

由於豐臣秀吉侵略朝鮮，被扣留在日本的朝鮮陶藝工匠們，對近世日本的陶藝、陶瓷產業發展有著很大的貢獻，一直傳承至今日。例如長門的萩燒、筑前的高取燒、豐前的上野燒、肥前的有田燒和平戶燒、肥後的八代燒、薩摩苗代川的薩摩燒等，這些都始於朝鮮的陶藝工匠。然而這些來由大多都是口頭傳述，因此很難找出具體能夠證實的確實史料，有些資料也讓人覺得不太自然。例如上野喜藏據說被扣留在日本，之後回到了朝鮮精進自己的陶藝，接著又再次回到日本，就是一個典型的例子。

問題在於這樣的「口耳相傳」所產生的混亂狀態，究竟起因為何。或許原本就有很多不同的原因重疊在一起，不過從一開始就把他們認為是「陶藝工匠」而帶到日本的例子可說非常少。被拘留在日本的朝鮮人有男女老幼，從貴族到賤民，階級和職業也非常廣泛。這番言論說得像是把目標放在「陶藝工匠」上一樣，但並沒有反映實際的狀況。

「入唐」與俘虜

秀吉對外派兵的行動也被稱為「入唐」，目的是為了征服明國。侵略朝鮮半島就是這個行動的第一階段。至少在最開始的計畫下，必須要把朝鮮半島當作後方基地。對朝鮮的占領政策，就是在這樣的企圖之下展開，秀吉多次遣返朝鮮的士兵與人民。

但是很快的日本方面的規範就變得散漫，因此有一定規模的朝鮮人因某些原因到了日本。一五九六年，朝鮮使節黃慎隨著明使節沈惟敬一同前來日本，他就在《日本往還日記》當中敘述已經渡日的朝鮮人的狀況。朝鮮俘虜在這個階段的狀況有（一）相當多人是在壬辰（文祿）之役被擄，（二）當時認為如果雙方講和成立，或許很多俘虜都能回國，（三）日本方面主要的將領（主倭）也認為應該放還這些俘虜，（四）一般人對俘虜並沒有不好的印象，（五）從這階段開始，日本大名會把朝鮮小孩子帶回去等等。

慶長再度派兵

慶長再度派兵和先前以征明為目標的戰役不同，這次的企圖是要求割讓朝鮮南半，作為講和的條件。秀吉計畫占領慶尚道、全羅道、忠清道、江原道這南四道，進行再度派兵。由於這樣的目的非常強烈，因此這次的再派兵，對朝鮮士兵毫不留情的殺戮、掠奪、暴行。在敵陣進行「擄人」是非常稀鬆平常之事，幾乎每天都會發生。例如據隸屬於備前岡山宇喜多秀家的戶川逵安（肥後守，又名正利）所言，在南原城之戰中「小西行長勇猛奮戰，衝進本所，生捉千餘人，其中多女性。」（〈戸川記〉，《改定史籍集覽．新加別記類》），可以說是不論職業和身分，只要看到就擄走。

另一方面，來到日本的商人當中，也有專門從事「人口買賣」的人。他們跟在掠奪的將兵後面，買下朝鮮的男女老少。這個時期，被阿波的蜂須賀家政所捕的鄭希得曾寫下《月峯海上錄》，當中就寫著：「丁酉倭亂時三南地區（慶尚、全羅、忠清）的俘虜，是壬辰倭亂時的十倍之多。」如此大量的朝鮮俘虜被扣留、移送到日本，成為日本社會低下階級的勞動力，遭到使喚和勞役。

出現在亞洲的奴隸市場

但是並不是所有的俘虜都被留在日本社會。在當時日本的國內戰爭中，「掠奪」和「擄人」非常普遍的事。耶穌會傳教士路易士．佛洛伊斯就留下一些關於這種狀況的證詞。其中一項就是「來到當地（九州地方）的葡萄牙人、暹羅人、柬埔寨人，會購買大量的日本人，剝奪他們的祖國、父母、孩子和友人，把他們視為奴隸，帶到各國（東南亞、印度等）」（松田毅一、川崎桃太譯，《完譯佛洛伊斯日本史4　豐臣秀吉篇Ⅰ》，同前）。

此外，根據當時在亞洲海域活動的義大利商人卡爾來蒂（Francesco Carletti）的見聞紀錄，其中也有這樣的敘述：「（朝鮮半島）特別是沿岸的各州有大量（numero infinito）各階級的男女、少年少女被帶來（日本），幾乎全都以很便宜的價格（a vilissimo prezzo）被當作奴隸賣掉」（榎一雄，《商人卡爾萊蒂（商人カルレッティ）》，大東出版社，一九八四年），可以得知當初有大量的朝鮮俘虜從日本被帶進東南亞、西亞的奴隸市場。

「刷還」的意義

一五九八年八月豐臣秀吉逝世後，德川家康意圖與朝鮮恢復邦交，因此次年透過對馬宗氏開始進行議和的談判。這次議和的談判主要條件就是朝鮮俘虜的遣返，也就是「刷還問題」。從一五九九年六月起大約四十年間，日本都持續的將俘虜送還給朝鮮。根據實錄紀載，被遣返的人數大約是七千五百人左右，不過這個數字當然是遠不及被帶到日本的朝鮮人總數。

除了成為奴隸被送到日本以外地方的人之外，還有不想要被送回朝鮮的人、已經融於日本社會的人，這些人的數量也非常多。先不論是否是主動，有一些人在戰爭中協助日本，或者在此結婚生子，那麼就不得不留在日本了。除了這些「回不去」和「不想回去」的人之外，可能還有很多俘虜被大名因某些原因選拔出來，成了「不讓他回去」的人。

無論如何，刷還成了篩選俘虜的契機。這些對各大名來說有用的、「不讓他回去」的人們，並非只有陶藝工匠而已。在儒學、醫學方面有成就者、具有美貌或才學的女子或小孩也會被選出。幕藩制度逐漸穩定，俘虜也逐一被送還，經過這段日朝關係良好的階段，各地朝鮮系的燒窯就開始講述自己的來源和祖先，但很多事實都已被遺忘，也就是以「倒敘」的形式，創造出了「口耳相傳的故事」。

其他人物

一、天下統一與宗教、藝術

佛洛伊斯

一五三二—一五九七年。路易士·佛洛伊斯是耶穌會的葡萄牙傳教士。在十六世紀後半，他停留在日本大約三十年的時間，製作了〈日本年報〉，著有《日本史》，是當時珍貴的資料。佛洛伊斯在一五三二年出生於葡萄牙首都里斯本。一五四八年二月他加入耶穌會，在十月到達印度的果亞，在此地累積了傳教士的學養。他在這裡認識了翌年要前往日本傳教的沙勿略，以及出生於鹿兒島的彌次郎。一五六一年他晉升神父，一五六三年七月（永祿六年六月）他抵達肥前橫瀨浦。一五六五年一月（永祿七年十二月），他進入京都，遭遇了原本的保護者足利義輝被殲滅等苦難。在織田信長進入京都後，他與信長建立了深厚的關係，並在一五六九年夏天，以傳教士的身分首度造訪岐阜。

一五七六年，他參與了京都教會（也就是南蠻寺）的建設。之後，他將京都的職務讓給奧爾岡蒂諾，在一五七七年前往九州，以豐後臼杵為據點進行傳教工作。在這裡，他遇到了大友宗麟改信、日向耳川之戰等事件。一五七九年，耶穌會的日本巡察師范禮安來到日本後，他在一五八一年擔任口譯，伴隨他造訪畿內和安土城。在秋天他前往九州。一五八三年秋天，他受命編著《葡萄牙領東印度史》中日本教會史的部分，這就是所謂的《日本史》。

一五八四年他在長崎完成了〈日本總論〉，在次年一五八五年執筆《日歐文化比較》（《ヨーロッパ文化と日本文化》，岩波文庫）。一五八六年三月起，他隨著加斯帕爾．科埃略（Gaspar Coelho）巡迴天草、肥前各地、京都、大坂、堺，並在大坂城獲得秀吉的謁見。之後，他短暫停留在下關，完成了《日本史》的第一部（一五四九－一五七八年）。一五八七年七月（天正十五年六月），秀吉頒布了「伴天連追放令」之後，他在肥前專心執筆《日本史》的第二部（一五七八－一五八九年）。

一五九〇年七月，范禮安隨著「天正遣歐使節」一起抵達長崎。一五九二的十月（天正二十年九月），他隨范禮安一起乘船前往澳門。他在澳門待了將近三年的時間，並在一五九五年再度回到日本。居住在澳門時，他健康狀況變差，因此回到長崎後，一五九五、一五九六年度的〈日本年報〉與「長崎二十六聖人殉教事件」的報告書是他最後的著作，以此結束了他的寫作活動。一五九七年七月（慶長二年五月），他以六十五歲的年紀於長崎逝世。

在日本傳教士之中，他的經驗最為豐富，不過他在傳教士之間的評價並不好，因此沒有成為耶穌會的中樞。儘管完成了《日本史》第三部的構想，但他並沒有實際動筆，現存的手抄本只到一五九四年的年初。

顯如（本願寺光佐）

一五四三－一五九二年。諱光佐。本願寺第八代法主蓮如直系，率領教團以石山本願寺為據點，指導全國的一向一揆。一五四三年（天文十二年正月）出生於大坂，是本願寺第十代證如的長子，在一五五四年繼承本願寺成為第十一代門主。一五五九年被升格為門跡寺院。除了法相、天台、真言之外，算是破例的宣旨。

當時本願寺位於大坂，形成了寺內町（市鎮），和畿內的各大名也都建立了良好的關係。一五六八年顯如侍奉於足利義昭，織田信長成功入京之時，顯如也表達了歡迎之意。但是到了一五七〇年九月，顯如卻又展開對義昭、信長的攻擊。這應該是由於他加入了與義昭、信長對立的三好三人眾陣營。之後顯如所率領的本願寺，也和淺井長政、朝倉義景、武田信玄等人聯手對抗信長。當信長和義昭對立時，他選擇了義昭這一方。但當義昭被流放、淺井和朝倉被滅時，他又向信長提出議和的要求。

然而在一五七四年在越前爆發了一向一揆時，顯如支援一向一揆，再度和信長對抗。伊勢長島的一向一揆和越前的一向一揆遭到鎮壓後，顯如又向信長示好，要求和談。不過一五七六年毛利輝元侍奉義昭後，顯如與之呼應，再度對信長起事。本願寺教團和信長之間長達了十年的戰爭，被稱為「石山之戰」。

一五八〇年，信長與本願寺教團之間議和，顯如要求以交出大坂的寺地為條件，來確保全國本願寺門徒的地位。但是嫡子教如卻拒絕了這項提案，顯如退出紀伊鷺森後，仍持續留在大坂與信長抗戰。最終教如也退出大坂，由於父子之間的爭執，讓教團分成顯如派和教如派。顯如死於一五九二年，由教如暫時擔任法主，但在次年被迫退位，由秀吉支持的弟弟准如成為法主。經過此一過程，本願寺教團分立成東西兩派。

狩野永德

一五四三—一五九〇年。率領畫師集團狩野派為嫡流，確立了象徵所謂桃山繪畫的大幅畫樣式。出生於一五四三年的京都，父親為狩野松榮直信。松榮的父親是建立狩野派基礎的元信。永德通稱源四郎，實名是州信。他自幼即展現極高的繪畫天分，受到眾人的矚目與期待將來。

一五七四年完成了「洛中洛外圖屏風」，畫風結構被視為是典型的細密「細畫」。織田信長把這幅屏風送給了越後的上杉謙信，被稱為上杉本。接著在一五七六年到一五七九年，他又在信長的命令下，製作了安土城天守閣等各宅邸的隔扇畫。永德想到畫出來的作品有可能會不合信長的意，因此事先將家業傳給親弟弟宗秀。誠如字面所見，他是抱著必死的覺悟接受任務的。

信長死後，他又應秀吉的要求，製作大坂城和聚樂的隔扇畫。除此之外他又被迫接收了很多訂單，據說由於他太過忙碌無法再畫細線條的畫，因此轉而畫大幅畫，其中最具代表的作品有「唐獅子圖屏風」。

一五九〇年八月，永德由於御所對屋的隔扇畫製作事宜，與新興的長谷川等伯對立。等伯是能登專門畫佛像的繪師，不過他後來搬到京都，獲得千宗易等為後盾而抬頭。

但是，在次月九月，永德比自己的父親松榮早一步過世。狩野家的家業由長子光信繼承。光信的畫風異於永德，繼承了元信以來保守、纖細與優美的特徵。此外，永德的次子孝信則生有探幽、尚信、安信等三個兒子。

二、異文化的橋梁

陸若漢

約一五六一—一六三三／四年。葡萄牙人羅德里格（Joao Rodríguez，中文名為「陸若漢」）擔任耶穌會的口譯，著有日語文法書《日本語文典》和《簡約日本語文典》以及《日本教會史》。陸若漢在約一五六一年出生於葡萄牙北部上貝拉省一個名為塞南塞利的城鎮。他似乎沒有受過正規的教育，儘管年紀輕輕，就離開祖國前往亞洲。據推測或許他是想要當個傳教士的打雜役。

陸若漢在一五七七年抵達長崎，之後他停留在京都一段時間後，很快的又去到豐後。一五八〇年十二月，日本巡察師范禮安要在臼杵設立培養修道會員的機構，陸若漢到了此地，接受了耶穌會教士的教育。陸若漢在語言方面特別有才能，但由於豐後大友氏對島津義久的壓迫，這個培養機構被遷移到山口。之後又有秀吉頒布的「伴天連追放令」，讓陸若漢也遷移到平戶去。一五九一年，當范禮安受秀吉接見時，他負責擔任口譯。在此前後，由於耶穌會裡也有另一位名為羅德里格的人，因此他又有一個「通」的綽號。這個通意思是通事（翻譯、口譯），這也算是一則能證明他日語能力卓越的軼事吧。

陸若漢會以口譯的身分參與秀吉或家康的交涉談判，因此獲得了這些「天下人」的賞識。但是在一六〇九年，發生了格拉薩聖母號事件（Nossa Senhora da Graça incident），陸若漢當時擔任耶穌會的財政要職，以此事件為開端，批判他的聲量逐漸擴散，因此他受到流放澳門的處分。這個事件起因是有馬晴信因自家的朱印船在澳門被襲擊，故擊沉了搭載澳門總督、進入了長崎的格拉薩聖母號。

陸若漢在澳門進行中國研究，因此也通曉了中文，此外，明朝受到滿洲族的壓迫，向位於澳門的耶穌會尋求救援，因此一六一三年到一六一五年，陸若漢前往北京。他的卒年不詳，可能是在一六三三年或一六三四年逝世於澳門。

三浦按針

一五六四—一六二〇年。擔任德川家康的外交顧問，參與幕府政治的英國人。一五六四年出生於英國東南方吉林漢姆，他的全名是威廉・亞當斯（William Adams），其成長環境不明，在一五七六年倫敦郊外的萊姆豪斯造船當學徒。他在此學習了數學、天文學和航海術等素養，一開始是造船工人，之後逐漸喜歡上領航員的工作。累積了學徒的年資之後，他在一五八八年獲得了貿易公司的工作，在這不久之前，他也參加了西班牙無敵艦隊的戰爭，在此工作態度獲得了好評。他在貿易公司從事摩洛哥貿易，次年結了婚。他擅長語言，除了英文之外，也會荷蘭語、葡萄牙語、西班牙語。

他在貿易公司工作了約十年，不過逐漸對亞洲產生興趣的亞當斯，轉行擔任荷蘭東印度遠征隊的領航員。一五九八年六月，荷蘭船隊從鹿特丹出發，亞當斯搭乘的是副旗艦「慈愛號」（De Liefde）。之後將會和他一起擔任家康外交顧問的耶揚子（揚・約斯滕斯，Jan Joosten van Lodensteyn）也與他搭乘了同一艘船。耶揚子出身於南荷蘭臺夫特的名門。船隊橫跨了大西洋，抵達麥哲倫海峽，但一出太平洋後，船隊就離散了，各船被迫單獨航行。在船隊分離、船員數劇減的惡劣狀況之下，慈愛號和希望號將目的地定為日本。但是希望號在小笠原諸島的近海遭到猛烈的風暴，消失了行蹤，只有慈愛號在一六〇〇年四月（慶長五年三月）抵達了豐後。

在關原之戰中勝利的家康，好好款待了慈愛號的船員們。特別是亞當斯和耶揚子深獲了家康的信賴。他們經常會被召到江戶城去做外交上的諮詢。他們也會說明世界的情勢，並對荷蘭和英國提出貿易的斡旋等。除此之外，亞當斯還教家康幾何學和數學。後來，亞當斯迎娶了日本人做妻子，由於他受封相模的三浦郡，因此被人稱「三浦按針」。一六〇四年，在家康的命令之下完成了西洋船，他提出要回英國的要求，卻被家康拒絕。

一六〇九年，荷蘭東印度公司在平戶開設了商館後，英國也委託亞當斯，打算加入日本貿易。亞當斯讓來自英國的使節薩里斯（John Saris）拜見家康與秀忠，並承諾開啟貿易。亞當斯原本計畫在浦賀設立英國商館，不過最終是建立在平戶。

在這個時期，亞當斯提出想要返還受封地、回到英國的要求，終於獲得了家康的應允。但是以結果來說，亞當斯並沒有回國，而是和英國商館簽訂了雇佣契約，成為任期制的商館員。亞當斯將生活據點移往平戶，輔佐商館長理查．考克斯（Richard Cocks），致力於打造對日貿易的基礎。在此期間的一六一四年六月（慶長十九年五月），他親自接受朱印狀，正式前往海外貿易。身為商館員，他曾親赴暹羅（泰國），不過由於與商館簽訂的三年雇佣契約到期了，因此他又自行去了柯欽與北圻（Tonkin）。

亞當斯在一六二〇年五月卒於平戶。他在日本有三個孩子，長子約瑟夫．亞當斯（Joseph Adams）成為第二代三浦按針，繼承了父業。不過沒有證據可以證明他曾擔任領航員，似乎只有領過朱印狀從事海外貿易。很遺憾的是，對其長子約瑟夫的晚年也所知甚少。

伊達政宗

一五六七—一六三六年。奧羽代表性的戰國大名，仙台藩的首代藩主。他將家臣支倉常長派遣到歐洲，試圖摸索出自己的一套外交關係。政宗在一五六七年誕生於米澤城，父親是伊達輝宗，母親是最上義光的妹妹義姫。幼年期師事臨濟宗禪僧虎哉宗乙，十一歲接受了成年禮（元服），十三歲迎娶奧州三春的田村清顯之女為正室。

一五八四年十月，以十八歲的年紀繼承家業，逐漸擴張勢力，在一五八九年六月的摺上原之戰中勝利，滅了會津蘆名氏，壓制住南奧羽的大半部分。但是由於豐臣秀吉包圍了小田原城，因此他被迫參戰，在一五九〇年六月成為秀吉的臣下。秀吉沒收了他會津的領地作為懲罰，同時也懷疑他參與大崎、葛西的一揆，而沒收了他父祖以來的封地。被命令移封到大崎、葛西的政宗，將居城從米澤遷往岩出山。

秀吉死後，他開始接近德川家康，在一六〇〇年關原之戰時，攻打了會津的上杉景勝。政宗在次年一六〇一年開始建設仙台城和城下的城鎮，大約花費了十年左右的時間。建設告一段落後，政宗又開始摸索與新西班牙總督轄區（西班牙領墨西哥）的交易。在一六一一年（慶長十六年十月）政宗在仙台與新西班牙總督轄區的使節塞巴斯蒂安．比斯卡諾會面。維茲凱諾獲得了家康的許可，負責測量日本的沿岸，而政宗則是親自造船，並提出要派遣使者去見西班牙國王和新西班牙總督轄區副王的請求。

一六一三年（慶長十八年九月出航），政宗派遣家臣支倉常長擔任方濟各會傳教士索得洛（Luis

Sotelo）的嚮導，前往新西班牙總督轄區、西班牙、羅馬。常長帶了政宗寫給西班牙國王和羅馬教皇的親筆書信，索得洛則是帶著家康和秀忠要給新西班牙總督轄區副王的親筆信。這個「慶長遣歐使節」在羅馬等歐洲各地都受到了歡迎，但西班牙和羅馬得知了日本禁止基督教活動後，通商交涉便無法推動，常長在一六二〇年（元和六年八月）回到了仙台。常長回國後，政宗便決定禁止自己領地內基督教的活動。

由於政宗在年幼時期右眼失明，因此被人敬為「獨眼龍」，他是優秀的武將，同時也擅長茶道、能樂、歌道，也是優秀的書法家。由於他喜好華美之物，因此又被譽為「伊達者」。他於一六三六年五月，在江戶的櫻田邸過世，享年七十歲。

三、跨越、創造「境界」

內藤如安

一五五〇—一六二六年。小西行長的重臣，在出兵朝鮮時跟隨前往，並且也以講和交涉的使節身分去到北京，推動皇帝敕使的來日。出身於船井郡八木的內藤家，是擔任丹波守護細川氏守護代的世家。戰國時期的丹波，有以八上城為據點的波多野氏勢力，在一五五三年與波多野爭奪的內藤國貞逝世後，國貞的女婿松永長賴就改名內藤宗勝，支撐起內藤家。這位長賴是三好長慶的臣子，也是往後侍奉織田信長的松永彈正久秀的親弟弟。如安是長賴的兒子，本名是忠俊。長賴在一五六五年戰死後，忠俊信仰基督教，受洗名為Joan。寫成漢字時，會寫成如安或如庵。

足利義昭在織田信長的幫助之下成為將軍後，如安就以丹波八木城為據點支撐著此地。義昭和信長出現衝突時，他加入了義昭的陣營，在平定丹波的明智光秀攻下八木城後，逃到備後鞆，侍奉義昭。一五八七年義昭為了投靠秀吉而進京，如安在這前後轉而侍奉小西家。小西行長在獲得了肥後宇土的領地後，如安也跟隨他住在宇土。如安受到小西的重用，獲得「小西」的姓氏，並使用「飛驒守」的名字。

一五九二年開始出兵朝鮮後，他隨著行長抵達朝鮮半島，並往平壤前進。次年一五九三年，與明之間開始進行議和，他又以日本使節的身分被派往明國，在明與朝鮮的史料當中，如安以「小西飛」（小西飛驒守之意）的名稱登場。七月他在漢城與明的李如松進行會談，九月經過平壤、跨越鴨綠江進入明，抵達遼陽。如安在此停留了很長的一段時間，帶著偽造的「關白降表」，於一五九四年十二月才終於抵達北京。

一五九五年一月，如安在明皇帝敕使（冊封使）的伴隨之下離開北京。一五九六年九月，秀吉接見了明的敕使，但由於談判破裂，因此決定於慶長再度派兵。如安也跟著行長一起征戰朝鮮半島各地。在關原之戰後，宇土的小西家被改易，和兒子的近身侍女一起投誠加藤清正。但是清正要求他放棄基督教信仰，因此他在高山右近的邀請之下轉而侍奉加賀前田家。這時候他以「德安」為號，與右近等人醉心於茶道。

一六一四年，他違抗了幕府的棄教命令，與高山右近一同離開前田家，在長崎被放逐海外。同年十一月他與右近一起抵達馬尼拉。次年正月右近過世，但他在之後於聖米格爾（San Miguel）建設日本人町，擔任當地的首長，相當活躍。一六二六年，他於聖米格爾逝世，享年七十七歲。

島津家久

一五七六－一六三八年。島津義弘的三子，出生於日向加久藤。通稱又八郎，初名為忠恒。家久有兩個哥哥，長兄鶴壽丸夭折，次兄久保為伯父義久的女婿，成為島津本家的世子。也因此家久被認為會繼承父親義弘的家業。但是在一五九三年九月，久保客死在朝鮮的巨濟島。

家久受到石田三成等人的支持而上京，次年一五九四年三月，秀吉接見了他，並定他為島津本家的繼承人。之後他在十一月抵達朝鮮的巨濟島。歷經駐守巨濟島、加德島，且在與明進行講和談判的期間，他都沒有回到日本。在慶長之役時，他也和父親義弘一同轉戰朝鮮半島南部，在一五九七年冬天駐守泗川。次年九月末，家久在泗川受到明、朝鮮聯軍的猛攻，但在十月朔日（初一）的戰役中，擊破敵軍。同年末，家久和義弘回到博多，泗川的勝仗獲得了高度評價，家久被任命少將，並加封五萬石。推測也是在這時期，他繼承了島津家的家業。

一五九九年三月，他在伏見親自懲處了接近石田三成的老臣伊集院幸侃，幸侃的兒子伊集院忠真因此發動叛亂。忠真以日向庄內為據點對抗島津本家，因此這場謀反被稱為「庄內之亂」。家久順從家康的仲裁，原諒了忠真，忠真也接受了被移封到薩摩頴娃。這個時候，家康在試圖利用琉球，讓琉球成為恢復與明邦交的仲介，但是琉球對此卻沒有做出任何回應。琉球的態度激怒了家久，他計畫要先進攻奄美，不過卻因為義久的反對而沒有實行。

一六〇〇年的關原之戰，儘管父親義弘親臨戰場，但卻沒有參加戰鬥，他使出了「捨奸戰法」（別稱座禪陣，日文「敵中突破」），回到了國元。家久和義久百折不撓的與德川交涉，最終島津家終於免於受到處罰。家久在一六〇二年十二月上京，在伏見拜見了家康。在此，家久終於讓薩隅二國和一部分的日向得以安心。這一年，家久建立了居城鶴丸城，在日向野尻誘殺伊集院忠真，鞏固了自己的權力基礎。一六〇六年六月，他得到家康的偏諱，把過去的本名「忠恒」改為「家久」。島津家事先就有企圖要對琉球進行軍事侵略，據說此時得到了家康的允許，得以出兵琉球。

島津家為了穩固財政基礎，意圖使琉球割讓奄美、獨占琉球貿易的權益，不過他擔心如果家康派兵，那麼將會無法恢復與明國之間的邦交，因此他自始至終都很謹慎。但是在一六〇九年二月，主將樺山久高、副將平田增宗率領軍隊從鹿兒島出發前往琉球。島津勢力經過奄美、德之島，在三月下旬登陸沖繩本島。島津軍隊將琉球國王尚寧做為人質，凱旋回歸鹿兒島。

次年十月，家久陪伴尚寧前往江戶。途中到駿府拜見了家康，並在江戶受到將軍秀忠的謁見。至此，家久對琉球的統治權獲得承認，接著在一六一三年琉球割讓了奄美群島，奄美成為島津家的直轄地。在統治領國時，他整頓了外城制度，制定了家中的軍役規範，確立了幕藩體制。一六三八年二月，他逝世於鹿兒島，享年六十三歲。

松前慶廣

一五四八—一六一六年。蝦夷松前藩的初代藩主。一五四八年出生，為蠣崎季廣的三子。蠣崎氏是以出羽檜山城為據點的安藤（安東）氏的被官，季廣也擔任了安藤愛季的蝦夷島代官。一五八二年，慶廣流放了爭奪季廣繼承之位的弟弟正廣（長子、次子皆已逝），繼承了家業。他的官途一開始是民部大輔、接著擔任志摩守。在一五九〇年十二月，慶廣上京到聚樂拜見秀吉，在次年三月爆發了九戶政實之亂時，他除了家臣之外，更率領愛奴軍，加入鎮壓的行列。開始向朝鮮出兵後，一五九三年正月，他穿著「唐衣」，也就是「蝦夷錦」到名護屋城參陣，在這裡獲得了秀吉的朱印狀，禁止對「夷仁」——也就是愛奴人——做出非分行為（毫無理由的虐待和掠奪等），並許可他對來到松前的商船徵收船役。這麼一來，就意味著安藤氏對蝦夷的統治失敗，慶廣成功脫離安藤氏獨立。此外，根據秀吉的朱印狀，愛奴民族的居住地區以津輕海峽為界，北邊由蠣崎氏統治，南邊則由津輕氏和南部氏統治。

一五九九年，他的姓氏從「蠣崎」更改為「松前」。一六〇四年正月，將軍德川家康授予他黑印「定」書。藉此，家康禁止到蝦夷的各國商船在未經松前慶廣（志摩守）的情況下與愛奴人交易。若有違反者必須立刻稟報，因此可知家康許可慶廣進行獨占性的愛奴貿易。徵收船役和與愛奴的貿易成為了財政的基礎，也樹立了近世不需仰賴石高制的松前藩。同一年，慶廣受封從五位下伊豆守。

一六〇六年，福山館落成，他的居城從過去的大館德山館遷移至此，這個時期南部利直請求要通航到松前，卻被慶廣拒絕。一六一五年五月，慶廣到大坂夏之陣參陣。同年六月愛奴的酋長贈予他海獺皮，他將之轉呈給駿府的家康。一六一六年五月他剃髮，並在十月病逝，享年六十九歲。

四、支持將軍的勢力

井上政重

一五八五—一六六一年。德川家家臣井上清秀的四子，名為清兵衛。原本是吉利支丹，因此熟知基督教的教義和習慣，但在四十歲時改信，之後打壓基督教毫不手軟。一六二七年十二月，他晉升從五位下筑後守，一六三二年十二月成為幕府的大目付。一六三三年，他為了次年預定要進京的家光進行探勘，在一六三四年也上京執行政務。一六三七年，酒井忠勝擔任總奉行建設新的江戶城的本丸御殿和天守，工程開始後，他就被任命負責本丸御殿的建設。

在鎮壓了島原、天草一揆後，他成為幕府對外政策和鎮壓吉利支丹的負責人，在一六四〇年六月，加封六千石，領地的石高達到一萬石。這一年的七月，他對讚岐高松的生駒高俊下達改易的命令，之後又到平戶、長崎去取締外國船和吉利支丹。

由於葡萄牙人被流放國外，荷蘭的商館便移到長崎的出島，政重制定了貿易的基本方針，擔任應對吉利支丹、外國人的總指揮。一六四三年五月，他又獲三千石的加封。這一年，耶穌會教士在筑前沖被捕後，他們被移送到江戶，在政重位於江戶的宅邸內接受了審問。

一六四四年十二月，葡萄牙軍船的來航情報遭到洩漏，他依家光的命令和伊予松山的松平定行與九州各大名研討對策。同一時期，他和同樣也是大目付的宮城和甫一起被任命為製作正保國繪圖的總負責人。正保國繪圖有很強烈的軍事要素，詳細的描繪了海灘、沿岸的地形等，強烈的意識到了對外的關係。

一六四七年葡萄牙船來到長崎時，他前往長崎，受家光之命，告知葡萄牙拒絕重新開啟邦交，並讓船離開長崎港外。一六五三年，在家光三週年忌日時他前往日光，在一六五八年閏正月辭去大目付一職，一六六〇年退休，將家督之位讓給嫡孫政清，於次年二月去世，享年七十七歲。

以心崇傳

一五六九—一六三三年。臨濟宗的僧侶，但在德川家康、秀忠、家光的手下擔任法治、外交、宗教統管，被稱為「黑衣宰相」。崇傳在一五六九年出生於京都，是足利將軍家家臣一色秀勝的次子。一五七三年，足利義昭遭到織田信長流放，因此他年幼就進入南禪寺，接受玄圃靈三的庇護。其後，他在醍醐寺三寶院等地學習，成為攝津福嚴寺、相模禪興寺的住持。一六〇五年他由鎌倉建長寺的住持成為南禪寺住持，獲後陽成天皇賜予紫衣。

一六〇八年因西笑承兌的推舉，他受到家康傳召到駿府，協助閑室元佶執行外交、宗教統管事務，在一六一〇年駿府授予他金地院為居寺，因此他又被人稱金地院崇傳。一六一二年，元佶過世後，他繼承了其職責，統整與亞洲各國的外交、與西歐勢力的接觸和協調、製作外交文書的草案等，也參與草擬「伴天連追放文」。豐臣家滅亡後，他起草了武家諸法度、禁中並公家諸法度。一六一六年，家康逝世後，因神格化的問題與南光坊天海產生對立，敗下陣來。最終按照天海的主張，以「東照大權現」來祭拜家康。藉此崇傳一時失去了權勢，但很快的又復權，一六一八年在江戶城內建立金地院，次年被任命僧錄司，負責統管僧侶的人事。

一六二六年十月，後水尾天皇賜予他「円照本光」的國師號，他為了再興擴張，親自往返京都南禪寺的塔頭金地院和江戶的金地院之間執行政務。在這期間，一六二七年發生了「紫衣事件」，他主張應該懲處反抗幕府的澤庵宗彭和江月宗玩，將兩人流放至遠島，但最終天海等人息事寧人的作法被採用，澤庵被流放到出羽，江月則既往不咎。他從年輕時就擅長文事，致力於古書的收集與發行。在一六三三年一月死於金地院，享年六十五歲。

土井利勝

一五七三—一六四四年。身為江戶幕府的年寄，輔佐將軍秀忠和家光。幼年期開始就侍奉家康，隨著一五七九年四月秀忠（幼名長丸）誕生，他成為秀忠的親信。一六〇二年，在下總小見川被授予一萬石。一六〇五年秀忠上京時，他隨行進宮，隨著秀忠的將軍宣下，他也受封從五位下大炊介。他的地位緊接在本多正信、酒井忠世、大久保忠鄰等秀忠付年寄之下，經常會到駿府去參與政務決策。

一六一〇年，他被轉封且加封至下總佐倉三萬兩千四百石，升格為秀忠付年寄。隔年他建造佐倉城，在一六一二年受加封四萬五千石。在這之後，大久保忠鄰失勢，一六一六年大御所家康過世後，很快的本多正信也逝世，眾人都認為：「任誰都覺得會拜託他擔任大炊殿」，因此利勝成為秀忠左右手當中的領頭。（《本光國師日記》元和二年七月六日）。一六二二年，當本多正純被改易時，他受秀忠之命和酒井忠世一同向各大名作處分的說明。

一六二三年，秀忠與家光上京，家光接受了將軍宣下。隨著這次的進宮，利勝也被封為大炊頭。利勝就這樣成為大御所付西丸年寄的領頭，和井上正就、永井尚政一起輔佐秀忠，新將軍家光則有酒井忠世、酒井忠利和忠勝父子、青山忠俊被任本丸年寄。大御所秀忠掌握了政治實權，利勝擔任年寄之首，在各方面都是大名商量的對象，給予各種建議與方向。

在大御所秀忠過世前，一六三二年正月，家光親自任年寄之首的利勝為家光付，就是為了防範本丸年寄與西丸年寄之間的抗爭，盡全力壓制住幕府中樞的動搖。這麼一來，家光第一件親自審理的政務，就由利勝、酒井忠世、酒井忠勝來主導。這些年寄們之後被稱為「老中」。

由於凡事都要去請求三位年寄的協商，政務的運作出現停滯，因此家光開始重用在年幼期就熟識的稻葉正勝，完善執政的體制。正勝是家光乳母齋藤氏（福、春日局）的親生兒子。同時也任松平信綱為「宿老並」，創造出一條錄用子飼（培養小孩）的道路。接著他又成立了以松平信綱、阿部忠秋、堀田正盛、三浦正次、太田資宗、阿部重次等「六人眾」，掌管一部分年寄過去執行的職務。這「六人眾」之後會和「若年眾」連結在一起。

利勝的領地在一六一五年有六萬五千石，到了一六二五年被加封到十四萬兩千石，官位也在一六二六年受封從四位下，晉升到侍從。儘管進入家光親政的期間，他也得到深厚的信賴，在一六三三年更加封到十六萬兩千石，被移封下總的古河。

一六三八年十一月，利勝和酒井忠勝被免去老中職，松平信綱、阿部忠秋、阿部重次等人成為老中，統括各個職務。自此以後，利勝和酒井忠勝被免去平日登城拜見，只有在發生大事時才需要出勤，參加合議。這被認為是江戶幕府「大老」制的開始。一六三九年，利勝得病，退出第一線，不過在驅逐葡萄牙船等重要案件時，他仍參與了處理應對。一六四四年七月，他在江戶逝世，享年七十二歲。

五、被排除在體制之外、對抗的人們

山田長政

生卒年不詳。十七世紀後半活躍於暹羅日本人町的人物。據說出生於駿河國，不過何時出生不明。通稱仁左衛門，侍奉駿河沼津的大久保忠佐（治右衛門），擔任「六尺」。他到了暹羅之後的行動，可在長政委託渡日使節的書信中看到「大久保治右衛門六尺山田仁左衛門抵達暹羅，現為暹羅的行政工作」的紀錄。「六尺」有限的理解為抬轎人，但是這裡也有僕役、打雜的意思，我認為可以做更廣泛的解釋。他應該是沼津大久保家的下級家臣，這一點是不會錯的。

長政到暹羅的時期並不明確，大約是一六一一年前後。在關原之戰和大坂夏之陣後，許多日本人被東南亞各國雇用為士兵，留駐在暹羅的日本人逐漸增加。長政很有可能也是暹羅的傭兵，不過他獲得國王頌曇的信賴，地位逐漸提升，並從事與日本之間的貿易。在長政一六二四年獲得了歐批拉社那披穆（Opra Senaphimuk）的官職之後，他的貿易船就經常出入長崎港。在一六二八年左右，他又晉升為握雅社那披穆（Okya Senaphimuk）。

暹羅王位有兄弟繼承的慣例，但是國王頌曇不喜歡這個慣例，希望將王位交由親生兒子繼承。成為高官的長政，按照國王的意向，動員了日本傭兵，壓制反對派，讓頌曇之子繼承王位，之後暹羅國內仍持續因為繼位的問題而混亂，暹羅的屬地六昆在政治方面也持續混亂，因此在暹羅國王的命令之下，任命長政為六昆王，前往鎮壓。過去六昆是由長官來統治，這次長政卻特別被封為王。長政率領了阿瑜陀耶的日本傭兵前往六昆，錄用前長官等，很快的就成功平定了動亂。在這期間，暹羅的王族卡拉訇（Oya Caloom）廢除了國王，自己登上新王位，儘管長政就此停留在六昆，但卻被陰謀暗殺。關於他死亡的時間眾說紛紜，村上直次郎推定應該是在一六三〇年（寬永七年）的春天，得年四十歲。

長政有一個兒子，他原本期望兒子能繼承六昆王的地位，但由於六昆前長官的策動而未能實現，據說他率領了部下逃到柬埔寨。失去了長政父子，暹羅國王害怕阿瑜陀耶的日本傭兵會變身成為暴徒，因此在一六三〇年（寬永七年九月）燒毀了日本人町。部分受到攻擊的滯留民眾（日本人）逃往柬埔寨，也有人就此回到日本。但是暹羅國王希望能繼續和日本進行貿易，因此再度允許日本人進入暹羅，也重建了日本人町。

益田時貞

?——一六三八年。一六三七年十月在肥前島原半島的有馬發動一揆（人民反抗）。一揆陣營修建了島原半島南部的古城（原城），並以此處為據點。沒多久，寺澤領的肥後天草也與此呼應，發動了一揆（城地為肥前唐津）。天草四郎，也就是益田時貞，被視為這個島原之亂（島原天草一揆）的總大將。

時貞的父親是離開小西家失去俸祿（浪人）的益田甚兵衛好次。甚兵衛出生於天草大矢野，在小西家沒落後，於肥後的宇土郡內從事農業。時貞應該是出生於宇土，不過關於他的出生地眾說紛紜，尚未有定論。據說他一出生就帶有神力，後世流傳了許多他帶來「奇跡」的傳說。他信仰基督教的脈絡不明，不過他的受洗名是熱羅尼莫（Jerônimo），之後又被稱Francisco。

島原半島的一揆和天草的一揆結合在一起，在十一月上旬時貞和天草一揆的主力一起到達島原半島。隨著寺澤軍隊的進攻，天草陣營陷入困境，時貞回到天草開始反擊。寺澤陣營的富岡城代三宅藤兵衛陣亡，讓寺澤大受打擊，接著一揆陣營又包圍了富岡城。然而時貞認為很難攻下富岡，因此率領起義軍回到島原，最終決定死守原城。時貞在城內設了禮拜堂，日夜進行祈禱，試圖強化信仰。時貞的手下有五位浪人，他們和時貞的父親甚兵衛擔任了全軍的指揮。一揆的原因當中，領主施行壓迫性統治占了很大的原因，不過一揆之所以集結，原因在於基督教的信仰。

順帶一提，根據南有馬町教育委員會在一九九二年開始進行的原城跡發掘調查，挖掘出多數的骨頭碎片伴隨著信徒掛在身上的十字架、《玫瑰經》和聖牌一起出土，由此證明死守城池的軍人們有著很強的基督教信仰，以及一揆的領袖是受到了耶穌會的影響。此外，被挖掘出來的豎穴住居遺跡群排列得相當整齊，可證實有家族住在這裡，進食用餐時也是使用共同的廚房。同時也找到了時貞以瓦砌成的住所，結構非常堅固。

獲知爆發一揆的速報，將軍家光就決定派遣板倉重昌和石谷貞清為上使，接著又讓豐前、豐後的譜代大名回國，也讓九州外樣大名的子弟們回國，並讓松平信綱與戶田氏鐵下九州。攻城戰持續苦戰，在一六三八年正月元日試圖發動總攻擊，卻以失敗告終，板倉重昌陣亡，石谷貞清也負傷。

加入陣營的松平信綱決定打持久戰，接著得知元日的敗戰後，家光又令九州的外樣大名回國，一起討伐一揆軍。在這之間，信綱讓在平戶的荷蘭船隻回航，讓他們從海上攻擊原城。仰賴海外勢力的做法受到敵方、友方雙雙責難，信綱因此立刻終止這項行動。但是在二月末的總攻擊中，原城陷落，時貞被細川家中的陣野佐左衛門所殺。歷時四個月的一揆因此被鎮壓。發動一揆的島原松倉家被改易，唐津寺澤家的天草領地則被剝奪。由於基督教是此次一揆的基底，這讓幕府更加深了對基督教的危機意識，在一六三九年七月頒布驅逐葡萄牙人的命令。

參考文獻

朝尾直弘，《日本の歴史第17巻　鎖国（日本的歷史第17巻　鎖國）》，小學館，一九七五年

池上裕子，《織田信長》，吉川弘文館，二〇一二年

岩生成一，《日本の歴史14　鎖国（日本的歷史14　鎖國）》，中公文庫，一九七四年

榎一雄，《商人カルレッティ（商人弗朗切斯科·卡爾萊蒂〔Francesco Carletti〕）》，大東出版社，一九八四年

榎森進，《アイヌ民族の歴史（愛奴民族的歷史）》，草風館，二〇〇七年

岡田章雄，《読みなおす日本史　キリシタン大名（重讀日本史　吉利支丹大名）》，吉川弘文館，二〇一五年

神田千里，《戦争の日本史14　一向一揆と石山合戦（戰爭的日本史14　一向一揆與石山之戰）》，吉川弘文館，二〇〇七年

神田千里，《織田信長》，筑摩新書，二〇一四年

邁克爾·庫珀（Michael Cooper）著，松本たま譯，《通辞ロドリゲス（口譯商務官羅利葛斯〔Rodriguez〕）》，原書房，一九九一年
五野井隆史，《敗者の日本史14　島原の乱とキリシタン（敗者的日本史14　島原之亂和吉利支丹）》，吉川弘文館，二〇一四年
五野井隆史，《ルイス・フロイス（路易士·佛洛伊斯）》，吉川弘文館，二〇二〇年
鈴木良一，《豊臣秀吉》，岩波新書，一九五四年
武田恒夫，《狩野派絵画史（狩野派繪畫史）》，吉川弘文館，一九九五年
長崎縣南有馬町監修，石井進、服部英雄編，《原城發掘》，新人物往來社，二〇〇〇年
中野等，《戦争の日本史16　文禄・慶長の役（戰爭的日本史16　文祿慶長之役）》，吉川弘文館，二〇〇八年
中野等，《太閤檢地》，中公新書，二〇一九年
平川新，《戦国日本と大航海時代（戰國日本和大航海時代）》，中公新書，二〇一八年
福田千鶴，《徳川秀忠——江が支えた二代目将軍（德川秀忠——江所支撐的第二代將軍）》，新人物往來社，二〇一一年
藤井讓治，《徳川家光》，吉川弘文館，一九九七年
藤井讓治，《シリーズ日本近世史1　戦国乱世から太平の世へ（叢書日本近世史1　從戰國亂世到太平之世）》，岩波新書，二〇一五年
藤井讓治，《徳川家康》，吉川弘文館，二〇二〇年
藤木久志，《天下統一と朝鮮侵略（天下統一和朝鮮侵略）》，講談社學術文庫，二〇〇五年

本多隆成，《定本 徳川家康》，吉川弘文館，二〇一〇年
村井章介，《世界史のなかの戦国日本（世界史當中的戰國日本）》，筑摩學藝文庫，二〇一二年
村上直次郎，《六昆王山田長政》，朝日新聞社，一九四二年
森良和，《三浦按針——その生涯と時代（三浦按針——其生涯與時代）》，東京堂出版，二〇二〇年
山本博文，《寛永時代》，吉川弘文館，一九八九年
山本博文，《徳川秀忠》，吉川弘文館，二〇二〇年

第七章
克服國家危機的朝鮮
——秀吉的侵略與後金（清）的侵襲

辻 大和

前言

對日本與中國而言，十七世紀是政治體制發生巨大變化的世紀。日本在豐臣政權之後出現了德川政權。在中國則有後金（清）的興起，在明滅亡後統一了中原，也就是經歷了明清交替。另一方面，在本章要探討的朝鮮王朝，建國於十四世紀，經歷了震盪的十六世紀末，好不容易在十七世紀存活了下來，並沒有經歷政權交替，在東亞算是個罕見的例子。朝鮮王朝不僅是存活了下來，儘管經歷了各式各樣的困難，仍恢復了國力，在接下來的將近三百年，統治著朝鮮半島的版圖。

由於筆者能力不足，無法討論朝鮮王朝存活下來的背景，不過我們卻能來看看為此作出貢獻的人物以及其動向。在本章中要看的有兩個人，其一是在十六世紀末的壬辰丁酉之亂（萬曆朝鮮之役，文祿·

慶長之役）之際，對日本軍帶來重大打擊的軍人李舜臣，另一個是在十七世紀後金興起時，統一朝鮮的國王光海君。

在此先簡單說明一下本章的概要。由於一五九二年豐臣秀吉主導的壬辰丁酉之亂，讓國王宣祖所統治的朝鮮王朝陷入困境，但李舜臣所率領的朝鮮水軍和各地的義兵、援軍，再加上趕來支援的明軍等，讓朝鮮好不容易終於擊退了日本軍。戰役後，朝鮮政府、對馬宗氏的斡旋再加上德川家康的企圖，使得朝鮮和日本之間得以講和。在這個過程中，有從日本入籍朝鮮的武將金忠善（沙也可）、也有被帶到日本去的朝鮮俘虜等各式各樣的人。

另一方面，在這個時期滿洲族的勢力擴大。其代表人物有建州左衛的努爾哈赤，他靠著和明進行貂皮、人參等特產品貿易累積財富，但從十七世紀初開始，他和明之間的關係就有了變化，並在一六一六年建立了後金。宣祖下一任朝鮮國王是光海君，他在明與後金之間苦惱掙扎，但由於自身也有王位正統性的問題，因此逐一肅清自己的政敵。在光海君政權下出現了對肅清的反抗，也就是更重視禮數的西人派，最終光海君被西人派廢位，由仁祖即位。日本方非常仔細的觀察著這樣的狀況，在仁祖的時代，對馬的外交僧造訪漢城（今首爾），朝鮮、日本和後金三國的資訊戰非常活躍。朝鮮在仁祖時代有崔鳴吉和金尚憲等敵視後金的官僚，不過到了一六三七年，朝鮮宣誓要服從清（後金）。

在本章會以李舜臣和光海君為中心，將焦點放在他們周遭在日本、朝鮮、後金（清）之間往來的人物，來試著窺見朝鮮是如何克服了巨大的國難。

李舜臣（一五四五—一五九八年）

光化門廣場位於韓國首爾的中心，從守衛首爾北邊的北岳山南下，會經過總統官邸青瓦台，到達朝鮮王朝的王宮，也就是景福宮的正門光化門，在光化門前往南五百公尺左右，延伸出單向就有五車道的廣闊道路。從朝鮮時代開始，這條道路的兩側就排列著朝鮮政府的六曹中央官署。現代在相同的道路上，有政府中央廳舍、KT（通信大企業，過去是韓國國營電信公司）、世宗文化會館等建築物。近年道路中央的幾條車道被轉為廣場之用，使用於各種活動。光化門廣場可說是韓國政治象徵性的空間。

光化門廣場的南端，有一座李舜臣的銅像。銅像建立於朴正熙政權時代，儘管經歷過數次的政權交替，這座銅像仍屹立不搖的豎立在那個地方。李舜臣的銅像身穿武裝，凝視著南方。

李舜臣可說是現代韓國國家空間的守護者。不用說，他是朝鮮水軍的司令官，在豐臣秀吉侵略朝鮮時，給予日本水軍很大的打擊。這裡就要來看看李舜臣的前半生，以及他帶領著水軍活躍的樣貌，來思考李舜臣在朝鮮半島以及日本的形象。

李舜臣的家世與經歷

李舜臣家世的始祖，是高麗時代的將軍李敦守，在八代祖時朝鮮王朝開國，其家族以文官而展露了頭角。五代祖李邊晉升到被稱為領中樞府事的職位，地位相當高，他的曾祖父李琚是掌管國防的兵曹參議（次官）。也就是說李舜臣的家世歷代出了很多文官，高官輩出。

由於和之後的話題會有所關連，因此在這裡我要簡單的提一下朝鮮的科舉和官制。科舉開始於中國的隋代，是錄用官僚的考試制度，這個制度在高麗時代被引進朝鮮半島，高麗的官僚分為文班（東班）和武班（西班）兩種，合在一起被稱為兩班。這在審視李舜臣的家世時是一個重點。這麼說來，兩班原本的意思是包含了文班和武班兩者，但通常大眾一提到兩班，就會覺得指的是文班，也就是家世的祖先是文科合格者的印象。

在十四世紀末建國的朝鮮王朝，沿用了高麗的科舉制度。朝鮮時代的科舉除了文科和武科之外，還有口譯、法律、醫學等培養專家的雜科。文科要經過準備階段的生員進士試之後，才能考正式的「式年試」。與中國相同，在朝鮮廣大階層的成年男子都有考試的資格，不過與中國相比，文科的特徵是除了墮民、罪犯之外，庶孽（庶子與其子孫）並沒有受試的資格。武科相較於文科，可以考試的人範圍就比較廣，雜科則是更廣泛。也因此有些優秀的庶孽就會去報考雜科。

李舜臣的家世在李舜臣的祖父李百祿的世代沒落。李百祿是成均館的生員，沒有經歷科舉而獲蔭職（錄用官僚子孫的制度），在一五四四年

李舜臣

成為平市署奉事，但在中宗服喪期間盛大的舉行了兒子的婚禮，因此受到刑曹的審問。很有可能就是因為這件事，李舜臣的父親李貞就被限制了科舉報考的資格。[1]

李舜臣在一五七六年的武科及第，成為武官開始了他的職業生涯。在這時候的及格榜單（榜目）上，李舜臣的身分寫作「保人」，是較低的身分。這也可說是反映了祖父那一代的沒落。李舜臣在那之後擔任後北邊警備的工作，累積了和女真交戰的經驗。經任鉢浦水軍萬戶、造山堡萬戶（咸鏡道）、鹿屯島屯田事宜（咸鏡道）。但是因不實之罪名而被解除官職後，又受到舉薦，歷任全羅道助防將兼宣傳官、滿浦僉使（平安道）、珍島郡守（全羅道）等。造山堡在咸鏡道雄基，鹿屯島在咸鏡道的豆滿江河口，滿浦則在鴨綠江的上游，這些地方都是和女真邊境相鄰之處，珍島則在全羅道的南海。李舜臣的軍事經歷就是歷任了這些帶有緊張感的邊境防衛之職。

壬辰之亂

李舜臣在一五九二年壬辰之亂不久前的一五九一年二月（此日期為陰曆，以下皆為陰曆），由柳成龍推舉而從全羅道加里浦水軍僉節制使，被任命為全羅左道水軍節度使。

一五九二年四月，日本軍侵襲釜山。小西行長和宗義智所率領的第一軍以猛烈的速度從慶尚道北上，越過鳥嶺，攻陷了忠州。在日本軍逼近漢城之際，國王宣祖在五月逃到平壤。國王只帶了少數幾位臣子往平壤方面逃亡，不過國王一行人更朝著遼東邁進，逃到位於中朝國境的平安道義州。由於宣祖向明請求援軍，因此明派遣了大軍，企圖解決戰事。

另一方面，第二軍的加藤清正率領軍隊和鍋島直茂一起渡海抵達朝鮮，進入漢城後，目標往東北的咸鏡道前進。他們越過朝鮮的國境，甚至到達女真世界的烏梁海地區，據說當時他們更目標要統治咸鏡道。接著黑田長政等人的第三軍從西方的路線抵達漢城，要統治黃海道。日軍以猛烈的速度到達漢城，接著又想越過明的國界，但弱點就在於日本本土與朝鮮之間的聯絡補給。而朝鮮就靠李舜臣所率領的水軍來攻擊這個弱點。

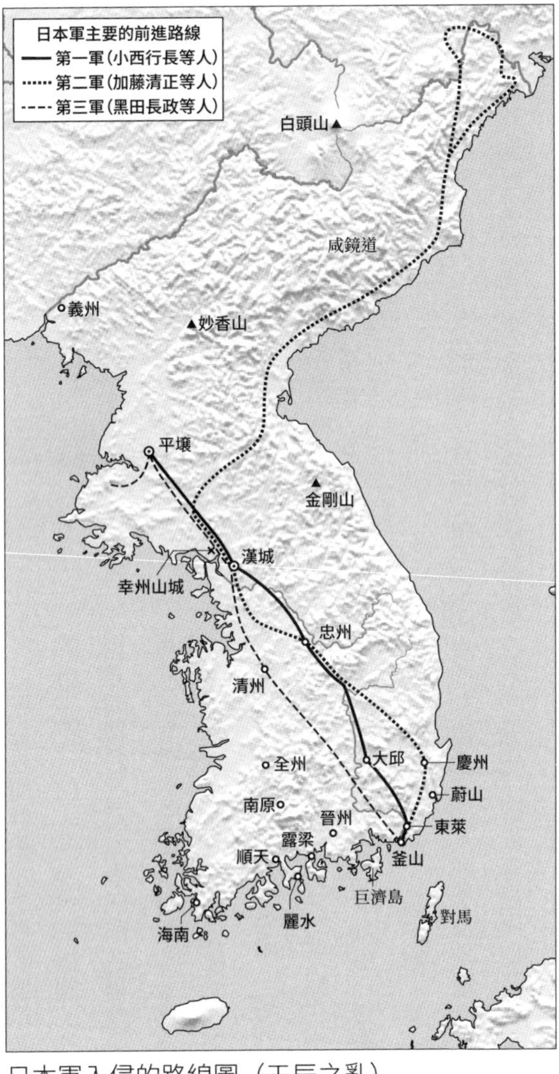

日本軍入侵的路線圖（壬辰之亂）

龜甲船（復原模型）

在這裡讓我們來看看朝鮮的軍制。朝鮮和中近世的日本不一樣，是中央集權制，整個國家內都沒有半獨立的勢力，基本上的形式是由中央政府派遣民政、軍政的官僚到全國進行統治。根據十五世紀完成的朝鮮王朝基本法典《經國大典》，中央軍設有中樞府、五衛都總府和其下的五衛（義興衛、龍驤衛、虎賁衛、忠佐衛、忠武衛），各自由從二品的官僚擔任長官。全國在民政上分成八道（咸鏡道、平安道、黃海道、江原道、京畿、忠清道、全羅道、慶尚道），地方軍在各道又分為二，二分的道會各自配置兵馬節度使（從二品），並根據地區而配置水軍節度使（正三品）。兵馬節度使是陸軍，幾乎在全國都有布署，慶尚道和全羅道等沿岸地區就有水軍節度使。大多數的兵馬節度使都由文官的觀察使兼任，並會在各道下設鎮，並派遣武官。實際上，這種行政區劃和軍管區的一致，正是朝鮮水軍的強項，受到之後明治時期日本軍的矚目，這我們將會在後面深入討論。

李舜臣就是其中全羅左道的水軍節度使。全羅道有兩名水軍節度使，全羅道麗水是左道水軍節度使，在海南則配置了右道水軍節度使。當日本軍侵襲而來時，慶尚右道的水軍節度使是元均，全羅道的全羅右道水軍節度使是李億祺。根據柳成龍留下的關於壬辰丁酉之亂的紀錄《懲毖錄》，日本水軍在一五九二年四月登陸慶尚道東萊時，元均刻意不出擊，將己方的船和武器沉到海裡後逃亡。而部下李英男因此被究責，向李舜臣尋求救援。但是李舜臣以負責的區域不同，數度拒絕了這個請求。

最終，李舜臣接受了元均等人的求援，對慶尚道巨濟島發動攻擊。在此之前，李舜臣建造了龜甲船，龜甲船搭載了大砲，船上鋪了甲片，是重武裝船，彷彿就像龜甲一般，因此被稱為龜甲船。龜甲船

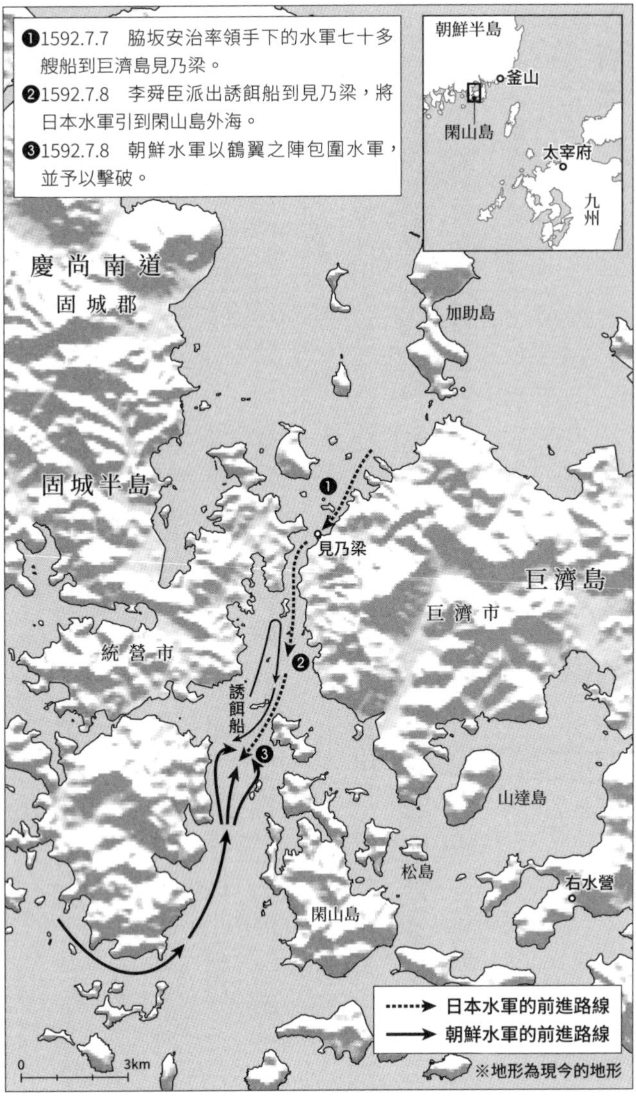

閑山島海戰經過圖（1592年7月7日~8日）

的前方有龍頭，從龍頭可以發射大砲。船上的甲片有鐵錐突出，讓敵人無法登上船來。

李舜臣率領著這樣的船隻，在五月的玉浦海戰中，擊破了藤堂高虎等人的日本水軍，並在同月泗川的海戰中擊破日本水軍。在七月的閑山島（位於巨濟島的西南方）戰役中，當脇坂安治率領的水軍從釜山方面進入巨濟島與固城半島之間的見乃梁海峽時，他派出了當作誘餌的偵測船，把敵方誘導至閑山島外海，獲得大勝。豐臣秀吉吃了一連串的敗仗，命令藤堂和脇坂等人終止海戰，並且停止追擊朝鮮水軍。[2]李舜臣因龜甲船這樣強力的兵器和巧妙的戰術，不僅威脅日本軍的補給路線，也防治了日本從全羅道等西邊的路線侵入。

當時日本水軍使用的是殺入敵陣的接舷戰戰術，但李舜臣率領的朝鮮水軍用火砲戰法，且日本水軍使用的船並沒有龍骨，船身脆弱，而朝鮮水軍用龜甲船這樣堅固強力的船進行攻擊，因此帶來了勝利。因此，國王將李舜臣封為正憲大夫。李舜臣統帥慶尚道、全羅道、忠清道三軍，以三道水軍統制使的身分屯駐閑山島。

丁酉之亂

秀吉在一五九六年九月決定再度派兵朝鮮，在一五九七年二月決定了布陣。第一陣由加藤清正率領的一萬人大軍和小西行長率領的一萬四千七百人大軍出陣。

而在這個時候，李舜臣正吃了苦頭。根據柳成龍在《懲毖錄》當中的敘述，小西行長派遣雙面間諜要時羅到慶尚右道兵馬節度使金應瑞的身邊，並告訴他「講和的談判之所以沒有成功，都要怪加藤清正，而現在加藤清正正在渡海，最好是在海上迎擊他」。這項情報很快的就傳到中央政府耳裡，擔任禮曹判書的尹根壽聽到消息很喜悅，催促李舜臣要迅速出動。李舜臣懷疑這是倭的詭計，因此好幾天都停滯不前。這時候要時羅又來了，說：「真遺憾，加藤清正已經上岸了！」這個消息傳進朝廷耳裡後，由於台諫的任務是要糾察百官，因此台諫嚴厲譴責李舜臣，朝廷也要對李舜臣斷罪，派遣了負責刑罰的義禁府都事去逮捕李舜臣。

接著國王派南以信到閑山島進行調查。在南以信調查時，許多人都擁護李舜臣，但南以信卻上報了李舜臣在行動上有所拖延一事。藉此，李舜臣雖然免去死罪，但卻被拔去官職。根據《懲毖錄》，李舜臣的母親聽聞了這項消息後，由於極度哀傷而身亡。

由於這起事件，元均取代了李舜臣被任命為三道水軍統制使。但是戰局卻更加惡化。依據北島萬次的整理來略述戰況的經過，朝鮮水軍在一五九七年六月目標截斷日本軍的海路，因此元均率領水軍攻擊安骨浦、加德島的日本軍，但卻打了敗仗。七月，元均率水軍出閑山島，要討伐釜山浦的日本軍，但遭到日本軍的埋伏，在漆川梁敗北，元均戰死，閑山島被日本所奪。

由於以上的敗仗，李舜臣再度登上檯面，他再次被任命全羅左道水軍節度使兼慶尚全羅忠清三道水軍統制使，在九月的鳴梁海戰中，擊敗了藤堂高虎率領的日本水軍。日本方的來島通總被擊倒而戰死，據說李舜臣將其首級掛在船上。來島的戰死讓日本受到了衝擊，擔任軍目付的毛利高政也掉落海裡，不過據說有獲救[3]。

次年的一五九八年八月十八日，豐臣秀吉死於伏見。日本軍迅速的撤退出朝鮮。在南海岸，小西行長等人死守著順天的倭城（日本軍所建造的城郭），但小西等人聽聞秀吉的死訊，開始準備撤退。李舜臣為了截斷小西的退路，從麗水的左水營出發，與劉綎所率領的明軍一同攻擊柚島的日本軍。儘管這次沒有成功，但在十一月李舜臣再度試圖阻斷小西的退路。小西試圖賄賂李舜臣和明軍來打開僵局，但遭到拒絕。由於眼見很難從順天逃離，小西向日本軍尋求救援。因此島津義弘等人的救援軍船趕來，逼近露梁，與李舜臣的朝鮮水軍激戰，被稱為露梁海戰。在這場海戰中，十一月十八日（朝鮮曆為十一月十九日）李舜臣被流彈擊中而身亡。李舜臣所留下的日記《亂中日記》也停在十一月十七日的紀錄。海戰以朝鮮方占優勢而告終，在此期間小西成功逃出順天，援軍離開了南海。島津在十一月離開巨濟島，經由對馬回到日本。這成了壬辰丁酉之亂中朝鮮軍和日本軍最後的決戰。

日本軍總計有三十萬大軍，兩度入侵朝鮮，甚至牽連了明軍，造成東亞的國際大戰爭。儘管朝鮮一度瀕臨國家存亡的危機，但李舜臣的水軍阻止了日本軍的入侵，造成日本莫大的損傷，也因此李舜臣可說是朝鮮存亡的一大重要人物。

後世對李舜臣的評價（朝鮮）

今日在韓國許多地方都表彰李舜臣的功績，其中主要有慶尚南道露梁和統營的忠烈祠、忠清南道牙山的顯忠祠、前述首爾的光化門廣場銅像等。這些在李舜臣死後是如何建立的呢？

首先在李舜臣戰死後，朝廷立刻做出了讚許李舜臣之舉。在一五九八年左議政李德馨報告了李舜臣戰死的消息，並稱他巡視地方時，獲得了許多稱讚他人品的資訊。接著宣祖下令在海邊建立祠堂。但是宣祖曾處分李舜臣、晉用元均，因此他沒有立刻承認李舜臣的戰功。而為了擁護元均，他在一六〇四年同時封元均和李舜臣為宣武功臣。

由於許多官僚都和李舜臣的入獄和活躍有所牽扯，因此在他死後，國王和朝廷的態度非常曖昧。直到顯宗的時代之後，幾乎已經沒有和當初有關係的人在世，李舜臣的設施才逐漸完善。一六六二年顯宗賜了匾額給露梁的祠堂，在一七一九年肅宗定李舜臣位於牙山的墓所祠堂為顯忠祠。接著正祖又在一七九五年親自主導了李舜臣全集《李忠武公全書》的出版[4]。

但是歷代國王對李舜臣的表彰，與其說是出自對日本的敵愾心，還不如說是為了彰顯對國家的忠誠。根據鄭杜熙的研究，要等到近入二十世紀後，韓國在論述對抗日本的民族主義時，才開始會提到李舜臣，且這個現象始於思想家申采浩在一九〇八年所著的《李舜臣傳》。

進入到現代，李舜臣又受到了不同的注目。在一九六一年因政變而掌權的朴正熙政權是以軍人為中心的政權。在到一九七九年之間，朴政權實行了表彰非常多歷代武人的政策，其中也包含李舜臣。前述豎立於光化門廣場的李舜臣銅像，就是在一九六八年由朴正熙總統斡旋而建造的。現在時不時會出現轉移這座銅像的論述，但每次都會有許多反對的論調，因此至今仍維持著現狀。此外，牙山的顯忠祠也在一九六九年投注巨資打造成一大國家級設施。

當然也必須說，在韓國從威權主義政權時代開始，就出現了批評的聲音，譴責國家這樣利用李舜臣的行為。

後世對李舜臣的評價（日本）

前面已經提到，韓國是在李舜臣死後才開始表揚他，但應該是主要敵方的日本，從江戶時代開始到戰前，李舜臣都相當受到歡迎，這是令人非常吃驚的事實。

十七世紀末朝鮮關於壬辰之亂的文獻，傳進了江戶時代的日本。例如柳成龍的《懲毖錄》在一六八三年前傳進了對馬，一六九五年在京都出版了和刻版的《朝鮮懲毖錄》。在一七一二年，朝鮮通信使趙泰億得知了這件事，因此禁止書籍輸出到日本，可見這對朝鮮帶來了衝擊。根據金時德的敘述，《懲毖錄》當中與李舜臣相關的敘述也被沿用在《朝鮮軍記大全》（一七〇五年）、《朝鮮太平記》（一七〇五年）和《繪本太閤記》（一七九七—一八〇二年）等書中。十七世紀末之前在日本流通的只有中國史籍當中「李統制」的資訊，但隨著《懲毖錄》的傳入，人們除了知道「統制李舜臣」的全名、具體的戰績之外，也被沿用到各種軍事紀錄當中[5]。在《朝鮮太平記》當中，對李舜臣的記載是「英雄」[6]。

將李舜臣視為英雄的傾向，到了日本明治時期更為顯著。在日俄戰爭時，在鎮海灣埋伏，為了要攻擊波羅的海艦隊的聯合艦隊司令長官東鄉平八郎，就說這曾是李舜臣將軍活躍過的海域，而表達敬意。此外，陸軍將校柴山尚則也編纂了《朝鮮李舜臣傳》。藉此李舜臣成為和英國海軍納爾遜並駕齊驅受到稱頌的對象。

日本方面令人值得深思的看法是，李舜臣龜甲船等軍隊裝備的充實，水軍編制與地方行政區劃的一致、烽火網的完善，讓李舜臣得以作戰勝利，日本對此進行了有系統的研究。有馬成甫的《朝鮮役水軍史》認為勝利並非單靠李舜臣的個人特質，也要歸功於朝鮮水軍的卓越[7]。

由逆境轉換與後世的評價

李舜臣很有可能是因為家世的不幸，讓他志向成為武官。或許是在北方邊境地帶的勤務過於嚴苛，讓他累積了軍事資歷後，在壬辰之亂中大大的活躍。但是李舜臣在當時朝鮮的人際關係，並沒有完全支持他，甚至還被冠上莫須有的罪名讓他入獄。儘管李舜臣在丁酉之亂再度活躍，但卻在日本軍與朝鮮軍幾乎是最後的海戰中遭到身亡的悲劇。

李舜臣死後，直到沒有關係人後，因儒教的倫理讓朝鮮的國王相繼親自表彰李舜臣。另一方面，由於《懲毖錄》傳入日本，產生了海戰英雄的論述。明治時期以後的日本海軍不僅崇敬李舜臣，甚至也對支持他的體系進行了研究。

李舜臣的形象並不只停留在民族主義的對象，而是超越日韓之間的國境，成為一種帶著善意而包容接納的歷史，值得深思。

光海君（一五七五—一六四一年）

朝鮮的第十五代國王光海君（一六〇八—一六二三年在位）經常成為韓國歷史劇的素材。電影《雙面君王》、電視劇《火之女神井兒》、《華政》等，許多都取材自光海君。或許是因此，在二十一世紀前半，光海君相當受日本喜好韓國歷史劇的人們歡迎。《光海君日記》是朝鮮王朝正式的光海君年代記（包含在《朝鮮王朝實錄》當中），我就曾親眼見過很熱衷的粉絲，說想要讀一讀這本《光海君日記》，且我也和他們交談過。我在某種程度上可能有幫上忙，不過史料是以漢文寫成，或許也有人對此感到失望吧。光海君會如此有人氣，或許是因為他遭到廢黜的悲劇（通常在死後為了設宗廟牌位，會以廟號來稱呼國王，例如「太祖」或「世宗」等。但是光海君因為被罷黜，沒有獲得廟號，廢位後被降格，因此用被冊封為王世子前的光海君之名稱呼），以及在明與後金的對立之中，國際情勢一片不穩定之際他大大的活躍。另一方面，歷史劇包含了史實與虛構小說，如果其中的歷史形象原原本本的流傳，那多少有點危險。儘管如此，日文的文獻當中，關於光海君的內容其實並不多，因此在本章節中，我要使用光海君的相關史料，把焦點放在歷史研究上，針對他究竟有哪些事跡來進行討論。

從誕生到即位

光海君出生於一五七五年，父親是十四代國王宣祖，母親是後宮的恭嬪金氏。名為琿。光海君是次子，有同母的長兄臨海君（一五七二—一六〇九年），這我們會在後面提到。恭嬪金氏並非宣祖的正妃（正妃為懿仁王后，在她死後又有仁穆王后），因此光海君並非宣祖的嫡子，而是庶子出身。現代韓國的法律及社會禁止歧視、也禁止對嫡子與庶子差別待遇，但在當時的朝鮮，在很多地方都能看到嫡子占優勢、庶子則遭歧視的現象。例如在科舉時，有明文規定庶孽不能接受威望較高的文科考試。在王族之中，同樣也有歧視和差別待遇。此外，由於光海君並非宣祖的長子而是次子，因此在與明的關係時，也讓光海君與王朝非常煩惱。

光海君的長兄臨海君名為珒。臨海君的脾氣暴躁，能力又不足，但光海君非常英明，能力又強，兩人成為相當對照的存在，儘管如此，臨海君也有值得同情之處。在一五九二年豐臣秀吉開始入侵朝鮮，在壬辰之亂之際，宣祖最初逃到平壤，後逃到義州避難。這時接收到命令的臨海君與弟弟順和君（一五八〇—一六〇七年）一起前往咸鏡道募兵，當加藤清正的軍隊以猛烈的速度北上不斷逼近時，臨海君被當地的地方官背叛，成為清正軍的俘虜。之後在進行和談時，臨海君與順和君被釋放，但臨海君可說是悲劇的王子。題外話，兩位王子被加藤清正的軍隊所俘一事，在過去的日本廣為人知，愛媛縣大洲市就流傳有被認為是兩位王子曾穿過的衣服[8]。

光海君誠如前面所述，因為英明而很早就受到官僚們深厚的信賴。他之所以得以活躍，始於豐臣秀吉侵略朝鮮，也就是壬辰丁酉之亂。一五九二年四月，日本軍大舉登陸釜山，小西行長、宗義智所率領的第一軍以破竹之勢北上朝鮮半島。中部的要衝忠州被攻破後，朝鮮政府決定從漢城逃往朝鮮半島北部。接著同月末，國王以及臣下開始往平壤避難。這個時候，國王指名了能力較高的光海君為世子。六月，眼見平壤也將陷入危機，國王又目標前往中國與朝鮮的國境城市平安道義州。在這時候，宣祖決定分朝。宣祖將在國內進行攝政、任免官僚等工作託付給光海君，打算自己逃往遼東地區。國王之所以採取這樣的行動，很有可能是受到柳成龍等高官進言的影響。

國王在義州的期間，明朝接受了朝鮮的援兵要求，因此明軍進入朝鮮國內，阻止了日本軍北上。國王因此沒有前往遼東，儘管如此，光海君仍是轉戰於各地。光海君在一開始前往平安道內的江界，之後在寧邊募集士兵。接著又朝平壤方向南下，與日本軍對峙。朝鮮軍（李如松率領）和明軍奪回平壤後，宣祖和光海君在定州再相逢。在這之後，光海君試著奪回漢城，在一五九三年春天南下到全羅道等三南地區，進行募兵和督戰。同一時期，朝鮮這邊有郭再祐等兩班、休靜（西山大師）、惟政（松雲大師）等僧侶在各地進行義兵活動，光海君的活動則可說是「王族版」朝鮮人對抗日本軍的行動。光海君的行動穩定了朝鮮人民的民心，建立了對抗日本侵略的基礎，受到相當的好評。

身為世子

對光海君和朝鮮王朝來說，重要的是在壬辰之亂中，光海君是國王的繼承者，也就是被指名為王世子。當時明朝皇帝會個別對國王、王世子、王妃頒布一種名為誥命的任命狀，以此成立冊封。由於光海君被國王指名為世子，因此在壬辰之亂初期，明遼東地方官在寄往朝鮮的信件裡，就質問了此事：「為什麼國王沒有指名長子而是次子為世子？」

王辰之亂結束後，宣祖在一五九六年數度向明請求冊封光海君為王世子。但是明卻沒有爽快的同意。根據稻葉岩吉所述，這是因為當時明朝皇帝萬曆帝想立自己第三個兒子福王為皇太子，但是禮部卻視長子——也就是其後的泰昌帝——為皇太子，因此明並不希望朝鮮壞了規矩，所以拒絕冊封光海君為王世子。[9]

接下來就發生大問題了。宣祖的正妃仁穆王后在一六〇六年產下了一子。他是後來的永昌大君，也是宣祖的嫡子。在宗法上，比起庶子的光海君，永昌大君繼承王位的順位更前面。也因此，宣祖在晚年十分寵愛永昌大君，領議政柳永慶（一五五〇—一六〇八年）也策劃要擁立永昌大君。但是輿論卻認為從光海君過去立下的實績和人品來說，應該要讓光海君成為繼位者才對。

宣祖在一六〇七年春天病倒，十月病危。宣祖在病榻上發布了要光海君攝政的旨令，但柳永慶卻將旨令隱藏起來，阻礙光海君的後繼。鄭仁弘（一五三六—一六二三年）等官僚則譴責了柳永慶這樣的行為。

但到了一六〇八年二月宣祖突然逝世後，狀況有了急遽的變化。光海君正式即位，柳永慶被解任領議政，並在九月被賜死。

光海君在即位的隔天，派遣使節到明，並傳達宣祖的死訊。由於光海君是次子繼位，因此明禮部拒絕冊封。之後朝鮮再要求明冊封，但明派遣了敕使到朝鮮，要求對臨海君和光海君進行查問。朝鮮竟收集了官僚和宗室高達一萬八千多人的署名送往明，企圖以此顯示輿論一致視光海君為國王，以迴避查問。明並沒有承認連署，在同年派遣遼東的最高官都指揮使司嚴日魁為敕使，到朝鮮來對臨海君和光海君進行查問與求證。由於臨海君精神狀態不穩定，再加上朝鮮對敕使進行了巨額的賄賂，因此敕使也承認光海君，在次年六月終於同意冊封[10]。

光海君好不容易成為宣祖下一任的國王，受到明的冊封，在這個過程之中所提到的同母兄弟長子臨海君的存在、嫡子永昌大君的存在、仁穆王后的存在，對光海君來說，很有可能都被視為是危及自身地位的存在。

各種復興

宣祖逝世，光海君即位的一六〇八年，在東亞當中是相當有意義的一年。

第一，明的宮中出現了政變。宮中的變動也影響到遼東。在實際上，遼東成為軍閥，發動了權力，遼東總兵李成梁（一五二六—一六一五年，也是前述李如松的父親）和明的宮廷關係密切，但卻失勢了。此外，十六世紀末起，明政府為了要處理宮廷財政上的困難（紫禁城的宮殿三大殿起火、壬辰丁酉之亂造成軍費大增等），徵收礦山和店稅（營業稅）而赴任遼東的宦官高淮遭到解職，被逮捕送往北京。高淮經常高壓的對朝鮮提出物資的要求，因此對朝鮮來說是一大好消息[11]。

但是李成梁的失勢對朝鮮並沒有好的影響。李成梁和建州左衛努爾哈赤關係良好，由於李成梁垮臺，明和努爾哈赤之間的關係陷入緊張[12]，這也是一個契機，讓往後努爾哈赤要求脫離明，並加強了敵對關係。這成為光海君在遭到罷黜之前，一直讓他和朝鮮朝廷煩惱的外交問題。

第二，朝鮮和日本的關係穩定。從十六世紀末起，德川家康透過宗義智所領導的對馬與朝鮮進行和平談判，一六〇四年朝鮮派遣惟政（松雲大師）到日本與家康會面，正式決議要遣返朝鮮俘虜。接著在一六〇七年，朝鮮又派了回答兼刷還使到日本，至此與日本的和平談判幾乎已經談妥。在一六〇九年，朝鮮和對馬以簽訂《己酉條約》的形式，決議了歲遣船（每年度可以正式向對馬派送的船）的數量、倭館貿易的規範等，日朝貿易的形式因此固定下來[13]。

日朝關係恢復的過程中，姜沆等從日本歸來的朝鮮俘虜的情報、日本外交僧景轍玄蘇的活躍似乎都派上了用場。從日本歸順朝鮮的金忠善（沙也可）等部分的降倭（投降的日本人）擅長鐵砲術，因此作為傭兵，為朝鮮的國防重建做出了貢獻。

以上對外的變動，讓光海君急著強化國內的體制。

第一是在財政方面導入了大同法。貢物進獻占朝鮮王朝財政的一部分，不過這部分卻發生了問題。貢物指的是地方邑要將各地的特產品進貢給戶曹（掌管財政的中央官署），進獻則是地方官將地方的特產繳納給王室。但是由於地方的產物不足，就擴大了防納（由官署委託的業者代替地方，向官署繳納產物，向民戶徵收代價），增加了地方人民的負擔。一五六九年李栗谷（李珥）以及一五八三年金誠一都曾提出改革貢納制度的要求。一五九四年，領議政柳成龍提議要把貢物用米來換算，是為「貢物作米」。而在一六〇八年這一年，光海君即位後，領議政李元翼更改良了「貢物作米」並上奏，新設定了大同米，要求地方將大同米送往中央，並在中央設置宣惠廳來調度貢人的特產品。光海君同意這個提案，在同一年便在首都圈的京畿實行此案，並逐漸擴大到全國[14]。

第二點可以提出來的，就是一六一〇年開始的號牌制度和一六一一年的量田。號牌是十五世紀在戶籍調查之後，對十六歲以上男性製作的身分證。這被視為軍役、徭役（義務性勞動）的基準，規定義務要配戴，不過到了十七世紀就不再使用了。而光海君的時代就是實施了這個制度。而田稅（依照農地生產性與面積所徵收的米與麥等穀物）是朝鮮國家財政的主要收入，根據朝鮮基本法典《經國大典》，會依據每二十年一次地方行政官所進行的農地測量（量田）來確定徵收的額度。不過這些土地登記簿（量案）有的在壬辰丁酉之亂時丟失了，或者是因為農地遭到荒廢，因此在一六一一年相隔許久的再度實施了正式的量田。透過這項政策，掌握了國內的農地，國家財政也得以恢復。

第三是書籍翻印與發行的相關事業。朝鮮因過往的戰亂而失去了許多對王室及政府必要的書籍，其中國家性書籍的損失當中，最重要的就是分別收藏在全國史庫裡的《朝鮮王朝實錄》，除了在全州史庫之外的藏書，盡數損失。政府從宣祖時代就以全州史庫本為本，開始進行復原的工作，在全國設定了五個地點，將書籍重新收藏至史庫中，並在光海君的朝代裡進行統整。此外，還有復刻《新增東國輿地勝覽》與《攷事撮要》，發行《東醫寶鑑》。《新增東國輿地勝覽》是將十五世紀在國王命令下進行編纂的地理書籍《東國輿地勝覽》，在十六世紀進行增訂，對於掌握國土地理不可或缺。《攷事撮要》對於官僚來說，是行政的指導手冊，在十六世紀製作了第一版，之後由光海君進行增補，由訓練都監印刷[15]。《東醫寶鑑》是以許浚為中心編纂的本草書籍，受宣祖之命在一六一三年發行。朝鮮在過去仰賴來自中國的本草書籍，但這本書是從零開始編纂的朝鮮原創草本書，亦有流傳到日本和中國，獲得很高的評價。

肅清

以上整理了光海君光輝的業績，但另一方面，光海君也大規模的肅清了兩班和王族，有著他陰暗的一面。這有兩個原因，首先是他以庶子次子的身分即位，再來是他的政權是由大北這個派閥所支持的，這是兩大主因。

在這之前，先讓我們來回顧一下朝鮮的朋黨吧。十六世紀的朝鮮有李退溪（李滉）、李栗谷等朱子學研究（↓第八章），可以看到教育的深化與普及，在一五八五年士林學者分為東西兩派，金孝元帶領的一派是東人，由沈義謙帶頭的則被稱為西人（這是由於這些人的住處分別位於漢城的東部和西部），輿論一分為二。他們因學統、血統等被區分為東人和西人。從宣祖的年代開始，朋黨之爭就影響到國政，例如壬辰之亂前，派遣到日本的通信使黃允吉（一五三六—？年）和金誠一做出了情勢分析，而也因為朋黨之爭，影響到朝廷對情勢分析的接受方式。當時在朝廷中東人占有優勢，西人的黃允吉認為日本肯定會對朝鮮發動侵略，但東人的金誠一就表示日本不會侵略，朝廷因此認為日本不會真的進行侵略。在之後的戰亂中，東人又分裂為南人與北人，在光海君即位時，北人又更分裂為大北和小北兩派，小北支持宣祖的嫡子永昌大君，大北則支持光海君。

大北的當權者有鄭仁弘和李爾瞻（一五六〇—一六二三年），他們支持光海君的即位。儘管光海君任用了南人李元翼（一五四七—一六三四年），做出了超黨派的政治行為，但因大北派的計謀而受挫，成為大北主導的政權。光海君和大北政權對威脅到他們地位的人物進行了肅清。例如小北的柳永慶、永昌大君的外祖父金悌男（一五六二—一六一三年）都遭到肅清。小北在一六一二年因金直哉的誣告處死了一百多人。一六一三年金悌男在鳥嶺被捕的強盜事件中，因犯人做出的偽造供述而被賜死。

接著來看看光海君對王族的肅清。

光海君即位後不久，兄長臨海君就被逮捕，相關人士被審訊，只因為小事的自白，就被視為大逆不道之罪。由於王和大臣的特別處置，臨海君倖免於難，但被流放到喬桐島監禁。一六〇九年，臨海君受到喬桐別將的逼迫，因而身亡。

接下來成為目標的就是宣祖的嫡子永昌大君。根據一六一三年在鳥嶺被逮捕的強盜犯所做的供述，逮捕了有謀反企圖的金悌男後，又因連坐而逮捕了永昌大君，並流放到江華島去。之後的永昌大君在一六一四年被蒸殺（也有說法認為是被毒殺）。接著光海君在即位時，協助冊封的仁穆王后，也在一六一八年被廢黜，遭到幽禁。光海君和大臣們對王太后的廢位相當謹慎，不過在朝廷之中也出現許多支持廢黜的聲音。仁穆王后遭廢位後，被監禁在西宮中直到一六二三年。

光海君和大北政權這些以儒教的角度來看很有問題的行為當中，還有可能是直接造成之後被罷黜（反正）的原因，就是他在一六一五年對綾昌君（一五九九—一六一五年）的肅清。綾昌君是光海君異母弟弟定遠君（一五八〇—一六一九年）的三子，也是之後仁祖（綾陽君）的弟弟。綾昌君武藝優秀，是頗具人望的王族。但是根據罪人蘇鳴國的供述，官僚申景禧等人企圖推舉綾昌君謀反。申景禧和綾昌君因此被逮捕，接受了審問，不過卻沒有獲得任何證詞能證明綾昌君的參與。但是綾昌君仍被冠上罪名流放到喬桐島，在一六一五年十一月被賜死。綾陽君等人儘管發起了救援行動，但是卻沒有成功救回綾昌君。而綾昌君的父親定遠君之後精神狀態陷入不穩定，並在一六一九年過世。綾陽君因這一連串的事情對光海君抱持著很大的仇恨，之後發起反正時，也將這些事加在光海君的罪狀中[16]。

儘管光海君聰慧，且進行了各項改革，面對外交的難局也果敢的應對，在近年來評價相當高，不過他也有這些血淋淋的一面，這也是不爭的事實。

光海君的外交

由於光海君在明與後金之間展開了中立外交，所以現今一般對他都是正面的評價。嚴格來說，朝鮮和明之間有正式的邦交，光海君自己也是受到了明皇帝的冊封。朝鮮會向明的北京派遣一年數次定期的朝貢使節和臨時的朝貢使節（研究用語為「燕行使」），反過來明也會派遣敕使到朝鮮。另一方面，後金和朝鮮之間，就很難進行兩首都之間正式的使節往來，朝鮮國王和後金大汗之間也無法互相寄送國書。

此外，一般的理解是光海君主導在多國之間進行外交，不過實際上關於朝鮮的外交，光海君和臣下就算有意見的對立，也會摸索著找出妥協點，來決定政策。而朝鮮對明的外交前提是冊封、朝貢的關係，不過這並沒有奪走朝鮮走獨立外交路線的空間，朝鮮與後金進行談判，且連帶的，與明之間的外交談判也很活躍[17]。

當然，以光海君的個性來說，他可能並不打算無條件的服從明。除了光海君當初被冊封王世子、國王的過程進展的並不順利之外，在宣祖的時代裡，明軍和明使節在朝鮮蠻橫跋扈的行為，可能也讓部分

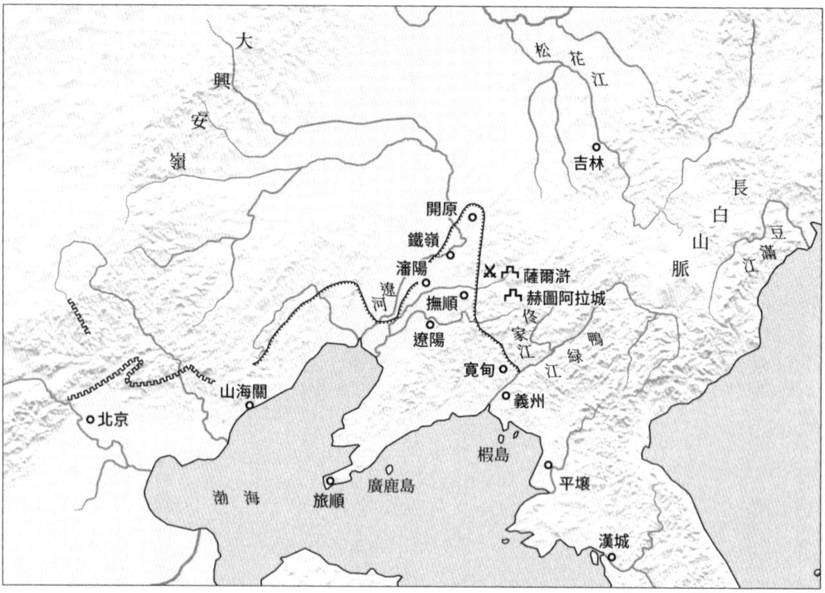

明末的滿洲南部　後金（清）與朝鮮北部的略圖

朝鮮形成了無法完全支持明的心態。

另一方面，在同年代的士大夫當中，在壬辰丁酉之亂時，明向朝鮮派出援兵，並協助朝鮮重建，讓其中的一派對明強烈的感受到「重建之恩」，以禮義來說，也認為必須要強化對明的支援[18]。

在一六一六年，努爾哈赤建立後金，並在一六一八年開始攻打撫順，不過卻有些跡象看來努爾哈赤似乎是顧及了朝鮮的立場。例如在必須和明開戰時，他送了說明的文書給咸鏡道的地方官。

明在一六一八年大約徵募了十萬左右的軍人，同時也對朝鮮要求派遣援軍。明的兵部舉了日本侵略與哱拜之亂為例，要求盡快提出對策，並計畫利用蒙古、朝鮮和葉赫來對抗後金。明朝派遣楊鎬為敕使到朝鮮請求援軍。對此，光海君表達出謹慎的立場，不過備邊司對派遣卻顯示出積極的態度。最終在一六一九年派遣了以姜弘立為首的一萬人大軍，在薩爾滸迎戰。明軍分成四路部隊，其中杜松的軍隊從瀋陽出發，前往赫圖阿拉。但是杜松的軍隊在薩爾滸遇到了努爾哈赤的軍隊，吃了大敗仗。根據稻葉岩吉的研究，這時候在劉綎所率的明軍之後進擊的姜弘立，手下的朝鮮軍幾乎不戰就向後金投降了，其人數多達五千餘人。幾乎所有朝鮮軍都成了後金的俘虜，其中許多人在一六二〇年被歸還朝鮮，不過也有像姜弘立、朴蘭英等在一六二七年才終於得以回到朝鮮的人。

關於姜弘立等人向後金投降，有一段史實紀錄光海君對姜弘立發出了密旨，要他們不戰而向後金投降，這段紀錄可見於一六二三年反正之際大妃所發的命令文書（教書）當中，不過真實性受到質疑。

之後在一六一九年開始，後金大汗寫給朝鮮國王的國書被帶到滿浦，兩國之間開始了談判（朝鮮也有向明報告）。一六二一年，為了要求歸還姜弘立一事，朝鮮派遣了使節鄭忠信到後金等，朝鮮走的是與後金溝通對話的路線。但是在同一年，明將毛文龍對國境發動作戰，要奪回鎮江，並逃到朝鮮的領土，因此朝鮮與後金的關係就斷然告終了[19]。

光海君在明和後金之間實行了中立外交，一般人都認為這是日後發生反正的重要因素，不過實際上這並非光海君獨斷獨行的外交政策，是向明報告之後才進行與後金的談判交涉，實際上光海君的「罪狀」可能很輕。

仁祖反正和光海君所留下來的影響

大約從一六二〇年起，仁祖就開始準備發動「反正」，要打倒光海君。仁祖與對光海君政權不滿的西人聯手，親自參與謀議，進行財政上的支援。接著在一六二三年，仁祖和西人發動武裝政變，成功「反正」，當場罷黜光海君。

光海君在遭到罷黜後一週左右，就被流放到江華島，過著被監禁的生活。王妃與王世子也被廢位，流放喬桐島。李适等人對於論功行賞有所不滿，引發了動亂，不過仁祖卻穩固住了國內政權的基礎，其後仁祖追崇了自己的父親定遠君為宣祖的次任國王（元宗）。

近年來的研究發現，與預測相反，仁祖時代的通商外交路線，其實和光海君時代相比較，並沒有完全轉換。

就像前面所提到的，光海君在被廢黜時，朝鮮仍維持與明的外交關係，且與後金也有進行交涉談判。努爾哈赤的兒子皇太極繼位後，後金在一六二七年派遣軍隊到朝鮮（丁卯之亂），朝鮮被迫與後金往來，不過卻沒有因此斷了與明之間的關係。

此外，朝鮮與日本之間也持續進行貿易。明認知到日本會將武器出口到朝鮮，對馬也將日本的武器輸出到朝鮮[20]。日朝貿易方面，在一六二九年，對馬的外交僧規伯玄方與朝鮮進行了貿易未收物（木棉）的回收交涉，在丁卯之亂後，也到漢城進行國內視察（壬辰之亂後，對馬限制倭館進出外部），這可說是得知對馬外交僧手段高明的紀錄[21]。

此外，在光海君統治的末期，一六二一年遼陽和瀋陽落入後金手中，因此與明之間的往來必須靠海上交通來維持。通行的路線在一開始的一六二二年到一六二七年前後，走的是從平安道宣沙浦到山東省登州的路線。之後到了一六二八年，則轉換為從平安道石多山到山東省登州的路線，由於袁崇煥的上奏，為了削減毛文龍在其據點椵島（皮島）的權勢，在一六二九年又被迫改成從石多山到遼東寧遠的路線[22]。

由於利用船隻，朝鮮使節與明交易的規模逐漸變大，因此有遭到明批評的危險。觀察在一六二九年對後金的貿易，可以確認到在使行時，朝鮮輸出了明產的青布和菸草[23]。

朝鮮在經由海路與明交涉的時代裡，在釜山的倭館，日朝之間的交易經常是停滯的。商品無法進入倭館，倭人滯留於倭館也造成了問題。在這樣的狀況下，金尚憲在一六二九年與後金維持往來，並且也向明澄清，辯解了被誣陷與後金私通之事。金尚憲一邊重視與後金往來的現狀，一邊企圖找出持續貿易的方法。

因此一般被認為推動中立外交的光海君被廢位，仁祖掌握了政權，並受到西人的支持，而西人相當重視與明的禮義。儘管如此，朝鮮的國際關係卻沒有產生劇烈的轉換。其背景可能是出於朝鮮的國際關係是基於與明之間的冊封朝貢關係，且後金也利用了朝鮮與明的連結。壬辰之亂後，白銀迅速的在朝鮮普及，發生在一六一三年的鳥嶺強盜事件中，銀商遭劫殺，一連串的事件被指稱與謀反有關係，顯示出東亞貿易而產生的白銀流通，成為了朝鮮醜事（先不論真實性多少）的一種素材。當時的朝鮮無法做出判斷來阻擋銀從日本經過朝鮮流通進入明，後金或許也沒有打算要與朝鮮全面對決吧。光海君夾在後金與明之間，進行了複雜的外交，被仁祖列為「反正」的罪狀之一，不過光海君違反倫理而進行無數的肅清，在比重上，才是仁祖發動「反正」時更重大的原因吧。

宣祖（一五五二—一六〇八年）

朝鮮的第十四代國王（一五六七—一六〇八年在位）。姓李，諱昖，號河城君。父親是第十一代國王中宗與昌嬪安氏的兒子德興大院君。由於伯父明宗沒有嫡子，因此由中宗的孫子河城君即位。即位後，宣祖任用了許多儒者，振興學術。尤其是他用了很多李退溪、李栗谷身邊的人物。但是他們在一五七五年因為掌管人事的「吏曹」官職產生了對立，東人支持金孝元，而支持沈義謙的一派則被稱為西人。

在宣祖時代的前半，朝鮮與明朝之間有一個外交問題，被稱為「宗系辯誣」，也就是朝鮮想要更正朝鮮王朝的始祖李成桂家世被錯誤記載的資訊。宗系辯誣的問題是，在明朝的史書中記載著李成桂是政敵李仁任之子，且還殺害了高麗國王，但朝鮮認為這樣的記載是錯誤的。朝鮮向明提出修正的要求，因而引起了紛爭。這個問題在開國不久的太宗時代看似已解決，但在一五一八年朝鮮使節從明帶回了《大明會典》之後，這個問題又再度受到矚目。之後朝鮮數度向北京派遣了燕行使，要求更正，終於在宣祖年間受到明的應允，在一五八七年頒布了新版的《大明會典》，解決了這個問題。朝鮮歷經兩百年的外交交涉，在宣祖的時代終於解決，可說是一項很大的外交成果。

另一方面，朝鮮與日本之間的關係，卻無法期望能像過去一樣維持和平的狀態。一五八九年，豐臣秀吉透過對馬，表示想要向朝鮮借道入明。當然朝鮮拒絕了這項要求，並派遣黃允吉和金誠一到日本，去查探日本的情勢。結果就像前面提到的一樣，朝鮮認為日本侵略的意圖很小。

但是在一五九二年，日本軍隊從釜山入侵朝鮮。小西行長和宗義智的第一軍以猛烈的速度從慶尚道北上，迅速穿過鳥嶺，到達忠州。日本軍逼近漢城，而國王宣祖的安危出現問題，因此逃往平壤方向。國王僅帶著幾位臣下往平壤逃難，但平壤也陷入危險，國王一行人只好逃往國境地帶平安道義州，並在此向明請求援軍。明因而派遣了大軍，為求奪回平壤，企圖擊退日軍。

但宣祖也因與明之間的關係而煩惱。因為明的軍人和商人非常廣泛的融入在朝鮮社會當中。像丁應泰就誣告朝鮮和日本勾結，從過去就瞞著明進行外交等，每當發生這種事，宣祖就必須派遣辯誣的使節到明去。

在豐臣秀吉死後，一五九八年日本撤出朝鮮，當然全土都非常荒蕪。例如農業生產低下，人口也減少了。日本更是帶走了許多被俘虜的朝鮮人。在行政方面，位於漢城的正宮景福宮遭到大火焚毀，無法再使用。官衙也失去了很多戶籍和土地登記簿等行政資料。

面對這樣的難局，宣祖之後的朝鮮政府進行了各式各樣的政策來應對。第一是量案，透過農田檢地來掌握隱結（政府未掌握的農地），確保稅收。此外，一五九三年起，中朝在鴨綠江下游的邊境地帶中江開市，但發生了在交易上的損失與外交情報洩漏等的問題，因此向遼東傳送了國王的咨文，企圖廢止開市。

宣祖在位時，引進了傭兵制和鐵砲。具體而言是在柳成龍的主導下設置了訓練都監，編入降倭，培養鳥銃部隊。

當然朝鮮對明的態度並非是挑戰性的。在戰亂後，朝鮮的士大夫之間對明產生了一股尊崇心態，也就是「再造之恩」。接著宣祖也推動了與對馬、日本之間的講和交涉。一六〇七年，朝鮮派遣回答兼刷還使到日本，恢復外交關係。之後，原則上每當江戶幕府將軍交替時，就會派遣朝鮮通信使到日本。

柳成龍（一五四二—一六〇七年）

十六世紀後半到十七世紀前半活躍於朝鮮王朝的士大夫官僚。氏族原鄉的本貫為豐山，號西厓。曾向李退溪學習儒學，朋黨為東人。

一五六四年中生員進士試，一五六七年文科及第之後，先後擔任承文院權知副正字、大司諫、大司憲、右議政等職位。豐臣秀吉透露出要侵略明的意圖時，黃允吉和金誠一一起被派遣到日本，回到朝鮮後，黃允吉認為日本有侵略的意圖，但金誠一卻持反對意見，而柳成龍支持了金誠一。一五九二年，日本軍侵襲而來，他隨著國王宣祖逃到平安道平壤，成為領議政，但遭到彈劾而一時下臺。不過其間他向明請求救援，並商議義州郊外的中江開市（互市貿易）等事宜。

中江開市據推測始於一五九三年十二月至一五九四年四月之間。在一五九三年十二月，備邊司認為應該在中江開始互市貿易，讓物資流通，並根據記載表示在一五九四年四月為止，進口了驢子到朝鮮。開市當初的目的是柳成龍為了要解救朝鮮北部的饑荒，不過平安道和漢城的人民也為了追逐利益而逐漸加入開市的交易。藉由開市，朝鮮出口了人參、貂皮和紡織品。在中江似乎也有人向朝鮮購買馬匹。

在面對日本軍侵略的軍事方面，水軍任用了李舜臣為都體察使，攻擊日本軍的補給線，成功的逐漸讓日本軍往後退。一五九三年，柳成龍成為領議政，設置了訓練都監。訓練都監的設置源自於同一年七月進行了火砲砲手的訓練，而在同年十月設置的臨時軍事機構。其工作內容除了防衛漢城之外，還有王的侍衛和地方軍的訓練。至於財政基礎並沒有法律的規範，而是由戶曹和軍餉廳來支付財源，然而財源並不充足，因此來自臨時設置的屯田收入就很重要。另一方面，透過火藥和鐵砲等的調度，成功的整備了鐵砲部隊，成為往後朝鮮在軍事上不可或缺的重要部隊。

柳成龍在一五九八年辭去官職。在他死後，後人編了《西厓先生文集》。當他在世時，他編纂的《懲毖錄》是非常重要的書籍。這本書始於秀吉侵略朝鮮之前的事前使節，到壬辰之亂中避難之事、各種戰鬥等，成為朝鮮方活生生而鮮明的紀錄。這本書的意圖是為了要告訴後世的世代必須要警戒日本而編纂的。但是這本書在江戶時代透過對馬流傳進日本，在日本出版了和刻本，讓朝鮮通信使得知此事，因此在朝鮮成為嚴重的取締對象。目前平凡社的東洋文庫有出版日文譯本。

而柳成龍的後代子孫聚集居住在慶尚北道安東市河回村，這裡是宗孫的住所，保存著柳成龍親筆的史料等，現在則成為世界遺產的村落，可供一般人參觀。附近也建有表彰柳成龍的屏山書院。

毛文龍（一五七六—一六二九年）

毛文龍是明的武將，占領了朝鮮平安道的椵島，並採取了半獨立的行動。原本出身於明的浙江省杭州府周邊，自一六〇五年起事奉遼東總兵官李成梁，同年武科及第，經歷遼陽千總後成為守備。遼陽、瀋陽落入後金手中後，他在廣寧巡撫王化貞的手下轉戰海戰，在一六二一年攻打鎮江，移到朝鮮這一方，占領了平安道椵島。

毛文龍占據椵島後，向朝鮮要求提供米糧，作為自己軍隊和逃到椵島的避難民眾的補給。光海君為了避免後金的入侵，對毛文龍提出的米穀貿易持否定態度。但是在一六二三年的反正行動，光海君遭到罷黜，仁祖即位。仁祖在接受明朝冊封時，獲得了毛文龍的助力，因此開始與毛文龍進行米糧貿易，為了調度和運送米糧，在各道設置了管餉使。平安道、黃海道、咸鏡道都設置了管餉使，平安道管餉使曾與毛文龍進行了米糧的交易。由於光靠朝鮮國內的米糧還是供應不足，因此計畫向山東省登州購買。這個軍糧被稱為「毛糧」，嚴重的壓迫到了平安道等各道的財政。

占領了椵島的毛文龍聚集了避難的人民到「東江」，把此地作為對後金發動攻擊的基地，並實際攻擊後金，另一方面也招集了朝鮮商人和明的商人，以此為中繼貿易的基地，此地因而繁盛。藥用人參從朝鮮經由椵島出口，而明也向朝鮮出口了白銀與青布等商品。青布是中國產的棉布，在朝鮮被用來製作婦女和孩子的衣服。當時的朝鮮需要大量的青布，就會從毛文龍所占據的椵島進口。在這個過程中，毛文龍和後金之間進行了祕密的交易，不過後金也並沒有信賴毛文龍的行動。

因此毛文龍受到明中央和朝鮮雙方的警戒，明中央在派遣外交使節到朝鮮時，就試著變更路線，不願再通過椵島。不過毛文龍對此似乎是持反對意見。一六二八年，發生了毛文龍等人掠奪朝鮮使節貨物和船隻的事件。同年的進香使船（弔問之船，正使為洪霶）的貨物也在登州被搶。申悅道在走海路前往登州時，遇到了進香使船，根據當時的詢問調查，確認進香使船的貨物的確是在登州遭到搶劫了。接著申悅道滯留於登州時，船隻差點就要被毛文龍扣押，最終幸運的避開了這一劫。但是申悅道去北京時，留守在登州的「第五船」卻被毛文龍所奪，運往椵島。

另一方面，一六二八年崇禎帝在即位後，立刻發揮了他的權勢，使得宦官魏忠賢被迫自盡等，宮中的政治勢力產生了變動。毛文龍受到很大的影響，是否該調任也遭到議論。最後他在一六二九年被袁崇煥的部隊所誅殺。

仁祖（一五九五—一六四九年）

朝鮮第十六代國王，諱倧，是宣祖之子定遠君的兒子，也就是宣祖的孫子。

仁祖出生於一五九五年壬辰之亂中，在一六〇七年被封為綾陽君，但在光海君即位後，親弟弟綾昌君遭到肅清，因此地位並不穩固。綾昌君被肅清後，綾陽君對光海君更加反感，因此接近了被光海君和大北派欺凌的西人，商討計策。接著他們將光海君為政時，幽禁宣祖的繼妃仁穆王后、永昌大君之死、對明的背叛等等行為都列入罪狀，並在一六二三年聯合西人的金瑬、李貴和崔鳴吉等人發動政變，罷黜光海君，自己即位成為國王（被稱為「仁祖反正」）。

仁祖即位後，他追封自己的父親定遠君為宣祖下一任的國王，是為「元宗」，確保了自身的正統性。李适對於反正的論功行賞有所不滿，發動了叛變，不過遭到了鎮壓。

仁祖致力於重建國力，於一六〇八年在京畿使用了新的貢納改革政策「大同法」，企圖擴大實施地區。一六二三年又為了要在忠清、全羅、江原等三道可以實施大同法，設置了三道大同廳，儘管由於作物歉收和叛亂，最終只有江原仍在持續，不過在一六四九年之後，又開啟了重新設立的管道。

在仁祖在位時，最初是在西人政權之下進行了與明的外交政策，不過在一六二七年皇太極派遣了後金軍隊入侵朝鮮（丁卯之亂）後，朝鮮被迫與後金締結兄弟國盟約。金尚憲等西人並不樂見此狀況，但卻也不得不接受與後金的邦交。對朝鮮來說，這算是外交上的痛苦抉擇，但在仁祖即位後，袁崇煥誅殺了令朝鮮困擾的明將毛文龍等，的確是也有受惠於國際環境變化的時期。

這個時期，日本經由對馬而與朝鮮之間往來的奇妙關係，逐漸表面化。外交僧玄方在丁酉之亂後，首次從對馬經過東萊進到內陸造訪漢城，除此之外，在家光即位將軍時，也派遣了通信使等。對馬方面，獲知了後金要侵略朝鮮的情報，因此向朝鮮輸出武器等，進行了各式各樣的動作。

在丁卯之亂後，後金逐漸擴大勢力，讓察哈爾降伏等，透過擴大領土、集結馬匹等儲備國力。後金在一六三五年從降伏的察哈爾手中獲得了「大元傳國之璽」，因此皇太極在一六三六年將國號定為大清，並即位成為皇帝。朝鮮拒絕接受，因此在一六三六年末，清軍開始入侵朝鮮（丙子之亂）。

朝鮮試著將王室、政府分別守在江華島、南漢山城，不過江華島很快就被攻陷，金尚容（金尚憲之兄）自盡。在南漢山城，主戰派的洪翼漢與和平派的崔鳴吉發生了爭論，不過最終由和平派主導局面，決定投降。接著仁祖出城，在漢江的渡口三田渡對皇太極行三跪九叩之禮表示降伏。接著他承諾要與明斷交，取而代之的向清派遣朝貢使節，並送還人質等，作為降伏條件。這些主要的降伏條件成為之後規範了朝鮮與清關係的方針。

在降伏之後不久，仁祖將兒子昭顯世子、鳳林大君（仁祖的次子，也就是之後的孝宗）送往瀋陽當人質。他們在一六四四年為止，都在瀋陽過著人質的生活（在移往北京後，於一六四五年歸國），並與漢城頻繁的交換書信與物資。仁祖答應了清在與明戰爭時派遣士兵的要求，在清入關之後，獲得了人質的歸還和歲幣的減額等。在這個過程中，朝鮮出身的口譯鄭命壽暗中活躍，向朝鮮收受了龐大的賄賂。

這麼看來，在仁祖當政的朝鮮，儘管因反正而政權成員一新，但受到了清的壓迫，並受到大清勢力的支配，可說是靠著巧妙的手腕存活下來的國家。

德川家康（一五四二—一六一六年）

德川家康因豐臣秀吉侵略朝鮮的行動而來到九州，但是卻沒有渡海到朝鮮，並沒有直接參與侵略。在豐臣秀吉死後，他一掌握了實權，就開始與朝鮮進行談和。最早開始打算進行議和的是對馬的宗氏，不過他也命令宗氏和朝鮮進行談和的交涉。在與朝鮮的談判中，宗氏將豐臣秀吉稱為平氏，稱家康為源氏，並強調家康反對戰爭，朝鮮方在一六〇四年允許對馬人在釜山進行交易，並派遣惟政（松雲大師）為使節到對馬。家康得知了這件事後，命惟政上京，並在一六〇五年於伏見接見了朝鮮使節，指示本多正純等人去進行講和。

之後家康把將軍位讓給秀忠，次年家康要求宗氏派遣通信使到朝鮮。對此，朝鮮要求家康發送國書，並要抓出侵略時破壞陵墓的犯人，送往朝鮮，不過由於對馬的斡旋，兩個要求都遭到捏造。然而就這樣在一六〇七年朝鮮派遣了回答兼刷還使到江戶，至此與朝鮮的講和可說是幾乎完成了。

另一方面，家康放出「如果不講和就要出兵朝鮮」的流言，並透過對馬，展示出其「意向」。在姜沆的《看羊錄》中，就紀錄著在關原之戰前，透過藤原惺窩聽說了家康要侵略之事。宗氏也聽說了家康如果不講和就會再度出兵的消息，因此宗氏多次向朝鮮訴說這件事。所以當我們在看待家康對和談的態度時，並不能說他只是想要追求與朝鮮之間的和平與友好而已。

在文化史上值得注目的是，家康重新收集了經由丁酉之亂流入日本的朝鮮文物，並使其在日本生根。此外，在日本的各大名之中，也有人在壬辰丁酉之亂之際，從朝鮮直接掠奪物品或者強行擄人。經歷這些之後，到了後世，卻成了這些藩的名產而浮上檯面，例如薩摩藩讓朝鮮俘虜居住在苗代川一帶，命他們從事陶器製作和口譯等工作，而佐賀藩則是讓俘虜生產陶瓷器等，之後經由荷蘭的東印度公司之手，成為重要的出口商品。

在這樣的趨勢之下，家康極有可能獲得了定位。最經常被指出的領域就是出版業。朝鮮自高麗後期開始有了金屬活字印刷的技術，比谷騰堡（Johannes Gutenberg）的印刷術都還要早。這種金屬活字印刷和木版印刷，讓朝鮮王朝前期出現了高品質的出版文化。然而這種金屬活字在壬辰丁酉之亂時被掠奪，並由秀吉上呈給後陽成天皇。此外，家康也授予了京都伏見的閑室元佶數十萬木製活字。以此為基礎學得了技術，其結果就是開始了伏見版（木製活字）、駿河版（銅製活字）等高品質的活字印刷。今天在日本的博物館、圖書館也都看得到伏見版、駿河版。儘管金屬活字並沒有固定下來，江戶時代的出版主流是木版印刷，然而出版文化的興盛，有著引進了朝鮮活字，並且將之在地化的背景，這是必須要強調的。

除此之外，家康不僅對活字有興趣，他也相當關心出版事業。今天名古屋市蓬左文庫（舊尾張德川家所藏）和東京大學總合圖書館南葵文庫（舊紀伊德川家所藏）之中，就收藏了印有「駿河御讓本」的朝鮮書籍（漢籍以及日文版本也都包含在御讓書之中），這些原本都是家康所收藏的朝鮮書籍，不過之後分別傳給子孫後代，可推測家康本身也親自收集了朝鮮書籍。（↓第六章的「德川家康」條目當中，有關於他一生的詳細敘述）

皇太極（一五九二—一六四三年）

建立後金的努爾哈赤之子，將後金改稱為清。在一六二六年努爾哈赤逝世後，由皇太極繼承，持續與明之間以及周邊各民族之間的戰爭。首先對朝鮮是在一六二七年的丁卯之亂入侵，並締結盟約，朝鮮與後金成為兄弟國關係，訂立之後要互送使節。但是皇太極並不滿足於此，要求在中江開市，並派遣英俄爾岱和馬福塔等人到朝鮮進行貿易。朝鮮對此的態度消極，因此讓皇太極不滿。

另一方面，皇太極與蒙古各部落的戰鬥進行得很順利，最終在一六三五年征服察哈爾。察哈爾有忽必烈傳下來的傳國玉璽，在此時落入皇太極的手中，皇太極在一六三六年即位為皇帝，改稱大清。在這個過程中，他曾召喚朝鮮，但朝鮮並沒有回應。由於過去的各種問題，讓皇太極決定入侵朝鮮。朝鮮死守南漢山城與江華島，試圖徹底抗戰，不過江華島首先被攻陷，南漢山城則分為主戰派與和平派。最終由崔鳴吉帶頭的和平派主導局面，朝鮮降伏。仁祖在漢江沿岸的三田渡對皇太極行三跪九叩之禮，正式投降。

在丙子之亂（一六三六—一六三七年）朝鮮降伏於大清後，就背負起幾件義務。在一六三七年降伏後不久，清皇帝太宗（皇太極）就對朝鮮國王仁祖下了詔諭，上面規定了清要朝鮮履行的義務。其中一個是要朝鮮斷絕與明之間的往來。過去朝鮮國王是受到明皇帝的冊封，並在一六二一年之後走海路派朝貢使節到明，但清的詔諭就是要朝鮮停止此事。

第二個很重要的就是要求朝鮮交出王世子和王子作為人質。由於這項詔諭，仁祖的長子昭顯世子和在昭顯世子之後成為王世子的鳳林大君，被送往當時清的首都瀋陽，直到一六四四年之間都在瀋陽過著人質的生活，到了一六四五年才被允許回國。

第三個要求是在聖節（清皇帝誕辰）、元旦、冬至、中宮千秋（皇后誕辰）、太子千秋（皇太子誕辰）以及節慶弔唁之際，朝鮮都要向清派遣使節。從此之後，朝鮮就開始定期向清派遣使節。過去朝鮮會一年數次派遣使節到明，使節每次都會有任務，向皇帝及明皇室獻上方物（地方物產）。

第四點就是允許朝鮮像過去一樣對日本的貿易。清（後金）得知在丙子之亂以前，朝鮮有和日本進行貿易，因此向朝鮮要求日本的物產。

除了方物之外，清還要求朝鮮要繳納歲幣。其中有黃金和白銀等貴重金屬、鹿皮和水牛角弓面（水牛的角製成的弓的材料）、好腰刀、順刀等戰鬥用品。

在這之後，朝鮮與清之間的通行大幅增加。朝鮮對清供給了必要的物資，但皇太極卻極為不喜歡朝鮮使節帶來的菸草，因此禁止了菸草。

努爾哈赤（一五五九—一六二六年）

努爾哈赤是建州左衛出身的女真人。他最初受到明的敕書，並對明朝貢。女真和朝鮮在國境地帶進行貿易，因而有所交流，在朝鮮也留有紀錄。接著在十五世紀以前女真當中也有人獲朝鮮授予官職，並向漢城進貢。也就是說，當時女真的地位在朝鮮之下。不過從努爾哈赤前一個世代開始，就和明進行了活躍的人參、毛皮的貿易，達到經濟上的發展。女真人過去在朝貢之時，就曾在北京進行過貿易，但在十六世紀中葉，遼東的馬市更是繁榮發展。當時從墨西哥和日本流入明的銀子，由於北邊的防衛事業，被帶到北方，接著又被用在滿洲和蒙古的交易之上。不過在軍事上，到約一六〇八年前，努爾哈赤應該都還是在遼東總兵官李成梁的庇護之下。

受到建州經濟成長的連帶影響，努爾哈赤和周邊部落的戰爭也增加了。與朝鮮之間的關係也出現了變化。一五九二年的壬辰之亂時，努爾哈赤聽聞日本軍入侵的消息，因而提出要派援軍到朝鮮。朝鮮拒絕了這個提案，不過卻透過國境的地方官，維持朝鮮和建州左衛之間的祕密通信。例如一六〇五年建州左衛送往朝鮮的書信，被保留在朝鮮方的外交資料集《事大文軌》中。

努爾哈赤開始與明戰爭，為這樣的狀況帶來了巨大的變化。如同在光海君的說明時提到的，光海君在明與滿洲之間苦惱，但後金建國後，朝鮮被迫送援軍支援明，而在薩爾滸之戰時，朝鮮的武將姜弘立便向後金投降。

努爾哈赤在之後也持續的與明戰爭，接著薩爾滸之戰後，一六二一年瀋陽也陷落，努爾哈赤進入東北平原。他死於一六二六年，由兒子皇太極繼承後，更加擴大了勢力。

努爾哈赤的行動值得注目的是，在他建立獨立國家的過程中，他下令以漢文製作文書，並創造以蒙古文來表記滿洲語的方法。這麼一來，努爾哈赤所率領的迷你國家，就具備了成為一個國家的樣貌。前者可以在前述的朝鮮外交資料集和《朝鮮王朝實錄》找到證據，後者則是流傳著在一五九九年他曾命令博士（學者）記錄滿洲語，不過和朝鮮之間的通信則是使用漢文來進行。在建國後不久，朝鮮似乎有培養過女真語的口譯，當時用的是女真文字。

其他人物

金誠一

一五三八—一五九三年。活躍於十六世紀後半的朝鮮王朝士大夫官僚。本貫為義城，號鶴峰，曾向李退溪學習儒學，朋黨為東人。一五六八年文科及第後，歷任弘文館副提學和羅州牧使等職位。當豐臣秀吉有侵略明的徵兆時，他與黃允吉一起被派遣到日本。回到朝鮮後，黃允吉認為日本有侵略的意圖，但他卻持反對意見。一五九二年當日本侵略後，他遭到逮捕，但後來又被釋放，成為慶尚道招諭使，與郭再祐等人組織義軍，十分善戰，被任命為慶尚道觀察使。但是在赴任之地晉州病逝。

金忠善

?—一六四三年。壬辰丁酉之亂時，向朝鮮投降的日本武將。金忠善是沙也可的朝鮮名。金忠善在投降後，被賜姓氏為金海金氏，根據其後代子孫在十八至十九世紀編纂的書籍《慕夏堂集》記載，沙也可原本是加藤清正手下的武將，後來投降朝鮮。儘管戰前日本的研究對他是否真實存在抱持著懷疑的態度，不過根據末松保和等人的研究，他存在的可能性很高。根據末松保和所言，和《朝鮮王朝實錄》同年代的資料有「降倭僉知沙也可」，當中並沒有出現金忠善。不過另一方面，編纂於一六二八年的《御營廳都謄錄》中記載著降倭領將金忠善的事跡，敘述他勇敢且個性恭順，在一六二四年發生的叛亂李适之亂時，擔任鎮壓軍，也有參與後金入侵的丁卯之亂，相當活躍。

金尚憲

一五七〇—一六五二年。十六世紀後半到十七世紀中葉的朝鮮王朝士大夫官僚。本貫是安東，與兄弟同為斥和派，其中一位兄弟是在江華島自盡的金尚容（一五六一—一六三七年）。金尚憲向尹根壽（一五三七—一六一六年。通禮學，以使者身分四次到明，禮曹判書、左贊成等）學習儒學，在一五九六年文科及第。一六一三年遭到罷免，一六一五年下安東，但在一六二三年仁祖反正後，重新回到中央政界。在一六三六—一六三七年丙子之亂時，相對於崔鳴吉的和盟派，金尚憲主導了斥和派，不過最終朝鮮還是降伏於清。在丙子之亂之後，金尚憲被清帶到瀋陽監禁。一六四五年他被釋放回到朝鮮，在朝廷擔任左議政。可說是仁祖時代的反清代表人物之一。

鄭命壽

?—一六五三年。任職後金（清）朝鮮語口譯的朝鮮人。在天命年間成為後金的俘虜，之後就任職於後金。在滿洲語史料中，被記載為古爾馬渾（意思是兔子），在朝鮮方的史料中則記載他原本是平安道的奴隸。在一六三六年之後，每次清使節造訪朝鮮時，他都相當活躍。他向朝鮮方要求了大量的賄賂，對朝鮮來說是令人恐懼的存在。一六四一年他與金尚憲被帶往清一事有所關連。但是當為他撐腰的英俄爾岱去世（一六四八年）、攝政的多爾袞過世（一六五〇年）後，他也隨之失勢，因朝鮮上奏，讓他淪落為奴隸的身分。

郭再祐

一五五二—一六一七年。活躍於壬辰丁酉之亂的朝鮮義軍領袖。出生於慶尚道宜寧地方的兩班家庭。一五九二年，當攻下慶尚道金海、昌原的黑田長政、大友吉統軍逼近宜寧時，郭再祐組織了義兵，並守住了宜寧。儘管慶尚道觀察使金睟以及地方官們將義兵的行動視為叛亂，但郭再祐直接上訴國王，並獲得金誠一的激勵文，成功組織地方的人民。一五九七年丁酉之亂時，加藤清正軍逼近慶尚道西部，郭再祐守住了火旺山城，下城後隱居於江原道。之後他在一五九九年，擔任慶尚左道兵馬節度使，不過在沒有經過政府的許可之下就退官，於一六〇〇年被流放全羅道靈岩。一六一〇年再度復官，被任命為虎賁衛副護軍，但遭到孤立後辭官。

規伯玄方

一五八八—一六六一年。十七世紀前半在對馬宗氏手下從事日朝外交的僧侶。出身筑前宗像郡，之後出家成為臨濟宗的僧侶，渡海到達對馬。他在對馬師事外交僧景轍玄蘇，學習禪宗與漢文。之後又在日本本土的寺院累積了修行，在一六一九年結束修行，成為對馬以酊庵的庵主，站上日朝外交的最前線。特別是在一六二九年丁卯之亂之際，為了進行外交談判，他受幕府之命渡海到朝鮮，談判的結果，他成為壬辰之亂後第一個上京使，被允許進到漢城。玄方的談判最終並沒有達成武器支援等目的，不過卻讓對馬得以回收公木（木棉）的債權。一六三五年因柳川一件，對馬偽造國書一事露出馬腳，玄方受到幕府的處分，被流放到陸奧盛岡。在此地留下了許多口耳相傳的傳說，敘述玄方帶來了朝鮮原產的胡桃等。他在一六五八年獲得赦免，移居到京都，在一六六一年於大坂逝世。

休　靜（西山大師）

一五二〇—一六〇四年。活躍於壬辰丁酉之亂的義兵僧。俗名為崔汝信，法名為休靜。以平安道的妙香山為據點，提倡佛、儒、道合一的三教合一論。在朝鮮王朝的軍制中，僧侶和奴婢與其他被歧視的百姓一樣，被免除了軍役。但是一五九二年日本軍占領了漢城，國王宣祖逃到平安道義州後，休靜就趕到義州，組織僧侶軍效忠國王。國王任命他為八道十六宗都總攝。休靜立刻發檄文給全國的寺院，各地的僧侶因此響應，並組織義軍。義兵僧活躍於各地，在全羅南道海南的大興寺有祭祀休靜的表忠祠。

袁崇煥

？—一六三〇年。活躍於明末的武官。廣東省東莞出身，成為進士之後，在一六二六年守備寧遠城之際，以火砲對努爾哈赤的後金造成了損害。之後他成為兵部尚書，糾舉毛文龍等，在一六二九年直接到雙島誅殺了毛文龍。但是在一六三〇年因皇帝聽信讒言而遭到解職，被判處凌遲之刑。

李适

一五八七—一六二四年。朝鮮王朝的武將。本貫為固城，字白圭。兵曹參判李陸的後代。在宣祖年間武科及第，歷任刑曹佐郎、泰安郡守等。在一六二三年參與仁祖反正，罷黜光海君，推舉綾陽君有功，但是在擔任平安道兵使兼副元帥時，遭受誣告，因此發動叛亂，在叛亂中被武將部下所殺害。李适手下的反叛軍在壬辰丁酉之亂時，有些投降的日本人（降倭）加入，由於他們占領了王宮，因此朝鮮朝廷為了試圖鎮壓，而向釜山倭館請求援軍。

李如松

？—一五九八年。明末的武人。是遼東總兵李成梁的長子，本身也成為武人。弟弟李如柏同樣也成為武人，活躍於壬辰丁酉之亂以及與女真的戰鬥中。在一五九二年，蒙古投降明的武將哱拜，與鄂爾多斯部的蒙古聯手，在寧夏發動了叛亂（哱拜之亂）時，他擔任提督前往鎮壓成功，之後又奪回了被小西行長、宗義智等人占領的平壤，不過在漢城郊外的碧蹄館之戰中，敗給宇喜多秀家、立花宗茂，因此往平壤方面撤軍，和小西等人進行了議和的交涉。一五九七年成為遼東總兵官，在一五九八年遭到蒙古帝國後裔的布延軍隊入侵，在戰役中身亡。

朴蘭英

?—一六三六年。十六世紀後半到十七世紀前半的朝鮮武官。在宣祖的年代中歷任沔川郡守等職位，在薩爾滸之戰前，被當作援軍送往明軍姜弘立麾下，和姜弘立一起成為後金的俘虜。一六二七年的丁卯之亂時，他和後金軍隊一起回到朝鮮，之後作為回答官、秋信使，往來於朝鮮與後金之間。不僅是朝鮮方面的史料，他的名字也出現在後金的史料中，例如《朝鮮國來書簿》和《滿文老檔》等。但是在一六三六年丙子之亂時，他被朝鮮送往清的英俄爾岱和馬福塔陣營時，由於當時作為人質的朝鮮王子被發現是冒充者，他的謊言被戳穿因而被殺。

景轍玄蘇

一五三七—一六一一年。十六世紀後半到十七世紀初期在日朝間進行外交的禪僧。玄蘇的祖先河津氏是大內氏的手下，而大內氏是足利幕府下最大的大名之一。玄蘇出家進入臨濟宗中峰派，之後成為博多聖福寺的住持。一五八〇年受到對馬宗義調的招聘，渡海前往對馬，在宗氏手下從事日朝外交。同年他成為日本國王使的一員，前往朝鮮。他之所以會去對馬，其理由被認為是由於長正統與島井宗室等博多商人和對馬商人有接觸[24]。一五八九年，他與宗義智、柳川調信再度前往朝鮮，在王辰丁酉之亂時，加入小西行長、宗義智的軍隊，活躍於戰時、戰後的和平談判。戰後到《己酉條約》之前，他都從事著日朝邦交的談判。在一六一一年於對馬以酊庵逝世。

昭顯世子

一六一二—一六四五年。朝鮮第十六代國王仁祖的長子。本貫為全州，字浧。一六二五年受冊封為世子，在一六二七年丁卯之亂之際下全州。一六三六年丙子之亂時，到江華島試圖抗戰未果，與仁祖一起守在漢城南郊的南漢山城。仁祖在三田渡降伏之後，昭顯世子與鳳林大君和斥和派的官僚被帶到瀋陽，在瀋陽度過了九年的人質生活。一六四四年滿清入關之際，昭顯世子與清軍一起行動，進入北京城後，曾與耶穌會傳教士湯若望會面。在瀋陽的期間，他被允許可以與朝鮮本國進行書信和物資的往來，這可以在《瀋陽狀啟》中看見。而《瀋陽日記》則能窺見他當時的生活。之後昭顯世子被允許回到朝鮮，不過在回到朝鮮後，他卻突然死亡。

惟　政（松雲大師）

一五四四—一六一〇年。活躍於王辰丁酉之亂時的義僧、外交僧。號四溟堂，俗名任應奎。出生於慶尚道密陽，一五五九年在金泉出家。一五六一年禪科及第，在奉恩寺等修行。一五九二年當時他在金剛山的楡岾寺，但呼應了休靜（西山大師）的檄文，在江原道地區組織了七百多名義僧軍，並與休靜匯合。休靜被宣祖任命為八道十六宗都總攝，惟政擔任其副手。接著他切斷了平壤城和中和之間的道路，為奪回平壤的作戰做出了很大的貢獻。由於此事，宣祖任命惟政為禪教兩宗判事。之後在一五九四年，他與加藤清正四次交手，進行了和平談判。丁酉之亂後，惟政被派遣到日本，讓和平談判向前邁進了一大步。惟政死後遺體在海印寺附近火葬，密陽、公州、妙香山等地都建有彰顯他事跡的設施。

崔鳴吉

一五八六—一六四七年。十六世紀後半到十七世紀中葉朝鮮王朝的士大夫官僚。本貫為全州，在一六〇五年文科及第後，歷任承文院和藝文館典籍等。與趙翼、張羅等人都有往來，對儒學和陽明學都有研究。崔鳴吉的朋黨是西人，在一六二三年時加入仁祖反正，之後活躍於中央政界，歷任吏曹參判、弘文館副提學、司憲府大司憲等。一六三六—一六三七年的丙子之亂時，與金尚憲和洪翼漢等人的斥和派對抗，崔鳴吉主導了與清的和盟派，最終朝鮮降伏於清。丙子之亂後，在一六四二年崔鳴吉成為領議政。墓地在忠清北道清州。

小西行長

?—一六〇〇年。出身和泉堺，最初在宇喜多氏手下工作，後服侍豐臣秀吉。一五八七年平定九州後，領有肥後半國。除了接受過基督教受洗外，女兒（基督教徒）也和對馬的宗義智結婚。壬辰之亂時，小西行長和宗義智為先發部隊登陸釜山，對攻陷漢城有所貢獻。之後陷入膠著狀態時，他與外交僧景轍玄蘇一起和朝鮮進行和平談判。在和明使者沈惟敬交涉的過程中，他偽造了秀吉的外交文書，之後在一五九六年，明的使節造訪大坂，告訴秀吉「明皇帝下詔命冊封他為日本國王」。但是這次的談判失敗，引發了後續的丁酉之亂。在丁酉之亂中，小西行長加入了加藤清正的蔚山城防衛戰。一六〇〇年在關原之戰中，他加入西軍，戰敗後於六條河原被斬首。

宗義智

一五六八—一六一五年。父親是宗將盛，一五七九年成為宗義調的養子。義智與小西行長的女兒結婚，並為了實現秀吉侵略朝鮮的野心，在一五八九年前往朝鮮進行斡旋。義智在壬辰之亂時，與小西行長擔任先發部隊從釜山登陸，攻下漢城，貢獻頗多。之後陷入膠著狀態時，他與小西行長和外交僧景轍玄蘇等人與朝鮮進行和平交涉。在丁酉之亂時，他也與小西行長前往朝鮮，轉戰各地，戰後由於急著達成日朝和平交涉，加入了偽造國書的行列。一六〇七年朝鮮派遣回答兼刷還使到日本，除此之外在一六〇九年的《己酉條約》，朝鮮和對馬之間的貿易已有相當程度的恢復。

姜沆

一五六七—一六一八年。本貫晉州，出身於全羅道靈光的兩班家庭。祖上有朝鮮初期當權的儒者姜希孟。幼時就開始學習科舉考試的內容，在二十二歲進士及第。在二十歲時任官職，但次年就回到故鄉，遇上了丁酉之亂。丁酉之亂初期他躲在南原城，之後一家開始乘船避難，在避難中被藤堂高虎軍所捉，成為俘虜。最初他被監禁在伊予大津，之後被帶到伏見。在伏見時，他和藤原惺窩有所深交。藤原惺窩向姜沆學習了許多朱子學的知識。藤原惺窩後來對林羅山和木下順庵等都有所影響，因此姜沆對日本朱子學的興盛，可以說是有很大的貢獻。姜沆在一六〇〇年被允許回到朝鮮，歸國後，他向國王提出了報告書。後代子孫將其編纂成紀錄日本的《看羊錄》，成為後人得知當時日本狀況的珍貴資料。

加藤清正

一五六二—一六一一年。加藤清正是戰國—織豐期的武將，在豐臣秀吉手下擴大了勢力。一五九二年壬辰之亂時，他擔任第二部隊與鍋島直茂渡海前往朝鮮，進入漢城後，不同於小西行長目標平安道方向的第一部隊，他往東北的咸鏡道前進。到達烏梁海後，他並沒有更加深入，只是計畫統治咸鏡道。在這個過程中，他俘虜了朝鮮的臨海君、順和君，之後又釋放兩人。其後在平壤與惟政（松雲大師）、明將等進行講和。丁酉之亂時，他在蔚山建設了倭城。當明、朝鮮軍進攻而來，他成功守住蔚山之城，之後撤退。朝鮮長久以來都視加藤清正為殘酷的武將，對他感到恐懼，但在日本卻流傳著他趕跑老虎的傳說，衍生出他是一位勇猛武將的軼事。

注釋

1. 國立晉州博物館編，《從生活到神話：忠武公 李舜臣》，國立晉州博物館，二〇〇三年。

2. — 3. 北島万次，《豐臣秀吉對朝鮮的侵略》，吉川弘文館，一九九五年。
4. 鄭杜熙，〈李舜臣相關之記憶的歷史與歷史化——延續四百年的李舜臣傳說世系之系譜学〉，鄭杜熙、李璟珣編，《壬辰戰爭》，明石書店，二〇〇八年。
5. 金時德，《異國征伐戰記的世界——韓半島、琉球列島、蝦夷地》，笠間書院，二〇一〇年。
6. 金時德，《圖畫裡的壬辰倭亂》，學古齋，二〇一四年。
7. 金泰俊著，李應壽譯，〈李舜臣在日本的名聲〉，《比較文學研究》四〇，一九八一年。
8. 辛基秀、村上恒夫，《儒者姜沆和日本——將儒教傳進日本的朝鮮人》，明石書店，一九九一年。
9. 稲葉岩吉，《光海君時代的滿鮮關係》，大阪屋號書店，一九三三年。
10. 李迎春，《朝鮮後期王位繼承研究》，집문당，一九九八年。
11. 辻大和，《朝鮮王朝的對中貿易政策與明清交替》，汲古書院，二〇一八年。
12. 三田村泰助，《清朝前史之研究》，東洋史研究會，一九六五年。
13. 田代和生，《近世日朝往來貿易史研究》，創文社，一九八一年。荒野泰典，〈江戶幕府與東亞〉，荒野泰典編，《日本的時代史14　江戶幕府與東亞》，吉川弘文館，二〇〇三年。
14. 六反田豐，《朝鮮王朝的國家與財政》，山川出版社，二〇一三年。
15. 末松保和，《末松保和朝鮮史著作集6　朝鮮史與史料》，吉川弘文館，一九九七年
16. 李，同前。
17. 鈴木開，〈一六二〇年朝鮮燕行使李廷龜一行之交涉活動——光海君時代對明外交的其一局面〉，《東洋學報》九一—二，

二〇〇九年。

18. 韓明基，《壬辰倭亂與韓中關係》，歷史批評社，一九九九年。

19. 鈴木開，《明清交替與朝鮮外交》，刀水書房，二〇二一年。

20. 米谷均，〈一七世紀前期日朝關係中的武器出口〉，藤田覺編，《十七世紀的日本與東亞》，山川出版社，二〇〇〇年。

21. 田代和生，《被改寫的國書》，中公新書，一九八三年。

22. 辻，同前。

23. 《朝鮮國來書簿》天聰四年二月分。

24. 長正統，〈關於景轍玄蘇〉，《朝鮮學報》二九，一九六三年。

參考文獻

荒野泰典編，《日本の時代史14　江戸幕府と東アジア（日本的時代史14　江戸幕府與東亞）》，吉川弘文館，二〇〇三年

李舜臣著，北島万次譯注，《乱中日記（亂中日記）》全三卷，東洋文庫，二〇〇〇—〇一年

岸本美緒、宮嶋博史，《世界の歴史12　明清と李朝の時代（世界的歷史12　明清與李朝的時代）》，中公文庫，二〇〇八年

北島万次，《豊臣秀吉の朝鮮侵略（豐臣秀吉對朝鮮的侵略）》，吉川弘文館，一九九五年

北島万次，《秀吉の朝鮮侵略と民衆（秀吉的朝鮮侵略與民眾）》，岩波新書，二〇一二年

金時德，《異国征伐戦記の世界——韓半島・琉球列島・蝦夷地（異國征伐戰記的世界——韓半島、琉球列島、蝦夷地）》，

笠間書院，二〇一〇年

末松保和，《末松保和朝鮮史著作集6　朝鮮史と史料（末松保和朝鮮史著作集6　朝鮮史與史料）》，吉川弘文館，一九九七年

鈴木開，《明清交替と朝鮮外交（明清交替與朝鮮外交）》，刀水書房，二〇二一年

田代和生，《近世日朝通交貿易史の研究（近世日朝往來貿易史研究）》，創文社，一九八一年

田代和生，《書き替えられた国書（被改寫的國書）》，中公新書，一九八三年

鄭杜熙、李璟珣編著，金文子監譯，小幡倫裕譯，《壬辰戰爭》，明石書店，二〇〇八年

辻大和，《朝鮮王朝の対中貿易政策と明清交替（朝鮮王朝的對中貿易政策與明清交替）》，汲古書院，二〇一八年

中野等，《秀吉の軍令と大陸侵攻（秀吉的軍令與大陸侵略）》，吉川弘文館，二〇〇六年

中野等，《戦争の日本史16　文禄・慶長の役（戰爭的日本史16　文祿慶長之役）》，吉川弘文館，二〇〇八年

中村榮孝，《日鮮関係史の研究（日鮮關係史的研究）》中，吉川弘文館，一九六九年

柳成龍著，朴鐘鳴譯注，《懲毖錄》，東洋文庫，一九七九年

六反田豐，《朝鮮王朝の国家と財政（朝鮮王朝的國家與財政）》，山川出版社，二〇一三年

李迎春，《朝鮮後期王位繼承研究》，집문당，一九九八年

韓明基，《임진왜란과 한중관계（壬辰倭亂與韓中關係）》，歷史批評社，一九九九年

韓明基，《정묘・병자호란과 동아시아（丁卯・丙子之亂與東亞）》，蔚藍歷史，二〇〇九年

第八章

朝鮮朱子學

川原秀城

前言

朝鮮王朝時期（一三九二—一九一〇年）儒學思想有很大的進展，建立了一個充滿個性而獨特的知性世界／精神世界。這也就是東亞思想研究當中的朝鮮朱子學[1]和朝鮮實學。這兩門學問的內容緊密相連，繁盛期主要是在十六世紀和十八世紀，時期各異，因此本章的主題限定在朝鮮朱子學，尤其是朝鮮中期李滉和李珥的思想，關於朝鮮實學和同時期的朱子學，則待在第八卷的第五章再進行說明。

朝鮮期的儒學思想，具體來說是朝鮮朱子學的發展，大致上可以分成三個期間。第一期是從王朝初期到李滉之前，第二期是從李滉開始到宋時烈之前，第三期是從宋時烈開始到王朝末期。若要說區分各時期的重大政治事件，那麼有己卯士禍和倭亂胡亂（文祿慶長之役與後金的入侵）。而形塑了各時期思想特徵的重要人物有鄭道傳、權近和李滉、李珥與宋時烈、李瀷等人。本章將會聚焦於第二期的兩大思想巨擘，並試著說明朝鮮朱子學的全貌與特徵等。

朝鮮建國與朱子學的實學發展

朝鮮朱子學的第一期，總體而言可以說是朝鮮王朝根據朱子學的理念建國、以朱子學當作國學而發展的時期。不過朱子學的傳入其實也有著政治性的原因，此外，往後的發展也和政治有非常深厚的關係。把第一期的朱子學稱為實學是非常恰當的。

高麗王朝（九一八—一三九二年）的後期有武臣政權（一一七〇—一二七〇年）和蒙古入侵（一二三一—一二五九年）等因素造成社會的混亂，教育制度崩壞，儒學也相當不振。高麗的儒學沿襲自唐制，是容納諸學的五經之學。佛教補足了儒學的不足，因此高麗有著儒佛並存的特徵。不過高麗王朝和蒙古進行和談，遷都開京（開城）（一二七〇年）後，就採取親蒙古的政策，積極輸入中國的元（一二七一—一三六八年）的文化。儘管一般認為朱子學最初是由安珦（一二四三—一三〇六年）所引進的，不過實際上他們是看到在元仁宗皇慶二年（一三一三年）元實施科舉的動向，認為「中國首次進行程朱之學」（《高麗史．白頤正傳》）一事，應該被視為受到中國刺激而開始的。

不過在高麗「首次開始程朱性理之學」——正式興學，應該要等到恭愍王十六年（一三六七年）「重啟成均館」，十八年（一三六九）時才開始引用了元的鄉試會試殿試的制度（《高麗史．李穡傳》）。當時，李穡（一三二八—一三九六年）擔任成均館大司成，統整教育行政，拔擢鄭夢周等博學之士擔任教官，命其「分經授業」（分不同經典進行講課），因此學生雲集。很快的朱子學（元學）就透過科舉在知識階層之間擴散。

經世學的偉大成果＝道學社會的成立

在科舉中及格、進入官界的新興朱子學者們，高喊「抑佛揚儒」（抑制佛教振興儒教）的德治主義，改革內政，並阻止權臣兼併土地。但是在高麗到朝鮮的王朝交替期，信奉朱子學的改革派在政治路線上出現了對立，分裂為穩健和急進的兩派。朱子學大致上可以理解為「修己之學＝心學」和「治人之學＝經世學（道學）」，而穩健派重視前者，偏向保守（體制內變革），急進派則是重視後者，期望革命（易姓革命）。革命派形成了以李成桂為基礎的政權，李成桂自稱受到天命（也就是獲得了民意），完成了田制改革。朝鮮王朝的成立（一三九二年）也是其改革的結果（在一三九三年將國號改為朝鮮）。

代表革命派的有鄭道傳和權近，而保守派的代表則有李穡和鄭夢周。革命派掌握了政治、軍事的實權，追求朱子學的政治理想，成立了在現實中應用經世學的道學社會。另一方面，保守派帶來思想上的影響力則要等到成宗期（一四六九—一四九四年）之後了。

世宗、世祖期的編纂事業

世宗（一四一八—一四五〇年在位）、世祖（一四五五—一四六八年在位）期，王朝的首腦們（封建的現實主義者）的文化政策，受到太祖、太宗期社會教育體制的整頓，盛大的開花結果。列舉代表性的成果除了發明朝鮮字母（《訓民正音》，一四四六年）之外，還有《高麗史》（一四五一年）、《海東諸國紀》（一四七一年）、《東國輿地勝覽》（一四八一年）、《經國大典》（一四八四年）、《東國通鑑》（一四八四年）等著作。當時的發行物有很多都是多位學者的共同作品，並不會集中於特定的領域，算是相當健全。

朝鮮朱子學的定型化與其背景

朝鮮朱子學的第二期，相較於第一期的實學來說，有很強烈的理論哲學色彩。朱子學的思辨化／哲學化最終帶來的，正是士族官僚受到政治清洗的「士禍」。士林之禍簡稱士禍。士禍導致了清隱之學，也就是將學術獨立於政治之外，成為一門自由在野的學問，而最終將朱子學定型化。代表的有李滉（號退溪）的退溪學和李珥（號栗谷）的栗谷學。

朝鮮王朝在建國後，立刻實施了科舉，以道學立國為目標。科舉制度有效運作，在成宗為政時，鄭夢周→吉再傳承了學統，重視信奉修己之學的道德性，許多朱子學者都是經過科舉，進入了政界。一般來說這些人被稱為士林或士林派。他們是清流，也就是儒教的道德主義者。

士林派掌握了弘文館、司憲府、司諫院等言官職，敏銳的批判獨占權益的執政階層（封建的現實主義者）。俗流的執政階層面對對立的清流，採取了誅殺和流放等言論統制，被稱為士禍。士禍當中為人所知的有燕山君四年（一四九八年）的戊午士禍、十年（一五〇四年）的甲子士禍、中宗十四年（一五一九年）的己卯士禍、明宗即位當年的乙巳士禍（一五四五年）等。

在士禍中被打擊的名士，知名的有金宗直（一四三一—一四九二年）、趙光祖（一四八二—

一五二〇年）等人。特別是趙光祖，他是金宏弼的門生，而金宏弼繼承了金宗直的學統。他宣揚「道學立國」，獲得中宗的信賴，在短時間實踐了政治改革。他設立了賢良科錄用人才，廢止負責道教祭儀的昭格署。此外，他也嘗試消除偽勳（非正當的功勳表彰）、限制土地所有等。急速激進的改革招來了執政者的不滿和怨恨，在中宗十四年（一五一九年），南袞、沈貞等人誣告了趙光祖。這導致了牢獄大興，趙光祖遭到虐殺，被稱為己卯士禍。李珥曾如此敘述趙光祖的功績：「趙光祖提倡道／道學，學者們都遵循且推崇他，今天有性理學都是他的功勞（及光祖倡道。學者翕然推尊之。今之知有性理之學者。光祖之力也）」（《石潭日記》）。

士禍和清隱之學等

士禍對朝鮮思想的發展帶來的影響甚鉅。非常諷刺的是，燕山君的暴政竟然達成了士林建國以來的願望——也就是佛教的沒落，己卯士禍對士林帶來了衝擊，讓人對出仕更為謹慎，內省的清隱之學獲得發展。

經歷了悲慘的己卯士禍，清隱之學的學者們隱居城市或鄉野，厭倦經世學，並限制政治行動。在學風上強化了思辨，不過也相當多元。成守琛的性理學、鄭磏的儒佛道三教兼通之學、李之菡的利用厚生學等，都相當知名。不過說到己卯士禍期清隱之學的代表，就必須要提到徐敬德的氣一元論和曹植的敬義倫理學。

士林之禍始於己卯，極於乙巳。乙巳士禍的衝擊與己卯相比，可說是有過之而無不及。當時盧守慎、金麟厚、李恒等人批判朱熹（朱子）定論，企圖除弊革新，朱子學呈現百花爭鳴的樣貌，儲備了豐富的知性成果。

總體來說，己卯士禍期的清隱之學和乙巳士禍期的半隱半官之學，都和退溪學的排除異端，在思想方面的方向在路線上有所不同，與李滉後單調的學術傾向，有著不同的特徵。

本章的組成

本章會將焦點放在李滉和李珥這兩位朝鮮朱子學的思想巨擘身上，不過無論從歷史層面還是內容來看，退溪學成立前夕，清隱之學的重要性在朝鮮朱子學思想上是非常突出的。在歷史上，李滉的朱子學一舉提高了理論水準，在發展上既獨特也異於中國朱子學[2]，單純的來說，就是因為在士禍期間有清隱之學的存在，提供了退溪學的理論基礎。如果沒有李滉之前清隱之學等豐饒的知性世界的話，就不會出現獨特且已經成為專有名詞的朝鮮朱子學。因此本章在退溪學方面，要特別介紹帶來重要影響的清隱學者（包含半隱半官的學者），以及其學術內容，按照徐敬德↓曹植↓盧守慎的順序簡單做介紹，以此為基礎來論述李滉和李珥。

朱子學的理氣心性論

若按照研究內容來說，朝鮮朱子學所探究的是朱子學的精緻化，哲學命題的理論性整合。朝鮮朱子學在徐敬德之後，特別集中於探究理氣心性論，也就是「理」、「氣」、「心」、「性」、「情」等哲學的探求[3]。朱子學的哲學理論是理氣心性論——這是因為他們將理氣論與心性論視為基本命題／基礎理論的緣故。

從朝鮮朱子學在內容上的總體特徵來看，想要正確掌握其歷史發展，就必須要事先對朱熹的理氣、心性論以及其概念／用語具有整體性的知識[4]。

若要用最簡而易懂的一段話來說明朱子學的理氣論，那麼可引用《中庸》一章的朱熹注：「性即理也。天以陰陽五行化生萬物，氣以成形，而理亦賦焉」這段話是最為恰當的。宇宙萬物都是來自「理氣之合」，天理透過了本性，將其合而為一。這個「理」是事物的樣貌，也就是各種事物「所以然之故」——存在的法則、原理和「所當然之則」——意味著倫理法則與必然，「氣」意指製作物品的材料、基礎物質。陰陽和五行都是氣的一種，更廣泛的來說，今天的電與原子也都可以被視為氣。根據朱熹的解說，「理」是「形而上」之道／觀念，「氣」則是「形而下」之器／物質，理與氣是「不相離」且「不相雜」的關係。這意味著兩者並不會混雜在一起，但也不會分離，是不同次元的相異之物，但又會在同一時間處於同一處[5]。另一方面，「太極」則是朱子學最重要的德目。這意味著太極是「最高次之理」，是宇宙萬物的樣貌，也就是萬物總體的存在法則和原理。此外，太極也會運動，生陰陽五行、生成宇宙間的萬事萬物[6]。

朱子學關於人心和性情也從各種視角做了多方面的論述。有中和說、太極說、仁說、性說……等。其中，中和說為心性論提供了基礎理論。中和說的名稱來自於《中庸》一章中的：「喜怒哀樂之未發，謂之中。發而皆中節，謂之和」，說明了心與性情的關係。不過朱熹在說明「中」與「和」時，在舊說與新說的解釋有很大的變化。根據他的舊中和說，「性是未發，心是已發」，所謂的「未發」是指心尚未動，尚未萌發出思慮的意思，「性」（理）未發，安靜的在心裡。「已發」則是心經歷了各種事物，思慮自行開始動作，在「心」（氣）的支配下，隨時都在運作，毫不休息，是為已發。另一方面，新的中和說則是認為「心」是理氣之合，應該統馭未發的「性」與已發的「情」。朱熹之所以會改變解釋，是因為舊說在理論上缺乏了未發時的本領功夫（靜時之功）。根據朱熹的想法，「心」成為新說，貫穿動與靜，掌管性與情。

徐敬德（一四八九—一五四六年）

徐敬德小傳

徐敬德，字可久，號花潭。本貫（氏族發祥的地名）為唐城。出身寒微。

燕山君八年（一五〇二年）十四歲時，徐敬德「年近志學，始知讀書」[7]，以將來會成為博學之士的人來說，是驚人的晚，才開始有志於學。十八歲時他閱讀了《大學》，對於「致知在格物」深深的感動，感嘆：「做學問若不先格物（窮理，探究事物的道理），則就算讀書又有何意義？」在感嘆後，他立刻執行格物窮理，寫下天地萬物的名字，並掛在牆上。中宗四年（一五〇九年）二十一歲時，他不問晝夜寒暑，跪坐一室，不斷思索的結果，最終染上奇病。他無法外出，但也無法停止思考。就算進食也食之無味，連日無法成眠。他與病魔纏鬥了三年，終於完全康復。青年的修行期讓他確立了做學問的方法論，同時也克服了精神上的疾病。

徐敬德在完成學業之後，兩都（漢城與開城）的志學之士，都競相到他門下學習。在他的門徒中，也不少成名之人。中宗十四年（一五一九年）他三十一歲，當朝廷設立薦舉科時，松京（開城）推舉了徐敬德，不過他予以辭退。中宗二十六年（一五三一年）他四十三歲，由於母親之命，他參加了生員試，儘管合格了，但他之後完全停止學習科舉考試的科目，專心潛修性理學的研究。中宗三十五年（一五四〇年）五十二歲，大提學金安國推舉他為「遺逸之士」，三十九年（一五四四年）他被任命厚陵參奉，但卻力辭，並沒有就任。完成清隱之學。明宗元年（一五四六年）七月七日，他於自家書齋逝世，享年五十八。

徐敬德的性理學研究，有著重視思索的傾向，大大的傾向思辨哲學（自然學），花潭學最大的特徵就在於此。花潭學的第二個特徵就是重視立論的原創性（自得），不喜歡疊床架屋的模仿（依樣）。

關於徐敬德的為人，留有頗有意思的軼事。許筠《惺所覆瓿稿》的〈惺翁識小錄〉中提到絕代名妓真娘（黃真伊）平生非常傾慕花潭的為人，經常帶著琴與酒造訪其蓬屋，盡興而歸，然而儘管徐敬德經年累月與絕世美女親密交遊，但卻一次也沒有亂了方寸。因此，真娘經常取樂，稱其為「松都三絕」。所謂的松都三絕，指的是朴淵的瀑布、徐敬德的理學和真娘的美貌聲伎。

值得提到的是，在清朝乾隆帝《四庫全書總目提要》（一七八二年）的集部別集類存目中，可找到「徐花潭集二卷」。徐敬德的文集是朝鮮單行本之中，唯一被中國收錄，且在書中加上提要的書籍，以結果來說，這顯示了中國知識分子對他的評價更高於李滉與李珥。

徐敬德的氣一元論

花潭學的特徵在於兼修邵雍、張載、程頤、朱熹。氣不會消滅，而是永遠存續，這「一氣長存」的理氣論最為知名。[8]朱熹將理定義為沒有動靜，主張太極＝理有所動靜，會生陰陽兩氣，化生萬物（《太極圖說解》），不過徐敬德發現了朱子學在理氣論邏輯上的矛盾，為了解決此矛盾，而想出了氣一元論。

徐敬德（〈理氣說〉）是這麼說的：「無外曰太虛，無始者曰氣。」在宇宙萬物生成之前，「先天」的世界無外（其大無外）也無始（其先無始），這可稱之為「太虛」（宇宙萬物根源性的存在），是以無限的一氣、「湛一靜虛之氣」（第一質料）而成。「虛即氣也，虛本無窮」，因此當然氣並沒有窮盡。氣之本源（第一質料）的初始是由淡然而虛靜的「一」所形成，「既曰氣一，便涵二」。太虛（也就是氣的本質）既然是「一」，那麼必然也包含了「二」，自然也會生出多。也就是說，太虛突然動作成為二，二有著變為多的契機，必然的不可能沒有開闔、沒有動靜、沒有生剋。太虛藉由其自律的運動——開闔、動靜、生剋，會生成「後天」的多的世界和宇宙萬物。

不過太虛之所以能開闔、動靜、生剋，是因為「太極」。太極並非是能夠運動的本體，而是本體／太虛會運動的原因、生剋之理（道理＝法則）。「氣外無理」。理是氣的主宰。而所謂的宰，並非由外來的主宰。不失去理所當然之正，是為宰。此外，「理不先於氣」。如果氣不開始，理自然就無法開始。若要說氣先於理，那麼就會變成氣有始，而虛能生氣，落入《老子》的「有生於無」的謬見。

徐敬德的氣一元論在原理上否定了理的實際活動，是很優異的自然觀。

曹植（一五〇一—一五七二年）

曹植小傳

曹植字楗仲，號南冥。本貫為昌寧，和李滉相同，出生於燕山君七年（一五〇一年），也同樣出生於嶺南（慶尚道）。

曹植雖承襲家學，但豪勇不羈。他除了遍讀經史子學之外，也學習天文地理、醫方數學、弓馬行陣、關防鎮戍。不過在青年期，他卻因兩件事而完全放棄了為科舉而努力。首先是己卯士禍（一五一九年）。他為趙光祖等清流之死流下了眼淚。第二是中宗二十年（一五二五年），他學得了元儒許衡的學說，因此對過往的學問態度做了深切的反省。他讀到《性理大全》卷五十中許衡所說的「志伊尹（傳說中的大政治家）之所志、學顏子（孔子弟子，亦被尊崇為亞聖）之所學，出則有為，處則有守。丈夫當如此。出無所為，處無所守，所志所學將何為」後，領悟到自己舊學之非，因而心有所愧，汗流浹背，惘然若失。這就是〈編年〉中的「契悟」。曹植在契悟後，發憤篤志，講讀六經四書和程朱學的書籍，透過心得體會，累積了學德。

中宗末年（一五四四年），南冥學完成後，越來越多人慕名前來向他學習。明宗即位那一年

（一五四五年）爆發了乙巳士禍。曹植聽聞友人的訃聞後深感悲痛，他領悟到「世道衰喪，人心已訛，風漓俗薄，大教廢弛」，因此完全捨棄仕官之意，退居山野，以培養後進為職志。明宗三年（一五四八年），「時來學者日漸眾多。先生建雞伏堂、雷龍亭為講學之所」（〈編年〉）。晚年（一五六一年），他居住在智異山的德川洞，開設山天齋召集學生，被稱為南冥學派或德山學派。儘管曹植受到中宗、明宗、宣祖的徵召，但全都予以推辭。他以堅強的意志貫徹了清隱之學。辭退仕官，讓他的清名更為高尚，聲名遠播。

曹植透過反躬踐實而捨棄了自己的欲念。而他獲得的並非塵世間人物，而是壁立千仞的形象與氣魄。他的門生鄭逑曾這麼形容他：「稟天地純剛之德。鍾河嶽清淑之精。才高一世。氣蓋千古。智足以通天下之變。勇足以奪三軍之帥。有泰山壁立之像（氣象）。有鳳凰高翔之趣（風格）。璨璨如峰頭之玉。顥顥如水面之月。」（〈祭文〉）。

曹植敬義的倫理學

南冥學就是一門實踐性的倫理學。這門學問重視反躬體驗、腳踏實地，厭惡義理的空談，刻意不說議論解釋。並不會為了學徒而談經說書，只是要求反省反躬，以求自得。南冥學追求倫理真實的實踐，批判哲學本質上的貧困與同義之多個命題的並存折衷。哲學命題在邏輯上必須要有所整合，且「知行兩進，言行相顧」是不可或缺的，因為命題的斷言化、絕對性是有必要的，然而哲學的議論或異質原理的兩者並存，則可能破壞其斷言和絕對性。

曹植認為「學問最重持敬（居敬，心隨時要保持敬的狀態），致力主一（集中於一件事物），需惺惺不昧（行惺惺之法，不陷入昏昧之中），收斂身心」[9]（〈墓碑文〉）。曹植持敬的倫理學是優異的「敬義之學」，有並稱「敬」與「義」的特徵。「敬」為修其內，「義」是斷其外。「義，人路也」（《孟子·告子上》），「行事之宜」（朱熹注）。敬義的倫理學是昇華憎惡不正與惡之羞恥心的道德規範，對生而為人的社會責任有所自覺，有著社會倫理規範社會生活的傾向。曹植關注於道德的社會性，並忠實的加以實踐，不僅嚴以律己，也嚴以待人，儘管聽聞他人之善若己有之，但見到他人之惡也避之如仇（〈墓碑文〉）。他不苟從社會之不正，也不會保持沉默，對待他人也很嚴厲（〈行狀〉）。想當然鄉人會對他敬而遠之。

曹植重視社會倫理真實的實踐，因此門徒中頗多剛毅之人。在倭亂之際，從南冥學堂出現了許多的義軍領袖和殉國者。例如郭再祐、鄭仁弘等人。

另一方面，由於地理上的因素，許多人兼修曹植、李滉，以及李滉駁斥、批評曹植的結果，讓南冥學派中出現了親退溪和反退溪兩個相反的學術傾向。這兩派在是否要與退溪學互補共存，或者是進行理論上的對決，產生了非常激烈的對立。南冥學派的反退溪代表人物有鄭仁弘，親退溪的代表則有鄭逑。鄭仁弘強調南冥學在學術上的優勢，鄭逑則主張南冥、退溪兩學的心同道一，追求兩者共存。

盧守慎（一五一五—一五九〇年）

盧守慎小傳

盧守慎字寡悔，號穌齋。本貫為光州。他是中宗時代活人署別提盧鴻之子，太宗時代右議政盧嵩的後代。

中宗二十六年（一五三一年），他迎娶己卯名臣李延慶之女，講聞其學。中宗二十九年（一五三四年），他在生員、進士考試皆合格，進入成均館就學。在大學，他的文章受到成均館知事金安國的好評，也與金麟厚相識，結為莫逆之交。中宗三十六年（一五四一年），他造訪李彥迪，詢問「存心之要」（實踐「存心」[10]時最重要的事），意氣相投，之後更加致力於心的收斂。中宗三十八年（一五四三年），他以文科甲科第一高分合格（及第狀元）。歷經成均館典籍、弘文館修撰後，次年進入侍從，成為仁宗的東宮講官。同年八月，他擔任堂上官，並被允許賜暇讀書（現任官員得以讀書的休假制度）。當時還有李滉也在湖堂（被選出的年輕文官被賦予假期，在此專注於學習的書齋），兩人相互切磋，辯論道義，樂在其中。

不過在中宗三十九年（一五四四年）十一月，中宗駕崩，仁宗即位。次年仁宗元年（一五四五年）七月，仁宗僅在位八個月便死亡，由明宗即位。明宗當時十二歲，由母親文定大妃垂簾聽政。仁宗明宗之際，仁宗的外戚尹任（大尹）的一派和文定王后的弟弟尹元衡（小尹）一派對立，明宗即位不久，尹元衡就已和李芑掌握了權力，殺害了尹任一派，更謀殺了無辜的政治家。這被稱為乙巳士禍。士禍一起，盧守慎就遭到罷免，回到家鄉忠州。明宗二年（一五四七年）三月，他被流放順天。九月，鄭彥慤在良才驛站的牆壁上發現寫著「女主執政」之詞，尹元衡等人以壁書為藉口起獄，對乙巳罷謫者再度冠上罪名。最終在閏九月，他被移至珍島。至此之後，他謫居珍島十九年，儘管生活困頓，但他以讀書寫作自娛度日。他在當時的學術成果有《夙興夜寐箴解》、〈人心道心辯〉、〈執中說〉等。

明宗二十年（一五六五年），文定大妃駕崩，尹元衡一派垮臺，盧守慎便被大赦而移至槐山，在明宗二十二年（一五六七年），明宗駕崩，宣祖即位，他很快就被除罪，被任命弘文館校理。宣祖元年（一五六八年）他回到朝廷，歷任弘文館直提學、副提學、司諫院大司諫、吏曹參判、大司憲等。宣祖六年（一五七三年）任右議政，宣祖十一年（一五七八年）任左議政，宣祖十八年（一五八五年）又晉升為領議政。他深獲宣祖信賴，居議政之位的時間前後長達十六年。不過在宣祖二十三年（一五九〇年）臺諫彈劾其誤薦前一年發動謀反的鄭汝立，而遭到罷職。他在郊外的寓所逝世，享年七十六。

根據《朝鮮王朝實錄》中的〈卒記〉記載，「盧守慎之學初始甚微精密，在儒林之中的評價更勝李滉。然自從謫居海島（珍島）之時起，就推尊羅欽順的《困知記》，完善了『人心道心』、『執中』等學說，與朱熹的訓釋有所異。李滉強烈的批判了這位學者不當的行為。我國的道學（朱子學）大致上到了李滉而更加明確，不過盧守慎卻獨自參用了陸學宗旨，也因此後世出現了嚮往仰慕陸學的人」。朝廷的史臣批判謫居之後的盧守慎並非朱子學者，不過除去過度的以退溪學的角度來斷論之外，對盧守慎的評價算是非常正確的。

盧守慎的人心道心辯以及其他

朱子學以《書經．大禹謨》的「人心惟危，道心惟微，惟精惟一，允執厥中」為支持自身哲學體系邏輯根基的基本命題（是為「十六字心法」），將其與《中庸》一章的「喜怒哀樂之未發，謂之中。發而皆中節，謂之和」同一視之。將之與「十六字心法」等同視之，是因為心之危微並非危微之緣由，而教精一但卻不示精一之法。

不過朱子學在《中庸》一章當中，前後對中和的解釋大有不同。這分別被稱為中和舊說與中和新說。中和舊說認為心已發而性未發，但中和新說則認為心應統合未發之性與已發之情。在中和新說之後，更是併用了從中和舊說導出的副命題。舉一個典型的例子就是朱熹的〈中庸章句序〉認為，虛靈知覺[11]的一心發動時，道心會根據性命之正，人心會產生形氣之私。這才是道心、人心皆已發的心。

盧守慎在閱讀羅欽順的《困知記》時，偶然獲得了啟發，似乎能夠解決朱子言論的矛盾，因此執筆了〈人心道心辯〉，其中就包含對十六字心法的新解釋。他認為「道心」是天理、未發之大本。「人心」之氣已發，因為已發所以會產生善惡。「道心」未發無形，儘管「微」但「人心」有中節與不中節，因此「危」。為了見「危」知「微」，心就必須要下「精一」的功夫。「精」是善察「人心」，追求理氣善惡之不雜，謂之學者動時之功。而「一」是存「道心」，守本心之正，追求不離，謂之學者靜時之功。此外，心法最後一句「允執厥中」，是透過學者「精一」之功，獲得其「中」，道靜毫無偏倚、過猶不及之意。

盧守慎的心性論認為心的構造是「性的道心」（未發）vs「情的人心＝四端＋七情」（已發），這不僅異於朱熹的中和新舊說，也與李滉的「四端＝道心」（已發）vs「七情＝人心」（已發）或李珥的「四端＝道心」（已發）vs「七情＝道心＋人心」（已發）、道心vs人心的解釋皆有所不同。

盧守慎在晚年，因朱子後學而試著改編《大學》（包含王守仁的〈大學古本〉）[12]，編纂了《大學集錄》。本書有著對《大學》錯簡釐正的關係，以結果來說，有一些地方挑戰了朱子所考訂的《大學章句》的權威。

李滉（李退溪）（一五〇二—一五七一年）

李滉與朝鮮朱子學的大一統

朝鮮朱子學在李滉時期，學術的水準極速達到高峰，其學術內容與生活態度奠定了後世學術發展的方向，顯示了兩班知識階層應該遵守的規範，是朝鮮朱子學大一統的成立。李滉死後，朱子學兩大學派的嶺南學派（李滉的直系）與畿湖學派（李珥的直系），以及過去部分批判朱子學的實學派，也都繼承了李滉的學統。朝鮮朝後期，朝鮮思想界總體來說是透過李滉的學術濾鏡來建構獨自的精神世界。

李滉（李退溪）

李滉小傳

李滉字景浩，號退溪。祖上出自真寶（慶尚道）。燕山君七年十一月二十五日（陽曆一五〇二年一月三日）[13]出生於慶尚道禮安縣溫溪里。父親是進士李埴，於李滉出生的次年夏天六月病逝。《朝鮮王朝實錄》的〈卒記〉始於「滉，天資粹美，材識穎悟。幼而喪考（父），自力爲學」，以一段話充分形容了李滉修學以及退溪學的特徵，也提及他的獨學。退溪學的特徵之一就是集朝鮮前期朱子學之大成，對諸學採取折衷的態度，研究對象廣泛，較少偏倚，這應該是由於沒有受到特定學風影響的緣故。

李滉在十七、十八歲之時，「有志而學」，不過鄉里間沒有可問學的老師，因此他只是終日一心苦讀，為求其果。他徒費心思，探索世事。幾乎廢寢忘食，因此損傷心氣，之後成為痼疾，讓李滉一生為此所苦。

中宗十四年（一五一九年），爆發了己卯士禍。李滉獲知了悲慘的內情，失去了出仕揚名的意願，因此隱居問學。李滉一生的特徵，可說是始於朱子學經世濟民的理想和退隱問學的願望之間的糾葛。李滉在青年期也遇見了決定他往後之路的友人和書籍，友人是金麟厚，書籍則是《太極圖說》、《心經附註》。

中宗二十九年（一五三四年），李滉三十四歲，他以文科乙科狀元及第。李滉一生可大致分為修學期、出仕期與講學期三大時期，他的出仕期從文科及第開始，直到明宗四年（一五四九年）辭掉豐基郡守一職回鄉為止。這算是他成為稀世博學之士的準備期間。當時他並沒有意識性的從事性理學研究，也沒有特殊的學術成果，只是日夜埋頭於塵埃之中，傾注於知識訓練，望能達到晚年的大成。

李滉登第後，歷任掌管文教的弘文館、承文院、經筵、春秋館、侍講院等，累積了學識。中宗三十八年（一五四三年）六月，中宗命校書館印行並頒布《朱子（文集）大全》，他「求而得之」。這本書是對退溪學的完成最有裨益的書籍，他曾言：「閉戶靜觀，歷夏不輟」，又曰：「嘗得是書，沉潛講劘，積有年紀。俯讀仰思，廢寢忘食，……平生得力之處，多在此書」（《年譜補遺》）。李珥評價李滉的晚學：「少以科第發身，晚乃志乎性理之學，不樂仕宦」（《石潭日記》），而李滉從經世濟民的大方向轉換了方針，隱居問學，也是因為在四十三歲時精讀了《朱子大全》，「惕然覺悟」的緣故。

仁宗元年（一五四五年）七月，仁宗駕崩，明宗即位。八月爆發了乙巳士禍。李滉被捲入士禍之中，陷入不測。他為了逃離當權者的混亂，請求擔任外官（地方官），在明宗三年（一五四八年）任忠清道丹陽郡守。次年轉任慶尚道的豐基郡守。同一年他舊疾復發，因此未得辭官許可便告病回鄉。明宗五年（一五五〇年）兄長清流政治家李瀣遭到冤死。〈卒記〉當中這樣寫道：「自是決意退藏（隱居）」。李滉當時之所以能逃過政治上的迫害，最終也是因為在任官時，並無學術成就，在政治上、學術上的影響不大的緣故。

李滉的講學期始於明宗四年（一五四九年）他棄官回鄉，到宣祖三年（一五七一年）他逝世為止，大約二十一年的期間。李滉在這個期間裡，大半都在鄉里從事講學，不過共計也有五年的時間在漢城以堂上官的身分參與王政。他當時生活的特徵是半隱半官，既是隱居的大學者，同時深受國王的信賴，過著高官的生活。雖說半隱半官，不過李滉在五十二歲之後，是個堂上官，工作的中心並非行政細務，而是統轄整體王政。特別是李滉的工作還有學術教育，具體而言，他主要的職務是振興儒學。此外，李滉個人的學術成就都集中在五十歲之後，若除去他最後二十年的生涯，並沒有什麼特別值得提出的著作或論文。李滉講學期的主要活動是「學」和「講」，也就是朱子學的研究和其教育。不過李滉的現實生活，就算在講學期，也是苦惱於經世濟民的理想與希望退隱問學的兩者之間。隨著李滉學術上的評價提升，「朝野顒望皆以為，非滉不能成就聖德」（〈卒記〉）。

明宗七年（一五五二年），李滉五十二歲。晉升成均館大司成，為堂上官。李滉授命成為大司成後，喜好與門生和學者進行學術論辯。詳細可參照李滉主要學術論辯一覽（表）。學術論辯對退溪學的成立起了很大的作用。

李滉五十六歲時，完成了《晦庵書節要》十四卷。《晦庵書節要》是李滉的代表作。他將《朱子大全》所收的朱熹書信中，「求其尤關於學問而切於受用者」（〈朱子書節要序〉），並摘錄出來，寫成了文摘，其中收錄了約三分之一朱熹的書信。《晦庵書節要》在刊行時（一五六七年），附有目錄與注解，書名改為《朱子書節要》（二十卷）。《晦庵書節要》或者《朱子書節要》的編纂，象徵著朝鮮朱子學對《朱子大全》（可能包含《朱子語類》）之研究的正式化與正規化，朝鮮朱子學因為透過對朱熹文集和語類

時期	論辯者	主題	結果
1553-1558年	南彥經	李滉〈靜齋記〉	〈靜齋記〉的修訂
1553-1554年	鄭之雲	鄭之雲《天命圖說》	《天命圖說》的修訂和〈天命圖說後敘〉
1554-1560年	盧守慎、金麟厚	盧守慎《夙興夜寐箴解》	《聖學十圖》第十夙興夜寐箴圖說
1559年	黃俊良	朴英《白鹿洞規解》	〈答黃仲舉論白鹿洞規集解〉
1559-1566年	奇大升	四端七情理氣說	《聖學十圖》第六心統性情圖說
1565年	趙穆	程敏政《心經附註》	〈心經後論〉
1569-1570年	奇大升、李養中	理到說／物格、無極說	〈答奇明彥（庚午陽月十五日）附頁〉

李滉主要學術論辯一覽

的研究，水準一口氣提升，充分顯示出其發展的分水嶺，就是在於李滉前後。

宣祖元年（一五六八年）八月，他上奏了〈戊辰六條疏〉，上面寫著新政時最應該警惕的事項。十二月他又上奏《聖學十圖》。《聖學十圖》以周敦頤的《太極圖說》為範例，收集了先賢之圖與圖說，並附上親自解說的編纂書，合計有十張圖，每張圖添加了圖說和解說。《聖學十圖》有集退溪心學之大成的濃厚意味。

宣祖三年（一五七〇年）十月十五日，他寄書簡給奇大升，議論致知格物。這正是承認理有能動性的理到說。理到說並沒有其他類似的例子，可說是顯示出退溪心學目的地的理論，意義重大。

李滉儘管晚學，但他謙遜的以一個學徒的姿態，將一生奉獻給朱子學研究，在同年十二月八日（一五七一年一月三日）辭世。

朝鮮王朝前期朱子學之集大成

若要概括退溪學的全貌，再也沒有比李珥的一句話更精準的了。李珥聽聞了李滉的訃聞，哀悼其亡：「滉字景浩，性度溫醇，粹然如玉」，又曾說過：「滉之學因文入道，義理精密，一遵朱子之訓。諸說之異同，亦得曲暢旁通，而莫不折衷於朱子」等（《石潭日記》）。李珥的概括非常簡潔，認為李滉是史上少有的優秀朱子學者，並說明退溪學是集中國朝鮮朱子學文獻研究之大成。

李珥所說的「義理精密，一遵朱子之訓」，意指是將退溪學規定為朱子性理學，並指出李滉性理學邏輯理論的精密度，以及在李滉前後的時代，性理學研究達到了劃時代的水準提升。帶給朝鮮王朝前期朱子學極大的變化，學術邏輯急速提升的結果，即是由於消化吸收了對包含《朱子語類》在內的《朱子全書》所造成的。李滉的代表作《朱子書節要》就象徵了這個現象。另外「因文入道」敘述了李滉透過讀書，在學術教養上獲得了道德的原理，指出退溪學主知主義。退溪學將學術的根源放在《心經附註》、《太極圖說》和《朱子全書》，以朱子心學為本質，排斥陽明學，呈現了退溪學理性的特質。李恒（一四九九—一五七六年）也做出過類似的評價。李恒非議退溪學，曾說過：「景浩由文章而入。其學問（的本質）誤矣」（《一齋集．遺事》），不過看在朱子學者的眼裡，由於他們重視「尊德性」更勝「道問學」，或許他們的確會認為李滉就是一個無意義又喋喋不休的道問學之徒吧。

另一方面，「諸說之異同，亦得曲暢旁通，而莫不折衷於朱子」則是說明退溪學集大成，也就是綜合主義／折衷主義的特質。李珥批判這個綜合主義／折衷主義：「退溪多依樣之味。故其言拘而謹」

（〈答成浩原〉），不過「依樣」指的就是「一從朱子之說」（原注）。然而李滉將中國朱子學和朝鮮朱子學視為一體加以論述，統一朱子學「修德凝道」的兩大端：（一）「尊德性」＝居敬，和（二）「道問學」＝窮理，解決了不同時期朱熹主張相異的邏輯矛盾，並不只是將北宋六子等各學說和朱熹學說加以整合而已。他也巧妙的融合了開啟朱子學發展的元學（元的朱子學）和明學（明的朱子學），並加以折衷。他遵循著從真德秀（一一七八—一二三五年）到程敏政承接而來的朱子心學傳統，而排斥陽明學，其理由正在於此。此外，他也不拘泥於朱熹定論，對於科舉之學的朝鮮朝廷學，他也引進了徐敬德、曹植等獨創的在野學（清隱學）和盧守慎、李恒等非正統的半官半隱學，透過統整官學私學，完成了退溪學，也可看作是相同的精神。

退溪學的總體特徵，除了前面的兩點，可以再加上（三）晚學晚成、（四）廣泛的學術交流，透過許多學術討論，深化了自家的學說。第三點退溪學的晚成，可以很明顯的從李滉在五十歲之前，完全沒有任何優秀的著作或論文，而得到證明。不過晚學晚成，也意味著他在中年的官僚生活，受到朝廷學術很大的影響，學術內容為科舉之學，因此並沒有產生矛盾，也造成他並不將理論的獨創性視為最高價值（李珥謂之「拘」）的傾向。晚學的最大特徵是基於博學而做出穩妥的主張。他的學術傾向為理性而折衷，也是出於無可避免。

此外，關於退溪學的第四點特徵，就要再度請各位參照李滉主要學術論辯一覽（表）。在結果欄中列出了李滉代表性的學術成果，藉由論辯而深化學術，也是退溪學的特徵之一。趙穆在〈言行總錄〉中也提到他「虛心遜志，好問察邇[14]。己未有得則捨而從入。言而中理則取善於己。物我相資，彼此交發，而成己成物之道備矣。」由此可看出李滉並不以承認自己學說的缺點為恥。李滉在學術研究上謙虛的態度（李珥謂之「謹」），除了證實其理性且有智慧的學風外，也表現出他挺過了士禍的溫厚篤實的為人（性度溫醇）。

中朝朱子學的分歧點

李滉在確立退溪學之時，深刻研究程敏政的《心經附註》，建構了一個以其為基礎的學術世界。李滉自身也將《心經附註》作為一生座右之書，並說：「敬其如神明，尊其如父母」。由於李滉對其之讚揚與彰顯，《心經附註》透過朝鮮，成為朱子學者必讀書之一。不過相反的，中國明清朱子學者卻反倒有意識的排斥程敏政的著作，幾乎不讀《心經附註》。

《心經附註》是程敏政根據南宋真德秀所著的《心經》一書，再加上大量的注釋來嘗試補足此書的作品，而《心經》是朱子學重要文章的編輯作品，提倡朱子心學，將心學的核心放在「十六字心法」，顯示出他認為心學應以「持敬」為基礎。另一方面，《心經附註》擷取了與朱子學相關的先賢切身的奧義，充實了真德秀的敬說，主張敬應該動靜兼備。此外，他也提倡朱子心學的三階段發展，為了消除偏向道問學的朱門末學之弊，主張應重視尊德性。三階段發展說為：（一）「朱子平日教書之際，重視不偏倚尊德性與道問學」，（二）「朱子到了中年，偏重道問學」和（三）「朱子到了晚年，偏重尊德性」的三個階段。

程敏政除了《心經附註》（一四九二年序）之外，也著有《道一編》（一四八四年序）。《道一編》

是透過編纂朱熹與陸九淵的文章，企圖證明朱陸二學「始異而終同」，或「道一而無二」的著作。根據程敏政所言，朱陸是（A）「開始時相反如冰與炭（其初則誠若冰炭之相反）」，（B）「中途察覺疑信相半（其中則覺夫疑信之相半）」，（C）「最終如同輔（頰骨）與車（下顎骨）相倚（至於終則有若輔車之相倚且深）」。《心經附註》的（一）（二）（三）和《道一編》的（A）（B）（C）內容一一相對，相互增補論述不足之處，程敏政想必有著論述朱子心學的三階段發展說＝朱子陸子的早異晚同說的意圖。

若將後世朱子學與陽明學的理論對立視為前提來思考，那麼程敏政的朱子心學三階段發展說，正切中了陽明學的命題，而非朱子學。王守仁（一四七二—一五二九年，號陽明）參照《道一編》，編纂了《朱子晚年定論》，將《四書集注》視為「朱子中年未定之說」，並擷取朱子將德性尊為第一的主張視為「朱子晚年定論」。

不過程敏政提倡朱陸二家早異晚同說的目的是為了彰顯朱子學，程敏政本身絕非陸王學者，評價之所以會產生曲折，只不過是因為這是歷史上中國朱子學發展的必然結果。因為中國的朱子學歷經了如下的發展。

◎第一期　朱陸對立的開始

南宋淳熙二年（一一七五年），呂祖謙企劃了陸九淵與朱熹的公開討論，試圖解決兩者學術上的異同。會議的名稱取自舉辦地點之名，稱為鵝湖之會。在鵝湖之會上透過激烈的討論，闡明了兩者在哲學理論、方法論上的相異與矛盾。會議結束後，兩門學說在理論的統整上都有很大的進展。

◎第二期　朱陸和會的摸索

元延祐二年（一三一五年），重啟科舉。朱子學成為科場程式（考試的規格），升級為官學。升格為官學的契機是在朱子學興盛之際，吳澄、許衡、鄭玉、許謙、宋濂等朱子學者打破了偏狹的門戶之見，兼綜朱陸之長。程敏政的《道一編》、《心經附註》也都是意圖相同的作品。

◎第三期　朱陸的全面對決

明正德十三年（一五一八年），王守仁編纂了《朱子晚年定論》。他宣稱朱熹在晚年對舊說之非感到悔悟，並說世上公認的朱子定論為未定之論，援引定論與意見相左的朱子說（晚歲既悟之論）三十四條與吳澄說一條，主張自己的學說與朱熹相同。《朱子晚年定論》的邏輯意味著真正的朱子學會歸結於陸王學，這對信奉朱子學的人來說，是絕對無法接受的。因而朱子學者群起批判朱陸晚同說。

從第三期來看，程敏政的朱子心學三階段發展說，不能說是朱子學，而是陽明學的命題。因為只要王程二家引用同文，就很難做出「一方的執筆目的是朱子學，另一方是反朱子學」的判斷。

另一方面，如果按照李滉所言的話，退溪學就是以《心經附註》為基礎的心學了。《心經附註》是退溪學的核心，其重要性就是為各學說的基礎提供了泉源。事實上，李滉重視《心經附註》，將其視為初學者應學習之本，不僅是在講義或演習時會使用，他也建議門徒按照小學↓大學↓心經（心經附註）↓論語、孟子↓朱子書籍↓諸經的順序來勉學。不過在明宗二十一年（一五六六年）五月，趙穆（一五二四—一六〇六年）對李滉訴說了程敏政不良的行為與中國第三期不佳的評價。這實在是晴天霹靂。李滉知曉程敏政「無法擺脫勢利」，因此「昔日尊仰」被蒙上了陰影，他對陸王學者的看法因此產生了很大的變化。

李滉對《心經附註》的最終見解，詳細可見於〈心經後論〉（一五六六年）。李滉首先分析：（一）程敏政是陸王學者、（二）朱陸二學的本質是完全不同的、（三）《心經附註》是集結了程朱學重要論述的作品。他以接下來三點為論證，主張學者應以兼備尊德性與道問學的端正視角，精讀《心經附註》的經與注。此外，在讀《心經附註》之時，若當中沒有摻進《道一編》的謬見，而以這本書正確精闢的理論為起點，那麼要成為聖賢也並非不可能[15]。最後他做出應崇信《心經附註》而不該有所質疑的結論。也就是說，李滉承認程敏政所說的《心經附註》中朱子心學的三階段發展說＝《道一編》的朱子陸子早異晚同說，已經「彌縫陸學，矯誣朱子」，但同時也在客觀上認為朱子心學的三階段發展說≠朱子陸子的早異晚同說，他認為必須將前者的《心經附註》視為朱子學的正論而崇信，後者的《道一編》是陸王學的謬論，應加以排斥。他這番注重《心經附註》的〈心經後論〉之主張，應該被視為是退溪心學的目的地／朝鮮王朝中後期朱子學的基本觀點。

另一方面，李滉的學術規範是〔規範一〕分辨學術之正偽、扶正學而闢異端，〔規範二〕問學以道，致知而窮道體（道的根源）之細、尊德性、極心存道體之大、應追究朱子心學為全體大用。規範一主要是意味著要排除佛教和陸王學，是具有排他性的。規範二則被視為與「尊崇德性以救文義之弊」同義，在實踐倫理時，絕不可不鑽研朱子心學，並要求要學習研究《心經附註》來當作實踐性的教科書。可說是具有協調性的。

如果要與中國朱子學的發展史連起來看的話，李滉的學術規範和明中葉以後的朱子學者大不相同。誠如前述，第二期與第三期的學者和著述，在評價上是相當對立的。以第二期來看，程敏政是程朱學者，《心經附註》是程朱學書，但以第三期來看，程敏政是陸王學者，《心經附註》是陸王學書。評價在第三期由正轉邪，由聖學變成異端。這是《朱子晚年定論》所帶來的驚人變化。

李滉活躍的時期是第三期，而這樣的偶然對李滉自身學術規範的形成起了很大的作用。第一，李滉以程朱學者的身分，主張不寬容在朱子書信中所能看見的異端，並且吸收當時朱陸全面對決的非寬容理念，其結果是將陸王學視為對程朱學有害的異端，並加以排斥〔規範一〕。但同時，第二期的《心經附註》理念為和睦，他並沒有無視之，反而是非常重視，崇之有如神明與父母，高度評價其價值〔規範二之副命題〕。

李滉對第三期中國黑白分明的強烈學術動向表現出共鳴，並不將第二期視為謬誤的前代而全面否定，而是試著有效運用第二期適當的解釋，強烈的推動其學術成果的研究。這就是李滉創造性的折衷主義／綜合主義。

中國與朝鮮朱子學分歧的結果，在於程敏政的《心經附註》。在中國朱子學中程敏政是陸王學者，因此排斥《心經附註》；朝鮮朱子學儘管視程敏政為陸王學者，但卻崇信《心經附註》。

中國朱子學因為有強烈的排他性，因此在明中葉之後，逐漸僵化，停止了理論的發展，朝鮮朱子學在李滉之後卻沒有失去學術性的活力，持續理論上的發展。其中的原因之一很可能就是退溪學是排他性，但協調的綜合主義／折衷主義。接納相反的原理，呈現模稜兩可的邏輯架構，雖然是朝鮮朱子學的魅力，但同時也代表了基礎邏輯的不穩定與未來論爭將會無限持續。

敬之心學

《心經附註》對於「聖門全體大用之學」，提倡「（一）以朱子為師，以敬為入道之要（＝主敬的哲學）、（二）求放心尊德性，而道問學（＝追求真知）、（三）先力行，持守（操存，謂主靜）而堅實，空虛之處反應平實以對，提升卑近之處以達高明（＝重視實踐）。——此時聖門全體大用之學必近完成」，其內容與李滉的敬之心學在實質上是不變的。李滉〈戊辰六條疏〉第三條，就提供了證據：「（一）敬以為本、（二）窮理致知、（三）反躬踐實——此乃妙心法，而傳道學之要」。

審視退溪學的全貌，將其稱之「敬之心學」是最恰當的。退溪學心學的重要性非常傑出，按照的是重視持敬的朱子心學的朱熹↓真德秀↓程敏政的系統。事實上，李滉有許多著作，最重要的《聖學十圖》就是其最終規範，直接以敬之心學為主題。

宣祖元年（一五六八年）十二月，李滉呈上了《聖學十圖》和劄子（〈進聖學十圖劄〉）。《聖學十圖》是將朱熹定論的中心命題統整為十幅圖，分別是：①「第一太極圖」、②「第二西銘圖」、③「第三小學圖」、④「第四大學圖」、⑤「第五白鹿洞規圖」、⑥「第六心統性情圖」、⑦「第七仁說圖」、⑧「第

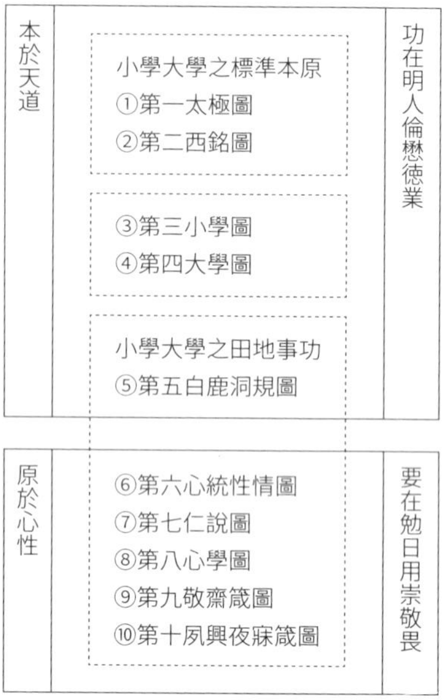

《聖學十圖》的架構

八心學圖」、⑨「第九敬齋箴圖」、⑩「第十夙興夜寐箴圖」。此外，在《聖學十圖》之上，根據各圖毫無遺漏的引用原文，以此當作朱熹定論精選輯的意味濃厚。其原文分別是：①周敦頤的《太極圖說》、②張載的《西銘》、③朱熹的《小學題辭》、④《大學章句》經一章、⑤朱熹的〈白鹿洞書院學規〉、⑥程復心的〈心統性情圖說〉、⑦朱熹的〈仁說〉、⑧程復心的〈心學圖說〉、⑨朱熹的〈敬齋箴〉、⑩陳柏的〈夙興夜寐箴〉。此外，各圖說還可見到李滉簡潔的補充，整體被定位為敬之心學。總體而言是值得被稱作集退溪心學之大成的著作。

《聖學十圖》的概要有很多圖說都引用自朱熹知名的定論，或者能夠明示圖說的名稱，看了就能明瞭，若要正確得知其思想的概觀，還是需要詳細分析《聖學十圖》具特色的雙重架構。李滉自己曾說：（一）①至⑤的五圖是「本於天道，而功在明人倫懋德業」（⑤的補充），⑥到⑩的五圖則是「原於心性，而要在勉日用崇敬畏」（⑩的補充），（二）①和②兩幅圖是「為小學大學之標準本原」，⑤到⑩這六章圖「為小學大學之田地（實踐之處）事功（內容與任務）」（④的補充）。「《聖學十圖》的架構圖示了其雙重架構，圖的實線是（一）的架構，圖的虛線則顯示了（二）的架構。

首先，《聖學十圖》的第一架構明白的顯示出退溪學的本質是心學。①到⑤是「本於天道」，⑥到⑩是「原於心性」，而天道和心性的架構重疊，「本於天道」與「原於心性」最終都是心法的命題。也就是說「心統性情」，前者說明未發＝性，而後者說明了已發＝情的內容。

簡潔的說明李滉的理論，那麼就是①「第一太極圖」是「百世道術的淵源」，根據朱熹對《太極圖說》的解釋，如果說明因太極而化生萬物，那麼同時就意味著心性的架構——「太極」〇（第一層）是人所擁有的性，◎（第二層）是人心，「金木水火土」（第三層）是仁義禮智信，「男女」（第四層）是善惡之分，「萬物」（第五層）則意味著萬事，心性與天道是一對一相對應的（參照太極圖）。遵照朱子學，《太極圖說》闡明了天道（宇宙的生成）再加上心性（心理的架構），也可以被視為心性論。李滉在②「第二西銘圖」的補充說《西銘》的本質是提倡「仁體」，而仁體為未發之性與天地生物之心，正是心法的命題。再看③「第三小學圖」的補充，小學的目的在於「收放心養德性」，④「第四大學圖」的補充說「敬者，一心之主宰，而萬事之本根也。」這些對《小學》、《大學》的解釋，都是心法的命題，並無不同。李滉對⑤「第五白鹿洞規圖」的補充提到「心法切要之處」並說明其內容。《聖學十圖》①到⑤是

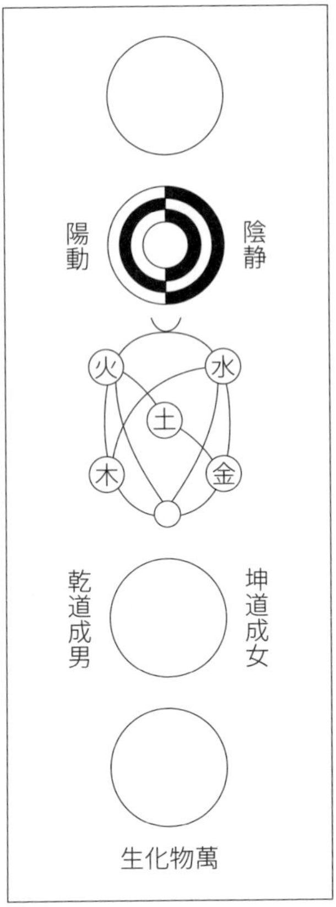

太極圖

「本於天道」而實質上未發的性，亦是心法的命題。而既然⑥到⑩是「原於心性」，那麼《聖學十圖》就毫無疑問的是闡述退溪心學的倫理學書。根據《聖學十圖》的第一架構，退溪學是心學，而第二架構則非常妥適的說明了《聖學十圖》是敬的哲學。李滉對《小學》和《大學》，也就是③「第三小學圖」、④「第四大學圖」的第三圖補充，提到「相待而成，所以一而二，二而一者也」，對④的補充如下：

> 通論《大》《小學》之義，說見《小學》圖下，然非但二說當通看，並與上下八圖，皆當通此二圖而看，蓋上二圖（①「第一太極圖」、②「第二西銘圖」），是求端擴充體天盡道極致之處，為《小學》《大學》之標準本原。下六圖（⑤「第五白鹿洞規圖」之後）是明善、誠身、崇德、廣業、用力之處，為《小學》《大學》之田地事功。而敬者，又徹上徹下，著功收效，皆當從事而勿失者也。而今茲《十圖》皆以敬為主焉。

《聖學十圖》的第二架構將③「第三小學圖」和④「第四大學圖」配置於中央，上兩圖①②是《小學》和《大學》的「標準本原」，下面的⑤⑥⑦⑧⑨⑩六圖則是「田地事功」，根據李滉所引用的朱熹《大學或問》，《小學》和《大學》所追求的共通至上命題在於敬，那麼必然的上兩圖顯示了敬（或主敬）的「標準本原」，下六圖為敬（或主敬）的「田地事功」，因此「《十圖》皆以敬為主」。

若退溪學是心學且是敬之哲學，那麼就應該將退溪學稱為敬之心學。

四端七情分理氣論

退溪學其中一個重要的主題是四端七情論。「四端」即為人的道德情感。指的是在《孟子．公孫丑上》中的「仁」端「惻隱之心」、「義」端「羞惡之心」、「禮」端「辭讓之心」與「智」端「是非之心」。另一方面，「七情」則是《禮記．禮運》篇中的「喜」、「怒」、「哀」、「懼」、「愛」、「惡」、「欲」。七情的特徵是任何人都不必學習就具備的。

李滉的四端七情論，以理氣論的架構為基礎，從性、情的觀點來論心，企圖解釋人的道德情感為何，而道德情感又是從何而來的。具有很強的倫理學（形而上學）的特質。四端是理發、七情是氣發，這樣的理氣互發論是其邏輯的結論。

整理一下李滉的理氣互發論形成的過程，經歷了（一）和鄭之雲進行了關於《天命圖說》的辯論（一五五三—一五五四年）、（二）和奇大升進行了四七理氣論爭（一五五九—一五六六年）、（三）程復心以〈心統性情圖〉、〈圖說〉做出了理論總結（一五六八年）的三個階段而大致完成，達到統整。李滉的四端理發論在（一）與（二）並沒有太大的變化，但在（三）卻有跳躍性的成長。

（一）修訂《天命圖說》。李滉在明宗八年（一五五三年）秋天，受到鄭之雲（一五〇九—一五六一年）的邀請，修訂了《天命圖說》。鄭之雲重新畫了天命圖的新圖，對四端和七情加上「四端發於理，七情發於氣」的說明。而之所以和奇大升之間起了大論爭，契機便起於這一句話（十個字）。

（二）與奇大升的論辯。李滉與奇大升歷經了八年透過議論，深化了四端理發、七情氣發的理論。

李滉的理氣互發論的命題，很多在酌量奇大升批判的部分，都非常考究。尤其重要的是「四端理之發、七情氣之發」[16]和「四端理發而氣隨之，七情氣發而理乘之」。

論爭的來龍去脈是起因於明宗十四年（一五五九年）三月，奇大升寄信給李滉，批判李滉的互發論。奇大升關注於具體事物的理氣不相離，以此理論為依據，指出理氣互發在理論上的齟齬。同年十月，李滉回信給奇大升，主張互發論的正當性。

簡單摘要李滉的主張如下。理（形相）與氣（質料）是事物之中，相互而成，相待而用。原本就沒有無理之氣，也沒有無氣之理。不過理與氣存在的次元不同，所以不會相雜而處。就算有從理與氣而來之情，也同中有異，能分別指出，四與七皆不會缺失（二情論）。但是「情有四端七情之分，猶性之有本性氣稟之異也」。他承認在性有理與氣的區別，情也分屬理與氣，四端為理發，七情為氣發，是無庸置疑的。

四端（道心）是仁義禮智之性所內發之物，就算（在形而上學）有理氣之合，但實質主導感情的則是理，在指其機能主體時，可以理為主（主理）。另一方面，七情（人心）是外物接觸到身體時引發心中的感動，從心外部輪廓所發出的外部感覺。理並非不存在，但是與外物接觸時，形氣容易有感而會先動，沒有其他東西能勝過氣。（在形而上學）七情的實質機能，是由氣來擔任的。也因此，四端是在心中的純理，由於發而不與氣雜（理發），可以保全性的本善，因此都是善。而七情則相反，是感受到外部的形氣而發，並非發自理的本體（氣發）的緣故，因此有善有惡。四端七情因來源不同而有所異。

李滉判斷自身的論說沒有大謬，其中的理由之一就是因為他發現了在《朱子語類》卷五十三中，可看到弟子輔廣紀錄朱熹本人說：「四端是理之發，七情是氣之發」的緣故。

奇大升重視「現實中存在」，強調不相離，批判退溪的互發論（現實型的思考），但李滉卻反而回到一般理論，主張理氣論在於不相離與不相雜之間的平衡，並以此為據，主張可以用四端為理發、七情為氣發來表達，對於批判一步也不相讓。

在明宗十五年（一五六〇年）八月，奇大升寄了答書給李滉，將李滉前一封信分做十二節，對其一一做出了反論。同年十一月，李滉寄信給奇大升，針對每一條都徹底的做出了反論。兩者持續辯論，在明宗十七年（一五六二年）十月，因李滉的示意下而中斷。明宗二十一年（一五六六年）七月，奇大升寄了書信給李滉，承認自己的考察未詳未盡，並大幅的修改，是為「四端七情後說」和「四端七情總論」。「後說」和「總論」重視道德情感的定立，認同理氣應分而論之，七情可以用氣發來表現等，對退溪互發論做出了相當大的妥協讓步。同年閏十月，李滉寫信給奇大升，讚揚其議論的明快與觀點的正當。儘管歷經了八年，四端七情分理氣辯仍留有曖昧不明之處，但獲得了李滉的應允，最終圓滿落幕。

李滉與奇大升的四七理氣往返書信，總體來說就是李滉主張形而上之理和形而下之氣是二元（不相雜），但一體化而共存，不可缺了彼此（不相離），其理氣妙合之中，他重視理氣不相離，而自己的互發論不變，但同意奇大升重理氣不相離、四端七情兼理氣的分析。若非要說爭論的成敗，那麼很明顯是奇大升的勝利。李滉酌量了奇大升現實型的理氣不相離之主張，折衷了理氣不相雜與理氣不相離，修正了自己的互發命題為「四端理發而氣隨之，七情氣發而理乘之」。並且，將現實的理發，解釋為與氣自然發現的規範一致。理是無為而漠然，並無形象，因此只有在現象已發之際，於氣流動之處去驗證，除

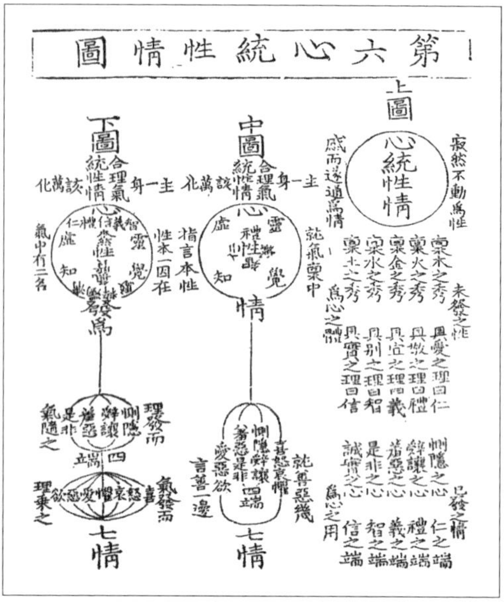

《聖學十圖》⑥「第六心統性情圖」（上圖、中圖、下圖）

此之外別無他法。

（三）四端理發說的完成。明宗二十一年（一五六六年）五月左右，李滉看了程復心《四書章圖》的〈論心統性情圖〉，確信將四端的理發視為理念型／規範型的命題是得以成立的。宣祖元年（一五六八年），他在《聖學十圖》的上面放上⑥「第六心統性情圖」和程復心〈心統性情圖說〉（⑥的上圖），新畫了兩個可以顯示四七分理氣的圖（⑥的中圖和下圖），並附上補充，說明分理氣的來由（上圖為引用圖⑥的右圖、中圖為中央、下圖為左圖）。上圖中圖下圖並存，就是李滉四七分理氣說的最終型。

「第六心統性情圖」的系統在最後，透過長期與奇大升的辯論，讓李滉重新認識到現象下理氣不相離的重要性，並讓他思考的向量出現了反轉，讓他回歸到自己在理念上強調理氣不相雜的原本的思想，和過去有了一線之隔，達到更高層次的水準，這也意味著他因為重新解釋過去主理性的理氣互發說，而完成了理念型／規範型的理氣系統。

李滉四七理氣互發說的最終哲學命題是多個心統性情圖，可以整理成以下的要點：

（一）現實的心理活動可以看到「心統性情」的結構。本然的性是純理，但墜入心中時，會受氣的清濁粹駁的影響而轉變，成為氣質的性。氣質的性發動，成為人情，情中「四端理發而氣隨之，七情氣發而理乘之」。因此四端和七情都兼理氣，有善有惡（現實型的命題）。下圖就顯示出其結構。

（二）但是化生萬物的自然世界深處儼然存在著沒有氣而純理的理念世界（Ideal world）。在理念世界裡，人有本然之性，而仁義禮智信便是純理（性即理）。本然之性若能直接達到目的，那麼人情就必定是善。人所具備的善情（「四端」）是純粹的「理發」（理念型／規範型的命題）。中圖就顯示出其結構。

總結李滉的理氣心性論，必須要將之稱為理念型／規範型的系統（Ideal system）。

理到論

然而若要說在退溪學當中最為理念型／規範型的學說，那麼就是認為理會自行活動的理到論了。朱熹定論並不將理視為形而上的規範／理念，並不認為理能運動，因此李滉的思想很明顯的和朱熹定論有所不同。

宣祖三年（一五七〇年）十月十五日，李滉寄信給奇大升，展開了理到論的論述，這是他死前的兩個月。想出理到論，是李滉最後的哲學挑戰。的確，理到論與李滉一生中的理論考察有著密切的關係，但李滉在發表了理到論之後不久，還沒有時間以理到論重新組建舊說，就與世長辭了，因此他並沒有親自解決基本學說與理論之間的齟齬或斷裂。從論述的不足和與舊說之間的矛盾來看，應該把理到論看做是未定之哲學理論。

李滉的理到論是觀念實在論（唯實論），也是很卓越的理念型／規範型命題。他認為「理」之體（本體）散見於萬物而無為，無情意而無造作。但是若在心中發現「理」時，會因人心之所致，而到達各處，無盡無窮。「理」之用（作用）在心中，心中「理」動，到達極處。

李滉的理到論設定「理」和體用，「理」之體無為而無造作，只有「理」之用能動，《太極圖說》的「無極而太極」也以體之「無」和用之「太」來說明無為之為[17]，可說是相當精湛。

李　珥（李栗谷）（一五三七—一五八四年）

士禍的結束與黨爭的開始

明宗二十年（一五六五年）八月三日，大司諫朴淳糾舉乙巳士禍的元兇尹元衡。由於獲得士林絕大的支持，在八月二十七日，明宗剝奪了他的官職，允許他回歸鄉里。少數獨裁者（封建的現實主義者）所實行的陰慘政治獨裁終於結束，對士林清流（儒教的道德主義者）的言論打壓所產生的士禍終於告終。清算尹元衡是一大事件，象徵著時代從士禍期走向士林期的變遷。

但是「權姦既去，士論稍張」——士禍結束，士林掌握了權力，卻出現了其他在政治上的難題。士林內部分裂成兩邊，展開了熾烈的政治鬥爭，被稱為黨爭。宣祖八年（一五七五年），士林在分配官職時，因前輩與後輩之間的不和與糾葛，引起沈義謙和金孝元的反目成仇，分裂成信賴沈義謙的西人，以及推崇金孝元的東人兩個朋黨，被稱為東西分黨。決定性的契機是一件和大司諫許曄和司諫金孝元彈劾左議政朴淳發生在同一年的政治事件。儘管許曄和朴淳同樣是徐敬德的門生，但他與金孝元等年輕後輩聯手，認為朴淳以委官的身分做出的判決並不妥當，要求對朴淳推考（按照法律對官吏進行督察）。推考伴隨著笞刑和杖刑，本來是不應該施加在大臣身上的。彈劾最終以朴淳的辭職和許曄等人的褫職告終，但仍留下了影響，最終朋黨固定下來，為政治帶來了兩極化。

時代的主導者移至士林手中，士林的思潮也產生了大變化。而體現了這個時代變化的思想家兼政治家，不是別人，正是李珥。李珥解決了退溪學在政治邏輯上的問題，集朝鮮朱子學之大成。

李珥（李栗谷）

李珥小傳

李珥字叔獻，號栗谷、石潭。本貫為京畿道德水。中宗三十一年十二月二十六日（一五三七年一月八日）出生於江陵府北坪邨。父親是司憲府監察李元秀，母親是進士申命和的女兒。父親李元秀「悃愊無華，不與物爭。休休以善為樂，有古人之風」。母親申氏號師任堂，通曉經書，善詩文書畫，為良妻賢母的典範。她尤其擅長繪畫葡萄，畫作流傳至今，甚至成為韓國五萬元紙鈔上的圖畫。

《朝鮮王朝實錄》的〈李珥卒記〉中，曾描述他「生而神異，廓然有大志。聰明夙慧，七歲已能通經著書。至性孝順……。為學不事雕篆（小技），而文章夙成，名聞四方」等，在傳記一開始就令人驚訝的是其早熟的天生才能。二十三歲時，他以第一名的成績考中別試，考官大讚李珥是「真正的天才」。他的答案〈天道策〉在國內外受到宣揚，在往後（一五八二年），甚至還從明的敕使口中聽聞此作。在二十九歲時他文科狀元及第。在公布及格名單的當日，由於他是首位連續九次科舉考試都考中狀元的人，因此被讚稱為「九度狀元公」。李珥早熟的才能除了遺傳因素（天資）之外，應該也不能忽略了賢母的訓育與良師益友的存在。《栗谷全書》所收錄的〈年譜〉中清楚的提到他「一開始向母夫人學習（始受學於母夫人）」，師任堂是燕山、中宗的士禍期，貫徹了隱逸的賢者之女。李珥接受了學識淵博的母親家學，必定也聽聞了在士禍中被壓垮的趙光祖理想化的功績。此外，他十九歲時與牛溪成先生（成渾）結交，二十三歲時在禮安的陶山與退溪李先生見面。他終生與成渾結交道義，相互發展聖賢的事業。李珥的學問受到退溪學很深的影響，這也是栗谷學的特徵之一。儘管時期不明，但他也受過魚叔權的教育。魚叔權是庶孽（庶子）的學官，《攷事撮要》、《稗官雜記》的作者。李珥在往後對宣祖請求「庶孽許通」，也就是跨越身分制度、錄用人才，或許就是來自於對魚叔權的記憶吧。

栗谷學最大的特徵，誠如眾所周知，就是清晰的形而上學，以及尖銳的邏輯。而讓此成真的，就是李珥因母親的死而絕望，幾乎滅性，他在十九歲時進入金剛山受戒，研讀佛書，受此影響。在當時，如果真正想要學習形而上學，就必須學習佛書。李珥在入山一年之後，領悟了禪學頓悟法之非，他又精讀聖賢書，得知程朱學之正，並專心致力於程朱學，在回歸後繪藏朱子遺像，據說在夜半而起，正衣冠，告以日用的所言所行，篤實的實踐朱熹之道。他認真的學習禪學，對其行為思考或多或少還是帶來了影響。

明宗十九年（一五六四年）八月，李珥文科及第後，立刻被任命為正六品的戶曹佐郎，順利的於官場出仕（請與李滉的仕宦之路做比較）。李珥在除官後，積極參與牽動歷史的政治事件，時而辭官為門徒講學，累積了前所未見的研究成果與可觀的教育成果。

首先關於李珥的政治活動，他貫徹冀求聖王的王道理念，絲毫不偏倚。〈玉堂陳時弊疏〉（一五六九年）中的各命題即為其理念：

定聖志以求實效
崇道學以正人心
審幾微以護士林
謹大禮以重配匹
振紀綱以肅朝廷
尚節儉以舒國用
廣言路以集群策
收賢才以共天職

李珥理念的真正價值在於挽回唐虞三代之道，並「更張」，也就是實行改革積弊。這樣的政治態度，讓人想起趙光祖。

至於具體的政治活動，在明宗二十年（一五六五年）八月，李珥贊同大司諫朴淳，駁斥乙巳士禍的元兇尹元衡。宣祖二年（一五六九年）他斷定乙巳士禍時殺害善士而獲頒「衛社」（保衛社稷）的榮譽勳功是不當之事（偽勳），要求「請削衛社偽勳，以定國是」。宣祖八年（一五七五年）西人沈義謙黨和東人金孝元黨對立，朝議為了調停糾紛，勸右議政盧守慎將沈金兩人轉為外職，被稱為東西兩非論。不過這次並沒有成功打破東西分黨，亦沒辦法調解士人的不合。次年栗谷引退回鄉。宣祖十二年（一五七九年）知中樞府事白仁傑為了調解東西而上奏疏文時，白仁傑的疏文就先經過了李珥的潤飾，然而這種「不壓制西人」的態度，引起了東人的激憤。東人誤以為李珥要打壓己方，西人是想要自救。李珥因此感到絕望，之後便打算教導後生以終老。

宣祖施政初期，認為李珥「迂闊」、「矯激」，而沒有重用他，但到宣祖十三年（一五八〇年）十二月，突然任命他為堂上官的大司諫。李珥在宣祖的信任之下，三年間歷任戶曹、吏曹、刑曹、兵曹判書，直接指導宣祖年代的政治改革（弊法變通）。其改革的內容有：改訂貢案、合併州縣、許可監司的久任、釐正軍籍、設置經濟司、允許庶孽許通仕官、改賤隸為良民、預養十萬兵、更築城堡等。尤其是在倭亂之前他就先建議養兵十萬，顯示出李珥是政治上的天才。

另一方面，李珥在學術上的成果也不亞於政治上的貢獻。他曾言自己「幸生朱子後，學問庶幾不差」（〈語錄〉），又曾說過「以聖人（的教誨和行為）為準則，一毫不及聖人，則吾事未了」（〈自警文〉），因此栗谷學的本質毫無疑問的就是程朱學。讀書時，他「尤喜《朱子大全》」（金長生），「其用功最深於《小學》及四書、《近思錄》」（宋時烈），繼承了嫡傳的金長生形容他「講說道理，精微透徹，多闡先儒所未發者」（〈行狀〉），說明了栗谷學有邏輯且具獨創性的特徵。

〈先妣行狀〉（1551年）	《小學集注》（1579年）
〈李氏感天記〉（1553年）	〈箕子實記〉（1580年）
〈自警文〉（1555年）	〈靜庵趙先生墓誌銘〉（1580年）
〈天道策〉（1558年）	《經筵日記》（1581年）
〈東湖問答〉（1569年）	〈人心道心圖說〉（1582年）
《聖學輯要》（1575年）	〈金時習傳〉（1582年）
《四書諺解》（1576年）	〈學校模範〉（1582年）
《擊蒙要訣》（1577年）	〈克己復禮說〉（1582年）

李珥主要著作一覽

李珥的文章並非回應他人的問題或委託，大致上都是自發性的，執筆的動機和意圖也大多相當明白。〈先妣行狀〉弔唁母親之死，〈自警文〉反省過去自己受禪學的汙染，並宣言專注於程朱學。《聖學輯要》有益聖學而補治道，闡述了帝王為學之本末、為治之先後、明德之實效、新民之實績（歷史的功績）等。《四書諺解》、《擊蒙要訣》、《小學集注》是以初學教育為目的的教科書與讀本。他的執筆意圖明白，邏輯與主張也都很清晰，絕不追隨其他書籍，著作會獲得廣泛的迴響，也是理所當然。

李珥與其他博學之士間的往返論辯，也和李滉相同，都是非常重要的。不過李滉在完成自己的學說時，透過與他人的論辯，將討論者的優秀之處（尤其是其學說）吸收進自己的學說當中，但李珥在與他人論辯時，對自身理論的形成只帶來了次要的影響。李珥的思考與邏輯是直觀主義的，在本質上厭惡因循其他學說。論辯的價值可說是在於讓後進的學者了解李珥精緻的邏輯。重要的論辯散見於《栗谷全書》卷九—十二的〈書〉中。其中尤以和李滉、奇大升、成渾、朴淳的論辯最有意思。宣祖五年（一五七二年），李珥和成渾討論了理氣四端七情人心道心。李珥主張「心一情、氣發理乘一途說」（在後面會詳述），退溪學與栗谷學在學術上的差異，展現在理氣心性論的齟齬之上最為明顯。李珥以理氣不相離為根據，論證了李滉的「心二情、理氣互發說」在邏輯上並不成立，但李滉的後進學者信奉李滉重視理氣不相雜的互發說，毫不動搖。在宣祖八年（一五七五年），他與朴淳論天地之先，批判花潭學將澹一清虛視為氣之始，主張並沒有陰陽未生、太極獨立之時，陰陽無始無終，太極至今仍不會立於陰陽之前。花潭學的後進學者和退溪學後進相同，並不承認其批判。

宣祖十七年（一五八四年）正月十六日，李珥突然結束了他短暫的一生，享年四十九。死亡時據說「京中無宅（在他名義下的住房），家中無餘粟（儲備穀物）」。他的夫人盧氏為宗簿寺正慶麟的女兒。宣祖二十五年（一五九二年）壬辰倭亂（文祿之役）時，她在坡州守著李珥之墓不願離開，被秀吉軍所殺害。

栗谷道學

李珥以道學為己任。成渾聽聞李珥的訃聞後，泣曰：「栗谷於道學，洞見大原」（李廷龜，〈墓表陰記〉），根據知友形容李珥之學為窮盡了「道之體用之全」和「理之精微之蘊」的道學精髓，說明得相當精闢。

說到栗谷道學最重要的著作，就必須提到《聖學輯要》了。本書總共五篇，第一篇為〈統說〉、第二篇為〈修己〉、第三篇為〈正家〉、第四篇為〈為政〉、第五篇為〈聖賢道統〉。第二篇的〈修己〉由總論、立志、收斂、窮理、誠實、矯氣質、養氣、正心、檢身、恢德量、輔德、敦篤、功效等十三章構成，第三篇的〈正家〉為總論、孝敬、刑內、教子、親親、謹嚴、節儉、功效共八章。第四篇的〈為政〉則分為總論、用賢、取善、識時務、法先王、謹天戒、立紀綱、安民、明教、功效等十章。各章由多個項目所組成，各項目博引經史，明示應遵循的法戒，之後再加上自己的解釋。架構相當整齊。全五篇的關係請參照《聖學輯要》的〈目錄圖〉。

李珥定義了「道學」，闡明道學是「格致以明乎善，誠正以修其身，蘊諸躬則為天德，施之政則為王道」（〈東湖問答〉）。李珥所相信的道學是「進則濟斯民，退則立其言」（〈靜庵趙先生墓誌銘〉），是「修己治人之學」。

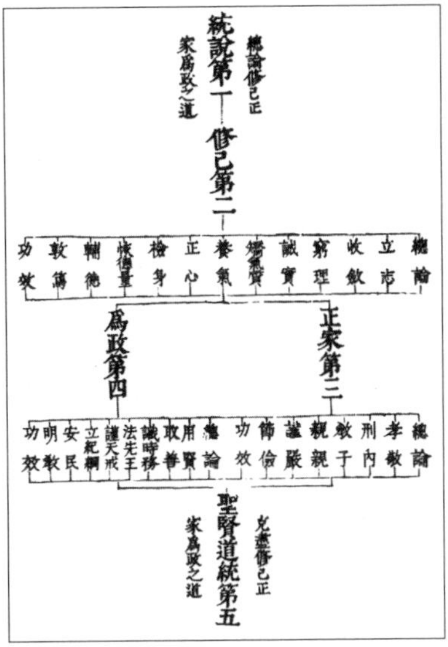

《聖學輯要》的〈目錄圖〉

李珥在〈聖學輯要序〉中說明了自己「收集經史要語的學問政事之切（輯經史要語切于學問政事者）」來編纂此道學書《聖學輯要》的原因，在於「按道妙無形，文以形道。四書六經既明且備，因文求道，理無不現。第患全書浩渺，難以領要」，也因此要制定「領要之法」表彰《大學》，立下規模。聖賢的千謨萬訓都不出《大學》的內容之外。

調查歷代先正載道之書（道學書），南宋真德秀的《大學衍義》是規範《大學》最佳之書。真德秀為朱子的後進，推廣道學領要之法，根據《大學》之義來推衍，編纂了《大學衍義》。真德秀編纂的目的在於闡明道學、以正君心，書的特徵是將《大學》視為「君天下者之律令格例」，博引經訓，並網羅史事。此外，書的架構由〈帝王為治之序〉、〈帝王為學之本〉、〈格物致知之要〉、〈誠意正心之要〉、〈修身之要〉、〈齊家之要〉所組成，正是根據《大學》的八條目。

不過《大學衍義》確實包含了〈為學之本〉和〈為治之序〉，最重要的是回歸人主之身，的確是適合成為帝王入道的指南，不過「卷帙太多，文辭汗漫」，整體而言相當散漫，「猶欠簡要」、「似紀事之書，非實學之體」，與其說是道學書，不如說比較接近歷史書。此外，儘管李珥並沒有指出，不過在八條目中，帝王學最必要的是「治國」和「平天下」，但卻沒有相關的提及或考察。李珥說明了編纂《聖學輯要》的意圖，按照真德秀的精神與書的形式，仿照《大學》的規範和次序，精選聖賢之言來充實內容，將自己的書定位為《大學衍義》的修正版，不過從道學的觀點來看，相較之下《聖學輯要》更為優秀。

若要寫下《聖學輯要》和《大學》（《中庸》）的密切關係，那麼李珥其實是根據《大學》的三綱領，在〈統說篇〉引用了《中庸》的首章和《大學》的首章，闡明了「明明德」、「新民」、「止於至善」的原則。〈統說篇〉中引用自《大學》、《中庸》的有《中庸》「天命之性」具備了《大學》「明德」、《中庸》「率性之道」為《大學》「明德」所行之處、《中庸》「修道之教」為《大學》「新民」之法度，兩書的內容相為表裡。〈修己篇〉說明了「明明德」，最後的〈功效章〉說明了修己「止於至善」。〈正家篇〉和〈為政篇〉的主題在於「新民」，〈正家篇〉的〈功效章〉說明齊家「止於至善」，〈為政篇〉的〈功效章〉說明為政「止於至善」。

此外，此書對《大學》八條目也相當重視。下面列出以八條目為主題的各章：

「格物」[18]「致知」……〈修己篇〉的〈窮理章〉

「誠意」「正心」……〈修己篇〉的〈誠實章〉、〈矯氣質章〉、〈養氣章〉

「修身」……〈修己篇〉的〈檢身章〉

「齊家」……〈正家篇〉的〈孝敬章〉、〈刑內章〉、〈教子章〉、〈親親章〉、〈謹嚴章〉、〈節儉章〉

「治國」「平天下」……〈為政篇〉的〈用賢章〉、〈取善章〉、〈識時務章〉、〈法先王章〉、〈謹天戒章〉、〈立紀綱章〉、〈安民章〉、〈明教章〉

李珥將道學定義為修己治人之學，〈修己篇〉為修己之學，〈正家篇〉、〈為政篇〉被分類為治人之學，不過從《聖學輯要》的架構來看，窮理的範疇放在修己之下。而這也很精湛的說明了栗谷道學的特徵。

《聖學輯要》中不可忽視的就是〈聖賢道統篇〉的存在。李珥說明〈聖賢道統篇〉的內容是「修己治人的實迹」、《大學》的實迹，不過內容就誠如文字，只是闡述朱子學的道統。後世的畿湖學派（栗谷學派）相較於嶺南學派（退溪學派），有著排斥異端的強烈排他意識，這和栗谷學汲取了朝廷崇正學[19]的趨勢、集道學之大成有很密切的關係。這是因為李珥相當重視個人倫理並同等重視、甚至更加重視社會倫理與政治行政的緣故。以李珥來說，道學又可以說是經世濟民之學。經世濟民之學可謂道的政治學。

《聖學輯要》在〈修己篇．窮理章〉引用了「十六字心法」，也是栗谷道學的重要特徵之一。這意味著十六字心法對李珥來說，並非自家學問的第一命題，而是修己窮理的層次。回想起李滉將十六字心法視為自家學問的第一命題，就會知道兩學之差異相當顯著。比較李珥之學和李滉之學，栗谷學是道學，出治之大本的修己之學＝居敬窮理＝道的理學，且救時的急務是治人之學＝正家為政＝道的政治學，特徵是根據道的雙重性（個人倫理與社會倫理在本質上的矛盾）所創的修己與治人的雙重構造。另一方面，退溪學是心學，將修己治人之學收斂於十六字心法，以十六字心法為依據，以期望完成（一）居敬、（二）窮理＝致知、（三）力行。最大的特徵在於掌握個人與社會等所有的事物，將其視為心事，並摸索出解決的方式。其結構是不認為修己與治人、或者個人倫理與社會倫理有本質上的差異，屬於一重結構。儘管同樣是集朱子學之大成，同樣是修己治人之學，但退溪心學和栗谷道學的精神不同，結構也各異。

比較對照李珥和李滉的兩學說，栗谷學是道學，更重視朝廷的經世濟民，退溪學是心學，期許聖王的修己治人。或許也可以說，栗谷道學在士林學較占優勢，退溪心學在帝王學較占優勢等。

李珥和李滉的兩學說分別是道學和心學，在精神上並不相同，不過李珥帶有很強的退溪心學繼承者的色彩。其顯著的證據就是明宗十三年（一五五八年）李珥到陶山造訪李滉，請教學問。之後也多次請教他時事問題的意見，進行學術問題的對答，宣祖三年十二月（一五七一年）當他聽聞李滉的訃聞後

「為位（牌位）哭之」（〈年譜〉）。據說李珥在明宗九年（一五五四年）和成渾結了「道義之交」，成渾對李滉非常仰慕。當時李珥必定也是相當尊敬李滉，喜好其精緻的邏輯。另一方面，栗谷學的命題中，也能找到很多與退溪學相同的主張。若要舉出基本構想的相同之處，那麼例如將窮理視為修己的一個項目、將四端七情分析為理氣心性論等皆是。特別是前者，在窮理＝道問學之上更重視修己＝尊德性，和李滉同樣是相當往陸王學靠近的。若他向李滉師事學習是事實，那麼如果要將李珥定位為退溪學左派，也並非不可能之事。

李珥繼承了李滉的心學，但最終卻與之訣別。試著探求訣別的直接原因，第一是徹底否定了佛教心法，建構了獨自的學問，第二則是將趙光祖的道學，置於自己學術的主幹。

根據《栗谷全書》所收的〈年譜〉，李珥「自少爲學，專用心於內，以收心養性爲本」。他的心學鑽研始於明宗九年（一五五四年）三月，進入金剛山從事禪學，專心探索，而達到了頂點。李珥入山一年，領悟其非，並回歸程朱的實學，其契機就是對於禪學心法的質疑。

李珥告誡佛氏之信徒「勿作增減想」，是因為他領悟到只不過是「截斷此心走作之路，凝聚精神，以造靜極虛明之域。故假設話頭，使之依靠下功」[20]，全面否定了禪學心法的「極論心性」、「心即理，認理為心，以心為萬法之本」、「作用即性，認心為性，以性為見聞作用」、「以寂滅為宗，以天地萬物為幻妄」、「以出世為道，以秉彝人倫為桎梏」（《聖學輯要．修己篇．窮理章第四》辯異端之害）。完全脫離禪學心法，想必帶來了對退溪心學的批判。

李珥在宣祖十一年（一五七八年）在海州石潭建了隱屏精舍，在北邊建立朱子祠，分別在東西以趙光祖和李滉配享。「而吾東方能倡明道學。以堯舜君民為己任者。無如靜庵。謹守朱門成法。躬行心得。可為後生矜式者。無如退溪。遂擬立朱子祠。以兩先生配。」(〈年譜〉)。在宣祖十四年(一五八一年)李珥以文廟從祀趙光祖與李滉,期許能引發更多人的向善之心。因「趙光祖倡明道學,李滉沉潛理窟」。

此外,《石潭日記》在資憲大夫知中樞府事白仁傑去世之際,記錄了白仁傑和李珥論述了趙光祖和李滉優劣的軼事,李珥言:「若論其資稟,靜庵絕對大勝,但若論其造詣,則是退溪較優異(論其資稟,則靜庵絕勝矣;語其造詣,則退溪爲優)」,而白仁傑則反對了這個意見。李珥常會將趙光祖和李滉並列,他重視趙光祖的精神與道學,對於李滉則是尊重其學識與道理,認為兩者值得彰顯之處各異。李珥巧妙的組合兩者的長處,以趙光祖的道學為基本精神,再以李滉精緻的心學加以改編。以這層意義來說,就不得不稱李珥為趙光祖的嫡傳。

最後必須要略提時代變遷與李滉、李珥兩門學問的關係。儘管同樣信奉朱子學,但基本精神不同的兩大學術,得以在短期間內繼起,和當時為士禍期到黨爭期的過渡時期,有著很深的關係。這是因為在士禍期,帝王和少數執政者的施政方針與領導能力,比任何事都重要。那個時代需要的是嚴格的個人倫理與心學。相反的在黨爭期,以經世濟民為目的的朝廷決策才是最重要的。那個時代需要的是著重客觀的道學。另一方面,誠如眾所周知,即使在李珥死後,道學和心學也都在朝鮮王朝社會有很大的發展。畿湖和嶺南兩大學派的存在就說明了這個現象。朝鮮王朝社會除了道學之外,心學也得以發展,除了政策的優劣之外,更多的是被帝王和執政者的心術與封建統治所左右。封建統治中退溪心學和栗谷道學得以並存，最終也無可避免的出現了彼此的對立。

新的理氣心性論

宣祖五年（一五七二年），李珥以理氣心性論為主題，和信奉李滉四端理發、七情氣發說的成渾進行了書信往來（各九封），展開了不同於李滉性情心性論的「性情意心性論」，稱為四端七情氣發理乘一途說。往返的辯論最終在綱領達成一致（李珥第九答書），結果巧妙的顯示出李珥學與成渾學大同小異的關係。

李珥的四七氣發理乘一途說和李滉同樣來自朱子學，是全面批判李滉理氣心性論的主知主義命題。若要說發明的來龍去脈，那麼李珥的新說有許多地方是昇華自李滉與奇大升的四七理氣往返書信的議論。奇大升以理氣不相離為基礎的現實型初說和李珥在基本上的概念是一樣的，不過奇大升限定於「氣稟」來發展自己的學說，若要說是一般論，那還有許多不足之處。李珥解決了這邏輯上的脆弱，在李滉理氣心性論的範疇之內，深化了奇大升現實型的概念，讓它昇華為一個普遍性的命題。它容納了奇大升學說的核心，也就是一性一情說、四七兼理氣說等，並補足其弱點、本體論。相對於李滉將道德情感的倫理學式的解明放在第一，來開展理念型／規範型的思考，李珥的理氣心性論有著強烈的現實型本體論（自然學）的特質。他認為自然界沒有理或氣的分屬，認為李滉過於理念性的理氣互發有邏輯上的矛盾，主張四端（道心）和七情（道心＋人心）皆會發氣，而理則不過是乘上氣。此外，他將學說的基礎置於「性發為情，心發為意」，強調心在發動時理性的「意」（思考、判斷）的重要性。

此外，成渾的提問也很重要。宣祖五年（一五七二年）成渾寄書簡給李珥，表達了不得不贊同李滉互發說的意思。據成渾所言，朱熹的人心道心說中的「人心生於形氣之私，道心原於性命之正」，顯示出人心是氣發，道心是理發，與李滉之意一致。兩者所產生的四端七情理氣論辯的起點，就始於此。李珥和成渾的辯論，起源於在李滉和奇大升之間只不過是次要性議論的人心道心說，我們應該將之理解為新產生的東西。

李珥對於李滉的四端之理發、七情之氣發，做出了以下的見解：「發之者氣也，所以發者理也。非氣則不能發，非理則無所發。無先後無離合，不可謂互發也」。對於將天人合一視為理氣論根幹的李珥來說，「天地之化」即在「吾心之發」，也因此性發為情、心發為意，只能做「氣發理乘」的解釋。

李珥的理氣心性論在基本上和朱熹相同，在邏輯與內容、表現方式上，都有獨特之處。李珥對「理氣之妙」，提倡（一）「一而二，二而一」，理與氣渾然相成而無間隙，氣不離理，理不離氣，無法被指做兩種東西，但是儘管渾然而成，但並不相互交雜，也不能被視為同一物。理（氣的主宰）和氣（理所乘之處）這兩者，若沒有理，氣就沒有根柢，沒有氣，理就沒有可乘之處，兩者儼然非二物，但亦不為一物。

根據李珥所言，理氣不相雜又不相離的特性是因為（二）理是「形而上者」且「無形無為」，氣是「形而下者」而「有形有為」。不過如果理氣是形而上下的關係，必然的（三）兩者之間「沒有離合也沒有先後」，且氣「動靜無端，陰陽無始」。氣在不靜不動之時，總之因理之存在，無論何時都是「一動一靜」、「一陰一陽」的狀態。也就是「太極未立於陰陽之前」、「陰陽無始無終」的命題成立。

李珥的「理通氣局」也是一個有名的命題。本然之理原本就是純善，但若乘上了氣而流行，那麼就會不斷升降飛揚，或喪失本然，或不失本然、變化萬端、化生萬物。此時（四）天地萬物之理（本然之妙，自然法則）相同，人之理等同物之理，被稱為「理通」。另一方面，天地萬物各自有不同的氣，人之性與物之性各異，被稱為「氣局」。然而（五）本然之理是理之體，是純善（理一），而理之用的流行之理（萬殊之理）乘上本然之理的氣有所不齊，就會產生善惡，這就是理之萬殊（分殊）。

根據李珥的學說，（六）氣之發動（氣發）是始於內在於氣的機，並非有什麼東西的命令。氣的動，並非理的推動，理只是以動為契機乘上（理乘）。意味著相對於氣發，而理發而氣乘。若是「理無為，氣有為」，那麼無論是天地之化還是吾心之發，皆是「氣發理乘」。

將栗谷學和退溪學兩相比較，李滉的理氣互發說是以理為主的理念性／規範型的命題。李滉的理念型／規範型思考，和同樣注重理與氣的李珥現實型本體論（自然學），成為了非常好的對照。

朱子學的隆盛

朝鮮朱子學由承襲真德秀、程敏政朱子心學流派的李滉，以及承襲趙光祖朱子道學流派的李珥，完成了大致上的框架，是為朝鮮朱子學的兩大學派——退溪心學和栗谷道學。

朝鮮朱子學在李滉、李珥前後達到了興盛。不過迎來興盛的結果，顯化了朱子學固有的排他性，[21]學術上的排他性和政治上的黨爭相互作用，急速的失去學術的彈性。宣祖十二年（一五七九年）東人壟斷了國事，學閥較過去更顯著增加，在學術上的學派逐漸和政治上的朋黨一體化，在倭亂後，學派兼朋黨完全兩極化。當然，雖然也有少數同門分立者或異門轉學者，不過大致上東人／南人以退溪學為主，西人以栗谷學（和牛溪學）為主。對照的來說，東人／南人將最初集朝鮮朱子學（心學）大成的李滉，視為朱子的唯一後繼者，基本上無視李滉之後的發展。在學統上，趙穆、鄭逑、金誠一、柳成龍等人繼承了退溪學，徒孫又以鄭經世、張顯光和許穆等人而知名。李滉後學以嶺南地方的人為中心，因此李滉學派又被稱作嶺南學派。另一方面，西人將李滉之後再次將朝鮮朱子學（道學）集大成的李珥視為朱子繼承人，而李珥也很重視李滉，因此他們尊重退溪學，栗谷學的學統傳承為李滉↓李珥↓金長生↓金集↓宋時烈↓……而持續下去。然而西人只不過太過醉心於李珥，其尊敬程度更勝對李滉的尊敬罷了。李珥門徒多在畿湖地方，因此李珥學派又被稱為畿湖學派。

超越高橋亨主理主氣的範例

高橋亨（一八七八—一九六七年）是日本的朝鮮儒學研究者，為京城帝國大學的教授。他寫過〈李朝儒學史之主理派主氣派的發達〉（京城帝國大學法文學會編，《朝鮮支那文化之研究》，刀江書院，一九二九年），對後世有很大的影響。高橋論文的特徵在於提供了說明朝鮮儒學史整體架構的主理主氣範例。他的範例如下：（一）朱子哲學體系的核心為理氣二元論，理氣論的核心為四端七情論，並以重視理氣論為基本的觀點，統整十六世紀李滉和李珥以理氣論為中心的形式，（二）分別對李滉和李珥之間相異的四端七情論的命題——以理為主的理氣互發說和以氣為主的氣發理乘一途說，分成兩學派兼政黨：嶺南學派＝東人和畿湖學派＝西人，展開理論上的論述：「朝鮮儒學的兩大學派是主理派和主氣派，而兩流派發展的天池源泉，即為退溪、高峰（奇大升）兩人的四七論。由此而起，一派成為東南流的嶺南學派，以主理而發達。另一派則是西南流的畿湖學派，以主氣而發達」（《高橋亨　朝鮮儒學論集》，知泉書館，二〇一一年）。

高橋的主理主氣範例，將四端七情論視為朝鮮朱子學的核心中的核心，將歷代有關四端七情論的學說，在理氣二元論的解釋之下，大致分為主理和主氣，追溯源流，找出分歧點，將朝鮮思想一分為二，生動描繪出理論上的陰翳，向天下闡明朝鮮朱子學不亞於中國朱子學的知性世界。由於視野遼闊，出現了許多理論的追隨者。不過相反的，近年來在世界上出現了對主理主氣範例質疑的聲音。在此介紹在學術上批判高橋的學術成果可詳見林月惠、李明輝編《高橋亨與韓國儒學研究》（國立臺灣大學出版中心，二〇一五年）等。

以我所見，高橋主理主氣範例，大致上有兩個問題。首先是他將朱子哲學視為理氣二元論，另一個是將李珥哲學分類為主氣。尤其是第二點，犯下了不可容許的謬誤。

第一點，以太極的動靜會生陰陽（說極端一點，氣會生理）和《太極圖說》的內容來看，在哲學上是沒辦法看成二元論的。事實上，李珥也說「一而二，二而一」，並沒有將理氣視為二物。朱子哲學有二元論的特性，但絕非二元論。

第二點，高橋認定退溪學主理、栗谷學主氣。不過在邏輯上，這並非正確的命題，這是因為（一）無論中國或朝鮮，朱子學者一般都不會認為氣是比理更根源的東西。否定理動的徐敬德也將理定義為氣的主宰。（二）李滉重視理，主張理的主宰性和能動性，因此當然其哲學是主理，而李珥也以理的根源存在性為依據，導出理的無形無為和理通，因此將李珥的哲學看做主理，也是十分可行的。的確，李珥相較於李滉，更認知到氣在萬物化生時的重要性。但是也不能就此將李珥的理氣論看作以氣為主，而理只不過是衍生自氣之動。

實際上，理氣心性論在歷史的發展上，確實分成退溪和栗谷兩派，但在發展上卻並非分成主理和主氣來發展的。李滉開展了理念型／規範型的思考，二元論式的將理與氣分開，將自己定位為主理，並反過來批判奇大升的主氣（或理氣一物論）。高橋亨將其分析為主理主氣，原因是由於受到了李滉和嶺南學派很深的影響，因此也跟隨了其言論吧。另一方面，李珥進行了哲學的現實型思考，根據理氣不相離來進行推論，並不將理氣分割看成會獨立活動的二物。這就是「理氣之妙」，李珥所說的「理者，氣之主宰也。氣者，理之所乘也。非理則氣無所根柢，非氣則理無所依著」。栗谷哲學當中，在邏輯上是不可能將兩物的其中之一視為主，而另一物可單獨行動的。最終主氣的範疇是來自於李滉理念型／規範型的思考，只不過是對於批判主理者的蔑稱（抹黑策略的用語）。這絕不是繼承了李珥學統的畿湖學派所能容忍認同的。當然，對企圖客觀論述思想發展變化的朝鮮思想研究者來說，也不可能同意這番見解。

在論述李滉與李珥、更進一步論述嶺南學派和畿湖學派的學術時，是否應該統稱為主理、主氣?當然眾人想出了許多替代方案，不過我認為心學與道學，或者理念型／規範型朱子哲學和現實型朱子哲學是最為恰當的。本文就闡述了其基本分析與主張。個別的要點請參照對應的地方。

其他人物

一、中國儒者略傳

程復心

一二五七—一三四〇年。字子見，號林隱。婺源人，師事朱熹的從孫朱洪範，與胡炳文為友。取《四書集注》，加上黃榦和輔廣等學說折衷，並取語錄諸書，辯證同意，發明「濂洛諸儒（周敦頤、程顥、程頤等人）之未盡」之旨，是為《四書章圖》檃括總要。受元仁宗朝薦召，但以雙親年邁為由再三請辭。特授徽州路儒學教授之銜。

程敏政

一四四五—一四九九年。字克勤，號篁墩。徽州休寧人。自稱二程之後人，尊崇朱子。明成化二年（一四六六年）進士。官至禮部右侍郎。著有《新安文獻志》、《明文衡》、《宋遺民錄》、《篁墩集》、《心經附註》、《道一編》等。《心經附註》、《道一編》將朱子心學昇華為萬世心學，可看出他欲將朱子學和陸子學合流歸一之意圖。尤其是《道一編》，因王陽明《朱子晚年定論》取材於此，而相當知名。

二、朝鮮儒者略傳

鄭道傳

一三四二—一三九八年。字宗之，號三峰。本貫為奉化，刑部尚書鄭云敬之子。太祖（一三九二—一三九八年在位）的「開國一等功臣」，在草創期參與了文物制度（建國事業）大部分的策定，被捲入政爭（太祖繼承者之爭）之中，被視為「逆賊」遭到斬首。其一生正可說是革命家或革命理論的指導者。他推戴李成桂為王，指導遷都漢陽，改革軍制，立定朝鮮王朝法律體系的原型，是他最大的功績。

著作有《朝鮮經國典》（一三九四年）、《經濟文鑑》（一三九五年）、《經濟文鑑別集》（一三九七年）、《佛氏雜辨》（一三九八年）等蔚為知名。《朝鮮經國典》以《周禮》為基礎，闡述治典（官制）、賦典（稅制）、禮典（禮制）、政典（軍制）、憲典（刑制）、工典（工制），是朝鮮王朝基本法典《經國大典》（一四八五年）的淵源。《經濟文鑑》記述歷代宰相、臺諫、衛兵、地方官等的沿革、職務等，《經濟文鑑別集》記錄了歷代帝王的治績。他的主張貫守「政治的根本在於民」（民惟邦本）的民本思想，展現出革命性朱子學者的面貌。

權近

一三五二—一四〇九年。字可遠、思叔，號陽村。本貫安東，朝鮮建國後，被任命為文翰，撰述了許多朝鮮王朝的公文書，包含經世的文章和事大表箋等（《朝鮮王朝實錄》太宗己丑年二月）。在太宗（一四〇〇—一四一八年在位）即位時，寫了「受禪教書」將其即位正當化，可算是一個重要的功績。

著作有《陽村集》、《入學圖說》、《禮記淺見錄》等。《入學圖說》是朱子學的入門書，用圖示簡單易懂的解釋難解理論的相互關係，均衡的呈現了理論的整體概觀。其中的「天人心性合一之圖」是李滉四端理發、七情氣發說的源流，因此而聞名。《禮記淺見錄》是《禮記》的研究書，或稱注釋書，按照朱子對〈大學篇〉的校訂，將舊文分門別類。儘管他致力於經世，不過也可將他評價為有學者氣質的人物。

趙光祖

一四八二—一五二〇年。字孝直，號靜庵。本貫漢陽。燕山君四年（一四九八年）十七歲，入金弘弼之門學習，繼承金宗直的學統。自悟奮發，潛心道學。窮探義理，篤信《小學》、《近思錄》。燕山君十二年（一五〇六年），中宗反正，結束了虐政。中宗十年（一五一五年），謁聖試合格，授成均館典籍。當時中宗崇尚儒術，致力於文治，廣納人才。中宗特別信賴屢屢提議「崇道學」、「正人心」、「法聖賢」、「興至治」的趙光祖，在中宗十三年（一五一八年）拔擢他為司憲府大司憲。趙光祖感激其厚待，因此以實現唐虞盛世為己命。他設賢良科錄用人才，廢止負責道教祭儀的昭格署，整頓鄉約法欲形成風俗。企圖一掃宿弊，嘗試消除反正功臣的偽勳和限制土地所有等。但由於急速劇烈的改革，使當權者對他恨之入骨，在中宗十四年（一五一九年），南袞、沈貞等人密告趙光祖一黨謀反。趙光祖等人遭到虐殺，被稱為己卯士禍。著書有《靜庵集》等。

奇大升

一五二七—一五七二年。字明彥，號高峰、存齋。本貫為京畿道幸州。年輕時便有志於聖賢之學，博綜經典，旁通古今史傳、九流百家，禮學的造詣最深，也精通算學。除了李滉之外，也是金麟厚、李恒的門人。明宗十三年（一五五八年），式年文科及第。歷任史官，晉升至大司成、大司諫。晚年因反對四朝老臣李浚慶的政策而不得志，在宣祖五年（一五七二年）棄官回鄉。途中疾病惡化，在古阜病逝，享年四十六。著有《高峰集》、《朱子文錄》、《論思錄》等書。

成渾

一五三五—一五九八年。字浩源，號牛溪。本貫為章寧。是聽松成守琛的兒子。成守琛為趙光祖的弟子。己卯士禍後，閉門致力於性理學研究。獲清隱之譽。成渾少時受成守琛的訓育，入白仁傑之門，與李珥結為道義之交，也仰慕李滉。宣祖元年（一五六八年），被推舉為典牲署參奉，甚至晉升司憲府持平，但後皆因病弱為理由，沒有任官。但在宣祖十六年（一五八三年），協助兵曹判書李珥而官拜兵曹參知，主張彈劾李珥的東人（許篈等人）有罪。經歷吏曹參議後，他成為參判，次年李珥死後，辭官回鄉。宣祖二十二年（一五八九年），東人鄭汝立的謀反被發覺，西人鄭澈身為委官，徹底追討東人之罪，謀殺了多位名士。這也讓東西黨爭陷入無法修復的境地。鄭仁弘等東人視成渾為西人的領袖，認為他是虐殺的元兇，對他抱持憎恨之情。宣祖二十五年（一五九二年）四月，倭寇侵襲國境，各城鎮瓦解。成渾在倭亂初始之際，立刻行動。七月受光海君撫軍之命而駐在伊川，應受光海君之命出陣等。在宣祖二十七年（一五九四年）官拜左參贊，主張議和。但因宣祖震怒，罷官回鄉。宣祖三十一年（一五九八年）六月逝世。

根據李廷龜的〈行狀〉，成渾之學的特徵在於「玩索精密，踐履敦確。知行兼進，敬義夾持」。是為實學。李珥也如此評價他：「見解所到，吾差有寸長，操履敦確，吾所不及云」。著有《牛溪集》。

朴淳

一五二三—一五八九年。字和叔，號思庵。本貫為忠州。中宗三十五年（一五四〇年）進士。承襲徐敬德之業。明宗八年（一五五三年）文科狀元，授成均館典籍，歷任工兵吏三曹佐郎、弘文館校理等，獲賜暇讀書。明宗二十年（一五六五年）文定王后死後，身為大司諫（與大司憲李鐸一起）論罪於王后之弟尹元衡，歷經月餘，成功罷黜乙巳士禍的元兇。此外，他也替冤死之人洗刷冤情、恢復官職，革除一切舊政蠹國害民之事。宣祖五年（一五七二年）官拜右議政，赴明，恭賀神宗（萬曆帝）即位。次年（一五七三年）回朝，論王陽明學術之非。同年晉升左議政，在宣祖十二年（一五七九年）官拜領議政。他三次進入政府，擔任輔相長達十年，多次提出建言。與李珥、成渾結為莫逆之交，也是顯示出朴淳特性的一則軼事。不過在宣祖十八年（一五八五年）東西分黨的煽動，讓他被視為西人宗主而受到糾舉，因此於次年回鄉，宣祖二十二年（一五八九年）過世。享年六十七。著有《思庵集》。

金麟厚

一五一〇—一五六〇年。字厚之，號河西、湛齋。最初向宋純（一四九三—一五八二年）學習，之後進入崔山斗（一四八三—一五三六年）和金安國之門下。中宗二十六年（一五三一年），司馬試及格，進大學學習。與李滉深切契合，相互切磋。中宗三十五年（一五四〇年）登第。就任承文院，被允許於湖堂賜暇讀書，官拜弘文館正字。中宗三十八年（一五四三年），晉升博士兼侍講院說書。輔導世子（之後的仁宗），受到其厚待。不過隨著世事變遷，見姻親兩家（大尹與小尹）分門爭權，因此以雙親年老為由請求回鄉奉養，出任玉果縣監。次年（一五四四年）和後年，中宗和仁宗相繼而逝，悔恨於國家多難之際，自己無以報效而深感悲痛。最終因發心疾，只能告病歸家閉門。他棄官的時間是仁宗即位元年（一五四五年）秋七月之事。明宗即位（一五四六年）後，他多次受召，但無仕官之心，多次迴避官職。金麟厚歸家後，專注於朱子學的研究講學。他在學術上的成果也都集中於這個時期。著有〈孝經刊誤跋〉（一五四六年）、〈大學講義跋〉（一五四九年）、〈天命圖〉（一五四九年）、〈與盧寡悔論夙興夜寐箴解別紙〉（約一五五七年）、《洪範揲蓍作卦之圖》（不明）等。思索之果，最終在明宗十五年（一五六〇年）正月十六日過世。享年五十一。

金麟厚在朱子學上有四大貢獻：（一）批判徐敬德的頓悟流於捷徑之弊、（二）認為李恒對「混道器之分、太極和陰陽為一物」的主張是謬說、（三）論辯盧守慎以羅欽順的學說為主，認為人心道心為體用關係、（四）回答奇大升的提問，闡述批判李滉四端七情理氣互發說的要點，成為李珥氣發理乘的理氣一途說的源流。無論哪一點都能看出金麟厚的天生才能。

鄭逑

一五四三—一六二〇年。字道可，號寒岡。本貫為忠清道的清州。學業承襲自曹植與李滉。明宗十九年（一五六四年）上京赴會試，但未入考場而歸。以此為契機而棄科業俗學，自此追求古聖賢全體大用之學。宣祖六年（一五七三年）在金宇顒的推薦下任禮賓寺參奉，但未出任。儘管被封內外官，但皆予以辭退。回到南方，居住在檜淵，搭建草堂，築百梅園，從事教育。倭亂（一五九二年）爆發後，他立刻倡義討賊。文告迅速傳達列郡，遏止了賊路。次年，依宣祖的特旨，晉升通政，授命江陵府使。宣祖二十七年（一五九四年）官拜同副承旨，歷任江原道觀察使、成川府使、忠州牧使、安東府使等。宣祖四十一年（一六〇八年），宣祖駕崩。光海君即位之後，他立刻就被拔擢為司憲府大司憲兼世子輔養官。之後累辭而歸鄉。光海君五年（一六一三年），聽聞永昌大君的叛變，立刻上疏欲救之。光海君六年（一六一四年），蘆谷精舍遭燒毀，因而移居泗濱。光海君七年（一六一五年），中風，右側半身不遂。光海君十二年（一六二〇年），因疾而卒於泗濱的持敬齋。享年七十八。

他的著作頗多，有《寒岡集》、《心經發揮》、《五先生禮說分類》、《太極問辯》、《洙泗言仁錄》、《五服沿革圖》、《歷代紀年》等。鄭逑的學術被稱為李滉的嫡傳，不過事實上受到曹植的影響很大。由於李滉與曹植同樣出身於慶尚道，許多人都入曹植之門，終身歸依恩師，謹守師傳，不過另一方面，也有不少像金宇顒、鄭逑等師事雙方的人。不過李滉有很強的排斥異端的意識，批判曹植是「高亢之士」、「傲物輕世之人」、「義理未透」、「老莊為崇」等。因此在南冥學院裡出現了親退溪與反退溪這兩股相反的學術傾向。親退溪學的代表人物就是南人鄭逑。鄭逑主張的是南冥、退溪兩學的心同道一，並追求兩學的共存。

鄭仁弘

一五三五—一六二三年。字德遠，號來庵。本貫為瑞山。曹植的高徒。宣祖六年（一五七三年）受到薦舉而官拜六品職。宣祖九年（一五七六年）歷經司憲府持平，晉升掌令。宣祖二十二年（一五八九年），東西分爭招來了悲慘的己丑士禍。友人崔永慶（東人）遭到誣告而死於獄中。次年，他上奏追究鄭澈與成渾的責任。宣祖二十五年（一五九二年），倭亂爆發。他迅速集結鄉兵舉兵而戰。宣祖二十六年（一五九三年），他組織了三千餘名義兵，防禦星州、陜川、高靈、咸安，透過義兵活動，建立起強大的在地基礎。宣祖二十七年（一五九四年），他被任命濟用監正，升為通政，被任命為尚州牧使、寧海府使，但皆未前往就任。宣祖三十一年（一五九八年），倭亂結束。次年，南人失去權力，由北人掌權。北人分為大北與小北，他成為大北的領導者。曾被任命刑曹參議、龍驤衛副護軍、承政院同副承旨、司憲府大司憲等，皆未赴任。但他一直以大北重要人物的身分參與朝廷政治。當時最大的政治問題就是在宣祖之後由誰繼位。宣祖在倭亂爆發時（一五九二年）冊封光海君為世子，但在宣祖三十九年（一六〇六年）繼妃仁穆王后產下永昌大君，因而改變心意。執權黨小北推戴永昌大君，但大北推舉的是戰功顯赫的光海君。宣祖四十年（一六〇七年），宣祖病危，發出傳位給光海君之旨。小北領議政柳永慶回啟：「今日傳教，實出群情之外，不敢承命」，反對傳位。宣祖四十一年（一六〇八年），鄭仁弘上奏，彈劾柳永慶之罪，被流放到西陲定州。不過在流放的途中，宣祖駕崩，光海君繼位，下了赦命，將他拔擢為漢城判尹，不過他辭職當天就南下。鄭仁弘主張對臨海君（光海君之兄）興獄，必須治臨海君之罪。大北將臨海君流放珍島後，次年又謀殺了他。光海君元年（一六〇九年），鄭仁弘歷經左贊成、右議政，被任左議政，但他並未赴任。他擔任大北的領袖居於陝川，從遠方操縱朝政。光海君五年（一六一三年），李爾瞻等人誣陷永昌大君謀反，他上疏主張「全恩說」，企圖拯救八歲的幼童。不過大北將永昌大君安置於江華後，在次年將其殺害。光海君七年（一六一五年），李爾瞻欲廢仁穆大妃，他認為這違反君臣子母的名義，反對廢母論。大北在光海君十年（一六一八年）罷除仁穆大妃的尊號，將其軟禁於西宮。他又受封領議政，但也未任其位。光海君十五年（一六二三），仁祖反正。廢母殺弟等光海君期間惡政的所有責任都被歸罪於大北，因此鄭仁弘遭到處刑。

鄭仁弘在學術上對後世帶來了巨大的影響。例如對南冥學的彰顯和對退溪學的批判等。特別是以曹植的視角為依據，來論述李滉的道德性，極具深意。

注釋

1. 本章所謂的朝鮮朱子學，並非只指在朝鮮發展的朱子學，而是已經成為一個專有名詞，指的是不同於中國朱子學而發展出來的獨特知性世界／精神世界。

在此不得不一提朱子學在考察／論述時，解釋所擁有的重要性。誠如眾所周知，朱熹並沒有留下系統性闡述自己哲學的著作。因此為了要正確了解朱熹的哲學與思想，出現了許多附加於經書上的註釋（《四書集注》、《周易本義》等）或論述哲學命題的書籍（收於《朱子大全》），廣泛收集門人所記錄的語錄（收於《朱子語類》），相互參照。這意味著研究者只能靠著自身的推測來做理解。事實上，並不存在著真實的朱熹哲學，有的唯有解釋——接近朱熹哲學唯一可能的方法就是解釋，只能對此事有所自覺，並站在自己的觀點上，比較考察與主題有所相關的有限資料。有許多學者，研究被稱為朱子學的優秀哲學體系，然而充其量這些也都不過是一個解釋罷了。

被視為是方法的解釋，也存在著本質性的問題。朱熹本身所闡釋的命題與主張，因時期的早晚和主題的不同，出現了許多表現上的差異或邏輯上的矛盾。因此朱子學的用語本身就不能說是完全穩定的。誠如韓元震在《朱子言論同異攷》（一七二四年）中精密證明的一般。這件事也顯示出朱熹哲學的定立，在理解上就有許多不同的解釋並立。也就是解釋的多樣性。

至於說到朝鮮的朱子學，則是對於朱熹的哲學命題有獨特的優秀解釋，藉此建立了一個特有的、無可類比的知性世界。

2. 「朱子」請參照第四卷第九章。
3. 由這點來看，稱其為朝鮮朱子學，是其將「正確解釋朱子學多個基本命題」作為最大課題的知性作為，可謂正確。
4. 事實上，要明白的說明朱子學的基本命題／第一原理本來就不容易。朱熹的命題是哲學的命題，大致上有用例，但無定義，是以獨特的哲學用語所組成，儘管內容複雜，但表現曖昧不明，且被記錄下來的朱熹基本命題在表現上也有前後的混亂，邏輯上也有不少矛盾。以結果來說，有各種理解各異的解釋，不分優劣的並存，也是無可避免之事。不同的研究者解釋也大有所異，若要求客觀的說明，只能說是不可能的要求。也因此在學習朱子學時，如果沒有明示整體的學問海圖和正確的資訊，就想要乘上朱子哲學的激浪，簡直就是在作夢。在論述朝鮮朱子學時也是一樣的。依據分析對象的主張來凝聚論點，只解說朱子學特定的命題，在學術研究上是不被允許的。這次在專門性的論述之前，先嘗試對朱子學的基本內容做了總體性的說明（對限定性的狀況是有所自覺的），就是考量到上述的狀況。在論述中提到具體的方針時，我在哲學命題和概念的說明上，非常注重字義與原理，並盡了最大的努力不作抽象化、普遍性的解釋。

5. 朱熹的理氣命題有許多矛盾之處。舉簡單易懂的例子來說，他就曾說過「理氣有先後」和「理氣無先後」。此外，在《太極圖說》中，他承認「太極動而升陽」，「靜而生陰」，但又主張「理卻無情意，無計度，無造作」等。

6. 在此提出兩個對太極頗有意思的解釋。一將太極解為接近於柏拉圖的善的概念，另一為第一質料。前者將觀念具體化，後者將太極放在物質與非物質的接點上。兩個解釋當中，一個重視觀念性，另一個重視動因，有著相反的向量。

7. 《論語．為政》：「吾十有五而志於學」。

8. 以現代的方式來做說明的話，氣無窮無外，遵守質量守恆定律，量在整體上不會變化。

9. 原文「以為學莫要於持敬。故用工於主一，惺惺不昧，收斂身心」。

10. 「存心」與心在同義。善存於齊莊靜一之中。《大學章句》傳七章：「心不在焉，視而不見，聽而不聞，食而不知其味。」朱熹的〈仁說〉：「克去己私，復乎天理，則此心之體無不在，而此心之用無不行也。」

11. 「虛靈」意味著心臟是空虛的，但「心」是靈妙的。「知覺」則是已發之「心」有著「知＝思考」和「覺＝感覺」的作用。〈中庸章句序〉記載「心之虛靈知覺，一而已矣。而以為有人心道心之異者，則以其或生於形氣之私，或原於性命之正，而所以為知覺者不同」。
朱子學的解釋＝中國傳統醫學理論，認為「心」活動的主體是氣（心是氣），思考和感覺等「心」的機能都是氣的作用，然這樣的解釋是唯物的，與現代醫學的解釋（思考、感覺＝神經衝動的傳達＝物理化學反應）非常相似，引人入勝。

12. 「王守仁」請參照第六卷第七章。

13. 本章對於陰曆（朝鮮曆）與陽曆（西曆）的對應，並非採用習慣上大致的年表記，而是採取詳細的月日等資訊，標記為正確的年表記（之後亦同）。

例如李滉的出生年為陰曆的燕山君七年，以大致上的對照來說，有些書籍就記為一五〇一年。然他出生於陽曆一五〇二年一月三日，因此本章標記一五〇二年為他的出生年份。

14. 「好問察邇」出自於《中庸》第六章的「舜好問而好察邇言」。

15. 李滉的〈心經後論〉曰：「滉竊以謂今之學者，當知博約兩至，朱子之成功，二功相益，吾儒之本法。以此讀此經此註，而不以篁墩道一編之繆，參亂於其間，則所以為聖為賢之功，端在於此矣。」

16. 「之」為顯示強調的虛字，也可作「四端理發、七情氣發」。以下同。

17. 根據李滉的解釋，天地萬物的根本原理「無極而太極」，意味著體是無形無為（也就是無極的無），用會活動，因此沒有不可為（也就是太極的太）。

18. 朝鮮朱子學者在李滉之後，稱「格物」，而格的意思即為窮。李珥的狀況請參照《四書栗谷諺解》。

19. 朝廷學為文教政策，追求崇尚正學、排除異端，有很強烈的正學意識。崇正學的用語，帶有強烈重視其朝廷學之社會倫理的特性。

20. 《栗谷全書》的年譜記載「嘗至深處，靜坐凝思，至忘寢食者久之。一日，忽思以為佛氏戒其徒勿作增減想者，何意也。因究其所以戒之之意。蓋其學無他奇妙。只欲截斷此心走作之路，凝聚精神，以造靜極虛明之域。故假設話頭，使之依靠下功。而又恐人先知此意，則著功必不專精，卒無所得。故又設此禁而誑之也。遂疑其學之邪」。

21. 朱熹哲學的排他性是按照佛教哲學，將事物抽象化思考的結果，無可避免所產生之物。但朱熹的抽象化邏輯有許多前後不連貫、不一致之處。主張絕對性真理的哲學，在命題上必須唯一無謬，但朱熹經常會提出相反的命題。朱子學在本質上的矛盾就出於此，追究儒佛兼修和朱陸和會的元學，在學術上儘管被要求，但沒有理由是不會這麼做的。

參考文獻

阿部吉雄，《日本朱子学と朝鮮（日本朱子學與朝鮮）》，東京大學出版會，一九六五年

阿部吉雄，《李退溪——その行動と思想（李退溪——其行動與思想）》，評論社，一九七七年

姜在彥，《朝鮮儒教の二千年（朝鮮儒教的兩千年）》，朝日新聞社，二〇〇一年

高橋進，《李退渓と敬の哲学（李退溪與敬之哲學）》，東洋書院，一九八五年

高橋亨，《朝鮮思想史大系 第一冊　李朝仏教（朝鮮思想史大系 第一冊　李朝佛教）》，大阪寶文館・寶文館，一九二九年。復刻版，國書刊行會，一九七三年

高橋亨，〈李朝儒学史に於ける主理派主気派の発達（李朝儒學史之主理派主氣派的發展）〉，京城帝國大學法文學會編，《朝鮮支那文化の研究（朝鮮支那文化之研究）》，刀江書院，一九二九年

高橋亨著，川原秀城、金光來編譯，《高橋亨 朝鮮儒學論集》，知泉書館，二〇一一年

友枝龍太郎，《李退渓——その生涯と思想（李退溪——其生涯與思想）》，退溪學研究院，一九八五年

琴章泰，《朝鮮 前期의 儒學思想（朝鮮前期的儒家思想）》，首爾大學校出版部，一九九七年

琴章泰，《朝鮮 後期의 儒學思想（朝鮮後期的儒家思想）》，首爾大學校出版部，一九九八年

裵宗鎬，《韓国儒学史（韓國儒學史）》，延世大學校出版部，一九七四年（日譯《朝鮮儒學史》，川原秀城監譯，知泉書館，二〇〇七年）

安炳周，《儒教의 民本思想（儒教的民本思想）》，成均館大學校出版部，一九八七年

吳二煥，《南冥學派研究》，南冥學研究院出版部，二〇〇〇年

유사순、藝文東洋思想研究院編著，《한국의 사상가 10人——퇴계 이황（韓國的思想家10人——退溪 李滉）》，藝文書院，二〇〇二年

張志淵等，《朝鮮儒教淵源》，明文堂，一九九五年再版

崔英成，《韓國儒學思想史》全五冊，亞細亞文化社，一九九四—九七年

韓國哲學會編，《韓國哲學史》全三冊，東明社，一九八七年

玄相允，《朝鮮儒學史》，民眾書館，一九四九年。復刻版，玄音社，一九八二年

李明輝，《四端與七情　關於道德情感的比較哲學探討》，國立臺灣大學出版中心，二〇〇八年

林月惠，《異曲同調——朱子學與朝鮮性理學》，國立臺灣大學出版中心，二〇一〇年

林月惠、李明輝編，《高橋亨與韓國儒學研究》，國立臺灣大學出版中心，二〇一五年

第九章

海與草原的明清交替

——鄭氏臺灣和康熙帝

豐岡康史

前言

十七世紀中葉，長期以來統治中國的大明國，也就是明朝（一三六八—一六四四年）自我毀滅。大清國（一六一六—一九一二年）占據著今天中國東北部滿洲、蒙古，接收了化為混亂城市的明朝領地，花上近半世紀的時間，成為名副其實的明朝後繼國家，是包含漢滿蒙等民族的聯邦國家。歷史學家將這個王朝稱作「清朝」，而將中國這一連串的政治變動稱為「明清交替」，不過當時的日本人則稱之為「華夷變態」（從華的大明變化成夷的大清）。對日本來說，日本長久以來接觸儒學經典，學習以漢人為中心的思考，但在半世紀之前，秀吉向朝鮮出兵，實際交以干戈，且將近三百年來持續君臨東海彼岸的「中華」明朝滅亡，對日本可說是非常衝擊的事實。然而這個衝擊，相反的卻也讓東亞的國際環境逐漸穩定下來。

明朝瓦解後，清朝花了半個世紀的時間穩固自身的政權，在東亞不再見到大規模的勢力爭奪，形成了今天國際環境的原型。清朝中國、朝鮮王朝、德川日本、黎朝越南的國境線，除了琉球和臺灣之外，就幾乎原原本本的延續到二十一世紀的中華人民共和國、南北韓、日本、越南。在同一時期，葡萄牙、西班牙、荷蘭這些乘上了大航海時代的浪潮、造訪遠東的歐洲大陸國家，也降低了影響力。取而代之的是英國，相較於獲得殖民地，英國更把比重放在貿易之上。十六世紀以來，中日銀貿易引領著東亞的經濟活動，但因為日本在之後進行「鎖國」的一連串貿易限制政策，中日的銀貿易因此受到控制。海上世界的混亂時期過去了，商人們捨棄了武器，逐漸進行起穩定的貿易。

另一方面，在同一時期的亞洲內陸，最後的遊牧帝國準噶爾汗國和清朝之間，因東蒙古的喀爾喀，以及對蒙古人來說是心靈支柱的西藏佛教領導人、歷代達賴喇嘛所引起的決戰，開啟了戰端。在這裡，勢力由西擴大到東西伯利亞的俄羅斯帝國被牽連進來，開始了持續到十九世紀末的中亞角逐戰。最終形成今天所看到的俄羅斯，以及中亞、南亞、中華人民共和國的國境，花上了兩百年以上的時間。十七世紀後半，熱源由東邊的海上大大的遷移到西邊的草原上。

在本章中，我要針對國際環境安定——更進一步來說是失去了絢爛浮誇的海洋世界——以出生於長崎平戶的海上王國領袖鄭成功，與其父鄭芝龍、其子鄭經、其孫鄭克塽的鄭氏一族，以及將眼光放向西北的清朝明君康熙帝為軸心，來追蹤亞洲內陸草原世界的國際關係之變化及發展。

鄭氏一族

鄭芝龍（一六〇四—一六六一年）／鄭成功（一六二四—一六六二年）
鄭　經（一六四二—一六八一年）／鄭克塽（一六七〇—一七〇七年）

一、倭寇的時代

一六八三年十月八日，東寧承天府（今臺南）。鄭成功之孫東寧國王鄭克塽向進攻臺灣的清軍總司令官施琅投降。這是壟斷中日貿易，在東亞海域稱霸的鄭氏臺灣，也就是東寧王國滅亡的瞬間。並且因銀而導致的動盪時代，也就此閉幕。鄭氏一族的存在是十六世紀以來以中日貿易為軸心的東亞政治、經濟劇烈變動的象徵，其興起與停止，和東亞海上貿易結構的發展完全一致。

因銀而引發的動盪，代表性的就是「倭寇」。直譯「倭寇」一詞就是「日本盜賊」，不過在十六世紀之後，實際上有八成左右的倭寇都是華人。明朝方面想要得到銀的商人，就是主要進行交易活動的人。明朝在建國初期，在貿易和納稅時，並不使用貨幣，而是使用徵收生產物或勞力的實物主義型財政制度，企圖抑制貨幣的使用。但是使用實際物品來納稅極為繁瑣，這讓納稅方和徵稅方雙方都累積了不滿，因此進入十六世紀之後，逐漸的就以蒙古帝國時代所使用的金屬當作貨幣，用在納稅和交易上。不過明朝對銀礦山徵收重稅，因此礦山的開發有所停滯。另一方面，明朝周邊的各地區反倒在開發銀礦山上有進展，其中最成功的就是目前位在島根縣的石見銀山。也因此以華人為主體的「倭寇」便往來於明朝和西日本之間。

成為中日貿易商人的倭寇

明朝政府無視於國內的需要，堅持建國以來的國家政策「海禁」（禁止出港的措施），嚴格取締海上貿易。對此，倭寇為了抵抗明朝官府的取締，因而開始武裝。投入這種非法中日貿易的投資、經營，主要是浙江和安徽的商人們。王直是倭寇的其中一位領袖，他將據點設於五島列島和平戶，參與徽州商人的官鹽專賣事業，在商人集團中獲得成長，嶄露頭角。

倭寇時而攻擊沿岸的村落，和明朝官府展開激烈的戰鬥。明朝對此難以應付，在一五六七年，隨著當時的皇帝嘉靖帝死去，而部分容許了對外貿易。也因此「倭寇」就成了中日貿易的商人。不過明朝從維持治安的觀點，禁止直接對日貿易，要求必須要從福建南方的月港到東南亞或臺灣，在當地進行中繼貿易。因此華人商人無論是要進行對日貿易，還是對東南亞的貿易，都必須先停靠在海上的港口。不過這也加速了東南亞各地港口城市的發展，此外，從福建出發到日本時，為了不繞遠路，就必須停靠在臺灣西部沿岸，因此臺灣西部沿岸的開發也有所進展。

乘上了大航海時代的浪潮，造訪遠東的葡萄牙人，也和倭寇一起加入了中日貿易。其副產品就是搭上倭寇首領王直船舶的葡萄牙人，輸入了大砲。之後除了將澳門設為據點的葡萄牙人，以及將馬尼拉設為據點的西班牙人之外，荷蘭人和英國人也出入此地。伊比利半島的兩國其國家對貿易的管理介入很

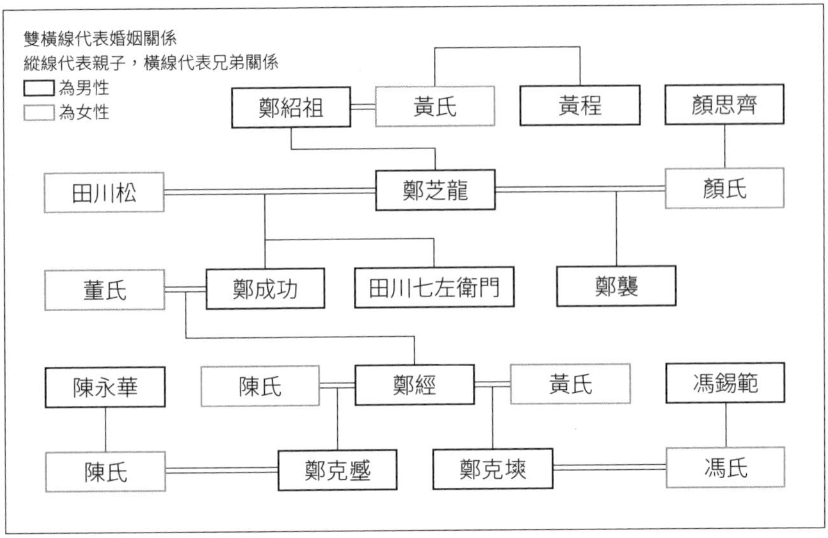

鄭氏世系圖

深，與之對抗的荷蘭、英國兩國，則各自募集了巨額資金的民間資本，成立「東印度公司」，加入遠東的貿易活動。一六〇〇年，英國東印度公司（EIC）在倫敦成立，以印度洋以東的貿易為主要業務，一六〇二年荷蘭東印度公司（VOC）則在阿姆斯特丹成立。VOC的船隊在一六〇四年企圖以位處臺灣海峽上的澎湖群島為據點，但被明朝官府所驅逐。鄭氏興隆之祖鄭芝龍便出生在這一年。

二、「倭寇」後裔鄭芝龍的海上統治

鄭芝龍出生於一六〇四年，父親是福建泉州的一個小官吏鄭紹祖。家境困苦的鄭家，將長子鄭芝龍和兩個弟弟送往澳門。這是因為鄭紹祖正妻的親戚黃程在澳門做生意相當成功。鄭芝龍在澳門受了天主教的洗禮，獲得「尼古拉斯」的洗禮名。這是因為在葡萄牙人居住的澳門，成為天主教信徒，能增加人生的選項。由於擅長語言，他擔任過VOC的口譯，除了會出身地的閩南語、明朝領土內共通語言的南京官話之外，他也會荷蘭語、葡萄牙語和廣東話，並學習了商業貿易的基礎。當時澳門也是葡萄牙商人進行對日貿易的據點，因此他也獲得了日本的資訊。

一六二三年，鄭芝龍轉移到長崎的平戶，在以平戶為據點的華人商人李旦、顏思齊等人手下工作。之後他就與當地平戶武士田川氏的女兒松成婚。次年，長子福松出生。接著在兩年後，次子七左衛門出生。福松就是之後的鄭成功，而次子之後則繼承了田川家的家業。在七左衛門出生後，鄭芝龍就不太接近平戶了。

李旦和顏思齊是取得了德川幕府朱印狀的商人，在幕府的管理之下，在中國海從事貿易。但是或許是不喜幕府的介入，在一六二四年，他們將據點轉移到臺灣中西部（今北港附近）。在李旦與顏思齊相繼去世後，鄭芝龍被推舉為領袖。鄭芝龍在之後一邊進行中日貿易，一邊襲擊敵對的同行，有時也會將之殺害，逐漸鞏固霸權。接著他在沿海地區的村落定期徵收稅金，也會向要從統治海域經過的船隻徵收通行稅。他又進行中日貿易，逐漸成長為海上的獨立勢力。

鄭芝龍的海上統治在一六二八年前後逐漸上了軌道。這一年，明朝福建當局勸鄭芝龍投降，並賦予他明朝下級武官的地位。對於無法管理的法外之徒，不解除他們的武裝，反而將他們編列入軍制當中，這樣的作法經常可見於中國歷代王朝，因為他們自覺無法擁有足以鎮壓的軍事力。不過無論如何，鄭芝龍獲得了明朝的許可，持續推進在海上的統治。而這時候成為他海上統治夥伴的，就是VOC。

與VOC的聯手

一六三〇年代，正好是少年福松被成為明朝武官的父親接回的時期。此時VOC與明朝的關係非常惡劣。在一六二四年，明朝福建當局發展海軍，對占領了澎湖群島的VOC造成威脅，因此VOC被迫轉往臺灣島南部的大員（今臺南市）建立據點，進行中日貿易，不過要在中國採購商品就越加困難。明朝一如既往的以「海禁」為國家策略，拒絕進入月港的華人以外的人進行買賣。為了要進行貿易，想要在日本採購白銀，就必須要以生絲和絹來作為代價。若和明朝官府進行交涉，是能獲得一些物品，不過在數量上仍然不足。抱持著不滿的VOC在一六三三年對明朝宣戰。鄭芝龍也參加了明朝軍，在月港附近的料羅灣打敗了許多支持VOC的華人海盜船隊。在這場戰役後不久，福建當局和明朝中央意見不合，福建當局的上層階級遭到替換，因此就只剩下鄭芝龍是了解狀況的人。鄭芝龍和VOC締結了協定，承諾會穩定的提供生絲和絹。而這意味了鄭芝龍占盡優勢，由於他對福建南部沿海地區的統治基礎穩固，他不接受福建當局的介入，同時又成了獨占VOC的供應商。一六四三年，鄭芝龍被封福建都督，是福建武官最高的職位。長子福松改名為鄭森，突破科舉的地方考試，進入南京的國子監。此時是鄭芝龍人生的頂點。

三、鄭成功登場

一六四四年四月，北京因李自成率領的反叛軍而陷落。明朝皇帝崇禎帝（朱由檢）在紫禁城後的景山自縊而亡。因此，在萬里長城東端山海關與清軍對峙的明軍司令官吳三桂，轉而投靠清軍，站上攻擊明朝的頭陣。李自成軍很快的便被擊敗，當時只有七歲的清朝皇帝順治帝（福臨）和叔叔多爾袞一同進入北京。清軍追討潰走的李自成軍而南下，渡過長江。

南京當局獲知崇禎帝自縊的消息，便推舉崇禎帝的堂弟朱由崧即位為弘光帝。但一六四五年六月，南京陷落，弘光帝被捕（次年遭到處刑）。收到這個消息後，鄭芝龍和弟弟鄭鴻逵便擁立朱元璋的第九代皇族後代朱聿鍵即位，稱隆武帝。鄭森在南京陷落前回到了父親的身邊，隆武帝接見了這位擁立自己為帝的鄭芝龍之子，第一眼就對他印象非常好，他撫著鄭森的背說：「朕沒有女兒，無法收你為婿，只希望你能為我皇室盡忠」，並賜他皇室之姓「朱」與「成功」之名。自此之後，他便以「國姓」自稱，而清朝這一方則稱呼他為「鄭成功」。不過他倒是沒有自稱「朱成功」。

次年秋天，清軍占領了福建福州。據傳隆武帝遭到射殺，也有人說他是因絕食而身亡。這個時候鄭芝龍已與清朝建立起友好關係，打算要投降。對此，鄭成功要求父親徹底抗戰，但卻沒有獲得同意，因此他與父親訣別，進入鄭氏統治範圍內的金門島。鄭芝龍向清朝投降後，被挾持帶到北京。鄭成功的母親田川松正好為了見兒子與丈夫來到了福建，也在戰亂之中身亡。

四、鄭成功的政治態度

鄭成功在鄭氏集團內排除競爭者，逐漸掌握了主導權，將據點放在距離月港相當近的廈門島，支配了福建南部到廣東東部的範圍，建立起與清朝對抗的獨立勢力。在此期間，他也和VOC建立了合作關係，進行中日貿易，並從統治的海域徵收稅賦來確保軍費。這時恰好日本的鎖國政策上了軌道，日本將葡萄牙人趕出，強化對貿易品項的監視和管理，只承認一部分華商和VOC的貿易活動。鄭氏正好是這一部分的華商，同時也是對VOC提供對日出口主力商品生絲的供應商。這時候的中日貿易有縮小的傾向，不過鄭氏集團在中日貿易之中，仍占有相當的市場占有率，因此享有莫大的利益。

鄭氏集團在維持自身勢力時，並不特別需要其他勢力的支援，這是其一大特徵。儘管他們的勢力範圍並不大，但以貿易等利益為背景，維持住足以與清朝對抗的勢力。也因此他們為了進行和平談判，曾與清朝進行書信和使節的往來。

鄭成功

希望獨立的鄭成功

鄭成功與明朝系的勢力維持了關係，除了留下強調忠義、要求父親徹底抗戰的軼事之外，看起來並不像對復興明朝十分的熱心。在福建陷落後，明朝系的殘存勢力除了有隆武帝的弟弟在廣州成立的紹武帝集團外，還有成立於廣東中部肇慶的永曆帝集團。這兩者很快的就相互發生衝突，由永曆帝集團獲得勝利，紹武帝自殺。永曆帝集團的勢力範圍北由湖南、東自廣東，西至雲南，維持著舊明領土南部廣大的範圍，並向鄭成功集團請求協助。鄭成功並沒有立刻回應，因此此期間永曆帝集團遭到清軍的攻擊，失去了廣東，撤退到雲南一帶。到最後鄭成功集團也沒有和明朝系其他的勢力展開合力作戰。此外，鄭成功集團的確有保護從各地集結而來的明朝皇室後裔，不過卻不見得非常恭敬。以鄭成功來說，他只是盡可能在浙江沿岸一帶出入，維持住中國南部沿岸，獨占對外貿易來保住命脈，並沒有把復興明朝視為第一優先的事項。實際上，在鄭成功與清朝之間為了準備和平談判的書信中，他也主張：「既然將朝鮮視為獨立國家對待，那麼也請以同樣的方式對待我方即可」，看不出把復興明朝擺在最優先的態度。儘管他自稱「國姓」，之後又從永曆帝集團獲得了「延平王」的稱號，但以鄭成功的態度看來，他還是希望獨立。也就是說，鄭成功所說的對明朝的「忠義」，只不過是一種政治宣傳罷了。

五、占領臺灣

與清朝之間的和平準備談判以失敗告終後，鄭成功便以攻克南京為目標進行北伐，在一六五九年攻擊南京城，不過遭到擊退。接著他又受到清軍的追擊，因此鄭成功的統治地區縮小到廈門島、金門島和福建、廣東的幾個小島。至此鄭成功終於將眼光看向VOC所統治的臺灣南部。

前面已經提到，VOC和明朝的戰爭失敗，與鄭氏締結了協定，接受鄭氏供給的生絲和絹。VOC必須仰賴鄭氏供給的生絲，因此累積了強烈的不滿。接著在一六五二年，在VOC統治下的臺灣南部，爆發了華人農民武裝起義。VOC懷疑是鄭成功在檯面下牽線。VOC統治東南亞各地，每當出現暴動，就會虐殺主謀的華人，對華人本來就有極強烈的不信任，因此VOC和鄭成功發生衝突，也只不過是時間早晚的問題罷了。

一六六〇年夏天，鄭成功開始與部下商討進攻臺灣的事宜。這個計畫從一六六一年開始進入具體的策劃。同一年的年初，VOC的通事（口譯）何斌與VOC臺灣商館幹部之間的關係惡化，因此他拿著臺灣南部的地圖，去向鄭成功投誠。何斌原本就與鄭芝龍屬於同一個集團在臺灣活動，因此只是投身到老朋友的陣營罷了。

VOC的撤退

一六六一年四月二十一日，鄭成功命年滿二十歲的長子鄭經留守廈門，自己率領兩萬五千名士兵、三百艘戰船出發，經由澎湖，在四月三十日接近臺灣南部，在何斌的導引之下通過鹿耳門水道。在這一天之中，他們包圍了VOC的其中一個據點普羅民遮（赤崁，在今臺南市中心）。VOC的臺灣據點在今天臺南市的西郊，當時有建立在海岬上的熱蘭遮城（安平古堡），以及原住民和漢人交衝之地的普羅民遮。鄭成功首先攻擊了這個辦事處。VOC提出了在一六三六年與鄭成功父親鄭芝龍締結的協定，主張攻擊的不正當性，但鄭成功並不接受，因此最終在五月四日，由鄭成功接收了普羅民遮。接著，鄭成功又開始包圍熱蘭遮城。鄭氏這一方相較於軍隊的人數，食糧的量相對不足，因此同時也開始移居周邊地區，藉以確保糧食，才沒有立刻開啟攻城戰。長達八個半月的膠著狀態，VOC這一方陸續出現投降者，在一六六二年一月二十五日，當鄭氏開始以大砲發動攻擊後，這天夜裡，VOC表示降伏。由於鄭氏懼怕清朝的攻擊，因此很快就接受降伏。VOC最後的臺灣長官揆一（Frederick Coyett，弗雷德里克．科耶特）在同年二月十七日離開臺灣。

六、鄭成功憤死

在包圍熱蘭遮城時，鄭成功策劃了占領臺灣後的方針。首先，他將位於明朝領域之外的臺灣，設置一府二縣的行政區劃，接著鄭氏官吏、將兵在獲得土地之際，不可侵略原先居住此地的漢人移民、原住民的土地，強調要顧及現有的居民。實際上，當時糧食相當缺乏，而且就算和VOC相比，軍隊人數眾多，但在整個臺灣社會來說，仍算是少數派，因此顧及到當地居民，本來就是理所當然之事。無論如何，鄭成功以臺灣為據點，設置了行政體系，打算建立起自己的王國。他獲知明朝系最後的皇帝永曆帝從雲南逃往緬甸的消息，或許他看情況，甚至打算要即位成為皇帝也說不定。永曆帝很快的就被交給吳三桂所率領的清軍，之後被處死刑。但是在獲得這個消息之前，鄭成功就突然死亡了。

鄭成功在死前，接連收到不幸的消息。首先，投降清朝、經常與他書信往來的父親鄭芝龍被處刑。這是因為順治帝駕崩後，由年幼的康熙帝即位，政權中樞產生了方針的變化，對鄭氏採取懷柔態度卻一直失敗的鄭芝龍遭到了處刑。大陸有幾個統治地區，擔任守備的將軍也向清朝投降，因而失陷。接著在廈門的鄭經生下第一個兒子所引起的問題，也讓鄭成功非常激憤。

產下鄭經兒子的女性為陳氏，是鄭經弟弟的乳母。按照朱子學的名分論來做原理主義的解釋，弟弟的乳母就和自己的母親一樣，而和這樣的人生下孩子，是違反人倫的。鄭成功如此斷定，因此命令部下斬下鄭經、鄭經之母（即自己的正室董氏）、陳氏和生下的孩子四個人的頭帶回去。聽聞此事後，廈門和金門的將兵皆大感震撼，之後便不斷拒絕鄭成功的命令。事實上，鄭成功在率領軍團後，對敵人毫不留情，要是出現失敗的部下、不聽從自己命令的部下，也會立刻誅殺。對這樣嚴厲個性感到反感、感覺到自身危險的部下，就紛紛投靠清朝。鄭氏集團因此瀕臨分裂的危機。在這樣的狀況之下，鄭成功染上風寒，並在一六六二年六月二十三日突然過世。根據鄭成功親信的紀錄，鄭成功臨死之前高喊：「天啊、天啊，為什麼要讓我遇到這樣殘酷的境遇」而死。另外，在清朝這一邊，則是流傳著鄭成功得知在廈門的鄭經與其部下拒絕了自己的命令，過於憤怒而精神錯亂，最終咬掉自己的手指而亡。

七、〈國性爺合戰〉與真實狀況

鄭成功恐怕並非同時代以及後世的日本人所想像的那般單純的「忠臣」。近松門左衛門所做的人形淨瑠璃歷史劇「國性爺合戰」和史實大不相同（名為和藤內的主角復興明朝、幫助和藤內的忠臣是對清朝投誠的吳三桂等），在當時雖然或許不用說大家都知道，但儘管如此，直到江戶時代，甚至到明治時期之後，鄭成功都以「明朝忠臣」的形象流傳了下來。這在清朝的中國也是相同的狀況。甲午戰爭的結果，占領臺灣的日本相當尊重建在臺灣各地、祭祀鄭成功的「延平郡王祠」，將留著日本人血液的鄭成功視為忠義之臣，將他視為把「大和魂」具體化的人物。在中國，民間也流傳著他是為了明朝抗戰到最後，到了死後都還在抵抗清朝的人物。或許他的確是對撫著自己的後背說著：「要是我有女兒就好了」的隆武帝感到有恩吧。不過概觀他的後半人生，有諸多之處都很難將他看作把復興明朝放在最優先順位。

鄭成功的「忠義」

對鄭成功而言，或許最重要的事是：維持自己的獨立勢力、盡可能以中國南部為據點，若不行的話，至少以南海、東海要衝的臺灣為據點繼續活動。但是當時如果不對清朝投誠，那麼就只能打著「反清復明」的旗號了。要不是新出現了清朝這個「夷狄」王朝，除了維持舊有中華的「明朝」以外，很難想像有其他正統的政權。這不僅在中國大陸，對周邊各國來說也都是共識。除了在一六三七年時對清朝屈服的朝鮮之外，大越（越南北部）、琉球、日本等各國對占領北京的清朝都沒有派遣正式的使節。要到一六八〇年代之後，清朝克服了三藩之亂的大叛亂，周邊各國才承認清朝不是一個容易顛覆的存在。在這樣的狀況之下，如果要抵抗清朝，總之要先打著「復興明朝」的旗號才行。鄭成功「忠義」的招牌絕非出自天真，而是選擇過後的決定。

八、鄭氏與清朝的交涉

在鄭成功死後，失去領頭羊的鄭氏集團在鄭經所率領的廈門派，和擁立鄭成功弟弟鄭襲的臺灣派之間，面臨了分裂的危機。鄭經與負責其教育的陳永華進攻臺灣，讓反對勢力屈服。在這之後，清朝和被逐出臺灣的VOC聯手攻擊鄭氏，因此鄭經的親屬們感到不利，紛紛對清朝投降。最終鄭經放棄了廈門等所有大陸沿海的島嶼，暫時退到臺灣。這個時候清朝和VOC之所以沒有追擊臺灣，是因為清朝對VOC的態度感到強烈的不信任。VOC只對再度占領臺灣展現出強烈的意願，有時候甚至還會侵襲清朝沿岸的村落和寺院。由於敵方的不合，才讓鄭經得以在臺灣喘一口氣。

鄭經從一六六四年退到臺灣的十年間，清朝與鄭氏臺灣之間並沒有發生大的戰爭，反倒是時不時會進行交涉。雙方的主張，提供了例子讓後世得以了解當時國際關係的架構。清朝的提案是承認鄭經等鄭氏留在臺灣，但臺灣的漢人男性都要剃髮，和其他清朝男性一樣編成辮子，而鄭經這方的主張則是，朝鮮也向清朝納貢，但卻沒有辮髮，因此臺灣（他們自稱「東寧」）除了本來就是明朝領土之外，是他們自己開發的土地，因此也應該像朝鮮一樣，朝貢但不辮髮。「朝貢但不辮髮」是從鄭成功時代以來的主張，但加上「臺灣是我們自己開發的土地」這個理由，是從鄭經時代開始的。

清朝方的提案，則是「屬人」的政策，企圖讓人民對清朝這個國家認知扎根。清朝在占領北京前、還在東北時，就命統治之下的男性，無論種族，都應該要留滿族的髮型，剃除一部分的頭髮，剩下的頭髮要結成辮子，也就是辮髮。對清朝來說，在統治之下的人民都是皇帝的子民，照理論來說，既然是親子，那擁有不同的習俗就是很奇怪的事了。反過來看，外國人是外人，就不需要辮髮。也因此清朝令一六三七年進駐漢城（今首爾）的朝鮮王國屈服，但卻沒有要求辮髮，之後對大越和琉球也沒有要求辮髮。為了不與周邊國家的關係發生衝突，自己不會過分介入，這是他們做出宣言所採取的政策。另一方面，清朝在一六四四年占領北京時，宣言繼承已自行崩毀的明朝原有領土，並慎重的為自殺的崇禎帝舉行了葬禮。也就是說，清朝接收了所有原屬於明朝的事物，因此認為居住在這片地上的所有男性都要辮髮，是理所當然的。所以住在臺灣的人們，如果是移居自明朝領土的福建和廣東，那麼臺灣自然也是清朝的，而住在這片土地上的男性就都要辮髮。這就是清朝的主張。

臺灣的定位

對此主張，鄭氏這方雖然承認清朝繼承了明朝，但卻認為臺灣在明朝版圖之外，因此沒道理要被清朝統治，儘管和平相處，尊重清朝皇帝，因此派遣朝貢使節，接受冊封，但卻沒必要辮髮。實際上，在VOC以臺灣海峽上的澎湖群島為據點，試圖建設時，明朝就主張這是福建管轄的島嶼，VOC是不當占據，因此將其逐出。但之後VOC將據點設於臺灣南部時，明朝卻沒有什麼特別的反應。鄭氏這一方所做出的屬地主張：「我們自己開闢了未開發之地，和明朝沒有關係，和清朝也沒有關係」，也是有所依據的。

兩者經常會進行交涉，不過實際上卻是兩條平行線，雙方都看不出來有要向對方妥協的意思。但是很明顯的，臺灣的定位在當時的國際環境之中，就是模糊不清的。清朝當時並沒有足夠的軍事力，能夠奪取這樣曖昧不明的、處於海洋彼岸的島嶼，光是承襲著明朝既有的統治體制，維持舊明朝的領土，就費盡心力了。也就是這樣的條件，讓鄭氏臺灣得以存續。

九、鄭氏集團對臺灣的開發

鄭成功在占據臺灣初期，就將臺灣命名為「東都明京」，似乎是打定主意要建設一個獨立的王國。兒子鄭經也繼承了這樣的構想，更進一步的去除了「明」這個字，將自己的王國稱為「東寧」。VOC和EIC也很明確的將國名記錄為「東寧」。總攬這個東寧王國行政的人物，就是鄭成功大讚為「臥龍」諸葛孔明再世的陳永華。

陳永華將食物的穩定和教育的充實設為政策的根幹。臺灣東寧王國充分考量到與占大多數的原住民之間的關係，企圖擴大農業的生產。當時臺灣的漢人人口估計最多就十五萬人，其中有三—四萬人是鄭氏集團的士兵。他們以屯田兵被投入農業生產，不過農業生產卻沒有達到爆發性的擴大。事實上，由於男性士兵占大多數，女性極少，因此人口的增加相當緩慢，而且為了要避免和擁有臺灣大部分土地的原住民產生抗爭或衝突，土地的開墾也相當緩慢。儘管為了增加糧食生產，但當時臺灣可以耕種稻作的平地開發也未有進展，反倒是番薯、甘蔗等作物有所生產，尤其是後者更是製成砂糖成為輸出品。從砂糖獲得了很大的利益，但卻沒有帶動糧食的生產。要直到鄭氏滅亡後，進入十八世紀，臺灣西部沿岸平原的稻作才有所發展。

陳永華的教育政策當中，有一環是建立孔廟，開設學堂，舉辦科舉。這些政策是為了要確保擔任行政的文官。都是軍官和士兵所形成的集團，有很多都會落入單方面的掠奪，不過鄭氏並沒有陷入這樣的情況。其中的背景可說是因為這些培養行政負責人的政策。此外，在這學堂學習的陳永華次子陳夢球，在鄭氏滅亡後，參加了清朝舉辦的科舉，獲得了進士的稱號，因此臺灣的教育內容可說是達到了頗高的水準。

與原住民的衝突

與臺灣原住民之間的關係，從VOC的時代以來，就一直相當困難。臺灣就算在平地，也有很多原住民進行耕種或獵鹿等地區，無論是VOC、漢人移民還是鄭氏，對他們來說都是侵入者，因此一開始就在土地上有相當多衝突。在這當中，鄭氏集團單方面的以武裝士兵進行示威行動，同時又告誡鄭氏士兵們不能對原住民的土地出手，儘管如此，和原住民之間仍然時不時會發生武力衝突。在清朝接收後的臺灣，直到十八世紀中葉，漢人人口占壓倒性多數之前，漢人會頻繁進入原住民的勢力範圍內，將之擊退。鄭氏東寧王國其實也和VOC一樣，在這原住民占大多數的臺灣土地上，他們只不過是借住了一部分罷了。

十、遷界令和鄭氏東寧王國的滅亡

鄭氏放棄了福建與廣東據點，逃到臺灣，但要就此承認鄭氏之存在，對過去的清朝來說，是很難做到的事。儘管進行了和平交涉，但對清朝來說，鄭氏是掌握了自己國家經濟根幹的存在。

鄭成功與平戶的關係相當深，在從父親手中繼承整個集團時，同時也繼承了對日的貿易。鄭氏集團將中國生產的生絲帶到日本，同時又從日本輸入銀子和銅，這兩種東西在中國被當成貨幣而廣泛使用，鄭氏也藉此獲得了軍費。日本開始了鎖國政策後，驅逐了葡萄牙人，只允許華人和荷蘭人的到來，因此鄭氏集團和VOC得以獨占對日貿易。鄭氏在中國沿岸的大城市設置批發商，對此進行投資，確保供應生絲的途徑以出口到日本，另一方面，清朝在馬尼拉與西班牙人、在澳門與葡萄牙人進行交易，從這些地方獲得銀，不過清朝計畫增加銅錢的鑄造，而從日本購買銅錢的原料銅，會比較便宜，因此為了大量取得銅，最終還是被迫要透過和鄭氏有所關連的商人手裡進口。也就是說，對清來說，鄭氏是單方面左右了國家貨幣發行的存在。而國家絕對不能放任這樣的存在而不顧。

窮困的鄭氏集團

從一六六〇年開始，清朝採取的鄭氏對策開始變得強硬。以昆明為據點的明朝系最後的皇帝永曆帝，在前一年逃到緬甸，清朝終於完成接收舊明朝領土的大業後，敵人就只剩下鄭氏了。清朝原本在一六五〇年代禁止向鄭氏提供物資，但卻沒有獲得什麼效果，因此從一六六一年開始，命海岸三十里

（約十七公里）的沿岸居民遷居至內陸，企圖將這段區域一掃而空、無人化，也就是執行名為「遷界令」的政策。根據考古調查，實際上確實有執行這個強制移居的命令，造成了很多人失去生計。

接著，由於沿海地區無人化政策，導致清朝領土內銀和銅的進口量爆減。由於交換手段的減少，立刻造成交易規模的縮小。這讓清朝領土內各地的物價暴跌，陷入嚴重的通貨緊縮。當然鄭氏也陷入窮困之中，難以獲得生絲，也必須要提高生絲的販售價格，對日本的出口也減少了。但是對日本來說，生絲輸入的量減少，反倒是件好事。

由於戰國時代進入尾聲，日本開始建立一個穩定的近世社會，隨著經濟成長，利用金幣、銀幣、銅幣的機會增加，對金銀銅礦的需要也隨之提升。礦產出口增加，會導致國內礦產價格上升，因此幕府打算限制出口。一六三〇年代開始了鎖國政策的初期，來自明朝的船舶很順利的入港，生絲的進口價格也很低廉，但進入一六五〇年代，鄭氏與清朝的戰爭長期化後，鄭氏手下的商人帶來的生絲價格突然上漲，不過同一時期，日本國內的生絲生產也有所成長，逐漸取代進口。一六六八年，幕府停止銀的出口，之後進入十八世紀後，也一貫的壓制對中貿易的總額。鄭氏在採購生絲時也逐漸困難，同時日本對出口又有所限制。占領臺灣的鄭氏，之所以立刻轉向開發農地，就是有這樣的背景。無論如何，中日貿易受到了中日雙方政府的壓制，在兩者中間往來的鄭氏集團所能獲得的貿易利益就不斷的減少。

鄭氏一族的滅亡

一六七三年，在清朝領土的南部發生了大叛亂，為了呼應三藩之亂，鄭經親自率領軍隊前往福建遠征。但是反叛軍的步調並不一致，鄭經受到南下的清軍攻擊而退回臺灣，甚至隱居起來，由陳永華以及鄭經的長子鄭克壓來繼承其後並執行政務。鄭克壓還是小嬰兒時，曾經差一點被脾氣暴躁的祖父鄭成功所殺。他娶了陳永華的女兒為妻，但是當陳永華在一六八〇年死後，鄭氏的實權卻轉移到弟弟鄭克塽的岳父馮錫範手中。一六八一年，鄭經死後兩日，馮錫範便主張鄭克壓並非鄭經的親生兒子，並予以殺害，立鄭克塽為東寧國王。這一年，清朝平定了三藩之亂，並開始計畫撲滅最後的反清勢力鄭氏。一六八三年夏天，清朝的臺灣遠征軍在澎湖粉碎了出來迎擊的鄭軍，逼迫鄭克塽降伏。十月，鄭克塽放棄抵抗，宣告投降，自行剃髮結成辮子。鄭氏在東海一隅所建立起的勢力，歷經了四代就此滅亡。

一六八四年，鄭氏勢力滅亡後，清朝解除了遷界令，讓貿易自由化。包含對日貿易在內的所有對外貿易，都達到了戲劇性的恢復，清朝達到貿易盈餘。接下來的一百年，清朝以這番順利的貿易為背景，高唱著景氣大好。在貿易自由化之際，清朝將過去由市舶司等接受朝貢的機關所負責的貿易管理權限，移交給江海關、浙海關、閩海關、粵海關等四個貿易稅徵收機構。因為貿易不再需要朝貢，且進行貿易時，條件就是要在通過這四關其中之一時，繳交稅金。商人們不再需要武裝了。商人們只需要帶著商品前往日本和東南亞，在這同時，也有越過印度洋而來的歐洲商人們，貿易越發活躍。清朝在陸地上仍不時會發動戰爭，不過在中國海上已不再用武力介入國際秩序了。倭寇等武裝民間商人橫行、動盪的時代宣告結束。

康熙帝（一六五四—一七二二年）

一六九一年五月三十日，距北京的北方約三百六十公里處的多倫諾爾（位於今內蒙古自治區內），南蒙古各部落、東蒙古喀爾喀部落的領袖與西藏佛教的高僧們，謁見三十八歲的康熙帝，行了三跪九叩的大禮。他們是受到了統治西蒙古的準噶爾部落施加的壓力，因此臣服於清朝，成為清朝的臣民。這件事對清朝來說，意味著結束了與準噶爾長達半世紀以上的全面戰爭。康熙帝平定了一度占據清朝版圖南半部的三藩之亂，並消滅從進入北京開始就一直敵對的鄭氏集團，將臺灣劃入版圖，他將自己的後半生投注於和準噶爾之間的戰爭。

一、即位與清除鰲拜

康熙帝於一六五四年出生於北京，死後取其治世之元號「康熙」，稱其為康熙帝。本名為玄燁。這並非是像當時滿洲人或蒙古人將滿語、蒙古語的發音配上漢字作為名字，而是第一位以漢字命名的清朝皇帝。一六六一年，父親順治帝因天花而以二十四歲的年紀逝世，依照父親的遺詔，玄燁繼位，當時他才八歲。在這之前，滿洲人一般都以協議的方式決定君主，因此這次按照上一代的意思來選擇新的君主，對滿人來說是前所未有的狀況。

康熙帝是吸收了大量漢文化的順治帝福臨的第三個兒子。母親佟佳氏是八旗漢軍（自皇太極時代就追隨清朝，被編入八旗的漢人）出身。不過即位後集結在玄燁身邊的是蒙古系的順治帝皇后（由於丈夫去世成為皇太后），和順治帝的母親皇太后（由於兒子去世而成為太皇太后），因此康熙帝反而是在偏蒙古的氣氛中長大的。

輔佐年幼康熙帝的是過去支持順治帝的四位重臣，康熙帝在十六歲時，逮捕了其中的中心人物鰲拜，並將其監禁至死。順治帝也是六歲即位，輔佐他的有叔父多爾袞，但在多爾袞死後，十四歲的順治帝列舉了他的罪狀，將遺體從墳墓中掘出，並予以斬首。順治帝是透過展示如此殘酷的舉動，來顯示自己掌握了實權。事實上，在即位與開始親政之時，皇帝就開始清除前代的重臣，這樣的舉動也發生在下一任的雍正帝、接下來的乾隆帝、嘉慶帝、道光帝，這可說是一種固定的儀式了。

康熙帝

二、三藩之亂

儘管從後世看來是標準的政治劇，但對當時的人來說，鰲拜等順治帝時代以來的重要人物們紛紛退場，是非常衝擊的。其中最受衝擊的就是與清朝中樞關係頗深的清朝南方漢人將軍們。

清朝的老家位於長城東側，居於現在中國東北的女真人在十七世紀初由努爾哈赤統一，即位為大汗後的國家稱為後金國。說著一口流利漢語的後金第二代大汗，之後成為大清國皇帝的皇太極，他相當厚待從明朝前來投誠並帶著新式歐洲大砲的漢人將軍們，並將他們的軍團編制成火器部隊，並直屬於自己掌控之下。而李自成所率領的叛軍占領了北京，明朝最後一個皇帝崇禎帝自殺後，出身遼東的明朝最後抗清戰爭司令官吳三桂，便前來投靠清軍。

這些漢人將軍以及旗下的軍隊，在一六四四年之後接收舊明朝領地時大大的活躍，在一六六一年，吳三桂逮捕了逃到緬甸的明朝系最後的勢力永曆帝集團，並將永曆帝處死。之後三位漢人將軍被分封到舊明朝領土的各地，並賦予「王」的稱號，分別為雲南平西王吳三桂、廣東平南王尚可喜、福建靖南王耿仲明。他們之後被稱為「三藩」，其定位在清朝皇室頂端、擔任政權中樞的旗王下面一級，並與皇室和元老重臣們結為姻親。與其說是軍閥，說他們的立場是建國功臣、上級貴族或許更為恰當。再加上年紀尚輕的順治皇帝為了強化自身的政治話語權，利用三藩來牽制滿洲的王公貴族們。也因此三藩得以進入了離清朝中樞相當近的立場。入關之後經歷了大約三十年，在入關後出生的康熙帝清除了元老重臣鰲拜之舉，對三藩來說，看起來就是新生代在奪取既得利益一樣。

一六七三年，七十歲的尚可喜因與兒子不合，提出希望退休回到遼東隱居的要求。這麼一來，康熙帝便命令不只尚可喜本人，連兒子也要回到遼東。聽到這個消息，吳三桂也請求退休。吳三桂原先設想自己會受到慰留，不過當時二十歲的康熙帝允許了吳三桂的退休，此舉惹怒了吳三桂。同年冬天，吳三桂高舉反清復明的旗號舉兵。隨著舉兵的行動，吳三桂的兒子、康熙皇帝姑母的丈夫吳應熊便在北京遭到處決。

鎮壓三藩之亂

為了響應吳三桂的舉兵，尚可喜的兒子尚之信、耿仲明的孫子耿精忠也發動了叛變。在臺灣的鄭經也呼應耿精忠，前往福建南部。三藩和鄭氏集團在一時之間壓制住了長江以南的地區。三藩儘管結為姻親關係，但步調並不一致，與鄭氏也沒有建立起合作關係。因此康熙帝以宗室（皇族）和八旗軍為中心，予以各個擊破。到一六七六年為止，耿精忠與尚之信向清朝投降後，戰況轉為對清朝有利，到了一六七八年，吳三桂病死，一六八一年吳三桂的孫子吳世璠遭到包圍，在昆明自盡，三藩之亂宣告結束。在一六八三年，清朝又讓鄭氏屈服，並接收了臺灣。這就是往後也持續作戰的康熙帝，第一場戰爭的勝利。

鎮壓了三藩之亂，成為了一個機會，向內外顯示清朝穩固的磐石。琉球、大越也都出現了要呼應叛亂軍的動向，不過由於叛亂遭到鎮壓，因此他們開始摸索著要與清朝建立穩定的關係。日本也看到清朝穩定的政情，開始調整貿易管理政策，企圖建立雙方穩定的關係。明清交替的動亂終於結束。自從倭寇時代以來，處於動盪與兵荒馬亂當中的東亞海域，也逐漸的平靜了下來。

三、《尼布楚條約》

對掌握了舊明朝領土的康熙皇帝來說，接下來會威脅國家安全的，就是企圖進入黑龍江流域的俄羅斯了。自十三世紀以來，在欽察汗國，也就是「金帳汗國」統治之下，莫斯科以負責徵稅而發展起來，在統治者伊凡一世受封大公之位以後，莫斯科就成了欽察汗國的西北要塞。一五七六年，莫斯科大公被承認為「金帳汗國」的繼承人，伊凡四世接受了「金帳汗國」大汗後裔的讓位，並自稱「沙皇」。一六一三年，米哈伊爾·羅曼諾夫成為沙皇，俄羅斯的羅曼諾夫王朝就此誕生。俄羅斯羅曼諾夫王朝為了避免與蒙古發生衝突，向東方尋求殖民地，進入西伯利亞，到了北邊的太平洋。他們在一六三九年前後抵達太平洋沿岸，接著南下，在一六四四年左右進入黑龍江流域。之後，就經常因為黑龍江流域而與清朝產生小規模的爭執。一六五四年，俄羅斯在尼布楚建立了城堡，還設置了行政官。

俄羅斯方面希望與清朝進行貿易，但清朝認為俄羅斯擅自進入黑龍江流域，因此拒絕與之進行貿易，就此置之不理。清朝由於疲於處理南方的明朝殘存勢力與鄭氏，再加上三藩之亂，因此並沒有餘力去對抗俄羅斯。但是三藩之亂結束後，臺灣的鄭氏明顯弱化，康熙帝就開始著手對付俄羅斯。一六八三年，康熙帝親自到達吉林，指揮軍隊一掃俄羅斯的要塞。一六八九年，清朝在尼布楚與俄羅斯簽訂條約，設定清俄的國界在黑龍江遙遠的北方，讓清俄之間的關係暫時獲得穩定。

但是介入清俄戰爭的蒙古卻發生了問題。東蒙古的喀爾喀族人對俄羅斯的侵襲感到不滿，因此在清軍北上之際攻擊了俄羅斯的要塞，但統治西蒙古的準噶爾卻在背後虎視眈眈，發動了攻擊。喀爾喀族人便向清朝尋求援助。康熙帝除了保護越過戈壁大沙漠而來的喀爾喀人之外，也親自往漠北（戈壁沙漠以北）的要衝多倫諾爾——也就是元朝時代的上都——前進。這就是準噶爾與清朝往後長達半世紀以上戰爭的開始。

四、草原的霸權之爭

漠北的蒙古大致上分為以喀爾喀為中心的東方，和被稱為瓦剌的西方。在十七世紀之後，隨著滲透進蒙古的西藏佛教之爭，以及喀爾喀的繼承人之爭，瓦剌也不時會攻打喀爾喀。統治瓦剌的部落是準噶爾族，其領袖是師事西藏達賴喇嘛五世的僧侶，且是有修行經驗的噶爾丹可汗。準噶爾部落控制住俄羅斯和清朝進行內陸交易的據點，並有自己的騎兵部隊，再加上許多的火器，是君臨了中亞東部的強大遊牧集團。

一六八八年，康熙帝擔憂喀爾喀內部繼承人之爭，委託達賴喇嘛五世調停紛爭，但之後喀爾喀的土謝圖汗卻殺害了噶爾丹可汗的弟弟。噶爾丹可汗盛怒之下，率領大軍入侵喀爾喀的遊牧地。喀爾喀軍被攻破，喀爾喀族人越過了戈壁沙漠向清朝尋求庇護。

一六九〇年，清軍和準噶爾軍在今天的赤峰附近發生衝突。戰線膠著，清軍的援軍到來後，準噶爾軍便退去。一六九一年，康熙帝親自到多倫諾爾，接受喀爾喀人的投降。一六九六年，康熙帝和噶爾丹對決，為了奪回喀爾喀族人的遊牧地，親自率軍進入蒙古高原。對大軍心生恐懼的準噶爾往後退，清軍在庫倫（今烏蘭巴托東方）捕獲噶爾丹，並摧毀其主力軍。在一六九一年，噶爾丹的外甥策妄阿拉布坦發動叛亂，因此噶爾丹無法回到大本營伊犁、塔里木盆地。噶爾丹就此病死。

噶爾丹死後的二十年，一七一七年，策妄阿拉布坦所派的準噶爾軍隊突襲了西藏的拉薩。趕來救援的清軍被擊退，西藏一時間落入準噶爾勢力之下，但在一七二〇年，清軍再度從四川進攻拉薩，準噶爾軍便後退至蒙古高原西部。清軍就此冊封達賴喇嘛七世，進入拉薩。之後清朝就以施主的身分，保護著成為西藏佛教主流的歷代格魯派領袖達賴喇嘛，並駐軍於此。

趁勢的清軍

康熙帝所率領的清朝和準噶爾之間，在草原上的霸權爭奪戰，前半段就在一七二〇年保護西藏開始，以清朝占優勢而告終。康熙帝在一七二二年去世之後，下一任清朝皇帝雍正帝，也和繼承了策妄阿拉布坦的兒子噶爾丹策零之間，持續的抗爭。清朝和準噶爾抗爭的最終章，進行於噶爾丹策零死後。噶爾丹策零死後，準噶爾內鬥不斷，一七五五年清兵出兵，勢如破竹的入侵塔里木盆地，擊敗了準噶爾軍。之後在討伐作戰時，清軍所帶來的天花，襲擊了沒有免疫力的準噶爾族人，尤其讓伊犁地區的人口大減。之後準噶爾所統治的伊犁地方塔里木盆地被劃入清朝的領土，被稱為「新疆」（新的疆土）。

五、盛世之基礎

康熙帝和孫子乾隆帝擴展了清朝的版圖，經常被讚譽為清朝帶來了全盛時期。先不論擴展版圖有什麼樣的意義，康熙帝後半的治世到乾隆帝治世的末期，大約整個十八世紀，清朝領土內的人口急速增加，同時經濟也維持著良好的狀況。而為這樣的狀況打下基礎的，就是康熙皇帝的政治。

一六八〇年代，三藩之亂終結，臺灣的鄭氏降伏後，康熙帝便解除過去實行禁止貿易的政策「遷界令」。而這便帶來了對外貿易急速的擴大。原本從明朝時代開始，對外貿易就對產業帶來了莫大的利益，以提供在中國利用的貨幣原料來說，有很重要的意義。重啟貿易除了對靠貿易維生的人們來說，得以營生之外，對清朝來說也帶來了豐富的貨幣供給，成為景氣向上的基礎。

清朝經濟的成長

過去在明朝，為了納稅產生了對銀的需求，但如果只使用銀，就會出現能直接從海外獲得銀的「城市」，以及必須要仰賴城市提供銀的「農村」，這兩者之間的貧富差距會不斷擴大。實際上明朝就是因為生活困苦的農民發動叛亂而自我毀滅，引起了清朝的進入。清朝以此為反面教材，首先就增加了銅錢的發行量，同時也許可農民在納稅時利用銅錢，切割城市經濟和農村經濟。接著在一七一三年，將人頭稅固定為一七一一年的人口數額。也就是說，只要人口增加，每個人所必須負擔的稅就會減少。接著在明清交替之際，湖南、湖北、四川等長江中游地區因戰亂和瘟疫流行導致人口銳減，因此政府鼓勵因和平到來而人口開始增加的江蘇、安徽、浙江等長江下游地區，以及福建、江西等地的居民移居到這些地方。隨著貨幣供給的擴大、減稅的措施、改善人口與耕地的平衡，清朝的經濟持續成長。在康熙帝之後繼位的雍正帝廢止了人頭稅，接下來的乾隆帝大量發行銅錢，支撐住農村的經濟。各地的人口順利增加，同時耕地也能獲得更有效率的利用。接著原產自美洲大陸的玉米和番薯的栽培普遍化，在山地也能確保糧食熱量的來源，辣椒和菸草等商品作物有所生產、流通，經濟更加的活化。

康熙帝的政策，除了擴大清朝領土之外，也帶來了國內經濟的成長與人口的急速增加。在他之後到孫子乾隆帝時代約一世紀裡，形成了擁有大量人口與廣大版圖的國家。

六、懊惱的老皇帝

康熙帝的生涯是勝利與光輝。但是在他的晚年，卻因繼承人的問題所苦，據說他甚至時而會臥床而泣。在此之前，滿洲的君主並不會在生前決定繼承人，都是在君主死後，由當權者透過協商來決定下一任君主。但是順治帝在病危之際，決定了由康熙帝來繼位，這時候除了康熙帝之外，沒有其他適合的皇子，因此並沒有出現爭議。康熙帝繼承了順治帝的皇位後，在一六七四年，他寵愛的皇后產下了兒子胤礽後，因難產而崩逝，過了兩年，康熙帝便違反傳統，立胤礽為皇太子。這也是清朝史上唯一的一位皇太子。

康熙帝非常寵愛自幼眉清目秀、聰明伶俐的皇太子胤礽，並相當信任他。當康熙皇帝三度為了對抗噶爾丹而遠征，二十多歲的胤礽便負責留守北京。不過當康熙帝從蒙古回來之後，其他的皇子正好是成年的年紀，胤礽和康熙帝之間的關係便急速惡化。一七〇三年，康熙帝監禁了胤礽的外叔公，也就是死去的皇后的叔父索額圖，直到死為止。五年後，康熙帝帶著皇子到南蒙古狩獵，要胤礽在所有人面前向他下跪，一邊流著眼淚一邊廢除了他的皇太子之位，他的理由是胤礽為了殺自己，在夜裡窺探自己的帳篷。康熙帝甚至還說胤礽遭到鬼附身。

之後九位皇子之間上演了激烈的繼承人之爭（九王奪嫡），幾乎所有的皇子都垮臺。其中的理由，有的是主導了把胤礽搞垮的陰謀，有的是遭到詛咒等。一七〇九年，康熙帝恢復了胤礽的皇太子之位。但是到一七一二年，康熙以皇太子逼迫自己退位為理由，再度廢除胤礽的皇太子之位，並將之幽禁在紫禁城之內。被幽禁的胤礽在一七二五年，以五十一歲的年紀去世。

清朝的盛世

一七二二年十二月，康熙帝待在位於紫禁城西北的離宮暢春園（圓明園的南邊，在今天北京大學校園內）期間時，因染上風寒而突然逝世。享年六十九。臨終之際，他所指名的後繼人是四子胤禛。儘管只有大臣隆科多聽聞了遺詔，因此有人傳言是隆科多擅自造假皇命，讓自己的外甥成為繼位者，不過康熙帝晚年和隆科多的確相當照顧胤禛，因此實際上繼位並非那麼不自然。

雍正帝胤禛繼位後不久，就在紫禁城乾清宮正殿上「正大光明」匾額的背面放了寫上繼位者名字的密匣，並囑咐其他人要在自己死後才能看這個名字，這個舉動被稱為「儲位密建」。或許是因為被傳自己的即位是篡奪而來，因此學到了教訓。另一方面，這個做法是在滿洲君主死後以協議制指定繼承人，以及漢人君主在生前指定繼承人這兩種方式之中，確立了一種折衷的方式。隨著皇位繼承制度的穩定，清朝因而迎來了盛世。（↓第十一章）

李成梁（一五二六—一六一八年）

明朝末期的遼東總兵，可稱得上是東北總司令官。而李成梁歷任兩任長達約三十年的時間擔任此位，是引發明清交替的其中一位人物。

李成梁出生於遼東鐵嶺衛的下級武官之家。李氏一族從朝鮮移居至遼東，並擔任明朝的武官。也就是說，他們自認並非是天生純粹的漢人。

李成梁過四十歲才任官，累積了功績並以武將不斷晉升，在一五七〇年被任命遼東總兵。成為遼東總兵的李成梁，在與蒙古和女真等國境之外的勢力戰鬥時，屢屢獲勝，也與這些國外勢力逐漸加深商業上的關係。與戰爭對手的商業關係，為明朝末期的邊疆帶來了活力，同時也為清朝勢力的抬頭做了準備。

明朝在建國當初，就訂立國家政策，禁止朝貢以外的對外貿易。考慮到周邊勢力如果成長，就會威脅到國家安全，因此明朝禁止對外貿易的政策，沒有給予周邊勢力商業的機會，並且以「朝貢」來取代與周邊勢力之間的貿易，就能防止物品被帶出明朝。但是蒙古和女真人為了要求明朝允許交易，時而會訴諸武力，並且越過國境的長城進行襲擊。李成梁就是擊退了這些勢力，累積了許多戰功。

一五六七年，對外一直採取強硬措施的明朝皇帝嘉靖帝去世，明朝的政策立刻大為轉變。在東南方為了抑制倭寇的活躍而許可了對日貿易。接著在一五七一年，明朝和蒙古的俺答汗之間簽訂了稱為「隆慶和議」的和平條約，其背景就是商人們看上了對日銀貿易和長城周邊對外貿易帶來的利益，因此對明朝中樞的推動。

貿易擴大

隨著明朝許可對外貿易，貿易量急速的增加。由於需求很大，大量的銀和銅便從日本流入明朝領土內，而明朝的生絲與銅錢則被帶到日本去。由於大量銀的流入，讓城市地區景氣大好，出現了對奢侈品的需求。當時明朝城市地區的代表性奢侈品有貂皮和具有滋養強健效果的朝鮮人參。女真人會在蒙古高原以北之地到中國東北捕捉在此棲息的紫貂，並製成皮毛，也會在朝鮮國境附近的長白山採集朝鮮人參。因此與女真人交易就會產生莫大的利益。

儘管明朝許可對外貿易，但明朝卻要決定誰是明朝商人可以做生意的貿易對象。表面上許可向明朝進貢並順服的異族首長，將之視為明朝的恩澤，因此可以和他們做生意。換句話說，如果沒有進行朝貢的許可證，就不能和明朝進行貿易。這樣的架構和日本室町期所進行的勘合貿易是完全相同的。而在明朝東北方握有發行許可證權限的，就是遼東總兵。

努爾哈赤的成長

歷任遼東總兵因畏懼在東北出現像十二世紀大金一般的敵對勢力，因此將貿易許可證分散交給不同的女真人首領，讓貿易的利潤不會過於集中。但是隨著對東北產品的需求急速擴大，擔任遼東總兵的李成梁便改變方針，只把貿易許可證發給對自己順服的滿洲族首領努爾哈赤，讓他進行女真的統一。女真獲得統一後，以明朝來說，購買東北產品的途徑就能統一，也能控制購買的價格。若能把用便宜價格買來的東北產品，以過去相同的價格賣到明朝領土內，那麼在邊疆進行進貨的商人，和負責管理進貨的李成梁，都能獲得龐大的利益。一五九一年，李成梁因為過著過度奢侈的生活而遭到強烈的批判，暫時被解除了遼東總兵之位。

一六〇一年，遼東陷入混亂，為了重建對遼東的統治，七十六歲的李成梁再度被任命為遼東總兵。當時努爾哈赤已經統一了滿洲族，勢力擴大，從貿易獲得的利益也有所提升。但是李成梁的行動卻有點僵硬。一六〇六年，他表示在自己當初擔任遼東總兵時獎勵移居的邊境地區，防衛變得困難，因此強制命令六萬多戶移居至此的人民移住到別地。接著出現了許多不服此移居命令的人民，他便予以殺害。在明朝中央失去影響力的李成梁，因此舉再度受到強烈的批判，於一六〇九年遭到解任。蟄居於北京的李成梁在一六一八年死去，享年九十三。但女真幾乎已完成統一，建國後金，坐上大汗之位的努爾哈赤在這一年，對明朝宣戰，次年在薩爾滸之戰中擊敗明軍，揭開了明清之戰的序幕。

李自成（一六〇六—一六四五年）

一六四四年攻陷北京的叛亂軍首領李自成，於一六〇六年出生於明朝陝西延安府米脂縣的貧窮農家。米脂縣位於距長城要衝榆林衛直線距離七十公里的位置，是國防的最前線。由於李自成一家位於最前線，因此明朝規定他們擔任養馬戶，照顧在最前線傳遞情報用的官馬，但卻為了賠償因旱災而亡的官馬破產而家道中落。李自成長年以來在故鄉米脂縣擔任驛卒，管理馬匹並輔助傳送公文，但在一六三〇年代就此失業，因此轉而為流寇。李自成的前半生，可說是代表了明朝末年社會矛盾的存在。

首先當時的社會矛盾有來自貿易、經濟結構的地方貧富差距。河南、山西、陝西、甘肅等黃河中上游流域的乾燥地帶，在十七世紀森林完全消失，土地缺乏保水力，農業生產力絕對稱不上高。當時的明朝在成立初期，在納稅時會有部分用銀來取代穀物等實際作物。這麼一來，為了上繳銀子，農民就必須販賣作物來獲得銀子。在長江下游流域的肥沃土地上生產稻米、種植桑樹養蠶生產生絲來換取銀子，算是相對比較容易的。但是在陝西就沒有這種可以變現的作物。只能想辦法販賣便宜的穀物，來獲得納稅用的銀子。

除此之外，在農村與城市之間，因課稅負擔的差異，有著很嚴重的貧富差距。在明朝，有時候甚至會對銀礦山徵收很高的稅賦，甚至高達生產量的一半，因此儘管需求量高，國內的銀礦山開發卻進展緩慢，必須仰賴進口的銀。進口的銀主要是靠在明朝領土內生產的生絲等來換得。負責出口生絲的人，不用說，自然是城市的商人了。城市裡的商人會在農村購買城市裡需要的糧食，以及出口用的生絲，並用銀子支付給農村。農村就用這些銀子來繳稅。明朝政府就會將這些徵收來的銀子作為支出。最主要是支付在長城附近與蒙古或後金（清朝）對峙的軍隊士兵的軍餉，或者是用來採購軍需用品，不過向最前線的軍隊販賣軍需用品的，同樣也是城市的商人。這麼一來，從海外流入的銀子，最終還是回到城市商人的手上。由於必須要維持長城附近的軍隊，明朝因此終年處於財政嚴峻的狀態，同時進入到農村的銀子又被上繳給國家。因此就出現了貧窮的農村和景氣熱絡的城市這樣的架構。

明朝財政困難的嚴重化

明朝在十六世紀末開始陷入慢性的財政困難。包含萬曆帝在內，皇族都過著奢侈的生活，不過造成財政困難最主要的原因還是作戰的費用。一五九二年，投降自蒙古的將軍哱拜在寧夏（今甘肅省）發動了叛亂。就在鎮壓叛亂之際，朝鮮請求派出援兵，來應付豐臣秀吉對朝鮮的出兵。一五九七年，貴州當地的有力人士（土司）楊應龍發動了叛亂。朝鮮的對日戰爭一直持續到一五九八年，而明朝也直到在朝鮮的戰爭結束之後，才完全鎮壓了楊應龍的叛亂。也就是說，被稱為「萬曆三大征」的內亂、戰爭，造成了明朝嚴重的財政困難。

在同一時期，萬曆帝也以自己要使用的經費不足為由，派遣手下的宦官去對礦山徵稅，並強行徵收商業稅、通行稅等，遭到城市居民強烈的反對，因而挫敗。城市中貧困的居民時而會以暴力抵抗，這是對稅吏的霸道和萬曆帝的奢侈直接的批判，但以整個結構來看，是城市地區拒絕負擔加重的賦稅。進入十七世紀後，明朝與後金（清朝）的戰爭持續不斷，而戰爭費用的負擔便全都轉移到農村人口的身上。

社會經濟上的負擔和矛盾壓迫著農村，但在一六二〇—三〇年代，旱災更襲捲了西北的農村。在農村失去歸屬的人們，只能轉而為流寇。政府因財政困難，無法支付薪餉，而這些驛卒和士兵、軍卒等人也成為流寇。為了鎮壓流寇，明朝的軍事費用增加，削減其他的支出，這麼一來，投身成為流寇的人反而變得更多了。明朝必須與清軍和流寇兩個敵人戰鬥，但卻無法壓制流寇，在一六四一年，李自成率領的流寇突襲河南的大城市洛陽，並占領此地。萬曆帝的兒子朱常洵因生活奢侈而體型肥胖，人就在洛陽。李自成處決了朱常洵，並將他的肉加以烹煮，與手下士兵一起享用。由此可見西北農民所懷抱的恨意可說是恨之入骨了。

一六四二年左右，李自成率領的流寇摸索著要建立起自己的國家。李自成將河南、陝西、甘肅等地收歸統治之下，在一六四四年建國號「大順」，並開始攻擊北京。李自成於四月占領北京，明朝最後的皇帝崇禎帝自盡，他埋葬了其骨骸，並坐上紫禁城的王位。城市因奢靡而踐踏了貧困地區的農民，他們的憤怒終於推舉李自成坐上了王位。

占領了北京的李自成軍隊，因軍紀混亂，時不時會進行掠奪，因此讓舊明朝的官僚和市民抱持強烈的反感。守在山海關的明朝對清戰爭司令官吳三桂向清朝投降。為了發動攻擊，李自成軍前往山海關，但卻被吳三桂和清朝的聯合軍隊擊破。李自成因此帶著在北京搜刮而來的財寶逃到西安。但清軍追擊的攻勢不減，李自成軍因此瓦解。李自成接著南下，在一六四五年初夏，於湖北武昌近郊被當地的自衛團體所殺，享年四十。

揆一（約一六一五—約一六八七年）

其名直譯為弗雷德里克·科耶特（Frederick Coyett），是VOC第十二任、也是最後一任的臺灣長官。

約在一六一五年，揆一家族從荷蘭的布拉邦公國移居到瑞典的斯德哥爾摩，家族是法蘭德斯的貴族。弟弟彼得是位外交官，家族算是名門。並不清楚他年輕時做過什麼，但在一六四四年前後，他工作於VOC巴達維亞（今雅加達）的辦事處。之後他歷經在臺灣商館的職務後，在一六四七—一六四八年、一六五二—一六五三年之間，兩次擔任出島的長崎商館長。接著他又擔任了臺灣辦事處的次長、評議會長後，在一六五七年起擔任臺灣長官。

因共主邦聯而實質上被西班牙所合併的葡萄牙，在當時獨占了與亞洲的貿易。VOC是在一六〇二年為了要打破葡萄牙的獨占而設立的股份公司。從一開始，荷蘭共和國政府就賦予其交戰權、條約締結權、殖民地經營權，以便用武力來排除競爭對手，並建設據點，設於巴達維亞的總督和評議會就經營這些事務。

與華人的摩擦

VOC設立不久之後，就開始出現於遠東地區。在一六〇四年，VOC企圖在臺灣海峽上的澎湖群島建設據點，但卻被明朝官府所驅逐。之後VOC便計畫搶奪葡萄牙的據點澳門，不過以失敗告終，因此在一六二二年再度占據澎湖群島，封鎖福建南部的海上，希望明朝能夠讓步。不過明朝的福建當局發動反擊，被迫退出澎湖的VOC，接著又盯上臺灣島南部的大員，這個地方是原住民所居住的地區。臺灣島西海岸有以鄭芝龍為首的華人貿易商建立據點，VOC為了爭奪中日貿易的主導權，就和這些華商展開鬥爭。明朝福建當局在一六三六年也被牽連進雙方的鬥爭，最後由鄭芝龍獲得勝利，VOC被迫要仰賴鄭芝龍的生絲供應。

從一六二〇年代後半起，VOC便開始了對臺灣南部的開發。他們建設了熱蘭遮城作為總根據地，接著又建設普羅民遮城，作為漢人移民的根據地。他們一邊對原住民行使武力，一邊和原住民的代表協商，在土地所有和徵稅方式上達成協議。若不能達成協議，VOC有時甚至會徹底破壞當地的村落，掠奪居民成為奴隸，將搶奪而來的土地借貸給漢人等。VOC的勢力就這樣擴及臺灣西部平原的南半部。同一時期，臺灣北部沿岸有西班牙人進入殖民，不過在一六四二年遭到VOC的驅逐。

揆一在赴任日本之前，於一六四五年前後短暫停留過臺灣，當時VOC在臺灣南部的經營終於上了軌道，這裡不僅是中日貿易的據點，和原住民之間的關係也逐漸穩定，他們讓福建和廣東來的漢人移民殖民到他們所獲得的土地上，並向漢人收稅，接著又生產、出口甘蔗和砂糖，獲得了利益。這些漢人移民幾乎都是到外地工作的單身男性，據說人數高達一萬一千人—一萬六千人。

這些漢人移民對VOC所課的稅抱持著各種不滿，在一六五二年，發生了一起幾乎將所有漢人農民都捲入的暴動，稱為郭懷一事件。荷蘭有三十四位殖民者遭到殺害，VOC則殺害了大約三千到四千名漢人移民，並鎮壓了暴動。在事件之後，VOC對華人的猜忌心急速加劇。一六五七年，揆一就任了這片充滿猜忌的臺灣土地的長官。

一六六一年五月，他們所恐懼的鄭成功軍隊出現在熱蘭遮城下，並發動包圍戰。死守熱蘭遮城的一千七百三十三人當中，只有八百七十人左右是士兵，但在揆一的指揮之下，整整對抗了鄭成功超越一萬人的軍隊長達八個月的時間。次年一月，熱蘭遮城近郊的烏特勒支碉堡落入鄭成功手中後，揆一便放棄抗戰，開始與鄭成功進行停戰談判。歷經八個月的包圍戰而戰力大傷的鄭成功，立刻回應了談判，並在二月一日達到共識，揆一等VOC的人員就此回到巴達維亞。

清軍占領臺灣

VOC在此之後持續對鄭氏集團發動攻擊，時而會與清軍共同作戰。但是他們無法奪回臺灣，只能在一旁看著清軍占領臺灣。十七世紀後半，日本完成了鎖國政策，因此在貿易上無法提升利益，VOC便以失去臺灣為契機，開始將重心轉移在印尼經營殖民地，以及到澳門、廣州進行對中貿易的活動。

另一方面，揆一回到巴達維亞，接受了軍事審判，被追究失去臺灣的責任。判決的結果是要被流放到班達群島的艾一島，不過在八年之後的一六七四年，揆一支付了巨額的贖罪金，得到威廉三世的赦免，終於回到阿姆斯特丹。赦免的條件中規定他再也不得參與VOC的相關事務。

揆一在回到阿姆斯特丹的次年一六七五年，發行了署名「C．E．S」的著作《被遺忘的福爾摩沙》，書的內容是以機密文件為基礎，敘述關於熱蘭遮城中抵抗鄭成功包圍的過程，並主張是因為巴達維亞辨事處及VOC高層的怠忽職守，才導致失去臺灣。這被認為是揆一為了替自己辯護而寫下的書。

施羅保（？—約一六四七年）

一六四四年，北京陷落之時，廣東中部的小半島澳門，實質上已成為葡萄牙人的居住區，當地的長官施羅保（Sebastião Lobo da Silveira），因歐洲政情的變化被波及而遭到逮捕。在此要說明施羅保遭到逮捕與當時東亞國際關係轉換之間的關聯。

葡萄牙人在一五一三年初次出現在明朝所統治的廣東。當時廣東當局將在周邊海域進行海盜活動的葡萄牙人視為一項問題，因此在一五二一年對此進行了武力驅逐。一五四〇年代，被稱為「倭寇」的華人商人，不僅進行中日貿易，也開始到東南亞進行貿易後，他們的貿易夥伴葡萄牙人就開始將據點設在珠江三角洲西南端的上川島，加入對日貿易。沙勿略在一五五二年為了傳教，由日本到達中國，懷著未竟之志而亡的地點也是上川島。不過因為受到明朝官府的壓迫，他們放棄了上川島這個據點，接下來將據點建在澳門。

之後被稱為澳門的這個小半島，最初是福建人為了進行漁業以及東南亞貿易所設的小港口，建有祭祀福建航海女神媽祖的「媽閣廟」（以現代廣東話的發音則是Ma Kok Miu）。葡萄牙人在一五五〇年代中期，以借地晾曬浸水貨物為藉口，開始居住於此地。之後又贈送明朝廣東當局鉅額的賄賂，並以每年支付土地費為條件，花了數十年把居留於此地變成既定事實，在一五八三年設置了葡萄牙的澳門議會。

在十七世紀以後，在歐洲人之間，都認為明朝是把澳門給了葡萄牙，當作討伐海盜的獎勵，不過在十六世紀的史料中，卻完全找不到能跟此傳言相呼應的史料。

對澳門的攻擊

在成立澳門議會的五年前，一五七八年發生了對葡萄牙王國非常衝擊的事件。二十四歲的國王塞巴斯蒂昂在親征摩洛哥時，於戰亂之中行蹤不明。因此一五八〇年，西班牙的費利佩二世以自己是塞巴斯蒂昂的表兄弟為由，派遣大軍進到里斯本，並登上葡萄牙國王之位。這麼一來，就成立了西班牙與葡萄牙的共主邦聯，但這件事也讓澳門出現了新的敵人。原本葡萄牙就是連接地中海和北海的要衝，從羅馬帝國時代開始，就享盡了繁榮。也因此這個天主教國家和英格蘭維持著良好的關係，甚至可稱得上是世界上最古老的同盟關係。另一方面，費利佩二世所統治的西班牙，和北海的新教政權英格蘭及荷蘭等國，處於敵對的狀態。十六世紀末，達到急速經濟發展的英格蘭和荷蘭計畫往海外發展，被兩國敵人西班牙合併的葡萄牙，便在亞洲海上貿易路線上的各處都遭到攻擊。

澳門也經常受到VOC的攻擊。一六二二年第四次的攻擊，演變成長達三天激烈的城鎮戰，但VOC的火藥桶被擊破，澳門在歷經艱辛之後獲得了勝利。火藥桶被擊破的原因，有人說是耶穌會教士從建設中的聖保羅大教堂發射大砲，擊中荷蘭的火藥桶，也有人說是澳門的城鎮戰打得火熱之際，一夥奴隸突然發動攻擊在亂射之中擊中了火藥桶。荷蘭在一六二七年最後一次攻擊澳門。

一六三八年，施羅保到了終於撐過荷蘭攻擊的澳門，就任長官。兩年之後的一六四〇年八月，江戶幕府頒布禁止葡萄牙人航海到日本、進行貿易的禁令，澳門辦事處總共有六十一名使者乘船到長崎要求重啟通商，最終遭到處刑。而這也意味著葡萄牙的對日貿易完全終結，不過在澳門的葡萄牙人認為這都是因為西班牙傳教士在日本擅自進行傳教活動，才導致了這個狀態，因此對西班牙人抱持著強烈的不信任。

連結東洋和西洋的澳門

一六四〇年十二月，里斯本的葡萄牙貴族領袖布拉干薩公爵若翰（之後的若翰四世）發動起義，宣布葡萄牙獨立。兩年後，接獲此消息的澳門辦事處很快就和西班牙切斷關係。隨著葡萄牙的獨立，荷蘭也通知VOC停止對葡萄牙船的攻擊。英格蘭的皇太子查理和若翰四世兩歲的女兒凱薩琳締結婚約，建立起英葡同盟。澳門脫離了西班牙的影響力，對十七—十八世紀海洋霸權國家荷蘭和英國來說，成為了可以安全靠港並進入中國的入口。

一六四四年，澳門長官施羅保拷問了共主邦聯時代被任命為澳門關稅長官的迪奧戈・費雷拉，並將其殺害，甚至將屍體暴露在街道上。施羅保的暴行，展現出澳門瀰漫著對西班牙的敵意，儘管西班牙是接近敵國的存在，但是虐殺同事的施羅保遭到逮捕，必須在里斯本接受裁判。在船隻航行在印度洋上時，施羅保所乘坐的船遇難，船員試圖前往莫三比克避難，但原先就多病而體型肥胖的施羅保沒有搭上逃難的船，就此行蹤不明。

在一六四四年，北京被攻陷，落入李自成手中，明朝告終，占領北京的清軍開始南下。之後歷經四十年的明清交替、遷界令、三藩之亂，讓澳門多次陷入困境，透過耶穌會傳教士從此地致贈禮品給北京朝廷或地方長官，或者是一些和荷蘭和英國之間有良好關係的歐美國家航海人士，把這裡當作進入清朝的窗口，逐漸建立起自己的定位。澳門在過去因開啟了遠東貿易，儘管現在已失去過去的榮耀，不過以同盟國英國所發展的國際貿易，以及守護英國的海軍軍力為背景，連接澳門、東帝汶、果亞、里約熱內盧的貿易，一直脈脈相傳，持續到了二十世紀。

噶爾丹（一六四四—一六九七年）

與康熙帝統治的清朝、喀爾喀和西藏佛教爭奪主導權的準噶爾帝國大汗噶爾丹，出生於一六四四年，是蒙古西部準噶爾部的領袖巴圖爾琿臺吉的兒子。母親額敏達喇是固始汗的女兒，固始汗是和碩特部首領，統治著西藏。準噶爾部和和碩特部大致上都在蒙古高原西部到中亞一帶的草原進行遊牧，或者是和東亞、俄羅斯進行交易維生，被包含在稱為瓦剌的遊牧集團當中。噶爾丹一出生，就被認定是西藏佛教高僧轉世，十三歲時在西藏成為班禪喇嘛四世（也有算法說是一世）和達賴喇嘛五世的弟子。噶爾丹的命運可說是決定於遊牧民族部落之間的關係，以及西藏佛教和蒙古遊牧民族之間的關係。

瓦剌在十五世紀中葉，由巴圖爾琿臺吉父祖輩的祖先也先（清代譯作「額森」）統一了元朝以後的蒙古高原，儘管對明朝進行了軍事性的壓迫，但在之後叛亂之際，也先遭到殺害，勢力減弱，被迫退到西蒙古。在也先死亡後，收拾了混亂再度統一蒙古高原的，便是忽必烈的後代達延汗。當時在蒙古高原的遊牧民族之間，若沒有承繼成吉思汗的血脈，就不能稱為「汗」，這種「成吉思汗血統原理」的觀念根深蒂固，當和成吉思汗沒有血緣關係的也先自稱汗時，遭到了很多基於「成吉思汗血統原理」的批評。不過達延汗被認定是成吉思汗孫子忽必烈的後代，因此稱汗是沒有問題的。儘管如此，在達延汗率領的蒙古遊牧民族之中，居住於蒙古高原東側的人民包含有喀爾喀部，而瓦剌人當中，也先後代所率領的是準噶爾部，也就是說蒙古的遊牧民族東西分裂。

蒙古人信仰西藏佛教，瓦剌和喀爾喀彼此爭奪著護法的主導權。最初控制西藏的是瓦剌和碩特部的固始，在一六三七年受到達賴喇嘛五世贈與「持教法王」的稱號，之後就被稱作固始汗。一六三五年，清朝皇帝皇太極宣稱兼任蒙古的汗，到了這個時候，「成吉思汗血統原理」已經失去了意義，蒙古的遊牧民族進入了一個新的時代。噶爾丹就出生於這個時代。

長大的噶爾丹從西藏修行回到準噶爾部，此時自己的哥哥僧格已成為準噶爾部的首領了。當一六七〇年，僧格遭到殺害後，他便還俗為哥哥報仇，很快的便統治了準噶爾部。接著，他又捉住固始汗的姪子鄂齊爾圖汗，成為瓦剌的盟主，獲達賴喇嘛五世授予和固始汗相同的「博碩克圖汗」（持教受命王）的稱號，開始被稱為汗。一六八〇年代，噶爾丹汗統治的準噶爾部，勢力延伸到西方，越過吉爾吉斯，勢力範圍到達烏茲別克的塔什干，向土耳其系的穆斯林收取納貢，壓制著哈薩克遊牧民族。

遊牧帝國的終結

在同一時期，喀爾喀的內部爆發了紛爭，清朝出面調停，但卻無法收拾，其中一個部就向準噶爾請求援助。喀爾喀部落當中追擊而來的土謝圖汗部，殺害了噶爾丹的弟弟。

噶爾丹為此大怒，發動對喀爾喀的攻擊，一六九〇年，由土謝圖汗率領的喀爾喀人，便向清朝的康熙帝尋求救援，因此清軍在赤峰附近迎戰噶爾丹。噶爾丹的軍隊撤退，在一六九六年被康熙帝親自率領的清軍在烏蘭巴托東邊被捕，受到極大的打擊。策妄阿拉布坦（僧格之子）為了避免與清朝的全面戰爭而反叛，掌控了準噶爾根據地伊犁地區、塔里木盆地，開始和清朝進行談判。

失去歸處的噶爾丹據說是病死的。曾為一大遊牧帝國君主的噶爾丹，死時竟是如此潦倒。

切割了噶爾丹，並與清朝達成和議的準噶爾，在這之後仍持續的統治著中亞。一七一七年至一七二〇年間，策妄阿拉布坦因西藏問題而與清朝交戰敗北，在一七二七年遭到毒殺，之後其子噶爾丹策零繼位，持續統治中亞。

但是噶爾丹策零在一七四五年去世後，準噶爾內部就發生內鬥，形勢不利的人們紛紛向清朝投降，因此在一七五五年，清朝乾隆帝派遣了五萬大軍到伊犁，當地並沒有做出什麼太大的抵抗。當策妄阿拉布坦的外孫阿睦爾撒納發動反叛時，也在一七五七年被鎮壓。但清軍將天花帶進了塔里木盆地，當時準噶爾人對天花並沒有免疫力，因此接連病倒。準噶爾人消失之後，就由清朝來填滿空白的塔里木盆地，而被準噶爾壓制的中亞各國則進入西方俄羅斯的影響力之下。從西元前以來，遊牧帝國統治了蒙古高原到中亞、安納托利亞和烏克蘭這一片廣大草原之路，這段歷史在此落幕。（↓第十一章）

其他人物

皇太極

一五九二—一六四三年。第二代後金國的大汗，最後成為大清帝國皇帝的皇太極（本名黑還，皇太極為其稱號），是努爾哈赤的第八子，母親是「蒙古姐姐」孟古哲哲，她與蒙古的關聯相當深，出身名門葉赫那拉氏，因此皇太極對蒙古文化也相當熟悉，並且自學漢語，因此他也會漢語。

一六二六年，父親努爾哈赤病歿後，王族會議召開，選出皇太極來擔任大汗，他克服了當下的困境，指揮著後金國，並讓後金成長為歐亞大陸東方之雄。隨著努爾哈赤死亡，東部蒙古內的喀爾喀人態度開始變得冷淡，皇太極便對他們施加軍事壓力。而朝鮮也因武裝政變，開始對後金採取敵對態度，因此皇太極進攻漢城，迫使朝鮮屈服。一六二九年，他朝蒙古方向長驅迂迴，並對北京發動攻擊，牽制明朝。另一方面，他又厚待在戰鬥中被捕或投降的明朝將兵們，吸收至自己麾下擔任重火器兵。

隨著勢力的擴大，在一六三四年，忽必烈汗直系察哈爾部的林丹汗突然死去。皇太極立刻發動進攻，林丹汗的兒子額哲則在次年隨著葉赫國出身的母親，帶著「大元國璽」前來向皇太極投降。一六三六年五月，受到滿洲、蒙古、漢人支持的皇太極即位成為皇帝，國號大清，並將國家定位為繼承元朝的中華。與明朝持續對戰的皇太極在一六四三年以五十二歲的年紀突然去世。皇太極的弟弟多爾袞擁立皇太極之子順治帝，次年聽聞明朝皇帝自殺的消息，率領精銳的部隊越過山海關。（↓第七章）

永曆帝（朱由榔）

一六二三—一六六二年。朱由榔以永曆帝之名為世間所知，是明朝皇帝萬曆帝第七子、受封湖南衡陽的桂王朱常瀛之子。一六四三年後，叛亂軍橫行，他統治了湖南到廣東、廣西一帶的地區。

一六四四年，在李自成軍占領的北京，明朝皇帝崇禎帝自盡，福王朱由崧在副都南京即位，被稱為弘光帝。朱由崧的父親就是在洛陽遭到殺害，且屍身遭到李自成軍隊凌辱的朱常洵。一六四五年，清軍占領北京後，以破竹之勢南下，逼近南京，逮捕弘光帝，並在次年將其處死。各地明朝皇室聽聞了弘光帝遭捕的消息，紛紛自稱監國（皇帝代理），甚至自稱是皇帝。例如有福建的隆武帝、廣東的紹武帝等，但都被清軍擊破，只有永曆帝朱由榔避開了清軍，在廣西、湖南和雲南持續抵抗。

在弘光帝之後的明朝勢力，為了要與來自北方的清朝勢力對抗，都試圖尋求中國沿海的貿易勢力當作後援。因此澳門官府便派遣西洋式武裝部隊，援助永曆帝撤退到廣西的戰役。永曆帝十分欣喜，讓自己以外的家人和照顧起居的宦官接受洗禮，並派遣和永曆帝集團同行、出身波蘭的耶穌會傳教士卜彌格（Michał Boym）到羅馬。卜彌格帶著教皇的回信從暹羅要走陸路回到廣西時，在途中病逝。

清軍占領了廣東後，澳門便停止對永曆帝的支援，並與清朝建立關係，永曆帝嘗試著連繫在福建與清朝抗戰的鄭成功，最終卻沒有進行共同作戰。永曆帝從雲南逃到緬甸，但吳三桂率領的清軍逼近，緬甸政府便捉住永曆帝，將他交給吳三桂。一六六二年，明朝系最後一個皇帝永曆帝與眷屬一起遭到處死，享年四十。

吳三桂

一六一二—一六七八年。吳三桂出生於遼西（今遼寧省的西部，長城東端山海關附近）的武官家族。父親吳襄是擔任總兵的高級武官，舅父祖大壽擔任明朝東北遼東的司令官。不過這兩人在與皇太極作戰時皆失敗，吳襄倒臺，祖大壽向清朝投降，取代他們的地位而獲拔擢的，就是與清軍對峙的吳三桂。

一六四四年，李自成攻陷北京，吳三桂便向清軍投誠。傳聞經常說這是因為吳三桂的愛妾陳圓圓被李自成軍隊的將軍所奪，因此產生恨意，但其實對吳三桂來說，他在清朝這一方的舊識較多。祖大壽等長期與清軍對抗的明朝東北將軍，大多數在戰敗後向清朝投降，都受到了皇帝皇太極的厚待。除此之外，清軍司令官多爾袞（皇太極的弟弟）還對吳三桂開出了分封他為清朝藩王的破天荒條件，要求他投降。另一方面，李自成和吳三桂無親無故，甚至還逼死了當初拔擢吳三桂的崇禎帝。

吳三桂向多爾袞投降後，清軍立刻越過山海關擊破李自成軍，並趁勢長驅南下到北京、南京，接二連三的接收了明朝的領土。吳三桂也是清軍的其中一位司令官，逮捕並處死了明朝系最後一位皇帝永曆帝，立了大功，被封平西王，獲得雲南的統治權。他被看作是清朝開國功臣，獲得了相當於皇族的待遇。

一六六九年，權臣鰲拜因專橫而遭到問罪，被年輕英明的康熙帝囚禁。接著康熙帝又命令與鰲拜關係匪淺的吳三桂繳回領土。吳三桂不服從命令而發動叛亂，也就是三藩之亂。一六七八年，吳三桂軍隊步調大亂，眼看就要戰敗，因而自行稱帝，但不久後便病死，享年六十七。三年後，繼承其後的孫子吳世璠受到清軍的攻擊，在陷落的昆明刎頸自盡。

施琅

一六二一—一六九六年。摧毀鄭氏集團的清朝臺灣遠征軍司令官。施琅原本是鄭成功的手下，但由於未受到公正的評價而抱持著不滿。一六五二年，他與同僚不睦而將其殺害，離開了鄭成功之後，父親與弟弟遭鄭成功殺害，因此對清朝投降。自此之後，施琅就毫不掩飾對鄭氏勢力的恨意，不斷向清朝中央提出強硬的策略。

一六八一年，清朝收拾完三藩之亂後，開始計畫攻擊臺灣的鄭氏，施琅的強硬策略因而獲准。清朝的相關部署經常提議要談和，但施琅卻強烈主張要進行臺灣遠征，在一六八三年受到康熙帝的准許，因此親自率領清軍，脅迫臺灣南部的鄭氏領袖鄭克塽降伏。放棄抵抗的鄭克塽向施琅投降，完成接收手續的施琅，據說到了鄭成功廟流淚參拜。

清朝就這麼解決了鄭氏，占領臺灣，但在清朝內部放棄臺灣的言論還是占優勢的。對大多數大陸方的人來說，臺灣是未開發的土地，實在沒必要橫渡海洋，派遣士兵和官吏，背負統治的成本。施琅卻主張，如果就此棄臺灣不顧，很有可能會再次出現反清勢力，或者成為荷蘭的據點，如果臺灣肥沃的土地獲得開發，就能從臺灣回收統治的經費。康熙帝再次接受了施琅的提案，在一六八四年設置了福建省臺灣府的行政區域。這是臺灣島首次被大陸政權劃入統治之下。

不過施琅在一六九六年以七十六歲的年紀去世為止之前，都不允許人民自由前往臺灣，就算有人被允許到臺灣，也不被允許攜帶家眷一同前往。這是為了避免自己接收的臺灣發生問題。施琅死後，主要是福建南部，還有廣東東部的人渡海移居到臺灣。他們在開禁期間把家人從家鄉帶來臺灣，或者是和當地原住民的女性結婚、建立家庭。透過他們之手，稻米栽培逐漸興盛，豐饒的農業生產建立起臺灣這個東亞屬一屬二糧食寶庫的基礎。

中國的耶穌會教士

耶穌會設立於一五三四年，並在一五八三年開始在中國傳教，傳教工作始於耶穌會教士利瑪竇（一五五二—一六一〇年）進入明朝開始。利瑪竇觀察當地的習俗，發現信奉儒教的知識分子對社會有著影響力，因此試圖接近他們。他穿上儒服，一邊以漢語進行著述，並與知識階層進行哲學、科學的議論，一邊進行傳教的工作。但是儘管耶穌會教士所帶來的科學技術被接受，尤其為了修訂曆法而需要的天文學和製作大砲的技術，但天主教的傳教卻不太順利。

在明朝瓦解之際，占領北京、南京的清朝將耶穌會教士視為技術學者，並封他們為明朝末年以來負責曆法的欽天監之職。此外，在一六八九年，清朝也利用了耶穌會教士的語言能力，在俄羅斯簽訂《尼布楚條約》時，動員他們和俄羅斯進行交涉。之後在收到來自歐洲的書信時，他們也擔任書信的翻譯等，並被許可在北京建設教會。

但是耶穌會教士在中國的傳教卻仍然不太順利，甚至耶穌會因為容許祖先崇拜、偶像崇拜，遭到其他傳教會的批判。當時的教皇克萊孟十一世認為祭祀祖先和崇拜孔子是必須被開除教籍的行為，還特地告知康熙帝這件事。康熙帝對此感到困惑，因此對天主教的態度冷淡。被視為技術學者等擁有官職的耶穌會教士承認祭祀祖先等中國的做法，同時也替清朝工作，因此被視為例外，不過其他的天主教傳教活動就一概被禁止。最終耶穌會傳教士的立場就是特殊技術的提供者，並沒有改變。

十八世紀中葉，耶穌會與歐洲各國政府產生衝突，在一七七三年教廷發出了解散命令，直到一八一四年才許可重建。在此期間，中國的耶穌會教士以欽天監的身分在北京工作，同時又擔任了將澳門的主張傳達給清朝的角色，不過幾乎沒有任何宗教上的影響力。

參考文獻

磯部淳史，《清初皇帝政治の研究（清初皇帝政治之研究）》，風間書房，二〇一六年

上田裕之，《清朝支配と貨幣政策（清朝統治與貨幣政策）》，汲古書院，二〇〇九年

上田信，《中国の歴史9　海と帝国（中國的歷史9　海與帝國）》，講談社，二〇〇五年

上田信，《シナ海域 蜃気楼王国の興亡（中國海域 海市蜃樓與王國的興亡）》，講談社，二〇一三年

上田信編著，《悪の歴史　東アジア編（下）南・東南アジア編（惡之歷史　東亞篇（下）南、東南亞篇）》，清水書院，二〇一八年

岡田英弘等，《紫禁城の栄光（紫禁城之榮光）》，講談社學術文庫，二〇〇六年

岡田英弘編，《清朝とは何か（清朝是什麼）》，藤原書店，二〇〇九年

岡田英弘，《康熙帝の手紙（康熙帝的書信）》，藤原書店，二〇一三年

岡本さえ，《イエズス会と中国知識人（耶穌會與中國知識分子）》，山川出版社，二〇〇八年

岡本隆司，《清朝の興亡と中華のゆくえ（清朝的興亡與中華的去向）》，講談社，二〇一七年
岸本美緒，《清代中国の物価と経済変動（清代中國的物價與經濟變動）》，研文出版，一九九七年
岸本美緒，《東アジアの「近世」（東亞的「近世」）》，山川出版社，一九九八年
岸本美緒，《明清交替と江南社会（明清交替與江南社会）》，東京大學出版會，一九九九年
黒田明伸，《中華帝国の構造と世界経済（中華帝國的結構與世界經濟）》，名古屋大學出版會，一九九四年
佐藤文俊，《李自成――駅卒から紫禁城の主へ（李自成――從驛卒到紫禁城的主人）》，山川出版社，二〇一五年
杉山清彦，《大清帝国の形成と八旗制（大清帝國的形成與八旗制）》，名古屋大學出版會，二〇一五年
東光博英，《マカオの歴史――南蛮の光と影（澳門的歷史――南蠻的光與影）》，大修館書店，一九九八年
羽田正，《興亡の世界史　東インド会社とアジアの海（興亡的世界史　東印度公司與亞洲的海洋）》，講談社學術文庫，二〇一七年
林田芳雄，《鄭氏台湾史――鄭成功三代の興亡実紀（鄭氏臺灣史――鄭成功三代的興亡紀實）》，汲古書院，二〇〇三年
林田芳雄，《蘭領台湾史――オランダ治下38年の実情（荷蘭領臺灣史――荷蘭統治下38年的實際情況）》，汲古書院，二〇一〇年
白晉（Joachim Bouvet）著，後藤末雄譯，矢澤利彦校注，《康熙帝伝（康熙帝傳）》，東洋文庫，一九七〇年
宮脇淳子，《モンゴルの歴史――遊牧民の誕生からモンゴル国まで（蒙古的歷史――從遊牧民的誕生到蒙古帝國）》增補新版，刀水書房，二〇一八年
山本英史，《赴任する知県――清代の地方行政官とその人間環境（赴任的知縣――清代的地方行政官與其人際環境）》，

研文出版，二〇一六年

吳志良等主編，《澳門編年史》全六卷，廣東人民出版社，二〇〇九年

第十章

經世學的發展與考據學的興盛

——從明末清初到清代的學術與思想

伊東貴之

前言

在明清交替的動亂時期和反清鬥爭之中，出現了引領新學術、新思想方向的大學者，這些人就是黃宗羲與顧炎武。再加上於清末「被發現」的王夫之（船山），被稱為清初三大師、三大家，或三大儒。顧炎武所開拓的考據學，在乾隆、嘉慶年間達到全盛時期，不僅在清代，對後世的中國（以及日本）的學問都有很大的影響。本章將會針對十七世紀到十九世紀初期學術與思想的變遷，以明末清初所謂「經世致用」之學開始說起，接著會以風靡清朝盛世的考據學（也被稱作考證學、漢學、樸學、乾嘉之學等）為基礎進行說明。

在學術史上，關於明清思想的「連續」性或「斷裂」，乃至於「非連續」性，出現過各式各樣的見解。在過去有梁啟超（一八七三—一九二九年）提出了知名的見解，[1]他認為「清學」是對「明學」的「一大反動」，特別是可以在陽明學派左派當中找到對極度主觀性、概念性傾向的批判等，儘管由於的確是有這樣的一面，因此無法加以完全否定，但清代的學術與思想在形成之際，確實繼承了來自明代思想結成的果實，且兩者合流，看似形成了一股大潮流。陽明學的各種達成與分歧，陽明學所擁有的批判性精神與實用性、實踐性導向，以及在後面會提到的人類觀的「氣質之性」的一元論，仰賴透過後天的陶冶來達到成長，經書的相對化等，基本上都潛在於「連貫性」的發展，化為深部的底流，成為基底，以這樣的看法來俯視整體狀況的變化與發展，會更容易理解。[2]

這個時期在思想史上的變化，相較於前面提到的梁啟超，錢穆（一八九五—一九九〇年）的評價大致上是較為沉穩的。[3]他認為黃宗羲、顧炎武等活躍於清朝初期的晚明遺老學者們，有受到明末東林學派的影響。東林學派在學統上能追溯至陽明學派，對其中一部分較激進的傾向，大致上處於否定的態度，也因此相反的也有接近朱子學的傾向，不過無論如何，帶著經世之學等實學性的個性，以及重視經學、史學的一面。

另外，對於相當於明末清初的陽明學與清朝考據學的過渡期，山井湧認為這個時代的特徵是「經世致用之學」的時代。[4]儒學精神原有的特色，就是透過個人品格的修養和陶冶，還原至現實的社會，最終以實現一個理想的統治，也就是站在道德面的政治觀。因此為了「經世」的學問而規範自我，這本來也就是儒學的核心。然而到了明朝中葉之後，面對政治社會的流動化與既有秩序的重整，在哲學、思想領域方面，也有著諸多的摸索，許多都停留在概念性、主觀性的應對，明顯缺乏實際效用。對此，在十七世紀初期至中葉的明末清初期，開始出現對這種傾向的反省，並伴隨著對政治性、道德性責任的自覺，出現了重新質問「經世致用之學」、「經世之實學」的儒學意義，也就是東林派等的起源，在此時興起。

在這樣的狀況下，在思想史上，最先會想到的，具體來說就是被稱為清初三大儒的黃宗羲、顧炎武、王夫之等人，他們歷經了明末清初的動亂，獲得了透徹的政治意識與歷史感受，透過古典經學、史學淵博的研究，發展出具體的政策論和制度論等經世論，並在獨特的史論上結了果。此際，他們借鑑於明朝滅亡的原因，一邊批判過去專制的政治體制，一邊企圖以現實的策略來活用儒教的政治理念。同時，又遇到在思想上、文化上被稱作「華夷變態」的明清交替，因此能看到華夷思想（中華思想）與民族意識的高漲，不過對此該如何評價，如何看待，會像後面將提到的，包含了些許複雜的問題。他們對中央集權專制體制的批判，時而表現於託付在地方分權的封建論上，不過這也會因為論述者而有不同的振幅與區隔。整體來說，這樣的趨勢，就像前面所提到的，在思想史上可說是對陽明學左派有著一定的反省所產生的，在這之上又加入新提出的要素，由清朝考據學和同時代的「經世之學」所承接下去。

「經世致用之學」在更廣義上，除了王夫之以外，有時也會包括方以智等人的自然哲學、顏元和李塨等顏李學派的學問，以及明朝以來的李時珍（一五一八—一五九三年，《本草綱目》）、徐光啟（一五六二—一六三三年，《崇禎曆書》、《農政全書》）、宋應星（約一五九〇—約一六五〇年，《天工開物》）等自然科學、科學技術方面的學問。此外，在做學問的方法論方面，被視為考據學先鋒的顧炎武等，標榜在經史學上要「實事求是」，以獲得許多文獻實證主義成果的考據學而傳承下去，這點是非常重要的。

超越單純考據學的經世意識

接下來，關於考據學，過去都認為可以由「文字獄」所象徵的清朝思想控制與鎮壓，以及由編纂《四庫全書》代表的文化政策，來探討其成立的主要原因，同時前面提到的「經世致用之學」所擁有的政治性動機與關注，被視為背景性的，至少在思想上，對考據學都有些評價過低的傾向。[5]

然而誠如美國余英時的見解所示，他認為宋代之後的思想史，依循著思想本身的「內在理路」，以各式各樣的原因，最終其客觀主義的一面抬頭，呈現出朝向清學的轉換。[6]再加上近年來從陽明學當中，經書相對化的看法逐漸顯化，在明朝考據學的成果也逐漸累積，終於在明末釀成了邁向清朝學術的土壤，這一點也有具體的論證。[7]

關於這個時期，艾爾曼（Benjamin A. Elman）則重視與社會史學觀點的接觸，陸續出版以新觀點所完成的論述著作（《從理學到樸學：中華帝國晚期社會與精神變化面面觀》，*From Philosophy to Philology: Intellectual and Social Aspects of Change in Late Imperial China*）。對於舊論述中提到的考據學的成立，他提出了正因為江南地區的經濟發展和某種程度的社會成熟，成為有力的動因，這番解釋已廣為全世界所知。具體而言，出版文化的開花結果、學者以書院為據點進行溝通和知識網絡的成立，透過在這裡進行的共同研究、文書往來、於公於私的會議或專案計畫、學術論爭、資訊交換、後援、愛書家和學者的藏書收集等系統，他們活化了學術性、社會性的紐帶。不過也有看法認為這只不過是考據學成立的誘因或旁證，然而艾爾曼的研究，以及前面提到的余英時的「內在理路」說，大致上都是重視明清思想「連續性」的假說，反過來外在的要因也獲得了間接的支持[8]。

同樣的，如果如同舊說的，在「文字獄」所象徵的言論思想統制之下，他們被動且消極的往消滅自我、非政治性的考據學發展，就會無法說明他們強烈的「動機」與「充滿熱情的存在」，因此也出現了有力的假說，認為正因為在異族的統治之下，讓他們產生了要守住「國粹文化」的「精髓」的自覺，因此能看到他們身為漢人知識階級「積極主動的意識」[9]。

除此之外，也有看法認為，在清朝考據學當中，有超越考據的經世意識一脈相承，這成為連接到清末魏源等近代「經世實學」的橋梁[10]。近年來，美國的周啟榮將清代思想史，用一種「禮教原理主義」或「禮教主義」之興起的觀點，做囊括性的解釋，這和考據學對古禮與禮學的關注有所關連，值得注目[11]。在回溯清朝考據學的成立等學問上的轉換與刷新時，也有許多說法認為十六世紀末——十七世紀，耶穌會傳教士的到訪，帶來了「西學」強烈的影響和痕跡[12]。

除此之外，例如在後面會提到的吳派領袖存在的惠棟之父惠士奇（字天牧，號半農，一六七〇—一七四一年），銘記「六經尊服、鄭，百行法程、朱」（江藩，《國朝宋學淵源記》卷上），因此也有人認為就算是考據學者，其內在的規範，也不超出朱子學的範圍之外[13]。

黃宗羲（一六一〇—一六九五年）

字太沖，號梨洲、南雷。又被稱為梨洲先生、南雷先生。浙江省餘姚縣（以當時的行政區劃來看，屬於浙江省紹興府，今寧波市）人。與王陽明（守仁）是同鄉出身。明末清初的學者、思想家。

誠如眾人所知，黃宗羲與顧炎武、王夫之並列，被後世稱為清初三大儒，受到彰顯。父親是東林黨（東林派）重要人士黃尊素（一五八四—一六二六年），和弟弟黃宗炎、黃宗會一起，被稱為浙東三黃。特別是大弟黃宗炎（字晦木，號立谿，一六一六—一六八六年）是易學者，以朱熹（朱子）的易學批判等而知名。

黃宗羲師事明末的思想家劉宗周（號念台、蕺山，一五七八—一六四五年），以陽明學為宗，且又與王陽明同鄉，因此視陽明學之正統為己任，並排斥其末流激進式的作法。更具體來說，他師承劉宗周，採取的是穩健的陽明學右派的立場。他排除思辨性、概念性的空泛議論，除了標榜以資「經世致用」的穩健「實學」之外，在被後世認為是主要著作的《明夷待訪錄》（在當時被視為禁書）當中，他也站在民本主義的立場，激烈批判專制君主制以及其「大私」，在清末被讚譽為「中國的盧梭」，獲得極高評價，對清末的革命思想與運動有著相當深遠的影響，非常著名。不過同時，他對清代學術最顯著的功績，要算他被視為浙東學派這個學統的鼻祖，透過許多著述，以及協助編纂《明史》，尤其是以歷史為依據，重視客觀性事實，定立了實證主義歷史學的學風基礎，這實在不能遺漏。關於這一點，他與在後面會提到的浙西學派先鋒顧炎武，被視為雙璧。這兩人分別在浙江東岸與西岸興起了學派，兩者都成為清朝經學、漢學的主流，體現了其學術的兩大潮流。此外，他的著作量相當龐大，這一點也能與顧炎武、王夫之相抗衡，除了哲學、史學、政治論到文學、經學之外，甚至是天文曆法、易學、象數學、地理學等自然科學的見解，都有極為廣泛的看法和值得誇耀的事跡，是傑出的思想家。

黃宗羲的父親黃尊素是東林黨的當權官僚，由於糾舉宦官魏忠賢一派的專橫，東林派系人士遭到大肅清而被捕，在一六二六年於獄中被虐殺而殉難。當時只有十多歲的黃宗羲一時也被關進監獄中。由於父親的橫死，以及其後一連串的遭遇，讓他深刻體悟到專制君主制和宦官的弊病，透過審視明末政治的頹敗，讓他在往後寫下了《明夷待訪錄》，串起了政治論和經世論，這是相當顯而易見的。兩年後崇禎帝即位（一六二八年），包含他的父親黃尊素在內，東林黨的殉難者們獲得了名譽的恢復，在審問的法庭上，他為父親沉冤得雪，又做出驚人之舉，拿偷藏的錐子擊刺魏忠賢黨人和獄卒們，為父親復仇。然而這片孝心感動了崇禎帝，在他的大恩之下沒有被究責。儘管如此，在激烈的現實政治中被擺布，也讓他培養了冷靜的政治觀與歷史意識，同時先不論善惡，他成為了個性剛烈且耿直的人，從他生前就有各式傳言，他與我們在後面會提到的呂留良曾是親近的友人，但卻因為一些瑣碎的事

黃宗羲

情而決裂，這樁軼事也廣為人知。

他在之後的一段期間當中，和現實政治有相當深的關聯，有著激烈的交鋒。承前的來龍去脈，在崇禎年間（一六二八—一六四四年），東林黨在政治上、思想上都有極大的影響，他與殉難者的後代們交流，投身政治活動，參加了青年知識分子所組成的政治結社「復社」，當時也被稱為「小東林」。一時之間，他們以輿論為背景，成功阻止了宦官派反東林、反復社的大政治家阮大鋮（一五八七—一六四六年）回歸政界，透過這個經驗，除了證實了他不可多得的活動力之外，也讓他重新認識到世人公論的力量與重要性。

明朝終於滅亡，清朝成立時，他集合鄉里子弟數百名，組織了被稱為「世忠營」的義勇軍，支持延續明朝王室的魯王政權，轉戰各地等，為高揭反清復明旗幟的反抗游擊戰等地下活動挺身而出，各處奔走。也為此，他曾經被通緝，性命受到威脅。他也曾在一六四九年（清順治六年，相當於日本慶安二年），來到日本，從長崎港登陸，根據記錄他曾向德川政權尋求援軍。由於這個期間的經過和經驗，讓他寫下《日本乞師記》、《海外慟哭記》等著作。順帶一提，他的老師劉宗周也曾經參與過南京的福王政權，從事反清活動，在南京陷落之際，他便絕食自盡。

明朝復興的希望消逝後，他回到鄉里，專心於著作與學問，以及講學等對弟子的教育。他的高徒有萬斯大（字充宗，一六三三—一六八三年）、萬斯同（字季野，號石園，一六三八—一七〇二年）兄弟等。一六七八年，他的盛名傳到康熙帝的耳裡，因此徵召他進北京，應博學鴻儒科，但他斷然拒絕，終身只願身為明的遺臣守住節義。次年，為了編纂《明史》，他被召聘至明史館，儘管他本人辭退，但推薦兒子黃百家（字主一，一六四三—一七〇九年）、弟子萬斯同等人從事編纂的工作，透過這樣的協助，也能反映出他的見解與意圖[14]。

《明夷待訪錄》莫大的影響

目前被視為黃宗羲主要著作的《明夷待訪錄》，是他從一六六二年，在五十四歲的年紀時開始執筆，並於次年一六六三年完成。順帶一提，在一六六二年這一年，南明諸王的政權當中，從南方轉戰緬甸，一直與清朝抗戰到最後的永曆帝（桂王）被捕，進而被處死。與此差不多同時，據有臺灣持續進行反清活動的鄭成功（一六二四—一六六二年）也逝世，可說是連復明微小的希望，也完全被摧毀的一年。因此，當黃宗羲認為復興明朝的最後一縷希望也都消逝了之後，他除了批判明末專制政治的弊病，也在東林派和復社等明末以來的經世論（政治論、經濟論）強烈影響之下，開始構想無法實現的理想政治與社會，將希望託付在未來，寫下自己所懷抱的政治見解，就是這本《明夷待訪錄》。書名的「明夷」來自《易》卦中的卦名，在今天，則指的是光輝的明亮在地下被遮蔽，在一片陰暗之中，黑夜終會有結束之時，黎明將至。另外也指殷朝名為箕子的賢者，遭到殷紂王疏遠，但在殷周革命之後，周武王向他諮詢治國之道，而他也有所回覆的故事。這個故事的內容被記載於《尚書》（書經）的〈洪範〉中，其中所記載的洪範九疇（原來是指禹所定的政治、道德九原則，也是當周武王向箕子詢問時，他告訴武王的治國之道）。因此此書原本的意圖是一面期待理想君主的出現，當明君出現時，他會回應明君的詢問，提出實現太平的策略。

因此到了清末，目標打倒王朝體制的譚嗣同（一八六五－一八九八年，《仁學》）、陳天華（一八七五－一九〇五年，《獅子吼》）、劉師培（一八八四－一九一九年，《中國民約精義》，收錄於《劉申叔先生遺書》）等共和主義的革命派人士，重新發現了這本著作，將其仿照盧梭（一七一二－一七七八年）的《社會契約論》，把黃宗羲稱為「中國的盧梭」，大為表揚。儘管這似乎是有些用力過猛而過度評價，不過也不能全然否定。然而隨著時代的需求，再加上單純的發掘與重新評價，他被視為民主主義思想和中國革命的先驅，其近代性被特別強調，再加上重新解釋，大大的鼓吹了革命思想，其影響力仍然必須說是非常大的。儘管對清朝有所忌憚，這本書到清末為止都被視為禁書，不過其跋文的作者、相當於他弟子的全祖望等人，以及與黃宗羲同時代的顧炎武（《南雷文定附錄．與黃太沖書》），也都留有閱讀過這本書的跡象與紀錄。

《明夷待訪錄》全一卷，共十三項、二十一篇，分別為：原君、原臣、原法、置相、學校、取士（上、下）、建都、方鎮、田制（一、二、三）、兵制（一、二、三）、財計（一、二、三）、胥吏、閹宦（上、下），考慮到同時代的背景，發展出具體的政治論與政策論。根據寫下跋文的全祖望所言，因對清朝有所顧忌，並沒有將全部內容都發表出來。儘管據傳黃宗羲曾寫下名為《留書》（或《明夷留書》）的著作，不過之後很長一段時間散佚，直到一九八〇年代，這本失散的書才被發現，揭露了他的民族主義思想，但這也被推測是原本的著作。本書的前提是繼承了知名的《孟子》所傳承下來的「以民為貴，社稷（國家）次之，君為輕」（〈盡心下〉）的民本主義傳統，站在民眾本位的立場，對專制君主制抱持著重大且深遠的本質性懷疑與否定，這樣的態度成為本書的基調，讓他對君王批判的筆鋒相當尖銳。

他在著作一開始的〈原君〉（何謂君主）篇就提到：「有生之初，人各自私也，人各自利也，天下有公利而莫或興之，有公害而莫或除之。」然而在這樣誰都不顧慮天下公利、公害的狀況之中，出現了堯舜等奇特的人物，捨棄一己之私利，為天下的公利、公益而盡力，挺身而出，這其中的艱辛要比其他人苦上千萬倍，因此本來按照世上的人情，是不會有人想要主動成為君主的。但是後世的君主們，脫離了這原本應有的方法，將天下的利益視為自己的財產，「使天下之人不敢自私，不敢自利，以我（君主）之『大私』為天下之『大公』」，並甚至想著要將莫大的資產傳給子子孫孫，永遠流傳下去。原本「古者以天下為主（體），君為客（體）」，若是沒有君主的話，「向使無君，人各得自私也，人各得自利也」。因此，他甚至激烈的批判：「為天下之大害者，君而已矣」。關於這一點，誠如前面所提到的，正好成為後世中國革命的先鋒與濫觴，這本書會受到高度讚揚，也不是完全沒有道理的。但是也誠如前面所述，黃宗羲的想法，並非像盧梭所主張的主權在民，儘管他有和社會契約論類似的概念，但是他是認為人本來就是「自私自利」的功利性存在，而站在萬人之上的君主，必須要致力於調整利害，這是他視為理所當然的前提。也因此，更不如說他與湯瑪斯·霍布斯（Thomas Hobbes，一五八八—一六七九年，《利維坦》）有近似之處，除了前面提到的《孟子》式的民本主義傳統之外，他也重視後面會提到的制度論觀點，因此也可以說是繼承了《荀子》的傳統。

接著在〈原臣〉篇，他提到君主與臣下有著共通的重責大任與目的，是為了治理天下與人民所存在的，本來就是師友這樣接近平等的關係，如果沒有這樣的關係，那就只不過是旁人，或者是君主的僕妾罷了。尤其是宰相（丞相），應該要站在和君主對等的立場，監督其專制與恣意，一邊牽制，並時而給予諫言。但後世由於君主驕縱，不斷獨裁化，導致臣下對其諂媚，其中最大的原因就是明洪武帝（太祖）廢除了宰相制度，也因此明朝無法實行善政（〈置相〉篇）。此外，他批判「有治人，無治法」（《荀子·君道》）的說法，認為：「有治法而後有治人」，他一貫的認為，無論如何都要透過設置「法」，來抑制君權以及其恣意妄為（〈原法〉篇）。

與同時代其他政治論與經世論對照，當中最激進、最獨特的主張就是〈學校〉篇。根據他的主張，「學校」並非單純培養人才的教育機構，而是決定包含在野地方人士在內的士大夫階層輿論與公論的機構，就連君主也應該要徵求他們的輿論，加以考慮與參酌，來決議政策的是非對錯，從不同角度來說，甚至可以定位為議會政治的先驅。其他還有在〈方鎮〉篇中，他建言應去除封建制與郡縣制兩者的弊病，應在邊境地區設置「方鎮」（別名又稱藩鎮，如唐、五代的節度使，具有軍事權與財政權的地方行政單位）等，透露出地方自治的概念與想法。

在〈田制〉篇中，他假托井田制，直接了當地提倡土地改革。他認為唯有實行屯田制，才能為井田制的實現提供可能性與途徑。他並要求解放「州縣之內，官田又居其十分之三」的皇室莊田等官田。這種官士分配論及民土化要求，與他對人君「大私」、「自私自利」的尖銳批判是相通的，另一方面他認為被解放的土地「以聽富民之所占，則天下之田自無不足，又何必限田、均田之紛紛，而徒為困苦富民之事乎」。他認為富民階層應保障既有權的立場，也非常鮮明。不過他民本主義的主張，也不見得有考慮到所有的民眾，因此被理解為是依憑在鄉紳地主階層、城市工商階層等富民、中等階層的政治構想，也是其來有自。

除此之外，在《留書》當中，他發展出獨特的歷史認知與文明論，認為過去夷狄造成中國混亂的原因，在於郡縣制這個中國體制上的問題，並且針對封建制應該採取兵農合一，讓地方有大幅的權限，這樣對於體制的穩定，在軍事上也較為合理，他對此做出了論證，展現出以當時來說，更為激進的討論[15]。

穩健的平衡感

黃宗羲在史學和經學的領域，也有許多值得記錄的成績，不勝枚舉。他本著嚴密的史料批判和「實事求是」的精神，抱著客觀寫下明代歷史的意願與熱情，儘管是編纂之作，但他完成了《明文案》、《明文海》、《明文授讀》等浩瀚的明代史研究，結實累累。除此之外，記載南明興亡史的《行朝錄》，可說是賭上了自己的存在，值得被稱為當代史的成果。接著，還有同時代的代表作《明儒學案》六十二卷，以及之後全祖望修訂的《宋元學案》一百卷的大作，分別本著學案（學術史）的書名，寫下中國第一部哲學、思想的通史，直到今天都是不斷為人所參照的偉業。前者透露出黃宗羲個人非常強烈的「門戶之見」，也就是他依據陽明學右派的立場所做出的主張和論斷，從內容和體裁都能非常顯著的看到這一點。也就是說，他刻意忽視了明朝初期的朱子學者們，以及他嚴格批評的李贄（號卓吾，一五二七—一六〇二年）等陽明學左派立場的思想家，因此並不能說是完全正確的反應了明代思想史的真實樣貌，這點是必須要注意的。

他在經學上的成果有《易學象數論》六卷，性理學方面的著作有《孟子師說》七卷，另外也和萬斯大、萬斯同兄弟一起組織「講經會」，致力於經書客觀實證性的講讀與考究，累積了許多為清朝考據學揭開序幕的作為，其經學上的立場與姿態，被認為出乎意料的擁有穩健的平衡感[16]。

顧炎武（一六一三—一六八二年）

初名為絳，在明朝滅亡後改名炎武。字寧人，號亭林。又被稱為亭林先生。江蘇省崑山縣人，明末清初時期的學者、思想家、文人。

他與黃宗羲、王夫之並列，是代表當時的知識分子，這三人學識之淵博與宏大、學問之深、氣節之高潔，被後世稱為清初三大儒。

這三位學者共同經歷了明末清初時期的明清交替等動亂，不僅加深了對歷史與政治的洞察，排斥明末以來極度主觀性、概念性的思潮，標榜實事求是，企圖達成經世致用，而採用踏實而客觀主義的學術方法論，擁有許多的共同點。尤其是顧炎武，其精細的文獻批判與實證的學風，開啟了清朝的考據學。這也是他被稱為清朝考據學始祖的原因。此外，在哲學、思想上的立場，他排除了陽明學末流激進的作法，和黃宗羲與王夫之同軌並行，提到：「古之所謂理學，經學也」，「今之所謂理學，禪學也」（《亭林文集》卷三〈與施愚山書〉），對於宋代的程朱理學可說是尊崇的態度，有以朱子學為基調的一面。在這一點上，他繼承老師劉宗周的學統，以陽明學的正統為己任，與黃宗羲有所不同。

他成長於明朝政治、體制的危機逐漸嚴峻之時，從青年時期便開始有志於經學，對現實的政治也有很深刻的關注。他擅長詩文，自十多歲起，就參加了文人、青年知識分子聚集的復社，以成員身分進行活動，並以文章馳名。三十二歲時，明朝滅亡，他之後參加了武裝反清的抵抗運動，轉戰於各地，最終不得志而挫敗。他並沒有事奉異族政權清朝，由於鄉里的糾紛，他周遊遍歷了華中、華北各地區，增廣見聞，造訪天下之知己，講論學問，並專注於讀書、學術與著述。在康熙年間，他被推薦應博學鴻儒科，並協助編纂《明史》，不過他遵守母親的遺訓，拒絕出仕，拒絕清的年號，一生都堅守明朝遺臣、遺老的身分。晚年借居於陝西的華陰縣。

顧炎武學問的特徵是批判明末的學風與風俗，考察明朝滅亡的原因，重視經學，提倡由博學、讀書與精細的考證所證明的經世致用之實學，除了發展出許多經世論之外，他也注重名教節義與廉恥，並兼具扎根與體驗的真切性。他的實證主義學風，讓他被視為考據學的先鋒，不過這樣的學風，概念只限於為了經世的經學與實學，帶有過渡性的特質。同時他在語言學、音韻學、金石學等小學方面，也開創了許多新的見解，作為考據學的先行者，意義十分重大。

顧炎武

具體來說，依據當時地方政治等實際狀況所進行的議論，他主張：「寓封建之意於郡縣之中」（《亭林文集》卷一〈郡縣論〉），批判地方官所謂的「迴避制」、「不久任制」，提議適任者的世襲等，在實質上提出了偏「封建論」的見解。在《日知錄》（卷十三〈正始〉）當中針對「亡國」與「亡天下」的知名議論（「亡國與亡天下奚辨？曰，易姓改號〔王朝交替〕謂之亡國。〔《孟子．滕文公下》所言〕仁義充塞，而至於率獸食人，人將相食，謂之亡天下。……是故知保天下，然後知保其國。保國者，其君其臣〔過著奢華生活的統治階級〕，肉食者謀之。保天下者，匹夫之賤與有責焉耳矣」）等，通常他會以自身經歷過明朝滅亡的痛徹體驗為本來進行論述，但有時也會以王朝國家或朝廷的人為性、相對性，來提倡基層社會道德秩序這種根源的重要，也會誡如他所說過的：「治亂之關必在人心風俗」（《亭林文集》卷四〈與人書〉），提倡個人責任的重大。[17]

他的代表性著作，諸如可惜尚未完成的《天下郡國利病書》，但他活用明代地方志（方志），實際造訪各地的過程中，從當地的地勢、歷史地理，到風俗、民生、社會經濟，都進行了實證性的驗證，為集大成之作，共一百二十卷。另外《日知錄》有三十二卷，採取的是讀了古今書籍後以摘錄的形式寫下，對傳統的經學、史學、文學有很深的洞察，也考察了同時代的政治、經濟、社會、地理，甚至也捕捉了細微的風俗、人情等。《音學五書》則是依據綿密周全的文獻考證，重現古代音韻體系，將古韻分類成十部，對音韻學有重大的貢獻，共有三十八卷。這些著作分別在學術思想史上都是精華之作，甚至可說是達到不朽偉業的成果。其他的著作還有《肇域志》、《亭林詩文集》等。[18]

朱彝尊（字錫鬯，號竹垞，一六二九—一七〇九年）與王士禎（字貽上，號漁洋山人，一六三四—一七一一年）並稱為「南朱北王」，是著名的文人與詩人，朱彝尊在經學上的著作有《經義考》等而為人所知。當顧炎武在遊歷各地時，他與朱彝尊等同時代的知名人士交流頻繁。除此之外，在顧炎武的學派和影響下，他的外甥徐乾學（號健庵，一六三一－一六九四年）進行了《明史》、《大清一統志》、《大清會典》的編纂，並著有《讀禮通考》，而著有《易圖明辯》、《禹貢錐指》等書的胡渭（號東樵，一六三三－一七一四年），以及後面會提到的《尚書古文疏證》的閻若璩等人，出現了被稱為浙西學派的學派，隨之興盛，更是產生了吳派與皖派之別。從這個意義上來看，他對於清朝學術的影響甚為重大。

王夫之（船山）（一六一九－一六九二年）

字而農，號薑齋，通稱船山，被稱為船山先生。湖南省衡陽縣人，明末清初時期的學者、思想家。一六四二年的舉人（鄉試及格）。年輕時就遭逢明朝滅亡，南明桂王政權時曾出仕，從事抗清活動，但之後對於內鬥絕望，回到鄉里，隱居衡陽的石船山，因此世人稱他為船山先生。之後他拒絕辮髮，帶著自我「活埋」的覺悟，自閉門戶，斷絕與世間的往來，一生都以明朝遺臣自居，潛心於學問與著作。因此他與黃宗羲、顧炎武不同，他的學問並沒有直接的繼承人，大約兩百年間，都處於默默無名的狀態，不為人所知。

然而他的學問廣泛的涉及所有經學、史學、文學，因傳統思想的高深造詣而獲得推崇。他排斥陽明學和老莊、佛教，大致上以朱子學為基礎，憑藉著獨特的強韌哲學性思想，建構起骨架結實而壯大的思想體系[19]。他與黃宗羲、顧炎武相同，在探尋明朝滅亡原因的過程當中，批判明末的學風與社會風俗，

王夫之

主張民本主義、天下為「公」，否定王朝或君主的一姓之「私」，發展出他對君主專制批判的論述。具體而言，首先在經學的領域中，他涉略所有四書五經，加以註釋，顯示出獨到的見解，除此之外，他留下對《老子》、《莊子》的批判性解讀，以及對《楚辭》的注釋等。且也反應出獨特的歷史哲學，以《春秋》為依憑，論述華夷思想和對專制君主的批判，現實主義而透徹的經世史論也非常優異。

首先，可說是前者代表作的《讀四書大全說》當中，充滿著自然哲學，並且主要以程朱之學的體系與結構為依歸，在理氣論方面，則與朱熹相反，往「理為氣之條理」的氣一元論的方向發展，否定朱子學的理的先驗性與天理人欲論，看得出肯定欲望的明顯主張。具體來說，他曾提到：「人欲之各得，即天理之大同」（《讀四書大全說》卷四《論語・里仁》），誠如這段話所象徵的，他認為個人的「欲」（人欲）與「私」必須相互整體調和，皆處於整體性充足狀態時，才是達成「天理」。另外在《張子正蒙注》當中，他回溯北宋的理學家張載（號橫渠）的《正蒙》哲學，加以讚揚，除了繼承其思想，更在《周易外傳》等書中，發展出獨特的一元論的道器論和絪縕生化論，主張形而上之道是因為有形而下之器才得以存在，因氣之生動所產生的動能，世界才得以循環和運作。這樣的觀點，一邊以現代中國的學界為中心，也包含了他個人自然唯物論的氣的哲學要素。他受到友人方以智的影響，因此對自然科學的質測之學也相當有興趣。從哲學思想方面的概念卓越和獨特性來看，他可說是三大儒當中最傑出之人。

在歷史論領域，他的代表作有《讀通鑑論》三十卷，本書以司馬光的《資治通鑑》為基底，評論了歷代的史實。除了源自於《春秋》的華夷辨別之主張和對君主專制的批判之外，他也重視歷史之「勢」，認為「理勢」一致，並根據獨到的歷史哲學和現實的歷史認知，發展出現實主義的進步史觀，這是值得一提的。其中的一個例子就是針對該採「封建」還是「郡縣」的問題，他認為：「兩端爭勝而徒為無益之論者，辯封建者是也。郡縣之制，垂二千年而弗能改矣。合古今上下皆安之，勢之所趨，豈非理而能然哉？」（《讀通鑑論》卷一〈秦始皇〉），提倡實行郡縣制的中央集權式國家構想。

被視為其續篇的《宋論》，透過驗證宋朝被異族所滅的政治過程，考察了明朝滅亡的原因。其他還有依據歷史的演變，進行具體的政治論、制度改革論的《黃書》、《噩夢》等，許多獨特的詩論與詩文也相當值得一看。

順帶一提，在他的華夷思想當中，他依據中華／夷狄、君子／小人的差異，展現出階級性的天下秩序觀：「天下之大防二，中國夷狄也，君子小人也。」「夷狄之於華夏，所生異地。其地異，其氣異矣。氣異而習異，習異而所知所行蔑不異焉。乃於其中亦自有其貴賤焉。」（《讀通鑑論》卷十四〈東晉哀帝〉），他將夷狄的侵略視為是搗亂了道德秩序的要因[20]。

由於前面提到的原委，讓王夫之在很長的一段時間內是被遺忘的存在。但清末同為湖南後學的曾國藩（諡文正，一八一一—一八七二年）、曾國荃（一八二四—一八九〇年）兄弟對他大為讚揚，刊行了

《船山遺書》兩百八十八卷，他的思想全貌才得以公開。這本書不僅對普及他的思想有很大的貢獻，其華夷思想和對君主專制的批判，也對於譚嗣同、章炳麟（號太炎，一八六九—一九三六年）等清末排滿革命思想，到同為湖南出身的毛澤東（一八九三—一九七六年），都帶來很大的影響。然而自從清末的「被發現」之後，王夫之獲得了偉大思想家的穩定地位，但他在中華人民共和國成立之後，被視為唯物論者、民族主義者的高度評價，也必須說或許有些過頭了。

清初的理學者們

在清代初期，無論是中央的理學官僚，還是在野士人之間，都能看到廣泛復興朱子學的現象。也因此，這並非起因於清朝政權的教學政策或康熙帝的好學，而是往更大的整體思想、社會性「秩序」化的方向發展的潮流，三大儒等所謂的「經世致用」的人士們，大抵上也共有著這樣思想上的規範。從在原理主義上遵守朱子學的立場開始，到採取與陽明學折衷的態度，可看見相對應的空間[21]。

孫奇逢（一五八五—一六七五年）

明末清初的學者、思想家。字啟泰，號鍾元、夏峰。直隸（今河北省）容城縣人。以陽明學為主，對朱子學也採取折衷的態度。當滿洲族入侵之際，他批判鄉里的人士，死守縣城。身為在野的遺民，不出仕清朝，曾與黃宗羲、李顒等人齊名，獲得評價與名聲。著有《理學宗傳》、《四書近旨》等。其門徒有後來在康熙朝成為達官顯貴的湯斌、魏裔介（號貞庵，一六一六—一六八六年）之外，也是學者輩出，如費密（一六二五—一七〇一年，《弘道書》）等。

陸世儀（一六一一—一六七二年）

明末清初期間的朱子學者。字道威，號桴亭。江蘇省太倉縣人。以穩健篤實的學風，與陸隴其並稱為「二陸」。他對現實性且帶有具體性的政治論和實學的問題有相當顯著的關心，在主要著作《思辨錄》中，開展了涉及廣泛的具體性政策論。在之後，張伯行（號敬庵，一六五一—一七二五年，朱子學者、政治家，曾官至禮部尚書，著有《正誼堂文集》等）憑藉此書編纂了《思辨錄輯要》。

張履祥（一六一一—一六七四年）

明末清初期間的朱子學者。字考夫，號念芝，人稱楊園先生。浙江省桐鄉縣人。是注重實踐躬行的篤實朱子學者。有很強烈的以農事為中心的實學性志向，他所著的《補農書》當中，補綴了《沈氏農書》並加上自己的論述，展現出對農業經營的關注。其他著述還有《楊園先生全集》等。

湯　斌（一六二七—一六八七年）

清代初期的學者、政治家。字孔伯，號潛庵。河南省睢州（今睢縣）人。官至工部尚書。與李光地等並列為康熙帝身旁的高官，是理學官僚的代表性人物。以朱子學為宗，也通曉陽明學，展現出折衷兩者的穩健傾向。這樣的政策論，有著很顯著的現實性政治意識。著作有《湯子遺書》等。

李　顒（一六二七—一七〇五年）

清代初期的學者、思想家。字中孚，號二曲。陝西省盩厔縣人。最初致力於陽明學靜坐的功夫，之後攝取朱子學之長，重居敬窮理與修養。他堅決推辭清朝的招聘，專注於思想、著作、講學與教育。與李因篤（一六三一—一六九二年）、李柏（一六三〇—一七〇〇年）並稱為關中三李。著有《四書反身錄》、《二曲集》等。

陸隴其（一六三〇—一六九三年）

清朝初期的朱子學者、政治家。字稼書。浙江省平湖縣人。擔任地方官時因清廉而多有德政，諸多治績。致力於彰顯朱子學，重視居敬窮理，排斥陽明學。享有清初「醇儒第一」的盛譽。著有《三魚堂文集》等書。

唐　甄（一六三〇—一七〇四年）

清代初期的思想家、文人。字鑄萬，號圃亭。四川省達縣人。出生於富裕的官僚之家，在明末動亂之際，流浪各地，接著又在事業上失敗，陷入貧困，一生的境遇相當罕見。他立足於陽明學，站在民本主義的立場，尊崇有實效的政治實踐，提倡具體的經濟政策等，其思想與黃宗羲也有所通之處。他的著作《潛書》以這樣的經世論為基礎，加上自身的體驗，主張家族之愛和對女性的尊重，以特殊的生活紀錄來看，也是相當具有特色的作品。

熊賜履（一六三五—一七〇九年）

清代初期的朱子學者、政治家。字青岳、敬修，號素九、愚齋。湖北省孝感縣人。康熙帝身邊的理學官僚，歷任禮部尚書、吏部尚書、東閣大學士等，在宣揚朱子學和禮教上，扮演了相當重要的角色。死後被追封太子太保。著作除了有《學統》之外，也參與了許多編纂的事業。

顏李學派

顏　元（一六三五—一七〇四年）

字易直、渾然，號習齋。直隸博野縣人。清代初期的儒學者、思想家，被視為顏李學派的始祖。後面將會提到，他對同時代的影響力相對較少，因此先把是否能被稱為學派這個問題放在一邊，他可以被定位為顏李學派之濫觴，是一位稍微有些特別的思想家。順帶一提，顏元在明清交替之際，留下了一則軼事，傳說他為了追蹤被清兵綁架而下落不明的亡父蹤跡，找到其逝世與埋葬之地，並扛著靈柩回到鄉里。在科舉（會試）失敗後，他致力於在鄉里講學與著作。最初他學習了朱子學和陽明學，之後逐漸產生疑念，並批判朱子學只專注並重視讀書、靜坐的修養法，以及否定欲望的倫理觀，主張獨特的習行主義和實用功利主義的儒學立場。到了近代以後，由梁啟超和胡適（一八九一—一九六二年）等人以實用主義的觀點，獲得了重新的評價。然而顏元重視在禮樂（六藝）的習行實踐上，再加上兵農等實學，在基本上是復古主義的主張，且偏儒教的傳統實學，應該把它看作是樸質的實踐主義。其政治論包含井田、封建制的復活等，儘管復古，但也有許多原理主義的主張。著作有《存學編》、《存性編》、《存治編》、《存人編》，被統稱為《四存編》，除此之外還有《四書正誤》、《禮文手鈔》等，並且有門人所編的《顏習齋言行錄》、《習齋記餘》、《顏習齋先生年譜》兩卷等。他終身保持在野，在生前絕稱不上是一位受歡迎的思想家，在同時代也只與前面提到的孫奇逢、陸世儀等有所交流，交友範圍相當有限。此外，在考據學逐漸興盛的時代背景下，他有些樸質而特異的主張，儘管受到弟子李塨和王源的讚揚，但在當時卻並沒有受到接納，其影響力甚為有限。直到清代末年，才因為戴望發行了《顏氏學記》成為契機，讓他被定位為顏李學派創始者。到了民國初期，因從祀孔廟等，以及各式各樣的學術性、政治性意圖，他獲得重新評價，其劃時代的思想受到彰顯。戰後的現代中國，讚揚他為獨特的唯物論思想家，這樣的傾向相當顯著，不過這樣的評價是好是壞，不得不說多少都帶著政治性和思想上的偏見[22]。

李塨（一六五九—一七三三年）

字剛主，號恕谷。清代初期的儒學者、思想家，直隸蠡縣人。一六九〇年成為舉人，之後大致都在鄉里進行寫作與培養門生。早年師事顏元，以其高徒而聞名，他重視經世的實學，學風提倡實踐與力行，努力彰顯、普及老師的學說。這也是後世出現顏李學派稱呼的原因。然而兩人學說的相異之處，在於顏元的主張稍微極端，但李塨與老師相比，有較強的主知主義的傾向，加上其穩健並平衡的現實性政治論主張，在同時代來說，相較於老師的學說，可說是修正過後的思想，也較容易被接受。再加上他對經學、考據學方面的關注，也符合了當代的喜好和傾向，儘管不顯眼，但也散發著獨特的光彩。其著作大多為經學、禮說，以及政治論、經世論等類，有《周易傳註》、《春秋傳註》、《論語傳註》、《大學辨業》、《論學》、《學禮》、《平書訂》、《擬太平策》、《恕谷後集》等。此外，他與交友範圍有限的老師顏元不同，他廣泛的與同時代的知名學者交流，如毛奇齡（號西河，一六二三—一七一六年）、胡渭、閻若璩、萬斯同、方苞（號望溪，一六六八—一七四九年），除此之外也向朋友王源、程廷祚等人，以及自己的門生宣揚顏元之學，值得一提。顏元些許特異的思想和學問之所以能傳至後世，甚至出現顏李學派的稱呼，背後實際上是有著李塨的學風以及其貢獻。

王　源（一六四八—一七一〇年）

字崑繩、或庵。直隸大興縣人。著作有《平書》、《居業堂文集》，前面提到的《平書訂》，是在他所著的《平書》散佚後，由李塨增補而成的。他一開始敬慕王陽明之學，年紀雖較李塨年長，但到了晚年受業於顏元、李塨。

程廷祚（一六九一－一七六七年）

字啟生，號綿莊，也稱青溪居士等。江蘇省上元縣人，師事李塨。另一方面，也可發現他有些思想能連結到戴震等所謂「氣的哲學」一系的思想家。著作有《尚書通議》、《青溪文集》等流傳後世。

除此之外，有些看法也認為，在清末寫下《顏氏學記》的戴望（字子高，浙江人，一八三七－一八七三年）也應該被加入顏李學派，視其為學派的後繼者[23]。

浙西學派的學者們

在前面提到，延續顧炎武學統的人們之中，例如徐乾學、胡渭，以及閻若璩等，出現了稱作浙西學派的學派。這個學派的特徵在於相對於宋學，標榜漢學，進行文字學、音韻學、訓詁學等語言學的研究，也就是在「小學」的基礎之上，尊崇三禮之學、名物、制度、天文、地理、金石學等廣博的學問，擅長對古代的經書進行實證、文獻學上的歷史驗證，並加以精細的解釋。這個學派在之後更發興盛，又出現了吳派和皖派的區別，形成了清朝經學、漢學的主流派，大大的決定了清朝考據學的整體方向。

隨著這樣的趨勢，在當時，他們對以經書為中心的古書進行具體實證性的文獻學研究，質疑其真實性和可信度，這種方法論和思考方式被稱為「辨偽」，這樣的研究方式逐漸顯化。向劉宗周學習、和黃宗羲也有深交的陳確（字乾初，一六〇四－一六七七年），其著作《大學辨》，並不把《大學》一書奉為聖經，而是斷言其為偽經。浙西學派的先鋒之一胡渭所寫的《易圖明辨》也論證河圖、洛書、先天、後天圖等，都是後世的偽作，由於易學依憑朱熹、朱子學，因此他們也大大抨擊。其他還有姚際恒（字立方，號首源，一六四七—約一七一五年），站在不偏倚朱子學或漢學的獨特立場，主張直接回歸經書，寫下《古今偽書考》、《九經通論》（但多數已散佚，現存的僅有《詩經通論》）。尤其是他對《尚書》的研究，不僅對閻若璩帶來了影響，其他許多的功績，到了近代也受到顧頡剛（一八九三—一九八〇年）的重新評價而為人所知。閻若璩在學問上的成果，也可說是集此一傾向之大成。

閻若璩（一六三六—一七〇四年）

字百詩，號潛丘。籍貫為山西省太原府人，但出生成長於江蘇省淮南府。自幼便因自己的口吃與容貌所苦惱，周遭的人都認為他資質駑鈍。進入青年期後，在他對學問有所醒悟後，開始質疑《古文尚書》的可信度，進而發憤閉居，經歷長達三十多年的沉潛與考究後，完成了《尚書古文疏證》八卷，論斷東晉時代出現的《古文尚書》二十五篇以及附屬的〈孔安國傳〉是偽作，並且加以論證。其成果不僅奠定了之後清朝考據學文獻批判的基礎，也因《古文尚書．大禹謨》被稱為「十六字心法」的部分，是朱子學「人心道心」說的論述依據，因此對朱熹的學說構成根源性的批判，這樣的看法在當時引起了很大的漣漪（再加上更具體的來說，從舜傳承至禹的一部分話語，被闡釋為是依循著當時被視為異端的《荀子》，這一點也相當重要）。而清朝考據學的其中一位先驅毛奇齡（《四書改錯》、《西河合集》）則是偏袒陽明學，以強烈的駁斥朱子學的態度所知名，他對於這個問題，反而主張《古文尚書》是真實著作，並寫下《古文尚書冤詞》反駁其書。閻若璩更因徐乾學的推舉，參加了《大清一統志》的編纂，與胡渭、顧祖禹（字復初，一六二四—一六八〇年，《讀史方輿紀要》）等人也有交流。這樣的經驗加深了他對地理學的造詣，寫下對《四書》的地理考據《四書釋地》。其他還有《潛丘劄記》等著作[24]。

浙東學派的學者們

誠如前面所提，這是以黃宗羲為開端的經學、史學上的學派，其中的人物有他的弟子萬斯大，著有《學禮質疑》、《學春秋隨筆》等書，以及萬斯同，他著有《明史稿》，在編纂《明史》時是實質上的中心人物，並協助徐乾學編纂《讀禮通考》。另外還有從事《舊五代史》的復原、著有《爾雅正義》的邵晉涵（字與桐、二雲，號南江，一七四三—一七九六年），以及全祖望和後面會提到的章學誠等。這些人大多都出身於浙江的東部地區、錢塘江周邊，尊崇鄉里的先哲王陽明與劉宗周，有許多人都親承陽明學的教誨，標榜重視實證，對史料詳查，不僅只對經學，也非常尊重史學，值得一提。在這一點上，以顧炎武為始祖的浙西學派，重視文字、音韻、訓詁等小學和禮學、金石學等，若要說的話，比較多遵循朱子學的人，因此與浙東學派算是完全相反的。順帶一提，浙東學派的稱呼來自於章學誠（「浙東之學，言性命者必究於史，此其所以卓也」《文史通義．內篇五》）。

全祖望（一七〇五—一七五五年）

字紹衣，號謝山。浙江省鄞縣（寧波）人。清代中期的經學者、史學者。通曉經史文，博覽強記而為人所知，被推舉博學鴻辭科。退出官界後，在蕺山書院、端溪書院等培育後進。他私以黃宗羲為師。黃宗羲未完成的《宋元學案》原書，其子黃百家編輯了部分的內容，全祖望便增補、修訂加以完成，大大提升了他的名聲。在進行時，他比較黃宗羲的原著，站在更公正的立場上重新編輯，因此對於在學派上偏「門戶之見」的《明儒學案》，在書中也精確的反映出其宋元時代的思想史。他並不忌憚政治上的忌諱，盡力彰顯、紀錄明朝遺臣。除此之外，留下的成果還有《水經注》詳細的校注、南宋王應麟《困學紀聞》的箋注（除了他之外，清代的閻若璩等七位名士也加上注釋，被稱為本書的七箋本）等，以及與弟子們的問答錄《經史問答》等，這龐大的著作，被高徒統整收錄在《鮚埼亭集》當中。

清代的史學者們

整個清代除了浙東學派之外，還有後面會提到的吳派王鳴盛和錢大昕等優秀的史家輩出。總體來說，他們在史學上運用了考據學的方法論，對正史等史書進行考據和謬誤的訂正，也從碑文、傳記等史料中，做地理、金石學等的援引等，確立了以史料批判、文獻批判為基礎的實證史學。其中尤其以趙翼與錢大昕、王鳴盛等人，成為乾隆、嘉慶年間代表性的考據史家，甚為知名。而崔述也對「疑古」派所代表的近代史學帶來很大的影響。

趙翼（一七二七—一八一四年）

清代中期的史學者、文人。字雲崧，號甌北。江蘇省武進縣人。與錢大昕、王鳴盛齊名，是乾嘉年間考據史家的代表。其著作《二十二史劄記》，採正史為素材，以通史性的歸納法，對事件和時代的特質、因果關係進行詳細敘述，可說是優秀的中國史概論。他的詩文，也和袁枚（字子才，號隨園，一七一六—一七九七年）、蔣士銓（號清容、藏園，一七二五—一七八五年）並稱乾隆三大家。其他的著作還有《陔餘叢考》、《甌北詩話》等。

崔述（一七四〇—一八一六年）

清代中期的經學者、史學者、思想家。字武承，號東壁。直隸大名府人。辭官後，專心致力於古代史研究，並標榜「徵實」「考信」，對古代的口傳抱持著批判、懷疑的態度。與此同時，他並不輕易的相信經書的權威，否定漢儒的注釋，對成立年代相近的經書相互比較、對照與校對，企圖接近聖人的事跡與真意，以及歷史的事實。其著作上的成果有《考信錄》等，並總結為《崔東壁遺書》。他與當時的學界並沒有交流往來，也不尊崇漢學，其特異的學風，有很長一段時間受到忽視。進入近代後，受到胡適以及「疑古」派歷史學者顧頡剛，以及明治時期的那珂通世等人高度的讚揚，獲得重新評價，對近代史學的疑古思潮有很大的影響[25]。

吳派的學者們

隨著標榜漢學的浙西學派逐漸興盛，也出現了吳派和皖派的區別。因地名而出現的稱呼（但是兩派在以後的師承關係之中，都並非依照嚴密的地理區分），吳派以江蘇省的蘇州地方為中心，又被稱為蘇州學派。起源於江蘇省吳縣的惠氏三世，惠周惕（字元龍、研溪，生卒年不詳，《易傳》、《詩說》）、惠士奇（《易說》、《禮說》、《春秋說》）父子為起源，到孫子惠棟，確立了其基礎。吳派的特徵是以漢學為宗，排斥宋學，尊崇從經義、音韻、訓詁、典章制度，到史學的博覽強記，此學派有將其視為一種家學或家法，進而傳承的傾向。但由於十分信奉漢學，因此也出現了毫無根據就信奉漢儒經書的傾向，在這一點上，被認為是缺乏了公平性，也是吳派的弊病。惠棟門下有江聲（字叔澐，號艮庭，一七二一—一七九九年，《尚書集注音疏》）、余蕭客（字仲林、古農，一七三二—一七七八年，《古經解鉤沉》）、江藩（字子屏，號鄭堂，一七六一—一八三一年，《國朝漢學師承記》、《國朝宋學淵源記》）等人，更有擅長史學的王鳴盛、錢大昕等人輩出。後述的揚州學派，也應該被稱為是其支派。

惠　棟（一六九七—一七五八年）

字定宇，號松崖。江蘇省吳縣（今蘇州市）人。清代中期的經學者、考據學者。承祖父惠周惕、父親惠士奇，出生於書香世家，一生未出仕，以家學《易》為中心，專注於經學的研究。精通經史、諸子百家、佛教、道教，善博引旁徵而為人所知。認為與聖賢年代相近的純粹學說最值得信賴，因此最重視漢代儒者，也就是「漢學」代表人物的思想著作，《易漢學》和《周易述》等著作，也全然根據漢代的易學，並加以復原。他是吳派領袖般的存在，這樣的姿態和之後吳派學者們都是共通的。他的著作還有《易例》、《古文尚書考》、《九經古義》等。另一方面，在日常生活上，他遵循朱子學的規範，一部分也歸依於道教等，能看出清朝知識階層一般的生活感知與宗教感情的一面。

王鳴盛（一七二二—一七九八年）

字鳳喈，號禮堂、西莊。清代中期的考據學者、史學者、詩人。江蘇省嘉定縣（今上海市）人。累進至內閣學士兼禮部侍郎，但之後因故遭到連坐而左遷，辭官後專心致力於讀書與著作。年輕時師事惠棟，是以漢代學術為理想的清朝漢學代表性人物。在經學、史學上有廣博的學識，建立了應被稱為考據史學的學風，身為歷史學家，他與同時代的趙翼、錢大昕齊名；身為詩人，他也自成一家。代表性著作有《十七史商榷》，書中對掌故（典章制度）相當詳盡，對稗史小說、金石文也有涉獵，校勘了正史的本文，訂正其訛誤。其他在經學上的成果還有《尚書後案》，考據學方面的著述則有《蛾術編》等。

錢大昕（一七二八—一八〇四年）

字曉徵、辛楣，號竹汀。江蘇省嘉定縣人。清代中期的考據學者、歷史學家，考據學全盛時期的代表學者。幼年期就被譽為神童，年輕時進入蘇州紫陽書院學習，師事惠棟與沈德潛（字確士，號歸愚，一六七三—一七六九年），與王鳴盛也結交為友，並與他的妹妹成婚。歷任翰林院的官職，從事《續文獻通考》、《大清一統志》等的編纂事業，期間也學習（中國傳統的）中法，以及西洋的天文學、數學，著有關於漢代劉歆曆法的注釋書《三統術衍》。在擔任廣東學政時，遭逢父喪，之後便辭官，回到紫陽書院等致力於後進的教育，並專注於研究與著述。其學問除了原本的經學、史學、詩文之外，也遍及文字學、音韻學、目錄學、金石學等小學和諸子學、天文地理等，不僅淵博且精細，有很深的造詣，可說是清朝考據學的典範。直到今天都展現出很高的可信度。他體現了實事求是的精神與方法論，此一態度的背後有著對形而上學概念論的排斥、只確實認同經驗上的認知等經驗主義的認知論。尤其是在史學方面，他確立了文獻實證的史學，是運用了考據學方法論的考據史學，與王鳴盛和趙翼等人齊名，然而其精確度，卻是淩駕在此二人之上。他指出《元史》的疏漏，在元史研究方面搶先他人一步，不過他所著的《元詩紀事》散佚，並沒有流傳下來。代表性的著作有《二十二史考異》，對正史的文字進行了詳細的校勘與訓詁等考證，以及考證的讀書筆記《十駕齋養新錄》和浩瀚的《潛研堂文集》等。弟弟錢大昭（字悔之，號竹廬，一七四四－一八一三年）也因《爾雅》的研究而聞名。

戴震（一七二四－一七七七年）

字東原、慎修，號杲溪。安徽省（徽州府）休寧縣人。清代中期的學者、思想家，集考據學之大成者。是皖派的領袖，為人所景仰，同時也是獨特的思想家、哲學家，是傑出的存在。

戴震的故鄉徽州在當時「徽商」輩出，是和山西商人將中國經濟、商業界一分為二的存在，相當知名，有崇尚商人和經濟活動的風氣，同時因為有他們的贊助，創設了許多書院，是對教育極為熱心的地區。而這裡的教育中心，就是科舉的正統教學朱子學，地方名望家族，大抵都以《朱子家禮》為準則，來維持宗族內的秩序。之後當戴震的思想形成以及獨特的哲學誕生之際，也有人認為是因為這樣的鄉里風氣與環境，帶來了很大的影響。他本身生在貧窮之中，儘管有機會能往成為商人的道路邁進，不過他卻師事同鄉的著名朱子學者、考據學者江永（字慎修，一六八一—一七六二年），以學問為志。江永本身擅長音韻學、禮學等，也通西學，非常尊崇朱熹，編輯了（以朱熹《儀禮經傳通解》為本的）《禮書綱目》和《近思錄集注》等，這樣的師承關係，讓江永時而被後世定位為皖派的濫觴。

戴震的學問以音韻學、訓詁學、文字學等小學為基礎，也觸及天文曆算學、數學、地理等廣泛的自然科學方面，除了能見到他積極吸收西學（自然學）的成果之外，他也將這些見解援用至經書解釋之中，這一點可說是他學術的精髓，說到這個時代的學問時，值得一提。他年輕時便精通《十三經》，也學習西洋的數學，著有《勾股割圜記》，書中說明了畢氏定理和三角函數等的計算法。在考據學方面的成績，首先他進行了《水經注》本文和注的校訂，加上地理的考證。在經學上的成績，他針對《周禮》的〈考工記〉進行了名物制度的考證，寫下《考工記圖注》。除了運用科學與數學知識之外，也可以說是有工學性概念的產物。這樣看來，當初他以自然科學者嶄露頭角，獲得相當高的知名度，也不能說是言過其實。實際上，戴震多次參加科舉（會試）皆未及格，只停留在舉人（鄉試），三十歲後，他上北京後，其學術成果立刻就引來錢大昕的注意，接著又透過錢大昕，獲得了秦蕙田（一七〇二—一七六四年，《五禮通考》）和《四庫全書》的總纂官紀昀（字曉嵐，一七二四—一八〇五年）的知遇，其盛名便瞬間為眾人所知，未經過進士及第，就特別被任命為《四庫全書》的纂修官。這當中的原委，還是因為他在自然科學方面的知識見解以及造詣獲得了很高的評價，《四庫全書總目提要》的〈經部〉、〈天文算法類〉，幾乎都是出於他之手。另一方面，戴震和惠棟、王鳴盛等人結交，與當時的著名人士也有所交流。在經學的領域裡，他對《七經小記》的七經（詩、書、易、禮、春秋、論語、孟子）加上了訓詁、天文曆數、禮學制度、地理學等廣泛的注釋，立志要以此為自己經學上的集大成，但最終並未完成。戴震認為解釋經書的方法論應該要依循「文字」→「訓詁」→「義理」（《戴震文集．經籍纂詁序》），或者是對「文字」→「語言」→「古聖賢之心志」的掌握（《戴東原集》卷十〈古經解鉤沉序〉）的階段。這樣的命題被認為是明確的制定、公式化了考據學的方法論。他這樣細緻的考據學方法論，由弟子段玉裁、王念孫以及其子王引之所繼承，後世將這個學統稱為皖派，將這四位學者稱為「戴段二王」。

戴　震

然而戴震生平傾注最多心力的，也是他自負為一生中最重要著作的，就是今天被視為其主要著作的《孟子字義疏證》。這本書以《原善》、《緒言》、《孟子私淑錄》等著作為基礎，並重新建構，前後花了二十年的歲月才完成，採取解釋《孟子》字義的形式，透過解釋「理」、「性」、「道」等儒學上的字彙與概念，來開陳自己的哲學與思想。

戴震生平就道：「以理殺人」（《戴東原集》卷九〈與某書〉），批判朱子學嚴格的倫理與不人道，除了譴責之外，他還站在肯定人性欲望的立場，將「氣化流行，生生不息」的氣一元論的世界觀具像化（《孟子字義疏證》卷中〈天道〉）。在這本書中，他提到「理」，認為：「理者，察之而幾微必區以別之名也，是故謂之分理」，也因此「就事物言，非事物之外別有理義也」，「天理云者，言乎自然之分理也。自然之分理，以我之情絜人之情，而無不得其平是也」（《孟子字義疏證》卷上〈理〉），不認為「理」能夠具體化或神格化，分理與條理的「理」在人類達成自然的情緒與欲望之際，扮演著相互調整的水平秩序和條理的角色。反過來說，朱子學對情欲有著否定的想法，這是因為受到了老莊思想和佛教無欲說的影響，且將人性視為惡的這一點，和《荀子》流派的性惡說也有相通之處。戴震將「欲」比喻為「水流」，就像水流會依循著水路而決定方向一樣，「分」在調和時會順著「理」，調整到最恰當。而想要達成這樣自然的情欲，在調整與追求「自然」之時，就會找出不紊亂的「條理」「必然」的存在方式（《孟子字義疏證》卷上〈理〉）。

在他的欲望論當中，特別值得注目的還有一個積極的「懷生畏死之心」（《孟子字義疏證》卷中〈性〉）的主張。戴震認為：「人之生也，莫病於無以遂其生。欲遂其生，亦遂人之生，仁也；欲遂其生，至於戕人之生而不顧者，不仁也。不仁，實始於欲遂其生之心；使其無此欲，必無不仁矣」（《孟子字義疏證》卷上〈理〉）。他在此除了將社會對生存欲的對立進行相互性的調和視為「仁」之外，也提到正是因為人有更本質的、對生存的欲求，以及對死的恐懼，因此才有可能對他人有同理心，展露出「仁」，這是他獨到的主張。戴震這樣的說法，除了直率的肯定人的生存欲望與對死的恐懼之外，也企圖找出人類道德的根源，換言之，「欲望」正是人類基本的條件，也規範了道德的根柢，在價值的存續上，與朱子學流派的道德論劃上了界線。

總體而言，從以上戴震的主張和議論來看，能得知他以相互共鳴的同理心為基礎，另一方面又依賴人與人之間對他者「欲望」的調節，帶有相互性與社會性，摸索並顯化出來的一種社會性的「理」觀與「仁」觀。從這一點來看，這是一種與他人「共生」或達成「共識」的理論，是相當現代化的觀點，帶有很重要的啟示，不過同時當中也看得到許多問題與困難點。

從「近代」的立場重新評價

在過去，戴震的思想被認為是中國的自然法與理的世界觀之集大成，與此同時，儘管他批判朱子學，但也被人認為有「重新組合朱子學體系」的一面，或把朱子學理論變得「扁平化」、「水平化」的一面。在這裡，實際上他將自己的「臆見」（＝意見）定為「理」，並以超然的立場持「理」來批判「貴者」、「尊者」的「己私」，另一方面，當「理」作為「分」的「調和」與「條理」時，作為代價的，是會失去其超然的規範性（《孟子字義疏證》卷上〈理〉）。然而這樣的「理」儘管失去了確實的基礎，變得扁平化，但也伴隨著逆轉的邏輯，不會毫無前提的具體化道德與真理的內涵，會依照當下的狀況，更暫時性、適宜性的，包含著人們相互的「欲」與「情」，去追求對他者的可塑性。這可以被看做是幾乎等同於人類本性的東西，其背後的前提是存在著某種善性，而每個擁有這種特質的人，與自己的利害得失相平行，對他人進行「同感」、「共鳴」等同理心時，反過來也透過對自己的規範與限制，在不同的時空下，暫定性的決定自己行為的「適宜性」，所有這種行為的累積，整體會形成一個大致「調和」的「均衡」。

不過在現實世界當中，在面臨與他人無限的糾葛、相剋、競爭時，如果事先將終點的「預定達到調和」的「均衡」狀態（如果要用他自己的話語來說，就是被視為「自然」完成狀態的「必然」），當作一種毫無疑問的前提，這種「平衡系」的穩定一定會不斷的遇到挫折，並不斷遭受延遲，反而不會導向「調和」的完成，反倒是只會呈現出現實社會「散逸結構」的整體趨勢，出現也就是「複雜系」的無限「不均衡」狀態。此外，審視戴震的人類觀，他只不過是將「欲望」與「個人」的同質性當作無前提的前提，彷彿都是同性、同質、同色的基石一般的存在，其中完全不存在多數性、複數性的觀點。

儘管他對自己相當自負，但是《孟子字義疏證》所代表的戴震之哲學思想，在同時代幾乎沒有受到關注。雖然他在體現了考據學的哲學與精神的同時，先不論好壞，還帶有更柔軟、更通俗化的，也就是「稀釋了的」朱子學式的思考殘渣，以當時的社會來說，毋寧是表現出一種「常識」或「common sense」，所以也出現了一種他只不過是在進行重新定義的看法。儘管如此，章炳麟（《訄書．學隱》、《釋戴》）企圖將他的「哲學」解讀成對滿洲王朝統治的批判，劉師培（《中國民約精義》）認為他的學問是繼承了揚州學派的「義理」之學，梁啟超與胡適（《戴東原的哲學》）則是以實用主義的觀點嘗試對他重新評價，現代中國從唯物論的立場進行重新解釋等，總體來說是站在「近代」的立場與「哲學」性的觀點，重新審視戴震並加以表揚，而他也受到了重新的評價[26]。

皖派的學者們

皖派是清朝兩大經學、考據學之一，與吳派並列。皖派取名自安徽省的別名（古名），被視為這一學派濫觴的江永與戴震，以及其後裔程瑤田（字易疇，一七二五—一八一四年，《通藝錄》）等人，大多出身於徽州府（安徽省）而得名。但是戴震不僅師事江永，也向惠棟學習，以某種程度上來說，這兩派的淵源是一樣的。尤其從被後世稱為「戴段二王」的戴震到段玉裁、王念孫和王引之父子這樣的脈絡之中，有許多應該說是考據學碩果的傑出成果。皖派的特徵是以小學為基礎，也觸及了例如戴震所擅長的天文學、曆算學、數學、地理學等自然科學方面的領域，在段玉裁、王念孫、王引之等人所代表的古語言學、古音韻學、古文獻學方面，也留下許多的成果。除此之外，也有像程瑤田、凌廷堪等往禮學精進的人。比起以博學為主的吳派，皖派有著更強的傾向去探究個別事物背後的規範性法則。

段玉裁（一七三五—一八一五年）

字若膺，號懋堂。江蘇省（常州府）金壇縣人。清代中期的考據學者、古語言學者。尤其精通小學，在其基礎之上，也涉獵經學、音韻學、文字學、訓詁學等，進行廣泛的學術性活動。年輕時接觸過顧炎武的《音學五書》後，對音韻學傾心，接著又師事戴震，致力於古代音韻學的研究。其他與錢大昕、王念孫和王引之父子，以及在校勘學方面知名的盧文弨（一七一七—一七九五年，《抱經堂文集》）等人都有深交。其著作《六書音均表》（編按：均通韻／韵）將古代漢字的字音加以分類，分為六類十七部的體系，直到今天都是古音韻學上很大的成就。接著他在大作《說文解字注》校訂與注釋東漢許慎的字書《說文解字》，為了完成特定漢字的字音與字義，直到晚年，都不斷鑽研與精進。之後在這一本書的影響下，產生了應該稱為說文學的領域，出現了王筠（一七八四—一八五四年）的《說文釋例》、朱駿聲（一七八八—一八五八年）的《說文通訓定聲》等許多成果，值得一提。段玉裁其他的著作有《周禮漢讀考》、《儀禮漢讀考》、《古文尚書撰異》等，被統整在《經韻樓集》當中。順帶一提，龔自珍是他的外孫。

王念孫（一七四四—一八三二年）

字懷祖，號石臞。江蘇省（揚州府）高郵縣人。清代中期的考據學者、古語言學者。除了師事戴震之外，也與同時代的劉台拱（一七五一—一八〇五年）、程瑤田、章學誠、邵晉涵、汪中、洪亮吉（字稚存，號北江，一七四六—一八〇九年，《春秋左傳詁》、《意言》）等許多人士有廣泛的交流。著作《廣雅疏證》對魏朝的字書加以注釋，並依據自己將古韻分為二十一部的說法，在字音而非字形之中尋求訓詁的根本，並闡釋了同音假借的關係。《讀書雜志》則訂正了史書和諸子書籍的錯誤，在聲音、音韻、訓詁、校讎、校勘等各領域，都在考據學史上，留下了極重大的成果。與自己的兒子王引之並稱為「二王」，更是清朝考據學的代表人物，與戴震、段玉裁齊名，後世讚揚他們為「戴段二王」。

王引之（一七六六－一八三四年）

字柏申，號曼卿。江蘇省高郵縣人。清代中期的考據學者、訓詁學者。他也擔任官僚，順利的晉升，歷任工部、吏部、禮部尚書。在音韻學、文字學方面繼承父業，《經義述聞》以客觀性、歸納法的方法論，校正經傳的誤字、誤釋，《經傳釋詞》則被視為虛字研究的先驅，對經傳中的虛字加以解釋。父親的《廣雅疏證》、《讀書雜志》再加上他的《經義述聞》和《經傳釋詞》，王氏父子的主要著作被稱為「王氏四種」，每一本都是稱得上考據學精華的著述。與段玉裁相同，王氏父子也善於透過明晰且周到、細緻的分析，做出有憑據而慎重的結論，對後世的學者有著諸多影響[27]。

揚州學派的學者們

從清代的乾隆、嘉慶年間起就以江蘇省揚州府為中心興起了一派經學派，當時的揚州以中國最大規模的鹽商之地而知名，是交通、流通的要衝，非常繁榮，也是學術、文化的一大中心地。通常揚州學派被認為是浙西、吳派的一個支流，不過當中也有如淩廷堪等被歸為皖派的學者，例如汪中、焦循、阮元等人，在哲學、思想上更不如說是繼承了戴震譜系的潮流。在經書解釋上，也具有獨創性與融通性豐富的一面。

汪　中（一七四五—一七九四年）

字容甫。江蘇省江都縣人。揚州學派的代表性經學者、考據學者、文人。在貧困中苦學，以學問為志，但由於自身桀傲不遜的個性，一生都過著貧窮與懷才不遇的日子。然而他身為文人，用字遣詞華麗，也和錢大昕、王念孫、劉台拱、凌廷堪等同時代的名人有所交流。主要著作《述學》從文字訓詁到制度文物、三代學制等，都有精細的考證，讚揚過去被視為異端的《荀子》、《墨子》，進行了重新評價，開啟了近代之後清末民初諸子學研究的序幕。

凌廷堪（一七五七—一八〇九年）

字次仲，安徽省歙縣人。清代中後期的經學者、考據學者、思想家。仰慕同鄉的江永、戴震，修習禮學，也通天文曆算和樂律。並與汪中、阮元等揚州學派的人士有所交流。以《禮經釋例》、《校禮堂文集》等著作而聞名。將重點放在聖人的學問，認為當中有「禮」，而非有「理」，主張應以「禮」代替「理」。在戴震之後，被定位為由「理」轉為「禮」潮流的代表性人物。

焦　循（一七六三—一八二〇年）

字里堂。江蘇省江都縣人。清代中後期的經學者、數學家。阮元的門人，以數學上的造詣與數理性思考為背景，尤其精通易學，著有《易通釋》、《易圖略》、《易章句》，被合稱為「雕菰樓易學三書」。

其他在經學上的著作有《孟子正義》、《論語通釋》等相當知名。與戴震、淩廷堪等同樣反映了時代性的思潮，批判固定的「理」，重視有靈活度的彈性，主張「禮」與「情」的優勢。

阮　元（一七六四—一八四九年）

字伯元，號藝台。江蘇省儀徵縣人。清代中後期的政治家、學者。作為一位官僚、政治家，也達到了無人能及的榮華與顯達。從浙江等地的巡撫，歷任湖廣、兩江、雲貴的總督，晉升到體仁閣大學士、經筵的講官。其學問繼承了戴震的經學，同時也從小學、金石學、天文曆算學、地理學到詩文、書畫，皆有涉略。除了代表揚州學派之外，對清朝的整體經學、學術，尤其是乾隆嘉慶年間的漢學，可說是集大成的存在，留下了許多成果。具體而言，他運用了自身的政治力，庇護許多同時代的學者，動員這些人進行大型編纂事業，完成了《經籍籑詁》、《皇清經解》、《十三經注疏校勘記》等，是對後世學術帶來相當大裨益的成果。在編纂《十三經注疏校勘記》之際，他參考了日本山井鼎的《七經孟子考文》，並被收錄在《四庫全書》當中。在赴任之地，他也創設了詁經精舍（浙江省杭州市）和學海堂（廣東省廣州市）等書院，有很大的功績。詁經精舍招攬了孫星衍（一七五三—一八一八年，《尚書今古文注疏》）等人來講課，而學海堂不僅是科舉的考試中心，同時也進行自然科學等實學性的課程，其教育實踐受到了矚目。著作有《疇人傳》、《性命古訓》、《揅經室集》等。

劉寶楠（一七九一—一八五五年）

字楚楨。江蘇省寶應縣人。清代中後期的經學者、考據學者。出生於學者世家，與戴震、段玉裁、王念孫、汪中等都有廣泛的交流，向叔父劉台拱學習。受其影響，其著作《論語正義》不僅尊重漢儒的經說，同時也適當採取了宋儒等近世各家的學說，加以斟酌，取得了穩當的平衡，是清代代表性的《論語》注釋。這本書在實質上由他的兒子劉恭冕（一八二四—一八八三年）續寫，並加以完成，書中並提及了日本儒學家荻生徂徠的《論語徵》而為人所知[28]。

常州學派的學者們

乾嘉時期在學術、經學上的「漢學」，主要是東漢時代的古文經學，而學者們關注的對象在時代上逐漸往前回溯，再加上考證今文、古文真偽的考據學方面的論證、辨偽的成果，因此以自然演變來說，對更前面時代的西漢學術更為關注，需求也增加，讓西漢今文經學（今文學）成為當時的主流。而今文學的中心，正是原本即將要失傳的春秋公羊學。最初師事戴震的孔廣森（字眾仲、撝約，一七五二—一七八六年）著了《春秋公羊通義》，成為公羊學復興的先河，之後這個公羊學派，更由他所傾慕的莊存與，以及其家族的劉逢祿、宋翔鳳（字于庭，一七七七—一八六〇年，《過庭錄》）所肩負，主要的發展以江蘇省常州為中心，因此被稱為常州學派（常州公羊學）。他們立志打開漢學的局面，不使用繁瑣的考據，標榜經世致用之外，以東漢的公羊學者何休的學說為依據，吸收「三世說」（〈春秋三世之義〉）與《禮記．禮運》篇的大同思想等，主張一種社會進化論的進步史觀，其後並強化了其政治性。接著，到了遭遇國難的清末，歷經龔自珍和魏源（一七九四—一八五七年），被康有為（一八五八—一九二七年）、梁啟超穩固的繼承了下來，對洋務運動、戊戌變法等現實政治，都有很大的影響。

莊存與（一七一九—一七八八年）

字方耕，號養恬。江蘇省武進縣（常州府）人。清代中期的公羊學者。清代公羊學、尤其是常州學派的創始者。擔任官僚，官至內閣學士、禮部侍郎。其學說兼採漢學、宋學，同時本身也是一名清廉的官僚而為人所知。他批判當時官界的腐敗，標榜經世致用的實學，接著又依據西漢今文學的立場，修習《春秋公羊傳》，效法董仲舒、何休等人的學說，寫下《春秋正辭》、《春秋舉例》、《春秋要指》。其學風和學統由家族劉逢祿、宋翔鳳所繼承。

劉逢祿（一七七六—一八二九年）

字申受，號思誤居士。江蘇省武進縣（常州府）人。清代後期的公羊學者。莊存與的外孫。繼承外祖父莊存與及其姪莊述祖（一七五〇—一八一六年）的家學，對常州公羊學的發展是很大的助力，追究聖人的「微言大義」，形成了清末改革派所標榜的公羊學原型。特別依憑董仲舒與何休的《春秋公羊傳解詁》，著有《春秋公羊經傳何氏釋例》，援用《左氏春秋考證》、《論語述何》等公羊學的學說，對其後的發展起了領頭的作用。除了公羊學者之外，也和同樣出身於常州的著名文人、以易學和禮學而為人知的張惠言（字皋文，號茗柯，一七六一—一八〇二年，《周易虞氏義》）、善於歷史地理學的李兆洛（字申耆，號養一，一七六九—一八四一年，《大清一統輿地全圖》）等人士有所交流，加深了經世的志向。其門下有戴望、龔自珍、魏源等人才輩出。

龔自珍（一七九二—一八四一年）

字璱人，號定庵、定盦。浙江省杭州市人。清代後期的學者、思想家、文人。段玉裁的外孫，起初師事段玉裁，後向劉逢祿、宋翔鳳等人學習，以今文學、常州公羊學為主要學術。特別對史學有興趣，提倡「治學一致」，與魏源等經世思想家都相當活躍。以《明良論》、《尊隱》、《平均論》、《農宗》等論孜，敏銳批判當時逐漸衰亂的時勢，發展出獨特而進步的政治、經濟思想。另一方面，也相當醉心於佛教，對文學的關注與造詣也很深，身為詩人、文學家，他擁有稱得上是浪漫主義的文筆，獲得相當高的名聲。其言行之後成為清末改革派、變法派與革命派景仰的對象，有時會被定位為中國近代思想史的起始。著作有《春秋決事比》、《定盦文集》等[29]。

被稱為回儒的人們

伊斯蘭教早在唐代便傳播至中國。在宋末元初時期，有出身阿拉伯的穆斯林蒲壽庚致力於恢復南海貿易，在貿易上積極活躍，尤其在東南沿海和西部的內陸地區，也逐漸滲透至漢人之間。在明代，有因遠征印度洋而知名的宦官鄭和、政治家海瑞等知名穆斯林人士的出現，思想家李贄據傳也出身於穆斯林的世家。除此之外，自古在中國也出現了猶太教徒，從明代中葉到清代初期，耶穌會傳教士的傳教活動興盛（以禮儀問題為契機，在雍正帝的時代遭到禁教，不過在清末又加上了新教徒的傳教）、清朝王室和滿洲族與蒙古族及西藏族同樣信仰西藏佛教等，實際上清代除了傳統的儒、佛、道三教之外，在宗教方面是富有多樣性的時代。另一方面，被稱為回民的穆斯林經過了各種糾葛與傾軋，時而與漢人之間發生械鬥，也經常出現回民起事等現象。

中國的穆斯林大多會聚集居住在各地清真寺的附近，其宗教教育以及教育機構被稱為「經堂教育」，不過逐漸也會進行阿拉伯語、波斯語等菁英教育，且也試著透過中文進行伊斯蘭的講道。基督教的傳教士們在此地以中文發行著作，成為了一種中介的刺激。以中文著述伊斯蘭的哲學概念和伊斯蘭教義的學者、思想家們，被稱為「回儒」，他們經常會對照著以朱子學為中心的儒教概念來進行說明，同時也會引用道教、佛教的辭彙等，以現代來看，在比較哲學、比較思想上的見解，有許多具有意義的事例。除此之外，他們也有扮演橋梁的一面，將來自伊斯蘭教與西洋哲學的概念與想法，用中文辭彙來表現，觸發了許多新的、獨特的「中國」哲學思想，從新觀點來看，世人也正在對其重新評價。

王岱輿（約一五八四—約一六五七年）

號真回老人。江蘇省江寧縣（南京市）人。明末清初時期的回儒（伊斯蘭學者）。據傳祖先是西亞人，在明代初期時來到中國，擔任欽天監等職位。是自幼就學習阿拉伯語和伊斯蘭的教義，也學了儒教、佛教和道教等的知識分子。透過中文對伊斯蘭教的正確知識進行介紹、概說。著有《正教真詮》（一六四二年），用「真一」來表現萬物的根本原理，對中國伊斯蘭教的興起有很大的貢獻。

馬注（一六四〇—一七一一年）

字文炳，號仲修、指南老人。雲南省金齒縣人。清代初期的回儒。自稱先知穆罕默德的後代，在北京與王族和穆斯林學者們有所交流。對心性之學有所關注，其著作《清真指南》引用了儒教、佛教、道教的語彙和概念來說明伊斯蘭的教義，進行概論。

劉智（約一六七〇—約一七四〇年）

字介廉，號一齋。江蘇省上元縣（南京市）人。清代初期的回儒。留下了在中國伊斯蘭史上最具有體系的著作，是代表性的博學之士。父親劉漢英是阿訇（伊斯蘭的宣教師），也是著名的伊斯蘭學者，自幼就接受了菁英教育，除了阿拉伯語、波斯語、伊斯蘭教義之外，他也通儒教、佛教、道教等典籍和西洋的學問。其代表作《天方性理》將伊斯蘭的世界觀，用朱子學的「無極、太極」說來重新解釋，主張伊斯蘭的教義與儒教的倫理、世界觀並不相矛盾，兩者可以找出一定的共通性和普遍性，形成了之後中國伊斯蘭思考法的基礎。其他的著作有《天方典禮》，解說日常的規範與儀禮，還有《天方至聖實錄》，是穆罕默德的傳記[30]。

章學誠（一七三八—一八〇一年）

字實齋，號少巖。浙江省紹興府會稽縣（今紹興市）人。清代中期的史學者、歷史理論家。仰慕鄉里的先進們如王陽明、劉宗周、黃宗羲、萬斯同、全祖望等人，尤其以史學為志，將自己的學術定位為繼承他們的譜系。浙東學派的稱呼也來自於他（「浙東之學，言性命者必究於史，此其所以卓也」《文史通義》內篇五）。從事國士監典籍、地方官幕僚等職，也參與各地方志的編纂，加深對地方史、目錄學的造詣，完成了目錄學的傑作《校讎通義》。同時專注於各個具體的史實考據，不以當時考據學的手法而滿足，著述歷史哲學書《文史通義》，期望能再興唐代劉知幾的《史通》與南宋鄭樵的《通志》之後絕跡的史學理論。在此書的開頭，他便高調的宣言「六經皆史說」：「六經皆史也。古人不著書，古人未嘗離事而言理，六經皆先王之政典也。」（《文史通義》卷一內篇一〈易教上〉）。在此表示出，就算是經書，也是歷史的產物，他將史學視為包含經學在內所有學問的根柢，也就是展現出將「經學」「史學」化，將「經書」「史書」化的方向。

然而與此同時，他認為：「夫道備於六經，義蘊之匿於前者，章句訓詁足以發明之。事變之出於後者，六經不能言，固貴約六經之旨，而隨時撰述以究大道也。」又說：「《易》曰：『形而上者謂之道，形而下者謂之器。』道不離器，猶影不離形。後世服夫子之教者自六經，以謂六經載道之書，而不知六經皆器也。」（《文史通義》卷二內篇二〈原道下〉），除了主張「道」與「器」相連，「形而上／下」的一致、不可分之外，也可以看出他希望透過史書這個「器」，發展「道」，並企圖解讀「天理」顯現的態度。

以章學誠的狀況來說，儘管他有時會遭到誤解，然而他並非單純的將經書貶低為史，而是追求切合「事」的「義」，透過前者來探究後者，主張兩者終極的一致之外，同時也在撰述史書時，將《尚書》、《春秋》等的概念視為模範，闡釋了歷史主義和傳統規範意識的融合與共存。他的浙東學派的特徵，是史學與哲學（「性命之學」）的終極一致，同時也認為史學的目的是「經世」，因此不只是單純收藏過去的見解，更要重視現在，展望未來。主張在歷史敘述時，必須加上「史家三長」（劉知幾）的「才、學、識」，也就是「史德」。

章學誠

儘管他的議論獨特，見解卓越，但由於他狂傲的個性，使得他的學說在考據學的全盛時期，幾乎不被重視，直到被日本漢學家內藤湖南以近代史學的觀點表揚並重新評價後，才獲得名聲[31]（〈章實齋先生年譜〉、《支那史學史》）。

其他人物

朱之瑜（舜水）

一六〇〇—一六八二年。中國明末的遺臣、儒學者。名之瑜，號舜水。浙江省餘姚人。從事反清復明的活動，在南明政權中，追隨魯王，多次向日本要求軍事援助，也協助鄭成功，但最終仍未能復興明室。一六五九年逃往日本。最初接受柳川藩安東省菴的庇護，後來成為德川光圀的賓客，對水戶學派的形成和尊王攘夷思想帶來了影響。他的學風折衷了朱子學與陽明學，對實學方面也有很高的興趣。現今在東大農學部裡有一座「朱舜水先生終焉之地」的碑。梁啟超在三大儒之外，又加上朱之瑜和方以智，將這五位尊崇為清初五大師[32]。

方以智

一六一一—一六七一年。字密之，號鹿起、曼公。在明清交替之後，方以智出家，因此他又被稱為浮山愚者、藥地和尚等。他是安徽省桐城縣人，算是明末清初特異的科學家、思想家。從曾祖父之輩開始就是江南知名的世家，知名文人桐城派的創始人方苞也是他的遠房親戚。自父親方孔炤（字潛夫，一五九一—一六五五年）起，家學除了學習易學之外，也接觸西學，和湯若望（一五九一—一六六六年）等耶穌會傳教士亦有交流，積極吸收西洋實證的自然科學。他是明朝最末期的進士，汲取了東林派之流，也曾參加復社。拒絕出仕清朝，在著名的禪僧覺浪道盛（一五九二—一六五九年）門下出家。他的學問受到西學強烈的影響，對物理學、天文學、醫學、藥學、生物學、地理學、礦物學等皆有涉略，並且以找出自然科學法則的「質測」之學，以及《易》的自然哲學與佛教邏輯學為基礎，再加上形而上學、儒佛道三教合一的「通幾」之學，貫徹著由這兩者所組成（「質測即藏通幾者也」）的懷疑主義精神，以及以火為動因的氣一元論式的循環世界觀。著作有《通雅》、《物理小識》、《東西均》、《藥地砲莊》等，尤其是有自然科學一面的「質測」之學，為日本江戶時代的新井白石、三浦梅園等帶來了很大的影響。其思想的哲學「通幾」之學，在二十世紀中期之前，可說是完全被埋沒。晚年儘管他在隱居之中，卻被清朝冠上某種嫌疑，遭到官府逮捕，在運送到流放地的途中病歿，另外也有一說流傳他是自盡而亡[33]。

呂留良

一六二九—一六八三年。字莊生、用晦，別名光輪，號晚村、晚邨。浙江省崇德縣（清朝是石門縣）人。明末清初時期的思想家、朱子學者。明朝滅亡後，拒絕出仕清朝，多次對招聘都沒有回覆，終生在野，從事講學、著述和出版事業。同時他也以遁世為藉口，因此又被稱為耐可、不昧、何求老人等。他非常篤信朱子學，將朱子學做了教條主義式的理解。另一方面在政治論則是依據著復古的理想主義，主張井田封建制的復活（封建論）和華夷之別，尖銳批判中央集權的專制王朝體制，曾有一段時間也與有所往來的黃宗羲等人發展出近似的論述。同時代有很強烈的農本主義色彩，可從中窺見在野地方士人的輿論。透過出版事業，在讚揚程朱之學方面有很大的功績，在他死後四十五年，一七二八年，仰慕他的湖南士人曾靜（號蒲潭先生，一六七九—一七三六年）因打倒清朝的企圖被洩漏，導致呂留良的墓被挖掘、遺體遭到鞭打，族人也受到連累，這一連串事件被稱為曾靜、呂留良案（曾靜事件、呂留良文字獄），是相當知名的文字獄。之後他的學說被視為危險之學，其著述被列為禁書。在這個事件之時，雍正帝曾為了辯駁曾靜，批判呂留良的華夷之別和地方分權的封建論，以及君臣（義合）論等尖銳的政治思想，並為了彰顯自身的正統性，統整出《大義覺迷錄》。藉由這起事件，他思想中中華主義、民族主義的一面被放大，也因此我們不能忽視了他對清末民族主義所帶來的巨大影響。他的著作因為被列為禁書，有許多已經散佚，但《四書講義》、《四書語錄》、《呂晚村文集》尚存，部分也流傳到日本和琉球[34]。

梅文鼎

一六三三—一七二一年。字定九，號勿庵。安徽省宣城縣人。清代初期的數學家、數理天文學者、曆算學者。自幼年期就展現了對數學和曆算學的興趣，傾注全力，再加上傳統的數學和天文曆法，透過由耶穌會傳教士所帶來的漢譯西學書，也很熱衷西洋科學，尤其精通數學和天文學，其見解也觸及印度和伊斯蘭的天文學、曆學等。他的著作《中西算學通》就是在傳統數學之上，活用其框架，對三角法（包含球面三角法、三角函數等）和對數的西洋數學理論做定位，並進行統一性的說明，來確立了自身的立場。他一生都未出仕，是在野的博學之士，專注於研究，在遊歷北京時，與閻若璩、萬斯同等人有所交流。同時，他的《曆學疑問》受到李光地的關注，透過其推舉，梅文鼎謁見康熙帝，並參與《明史》曆志的編纂。他將西洋的數理科學和基督教分離開來，做出精確的理解，並主張「西學中源說」，認為西學的起源也能追溯到中國的堯舜時代，這樣的想法繼承自徐光啟等人，不僅有將西學、中學融會貫通的意圖，也確信數理存在著普遍的同一性。其學識聞名天下，阮元在《疇人傳》更是大為讚揚，透過江永、戴震、錢大昕等人，他成為清朝最著名的數學、曆學師表。對之後清朝考據學的整體趨勢都有許多影響。在他死後所統整的《曆算全書》（一七二三年）僅幾年就傳到享保年間的日本，成為日本接受西洋數學的契機。其他還有《曆學駢枝》、《梅氏叢書輯要》等。其家族也輩出善於數學、曆算學的人物，尤其是梅瑴成（一六八一—一七六三年）在編纂康熙帝敕撰的《律曆淵源》時，與李光地等人擔任了主導的工作[35]。

李光地

一六四二—一七一八年。自晉卿，號榕村。福建省安溪縣人。清朝初期的朱子學者、政治家。是康熙帝身邊的理學官僚，與擔任皇帝侍講的熊賜履、同時代的湯斌齊名，不過橫跨政界和思想界的影響力，大大淩駕於二人之上。在三藩之亂之際，參與臺灣問題，在平定策略上提出建言，獲得康熙帝深厚的信賴，是康熙的心腹，時常會給予各種建言，不斷順利的晉升，官從吏部尚書至文淵閣大學士。同時大讚康熙帝的治世是道統與政統一致的盛世，悠遊於政官界，對於他的人品也有許多惡評，不過這也有可能是受到他與徐乾學等人的對立與權力鬥爭的影響。他尊崇朱子學為正統的體制教學，有許多功績，被視為正學的領袖。主導康熙帝御纂的《性理精義》、《朱子全書》、《周易折中》、《律曆淵源》等的編纂事業，定立正統的解釋，也成為出自朱子學內部的時代性先驅，對考據學的方向偏倚相當顯著。因通曉諸經而博學，為人所知，尤其精通易學、天文學、數學、音律學等，積極吸收西學，正好符合時代的喜好。將梅文鼎推薦給康熙帝，有很大的功勞。著作被收集統整為《榕村全集》。家族當中也出現許多學者，有弟弟李光坡（一六五一—一七二三年，《三禮述註》）、孫子李清馥（一七〇三—?年，《閩中理學淵源考》）等，為人所知[36]。

注釋

1. 梁啓超，《清代學術概論》。以下只記載作者與書名，書目詳細資訊請參照「參考文獻」。
2. 溝口雄三，《中國前近代思想的曲折與發展》、伊東貴之，《中國近世的思想》。大致上採取這樣的見解，且對國內外文獻研究做囊括性評論的有伊東貴之，〈如何理解明清思想——透過研究史素描之考察〉（奧崎裕司編著，《明清是什麼樣的時代——思想史論集》，汲古書院，二〇〇六年）。然而在此之前，誠如島田虔次，《中國近代思惟的挫折》（筑摩書房，一九四九年初版，一九七〇年修訂版，以及井上進補注，東洋文庫版〈1、2〉，二〇〇三年／同，甘萬萍中譯，《中國近代思惟的挫折》，江蘇人民出版社，二〇〇五年、二〇〇八年、二〇一八年）所提到的，在明末達到高潮的思潮，由於出現過早，因此無可避免的遭遇挫折，接下來尤其在清朝政權成立之後，受到思想統制等，如滔滔江水遭到壓制，到清末為止化為暗流，造成了這樣的「挫折」，而這樣的看法也相當有說服力。
3. 錢穆，《中國近三百年學術史》。
4. 山井湧，《明清思想史之研究》。
5. Guy, R. Kent, *The Emperor's Four Treasuries: Scholars and the State in the Late Ch'ien-lung Era*; Durand, Pierre-Henri, *Lettrés et pouvoirs: Un procès littéraire dans la Chine impériale*, 野村浩一，《近代中國的政治與思想》、岡本さえ，《清代禁書之

研究》。

6. 余英時，〈從宋明理學的發展論清代思想史〉（一九七〇年初版）、〈清代思想的一個新解釋〉（一九七五年初版）（之後各自收錄於《歷史與思想》，臺灣：聯經出版事業公司，一九七六年、《中國思想傳統的現代詮釋》，臺灣：聯經出版事業公司，一九八七年，及江蘇人民出版社，一九八九年，《內在超越之路——余英時新儒學論著輯要》，現代新儒學輯要叢書，中國廣播電視出版社，一九九二年）。更具體的來說，是將宋代以後的思想史解釋為客觀的「知識主義」（intellectualism）和主觀的「反知識主義」（anti-intellectualism）之間的相剋、抗衡關係，並解釋兩者的興隆更替，視陽明學的末流為極端主觀的反知識主義，當這個傾向到達一個無法得出結論的時間點後，其重新客觀對知性探究的知識主義再度抬頭，為清學的轉換顯示出了一條途徑。

7. 井上進，《明清學術變遷史—出版與傳統學術的臨界點》。

8. Elman, Benjamin A., *From Philosophy to Philology:Intellectual and Social Aspects of Change in Late Imperial China.*

9. 吉田純，〈關於清代語言的問題〉（梅棹忠夫、栗田靖之編，《知識與教養的文明學》，中央公論社，一九九一年）。吉田純，《清朝考據學之群像》。

10. 大谷敏夫，《清代政治思想史研究》、《清代政治思想與鴉片戰爭》、《清代的政治與文化》、《清代的政治與思想》，木下鉄矢，《「清朝考據學」與其時代——清代的思想》。

11. Kai-wing Chou（周啓榮）, *The Rise of Confucian Ritualism in Late Imperial China: Ethics, Classics, and Lineage Discourse.*

12. 川原秀城，〈中國的思想與科學〉（《中國——社會與文化》三號，東大中國學會，一九八八年），岡本さえ，《近世中國的比較思想——與異文化之邂逅》，石井剛，《戴震與中國近代哲學——從漢學到哲學》，川原秀城編，《西學東漸與東亞》。

13. 順帶一提，關於這件事，有一說是認為這是惠棟本人的述懷（錢大昕，《潛研堂文集》等）。此外，關於這點島田虔次也提到：「在陽明學、考據學當中，如果要用心理學的用語，都會使用在『地』（ground）之上連結的『型』（figure）。」這樣的說法帶有重大的啟發（島田虔次，〈思想史（III）宋～清〉，《亞洲歷史研究入門3　中國III》，同朋舍出版，一九八三年）。除此之外，也有看法認為，由考據學者所形塑的「漢學」對「宋學」兩者對立的框架，不過是某種假象，這種說法也很值得關注（小島毅，《宋學的形成與發展》）。

14. 關於黃宗羲的一生可參照小野和子著，宮崎市定監修，《第2期　中國人物叢書9　黃宗羲》、山井湧，《人類的智慧遺產33　黃宗羲》。

關於東林派（東林黨）與復社可參照溝口雄三，〈東林派人士的思想——前近代期中國思想之發展（上）〉（《東洋文化研究所紀要》第七五冊，一九七八年）、井上進，〈復社之學〉（《明清學術變遷史——出版與傳統學術之臨界點》）、小野和子，《明季黨社考——東林黨與復社》。

黃宗羲在晚年推薦自己的兒子黃百家和弟子萬斯同等人給明史館，讓他們從事《明史》的編纂，算是間接的協助，他生平抱持著「國可滅，史不可沒」（《元史．董文炳傳》）的想法，因此為了同時代的經世與後世，也必須要探詢明朝滅亡的原因，留下客觀的史實紀錄。與此同時，清朝政權以結果來說，根據了東林派的主張，以黃宗羲的學說為背景，汲取富民階層（鄉紳地主階層、城市工商階層）的意向，視為地主聯合政權的成立。因此有一派清醒的看法認為，大致上，黃宗羲的主張有部分被清朝政權所採用。溝口雄三，〈《明夷待訪錄》之歷史定位〉（《中國前近代思想之曲折與發展》）。

儘管如此，自己的一生名節，以被切割的形式做出現實性的對應，可窺見他符合道理的計算與某種程度的老練。與前半生的活動相對照的處事方式，相對於顧炎武與王夫之等對清朝政權的應對，以及他的後半生，不得不說都有些差距。

15. 關於黃宗羲的政治思想與《明夷待訪錄》，請參照小島祐馬，《中國的社會思想》、後藤基巳，《明清思想與基督教》、山井湧，〈黃宗羲之學問——從明學清學之轉換的樣貌〉、〈明夷待訪錄〉（《明清思想史之研究》）、增淵龍夫，《歷史學家之同時代史考察》、Balazs, Étienne, *La Bureaucratie céleste: Recherches sur l'économie et la société de la Chine traditionnelle*, 後藤基巳、山井湧編譯，《中國古典文學大系57　明末清初政治評論集》、溝口雄三，〈《明夷待訪錄》之歷史定位〉、前述山井湧，《人類的智慧遺產33　黃宗羲》、De Bary, Wm. Theodore, *The Liberal Tradition in China: Neo-Confucian Studies*, 新田元規，〈學校論的支流黃宗羲《明夷待訪錄》〈學校篇〉〉（《人間社會文化研究》二六卷，德島大學總合科學部，二〇一八年）、新田元規，〈黃宗羲《明夷待訪録》「原君」之君主政體起源論〉（《中國——社會與文化》三四號，中國社會文化學會，二〇一九年）。

此外，《明夷待訪錄》的日本譯本有黃宗羲著，西田太一郎譯，《明夷待訪錄——中國近代思想的萌芽》、山井湧，〈黃宗羲的著作——《明夷待訪錄》〉（《人類的智慧遺產33　黃宗羲》）、黃宗羲著，濱久雄譯，《中國古典新書續篇27　明夷待訪錄》。

黃宗羲與《明夷待訪錄》對清末革命思想帶來的影響和反響可參照島田虔次，〈中國的盧梭〉（《中國革命的先驅們》）、田中豐，〈中江兆民《民約譯解》中的「君」與「臣」——盧梭《社會契約論》（Du Contrat Social）和儒學思想之交錯〉（《法與政治》七一卷一號，關西學院大學法政學會，二〇二〇年）。

關於《留書》的內容與思想，及其「發現」的原委可參照小野和子，〈《留書》的思想〉（岩見宏、谷口規矩雄編，《明末清初期之研究》，京都大學人文科學研究所，一九八九年）。

16. 關於在《明儒學案》當中的學派偏向，可參照小島毅，《中國近世關於禮的言論》。關於黃宗羲在經學上所擁有的微妙平衡感，可參照新田元規，〈許三禮的海昌講會和黃宗羲《海昌五經講義》〉（《日本中國學會報》第六七集，二〇一五年）。

17. 相關可參照岸本美緒的議論，認為他出現在歷代風俗論當中，值得注目：「這篇文章伴隨著魏晉清談的流行，論述道德秩序的崩壞，若要在其脈絡中定位「亡國亡天下」論，那麼顧炎武在這裡試圖對抗的敵人，並非是夷狄，或者專制統治，而是滔滔不絕走向秩序崩壞的整體社會傾向。而有責任防衛最後一道防線的，最終還是我們自己（匹夫），不能仰賴他者（王朝國家），這就是他的主張。」這可說是大為肯定的看法。岸本美緒，〈明清時代對《風俗》的觀念〉（小島毅編，《「多分野交流演習論文集　東洋人文學的橋梁」東京大學大學院人文社會系研究科多分野交流演習文集》，東京大學大學院人文社會系研究科中國思想文化學研究室，二〇〇一年）。

18. 關於顧炎武其他生平與思想可參照 Vergnaud, Jean-François, *La Pensée de Gu Yanwu (1613-1682)*, 井上進，《中國歷史人物選　第10卷　顧炎武》。

19. 與這個觀點相關，關於王夫之，有人指出「透過朱子學的客觀主義，克服了明末心學」。荒木見悟，〈王船山之理與氣的問題〉（《中國思想史各面向》，中國書店，一九八九年）。此外，有看法認為他的哲學體系的架構，特別是其倫理學，基本上以朱子學理論的結構為依據來架構，也就是會重新導向應該稱為「囊括性世界觀」的新型態。以上源自馬淵昌也，〈王夫之倫理學的基本構造——以惡的產生與克服為中心〉上下（王守常等編，《學人》第三—四輯，江蘇文藝出版社，一九九二—九三年）、本間次彥，〈河圖洛書的問題圈——圖・象數・王夫之〉（《東方學》第八一輯，一九九一年）。

關於其他王夫之的思想和著述可參照高田淳編譯，《王船山詩文集——修羅之夢》、Henderson, John B., *The Development and Decline of Chinese Cosmology*; Black, Alison H., *Man and Nature in the Philosophical Thought of Wang Fu-chih*, 張立文，《正學與開新——王船山哲學思想》、陳來，《詮釋與重建——王船山的哲學精神》、Gernet, Jacques, *La Raison des choses: Essaisur la philosophie de Wang Fuzhi (1619-1692)*.

20. 關於這一點，王夫之對「華夷」和「夷狄」的區別，應該看作僅是「文化上的差異」，其中的原因是「兩者住在不同的土地上，由於『地』的不同，受到不同的『氣』的作用，所產生的差異」。這樣的區分對王夫之而言，並非「永恆不變」之物，而是因「氣」的盛衰而帶來文明的興衰，且隨著時代而不同，地區也會移動，因此是相當富有啟示的論述，同時有對當時人們的華夷思想與中華主義重新思考的空間。齊藤禎，〈王夫之的《華夷》思想〉（《山口大學文學會誌》四一卷，一九九〇年）。其他尚有小川晴久，〈王夫之——以中華之道為志的實踐家〉（日原利國編，《中國思想史》下，ぺりかん社，一九八七年）也提出了同樣的想法。

21. 山井湧，〈清代的朱子學〉（有田和夫、大島晃編，《朱子學的思惟——中國思想史之傳統與革新》，汲古書院，一九九〇年）、陸寶千，《清代思想史》、伊東貴之，〈「秩序」化的相位〉（《中國近世的思想》）。

22. 此外，山井湧在較廣的框架上，將顏元放在「經世致用之學」的譜系上，和孫奇逢、陸世儀、李顒等朱王折衷的思想家，一起被稱為「實踐派」，並且與三大儒所代表的「經學史學派」和聚焦於自然科學、科學技術的「技術派」鼎立。除此之外，較為近年的還有陳祖武，在思想上也和孫奇逢、李顒與顏元等人較為相近。加上他的學風帶著對實踐的抱負，並以他的樸實為基礎，因此與較先進的江南地區等地不同，可以被視為華北地區或內陸地區較為地方性的產物，值得重新檢視。山井湧，〈明末清初的經世致用之學〉（《明清思想史的研究》）、陳祖武，《清初學術思辨錄》、《清儒學術拾零》。

23. 伊東貴之，〈李塨立場——為了重新考察顏李學派〉（《東洋的思想與宗教》二八號，早稻田大學東洋哲學會，二〇一一年）。

24. Elman, Benjamin A., “Philosophy（I-Li／義理）versus Philology（K’ao-cheng／考證）: The Jen-hsin Tao-hsin（人心／道心）Debate,” in *T’oung Pao*, vol. 69, 1983, 吉田純，〈《尚書古文疏證》與其時代〉（吉田，同前）、林慶彰，《清初的群經辨偽學　文史哲大系23》、佟大群，《清代文獻辨偽學研究》。

25. 關於整體浙東學派和清代史學，請參照杜維運，《清代史學與史家》、《清乾嘉時代之史學與史家》、《中國史學史》；內藤湖南，《支那史學史2》；岡本隆司，〈中國（1）——由史學俯瞰〉（近藤孝弘編，《歷史教育的比較史》，名古屋大學出版會，二〇二〇年）。

26. 關於戴震，請參照戴震著、安田二郎譯，《孟子字義疏證》、安田二郎，《中國近世思想研究》、安田二郎、近藤光男著，吉川幸次郎、小川環樹監修，《中國文明選　第8卷　戴震集》、余英時，《論戴震與章學誠——清代中期學術思想史研究》、山井湧，〈戴震研究〉（《明清思想史研究》）、溝口雄三，〈《孟子字義疏證》的歷史考察〉（《東洋文化研究所紀要》第四八冊，一九六九年）、〈清代前葉之新理論的確立〉（《中國前近代思想的曲折與發展》）、橋本高勝，《朱子學體系的重組——戴震的哲學研究》、石井，同前、Minghui Hu（胡明輝）,*China’s Transition to Modernity: The New Classical Vision of Dai Zhen*.

27. 關於以吳派與皖派為中心的整體清朝考據學，請參照森本竹城，《清朝儒學史概說》、狩野直喜，〈清的學術與思想〉（《中國哲學史》）、吉川幸次郎，〈清代三省的學術〉（《吉川幸次郎全集　第十六卷　清・現代篇》，筑摩書房，一九七〇年）、近藤光男，《清朝考據學的研究》、濱口富士雄，《清代考據學的思想史研究》、木下，同前、《清代學術與言語學——古音學的思想與系譜》、張麗珠，《清代義理學新貌》、吉田，同前、吳根友、孫邦金等，《戴震乾嘉學術與中國文化》、川原秀城編，《漢學是什麼——漢唐及清中後期的學術世界》。

28. 大谷敏夫，〈揚州、常州的社會與學術〉（《清代政治思想史研究》）、張壽安，《以禮代理——凌廷堪與清中葉儒學思想之轉變》。

29. Elman, Benjamin A., *Classicism, Politics, and Kinship: The Ch'ang-chou School of New Text Confucianism in Late Imperial China*, 濱久雄，《公羊學的成立與其發展》、岩本憲司，《春秋公羊傳何休解詁》。

30. 小岸昭，《中國開封的猶太人》、佐藤實，《劉智的自然學——中國伊斯蘭思想研究序說》、堀池信夫編，《中國的伊斯蘭思想與文化》、堀池信夫，《中國伊斯蘭哲学的形成——王岱輿研究》、中西龍也，《與中華對話的伊斯蘭——17—19世紀中國穆斯林的思想作為》。

31. David Nivison, *The Life and Thought of Chang Hsüehch'eng (1738-1801)*, 川勝義雄著，吉川幸次郎、小川環樹監修，《中國文明選　第12卷　史學論集》、山口久和，《章學誠的知識論》。

32. 徐興慶，《朱舜水與東亞文化傳播的世界》。

33. 余英時，《方以智晚節攷》。

34. 伊東貴之，〈近世儒教的政治論〉（《中國近世的思想》）。

35. 橋本敬造，〈梅文鼎的曆算學——康熙年間的天文曆算學〉（《東方學報》第四一冊，京都大學人文科學研究所，一九七〇年）、橋本敬造，〈梅文鼎的數學研究〉（《東方學報》第四四冊，同前，一九七三年）、藪內清，《中國的數學》

（岩波新書，一九七四年）、川原秀城，〈中國的思想與科學〉，同前。

36. 滝野邦雄，《李光地與徐乾學——康熙朝前期的黨爭》。此外，清初朱子學在學術史方面的發展，逐漸達到終點，加上理氣論的終結，已不再是提供壯闊的世界觀學說，迎來了學術史上的回顧與集大成的時期。考據學的方向性，除了李光地的眾多成果之外，還有張伯行，《近思錄集解》、《正誼堂全書》、納蘭性德（一六五五—一六八五年）《通志堂經解》等的編纂事業等，以及王懋竑（號白田，一六六八—一七四一年）的《朱子年譜》、江永的《近思錄集注》等，這些在考據學方面也都是有相當重要成果的朱子學研究，能看出當時學術的氣氛，不容忽視。此外，關於禮學的個別、具體的考據學驗證，其成果有江永的《禮書綱目》、秦蕙田的《五禮通考》等。

參考文獻

清代思想史

伊東貴之，《思想としての中国近世（中國近世的思想）》，東京大學出版會，二〇〇五年／中譯本·楊際開譯，徐興慶校訂，《中國近世的思想典範》，國立臺灣大學出版中心，二〇一五年

井上進，《明清学術変遷史——出版と伝統学術の臨界点（明清學術變遷史——出版與傳統學術的臨界點）》，平凡社，二〇一一年

大谷敏夫，《清代政治思想史研究》，汲古書院，一九九一年、二〇二一年

大谷敏夫，《清代政治思想と阿片戦争（清代政治思想與鴉片戰爭）》，同朋舍出版，一九九五年
大谷敏夫，《清代の政治と文化（清代的政治與文化）》，朋友書店，二〇〇二年
大谷敏夫，《清代の政治と思想（清代的政治與思想）》，朋友書店，二〇一六年
狩野直喜，《中國哲學史》，岩波書店，一九五三年
川原秀城編，《漢学とは何か——漢唐および清中後期の学術世界（漢學是什麼——漢唐與清中後期的學術世界）》，勉誠出版，二〇二〇年
木下鉄矢，《「清朝考証学」とその時代——清代の思想（「清朝考證學」與其時代——清代的思想）》，創文社，一九九六年
木下鉄矢，《清代学術と言語学——古音学の思想と系譜（清代學術與語言學——古音學的思想與系譜）》，勉誠出版，二〇一六年
小島毅，《宋学の形成と展開（宋學的形成與發展）》，創文社，一九九九年
後藤基巳、山井湧編譯，《中国古典文学大系57　明末清初政治評論集（中國古典文學大系57　明末清初政治評論集）》，平凡社，一九七一年
後藤基巳，《明清思想とキリスト教（明清思想與基督教）》，研文出版，一九七九年
近藤光男，《清朝考証学の研究（清朝考證學的研究）》，研文出版，一九八七年
内藤湖南，《支那史學史2》，東洋文庫，一九九二年
野村浩一，《近代中国の政治と思想（近代中國的政治與思想）》，筑摩書房，一九六四年

濱口富士雄，《清代考拠学の思想史的研究（清代考據學的思想史研究）》，國書刊行會，一九九四年
溝口雄三，《中国前近代思想の屈折と展開（中國前近代思想的曲折與發展）》，東京大學出版會，一九八〇年／中譯本：林右崇譯，《中國前近代思想的演變》，臺灣：國立編譯館，一九九二年、一九九四年；陳耀文譯，《中國前近代思想之曲折與發展》，上海人民出版社，一九九七年；索介然、龔穎譯，《中國前近代思想的演變》，中華書局，一九九七年、二〇〇五年；龔穎譯，《中國前近代思想之屈折與發展》，生活・讀書・新知三聯書店，二〇一一年／韓譯本：김용천（金容天）譯，《중국 전근대사상의 굴절과 전개》，동과서（東與西），一九九九年修訂本（개정본），二〇〇七年
森本竹城，《清朝儒學史概說》，文書堂，一九三〇年
山井湧，《明清思想史の研究（明清思想史的研究）》，東京大學出版會，一九八〇年
吉田純，《清朝考証学の群像（清朝考證學之群像）》，創文社，二〇〇七年
Chou, Kai-wing（周啓榮）, *The Rise of Confucian Ritualism in Late Imperial China: Ethics, Classics, and Lineage Discourse*, Stanford, California: Stanford University Press, 1994.／中譯本：周啓榮，毛立坤譯，《清代儒家禮教主義的興起——以倫理道德、儒學經典和宗族為切入點的考察》，天津人民出版社，二〇一七年
De Bary, Wm. Theodore, *The Liberal Tradition in China: Neo-Confucian Studies*, Hong Kong: The Chinese University Press, 1983.／日譯本：山口久和譯，《朱子学と自由の傳統（朱子學與自由的傳統）》，平凡社，一九八七年
Elman, Benjamin A., *From Philosophy to Philology: Intellectual and Social Aspects of Change in Late Imperial China*, Cambridge, MA: Harvard University Asia Center, 1984.／Revised版：University of California Los Angeles, 2001.／中譯本：艾爾曼，

趙剛譯，《從理學到樸學——中華帝國晚期思想與社會變化面面觀》，江蘇人民出版社，一九九五年／日譯本：馬淵昌也等譯，《從哲学到文獻學——後期帝政中國社會與知識變動》知泉書館，二〇一四年

Elman, Benjamin A., *Classicism, Politics, and Kinship: The Ch'ang-chou School of New Text Confucianism in Late Imperial China*, Berkeley: University of California Press, 1990.／中譯本：艾爾曼，趙剛譯，《經學、政治和宗族——中華帝國晚期常州今文學派研究》，江蘇人民出版社，一九九八年

何佑森，《清代學術思潮——何佑森先生學術論文集》下冊，國立臺灣大學出版中心，二〇〇九年

史革新、李帆、張昭軍，《清代理學史》上中下，國家清史編纂委員會研究叢刊，廣東教育出版社，二〇〇七年

錢穆，《中國近三百年學術史》，商務印書館，一九三七年（上下）（臺灣商務印書館，一九八〇年／中華書局，一九八四年）

張麗珠，《清代義理學新貌》，里仁書局，一九九九年

陳祖武，《清初學術思辨錄》，中國社會科學出版社，一九九二年

陳祖武，《清儒學術拾零》，湖南人民出版社，二〇〇二年

陳祖武，《清代學術源流》，國家哲學社會科學成果文庫、北京師範大學出版社，二〇一二年

杜維運，《清代史學與史家》，東大圖書公司，一九八四年（中華書局，一九八八年）

杜維運，《清乾嘉時代之史學與史家》，學生書局，一九八九年

杜維運，《中國史學史》第三冊，三民書局，二〇〇四年（商務印書館，二〇一〇年）

佟大群，《清代文獻辨偽學研究》上下，國家清史編纂委員會研究叢刊，人民出版社，二〇一二年

陸寶千，《清代思想史》，廣文書局，一九八三年（華東師範大學出版社，二〇〇九年）
梁啓超，《清代學術概論》，商務印書館，一九二一年／日譯本：小野和子譯注，《清代学術概論：中国のルネッサンス（清代學術概論——中國的文藝復興）》，東洋文庫，一九七四年
林慶彰，《清初的群經辨偽學　文史哲大系23》，文津出版社，一九九〇年
裵永東（배영동），《明末清初思想》，民音社，一九九二年

個別的思想家與學派、現象

石井剛，《戴震と中国近代哲学——漢学から哲学へ（戴震與中國近代哲學——從漢學到哲學）》，知泉書館，二〇一四年
井上進，《中國歷史人物選 第10卷　顧炎武》，白帝社，一九九四年
岩本憲司，《春秋公羊傳何休解詁》，汲古書院，一九九四年
岡本さえ，《清代禁書の研究（清代禁書研究）》，東京大學出版會，一九九六年
岡本さえ，《近世中国の比較思想——異文化との邂逅（近世中國的比較思想——與異文化的邂逅）》，東京大學出版會，二〇〇〇年
小野和子著，宮崎市定監修，《第2期 中國人物叢書9　黃宗羲》，人物往來社，一九六七年
小野和子，《明季党社考——東林党と復社（明季黨社考——東林黨與復社）》，同朋舍出版，一九九六年
川勝義雄著，吉川幸次郎、小川環樹監修，《中國文明選 第12卷　史學論集》，朝日新聞社，一九七三年
川原秀城編，《西学東漸と東アジア（西學東漸與東亞）》，岩波書店，二〇一五年

岸本美緒，《風俗と時代観——明清史論集1（風俗與時代觀——明清史論集1）》，研文出版，二〇一二年
黃宗羲著，西田太一郎譯，《明夷待訪録——中国近代思想の萌芽（明夷待訪錄——中國近代思想的萌芽）》，東洋文庫，一九六四年
黃宗羲著，濱久雄譯，《中国古典新書続編27　明夷待訪録（中國古典新書續編27　明夷待訪錄）》，明德出版社，二〇〇四年
小岸昭，《中国・開封のユダヤ人（中國開封的猶太人）》，人文書院，二〇〇七年
小島毅，《中国近世における礼の言説（中國近世之禮的言論）》，東京大學出版會，一九九六年
小島祐馬，《中国の社会思想（中國的社會思想）》，筑摩書房，一九六七年
佐藤實，《劉智の自然学——中国イスラーム思想研究序説（劉智的自然學——中國伊斯蘭思想研究序說）》，汲古書院，二〇〇八年
島田虔次，《中国革命の先駆者たち（中國革命的先驅們）》，筑摩書房，一九六五年
戴震著，安田二郎譯，《孟子字義疏證》，養德社，一九四八年
高田淳編譯，《王船山詩文集——修羅の夢（王船山詩文集——修羅之夢）》，東洋文庫，一九八一年
滝野邦雄，《李光地と徐乾学——康熙朝前期における党争（李光地與徐乾學——康熙朝前期之黨爭）》，白桃書房，二〇〇四年
中西龍也，《中華と対話するイスラーム——17—19世紀中国ムスリムの思想的営為（與中華對話的伊斯蘭——17—19世紀中國穆斯林的思想作為）》，京都大學學術出版會，二〇一三年

橋本高勝，《朱子学体系の組み換え——戴震の哲学研究（朱子學體系的重組——戴震的哲學研究）》，啓文社，一九九一年
濱久雄，《公羊学の成立とその展開（公羊學的成立與其發展）》，國書刊行會，一九九二年
堀池信夫編，《中国のイスラーム思想と文化（中國的伊斯蘭思想與文化）》，勉誠出版，二〇〇九年
堀池信夫，《中国イスラーム哲学の形成——王岱輿研究（中國伊斯蘭哲學的形成——王岱輿研究）》，人文書院，二〇一二年
增淵龍夫，《歴史家の同時代史的考察について（歷史學家之同時代史考察）》，岩波書店，一九八三年
安田二郎，《中國近世思想研究》，弘文堂，一九四八年（筑摩書房，一九七五年再版）
安田二郎、近藤光男著，吉川幸次郎、小川環樹監修，《中國文明選 第8巻　戴震集》，朝日新聞社，一九七一年
山口久和，《章学誠の知識論（章學誠的知識論）》，創文社，一九九八年
山井湧，《人類の知的遺産33　黃宗羲（人類的知識遺産33　黃宗羲）》，講談社，一九八三年
Black, Alison H., *Man and Nature in the Philosophical Thought of Wang Fu-chih*, Seattle: University of Washington Press, 1989.
Guy, R. Kent, *The Emperor's Four Treasuries: Scholars and the State in the Late Ch'ien-lung Era*, Cambridge, Mass: Council on East Asian Studies, Harvard University, 1987.
Henderson, John B., *The Development and Decline of Chinese Cosmology*, New York: Columbia University Press, 1984.
Minghui Hu（胡明輝）, *China's Transition to Modernity: The New Classical Vision of Dai Zhen*, University of Washington Press, 2015.

Nivison, David, *The Life and Thought of Chang Hsüeh-ch'eng (1738-1801)*, Stanford Calif: Stanford University Press, 1966.／中譯本：倪德衛，王順彬等譯，《章學誠的生平與思想 1738-1801》，方志出版社，二〇〇三年；楊立華譯，《章學誠的生平與思想》，唐山出版社，二〇〇三年

Ori Sela, *China's Philological Turn: Scholars, Textualism, and the Dao in the Eighteenth Century*, Columbia University Press, 2018.

Balazs, Étienne, *La Bureaucratie céleste: Recherches sur l'économie et la société de la Chine traditionnelle*, Paris: Gallimard, 1968.／日譯本：村松祐次譯，《中国文明と官僚制（中國文明與官僚制）》，みすず書房，一九七一年

Durand, Pierre-Henri, *Lettrés et pouvoirs: Un procès littéraire dans la Chine impériale*（Civilisations et sociétés; 84）, Paris: Editions de l'École des hautes études en sciences sociales, 1992.

Gernet, Jacques, *La Raison des choses: Essai sur la philosophie de Wang Fuzhi (1619-1692)*, Paris: Gallimard, 2005.

Vergnaud, Jean-François, *La Pensée de Gu Yanwu (1613-1682)*, Paris: École Française d'Extréme-Orient, 1990.

吳根友、孫邦金等，《戴震乾嘉學術與中國文化》上中下，福建教育出版社，二〇一五年

漆永祥，《乾嘉考據學研究　增訂本》，北京大學出版社，二〇二〇年

徐興慶，《朱舜水與東亞文化傳播的世界》，國立臺灣大學出版中心，二〇〇八年

張壽安，《以禮代理——凌廷堪與清中葉儒學思想之轉變》，中央研究院近代史研究所，一九九四年（河北教育出版社，二〇〇一年）

張立文，《正學與開新——王船山哲學思想》，人民出版社，二〇〇一年

陳居淵，《漢學更新運動研究——清代學術新論》，鳳凰出版社，二〇一三年

陳來，《詮釋與重建——王船山的哲學精神》，北京大學出版社，二〇〇四年
余英時，《方以智晚節攷》，新亞研究所，一九七二年（增訂版．余英時作品系列，生活．讀書．新知三聯書店，二〇〇四年）
余英時，《論戴震與章學誠——清代中期學術思想史研究》，龍門書店，一九七六年（東大圖書公司，一九九六年）
楊菁，《清初理學思想研究》，里仁書局，二〇〇八年

第十一章

轉世的聖者們之光與影——被印上虛假烙印的兩位達賴喇嘛

池尻陽子

前言

在歷史上被稱為「達賴喇嘛六世」的人物有兩位。[1]第一位是以破天荒的「戀愛詩人」而為人所知的倉央嘉措（一六八三—一七〇六年），另一位是在他被廢位後被擁立成為新達賴喇嘛的阿旺伊西嘉措（一六八六—一七二五年）。「偉大的五世」（達賴喇嘛五世阿旺羅桑嘉措，一六一七—一六八二年）樹立了達賴喇嘛政權，一手掌握聖俗雙權，而上述的這兩位人物都是被當作達賴喇嘛五世的繼承者而受到擁立的青年。西藏因為在軍事上、經濟上仰賴的外部勢力（蒙古和瓦剌各部、清朝）有著各種盤算，而受到了擺布，最終他們被指責是假達賴喇嘛，受到了譴責並被廢位。為什麼他們會成為這樣「悲劇的達賴喇嘛」呢？

轉世化身的繼承制度

在二〇二二年的時間點，達賴喇嘛的傳承已經持續到第十四世，其傳承的方式為「轉世」，也就是「投胎重生」。在此沒有足夠的篇幅詳細說明其思想上的背景，不過簡短來說，達賴喇嘛這樣的高僧的本質是菩薩或如來，是為了引導眾生而反覆轉世、化身在這個現實世界上的存在，背後有著來自大乘佛教的思想。在社會上的機能，達賴喇嘛對其宗派而言是地位相當重要的高僧，其繼承者要經過宗派教團主導的轉世認證過程來決定，受到認定的轉世化身會繼承上一代的地位、財產，甚至是師徒關係等各種人際關係，算是一種繼承制度。

這樣的制度，據說創始於十三世紀西藏宗派的其中一支——噶瑪噶舉派。噶瑪噶舉派建立了立教主和幾位高徒為轉世化身的系統，鞏固了宗派上層的體制與權威。之後其他宗派的西藏佛教也開始採用轉世化身的繼承制度。

達賴喇嘛的世系

西藏佛教的宗派中，最後發展出來的是格魯派，從重視戒律與教學的立場來說，這個宗派長久以來對實行這個制度的態度都很消極。但是到了十六世紀中葉，格魯派與噶瑪噶舉派的宗派競爭逐漸激烈。一方面團結格魯派內部，一方面與噶瑪噶舉派交好的哲蚌寺住持根敦嘉措（一四七六—一五四二年）身故後，格魯派就開始採用轉世來選出繼承人的制度，企圖維持宗派的團結。此時，宗派追認了根敦嘉措在生前稱自己是根敦朱巴（一三九一—一四七四年）的轉世，因此根敦朱巴被視為這個世系的第一世。根敦朱巴是格魯派的創始人宗喀巴（一三五七—一四一九年）的嫡傳弟子，因此由法統上來看也是非常恰當的。

格魯派就因此使用了轉世化身的制度。而宗派第一次正式選出來的轉世靈童是索南嘉措（一五四三—一五八八年），他被迎至哲蚌寺中。他在後來受到蒙古土默特部首領俺答汗（一五〇七—一五八二年）敬為師僧，並賦予他「達賴喇嘛」的尊號。由於轉世制度，這個達賴喇嘛尊號，也追認了前世（根敦嘉措）和前前世（根敦朱巴），因此索南嘉措被稱為達賴喇嘛三世，這就是達賴喇嘛世系與名稱的起源。

被認定轉世化身的光與影

轉世化身的認定，主要是由過世高僧身邊的親信和宗派上層來主導。他們會從前任的遺言、遺體的變化、生前的關係人（親信或師徒）的證詞或預言、占卜、天地變異、宗派公認的巫師所做的神諭、各種徵兆，來尋找轉世出現的場所和時期。照這樣的方式縮小候選人的範圍，最終認定一個人。這和血統主義或實力主義都不同，是一種靠著宗派教團的權威和神聖性來進行搜索、認定（或者最終承認）的過程。也就是說，這樣的作法除了有宗教性極為神聖的高次元作為之外，以穿透世俗的看法來說，也有許多當權者能夠恣意妄為的空間。因此伴隨著認定的過程，就宿命性的必定會出現疑義或混亂。達賴喇嘛的世系也不例外，更不如說，正因為是西藏最重要的世系，所以才成為充滿困難和波瀾的「認定的歷史」。

在本章中，我要介紹達賴喇嘛的世系當中最錯綜，且最後以悲劇結束的「達賴喇嘛六世」為中心的歷史。從這兩位六世的一生中，想必可以逐漸形塑出「達賴喇嘛究竟是什麼樣的存在」。

達賴喇嘛六世（一六八三—一七〇六年）

被隱藏的「偉大的五世」之死

一六八二年，達賴喇嘛臥病在床，他將後事託付給身邊的親信後，就撒手人寰。在五世最晚年負責攝政的桑結嘉措（一六五三—一七〇五年）很快的便著手開始五世的葬儀與搜尋轉世的工作，不過卻是徹頭徹尾的祕密進行。這位擔任達賴喇嘛政權行政的攝政，是學識淵博的幹練之人。他當時只是三十歲的俗人政治家，無法為失去「偉大的五世」的宗教政權掌舵。因此，在下一個達賴喇嘛成為成人能自立之前，他便決定要隱瞞「沒有達賴喇嘛」的狀況。

五世死後三年，在門隅（西藏南部地方）的達旺附近，有一位少年祕密的被認定為轉世化身。在喜馬拉雅山南麓、西藏與不丹的竹巴噶舉派政權的邊境地帶，這位少年的家世為出身不丹中央藏傳佛教寧瑪派高僧貝瑪林巴（一四五〇—一五二一年）的後代。利用了寧瑪派的網絡，從門隅地區選出轉世化身，讓和碩特汗國[2]成為達賴喇嘛政權的後盾、但同時也是眼中釘，再加上勢力急速擴張的清朝，整個局勢都可看出攝政察覺到北方外部勢力後所擁有的企圖[3]。

達賴喇嘛六世即位

攝政將少年偽裝成其他高僧的轉世，命令他與家人一起搬到達旺更北方的錯那宗。之後的十二年，他都在錯那的寺廟，以住持的身分進行修行。到了一六九六年，外界突然獲知他是達賴喇嘛的轉世，他便在次年被送往西藏中央。他獲得班禪喇嘛五世[4]（一六六三－一七三七年）授予沙彌戒（在成為正式出家僧前的見習僧之戒）和「倉央嘉措」的法名後，在一六九七年燃燈節（宗派創始人宗喀巴的忌日）終於在拉薩的布達拉宮舉行坐床儀式，即位成為達賴喇嘛。

達賴喇嘛六世

但是在華麗的即位背後，其實當時歐亞大陸的東部情勢，以西藏的立場來說是非常危險的。在五世的晚年，達賴喇嘛政權受到準噶爾部的噶爾丹汗（一六四四－一六九七年）的支持而受到關注，但噶爾丹在和清朝的紛爭途中病死，透過噶爾丹，長久以來隱匿五世之死的攝政受到康熙帝嚴厲的究責，對年輕的倉央嘉措來說，突如其來要背負的「五世的遺產」，實在太過沉重。

放蕩詩人

在這樣可說是政權危機的難局當中，面臨期望「偉大的五世」重新降臨這般無可救藥的壓力，倉央嘉措逐漸開始對攝政和宗派的高僧展現出反抗的態度。在一七〇二年他滿二十歲，被催促要接受正式僧人的具足戒（成年後成為正式出家僧之戒），但倉央嘉措卻非常抗拒，接著又將沙彌戒退回給班禪喇嘛五世。捨棄僧衣成為在家修行者的倉央嘉措，一邊居住在布達拉宮內，時而興起拉弓射箭，時而到街上飲酒、尋找女性玩樂，過著離經叛道的生活。由於是將戒律返還給師父後所過的放蕩生活，不僅並非破戒行為，因為他自身的魅力，反倒成為受西藏人民愛戴的年輕達賴喇嘛。在論及倉央嘉措時，絕不能不提的就是他美麗的戀愛詩篇，也有人解釋說，他在這樣的生活當中寫下的詩篇，是在假借戀愛，暢明佛教的真理。

真與假

然而當時「達賴喇嘛」作為北方遊牧民族勢力王權正統性的象徵，倉央嘉措自然也無法和內外各勢力都保持無緣狀態。一七〇三年，繼承和碩特家業的拉藏汗[5]企圖恢復像曾祖父固始汗時代的西藏王地位，抨擊攝政桑結嘉措隱匿五世之死、獨斷認定六世。在這樣激烈反目之後，一七〇五年，他殺害了桑結嘉措。接著拉藏汗又視現任的六世只不過是攝政恣意擁立的達賴喇嘛，企圖罷黜，並重新擁立「真正」的達賴喇嘛。由於拉藏汗非常殘暴霸道，因此逐漸出現反抗他的聲勢，另一方面，由於拉藏汗是親清派，康熙帝為了獲得他這位協力者來統治西藏，因此命令將倉央嘉措移送到北京。

倉央嘉措為了不在拉薩引起混亂，因此展現出順從的態度，在一七〇六年前往北京的途中患重病，在青海湖南邊的公噶瑙爾去世。不久之後，將倉央嘉措視為真正達賴喇嘛且仰慕他的人們，認為倉央嘉措出發離開拉薩時寫下的「咫尺理塘歸去來」[6]這首意味深遠的詩，表示他死後將會轉世在理塘重生。而白鳥被看作是「理塘童子」，會飛回來成為倉央嘉措的轉世，之後成為了反拉藏派的旗幟。

倉央嘉措被「達賴喇嘛」這樣的命運所捉弄，但是突破框架而奔放的生活方式，也可說是讓大國、當權者和下一個世代的政局被他簽著鼻子走。達賴喇嘛六世被看做「假達賴喇嘛」，遭到罷黜且夭折的悲慘命運，成為歷代達賴喇嘛當中，最受到愛戴與人民親近的存在。

新達賴喇嘛六世（一六八六—一七二五年）

從選定到即位

倉央嘉措遭到罷黜後，拉藏汗企圖另擁立一位青年，成為真正的達賴喇嘛六世，因此對格魯派上層和清朝進行徹底的事前協商。一七〇七年，班禪喇嘛五世授予這位青年「伊西嘉措」的法名，並在布達拉宮讓這位新達賴喇嘛六世即位。

這位新的六世伊西嘉措出生於西藏東部的馬爾康，在受到拉藏汗擁立之前，都在布達拉宮西南邊的藥王山醫學院[7]。另外還有兩位出身於羊卓雍錯湖附近的候選人，但在這些候選人當中，拉藏汗宣稱這位伊西嘉措立了白羽毛的箭。不過也有人指出，拉藏汗是為了政權的運作，想要馬爾康的經濟利益。而這樣的利益，是屬於和拉藏汗長久以來對立的青海同族和碩特王公貴族們。

另一個達賴喇嘛的出現

伊西嘉措被選定為新達賴喇嘛六世，這對反拉藏汗派來說，無論從哪一方面來看，都是很難接受的事。依政治上的判斷而支持拉藏汗的康熙帝，也因為顧慮到青海和碩特的王公和準噶爾，對承認新六世這件事，呈現慎重的態度，直到他即位三年後，才正式予以冊封（詔敕和印章）。

不過就在這樣的過程當中，出現了舊六世轉世化身的傳言，他是一位出生在西藏東部理塘的少年（之後的達賴喇嘛七世格桑嘉措）。他出生於倉央嘉措死後兩年的一七〇八年，這個傳言很快就在青海和碩特王公等支持舊六世的人之中傳播開來。擔心他受到拉藏汗迫害的青海和碩特王公們，企圖保護這位「理塘童子」格桑嘉措，最終也獲得了康熙帝的認可，在一七一六年正式將他迎到塔爾寺（位於格魯派創始人宗喀巴誕生地的青海名寺）。但是在此時，正式承認新六世伊西嘉措的康熙帝，就無法承認格桑嘉措為達賴喇嘛了。

一七一七年末，狀況有了巨大的變動，準噶爾軍入侵拉薩，殺害了拉藏汗，且罷黜新的達賴喇嘛六世伊西嘉措。準噶爾擁立從過去就支持的格桑嘉措進入拉薩，成為新的達賴喇嘛。失去後盾的伊西嘉措據說被幽禁在拉薩郊外。

在這件事之後，康熙帝為了討伐準噶爾，讓西藏正常化，因此判斷只能承認格桑嘉措為正統的達賴喇嘛。一七二〇年，清朝與蒙古、青海和碩特編制了聯合軍隊，擁護「正統的達賴喇嘛」格桑嘉措，進軍拉薩，打敗準噶爾軍。同年，格桑嘉措在布達拉宮即位成為達賴喇嘛。

虛幻的達賴喇嘛

既然格桑嘉措被視為「舊六世的轉世化身」，取代了伊西嘉措，坐上達賴喇嘛之位，那麼伊西嘉措可以說是沒有稱得上正統的依據。伊西嘉措經過當時格魯派上層的認可手續，在一七一七年為止的十年間，都以達賴喇嘛六世的身分在大位上。儘管如此，卻不存在任何有關他身為達賴喇嘛一生值得傳承的傳記，因此讓我們很難窺知他的為人。就連僅十歲就夭折的達賴喇嘛九世，在後世都編著了讚揚他聖性的大部傳記，這麼一看來，實在是很殘酷的待遇。

不過在西藏的歷史書當中，將這位「暫時代理達賴喇嘛職務的青年僧」尊稱為「阿旺」（拿著白蓮花的人），留下他是觀音化身的紀錄。[8]「達賴喇嘛」是無數的觀音化身當中，對西藏人來說最重要的一人，因此他們的解釋是，在達賴喇嘛轉世（這裡指的是七世的即位）為止的期間，便由觀音的化身阿旺伊西嘉措來維繫。根據片段的消息，他在一七二五年於中國的某處死亡，但細節不明。

以上這「兩位達賴喇嘛六世」的一生，除了體現認定轉世化身時，所懷有的政治性與欺瞞之外，另一方面也忠實的呈現出達賴喇嘛超越恣意的神聖性與正統性的重要。因此，本該是被當作「真達賴喇嘛」而受到擁立的新六世阿旺伊西嘉措，最終還是被印上「假達賴喇嘛」的惡名，從世系中被抹滅。

達賴喇嘛五世（一六一七－一六八二年）

在歷代的達賴喇嘛當中，他的政治手腕最高，鞏固了他在西藏佛教世界裡至高的地位。西藏有許多個轉世化身的世系，但一提到「偉大的五世」，立刻就會讓人想到達賴喇嘛五世阿旺羅桑嘉措，擁有著特殊的存在感。

他出生於山南的瓊結（古代西藏帝國發祥地），家族中曾出過帕木竹巴噶舉派的重臣[9]，是頗有來歷的家世。在五世誕生時，統治西藏中央的藏王是相當熱切的噶瑪噶舉派支持者。格魯派一直以來就和這位藏王以及噶瑪噶舉派有著嚴重的對立，當達賴喇嘛四世圓寂，要認定五世時，正是鬥爭最激烈的時候。五世的母親和藏王的關係親近，因此被選中，也可說是有著想要和藏王維持和平的企圖。一六二二年，達賴喇嘛五世正式即位之後，就和上一代的四世一樣，以哲蚌寺內的甘丹頗章為居所。

「偉大的五世」在一六四二年格魯派政權建立之時，也正是二十多歲的年紀，在政權建立的功臣固始汗和攝政索南群培在世期間，據說他並沒有掌握太多的實權，不過到了一六五〇年代，就迎來了巨大的轉機。帶來契機的就是蒙古北京的巡錫之旅。

一六五二－一六五三年，五世應清朝皇帝之邀，經由青海與蒙古造訪北京。五世停留北京的期間，以及從拉薩到北京的往返途中，都對許多人進行了灌頂儀式結法緣，讓大家對達賴喇嘛的存在感和崇高

達賴喇嘛五世

性有了很深刻的印象。接著從北京巡錫回來之後，在幾年之間，固始汗與攝政索南群培又相繼去世，固始汗死後，他把固始汗嫡系子孫的繼承地位歸在自己的管制之下，就算其擔任攝政職，他也不會失去掌握任免權的機會，也就是說，達賴喇嘛五世一手掌握了聖俗兩權。

一六四二年建立的格魯派政權，一開始根據地是哲蚌寺內達賴喇嘛的住所甘丹頗章，因此也被稱為「甘丹頗章政權」。但是這個政權從建立開始不到二十年，就在一六六〇年，移到達賴喇嘛五世所主導、營造的新宮殿布達拉宮。「布達拉」意味著觀音菩薩的淨土，宮殿所在的瑪布日山是自古以來觀音菩薩的聖地。觀音菩薩在西藏起源的神話當中是特別的存在，因此打造古代西藏帝國的松贊干布，被視為觀音菩薩的化身，歷代達賴喇嘛也被視為觀音的化身。五世積極的利用了這樣的形象，經常會舉行以觀音為本尊的法事。而這整個計畫的完成，就是在觀音菩薩的聖地、象徵西藏盛世的松贊干布曾在此建立宮殿的瑪布日山上建造布達拉宮，將據點移到此處[10]。藉此，他除了有效的鞏固自己觀音的形象之外，也讓大家知道，他是君臨聖俗頂點的存在。

達賴喇嘛除了有不放過任何機會、掌握權力的力量外，也同時進行著推動聖人形象的策略。十六世紀末以後，歐亞大陸東部的西藏佛教信仰逐漸穩固，在十七世紀這個迎來了整合與重新組織的時代，西藏出現了這位優秀的人物，具有重大的意義。

桑結嘉措（一六五三—一七〇五年）

達賴喇嘛五世最晚年的攝政。獲得了五世相當深厚的信賴，據說建立了「形同父子的關係」。但是在任攝政後僅三年的時間，達賴喇嘛五世就圓寂了。在達賴喇嘛政權創立後，他是第一個在達賴喇嘛的空窗期間一手掌舵的人。

達賴喇嘛五世將後事託付給桑結嘉措，因此他不僅遵照遺言，隱瞞了其死亡整整十五年都沒有對外公開，並謊稱「達賴喇嘛是在冥想中」，而掌握實權。這樣的行為，讓康熙帝和拉藏汗被攝政牽著鼻子走，因此兩人嚴厲的譴責桑結嘉措越權且專斷蠻橫。但是在達賴喇嘛五世仍在世時，就特別將權限轉讓給桑結嘉措，在下一代達賴喇嘛長大成人的這段期間，他取代了達賴喇嘛，做出西藏政權最高掌權者的行為，其實也是理所當然的。為了要顯示出有繼承達賴喇嘛五世威權的正當性，達賴喇嘛五世在生前就認定桑結嘉措是穆尼贊普的轉世。古代西藏君主穆尼贊普是赤松德贊的兒子。赤松德贊被視為達賴喇嘛的前世，因此這個認定是在暗示桑結嘉措是超越時代的達賴喇嘛繼承人[11]。在這裡，也可以看到西藏運用轉世的連結來建立地位與權威的正當性。

桑結嘉措除了這個重要的政治性角色之外，在文化上也留下很多成果，對後世西藏有諸多影響。在後傳期的西藏，找不到其他人像他一樣，是位俗人政治家，同時又在西藏的歷史與文化上留下痕跡的人

桑結嘉措

物[12]。他在歷史、醫學、曆法、建築等廣泛的領域當中，都留下了之後被視為基準的作品。此外，延續了達賴喇嘛五世在瑪布日山上營造的布達拉宮，他加以增建，在一六九五年完成了宮殿核心的紅宮。紅宮被設計為立體曼陀羅，以觀音的化身展現出達賴喇嘛的神聖性。首位在這個紅宮即位成為達賴喇嘛的，是桑結嘉措所找到的達賴喇嘛六世倉央嘉措。儘管主人不在，但布達拉宮仍以西藏的象徵繼續延續下去，至今都可從西藏傳統文化的各處找到桑結嘉措的功績。

拉藏汗（？—一七一七年）

瓦剌系和碩特部首領固始汗的嫡系曾孫。在固始汗之後，和碩特部嫡系首領代代都受達賴喇嘛賦予可汗的尊號，是可汗稱號的最後繼承人。

固始汗過世後，長子達顏汗受到達賴喇嘛五世任命，繼承了可汗的地位。之後在達賴喇嘛五世和攝政桑結嘉措的身邊，和碩特部的實權持續削弱，西藏王的地位逐漸有名無實。達賴喇嘛六世即位後，在一七〇三年即位成為可汗的拉藏汗，為了要讓已有名無實的西藏王地位恢復權力，便逐漸和攝政對立。

在拉藏汗即位的這一年，一七〇三年，攝政桑結嘉措為了要對達賴喇嘛六世的各種問題行為負責，便將攝政之位傳給自己的兒子阿旺仁欽，不過他實際上並沒有放掉政治的實權。拉藏汗在即位前對桑結嘉措展現出友好且願意合作的態度，但即位後態度立刻大轉變。他認為退還戒律、持續過著放蕩生活的達賴喇嘛六世並不適任，並且要追究桑結嘉措擅自選定轉世的責任，企圖壓制攝政的權限。這也影響到了本來就對桑結嘉措憤怒與不信任的清朝康熙帝，之後拉藏汗就成為親清朝派，將康熙帝的支持當作一個權力基礎，企圖恢復可汗的實權。在這樣的過程中，一七〇四年，發生了桑結嘉措毒殺拉藏汗未遂的事件。被逼得走投無路的拉藏汗，在次年一七〇五年殺害了桑結嘉措。

拉藏汗殺害了桑結嘉措後，認定了新的達賴喇嘛六世，甚至還獲得了康熙帝的支持，但是拉藏汗與清朝掌握了達賴喇嘛政權的實權，導致青海和碩特部和準噶爾的反抗。在一七一七年末，準噶爾軍進攻拉薩，殺害了拉藏汗。在拉藏汗遭到殺害的前一年，耶穌會教士伊波利托．德西迪利[13]（Ippolito Desideri，一六八四—一七三三年）抵達拉薩，謁見了拉藏汗。獲得了拉藏汗理解與後援的德西迪利被允許待在色拉寺，當時德西迪利所留下的報告書，裡面所記載的西藏局勢與西藏文化，對拉藏汗或許可說是非常大的遺產。

其他人物

一、歷代達賴喇嘛

達賴喇嘛三世

一五四三—一五八八年。法名索南嘉措（鎖南堅措）。格魯派首次正式進行了從搜索到認定步驟的轉世化身。出生於拉薩西北的堆龍。三歲時，被認定是根敦嘉措（之後被追贈達賴喇嘛之名，被稱為「達賴喇嘛二世」）的轉世，隔年被迎接到哲蚌寺，居住在甘丹頗章。之後長期擔任格魯派三大本山[14]之中的哲蚌寺與色拉寺的住持。

一五七八年，應蒙古的土默特部領袖俺答汗之邀而赴青海。這時俺答汗尊之以「達賴喇嘛」的名號，成為達賴喇嘛的起源。他遍歷蒙古各地，受到首長階層的景仰，視他為大元的帝師八思巴（一二三五—一二八〇年）的降臨，在蒙古重新燃起了西藏佛教信仰的熱潮。此外，在西藏因為重視與其他宗派的融合，而增加了許多信徒，在西藏東部各地建立了寺廟與僧院。在這之前，格魯派只不過是一個脆弱的新興宗教，但卻因他而一口氣擴大，對建立躍進的基礎有很大的功勞。他在一五八八年到南蒙古巡錫中逝世。

達賴喇嘛四世

一五八九—一六一七年。法名雲丹嘉措。他是蒙古俺答汗的曾孫。年幼時期在蒙古度過後，一六〇三年到西藏，被迎至哲蚌寺，向班禪喇嘛四世羅桑卻吉堅贊學習。

達賴喇嘛三世圓寂之時，計畫要選格魯派的仇敵、噶瑪噶舉派當權者夏瑪巴六世的弟弟為達賴喇嘛，希望可以融和噶瑪噶舉派和藏王政權。不過最終還是選擇由蒙古土默特王族中選出四世，可見當時格魯派內部強硬派有相當大的發言權。在這樣的背景下，達賴喇嘛四世的時代，格魯派和噶瑪派的對立激烈，彼此的施主蒙古土默特和藏王也爆發軍事衝突。達賴喇嘛四世本人據說並不喜歡紛爭，一直在尋求融和之道，但是原本想與有世仇的噶瑪夏瑪巴六世進行推動和平的對話，卻因為身邊的親信而最終沒有實現。他與前世一樣擔任了哲蚌寺、色拉寺兩間寺院的住持，在一六一七年，就以二十八歲的年紀而過世。

達賴喇嘛七世

一七〇八—一七五七年。法名格桑嘉措。出生於西藏東邊的理塘。三歲時，到達賴喇嘛三世建立的理塘寺造訪母親時，接到天啟，說他是達賴喇嘛六世倉央嘉措的轉世。反抗拉藏汗的青海和碩特部和準噶爾主張這位理塘的童子是真正的達賴喇嘛。清朝的康熙帝儘管態度保留，但察覺青海和碩特部與準噶爾的靠近，因此在一七一六年，將格桑嘉措迎到青海的塔爾寺保護。

之後準噶爾軍隊獨自進攻拉薩，康熙帝便公認格桑嘉措為達賴喇嘛，並出兵征討準噶爾。一七二〇年，受征討軍護送抵達拉薩的格桑嘉措，即位成為達賴喇嘛。

一七二八年，七世的父親被懷疑參與了西藏政權內的紛爭，因此到一七三五年為止都隱居在西藏東部的乾寧。他並沒有積極參與政治，只是專注於修習佛教，並偶爾發揮力量，維持清朝與西藏政權之間的友好關係，因此獲得清朝深厚的信賴。一七五〇年，珠爾默特那木扎勒之亂結束後，次年在達賴喇嘛手下設置了四位噶倫（大臣），成立了噶廈（內閣）制度。

二、其他轉世化身的高僧

班禪喇嘛四世

一五七〇—一六六二年。法名羅桑卻吉堅贊。早年在扎什倫布寺（中央西藏西邊的格魯派據點寺院）擔任住持，被拔擢為來自蒙古的達賴喇嘛四世的個人教師。班禪喇嘛四世以日喀則為主要據點，重視噶瑪派與藏王的關係，並與他們建立了友好關係。達賴喇嘛四世圓寂後，格魯派中樞的強硬派更加激進，格魯派與西藏政權的關係逐漸惡化，他出面調停雙方關係，存在感有所提升。

他也參與達賴喇嘛五世的認定，擔任五世的個人導師。班禪喇嘛四世成為達賴喇嘛四世、五世的老師，且達賴喇嘛五世也認定班禪四世的轉世（班禪五世），並加以養育，因此達賴喇嘛和班禪喇嘛可說是建立了超越世代的特殊父子關係。

羅桑卻吉堅贊實質上是世系的第一代，「班禪喇嘛」的稱號也是在他死後，由達賴喇嘛賦予的尊稱，之後甚至被追溯到格魯派創始人宗喀巴的時代，承認了三人的前世，並追贈了尊號。歷代轉世都是日喀則扎什倫布寺的住持，世系到了二〇二二年已延續到第十一世。

章嘉呼圖克圖二世

一六四二—一七一四年。法名阿旺羅桑卻丹。是青海地區名寺佑寧寺的轉世化身第二世。在清朝和噶爾丹所率領的準噶爾對戰狀態中，他在一六九三年受康熙帝之邀到北京。在過去，章嘉呼圖克圖二世曾隨同鄉出身的老師、甘丹寺法台羅追嘉措，一起造訪清朝，謁見康熙帝。據說康熙帝認為章嘉二世有高深的學識，且對青海和碩特王公階層有影響力，因此召見他。

一六九七年，在拉薩的達賴喇嘛六世倉央嘉措舉辦即位儀式，章嘉以清朝方的大使被派遣到拉薩，往返途中催促青海和碩特王公們要去清朝覲見，由於實現了康熙帝的期待，因而獲得信任。一七〇六年，獲康熙帝授予灌頂普善廣慈大國師的稱號。章嘉二世之後，清朝都會積極的邀請青海地區章嘉門下的轉世高僧。他們除了在清朝內部形成了西藏佛教界的上層階級之外，身為格魯派僧侶，也和中央西藏的寺院社會有人脈連結，擔任了清朝與西藏政權間仲介者的重要角色。

哲布尊丹巴呼圖克圖一世

一六三五—一七二三年。出生於北蒙古喀爾喀左翼的土謝圖汗部，是土謝圖汗的王子，年幼時就受戒出家，被認定為覺囊派高僧多羅那他的轉世。被尊稱為喀爾喀數一數二的高僧哲布尊丹巴呼圖克圖世系的第一世。

一六四九年到一六五一年，他到中央西藏遊學，師事班禪喇嘛四世與高僧溫薩噶舉[16]（溫薩活佛）、達賴喇嘛五世等人。

喀爾喀在這之後，左右翼產生不合，一六八六年康熙帝和達賴喇嘛五世（實際上是攝政桑結嘉措）派遣代理人到蒙古進行講和，但卻沒有成功。支持右翼的準噶爾部噶爾丹，批判哲布尊丹巴呼圖克圖一世在締結盟約的場合，並沒有對達賴喇嘛的代理人表示敬意，且以此為藉口進攻喀爾喀[17]。喀爾喀各部潰走，向清朝請求保護並且表示歸順。哲布尊丹巴一世在這之後大約十年間停留在北京，加深了與康熙帝和章嘉二世的關係。

一七二三年，為了弔唁康熙帝，他再度造訪北京，卻罹病而逝世。他的轉世選定了一位出自於土謝圖汗部的人，不過乾隆皇帝擔憂聖俗勢力會過度集中於土謝圖汗家族，因此命令接下來的三世之後，都要從西藏選出轉世。

三、西藏政權的外部施主

固始汗

一五八二—一六五四年。本名圖魯拜呼。一六二五年兄長拜布葛斯因內鬨而過世後，就成為和碩特部的首領。在同一時期，南蒙古察哈爾部的林丹汗征服了格魯派的施主土默特，因此格魯派正在尋求新的後盾。一六三六年，固始汗應格魯派的要求遠征青海，打倒支持噶瑪派的綽克圖臺吉，獲達賴喇嘛五世授予「丹增卻吉傑布」（持教法王）的稱號。之後他遠征西藏各地，逐一征討格魯派的政敵，在一六四二年，終於滅了藏王（藏巴汗王朝）。

平定西藏全域的固始汗，捐獻了「西藏十三萬戶」（指中央西藏）給達賴喇嘛五世，樹立了達賴喇嘛政權。統治安多、康，並率領直屬部隊，將據點設在拉薩北方，以強力的軍事力量支持達賴喇嘛政權。達賴五世授予固始汗「傑布」之號，是意味著「西藏王」的稱號，由固始汗的嫡系子孫所繼承。

噶爾丹汗

一六四四——一六九七年。信奉格魯派的瓦剌系遊牧民族準噶爾部的首領巴圖爾琿臺吉之子，一出生便被認定為西藏高僧溫薩噶舉的轉世。一六五六年進入大昭寺出家，師事班禪喇嘛四世和達賴喇嘛五世後，回到準噶爾。一六七〇年，當時為準噶爾部首領的兄長僧格因內訌而被殺害，因此他還俗率領準噶爾。

一六七六年，他打敗了和碩特部的鄂齊爾圖汗[18]，成為瓦剌的盟主之後，獲達賴喇嘛五世授予「博碩克圖汗」（持教受命王）的稱號。晚年的達賴喇嘛五世和攝政桑結嘉措想要一個取代和碩特的軍事後盾，因此這位溫薩活佛的轉世、達賴喇嘛五世的嫡傳弟子，就被視為準噶爾的施主，受到特別的重視。

噶爾丹將天山山脈以南的土耳其伊斯蘭勢力也收入統治之下，勢力逐漸增強，他同時也介入北蒙古喀爾喀部左右翼的內鬥，和喀爾喀左翼土謝圖汗有激烈的對立。一六八八年，準噶爾對喀爾喀發動軍事攻擊後，喀爾喀各部便歸順清朝，並要求提供保護，因此變成準噶爾和清朝的直接軍事衝突。一六九七年，在與清朝的對戰當中，他得病並在阿爾泰山中死去。瓦剌的盟主地位與中亞的霸權，由姪子策妄阿拉布坦所繼承。

康熙帝

一六五四－一七二二年（一六六一－一七二二年在位）。諱玄燁。八歲即位為皇帝，十六歲開始親政。親政四年後，一六七三年爆發了三藩之亂，相互呼應的反清勢力繼起，在顧慮各方勢力的狀況之中，康熙帝向達賴喇嘛五世要求支援協助清朝。但是之後，康熙獲知達賴喇嘛在清朝背後也有與吳氏一族暗通，因此對達賴喇嘛政權愈加不信賴。

之後，北蒙古喀爾喀部左右翼的王公之間不合，甚至發展至準噶爾部的噶爾丹汗進攻喀爾喀，喀爾喀敗走，臣服於清朝。康熙帝於是親征討伐準噶爾，在這之間也為了試著與準噶爾講和，派遣了駐北京的高僧伊拉古桑霍托特和西藏方的調停人哲杜呼圖克圖。但是兩人的行為似乎都偏向準噶爾那一方，激怒了康熙帝。接著在之後，他又發現達賴喇嘛五世已經在十五年前的一六八二年圓寂，西藏都是在攝政桑結嘉措的管理之下支持噶爾丹，因此康熙帝對攝政桑結嘉措的憤怒和不信任達到了頂點。儘管如此，康熙帝還是無法捨棄達賴喇嘛這個西藏佛教世界精神支柱般的存在，因此又被捲入了達賴喇嘛六世所引發的一連串混亂中。

另一方面，在蒙古王族出身的祖母孝莊文太皇太后（一六一三—一六八八年）膝下成長的康熙帝，也是西藏佛教的大施主，對佛教事業有很多貢獻。因孝莊文太皇太后的決策而開始的《龍藏經》（西藏大藏經的甘珠爾抄本）[19]，在他親政開始那一年完成，以此為起點，在與噶爾丹的戰爭之中，西藏大藏經的甘珠爾進行出版，也發行了蒙古語版的甘珠爾。（↓第九章）

策妄阿拉布坦

？—一七二七年。噶爾丹死後領導準噶爾。是噶爾丹兄長僧格的兒子。與叔父不和，由於叔父與清朝敵對，因此他與清朝建立了友好關係。

但是清朝以西藏的統治為槓桿來接近拉藏汗，因此他與反抗拉藏汗的青海和碩特結為同盟，擁護被視為達賴喇嘛六世轉世的「理塘童子」，企圖打倒拉藏汗。在這之間，一七一五年，東突厥斯坦也有親清朝的勢力，他攻擊了其勢力下的哈密，因此與清朝的關係急遽對立。

在這之後，康熙帝對準噶爾相當戒備，他藉由保護「理塘童子」來懷柔青海和碩特，因此準噶爾就無法擁立「真正的達賴喇嘛」。一七一七年，策妄阿拉布坦命自己的堂兄弟策零敦多布獨自進攻拉薩，殺害拉藏汗，罷黜拉藏汗擁立的新達賴喇嘛六世伊西嘉措。但是在一七二〇年，清朝與蒙古、青海和碩特的聯軍進攻拉薩，準噶爾軍敗走。清朝與準噶爾之間的戰爭，在之後也在東突厥斯坦持續進行。很快的，清朝康熙帝駕崩，雍正帝即位，討伐青海和碩特部，和碩特歸順。到了一七二五年，策妄阿拉布坦與雍正帝議和。

一七二七年，策妄阿拉布坦突然去世後，由兒子噶爾丹策零繼承。

注釋

1. 在公文書上，達賴喇嘛七世格桑嘉措也有一段時期被視為「六世」，因此可以說有「三人」，不過為了論述上的方便，在這裡就不討論。
2. 瓦剌系遊牧民族中的一支。
3. 達賴喇嘛五世本身也是格魯派的首領，但在生前也和寧瑪派有很深的關係，是寧瑪派的伏藏師（具備發現埋藏經典能力的修行者）。攝政桑結嘉措在搜尋達賴喇嘛六世時，據說也透過了和五世有交情的寧瑪派高僧伏藏主洲，獲得了寧瑪派的協助。
4. 法名羅桑意希。達賴喇嘛五世選出、認定他是自己的老師羅桑卻吉堅贊（班禪喇嘛四世）的轉世，並贈予他班禪喇嘛的稱號。在達賴喇嘛之位的爭奪混亂中，他身為格魯派的宗教權威，展現出了存在感。
5. 固始汗所統領的和碩特部當中，汗的嫡子系統是西藏政權的後盾，其據點在拉薩北方的納木錯湖（騰格里淖爾）附近。其他的後代因據點在青海，因此被稱為青海和碩特。
6. 西藏東部的地名。
7. 攝政桑結嘉措所設立的醫學院。
8. 白蓮花是觀音菩薩的象徵。
9. 帕木竹巴噶舉派是以帕木竹巴·多吉傑布（一一一〇—一一七〇年）為始祖的西藏佛教宗派。在絳曲堅贊（一三〇二—

一三六四年）的時代開始擴張勢力，在十四世紀之後，取代了薩迦派統治西藏中央。

10. 然而實際上古代西藏帝國的君王們基本上都過著住帳棚的移動生活，據說在拉薩並沒有固定的宮殿。

11. 除此之外，也有人將達賴喇嘛五世和桑結嘉措視為噶當派始祖仲敦巴和他的弟子俄·雷必喜饒的轉世（石濱裕美子，《西藏佛教世界的歷史性研究》，東方書店，二〇〇一年）。

12. 在西藏史當中，將古代帝國時代稱為佛教的前期傳播期（前傳期），十世紀佛教再興之後的時代稱為後期傳播期（後傳期）。在後傳期，佛教價值觀滲透西藏，在文化上的成績幾乎都是高僧的功勞。

13. 出生於義大利托斯卡納的耶穌會傳教士。在一七一六年進入西藏，直到一七二一年為止都待在拉薩和達波等地。

14. 格魯派宗師宗喀巴和其嫡傳弟子所創建的三大僧院（哲蚌寺、色拉寺、甘丹寺）。

15. 喀爾喀是在北蒙古發展的蒙古部落。中興蒙古的始祖達延汗第十一子格哷森札札賚爾的後代有三個王家，也就是車臣汗、土謝圖汗、扎薩克汗。其中東邊的車臣汗和土謝圖汗是喀爾喀左翼（面朝南在左邊的集團），西方的扎薩克汗被稱為喀爾喀的右翼。

16. 對蒙古與瓦剌各部落進行傳教活動的格魯派高僧。

17. 噶爾丹汗也是哲布尊丹巴呼圖克圖一世在西藏遊學中師事的高僧溫薩活佛的轉世化身。

18. 固始汗兄長拜布葛斯的兒子。固始汗等人移居到青海時，他留在北疆，率領群眾。孫女嫁給噶爾丹汗。

19. 西藏大藏經以甘珠爾（佛說部，佛陀所說教法）和丹珠爾（論說部，譯典論述）所組成。

參考文獻

石濱裕美子，《チベット仏教世界の歴史的研究（西藏佛教世界的歷史研究）》，東方書店，二〇〇一年

岩尾一史、池田巧編，《チベットの歴史と社会（西藏的歷史與社會）》上下，臨川書店，二〇二一年

岡田英弘，《康熙帝の手紙（康熙帝的書信）》，藤原書店，二〇一三年

達賴喇嘛六世倉央嘉措著，今枝由郎譯，《ダライ・ラマ六世　恋愛彷徨詩集（達賴喇嘛六世　戀愛彷徨詩集）》，Transview，二〇〇七年

伊波利托·德西代利（Ippolito Desideri）著，菲利波·德·菲利皮（Filippo de Filippi）編，藥師義美譯，《チベットの報告（西藏報告）》全二卷，東洋文庫，一九九一—九二年

格倫·H·穆林（Glenn H. Mullin）著，田崎國彥等譯，《14人のダライ・ラマ（14個達賴喇嘛）》上下，春秋社，二〇〇六年

山口瑞鳳，《チベット（西藏）》上下，東京大學出版會，一九八七—八八年

第十二章

近世東南亞的王國與末羅瑜世界的發展

伊東利勝／川口洋史／北川香子
菊池陽子／青山　亨／菅原由美
田村慶子／今井昭夫／西尾寬治

前　言

為了應對十五世紀後半起「貿易的時代」所形成的經濟性網絡，到了十七世紀左右，多個侯國進行了統合，興起了由官僚來統治的王國。在這之前，在各個地區和港口城市裡掌控著有限範圍的權力解體，成為中央行政組織的一部分。而成立在各個地區、海域的政體，透過發達的交通手段，進行了有機的組合，逐漸統合成一個王國，也就是逐漸達成了天下統一。這些地方經歷了殖民地時代後，呈現出持續到現代的國家樣貌。

火器和商業的發展

交通手段的整頓，加上來自西方的槍枝與大砲，讓完全不同於過去的強大特殊權力出現。而過去統治著地方城市、擴張強化軍事力、且有自立傾向的王族，逐漸成為單純是名義上的存在。

中央行政機關逐漸擴張，在過去是侯國中心的城市，成為單純的地方城市，王國政府由每隔幾年就會交替的地方首長、代理官等派遣的官僚來進行管理統治。原本靠地方豪族或領主來維持治安的地區，大多數都被中央政府的權力所取代，讓風俗習慣逐漸變成文化。尤其是大陸地區的上座部佛教圈，引進了《法句經》，這本書是將印度法典脫胎換骨、以巴利語編纂而成的法律書籍，在緬甸被稱為Dhamma，泰國是Phrathammasat，寮國稱Khamphi Phra Thammasat Buran，柬埔寨則是稱之為Preah Thommasas。居民與土地會被登錄在登記簿上，每個地方的勞力等資源的掠奪組織逐漸具體化。

與此同時，在一個王國內，中央權力所依據的宗教禮儀和歲時活動逐漸滲透，形成了擁有相同生活模式或價值觀的社會。在馬來西亞半島和蘇門答臘等島嶼地區沿岸各地的港口城市，由於在商業上的需求，麻六甲地區的伊斯蘭教和末羅瑜（馬來）語逐漸滲透且固定下來，共享末羅瑜的觀念，逐漸正式形成一個末羅瑜的世界。

而這裡也開始編纂年代記（編年史），像是為上座部佛教、伊斯蘭教、儒教等的存在作證一般，王國除了帶有自古以來的王朝特性之外，國王的世系也受到了神聖化。

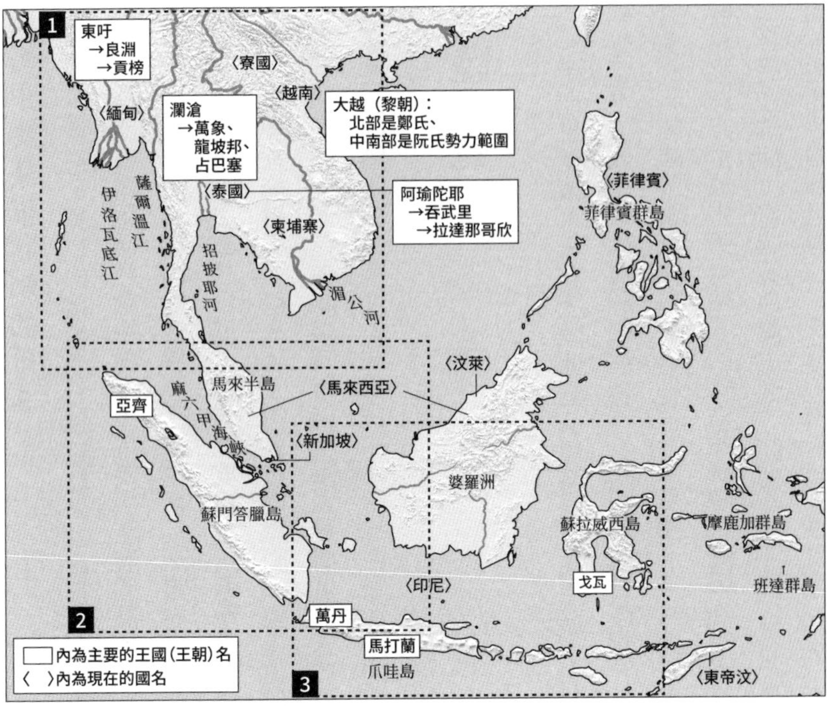

十六至十八世紀的東南亞

境外權力的加入

在另一方面，王國的統治一旦確立後，諷刺的是，貴族、朝廷高官、大商人，甚至是外國勢力都紛紛介入王位繼承，王權因此逐漸相對化。在周邊，不包含在王國之內的政體也仍存續而成立。尤其是想要建立據點的歐洲勢力進入了這個地區，還有一些華人國、公司想要以中國為中心，建立起一個網絡，這些勢力也都出現在此地。再加上首都形成了印度和來自西方商人的市鎮，這些境外的勢力也會左右王權。而歐洲的商業勢力，時而武力介入，時而會介入當地的政權之爭，逐漸由點而面的，展開對此地的掌控，在某種意義上形成了一個國家。

邁向中央集權體制的確立

十九世紀，蒸汽船運輸的發達和蘇伊士運河的開鑿，讓歐洲加深了對東南亞的產業化。在此地區內，不斷朝資本主義社會從屬化，持續生產農產品和礦產，透過徵收這些物產的系統，村落社會逐漸階層化，與來自中國和印度的移民社會並存。王國為了因應近代殖民地勢力的壓力，引進了西洋的技術，促進產業及資本主義的發展，也引進地租和人頭稅來徵收金錢，企圖達到稅制的一元化，且運用薪俸制度，來整頓官僚機構，以求確立中央集權體制。但是由於以自身的正統化，和投資宗教設施來安定民心為優先，因此王室在徵收組織和強化軍警機構這部分較為怠惰，以致無法與歐洲勢力抗衡，失去了原本形成王國的國際都會特性，被國民（民族）國家形成的浪潮所吞沒。

伊東利勝

大陸地區

十六世紀後半，在大陸西側的伊洛瓦底江流域，有統治擴及東部昭披耶河和湄公河流域的東吁王朝，當地方國主叛亂而瀕臨危機時，勃印曩（莽應龍）王之子良淵在阿瓦之地成立了新國家，透過擴大官僚制，開展了領域國家形成之路。但是接下來的貢榜王朝，到了十九世紀中期敏東王的時代時，看似要更進一步形成中央集權式的統治體制時，就因為英國資本主義的勢力，王國因而滅亡。

另一方面，在昭披耶河流域，阿瑜陀耶的納黎萱被勃印曩的王室當作人質，在東吁度過了少年時期，他此時回到祖國，並打造了強大的軍事組織，在一五九三年切斷了東吁國的統治與掌控。他所建立的國家可以被稱為新阿瑜陀耶王國，在十七世紀中期那萊王的時代達到全盛時期，但因貢榜王朝的入侵而滅亡。不過一七八二年，拉瑪一世建立了卻克里王朝，整頓了領域國家制度。

然而這種統一國家的形成，卻使得相對內陸、無法有效利用海外文化與物資的邊緣國家淪於股掌之上。

十四世紀建立在湄公河上游的瀾滄王國受到勃印曩的攻擊，不過在十七世紀出現的蘇里雅·翁薩王（Sourigna Vongsa）儘管相當勉強，但仍加入了國際貿易，確立了王國的體制。但是由於繼承人的爭奪而分裂成三部分，落入卻克里王朝的統治下。一八二七年，三國其中之一的萬象王國的昭阿努，努力整頓並強化統治體制，不過最終仍無法獨立。

另一方面，在湄公河下游地區，十五世紀中有阿瑜陀耶的侵略，吳哥都被放棄，之後隨著東西方的介入，反覆的形成幾股小勢力的分立與對抗。十七世紀初，吉·哲塔二世（Chey Chettha II）讓這些地區臣服，並定烏棟為新首都。但是到了他的兒子列密提巴代（Ramathipadi I）國王的時代，王族之間的霸權爭奪甚至還將外來勢力扯了進來，且紛爭不止，最終無法形成一個統一的國家。

貿易的浪潮引起了大陸地區的變動，乘著這股浪潮而來的德·布里托（Filipe de Brito e Nicote）、鄭玖與鄭天賜父子等，在伊洛瓦底江和湄公河下游沿岸建立了港市國家。但是卻沒有成為殖民地勢力的橋頭堡，而是被上游的統一國家所吸收。

伊東利勝

良淵王（一五五五—一六〇六年）

相互鬥爭的城市

在十六世紀後半，成立於緬甸南部勃固的東吁王朝，在勃印曩王（一五五一—一五八一年在位）的年代裡，完全統治伊洛瓦底江流域和撣地區。且在一段時間之內成為擴及清邁、阿瑜陀耶和永珍的大國。但是在統治之下的侯國與屬國，僭稱受分封為城主的王族為「王」或「國主」。這個因勃固在政治上、軍事上的優勢，並以強權而成立的體制，因為戰事不斷與人民的逃散，導致饑荒等，造成首都地區的河口三角洲地區凋敝，在繼承勃印曩王的南達勃因（莽應里，一五八一—一五九九年在位）的時代裡，無法支撐而瓦解。

天下統一

勃印曩王之子底哈都拉摩訶達馬亞，在一五九八年八月十七日於德達烏建立的臨時宮殿宣告為王，同年十一月三日，進入西邊的阿瓦城。他是側室所生之子，在一五八一年分封之際，被稱為良淵侯，因為他選擇了東吁和阿瓦中間的良淵城為封地。他以周邊的灌溉地區為基礎，儲備勢力，接受了南方各樣的流民、難民，逐漸強化軍事力。為了保存自身的力量，當王都勃固受到阿瑜陀耶和阿拉干的攻擊，向

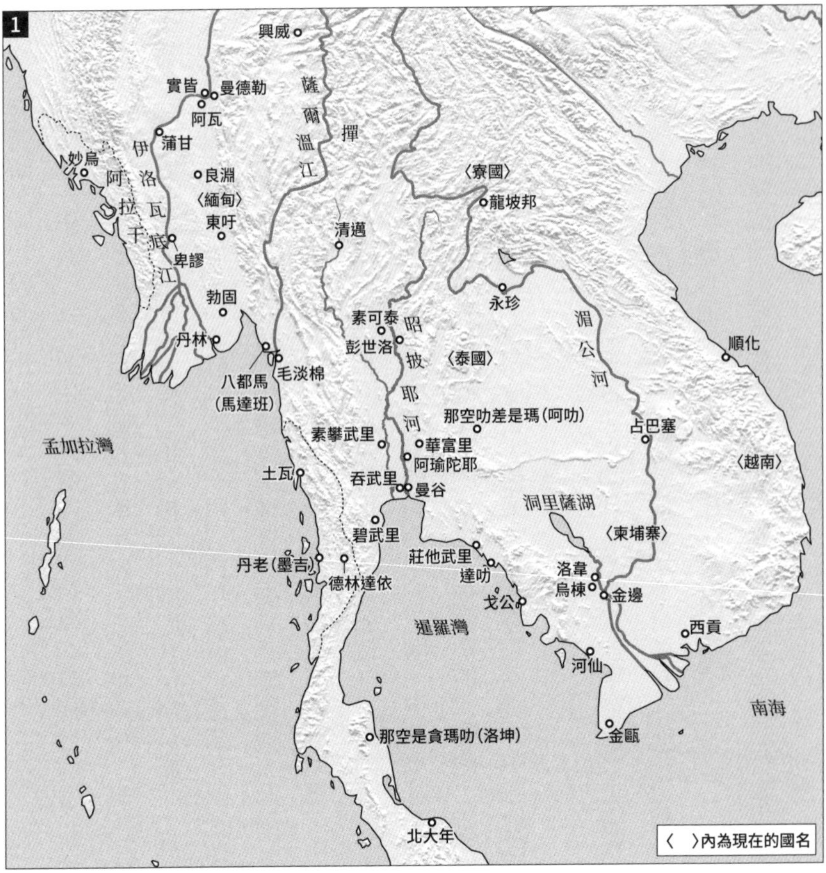

十六至十八世紀的東南亞（大陸地區，包含部分十九世紀以後的地名）

他尋求救援時，他也沒有伸出援手。

在入城前一年的一五九七年，他遭到東吁和卑謬等來自南邊的攻擊，不過他予以擊退，目標西邊的蒲甘，並進入北方的阿瓦。原本阿瓦在南達勃因王的進攻後，有兩位司令官在此守備，但由於認為勃固情勢危急，因此兩人都向良淵侯的軍營投降。同時在伊洛瓦底江上游一帶的地方首長也表示願意歸順。在一六〇四年，良淵王（一五九八—一六〇六年在位）正式在阿瓦即位，統治了東至薩爾溫江的整個撣地區，將大量的人都帶到首都周邊，讓他們主要進行修復與重新開發的工作，使灌溉地得以安定下來。這麼一來，中央平原地帶人口增加，相較於因戰役而凋敝的南部三角洲地帶，以及受侵略的撣地區，這一帶發展成經濟與政治上都相當卓越的地區。在這個階段，阿瓦的王室還尚未能掌控整個伊洛瓦底江流域，不過取創始人的名字，將這個王朝稱為良淵王國、復興東吁王國或第二次阿瓦王國等。

良淵王在進攻北方興威的回程途中過世，他在位的八年間，統治地以完全異於往常的方式整合在一起，他派遣了地方首長、軍司令官、監察官等到過去侯國的中心地區城市，以此為中心，建構地方的行政機構。

接下來繼位的阿那畢隆王（一六〇六—一六二八年在位）也繼承了這個方式，進攻德·布里托所統治的海港城市丹林，雇用會使用火器的葡萄牙人當傭兵。他也遷都勃固，派遣地方首長到統治下的海岸地區各地，將這些地方納入管轄之內。他的弟弟他隆王（一六二九—一六四八年在位）再度遷都阿瓦城，將分散的幾個中小城市整合在一起，並在中心城市設立行政中心，以中央平原地帶為中心，推進地方統治的效率化。

官僚制的整合

國政實質上由國務院和樞密院來負責，國務院由王子、幾位大臣、大臣輔佐官、祕書長、聯絡官所組成，是三權集中的國政最高決策機構。另一方面，樞密院主要則是負責跟宮廷有關的事務，由樞密官、傳奏官等人所組成。國務院和樞密院所決議的事項，要經過國王的裁決後成為敕令，發回國務院並生效。其他的中央機構還有負責刑事案件的東院、管理後宮事務的西院、負責民事關係的法務院等。

派遣到地方和屬國的首長擁有關押、誅殺等生殺大權，不過他們要對中央的國務院負責任，因此單純的只是王國的官員。而且一起任命的軍司令官、監察官，不僅要輔佐地方首長的業務，同時也是監視地方首長的存在。且不僅地方首長，連大臣、大臣輔佐官、祕書長、聯絡官等也全都由國王任命，並非世襲。

王族和高級官僚會被分封小城市或村莊，可以享受從當地徵收的租稅或各種手續費，當作俸祿。但是他們不能長期住在此地，或者把分封地轉讓給其他人。

在過去，這些受封的王族和高級官僚像前面提到的一樣，各自持有五種神器，自稱「王」或「國主」。且無論遠近，都呈現一種合縱連橫、爭奪霸權的狀態。但是到了良淵王所使用的方式後，就算被派遣到地方的是王族，他們也只不過是被稱為地方首長的一介官員。因此被派遣到統治地的王族，只能成為地方的主權者，在實質上是不可能對中央發動反抗的。

按照習慣而進行的村落社會統治

伊洛瓦底江流域地區的居民被分為公職人員（ahumdan，直譯為「阿赫木旦」）和平民（athi），以不同的系統進行統治。所謂的阿赫木旦是從事公職的人民總稱，其中包含戰俘在內，他們擔任各種常備的軍隊、宮廷警衛隊、官員、宮廷內的女侍、樂器演奏者、王室御用品生產者等支撐起政權，並且進行世襲，由連隊或小組的長官所管轄。在這之外的人民則是平民，由不同的城市、村落首長和地方領主所管理。阿赫木旦是握有權力之人的基礎，因此享有免稅等特權，但他們並不被允許成為平民，也不允許轉移到其他職業，或變更居住地。許多所謂的異教徒和外國人，也都包含在內。

良淵王在一六〇一年，開始確認在阿赫木旦中所組織的連隊和組長，以及首長的權力。他隆王從一六三五年開始，要求各首長提出記載自己的出身、管轄區、公務內容、徵稅習慣等的報告書，藉此掌握地方有徵稅權的人、動員人民的方法等。這應該也是王室為了在徵收資源時能更順利，因而進行的作業。

然而阿赫木旦的連隊和組，在固定的土地上形成了地區和村落，以首都為中心，分布在全國各地。無論移動到任何地方，都會受直屬長官的統治，全部都會連結到中央所屬的長官。因此被派遣到地方的首長，或者城市、村落的首長，對於自己管轄地內的阿赫木旦，也都無法進行管理統治。此外，對平民徵收稅金的方式依照各地區的習慣，因此稅率和納稅方式因城市或村落而有所不同，中央政府無法掌握首長的徵收總額。

有名無實的國王

總結來說，良淵王所開創的官僚制國家體制，並沒有辦法統一對人民徵收資源的方式，必須說他的方式離中央集權體制還相當遙遠。的確，阿赫木旦的連隊長和組長，以及地方首長的職務，確實是在中央長官的監視之下。不過在地方上，只要有這些主管的認可，就可以做任何事。

儘管國主之間的政權鬥爭消失了，但擁立太子和皇位繼承等宮廷內紛爭依舊存在。以王室內的主導權爭奪為契機，大臣及其他的高官和特定的王族勾結，形成了派閥。這些派閥當然會透過阿赫木旦或管理平民的體系遍及到地方。因此在派閥的上司默認之下，地方官員會暴斂橫徵，進行租稅的暗通等。

以結果來說，為了彌補減少的稅收，王室會對直接統治的阿赫木旦進行暴斂。這導致在被指定的居住地或耕作地，會有人拿土地去典當抵押、阿赫木旦逃亡的狀況，最終就會進入地方首長的管轄之下。

到了十七世紀後半，王室頒布禁止阿赫木旦移居或禁止轉移分配地的敕令，不過卻仍無法停止這樣的狀況。就這樣，國王的權力在政治面和經濟面都逐漸弱化，終於到了十八世紀中期，勃固南部出現的政權滅了良淵王國。但是在這之後興起的貢榜王朝也使用同樣的統治體制，因此基本上走上了相同的末路。被認為英明的敏東王，儘管在統治期間致力於中央集權化，但最終王國的版圖還是落入了英國的統治之下。

伊東利勝

敏東王（一八一四－一八七八年）

與殖民地化的浪潮對峙

幼名貌侖（Maung Lwin），受封敏東城，因而得其名。是一七五二年，成立於伊洛瓦底江流域的貢榜王朝沙耶瓦底王（一八三七－一八四六年在位）和南宮皇后的長子，出生於一八一四年七月五日。

他以國務院成員的身分參與政務，在一八五二年與英國發生的第二次緬甸戰爭為契機，在次年二月對蒲甘王（一八四六－一八五三年在位）發動了武裝政變，奪權成為國王。

三月，他派遣和平交涉使節團到卑謬（Prome），但在沒有簽訂議和條約的狀態之下，英國的印度政府就單方面宣布統治「下緬甸」，讓狀況成為既成事實，貢榜王朝在第一次緬甸戰爭（一八二四－一八二六年）之後就割讓了阿拉干、德林達依（舊稱「丹那沙林」）地區，這次又失去了伊洛瓦底江的下游地區。

一八五七年建立新都曼德勒，到他於一八七八年去世為止，都以此地為中心，展開國家改造。普遍都認為他是開明的君主，評價相當高。

促進產業發展

敏東王即位不久，就開始修建被棄之不顧的大規模灌溉用蓄水池。為了不造成乾旱導致嚴重的糧食不足與饑荒，他在中央平原地區的各地努力擴大水田耕地。

從一八五八年到一八七四年，他在曼德勒和舊都阿瑪拉普拉，以及對岸的實皆建設官營的絲織品、棉織品、精製糖、鑄造、武器、玻璃、染色、製材、精米等各種工廠。在這裡會以高薪雇用來自法國、義大利等地的外國人技師。同時也派遣一百多名留學生到法國、英國等地，讓他們歸來時能負責營運這些工廠。

官營工廠的棉布相較於英國製品，儘管品質並沒有那麼好，但是因為相當實用，因此在一八七八年前後，這些商品也開始進入到市場。絲織品引用染色等義大利的技術，因此也會銷售到國外。

導入金錢繳納制度

一八六一年開始，為了要統一全國徵收稅制，因此開始使用一種叫Thattameda（十分之一）的新稅制。過去各地阿赫木旦和平民都有著不同的稅制，但透過這個制度，就能將他們網羅進同一張大網裡了。

為了調查王國內的人口與戶數、農用地與果樹園的規模，他們從中央派遣租稅徵收官來進行查驗和徵收，取代當地的官員。

此外，敏東王也從法國買進了鑄造設備，從一八六五年開始在王宮內的造幣所鑄造、發行硬幣，並統一硬幣的大小和價值，使其與在英國殖民地內流通的印度盧比以及其他輔助貨幣相同。在一八六七年，又在徵收Thattameda稅時，用鑄造的貨幣來取代過去的銀或實物。

為了要公平且嚴正的運用這個新制度，在一八六六年，又從城市或村落中的比丘僧伽中任命宗務長、副宗務長，讓他們擔任徵稅、裁判等的輔佐。

中央集權化

隨著一八五二年，緬甸南部被編入英屬印度，伊洛瓦底江的上游和下游地區之間形成了國境。英國的關稅政策，讓貢榜王朝內的糧食和生活必需品的價格高漲，也讓人口湧進稻田開發相當興盛的下游地區。由於價廉物美的歐洲工業製品流入，王國的工業化並沒有太大的進展。

敏東王所實行的稅制與貨幣制度的改革，會有效率的動員資源，將當地的官員從徵稅業務中分離出來，因此也剝奪了習慣上關於手續費和徵收賦稅的權限。由於這個制度是建立在阿赫木旦的俸祿制上，也就是王國的支柱，因此導致了從良淵王國以來對人民統治的方式解體。

在一八七一年暫時導入了人頭稅，在制度上則是逐漸建立起一個國家直接掌握所有人民的體制。

左右為難

在人口加速流進南部時，農業低迷，王國的財政基礎逐漸弱化。除此之外，英國殖民地政府也不斷增加在政治上與經濟上的威脅。

在此同時，騎兵隊、槍兵隊等常備軍和國有田耕作、宮廷傭工等人都是要員，他們受封的土地遍及全國，勢必會演變成仰賴由連隊長或組長所統籌管理的世襲集團阿赫木旦。

敏東王檢視了現存三藏經典的異同，在一八七一年將長老比丘聚集於曼德勒，要求他們進行確認，將其定位為第五次佛典結集，並把完成版刻在七百二十九座大理石板上，扮演著一個好國王的角色，試著在佛教的脈絡下將安寧帶給民眾。同時他也為了人民、為了有效動員資源，企圖排除成為枷鎖的連隊長和組長、首長等地方官員的特權。

但由於出現了資本主義的帝國主義浪潮，為了要面對這樣的浪潮，他只能依據既有權力的基礎，並沒有在統治體制與行政組織方面進行徹底的改革。

敏東王並沒有意識到這樣的改革，是從王國邁向民族國家的一項大事業。同時他也沒有一位繼承人能夠理解這樣的意義，並強力的推動事業。他最終病魔纏身，結束了六十四歲的人生。

伊東利勝

納黎萱（一五五五—一六〇五年）

阿瑜陀耶陷落

納黎萱是素可泰王家的後裔，父親是彭世洛的領主瑪哈．探瑪拉差一世，母親是暹羅（泰國中部）阿瑜陀耶王查克拉帕的女兒。但是在一五六三年緬甸東吁王朝的國王勃印曩入侵泰國北部，瑪哈．探瑪拉差一世被迫投降[1]。當時納黎萱似乎是被當作勃印曩的人質。接著到了次年，勃印曩進攻阿瑜陀耶，阿瑜陀耶戰敗。阿瑜陀耶朝廷被迫約定每年上繳德林達依的船舶稅。德林達依位於馬來半島的西側，自從一五一一年葡萄牙占據麻六甲之後，穆斯林商人就會避開麻六甲，因此德林達依成為穆斯林商人其中一個停靠港，地位相當重要。東吁王朝和阿瑜陀耶王朝的戰爭，其實也是為了爭奪印度洋貿易利權之爭。一五六八年，勃印曩再度壓制阿瑜陀耶，使瑪哈．探瑪拉差一世淪為傀儡國王。

納黎萱在年少時期，在緬甸的勃固過著人質的生活，於一五七一年才歸國。一五八一年，勃印曩王去世，南達勃因即位，在緬甸各地被分封為諸侯的王族開始叛變。一五八四年，被封為阿瓦公的王族叛亂，為了鎮壓叛亂，納黎萱在南達勃因王的命令之下，率軍從勃固出發，但他並沒有遵照指示，僅掠奪了馬達班以東就打道回府。從這個時候開始，阿瑜陀耶就為了獨立而開戰。憤怒的南達勃因王多次派兵到阿瑜陀耶，但屢屢都打敗仗而撤退。一五九〇年，隨著父王之死，納黎萱即位成為阿瑜陀耶國王（一五九〇—一六〇五年在位）。

貿易與火器

一五六七年明朝解除海禁，讓中國人能合法出海，外國商船也能到明的港口進行貿易。西班牙人便帶著南美的白銀前來。在貿易鼎盛的南海，阿瑜陀耶的敵手是以洛韋（Longvek）為首都的柬埔寨王國。一五六四年阿瑜陀耶陷落後，柬埔寨就多次進攻暹羅。洛韋這個貿易城市儘管相當繁榮，但在一五八九年，從明開往東南亞的八艘商船當中，只有四艘前往了阿瑜陀耶。另一方面，一五七六年瑪哈．探瑪拉差一世的使節前往平戶，與松浦鎮信締結了外交、通商的關係。在同一時期，柬埔寨王也和大友宗麟、島津義久有所往來。[2]在對日貿易這方面，兩國或許當時也是有競爭關係。納黎萱王轉而反擊，在一五九四年攻下洛韋。之後也持續與柬埔寨競爭，到了十七世紀初期，阿瑜陀耶因為和西班牙締結了通商條約（一五九八年）、開始了對日的朱印船貿易（一六〇四年）、荷蘭和英國更是設立了東印度公司的商館（貿易站）（一六〇八年、一六一二年），因此貿易港口再度復興。

在緬甸方面，南達勃因王的王太子敏基．蘇瓦入侵暹羅，在一五九二年十二月，於素攀武里附近的廓沙拉（Nong Sarai）進行會戰。根據暹羅的《王朝年代記》，此時納黎萱王大聲的對敵手王子挑釁：「兄王，我們就只是這樣站在樹蔭下嗎？何不乘上戰象一決勝負，展現出國土的名譽！不然將來就沒有可以進行騎象戰的王了！」藉此期望可以進行騎象戰。迎戰的王太子敏基．蘇瓦最終在象背上被納黎萱刺死。[3]這是在泰國相當有名的軼聞，不過在緬甸的《大年代記》中，並沒有這則在象背上決戰的紀錄，而是記載王太子是因為被臼砲擊中而亡的。從其他的史料來看，這個紀錄應該比較接近事實。

和東吁王朝相同，阿瑜陀耶王朝也善用了精於火器的葡萄牙人傭兵。十六世紀末，更有日本人傭兵加入了這個行列。據說阿瑜陀耶生產出的火繩槍品質精良，甚至更勝印度果亞所生產的槍枝。[4]在十六世紀後半，阿瑜陀耶向日本出口了製造子彈時會用到的鉛。[5]在一六〇八年，當德川家即將與豐臣家對決時，也向阿瑜陀耶寄送了書信，希望能提供硝石，作為鐵砲、火藥的原料。這些武器和火藥想必是支撐起納黎萱王大業的重要物資。

逆擊

納黎萱王擺脫了緬甸的枷鎖。不只如此，他又從東吁王朝手中奪得馬來半島西岸的德林達依和土瓦，在一五九四年又讓毛淡棉（Moulmein）的領主降伏。在《王朝年代記》當中可以見到當時投降的文書，大讚納黎萱王的威嚴有如轉輪聖王一般。在印度與佛教傳說中，轉輪聖王不經戰爭，就征服了四個大陸，統治全世界，是佛教所描繪的理想君王。另一方面，在《大年代記》中也將勃印曩王比喻為轉輪聖王，可以說兩個王朝都企圖以轉輪聖王的思想，來正當化自己的征服行動。

當時的阿瑜陀耶王國透過當地的統治者來進行統治，離首都越遠，王對他們的統治就越鬆散。王的威權弱化，讓邊境的統治者很容易能夠脫離王的掌控，一旦出現強大的王，就會像這個毛淡棉領主一樣，改變臣服的對象。在阿瑜陀耶王朝前期（一三五一－一五六九年），王子們移居地方，進行統治，以此為基礎來爭奪王位。從建國到十五世紀初期，統治華富里的王家和統治素攀武里的王家相互爭奪王位，就是最典型的例子。

在毛淡棉領主降伏之後，納黎萱王進攻勃固，但並未能得勝。然而緬甸的內訌越演越烈，南達勃因王的堂兄弟東吁領主和阿拉干國王建立同盟，在一五九九年攻陷勃固，南達勃因被東吁領主俘獲。次年納黎萱王包圍東吁，但並未獲得勝利。一連串的戰爭，讓納黎萱王將八都馬（馬達班）以南收歸領土。在一六一三年，復興東吁王朝（良淵王朝）奪回了八都馬和土瓦，不過阿瑜陀耶王朝仍擁有丹老群島（Mergui Archipelago）和德林達依，再度占有印度洋貿易的一角。

據傳在一六〇五年臨終之際，納黎萱王對弟弟說：「一定要打敗東吁王朝，把我的遺體綁在象頭上進城」[6]。十六世紀後半到十七世紀前半，當時正值一片國際商業的浪潮，努爾哈赤和鄭芝龍這幾位率領著軍事集團的英傑，出現在明朝的周邊（↓第九章），若要把納黎萱王加進這個行列之中，大體上也是相當適合的。[7]

那萊王（一六三二—一六八八年）

川口洋史

即位與波斯人

一六五六年，在王位繼承戰中獲勝的那萊（一六五六—一六八八年在位）成為了阿瑜陀耶王。[8]他的時代在暹羅阿瑜陀耶王朝的四百年歷史當中，是最富國際色彩的時代。

阿瑜陀耶因河川與內陸地區連結，順著昭披耶河往下走會抵達暹羅灣，接著也能出到南海。從阿瑜陀耶南下馬來半島，橫斷可以到達西岸的德林達依和丹老群島，接著由此抵達孟加拉灣。由於阿瑜陀耶是東西物流的交會點，因此除了來自亞洲各地的商人之外，來自歐洲各國的商人也會到此進行貿易，甚至久居在此。阿瑜陀耶王自己除了投資貿易之外，也會優先購買外國商人帶來阿瑜陀耶的商品，建立一套暢銷商品必須要透過宮廷政府才能購買的制度，來提升利益。在那萊王的時代裡，錫、硝石、鉛、象、象牙、檳榔的種子、蘇木等都是國王的專賣品。這就是王室獨占的貿易，由最高財政機構來營運。

阿瑜陀耶王朝的國王會錄用一些外國人來擔任王室貿易的管理人，或者是傭兵。在那萊王的統治前半期，他重用波斯人，在一六六〇年代初期，他讓阿卜杜·拉扎克（Abd al-Razzaq，位階、欽賜名為

Okhna Phichit）負責王室貿易。王的護衛部隊也是由波斯人來擔任。這其中想必是要重用在暹羅沒有穩固基礎的外國人，藉此制約暹羅人官僚，來強化國王的權力吧。

那萊王在穆斯林商人經常往來的城市，也都配置了穆斯林官僚。一六八五年，薩法維王朝的使節團在丹老和碧武里受到波斯人地方首長款待，在曼谷要塞也受到了土耳其人司令官的款待。從父王巴沙通的統治時代（一六二九—一六五六年）起，阿瑜陀耶王朝對於一部分當地的統治者，並不會委託他們執行統治的工作，而是派遣一些代理官來進行地方統治。王會透過代理官或當地統治者對臣民課徭役或軍役，或者是徵收一些出口用的產品。後面會提到，位處在貿易路線上的重要城市，有時也會設置代理官。儘管現在對當時這個代理官制度有很多不明，不過可以想見此似乎是對中央集權化的一種嘗試。在同時，王也因為要實施專賣制而派遣代理人到國內各地。

對日本貿易與荷蘭東印度公司

那萊王的一大心願就是要重啟對日貿易。巴沙通原本只是一位臣子，但卻篡奪了王位，燒毀日本人町。據傳政敵山田長政也遭到暗殺。也因此阿瑜陀耶朝廷和德川幕府斷絕了外交與貿易。巴沙通數度派遣使節前往要求重啟邦交與貿易，但由於幕府開始實行鎖國政策，因此吃了閉門羹。那萊王放棄了透過使節和國書往來以恢復邦交，在一六六一年，派阿卜杜．拉扎克率領王室帆船——以日本來看就是「唐船」——到長崎，努力重啟貿易。[9]

但是在同年發生了一起事件，當葡萄牙人乘坐著其他王室帆船從澳門啟程回國時，被荷蘭東印度公司的船所捉捕。朝廷要求賠償，但東印度公司反而關閉了阿瑜陀耶的商館，並派遣艦隊，在一六六三年十一月到次年二月封鎖了昭披耶河口。阿卜杜·拉扎克在這一連串的事件當中垮臺。

交涉的結果，在一六六四年八月，朝廷與東印度公司締結了條約。東印度公司以此為契機，計畫要把阿瑜陀耶趕出對日貿易。在日本最暢銷的暹羅商品是用在衣物上的鹿皮，東印度公司在一六三四年、一六四八年、一六五八年從阿瑜陀耶朝廷獲得了鹿皮的獨占出口權，因新條約又再度獲得了此權利。不僅如此，阿瑜陀耶王與官僚們也禁止中國人乘坐派遣到日本等地的船隻。由於中國人和穆斯林船員對王室帆船來說是不可或缺的存在，因此這等於斷絕了那萊王與日本之間的貿易。

法國與康斯坦丁·華爾康

兩年後，禁止中國人乘船的禁令解除，之後每年都會有「暹羅屋形仕出唐船」進入長崎港。之後，阿瑜陀耶和東印度公司之間的關係逐漸改善，但是那萊王並不樂見荷蘭人獨大的狀況。王許可了進入阿瑜陀耶的英屬東印度公司設置商館，並對法國人也釋出了善意。一六六二年，巴黎傳教會的法國傳教士造訪阿瑜陀耶時，那萊王便准許了傳教和神學院的設立。透過法國傳教士，在一六七三年，法國國王路易十四和羅馬教皇甚至還傳遞書信給那萊王。一六八〇年，那萊王派遣使節到法國，不過使節所搭乘的船在途中遇難。

另一方面，宮廷內的權力結構也出現了變化。在阿卜杜·拉扎克死後，同樣是波斯人的阿迦·穆罕默德汗占有一席之地。不過在一六七九年他死後，宮廷中波斯人的勢力就消逝了，取而代之的是暹羅人的財務大臣Okhna Bunlong（本名雷克Lek）統籌貿易與外交事務，在他的手下還有希臘人康斯坦丁．華爾康（Constantine Phaulkon）勢力逐漸抬頭。

康斯坦丁．華爾康是英國東印度公司的職員，他在一六七八年抵達阿瑜陀耶，花了大約兩年的時間學習泰語，受到Okhna Bunlong重用，開始在負責貿易與外交的最高財政機關工作。一六八二年，當法國使節來訪時，他擔任了口譯的工作，相當受到納萊王的寵愛。一六八三年，收受鉅額賄賂的Okhna Bunlong垮臺，在他死亡後，便由康斯坦丁．華爾康掌握權柄。他被授予昭披耶威差延的位階和欽賜名，實質上擔任著財務大臣，精明幹練的執行外交和貿易工作。

由於阿瑜陀耶的耶穌會傳教士，華爾康從英國國教改信天主教，並協助了那萊王的親法政策。一六八四年那萊王派遣使節到法國，傳遞國書給路易十四。路易十四和法國政府以此為契機，企圖要那萊王改信天主教，來擴大天主教勢力，同時也想把阿瑜陀耶當作法國東印度公司的一個據點。一六八五年，路易十四任命法國海軍士官紹蒙（Alexandre, Chevalier de Chaumont）為大使，並派遣使節前往阿瑜陀耶。

在謁見那萊王時，紹蒙原本必須將路易十四的國書高舉過頭，上呈給那萊王，但他並沒有這麼做。然而坐在高位的那萊王笑著前傾上半身，接過了國書。讀完國書的那萊王說：「我了解法國國王想讓我成為基督徒」，使節中的舒瓦西聽了這番話，對那萊王的改信抱持了希望，不過這番話應該解讀成王完全沒有意願才對。

根據舒瓦西所言，五十三歲的那萊王頭腦清晰，勤於國政，身形雖瘦，但大大的黑眼充滿活力，才氣橫溢，面孔善良[10]。紹蒙與康斯坦丁．華爾康締結了關於基督教的條約和通商條約。同年末，在使節回國之際，也讓阿瑜陀耶的回禮使節一起同行。

不過法國政府對這通商條約並不滿足，在一六八七年，外交官勒韋爾等人再度派遣使節前往阿瑜陀耶。在華爾康的要求之下，六百名法國軍也和使節同行。法國政府希望這些軍隊能駐守於曼谷和丹老。同年底，勒韋爾再度與阿瑜陀耶王朝簽訂通商條約，法國東印度公司獲得更多的權利。條約規定在阿瑜陀耶到昭披耶河口這塊地區由荷蘭東印度公司獨占取得鹿皮的權利，但在這些地區之外，要允許法國東印度公司有購買鹿皮的權利[11]。儘管法國船並不能進入長崎港，這應該是華爾康想要藉法國人來牽制荷蘭人的意圖。

那萊王收下來自路易十四的國書

王之死及其後

華爾康掌握了以外交、貿易為中心的國政，是因為有那萊王成為他的後盾。但是那萊王多病，到了一六八八年更是長期臥病在床。那萊王並沒有兒子，只有兩個異母的弟弟，但感情並不睦。那萊王將一位官僚納為養子，對他相當寵愛。另一方面，華爾康因為專橫且斂財，早就累積了許多暹羅官僚的不滿。佛教僧團也對基督教徒受到特別待遇而感到不快。每每遇到王位繼承，就會有爭執，但這一次想必更是嚴重吧。大家都是這麼認為的。

在這樣的背景之下，帕碧羅闍（Somdet Phra Phet Racha）毫無忌憚的批判華爾康，因此獲得了官僚們的支持。他是象軍的司令官，個性很隨和，獲得人民的喜愛，同時他對僧侶的捐獻也毫不手軟。一六八八年五月，他發起了武裝政變。由於帕碧羅闍獲得了人民與僧侶的支持，他進到那萊王下榻的華富里宮殿，捉拿了華爾康和國王的養子，並加以處決。他同時也處決了王的兩個弟弟。七月，那萊王在悲痛之中過世，帕碧羅闍即位（一六八八—一七〇三年在位）。而駐守在曼谷要塞的法國軍，最終並沒有成為華爾康的後盾，反倒是與阿瑜陀耶進行交戰、交涉之後，就離開了暹羅。

儘管如此帕碧羅闍王排斥外國人，但卻沒有關閉國門的意思。當他即位為王後，阿瑜陀耶朝廷很快的就接受了與荷蘭東印度公司之間的條約更新，這就是一個最好的證據。他也同意讓基督教重啟傳教。但是法國東印度公司就撤退了。英國東印度公司已在一六八四年就關閉了商館，之後和阿瑜陀耶的關係又愈加惡化。不過更重大的問題是和日本之間貿易的衰退。

無論是阿瑜陀耶王還是荷蘭人，固定都會從暹羅購買鹿皮、綁在刀柄上的鯊魚皮，以及當作染料的蘇木出口到日本，以取得銅、銀和金。但是一七一五年德川幕府制定了正德新令（海舶互市新例），限制了金銀銅的出口。鹿皮與鯊魚皮的需求也降低了。阿瑜陀耶王和荷蘭人將日本銅出口到南亞，獲得棉織品，賣到暹羅，獲取利益。因此連鎖性的，暹羅和南亞之間的貿易也隨之衰退。[12] 阿瑜陀耶王朝和薩法維王朝的外交關係也在一六八七年之後告終。

取而代之的是與清朝之間的貿易。隨著臺灣的鄭氏政權投降，在一六八四年，康熙帝解除了海禁，民間得以再度進行貿易。接著在一七二二年康熙帝從阿瑜陀耶進口了大量的稻米，並免除其關稅。雍正帝與乾隆帝也繼承了這項政策，因此與清朝之間的貿易大增。莊他武里是阿瑜陀耶和廣州之間的中繼港，重要性日增，在阿瑜陀耶時代末期甚至還設置了代理官。另一方面，阿瑜陀耶王在一七二九年向雍正帝「朝貢」時，也獲得了可以購買銅的許可。一七三六年，阿瑜陀耶又再度提出同樣的要求，同時獲乾隆帝賜予了銅。這或許是受到正德新令的影響吧。漸漸的，有許多中國人移居來阿瑜陀耶，到了一七三〇年左右，最高財政機構甚至差一點由中國人官僚來主宰。

儘管有違那萊王的意志，但是他死後是一個轉換點，阿瑜陀耶王朝逐漸把外交、貿易的主要對象，從多方位都轉移到清。這個趨勢延續到吞武里王朝（一七六七—一七八二年），甚至到了開啟拉達那哥欣王國的拉瑪一世（一七八二—一八〇九年）的治世。

川口洋史

鄭玖（一六五五—一七三五年）／鄭天賜（一七一八—一七八〇年）

十七世紀後半到十八世紀後半，在暹羅灣今天柬埔寨與越南國境，有一個港市國家河仙，相當繁榮興盛，此地由華人鄭氏所統治。河仙這個地名原本以高棉文（柬埔寨文）稱作Banteay Meas（黃金堡壘）。Banteay Meas在泰文的史料當中，被紀錄為บันทายมาศ，越南的史料當中則被紀錄為柴末府。一六九三年編纂的柬埔寨法典當中紀錄了Banteay Meas地方首長稱號和位階的規定，可知這個地方是從屬於柬埔寨王權之下的一個地區。

港市國家河仙的創始者是鄚玖，他在一六五五年出生於廣東的雷州半島，一六七一年他來到金邊，說服柬埔寨王進行商業有利可圖，獲得了許可後，在一六八七－一六九五年左右移居Banteay Meas。當時這裡的港口有越南人、中國人、高棉人、馬來人等商人聚集，相當繁榮。鄚玖在此地開設賭場，徵收賭博稅，開發銀山，聚集流民，建立了七個村莊。

鄚玖在一七〇八年歸順越南的阮氏，被任河僊（河仙）鎮總兵。但是在一七二〇年，造訪此地的英國商人亞歷山大．漢彌爾頓，將港口的名字Banteay Meas誤記為Ponteamass，並且留下了紀錄，記載這個城市在陸路與河路雙方都連結「柬埔寨市」，當時稍微會說葡萄牙語的柬埔寨人前來迎接他，並向柬埔寨王報告他的到來。從這個紀錄可見，鄚玖的歸順，並不代表河仙被納入越南排他性的統治之下。

鄚玖死於一七三五年，他的兒子鄚天賜被任命為河僊鎮總兵。在柬埔寨的史料當中，鄚天賜也被記載為索多親王。最早的例子是一七四二年鄚天賜寫給德川幕府的高棉文書信。這封書信有著精巧的手抄本，有圖畫描繪出收藏這封書信的象牙書筒，可見於一七九七年近藤重藏所編纂的《外國關係書簡》當中。

鄚天賜最初在一七四〇年，以柬埔寨國的六參烈巴司哲王鄚的名義，向日本遞送了漢文書信，要求通商。這份書信在一七二八年和一七二九年，獲得了與日本交易的許可以及信牌（長崎入港的許可證），不過到了一七三一年和一七三二年，由於氣象條件惡劣，商船無法抵達日本，因此柬埔寨只能在日本西南方隔著遙遠海路的地方，生產香木、動物皮毛、漆等要出口給日本的商品。

一七四二年的書信是用漢文和高棉文兩種語言所寫成的。在高棉文鄭天賜所用的自稱是「住在柬埔寨的索多」，收信人以漢文寫的是「日本國國王」、高棉文寫的是「日本的會議」，可能指的是將軍輔佐（老中）。在這封書信中提到柬埔寨過去有和日本通商，不過在一七三三年和一七三四年，商船因氣候條件無法抵達日本，在一七三六年又因柬埔寨的內亂，斷了往來，因此在一七四〇年派遣使節，希望今後能持續來往，因此要求日本授予信牌。

在柬埔寨的《王朝年代記》當中，索多親王是烏迭二世（一七五八—一七七五年在位，安農二世的父親）的養父，也就是後援者。在烏迭二世即位前，柬埔寨的王族之間正值內亂，他逃到河仙尋求索多親王的援助，獲得了軍事上的支援，成功登上柬埔寨的王位。

鄭天賜是文武雙全的好學之士，他會與遠道而來的文人墨客暢談，編纂了《河仙十詠》，對清朝也自稱小港口國，進行朝貢。在十九世紀歐洲的史料中，河仙的別名是港口，就是這個由來。由此可見鄭天賜會依狀況的不同，使用各種立場和名字。

一七六七年阿瑜陀耶滅亡時，阿瑜陀耶的王子逃到河仙，請求鄭天賜的協助。之後河仙擴張勢力到戈公、達叻、莊他武里等暹羅灣東部的港口城市，因此和扶植這個地區的潮州人勢力呈現敵對的狀態。達信大帝（鄭昭，一七六七—一七八二年在位）受到潮州人勢力的支持，建立了暹羅的新王朝（吞武里王國），他在一七七一年從海陸兩面出兵柬埔寨。這時候的河仙，並沒有獲得柬埔寨王和阮氏的援軍，被達信大帝的海軍攻陷。鄭天賜逃出河仙，從此無法再回到此地。

一七七三年在越南發生了西山起義。在混亂之中，阮氏一族從順化（富春）被追往西貢，在西貢受到西山勢力的攻擊，獲鄭天賜的協助逃到金甌。不過鄭氏的軍隊也打了敗仗，阮氏覆滅。儘管如此，鄭天賜還是保住了性命，之後受到達信大帝的召喚，逃到吞武里。然而在一七八〇年，達信大帝認為他有打算謀反的嫌疑，因此鄭天賜一族遭到逮捕。鄭天賜自盡，一族除了幼兒之外，相關人士總共五十三人遭到處決。

北川香子

吉・哲塔（一五七九—一六二五年）

在柬埔寨史當中，從十四世紀最後的梵文碑文開始，到十六世紀中葉出現近世高棉文碑文和葡萄牙人傳教士的紀錄為止，完全沒有出現當時的史料，算是歷史的空白期。柬浦寨的政治、經濟中心逐漸轉移到今天的首都金邊的附近，上座部佛教滲透社會，也是在這個時期，逐漸出現了現在柬埔寨的原型。

最初柬埔寨中世紀時代的首都洛韋，位於洞里薩湖（金邊湖）的西南沿岸地區。位於金邊北方約四十公里之處，還留有四方形缺了東邊土城牆的遺跡，中心寺院茶楞姜寺（Wat Traleng Keng）有四對石製的佛足，以及背對背面向四個方位的四尊佛像。建造首都洛韋，算是安贊一世（一五二九—一五六七年在位）的功績。從菩薩到烏棟之間國道五號線沿線的古寺，有許多的建造史都可以追溯到安贊一世的統治時代。接著在菩薩有祠院的守護神克林莫昂，在《王朝年代記》當中，被描繪成守護柬埔寨王的存在，這位守護神至今仍受到人民的信仰愛戴。

首都洛韋在一五九四年被暹羅的納黎萱王所攻陷，失去王的柬埔寨陷入內亂狀態。因此在洛韋陷落時，遭俘而被帶到暹羅的柬埔寨王族重新回到柬埔寨，平定各地，讓國土恢復安定。在《王朝年代記》中，將這段歷史描繪成吉．哲塔、其父王和弟弟的功績。根據十七世紀末法國人熱爾瓦伊斯的紀錄，這一切都是納克切斯塔王的功績，可想見他應該就是《王朝年代記》當中的吉．哲塔。吉．哲塔在一六二〇年於洛韋南方的濕地以南，建立了首都烏棟。荷蘭還留有十七世紀柬埔寨首都的地圖。在荷蘭的史料當中，將十七世紀的首都，延續上一個時代，稱為洛韋，在手繪地圖上則是描繪著從洛韋的城牆一直到烏棟南邊的聖山。

首都烏棟的河港Borey Monorum有外國商人住所林立，同時也設置了日本人町和荷蘭的商館。在Borey Monorum亦曾發現過混雜著中國製的陶瓷片和肥前瓷器的碎片。根據岩生成一的《南洋日本町研究》，一六〇四—一六一六年有二十四艘取得朱印狀前往柬埔寨的船，這數字僅次於暹羅、呂宋和交趾。此外，近藤重藏編纂的《外國關係書簡》當中，收錄了六封十七—十八世紀高棉語的書信，和十二封發自柬埔寨的漢文書信，並且有十四封日本發的漢文書信。其中一六〇三—一六二七年的書信（五封高棉語書信）是往返書信。審視其中的內容，可得知日本贈與柬埔寨二十把大刀，而柬埔寨則贈送日本動物皮、砂糖等物品。尤其是高棉語的書信當中，王透過贈物與書信，得知德川家康「親愛之情」，表示「非常喜悅」。

接著在一六〇三年的往返書信當中，可以確認當時柬埔寨國內正發生內亂。德川家康的書信，記載著如果柬埔寨王有要求的話，可以送上援軍和日本銳利的武器，在柬埔寨王的書信當中，則對德川家康的提議表示感謝。在一六〇六、一六〇八年家康的書信當中，向與占城王關係友好的柬埔寨王要求採購占城的特產奇楠香，柬埔寨則希望家康能送來兩匹五尺以上的良駒。中國和日本的商人兼使節成為連結柬埔寨王和德川家康的橋梁，家康要求柬埔寨王要拒絕未持有朱印狀的商人入港，柬埔寨王則要求來自日本且持有朱印狀的商船要限制在一至兩艘，並且要求要發朱印狀給攜帶柬埔寨王書信的商人兼使節，讓他們次年還能再來。

吉·哲塔的王妃是越南阮氏的公主，根據熱爾瓦伊斯的紀錄，這位王妃在暹羅進攻時，為了呼應率領柬埔寨軍迎戰的丈夫柬埔寨王，自己也帶領著父王所派遣的援軍出擊，擊敗了暹羅海軍。在吉·哲塔死後，他的左右手弟弟就任副王，掌握了政治的實權。在長崎的《荷蘭商館長日記》當中，將吉·哲塔的弟弟副王稱為「老國王」，而相當於吉·哲塔後嗣的在位國王稱為「年輕國王」。在同樣的日記當中，將吉·哲塔的王妃阮氏玉萬稱為「老女王」（王太后），可見她握有內政與外交的權力。

吉·哲塔王的兒子博涅贊（Ponhea Chan）殺害了自己的叔父，也就是副王，以及其子（對他來說就是堂兄弟），即位成為列密提巴代二世時，吉·哲塔的王妃阮氏玉萬為安撫人心，援助了他。但是之後雙方的關係惡化，已故副王（王的叔父）之子發動起義時，王妃還應他們所求，傳送書信給自己的父王（阮氏），要求派遣援軍。

北川香子

蘇里雅·翁薩（一六一三—一六九四／五年）

一六三八—一六九五年，或一六三七—一六九四年在位。蘇里雅·翁薩出生一六一三年，是瀾滄國王（位於今寮國、泰國東北部）武拉旺薩．塔米加拉王（Voravongsa Thammikarath）最小的兒子。一六二二年，父王逝世後，連續了幾任短命的國王，在一六二七年，兄長披蒙膠（Phra Mom Keo）即位，但由於王國內的權力鬥爭，王權並不穩定。一六三八年（或一六三七年），王兄死後，蘇里雅．翁薩帶領五百多名家臣壓制住首都永珍，將親哥哥一個放逐到越南、一個迫其出家，姪子流放到遠方，打倒政敵，最終登上王位。他一掃政敵後坐上王位，因此王權穩定，在位期間長達五十七年，是瀾滄王國在位時間最久的國王。

在超越半世紀的蘇里雅．翁薩的治世裡，不光只是政治穩定，王國在經濟、文化方面，也被認為是最繁榮的黃金時期。由於首都永珍在十九世紀前半被暹羅所破壞，因此今天幾乎沒有留下任何建築物、藝術作品，足以訴說蘇里雅．翁薩治世的榮華。但是這個時代的繁榮樣貌，被一六四〇年代到訪永珍的歐洲人所記錄下來，流傳到了今天。

這位歐洲人就是荷蘭東印度公司的員工伍斯特霍夫（Gerrit van Wuysthoff）和義大利的耶穌會傳教士萊里亞（Giovanni Maria Leria）。他們是最早期造訪瀾滄王國的歐洲人。

伍斯特霍夫從柬埔寨的洛韋，沿著湄公河，在一六四一年到達永珍，在此待了大約兩個月，並記錄下這段期間的見聞。萊里亞也是從洛韋順著湄公河，在一六四二年到達永珍，並待了五年左右的時間。他在瀾滄王國的見聞，透過同樣是義大利的耶穌會傳教士馬里尼神父於一六六三年出版的著作介紹，這本著作在三年後被翻譯成法文。伍斯特霍夫的見聞錄則是在一六六九年被集結成一本小冊子出版，因此馬里尼的著作是第一本將瀾滄王國詳盡資訊帶進歐洲的書籍。

據推定伍斯特霍夫在塔鑾節（在王國最大的佛塔「塔鑾寺」進行的佛教儀式）這一天抵達永珍，根據他的記載，他在塔鑾廣場的歡迎儀式上謁見了蘇里雅．翁薩王。王在家臣和士兵的簇擁之下，乘在白象背上現身。王的權力是至高無上的，萊里亞也記載王宮「腹地廣大，有如一個城市」[13]。

當時的永珍有著雙重的城牆包圍，內側的城牆長四公里，在城內有佛寺和貴族的宅邸，王宮更是十分壯麗。外側的城牆長達十四公里，被內外城牆包圍的地區有平民或守護王都的將軍、士兵居住，前述兩人都沒有紀錄當時的人口，不過推測當時至少有六萬人居住在城牆之內。

當時的瀾滄王國擴大生產農業生產和手工藝品，經濟活動也相當活躍，不過伍斯特霍夫最關注的還是豐富的森林物產，尤其是樹脂和安息香的貿易。然而在他和萊里亞之後，並沒有紀錄顯示有歐洲人來到瀾滄王國，內陸的瀾滄王國與外國（尤其是和歐洲各國）之間的交易逐漸衰退。

萊里亞待在寮國五年，目的是為了要讓瀾滄王國的人民改信天主教。他對不接受基督教的佛教僧侶採取批判的態度，但對佛教也抱持著興趣。永珍在當時是附近的佛教中心地，根據紀錄，不僅從阿瑜陀耶，就連勃固、柬埔寨都有很多僧侶到此來學習佛教。伍斯特霍夫對於來自附近的僧侶，曾寫下「數量比日耳曼國王的士兵還多」[14]的形容。永珍相較於其他國家，有許多又大又美的寺院，王也篤信佛教，對佛教是大方的贊助人。在這樣的狀況之下，儘管萊里亞想要人民改信天主教，但他的努力幾乎沒有任何成果。

有紀錄顯示當時的瀾滄王國，有二十歲到三十五歲的青年兵，以及二十歲至四十歲的壯年兵，總計大約五十萬人的士兵，可見是相當強大的國家。這些士兵會被派遣到王國各地。除了保持強大的軍事力之外，和越南等鄰近各國也維持著友好的關係。

在國內，這個時代的法律也是前所未見相當的有規範，不僅家臣、士兵和平民適用法律，連國王自己都很嚴格遵守法律。尤其是掠奪、強盜、背信棄義，都會有很嚴格的處罰，當他的兒子犯下不義之罪時，儘管他並沒有其他的兒子，但他還是對兒子宣告了死刑。

在藝術方面，佛教藝術相當繁盛，不光只是建築，就連寺院的裝飾和壁畫、佛像的鑄造、金銀細工藝品也都很興盛。當時寺院不只是宗教，也是學術和藝術的中心。這也是文學興盛的年代，出現了《信賽》、《占巴塞史記》、《休沙瓦》、《加拉結》等古典文學的代表作品。

不過在建立瀾滄王國黃金期的蘇里雅．翁薩王死後，王國就逐漸走向衰退。在王將兒子執行死刑後，出現了繼承者之爭，最終王國分裂成永珍（萬象）、龍坡邦、占巴塞三個國家。在一七七〇年代末，這些瀾滄王國的後繼國家，都成為了暹羅的屬國。

菊池陽子

昭阿努（一七六八—一八二九年）

瀾滄王國後繼國家萬象王國的國王。一八〇四—一八二八年在位。十八世紀初期，瀾滄王國一分為三，當中的萬象王國在一七七九年成為暹羅的屬國。此時王族被捕成為人質，而萬象王國的王子昭阿努也是其中一人。他在曼谷度過了青年時期，一七九四年，暹羅任命他的哥哥因塔翁為萬象王國的國王，命昭阿努為副王。之後，又因暹羅的要求，萬象王國與緬甸的貢榜王朝交戰，昭阿努建立了戰功。

在兄長過世後，昭阿努即位為王，建設了新宮殿，也興建佛教寺院，努力復興王國。這個時期所建立的寺院，由於之後永珍成為廢墟，因此幾乎沒有留存到今天，不過四色菊寺可說是代表這個時代的建築。《萬象王朝史記》訴說在暹羅統治之下的寮人心情，是寮國文學史上所編纂的著名詩歌（也有可能是昭阿努王親自寫的），也完成於昭阿努的時代。

一八〇六年，萬象王國與越南阮朝之間恢復了朝貢關係，並和鄰近的越南建立關係。一八一九年，一位高僧薩加葛恩在占巴塞發動起事，之後占領了阿速坡。應暹羅王的要求，昭阿努前往鎮壓，因其功績，自己的兒子昭約被任命為占巴塞國王。萬象王國將占巴塞王國納入囊中後勢力大增，在統治之下有大約八十個勐（泰系民族的統治單位），建立了十九世紀前半的繁榮。

一八二七年，昭阿努王與占巴塞國王一起舉兵反對暹羅統治。其中的理由是，要將自從成為附庸國之後，被強制移居到暹羅的寮人重新帶回家鄉，並反對暹羅人對寮人農民施加刺青，逼迫他們強制勞動等的政策，或者說是昭阿努和暹羅國王拉瑪三世之間的摩擦所造成的。此外，很有可能是因為昭阿努認為，在一八二六年，由於暹羅剛與英國簽訂協商條約，為了關注英國的動向，無法運用軍事力去攻擊寮人，因此在這個時期發動了行動。

但是出乎昭阿努的意料，暹羅很快就發動反擊。昭阿努的軍隊占領了呵叻（那空叻差是瑪），他的兒子拉薩翁進軍至泰國中部的沙拉武里（北標），但因為暹羅軍的反擊而被迫撤退，昭阿努及其家族逃往越南。永珍被暹羅占領，遭到徹底的破壞，成為一片廢墟。許多居民都被迫強制遷往暹羅。次年，昭阿努再度企圖對暹羅發動反攻，但以失敗告終，逃難途中於川壙被暹羅兵所捕，在曼谷去世。至此萬象王國完全毀滅，占巴塞王國也被納入暹羅的直接統治之下。

戰敗的昭阿努王和因戰亂而失去故鄉的寮人，其中的痛苦與悲傷，被記錄在《萬象傳承記》當中，流傳了下來。今天的寮國將昭阿努視為第一位向暹羅力求獨立的寮國民族英雄。在民族國家的論述當中，儘管戰敗，但他的行動和愛國精神還是值得讚揚，更被視為是影響往後寮國為了從殖民統治中獨立，而發起獨立戰爭的行動。另一方面，在泰國則把昭阿努的行動視為屬國家臣因為有所不滿而發動的叛亂，直到今天，擊退昭阿努軍隊的呵叻副總督夫人陶素拉那里都受到了讚揚。可見寮國與泰國對於昭阿努的歷史認知，至今仍有著很大的差距。

菊池陽子

島嶼地區

一五一一年，葡萄牙艦隊攻陷麻六甲，在過去穆斯林商人進行交易的亞洲海域建立了橋頭堡。但是穆斯林商人不樂見葡萄牙人掌控貿易，四處尋求取代麻六甲的港口城市，因此分散到各地的島嶼。在這樣變化的背景之下，新崛起的有蘇門答臘島北端的亞齊、爪哇島西邊的萬丹、爪哇島中部的馬打蘭，和蘇拉威西島南部的戈瓦這些信奉伊斯蘭教的王國。

在麻六甲王國滅亡後，由於逃出麻六甲的王族和穆斯林商人的擴散，讓麻六甲宮廷的文化和習俗透過島嶼的港市國家擴散開來。這被視為是末羅瑜（馬來）文化的規範而固定了下來。其中核心的要素有通用語馬來語、爪夷文表記（使用阿拉伯字母來書寫馬來語的文字）、習慣法、伊斯蘭信仰等。這些文化要素傳播於馬來半島、蘇門答臘島、婆羅洲（加里曼丹島）以及其周邊地區，之後被稱為「末羅瑜世界」。

由於麻六甲海峽是東西海上交通的要衝，為了爭奪此地的通商權，葡萄牙領的麻六甲、亞齊，以及從麻六甲逃出來建立穆罕默德沙阿王統的的柔佛，成為三強鼎立的局面展開爭奪。尤其是亞齊，在阿勞丁・卡哈爾（Alauddin Ri’ayat Syah al-Kahar）的時代裡，他與西方的鄂圖曼帝國合作，積極開發麻六甲海峽，在十七世紀的伊斯干達・穆達（Iskandar Muda）時代達到全盛時期。

到了十七世紀，葡萄牙勢力衰退，取而代之勢力擴大的是荷蘭東印度公司。他們在揚・彼得生・庫恩（Jan Pieterszoon Coen）的指揮之下，在爪哇島的巴達維亞建立據點，企圖要獨占海上貿易。另一方面，馬打蘭蘇丹國在塞納帕蒂（Senapati of Mataram）的時代打下王國的基礎，並由蘇丹阿貢（Sultan Agung）與戈瓦王國的蘇丹哈山努丁（Hasanuddin）等伊斯蘭勢力對抗。但是荷蘭巧妙的運用當地勢力之間的分裂，企圖弱化各王國。荷蘭支援了因馬都拉島杜魯諾佐約（Trunojoyo）叛亂所苦的馬打蘭蘇丹國，獲得了領土作為報償，並且支援與戈瓦對立的布吉人阿隆・帕拉卡（Arung-Palakka），消滅了哈山努丁。

在十七世紀後半起，東南亞世界的貿易開始低迷，荷蘭就逐漸將重心轉移到開發當地。由於這項變化，擁有經營殖民地技術和勞動力的華人也在十八世紀之後以集團的形式前來此地，甚至也出現了像羅芳伯一樣，建立起一大勢力的人。

到了十九世紀，英國開始正式的前往東南亞。英國東印度公司的史丹佛・萊佛士（Stamford

Raffles）成功的讓柔佛讓出新加坡，建立了貿易據點。長期以來西班牙幾乎掌控了整個菲律賓各島，英國則統治了馬來半島和婆羅洲北部，荷蘭則是瓜分了蘇門答臘島到新幾內亞島等領土，開啟了殖民地統治的時代。

青山 亨

阿勞丁・卡哈爾（?—一五七一年）

印尼蘇門答臘島北端亞齊王國第三代蘇丹（一五三七—一五七一年在位）。被視為亞齊王國從十五世紀到一九〇三年中最強的統治者之一，父親是建立起亞齊王國的首代蘇丹阿里・穆加亞特・沙阿（Sultan Alaidin Ali Mughaiyat Syah，?—一五三〇年在位），王國在阿勞丁・卡哈爾的手中更加壯大。

亞齊王國

十五世紀繁華興盛的麻六甲蘇丹國，在一五一一年因葡萄牙侵略而滅亡，之後各個亞洲貿易商人集團，就開始集結在蘇門答臘北岸的亞齊。亞齊王國首代蘇丹阿里・穆加亞特・沙阿在一五二〇年左右將勢力往南發展，掌控了東岸胡椒和金礦的生產地。奪取了西岸的達亞，在一五二四年將葡萄牙驅逐出東岸的披地（Pedir）和帕賽（Pasai），接著又進攻阿魯（又稱亞魯Aru）。在一五四〇年以後，阿魯成了亞齊王國和柔佛蘇丹國之間的戰場。他的兒子第三代蘇丹阿勞丁・卡哈爾更是向南進軍，獲得了鄂圖曼帝國的支援，攻擊柔佛與麻六甲。

亞齊王國在十三世紀末出現在北蘇門答臘，他們自我定義為東南亞第一個伊斯蘭王國蘇木都剌國的後繼國家，企圖掌握海上的霸權，而受葡萄牙統治的麻六甲在政治與經濟上依然是亞齊的敵手，在十六世紀間，兩國不斷的進行海戰。此外，麻六甲蘇丹國的後繼王國是柔佛蘇丹國（一五二八年—），這個國家也對蘇門答臘抱持著野心。

阿里．穆加亞特．沙阿死後，由長子薩拉赫丁繼承王位，統治帕賽的弟弟卡哈爾在一五三七年發動武裝政變，登上王位，並自稱蘇丹．阿勞丁．里亞德．沙阿．卡哈爾。他首先攻擊亞齊南方的巴塔克人，逼迫這些人改信伊斯蘭教，不過以失敗告終。之後又攻擊阿魯，但被柔佛所擊退，在之後的二十四年裡，阿魯都由柔佛所統治。

與麻六甲的抗爭

卡哈爾在一五三七年帶領三千人的軍隊，打算對麻六甲進行先發的攻擊，不過無法突破要塞，吃了大敗仗。接著在一五四七年又企圖夜襲，在玻璃市河（Perlis River）敗北。但是卡哈爾的攻勢並沒有停下來，在一五六四年攻擊柔佛，將柔佛的蘇丹阿拉烏丁．利亞．沙二世帶回亞齊並加以殺害，奪下阿魯的統治權。柔佛的公主嫁給亞齊的蘇丹，柔佛的王位則由被殺害的王之子慕扎法沙二世（Sultan Muzaffar Shah II）繼承。阿魯的管理則被委任給卡哈爾的兒子。一五六八年，卡哈爾率領了一萬五千人的軍隊、四百位鄂圖曼帝國戰士和兩百門大砲，向麻六甲發動最大的攻擊，然而再度敗北。這時候葡萄牙向柔佛與吉打請求援軍。感到憤怒的卡哈爾，在一五七〇年派遣了軍隊前往柔佛，燒毀了眾多柔佛人

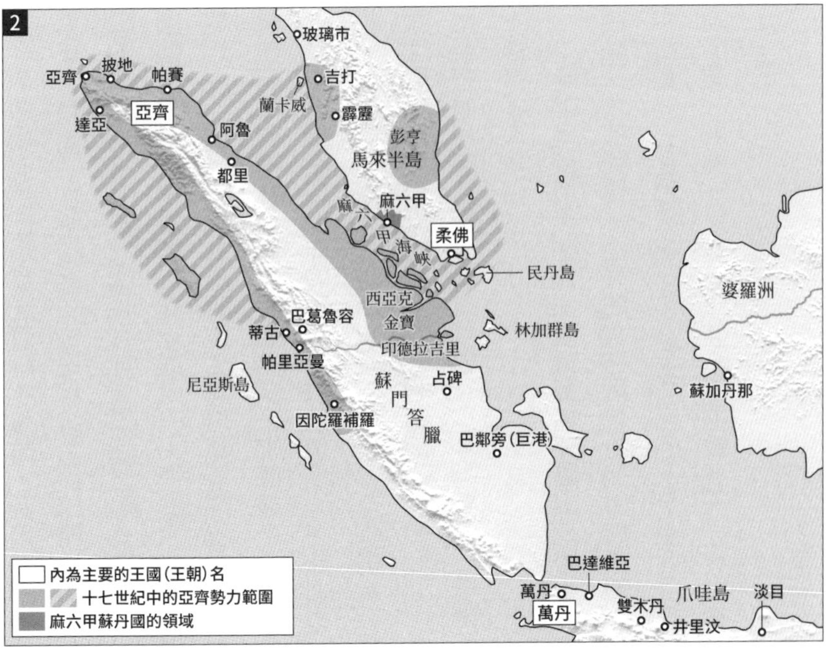

十六至十八世紀的東南亞（馬來半島、蘇門答臘島周邊）

的村莊，不過最終柔佛仍沒有向亞齊屈服。因此儘管卡哈爾多次發動戰爭，但最終仍無法成功奪下麻六甲海峽的掌控權。

與鄂圖曼帝國的關係

鄂圖曼帝國因為有大砲等軍事革命的支持，掌握了穆斯林商人香料貿易的陸上道路，並在一五三〇年代，在海上道路方面也獲得古加拉特和比賈布爾（南印度）等地穆斯林商人的支持，成為一股強大的海上勢力。也因此，在印度洋貿易受到葡萄牙人侵襲而遭損害的穆斯林商人，向伊斯蘭世界的哈里發——鄂圖曼帝國尋求協助，希望可以領導他們共同戰鬥。因此在一五三七年，蘇萊曼一世向穆斯林發動共同命令攻擊葡萄牙，卡哈爾對麻六甲的攻擊，應該也是接收到這個命令之後所採取的行動。

卡哈爾在對巴塔克人發動攻擊時，利用了鄂圖曼帝國的武器和士兵，到了一五六〇年代，更強化了這樣的關係。這個時期，古茶拉底人和阿拉伯商人增加，在蘇門答臘西岸的蒂古（Tiku）和帕里亞曼（Pariaman）等新的胡椒種植地被亞齊納入統治之下，因此辛香料都聚集到了亞齊。卡哈爾向鄂圖曼帝國輸出大量的辛香料，在一五六一－一五六二年向鄂圖曼帝國的蘇萊曼一世要求援助，來對抗異教徒葡萄牙人，在一五六六年亞齊又向鄂圖曼帝國送去了書信，表示願意成為臣屬國。加爾各答和錫蘭（斯里蘭卡）的穆斯林商人也懇切的請求鄂圖曼帝國驅逐妨礙他們的葡萄牙人，鄂圖曼帝國續任的皇帝塞利姆二世對於保護印度洋的穆斯林特別積極，因此頒布了敕令，在一五六七年為了援助亞齊，派出十七艘槳帆船的艦隊和軍人、大砲以及鐵砲工。亞齊對麻六甲的攻擊以失敗告終，但鄂圖曼帝國在之後仍持續支援亞齊王國。一五七〇年，卡哈爾因為胡椒貿易，參加了南印度與葡萄牙敵對的陣營，這個陣營當中有比賈布爾（阿迪勒・沙阿王朝）、艾哈邁德訥格爾、科澤科德等國，他們對葡萄牙屬果亞發動了攻擊，不過打了大敗仗。

卡哈爾到最後都無法贏得葡萄牙屬麻六甲，不過在他統治之下的亞齊王國逐漸強大，這也成為一個起點。在他死後，亞齊的宮廷內權力鬥爭逐漸激烈，在短期間內換了多位蘇丹，終於在第十代的蘇丹穆卡馬爾（Alauddin Ri'ayat Syah Sayyid al-Mukammal，一五八九－一六〇四年在位）和第十二代蘇丹伊斯干達・穆達（Iskandar Muda）的時代，才終於穩固了以蘇丹為中心的強權體制。

菅原由美

伊斯干達・穆達（約一五八三—一六三六年）

亞齊王國第十二代蘇丹（一六〇七—一六三六年在位），建立了王國的全盛時期。他是阿勞丁・卡哈爾的孫子，父親是蘇丹曼蘇爾（Sultan Mansyur Syah），母親是第十代蘇丹穆卡馬爾的女兒Puteri Raja Inderabangsa。祖父卡哈爾在統一亞齊王國之前，是另一個王家的繼承人，因此伊斯干達・穆達可說是結合了亞齊的兩個王家。

他有約翰・阿拉姆、布卡薩・阿拉姆等多個別名，而伊斯干達・穆達則是「年輕的亞歷山大」之意，他的功績經常被比喻為古代希臘的亞歷山大大帝。他不僅擴張領土，隨著他的建設，亞齊也成為貿易與伊斯蘭的教學中心。

華麗的戰績

伊斯干達・穆達的名聲，有很大部分要歸功於他的戰績。他的軍隊由裝備了大砲、搭載六百至八百名士兵的槳帆船海軍、高達九百頭的象隊、使用了從波斯等地進口馬匹的騎兵隊，以及四萬名徵兵步兵部隊所組成，並且有蘇門答臘製以及歐洲製的大砲。

當他即位為王，穩定了國內政局後，就逐一攻下馬來半島和蘇門答臘島各敵對的港口城市，並開始將襲擊地區的居民強行帶到亞齊。首先在一六一二年，他進入蘇門答臘島東岸的杜里（Duri），在

伊斯干達・穆達

一六一三年到達阿魯，接著又攻擊統治阿魯的柔佛，將柔佛的蘇丹阿拉烏丁・利亞・沙阿三世（一五九七－一六一五年在位）和王族、在柔佛設置商館的東印度公司員工都強行帶到亞齊。伊斯干達・穆達將妹妹嫁給柔佛蘇丹的弟弟阿卜杜拉，希望他能擔任下一任國王。但是柔佛並不承認自己是亞齊的從屬國，堅持認為自己是麻六甲蘇丹國的繼承王國，在馬來半島東岸的彭亨、蘇門答臘島東岸的巴鄰旁（巨港）、占碑、印德拉吉里（Indragiri）、金寶（Kampar）和西亞克結盟對抗亞齊。

另一方面，伊斯干達・穆達在一六一四年在民丹島大勝葡萄牙軍隊，在一六一七年又攻擊因奴隸交易而繁榮的彭亨，將當地一萬以上的人民和蘇丹一同強行帶回亞齊。在一六一九年，攻擊半島西岸的吉打，將當地的居民帶回亞齊，到了一六二〇年，又在吉打近郊的霹靂（Perak）俘虜了五千人。吉打是蘭卡威島的胡椒集聚地，也是葡萄牙人與華人商人聚集的一個重要港口。接著在一六二四／五年將尼亞斯島、同年將錫（Siak）、印德拉吉里納入統治之下。在蘇門答臘西岸，伊斯干達・穆達為了要增產與獨占胡椒的生產，在中部的蒂古（Tiku）和帕里亞曼（Pariaman）設置Panglima（代理官），接著又到一六三三年為止，將軍隊送往因陀羅補羅（Indrapura），強行將居民帶回亞齊。

因此亞齊的版圖從馬來半島的南部擴及蘇門答臘島兩岸，成為王國史上最大的國土，但是在一六二九年與葡萄牙屬麻六甲對戰吃了大敗仗，之後亞齊在馬來世界的形勢就逐漸惡化。根據葡萄牙史料記載，亞齊在這場戰役中，派了兩百艘以上槳帆船和一萬九千名士兵前往麻六甲，柔佛與北大年蘇丹國也有參戰，大破亞齊軍。

國家統治

在第十代蘇丹穆卡馬爾之前，曾經有被稱為Orang Kaya的富裕商人貴族集團掌控著國家的政治。穆卡馬爾有權力龐大的伊斯蘭法官支持者，因此他虐殺主要的Orang Kaya，建立了一套以蘇丹為主的強權體制，並由孫子伊斯干達．穆達所繼承。

王國的經濟根基在於辛香料，尤其是在胡椒的貿易之上。也因此伊斯干達．穆達一開始交給王族的胡椒出口港管理，就逐漸轉給Panglima（代理官）來負責。他們的工作是徵收稅金和管理通商是否按照規定執行等，從這些重要的出口據點，財富會直接進入到國庫。從此之後，在亞齊統治之下，蘇門答臘西海岸各胡椒出口港幾乎都設有Panglima。Panglima官員每三年為一任進行交替，同時他們有義務每年必須向宮廷報告。停留的外國商人也有義務要晉見朝廷，胡椒的價格也是由王室來管理。透過這套王室獨占的貿易體制，利益都集中在國王手中，Orang Kaya就陷入不得不依賴王室的狀態，並且被禁止建設獨立的住所。

除此之外，伊斯干達．穆達分封土地給新的貴族階層軍事貴族（Hulubalang），戰爭時期他們就會成為領袖召集士兵。但是為了不讓他們有謀反的機會，他們有義務每三天必須上朝廷一次。

伊斯干達．穆達的常備軍有五百名近衛兵，這些近衛兵主要的工作是行刑和讓人民服從。伊斯干達．穆達對於不服從命令的臣下，會處以非常慘忍的刑罰，是眾人皆知的。他會處罰過於富裕的人民，沒收他們的財富。根據一六二〇年代法國人的紀錄，王每天都會割掉人們的鼻子、手腳和耳朵，刺瞎人們的眼睛，或者將人民去勢等。另一方面，如同其他港市國家，亞齊也因勞動力不足而煩惱，這是因為要支撐軍事與商業活動，就必須在城市的腹地生產必要的糧食。而軍事作戰的其中一個目的就是為了確保足夠的奴隸。

伊斯干達．穆達的時代可說是迎來了亞齊王國絕對王政的頂點，但是在他死後，這樣的狀況並沒有持續。

伊斯干達．穆達殺了自己的兒子枚拉（Meurah Pupok），繼承者是過去侵略過的彭亨的蘇丹之子，也是自己的女婿伊斯干達．他尼（Iskandar Thani，一六三六—一六四一年在位），但是由於伊斯干達．他尼之後突然過世，統治時期非常短，接著則由他尼的妻子，也就是伊斯干達．穆達的女兒塔吉爾．亞藍（Taj ul-Alam，一六四一—一六七五年在位）即位。接下來亞齊王國持續了四代女性的君主，這當中的原因很有可能源自於家臣們不希望再度出現強權的蘇丹。尤其是之後Hulubalang，更是成為削弱蘇丹統治力的存在。

伊斯蘭教

在亞齊，伊斯干達．穆達被視為是所有法律之父，在他即位不久後，亞齊的法律集*Adat Aceh*當中，就統整了國王、官吏、迎接齋戒月時的禮儀、伊斯蘭教兩大祭典古爾邦節和開齋節等禮儀、對統治者的拜謁、對王的週五禮拜、色法爾月（伊斯蘭曆的第二個月）最後的週四禮拜、貴夜等的相關法令。在過去，亞齊王宮就實行著這些伊斯蘭教的禮儀，但伊斯干達．穆達將這些禮儀成文化，並加以執行，讓民眾看到蘇丹是伊斯蘭世界統治者的姿態。商人和外國使節看到亞齊國內對竊盜等重犯，會施以砍斷手腳等處罰，也對伊斯蘭法嚴格的執行抱持著恐懼感。

亞齊在十六世紀以來，就在對外戰爭中獲得勝利，並享受著伴隨而來的經濟繁榮，在法學、神學、蘇非主義（伊斯蘭神祕主義）等各個伊斯蘭學的領域都有所研究，並獎勵臣民遵守伊斯蘭法，不過特別偏好蘇非主義。哈姆札．泛蘇力（Hamzah Fansuri，?—約一五二七年）受到伊本．阿拉比的存在統一論（Wahdat Al-Wujud）的影響很深，他的末羅瑜文神祕主義詩在亞齊相當受到歡迎，他所創作的末羅瑜文學成為一個新的詩詞類別，被稱為「Syair」，他的作品也擴及至東南亞島嶼的各地。泛蘇力在學術世系上的弟子蘇馬拉尼（Shamd al-Din al-Sumatrai，?—一六三〇年）是一位傑出的伊斯蘭學者，他受到伊斯干達．穆達的重用，以蘇丹的蘇非主義導師的身分擔任顧問，不僅在宗教各方面都為蘇丹工作，在國務上也擔任最高的職位。

但是到了續任的伊斯干達．他尼的統治時期，掌控亞齊朝廷的努爾丁拉尼里（Nuruddin ar-Raniri，?—一六五八年）出身於印度的古吉拉特，他強烈的否定存在統一論，將哈姆札．泛蘇力和蘇馬拉尼視為異端，下令將他們的著作都燒毀。

傳記

以末羅瑜文所書寫的亞齊年代記《亞齊史》（*Hikayat Aceh*）是在伊斯干達．穆達的統治時期，為了讚揚他的治世所寫的。這被認為是受到了蒙兀兒帝國為了阿克巴大帝所寫的波斯文《阿克巴回憶錄》所啟發，而創作的著作。《亞齊史》和其他末羅瑜世界的王國傳說相同，首先都會敘說自己源自於亞歷山大大帝的後代，以及由出現於竹子當中的公主，也就是被視為自然界的代表，建立起亞齊王國的基礎，之後說明到伊斯干達．穆達的年代為止的血統。此外，由努爾丁拉尼里所執筆的《君王之花園》（同樣是末羅瑜文），也記錄了亞齊王國的歷史，當中有敘述伊斯干達．穆達的章節。

菅原由美

蘇丹阿貢（？—一六四六年）

印尼爪哇島在被荷蘭統治前最後一個王國——馬打蘭王國（十六世紀末—一七五五年）的第三代國王（一六一三—一六四六年在位），他將馬打蘭王國的領土擴至最大，影響力不僅於爪哇島，也擴及周邊的島嶼，建立了王國的全盛時期。一六三三年他創始了爪哇伊斯蘭曆（爪哇曆），在一六四一年自麥加獲得了伊斯蘭王國君主的稱號蘇丹，自稱蘇丹阿貢（大蘇丹）。

馬打蘭蘇丹國

馬打蘭蘇丹國是誕生於爪哇內陸中部的王國，除了西爪哇之外，整個爪哇島都在其勢力範圍之下。在這之前，印度教王國滿者伯夷（十三世紀末—十六世紀前半）在東南亞島嶼有著廣泛的影響力，但十五—十六世紀的爪哇島，以爪哇北岸為中心，信仰伊斯蘭教的各新興城市、王國（淡目蘇丹國、蘇臘巴亞等），透過貿易在末羅瑜世界逐漸發展，而馬打蘭王國吸收了這些王國，重新統一了爪哇。

繪在郵票上的蘇丹阿貢

在《爪哇歷史彙集》（*Babad Tanah Jawi*）當中，記載馬打蘭蘇丹國首任國王是塞納帕蒂（Senapati of Mataram，約一五八四—一六〇一年在位）。塞納帕蒂派遣軍隊從中爪哇到東部、西部去，想要攻陷最繁榮的港口城市蘇臘巴亞（泗水），儘管失敗，但卻建立了馬打蘭蘇丹國的基礎，讓王國日後擴張到爪哇島中部、東部。蘇丹阿貢就是塞納帕蒂的孫子。他在繼承王位之前的名字是 Raden Mas Jatmika，即位名是 Prabu Anyakrakusuma。他在一六四一年由麥加獲得了蘇丹的稱號，因此在本章稱呼他為蘇丹阿貢。

馬打蘭蘇丹國的完成與荷蘭

馬打蘭的王宮位於哥打格德（Kotagede），蘇丹阿貢繼承王位之後，將王宮往西南移動了數公里，在卡爾塔（Karta）建立新的王宮。他接續了祖父塞納帕蒂和父親蘇丹克拉匹亞克（Sunan Krapyak，一六〇一—一六一三年在位），開始攻擊最大的敵手蘇臘巴亞，打倒蘇臘巴亞的同盟城市婆羅洲西南的蘇加丹那和馬都拉島的軍隊，在一六二五年終於包圍並攻陷蘇臘巴亞。由於蘇臘巴亞的敗北，馬打蘭將爪哇島大部分的領土收為統治之下，只除了西邊的萬丹蘇丹國（約一五二六—一八一三年）、巴達維亞（今雅加達）和東邊的布蘭邦安（Blambangan）等部分地區。

不過在同一時期，荷蘭東印度公司（一六〇二—一八〇〇年）開始在爪哇島西岸建立據點。東印度公司派使者會見蘇丹阿貢，但他對於東印度公司進入爪哇島感到不悅。一六一九年，東印度公司奪取了西岸城市雅加達，將此地改名為巴達維亞，並作為亞洲交易的據點。就任為東印度總督的揚．彼得生．庫恩為了建設巴達維亞，集結了勞動力，尤其獎勵中國人移居到此地，接著又封鎖過去的交易中心萬丹港，讓貿易都集中在巴達維亞。

蘇丹阿貢與蘇臘巴亞的戰爭結束後，在一六二八年和一六二九年發動攻擊進攻巴達維亞，不過因糧食不足和流行病，吃了大敗仗。自此之後，蘇丹阿貢就放棄奪取巴達維亞，並把期待放在與麻六甲葡萄牙的關係上，不過當知道這都是枉然後，就與荷蘭維持友好的關係。馬打蘭的經濟基礎在於中爪哇的稻米生產，為了擴大勢力，出口稻米是相當重要的。荷蘭也相當重視獲得爪哇的米，因此在一六四〇年

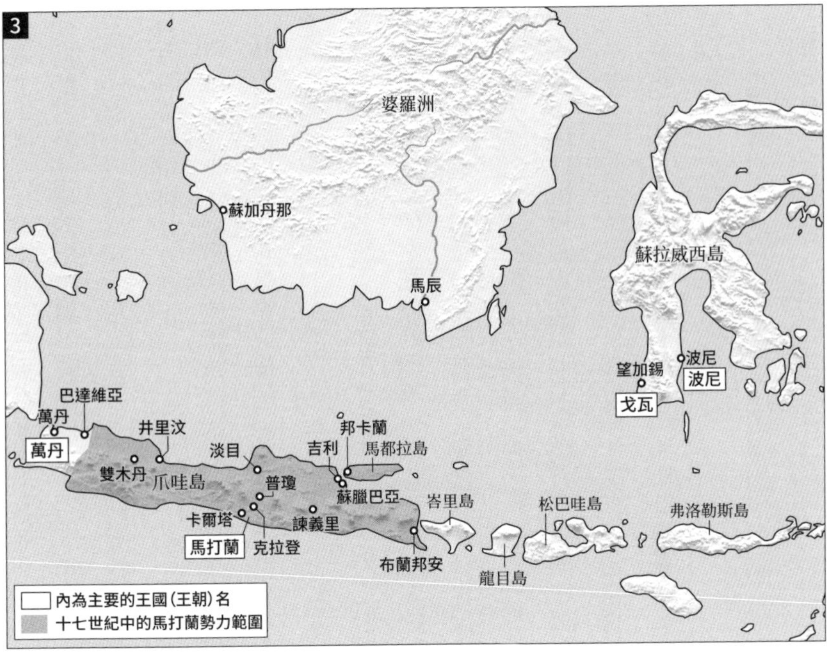

十六至十八世紀的東南亞（爪哇島周邊）

後，荷蘭和馬打蘭的關係趨於好轉。

蘇丹阿貢對於新征服的土地，尤其是在西爪哇，設置了稱為阿迪帕蒂（Adipati）的地方領主，讓這些領主進行統治，這也是之後在荷蘭統治時期誕生的地方官僚布帕蒂（Bupati）的原型。

鎮壓叛亂與領土擴大

馬打蘭蘇丹國統治了大部分的爪哇，但是各地相繼都出現了叛亂。一六三一－一六三六年，西爪哇的蘇梅當（Sumedang）和烏克（Ukur）都發生叛變，但其中最重要的則是一六三〇年發生在爪哇中部克拉登（Klaten）東南方巴亞特（Bayat）的叛變。聖人蘇南．巴亞特（Sunan Bayat）的陵墓就在巴亞特，所以這裡是聖地。

蘇丹阿貢鎮壓了叛變，在一六三三年到

陵墓進行朝聖。馬打蘭過去使用的是從印度傳來的塞迦曆，不過從這個時候開始，蘇丹阿貢便創立了以伊斯蘭曆為基礎的爪哇曆，將西元一六三三年七月八日（塞迦曆一五五五年、伊斯蘭曆一〇四三年）定為爪哇曆一五五五年元旦。此外，也在巴亞特建立了刻上這一年的門。到巴亞特巡禮被視為馬打蘭蘇丹國伊斯蘭化的開始。

除此之外，蘇丹阿貢將妹妹嫁給自己長久以來的對手，也就是蘇臘巴亞王子普奇克（Pekik），接著又讓自己的兒子（也就是之後的阿孟古拉一世，一六四六—一六七七年在位）迎娶普奇克的女兒，兩家之間結為姻親關係。「九聖」（Wali Sanga或Wali Songo，又音譯為瓦利松戈）此傳播伊斯蘭教的一族被認為是蘇南·安佩爾（Sunan Ampel）的後代，蘇臘巴亞就是這一族所治理的港口城市，而普奇克本身也是善長融合新伊斯蘭教的知識與爪哇文藝的人物。

在之後的一六三六年左右，在東部的吉利也因為必須對馬打蘭服從而感到不滿，因此發生了叛亂。吉利是九聖其中之一蘇南·吉里（Sunan Giri）後代子孫之地，士兵唯恐聖地受到侵略攻擊，鎮壓會產生困難，因此蘇丹阿貢便派他的妹婿普奇克率領軍隊，成功鎮壓了吉利。

另外，從一六三五年前後開始，又朝爪哇東邊的布蘭邦安、帕納坎、勿里達出兵。由於峇里島的格爾格爾王國在布蘭邦安具有影響力，因此這番出兵演變成與格爾格爾王國的戰役。最終由馬打蘭獲得了勝利。

接著蘇丹阿貢又將眼光看向西邊的伊斯蘭王國萬丹。萬丹的統治者阿布馬法基爾（Abu al-Mafakhir Mahmud Abdulkadir，或稱Pangeran Ratu，一五九六—一六五一年在位）是於一六三八年在爪哇島上第一位獲得了蘇丹頭銜的領導者，因此為人所知。蘇丹阿貢因不想要輸給阿布馬法基爾，便在一六三九年派遣使者到麥加，並如同前面提到的，在一六四一年獲得了蘇丹的稱號。

蘇丹阿貢的影響力並不只局限於爪哇島和馬都拉島。他在一六二二年侵略婆羅洲西南部的蘇加丹那，因此蘇門答臘島的巴鄰旁在一六三六年為止，都將蘇丹阿貢奉為大王。婆羅洲南部的馬辰在一六三七年之後，成為了馬打蘭的同盟國。一六三〇年和一六三二年，馬打蘭與蘇拉威西島的望加錫交換了使節。但是馬打蘭將國家的經濟重心置於稻作，蘇丹阿貢輕視貿易與商人，因此並沒有把首都遷移到貿易中心地的北方沿岸地區或北部連接到河岸的地區。

文化層面

*Serat Nitipraja*這部文學作品完成於蘇丹阿貢的治世時期，內容包含了對國家重臣一些執行國政和統治人民時的忠告。也因此這部作品經常被視為是蘇丹阿貢的作品。*Serat sastra Gendhing*也被視為是他的作品，其內容是對爪哇社會的訓誡，是一部帶有強烈神祕主義色彩的作品。

除此之外，蘇丹阿貢創作了只在馬打蘭王宮之內使用的爪哇語。這個宮廷爪哇語和能表現出複雜上下關係的一般爪哇語大不相同，宮廷爪哇語沒有上下的區分，消除了宮廷內王族與家臣之間的距離，據說目的就是為了要讓王宮相互融和有一體感。之後馬打蘭在一七五五年分裂為日惹王室和蘇拉卡爾塔（又稱梭羅）王室後，政治上、軍事上的特權，就逐漸被荷蘭所剝奪。而這個時候，宮廷爪哇語則成為王家主張自身正當性的象徵性資源之一，在各王室當中，進行不同的進化。

蘇丹阿貢在一六四六年去世，他被埋葬在自己所建造的王家墓地伊莫吉里（Imogiri）。馬打蘭蘇丹國以及其後續的王都被埋葬在此地，儘管王室分裂，但直到現在，這個慣例都沒有改變。在蘇丹阿貢死後，馬打蘭蘇丹國更深陷地方叛變之苦。

菅原由美

杜魯諾佐約（約一六四九—一六八〇年）

緊鄰爪哇島東岸馬都拉島的西岸城市邦卡蘭王國的王子。他曾對馬打蘭蘇丹國第四代國王阿孟古拉一世（一六四六—一六七七年在位）和第五代國王阿孟古拉二世（一六七七—一七〇三年在位）發動叛亂，率領軍隊起事。這起叛亂被稱為「杜魯諾佐約戰爭」（一六七五—一六八〇年）。

阿孟古拉一世的暴政

阿孟古拉一世繼承了蘇丹阿貢的王位，但他並沒有繼承蘇丹的稱號，反倒是對伊斯蘭勢力呈現高壓的態度，他以這些人參與了自己弟弟的謀反計畫為藉口，誅殺了五千至六千名左右的伊斯蘭教師與其家人，這件事被記錄在荷蘭東印度公司總督的報告書當中。接著，他又強力推動中央集權的統治，殺害地方領主，為了削弱北海岸城市的勢力，破壞港口和船舶，導致地方的強烈反感。另一方面，阿孟古拉一世和曾與自己父親蘇丹阿貢敵對的荷蘭東印度公司建立了良好的關係。在一六四六年，他允許荷蘭東印度公司在馬打蘭領土內建設港口，因此荷蘭也允許馬打蘭與荷蘭統治的島嶼進行貿易。與異教徒荷蘭建立緊密的關係，也讓地方的穆斯林非常反感。在此時，阿孟古拉一世的王子們也開始因繼承權而爭鬥。

杜魯諾佐約的奮起

馬都拉島在一六二四年被蘇丹阿貢合併入馬打蘭，因此據推測杜魯諾佐約是在馬打蘭王宮內成長的。一六七五年，杜魯諾佐約對馬打蘭發動了叛變。蘇拉威西島的望加錫人勢力也隨之加入。望加錫在過去就是東南亞島嶼區重要的港口城市，在蘇拉威西島形成波尼蘇丹國的布吉人在與荷蘭東印度公司的同盟軍作戰時失敗，望加錫人離散，望加錫貴族克拉恩・卡列宋（Karaeng Galesong）成為海盜，在松巴哇島周邊活動，之後逐漸將據點移往峇里島和東爪哇島。

杜魯諾佐約將自己的姪女嫁給克拉恩・卡列宋，締結了同盟關係。馬都拉島和望加錫的同盟軍到一六七五年為止，逐一征服了東爪哇在馬打蘭統治之下的城市。一六七六年，馬打蘭和荷蘭的聯軍奪回了被征服的都市，馬都拉和望加錫的同盟軍暫時退出馬都拉島，但在九月又帶著九千大軍再度進攻東爪哇島，周邊地區反馬打蘭的形勢逐漸高升。爪哇「九聖」後代的土地、北岸德吉利的勢力、杜魯諾佐約的岳父——治理中爪哇克拉登（Klaten）一帶卡佐蘭家的當家拉登・卡佐蘭（Raden Kajoran），也加入了杜魯諾佐約的陣營。

不過在同時期，杜魯諾佐約和克拉恩・卡列宋的關係惡化，決裂的克拉恩・卡列宋甚至背叛了杜魯諾佐約。順帶一提，有一說法認為阿孟古拉一世的長子拉登・馬斯・拉赫馬特（Raden Mas Rahmat，別名Adipati Anom）王子由於懼怕阿孟古拉一世，因此支援了杜魯諾佐約的叛變。

馬打蘭、荷蘭的反擊

一六七七年六月，杜魯諾佐約軍隊終於占領了當時位於普萊列德（Plered）的馬打蘭王宮。阿孟古拉一世帶著長子拉赫馬特逃亡，但弟弟甫格爾（Poeger）卻被留在王宮。杜魯諾佐約的軍隊在王宮進行了一番掠奪行為之後，回到了東爪哇的諫義里，並以此為據點。阿孟古拉一世向巴達維亞的荷蘭東印度公司尋求協助，卻在途中身亡，拉赫馬特以阿孟古拉二世的身分即位。在《爪哇歷史彙集》一書中，記載是拉赫馬特毒殺了阿孟古拉一世。

阿孟古拉二世以爪哇北岸為擔保，向東印度公司請求援助。馬打蘭與荷蘭的聯軍在一六七八年十一月，於諫義里打敗杜魯諾佐約軍隊，杜魯諾佐約本人則在一六七九年被捕，在一六八〇年於班圖爾（Bantul）被處決。

叛亂的影響

在這場叛亂之後，阿孟古拉二世並沒有回到普萊列德，反而將王宮移至卡爾塔蘇羅（Kartasura），並與被留在普萊列德的弟弟甫格爾爆發了內戰。卡爾塔蘇羅和普萊列德這兩個王家的戰爭，最終由獲得荷蘭援軍的卡爾塔蘇羅這方獲勝，王家重新整合為一。但到了兒子阿孟古拉三世的世代（一七〇三—一七〇八年在位），再度引爆了與甫格爾的王位之爭（爪哇王位繼承戰爭），最終由甫格爾以帕庫布沃諾一世的身分即位（Pakubuwono I of Mataram，一七〇四—一七一九年在位）。在這之後，一直到一七五五年因與荷蘭簽訂的《吉揚提條約》（*Treaty of Giyanti*）導致馬打蘭完全解體為止前，爪哇都斷斷續續持續著王位繼承之戰。此外，由於協助鎮壓杜魯諾佐約戰爭，馬打蘭重要的港口三寶壟被割讓給了荷蘭，自此之後，馬打蘭便苦於對荷蘭的負債，爪哇的土地因而逐漸被荷蘭所侵蝕。

在香料交易方面與荷蘭處於競爭關係的萬丹蘇丹國（約一五二七—一八一三年）則有蘇丹阿貢·帝爾塔雅薩（一六五一—一六八二年在位）支援杜魯諾佐約軍隊，在杜魯諾佐約敗北後，也持續與荷蘭軍隊戰鬥，不過在一六八〇年出現了政變，其王子以蘇丹哈吉（Sultan Haji，一六八二—一六八七年在位）的身分即位，與荷蘭軍結盟。自此之後，萬丹蘇丹國完全成為荷蘭的從屬國，萬丹的繁榮邁向終結。

菅原由美

蘇丹哈山努丁（一六三一—一六七〇年）

哈山努丁（一六五三—一六六九年在位）為戈瓦蘇丹國的蘇丹。戈瓦蘇丹國以蘇拉威西島南方港口城市望加錫為據點，並以海上貿易而繁榮。他是體現了戈瓦蘇丹國的光榮與沒落於一身的國王。直到今天都可見當地的國立大學和國際機場以他的名字命名，受到人們的紀念。

位於蘇拉威西島東方，別名香料群島的摩鹿加群島（馬魯古群島），自古以來就是丁香和肉豆蔻的產地，為中國商人與馬來商人所知。一五一一年葡萄牙占據東南亞首屈一指的港口都市麻六甲，次年又航行到摩鹿加群島後，歐洲人就開始加入了香料貿易之戰。在麻六甲活動的穆斯林馬來商人們，由於不喜葡萄牙的占據，因此四散到東南亞島嶼的亞齊和萬丹等港口城市。戈瓦王國接受了這些商人，並且在望加錫建設了港口城市，讓各個外國得以在此進行自由貿易。

望加錫有著地理上的優勢，位於到摩鹿加群島進行貿易路線上的中繼地，到了十七世紀，葡萄牙人、荷蘭人、英國人都在此設置了商館。在一六〇五年，哈山努丁的祖父阿勞丁改信了伊斯蘭教，又獲得了蘇丹的稱號，提升了與伊斯蘭世界的連結。

原本蘇拉威西島的南部就有望加錫人和布吉人割據，在十六世紀，由占據地勢低沿海地區的望加錫人所組成的戈瓦蘇丹國和布吉人的波尼蘇丹國就各自臣服其同盟國，形成了兩股勢力，相互競爭。戈瓦蘇丹國聯合了以望加錫為據點的戈瓦和塔洛克（Talloq）兩個王國，因此又被稱為望加錫王國或戈瓦－塔洛克王國。在與波尼王國的競爭當中，由於戈瓦王國參與海上貿易而強化了實力，得以一口氣擴張勢力。在一六四四年，打敗了宿敵波尼王國，迫其確認宗主國，確定了蘇拉威西島南部戈瓦王國的霸權。但是這件事卻累積了波尼王國對戈瓦王國的仇恨。

另一方面，在歐洲的勢力當中，荷蘭東印度公司是目的追求利潤最大化的公司組織，因此企圖排除競爭對手，獨占香料貿易。不過這與主張自由貿易的戈瓦王國政策相互矛盾，由於戈瓦王國主張擁有印尼東部海域的宗主權，因此這也有損戈瓦王國的權益。

對於荷蘭企圖獨占貿易的要求，蘇丹阿勞丁表示：「神創造了大地與海洋，將大地分配給了人們，但海洋應該由所有人來共享。」並全面否定荷蘭的主張。在這個時候，荷蘭的法學者雨果．格勞秀斯（Hugo Grotius）寫下《海洋自由論》（一六〇九年），這是因為荷蘭晚了葡萄牙一步進入亞洲，為了避免葡萄牙獨占海洋，以維護荷蘭的權利，因此主張海洋是為所有人開放的，但如果按照同樣的邏輯，荷蘭自己也站不住腳，會遭受批評。

一六五三年，當哈山努丁以二十二歲的年紀即位時，戈瓦王國在蘇拉威西島南部已確立了霸權，在印尼東部的海域世界，東到阿魯群島，西至龍目島，是主張宗主權的海洋王國，達到全盛時期。荷蘭將年輕的戈瓦國王稱為「東洋的公雞」，對其甚為警戒。

當荷蘭提出獨占香料交易的要求時，哈山努丁的回答是：「神是為了讓人們享受而創造了世界。你們這些荷蘭人，能說這些離你們祖國千里之外的群島，是神為了你們的貿易，而分給你們，而設置在這裡的嗎？」因此對想要獨占貿易的荷蘭來說，戈瓦王國是個必須剷除的障礙。

一六六六年，荷蘭拔擢了一位從基層職員逐漸露出頭角、三十八歲的斯皮爾曼（Cornelis Speelman）為指揮官，並派遣了艦隊到戈瓦王國。這就是望加錫戰爭（一六六六—一六六九年）的開端。當時英國正處於第二次英荷戰爭當中，哈山努丁從英國聽到對荷蘭不利的情報，因此他對開戰毫不猶豫，不過另一方面，斯皮爾曼也為了功成名就，對戰功有所野心（他在之後確實高升至荷屬東印度的總督）。接著他又有布吉人領袖阿隆．帕拉卡（Arung Palakka）這張王牌。

阿隆．帕拉卡在波尼王國對戈瓦王國的叛亂（一六六〇年）中擔任指揮的角色，但當叛亂遭到鎮壓後，他便靠向荷蘭這一方。為了要發洩對戈瓦王國的宿怨，阿隆．帕拉卡並沒有回拒對荷蘭的協助，由於他在布吉人當中擁有超凡魅力和影響力，因此荷蘭非常需要他。儘管這已是後話，不過在王國陷落後，哈山努丁其中一個兒子離開了戈瓦，與馬都拉島的杜魯諾佐約結為同盟，援助其攻打馬打蘭王國。

在這個時期，阿隆．帕拉卡協助荷蘭，對鎮壓杜魯諾佐約的反抗做出了貢獻。戈瓦王國和波尼王國兩位敵手的對立，其命運甚至持續到了這個時候。

由於海上的荷蘭軍和陸上的波尼軍聯手，戈瓦王國陷入劣勢，在一六六七年，提出了和平協議，締結了《邦加亞條約》（*Treaty of Bongaya*），不過停戰的期間甚至沒有持續半年。然而戈瓦王國並沒能挽回劣勢，在一六六九年，王宮所在地松巴奧普（Somba Opu）失陷，王宮被燒為灰燼，剩下的物品都被布吉士兵所奪，當成戰利品。

當松巴奧普及將被攻陷時，哈山努丁期望自己的兒子能重建王國，因此將王位託付給他，並在次年以三十九歲之齡而死去。波尼國王阿隆．帕拉卡因戰勝，成為地區的新霸主，失去港口城市角色的戈瓦王國，逐漸邁向沒落。

青山　亨

史丹佛．萊佛士（一七八一—一八二六年）

湯瑪士．史丹佛．萊佛士（Thomas Stamford Bingley Raffles）是定期往返倫敦與西印度群島的渡輪船長之子。為了協助家計，他從十四歲開始就進入英屬東印度公司擔任雇員，並沒有受到充分的學校教育，因此他將工作以外的時間都拿來學習。終於他習得了亞洲的相關知識並獲得馬來語的能力，並且對工作的忠誠度也獲得肯定，在一八〇五年開始前往檳城（馬來西亞）的商館赴任，在一八一一年正值拿破崙戰爭時期，他以三十歲的年紀就被任命為爪哇的副總督，之後又致力於取得新加坡並促進新加坡發展，在英國的亞洲殖民地決策當中扮演了重要的角色。

萊佛士所任職的英屬東印度公司，是為了透過亞洲香料貿易，取得巨大的利益，而創立於一六〇〇年的公司，獲得了伊莉莎白女王的特許，擁有亞洲貿易的獨占權、條約締結權和獨立經營的軍隊，也就是擁有相當一個國家的權限。這個公司在十九世紀初期的一八一五年左右，就掌控了幾乎整個印度，並以印度為據點，企圖經由麻六甲海峽與中國進行貿易。但是要這麼做，途中就必須要有一個中繼港來進行水和糧食的補給，但最適合的港口麻六甲卻在荷蘭的統治之下。

萊佛士當時是明古魯（蘇門達臘西部城市）的副總督，他注意到描述麻六甲王國繁榮與歷史的《馬來紀年》（原名《諸王起源》*Sejarah Melayu*，中文譯名又作《馬來由史話》），書中提到中世繁榮的貿易港口新加坡。

他在一八一九年一月登陸新加坡。當時新加坡屬於柔佛王國，但已不見中世時期的繁榮，只有少數的馬來漁民居住在此地，是個寂寥的漁村。萊佛士甚至還介入了柔佛王國的王位繼承問題，且不等英國本國的承認，就獲得了新加坡河口附近一帶的土地。他為了要將新加坡建立為亞洲貿易的中心，發表了「自由港宣言」，允許所有的物資被帶進新加坡，讓歐洲和印度，以及鄰近的亞洲地區等地都有各種人和物資的往來，使新加坡立刻就獲得了發展。

此外，他為了發展貿易和商業，也制定了實用的都市計畫。他建設並整頓港灣、操船所、政府機關、警察局，為了避免急速增加的移民之間發生紛爭，他又區別民族，建立了不同民族的居住區。接著他在教育普及、調查當地、動植物採集方面也絲毫不怠惰。他計畫設立教育機構，讓馬來人能以自己的語言學習文化和歷史，最後創建了萊佛士書院，實現了這個構想。此外，他的著作《爪哇史》直到今天都獲得了很高的評價，他所發現的世界上最大的花被命名為阿諾爾特大花草（Rafflesia arnoldii，又稱霸王花），以紀念他的功績。由於他對英國的東方學發展做出了諸多貢獻，因此被賦予爵士的稱號。

但是他的人生絕非是充滿了玫瑰色彩的人生。由於他未等到本國的承認就獲得了新加坡，讓他受到公司的冷眼相待，在一八二四年的《英荷條約》中，儘管保障了英國領有新加坡島，但是公司卻沒有原諒他。此外，由於熱帶的霍亂和痢疾，他逐一失去了家人，自己也因為先天性的腦部疾病在四十五歲死去。直到死後多年，才因為友人的盡力協助，讓他的功績獲得認可。

另一方面，近年來萊佛士的部下法克爾（一七七四—一八三九年）獲得了重新評價。法克爾與當地的女性結婚，熟知馬來語和馬來人風俗習慣，他允許被萊佛士禁止的賭博、鴉片和奴隸交易等「當地的習慣」，對於萊佛士的幾項都市計畫，也以「不太現實」為由，並沒有遵照實行，因此遭到萊佛士的解僱。但是相較於只有短時間待在新加坡的萊佛士，法克爾被認為是實質上統治、且促進新加坡發展的人物。

儘管法克爾獲得重新評價，對英國的亞洲貿易發展有所貢獻，不過萊佛士看出新加坡的重要性、建立發展的基礎，且展現了概括整體城市經營方向，其功績之大還是沒有改變。萊佛士被新加坡人看作是「新加坡的建設者」受到愛戴，並在他當初登陸的地點建立了巨大的銅像，許多學校、醫院和飯店都以他的名字來命名。

田村慶子

其他人物

一、大陸地區

勃印曩

一五五一—一五八一年在位。在伊洛瓦底江流域地區建立了緬甸東吁王朝的德彬瑞梯（一五三一—一五五〇年在位），將自己的妹妹嫁給乳母的兒子勃印曩。勃印曩繼承了大舅子的地位，在戰亂之中，一五五一年成為東吁王朝的統治者，並在一五六六年於勃固建立了新宮殿。他承襲先王，巧妙的利用攜帶火器的葡萄牙人和穆斯林軍團，將領土上多樣化的人民一一編制進士兵團中，透過賞罰分明的嚴苛戰略，最遠將領土擴及至永珍。他也介入錫蘭（斯里蘭卡）的內亂，企圖攻下阿拉干（若開王國），不過他在一五八一年，以六十五歲之齡死去。他在領土內禁止祭獻動物和殉葬的習慣，普及上座部佛教，統整風俗習慣的法典，企圖統一度量衡。他自稱王中之王，並如同過去一樣，將攻略下來的侯國交由自己的兄弟、王子等近親來統治。但由於不斷的戰爭，讓三角洲地區逐漸疲乏凋敝，地方的國主和屬國為了早日改朝換代而紛紛叛離，東吁王朝因而瓦解。

伊東利勝

德·布里托

約一五六六—一六一三年。緬甸語的稱呼是鄂辛加（Nga Zinga，善良的人）。父親是法國人，出生於葡萄牙里斯本。他以葡萄牙船的客艙要員身分前往東南亞，成為統治阿拉干的若開國王明亞扎（Min Razagyi，一五九三—一六一二年在位）的傭兵。一五九九年，他參與了進攻勃固之戰，並且被任命統治國王收為所有的緬甸南部海港丹林。他獎勵葡萄牙人的定居，建築堡壘，企圖要從若開國中獨立。他獲得果亞的葡萄牙總督承認其丹林司令官的身分，並迎娶了總督的姪女。之後他歷經了來自內陸地區的東吁、卑謬（Prome）、若開等地攻擊，和南部的八都馬（Martaban，Mottama）建立了姻親關係，將海岸地區收歸統治之下。他為了毫無遺漏的向交易船隻徵收關稅，限定船舶只能停靠在丹林。他建設教會、招攬耶穌會神父，推動人民的改信，但另一方面他又從佛塔奪取黃金與寶石，將青銅佛像和梵鐘用來鑄造大砲。因此後世緬甸也會將他形容為攻擊佛教的魔羅（惡魔）。一六一二年他與八都馬王一起攻擊東吁，在次年被良淵王朝的阿那畢隆王所征服。德·布里托被捕，被釘在尖木樁上處決。包含葡萄牙基督教徒在內，大約一千五百多人遭到強行綁架，被帶到首都阿瓦周邊定居。這些人被編制進王室軍隊擔任槍砲隊，不問其信仰。

伊東利勝

博涅贊

一六三八—一六五五年在位（依據荷蘭史料是一六四二—一六五八年）。博涅贊是吉·哲塔王之子，殺害了自己的叔父（副王）和其子（即他的堂兄弟，國王安南一世），登上柬埔寨的王位。之後他改信伊斯蘭教，在與巴達維亞（荷蘭東印度公司的據點）進行協商時，他使用的名字是蘇丹易卜拉欣。從前任國王的治世起，柬埔寨王和荷蘭東印度公司就因為湄公河口發生了荷蘭船襲擊中國船的事件，引起雙方對立。博涅贊在一六四三年於王宮附近殺害了荷蘭的使節，並掠奪了商館。在這時候，停靠於金邊的荷蘭船隻被十一位宗右衛門手下的日本人所劫持。次年，巴達維亞為了報復，派遣艦隊到柬埔寨，但在金邊之戰被攻破。這個時期在柬埔寨國王和荷蘭東印度公司之間居中協調的，是在國王手下工作的日本人Shahbandar（波斯語的意思是「港口之王」。他們出身海外，為當地的王權工作，擔任居留外國商人的代表，為來到負責地區的商船擔任與當地王權交涉的仲介）森嘉兵衛。根據長崎的《唐船輸入目錄》，在博涅贊的治世裡，分別於一六五〇年有一艘、一六五一年三艘、一六五三年五艘、一六五四年三艘、一六五六年五艘、一六五七年十艘柬埔寨的船隻進入長崎。但在國王去世的一六五八年（根據荷蘭史料記載的卒年）只有兩艘，到了一六六〇年更劇減到剩下一艘柬埔寨船進入長崎。此外，被王所燒毀的荷蘭商館在一六五六年重啟，但在一六五八年，博涅贊在內亂被逐下王位之際，又再度被燒毀。

北川香子

拉瑪一世

一七三七－一八〇九年。暹羅扎克里王朝（曼谷王朝）第一代國王（一七八二－一八〇九年在位）。一七八二年，由於吞武里王國達信大帝（鄭昭）的暴政，爆發了叛變，吞武里王被迫退位。很快的，大臣昭披耶．扎克里便雙雙排除達信大帝與叛徒，自行即位，創立了新的王朝，一般將他稱為拉瑪一世。他將首都建在曼谷，以追隨自己的臣下們穩固了政權。承接前一位國王，他即位後立刻向清朝派遣來的使節謊稱自己為鄭昭（達信大帝）之子鄭華，並在一七八七年受乾隆帝封為暹羅國王。他應該是認為自己與清朝同樣和緬甸的貢榜王朝敵對，因此與清朝建立友好關係，對暹羅宮廷必定有利。王權的經濟基礎除了與清的貿易之外，還有透過包稅制所徵收的酒稅和賭博稅，這些都是重要的收入來源。承包徵稅的人大多都是華人。直到十九世紀中期之前，徵稅的項目和稅收都有增加。且在制度上，包稅制沒有當地統治者的介入，因此也可以看作是對中央集權有所貢獻。另一方面，拉瑪一世和達信大帝一樣，認為自己是漸悟的菩薩，以普渡眾生為職責。一七八八年，他贊助佛典集結，大大振興佛教。這些都是正當化自身統治的一環。他又集結了阿瑜陀耶時代的法令，並加以修訂，編纂為《三印法典》，統整法律制度。至於與鄰近各國的關係，他擊退了屢屢前來侵略的緬甸軍隊，將永珍、龍坡邦、清邁、柬埔寨、北大年定位為屬國，並與越南阮朝締結友好關係。以孟加拉版本《羅摩衍那》為基礎，製作出泰文版《拉瑪堅》，以及將《三國演義》翻譯成泰文的《三國》，都完成於拉瑪一世的治世。

川口洋史

山田長政

?—一六三〇年。在阿瑜陀耶王手下工作的日本人。他曾擔任過駿河沼津城主的抬轎人，在一六一二年左右前往暹羅。當時，阿瑜陀耶城外南方大約居住了一千名左右的日本人。王權賦予居留的日本人首領位階和欽賜名，除了企圖將他們編制進行政機構當中之外，也會在大臣的管理之下，讓首領統治管理日本人町。長政在一六二一年前就是擔任日本人町的首領。同一年，當頌曇王（一六一一—一六二八年在位）派遣使節前往日本時，長政也遞送了書信給幕閣的土井利勝。長政又獲得了握雅社那披穆（Okya Senaphimuk）的位階和欽賜名，並擔任日本傭兵部隊隊長。他也和日本與麻六甲等地進行貿易。但是在一六二八年，頌曇王逝世後，長政與權臣握雅甲叻洪（之後的巴沙通王）的對立便不斷加深。次年，當甲叻洪篡奪王位時，他任命長政擔任六昆（即那空是貪瑪叻王國）的地方首長，將他調離權力中心。長政在與北大年蘇丹國之戰中負傷時，據說傷口遭塗上有毒的藥膏而被暗殺。阿瑜陀耶郊外的日本人町則遭到巴沙通王燒毀，一時之間完全荒廢。

川口洋史

茶屋四郎次郎

安土桃山時代、江戶時代京都的富商。自初代的清延（一五四五—一五九六年）之後，代代當家都被稱為四郎次郎。清延是德川家康御用的吳服供應商，第二代清忠（一五八二—一六〇三年）則成為京都町方元締的惣町頭役。第三代清次（一五八四—一六二二年）除了是公家御用的吳服師之外，也是在長崎從事貿易的「官商」。自從正式的朱印船貿易在一六〇四年開始之後，江戶幕府所頒布的三百五十六封朱印狀當中，有七十封是發給前往交趾（今越南中部）的阮氏，是當中最多的。接著是暹羅、呂宋、柬埔寨，在這些地方都有日本人町形成。茶屋家的朱印船貿易始於一六一二年，收到了十一封朱印狀，都是前往交趾，他們出口了銅、銅錢，進口了生絲、沉香（伽羅）、鯊魚皮、陶瓷器等物品。持續到第四代道澄、第五代延宗，但在一六三五年日本人被禁止出海後，遭到廢止。之後茶屋家就專注經營吳服師的買賣，逐漸不振。

今井昭夫

二、島嶼地區

蘇丹馬末沙（麻六甲蘇丹國）

一四八八—一五一一年在位。在一五一一年，東南亞數一數二繁榮的麻六甲蘇丹國因受到葡萄牙的攻擊而滅亡。馬末沙和兒子阿末沙（後者為當時的蘇丹）逃到麻六甲南方的勃固，並開始對葡萄牙進行反擊。一五一三年左右，馬末沙移到廖內林加群島的民丹島，他殺害了阿末沙，重新登基為王，並試圖奪回麻六甲，不過最終並沒有成功，在一五二八年於蘇門答臘東岸的甘巴（Kampar）駕崩。在《馬來紀年》一書中，批判馬末沙和阿末沙是導致麻六甲蘇丹國毀滅的統治者，尤其是馬末沙，書中提到他欠缺了伊斯蘭統治者必備的公平與寬容等資質，也將他描寫成一位沒有與臣子維持良好關係的統治者。

西尾寬治

塞納帕蒂

約一五八四—一六〇一年。馬打蘭蘇丹國的第一任國王。塞納帕蒂的經歷只能在《爪哇歷史彙集》等當地語言的書籍當中溯及。馬打蘭首任國王雖說是塞納帕蒂，不過實際上究竟是塞納帕蒂，還是他的父親帕馬納漢（Gedhe Pamanahan），在歷史學家當中也出現意見分歧。根據《爪哇歷史彙集》，帕馬納漢在帕讓領主喬科·廷基爾（Joko Tingkir）手下工作，由於他的功績，在政敵中獲得勝利的喬科·廷基爾成為在爪哇內陸發展的伊斯蘭國家帕讓蘇丹國（十六世紀後半）的蘇丹。作為打倒政敵的報償，帕馬納漢被分封馬打蘭的土地，在帕馬納漢死後，這片土地又傳給了兒子塞納帕蒂。塞納帕蒂打敗了帕讓王國，從帕讓王國奪取了從滿者伯夷時代便傳承下來、顯示爪哇王權正統性的神器，並將神器帶到馬打蘭。在故事當中，塞納帕蒂受到了統治爪哇南海的精靈女王尼亞伊・羅羅・基杜爾（Nyai Roro Kidul），以及「九聖」之一、其存在最為神祕的蘇南・卡里嘉賈（Sunan Kalijaga）的守護。

菅原由美

揚・彼得生・庫恩

一五八七—一六二九年。荷蘭東印度公司總督（一六一九—一六二三年、一六二七—一六二九年在任）。庫恩成功獨占荷蘭東印度公司在東南亞的香料交易，並在巴達維亞建立了亞洲貿易的據點（一六一九年）。他是一個為達目的不擇手段的人，特別是在一六二一年在班達島進行的虐殺最為有名。在一六一八年之前，庫恩就成功獨占摩鹿加群島的丁香和班達群島的肉豆蔻貿易。但是班達群島的人民無視契約，將肉豆蔻賣給英國和其他勢力，因此他便與日本傭兵一起攻擊了班達群島，虐殺了數千當地的人民。庫恩在一六二三年回到荷蘭，不過在東印度，荷蘭人和英國人的關係更加惡化，同一年發生了荷蘭人安汶大屠殺（處決了二十名英國人），因此他再度回到巴達維亞。第二次赴任時，巴達維亞兩度被馬打蘭王國的蘇丹所包圍，吉利翁河因被汙染而產生了霍亂，庫恩便是染上了霍亂而亡。

菅原由美

蘇丹馬末沙二世（柔佛蘇丹國）

約一六七五—一六九九年。自一六九五年左右起，柔佛的馬末沙二世就開始虐待臣子和外來商人。他的虐待行為在之後更為加劇，而柔佛的貿易行為也急速衰退。柔佛的貴族們因為這個狀況而感到危機意識，在一六九九年共謀，殺害馬末沙二世。由於這個弒殺馬末沙二世的事件，違反了「末羅瑜的臣子不會叛變」的慣例，因此讓國內外的人們都非常震驚。接著由於馬末沙二世沒有子嗣，因此這個事件也終結了始於伊斯干達・祖卡南（Raja Iskandar Zulkarnain，被視為伊斯蘭教傳教英雄的亞歷山大大帝）的麻六甲柔佛王朝血統。同一年，宰相阿卜杜勒賈利勒（Abdul Jalil）即位，之後的柔佛王位便都由宰相家所繼承。不過這個事件帶給了柔佛君臣之間不可修復的損傷。

西尾寛治

拉賈・克西爾

約一六九九—一七四六年。克西爾（Raja Kecil）是從米南佳保人的故鄉帕加魯永（Pagaruyung）被派遣到蘇門答臘東岸米南佳保移住區的米南佳保王族。他主張自己是一六九九年被暗殺的馬末沙的遺子，為正統的王位繼承人，在一七一八年進攻柔佛王國，並占領了柔佛。之後，失去了柔佛的克希爾，又和支援柔佛的布吉人副王的兄弟在各地展開了戰鬥。最終克西爾並沒有成功奪回柔佛，在一七二四—一七二六年左右在蘇門答臘東岸建立了西亞克蘇丹國（Siak Sultanate），並自稱蘇丹阿卜杜勒・賈利勒・拉赫馬特・沙阿（Sultan Abdul Jalil Rahmat Shah）。在十七—十八世紀，馬來半島和蘇門答臘東岸的米南佳保移住區招攬米南佳保王族為王，活化了當地的獨立運動，頻頻發生事件。因此克西爾的活動或許也應該被看成是米南佳保人移住區的獨立運動所引發的事件。

西尾寬治

羅芳伯

一七三八—一七九五年。是婆羅洲西部西加里曼丹的蘭芳公司領袖，是一位客家華人。在乾隆帝的統治時期出生於客家人的故鄉——今廣東省梅州市。當時正好廣東和福建沿岸地區的海禁令逐漸鬆綁，由於過去此地海商輩出，因此也出現許多想在東南亞尋求活路的移民。婆羅洲西部的馬來裔蘇丹們也為了採掘金礦而招攬了很多華人，透過華人的網絡，華人不斷移民到此居住。一七七二年，羅芳伯也和多位親屬一起移民至此，經過了一番波折與辛勞，一七七七年在曼丹設立了蘭芳公司。蘭芳公司是整合性的礦山企業，以中國式的血緣制度為基礎，透過選舉制度選出代表，並協議以半獨立的統治體制進行營運，也稱作「共和國」。在羅芳伯死後，仍有超過十個以上的公司和蘇丹及達亞族人進行交涉並獨立運作，十分繁盛，不過到了十九世紀後，荷蘭加強了對殖民地的統治，持續到最後的蘭芳公司也在一八八四年遭到廢止。

青山　亨

注釋

1. 本項中提及阿瑜陀耶王朝與東吁王朝的關係，以及復興東吁王朝的德寧格內王時代（一七一四—一七三三年），主要是依據由Kala, U.所編纂，且以史料來說可信度有一定評價的《大年代記》（Kala, U., *Mahayazawingyi*, 3 vols., Yangon:Yapye Saouktaik, 2006）。
2. 鹿毛敏夫，《亞洲中的戰國大名》，吉川弘文館，二〇一五年。
3. "Phongsāwadān krung sī 'ayutthayā chabap phan čhanthanumāt（čhoēm）", *Prachum phongsāwadān*, phāk thī 64, Bangkok: Rōngpphim Sōphon Phiphatthanākǭn, 1936.
4. 齋藤俊輔，〈火器在東吁王朝與阿瑜陀耶王國的戰爭中的作用（1498年—1605年）〉，《東洋研究》一七八號，二〇一〇年。
5. 岡美穗子，〈從澳門看十六、十七世紀的日泰關係〉，飯島明子、小泉順子編，《世界歷史大系　泰國史》，山川出版社，二〇二〇年。
6. 范伏略（Jeremie van Vliet）著，生田滋譯注，〈暹羅王統記〉，《荷蘭東印度公司與東南亞》（大航海時代叢書〈第Ⅱ期〉第一一卷所收），岩波書店，一九八八年。
7. 請參照岸本美緒，〈東亞、東南亞傳統社會的形成〉，《岩波講座世界歷史13　東亞、東南亞傳統社會的形成》，岩波書店，一九九八年。
8. 在執筆本項時，特別參照的是以下的文獻：Dhiravat na Pombejra,"A Political History of Siam under the Prasatthong Dynasty,

"1629-1688," Ph. D. Thesis, the University of London, 1984; Smith, George Vinal, *The Dutch in Seventeenth-Century Thailand*, DeKalb: Northern Illinois University, 1977; Bhawan Ruangsilp, *Dutch East India Company Merchants at the Court of Ayutthaya: Dutch Perceptions of the Thai Kingdom, c.1604-1765*, Leiden: Brill, 2007. 飯島明子，〈1688年泰國的"Révolution"——阿瑜陀耶王朝對法關係之考察〉，《東南亞——歷史與文化》五號，一九七五年。

9. 岩生成一，〈泰人對日邦交貿易復活運動〉，《東亞論叢》四輯，一九四一年。

10. 德·舒瓦西（François-Timoléon de Choisy）著，二宮フサ譯，〈暹羅王國旅日記〉，《暹羅旅行記》（17、18世紀大旅行記叢書第七卷所收），岩波書店，一九九一年。

11. Khana kammakān čhatphim, 'ēkkasān thāng prawattisāt watthanatham læ bōrānnakhadī samnak nāyok ratthamontrī（ed.）, *Prachum čhotmāihēt samai 'ayutthayā*, phāk 1, Bangkok: Samnak Nāyok Ratthamontrī, 1967.

12. 島田竜登，〈17、18世紀阿瑜陀耶朝在亞洲的貿易與荷蘭東印度公司——與「蘇萊曼的船」的關聯〉，《史朋》四七號，二〇一四年。

13.—14. 史都華福斯（Martin Stuart-Fox）著，菊池陽子譯，《寮國史》，Mekong，二〇一〇年。

參考文獻

綾部恒雄、石井米雄編，《もっと知りたいラオス（深入了解寮國）》，弘文堂，一九九六年

池端雪浦編，《新版世界各国史6　東南アジア史II　島嶼部（新版世界各國史6　東南亞史II　島嶼部）》，山川出版社，一九九九年

石井米雄、吉川利治，《日・タイ交流六〇〇年史（日泰交流六〇〇年史）》，講談社，一九八七年

石井米雄，〈シャム世界の形成（暹羅世界的形成）〉，石井米雄、櫻井由躬雄編，《新版世界各国史5　東南アジア史I　大陸部（新版世界各國史5　東南亞史I　大陸部）》，山川出版社，一九九九年

石井米雄，〈インド文化の東南アジア的受容（以東南亞的方式了解印度文化）〉，《東方學》一〇〇輯，二〇〇〇年

石井米雄，〈後期アユタヤ（後期阿瑜陀耶）〉，石井米雄責任編輯，《岩波講座東南アジア史3　東南アジア近世の成立（岩波講座東南亞史3　東南亞近世的成立）》，岩波書店，二〇〇一年

石井米雄，〈港市国家アユタヤー（港市國家阿瑜陀耶）〉，飯島明子、小泉順子編，《世界歴史大系　タイ史（世界歷史大系　泰國史）》，山川出版社，二〇二〇年

岩生成一，《南洋日本町の研究（南洋日本町的研究）》，岩波書店，一九六六年

大野徹，〈ニャウンヤン朝ビルマの統治機構と社会構造（良淵朝的緬甸統治機制與社會結構）〉，《東南アジア——歴史と文化（東南亞——歷史與文化）》一四號，一九八五年

小倉貞男，《朱印船時代の日本人（朱印船時代的日本人）》，中公新書，一九八九年

小和田泰經，《家康と茶屋四郎次郎（家康與茶屋四郎次郎）》，靜岡新聞社，二〇〇七年

鈴木恒之，〈オランダ東インド会社の覇権（荷蘭東印度公司的霸權）〉，石井米雄責任編輯，《岩波講座東南アジア史3　東南アジア近世の成立（岩波講座東南亞史3　東南亞近世的成立）》，岩波書店，二〇〇一年

長岡新治郎，〈西部ボルネオ華僑社会の沿革と変遷（婆羅洲西部華僑社會的沿革與變遷）〉，《民族學研究》二四―一・二號，一九六〇年

永積洋子，《朱印船》，吉川弘文館，二〇〇一年
史都華福斯（Martin Stuart-Fox）著，菊池陽子譯，《ラオス史（寮國史）》，Mekong，二〇一〇年
增田えりか，〈華人の時代（華人的時代）〉，飯島明子、小泉順子編，《世界歴史大系　タイ史（世界歴史大系　泰國史）》，山川出版社，二〇二〇年
Baker, Chris, and Pasuk Phongpaichit, *A History of Ayutthaya: Siam in the Early Modern World*, Cambridge: Cambridge University Press, 2017.
Chambert-Loir, Henri, "Islamic Law in 17th Century Aceh," *Archipel*, 94, 2017.
De Graaf, H. J., "The Reign of Sultan Agung of Mataram 1613-1645 and his Predecessor Panembahan Seda-Ing-Krapyak 1601-1613," *Islamic States in Java 1500-1700*, edited by T. G. Th. Pigeaud, Leiden: Brill, 1976.
Hadi, Amirul, *Islam and State in Sumatra: A Study of Seventeenth-Century Aceh*, Leiden: Brill, 2004.
Iskandar, Teuku, *De Hikajat Atjéh*, 's-Gravenhage: M. Nijhoff, 1958.
Kasuang thalengkhaw lae watthanatham, *Pawatsat law*（*dukdamban-pacouban*）, Vientiane: Hongphimhaenglat, 2000.
Lieberman, Victor B., *Burmese Administrative Cycles: Anarchy and Conquest, c. 1580-1760*, Princeton, N. J.: Princeton University Press, 1984.
Lombard, Denys, *Le sultanat d'Atjéh au temps d'Iskandar Muda, 1607-1636*, Paris: École française d'Extrême-Orient, 1967.
Maha Sila Viravong, *Phongsawadanlao taebouhantheung1946*, Vientiane: Hosamouthaengsad, 2001.
Reid, Anthony, *An Indonesian Frontier: Acehnese & Other Histories of Sumatra*, Leiden: KITLV, 2005.

Ricklefs, M. C., *Mystic Synthesis in Java: A History of Islamization from the Fourteenth to the Early Nineteenth Centuries*, Norwalk: EastBridge, 2006.

Ricklefs, M. C., *A History of Modern Indonesia since c. 1200, Fourth edition*, Stanford: Stanford University Press, 2008.

Simms, Peter and Sanda, *The Kingdoms of Laos: Six Hundred Years of History*, Richmond: Curzon, 1999.

作者簡介

三浦徹

一九五三年生。御茶水女子大學名譽教授。東京大學大學院人文科學研究科修畢。專攻阿拉伯、伊斯蘭史。主要編著有《伊斯蘭世界的歷史發展》（放送大學教育振興會）等。

近藤信彰

一九六六年出生。東京外國語大學亞洲、非洲言語文化研究所教授。東京大學大學院人文社會系研究科東洋史學專修博士課程修畢，博士（文學）。專攻為伊朗史、波斯語文化圈研究。主要著作有*Islamic Law and Society in Iran: A Social History of Qajar Tehran*（Routledge）等。

林佳世子

一九五八年出生。東京外國語大學校長。東京大學大學院人文科學研究科博士課程輟。專攻為鄂圖曼朝史、土耳其研究。主要著作有《鄂圖曼帝國500年的和平》（講談社）等。

宮下遼

一九八一年出生。大阪大學副教授。東京大學大學院總合文化研究科博士課程肄。專攻為土耳其文學（史）。主要著作有《物語　伊斯坦堡的歷史——「世界帝國首都」的1600年》（中央公論新社）等。

真下裕之

一九六九年出生。神戶大學大學院人文學研究科教授。京都大學大學院文學研究科博士後課程輟。專攻為南亞史。主要的共同著作有《歷史的轉換期6　1571年　銀子的大流通與國家統合》（山川出版社）等。

岡美穗子

一九七四年出生。東京大學史料編纂所副教授。京都大學大學院人間環境學研究科博士課程畢，博士（人類環境學）。專攻中近世轉移期對外關係史、吉利支丹史。主要著作有《商人與傳教士　南蠻貿易的世界》（東京大學出版會）等。

中野等

一九五八年出生。九州大學教授。九州大學大學院文學研究科博士後課程輟，博士（文學）。專攻為日本近世史。主要著作有《太閤檢地——秀吉目標建立的國家》（中央公論新社）等。

辻大和

一九八二年出生。橫濱國立大學大學院都市更新研究院／都市科學部副教授。東京大學大學院人文社會系研究科博士課程畢，博士（文學）。專攻為朝鮮史。主要著作有《朝鮮王朝的對中貿易政策與明清交替》（汲古書院）等。

川原秀城

一九五〇年出生。東京大學名譽教授。京都大學大學院文學研究科博士課程肄。專攻為中國朝鮮思想史、東亞科學史。主要編著有《西學東漸與東亞》（岩波書店）等。

豐岡康史

一九八〇年出生。信州大學副教授。東京大學大學院人文社會系研究科博士課程肄，博士（文學）。專攻為中國近世、近代史。主要著作有《從海盜看清朝——十八—十九世紀的南海》（藤原書店）、《銀的流通與中國、東南亞》（共同編著，山川出版社）等。

伊東貴之

一九六二年出生。國際日本文化研究中心教授、總合研究大學院大學教授。東京大學大學院人文科學研究科中國哲學專攻博士課程肄，博士（博士）。專攻為中國思想史、東亞比較文化交涉史。主要著作有《中國近世的思想》（東京大學出版會）等。

池尻陽子

一九八一年出生。關西大學文學部副教授。筑波大學大學院一貫制博士課程人文社會科學研究科歷史、人類學畢，博士（文學）。專攻為清朝史、西藏史。主要著作有《清朝前期的西藏佛教政策——扎薩克喇嘛制度的成立與發展》（汲古書院）等。

伊東利勝

一九四九年出生。愛知大學名譽教授。成城大學大學院經濟學研究科博士課程肄。專攻為緬甸社會經濟史。主要編著有《緬甸概說》（めこん）等。

川口洋史

一九八〇年出生。愛知大學國際問題研究所客座研究員。名古屋外國語大學非常勤講師。名古屋大學大學院文學研究科博士後課程肄，博士（歷史學）。專攻為泰國史。主要著作有《文書史料所敘述的近世末期泰國——扎克里王朝前期的行政文書與政治》（風響社）等。

北川香子

一九六五年出生。學習院女子大學教授。東京大學大學院人文社會系研究科博士課程畢，博士（文學）。專攻為東南亞史。

主要著作有《在吳哥窟沉睡時——柬埔寨　造訪歷史的記憶》（連合出版）等。

菊池陽子

東京外國語大學大學院總合國際學研究院教授。早稻田大學大學院文學研究科肄。專攻為寮國近現代史。主要共編著作有《了解寮國的60章》（明石書店）等。

青山亨

一九五七年出生。東京外國語大學大學院總合國際學研究院教授。雪梨大學研究所文學院印尼馬來學系博士課程畢。博士學位專攻東南亞古代史。主要共編著作有《了解東南亞的50章》（明石書店）等。

菅原由美

一九六九年出生。大阪大學教授。東京外國語大學大學院地域文化研究科博士後課程肄，博士（學術）。專攻為印尼近代史。主要著作有《荷蘭殖民地體制下的爪哇宗教運動》（大阪大學出版會）等。

田村慶子

北九州市立大學教授。九州大學大學院法學研究科博士課程畢，博士（法學）。專攻為國際關係論、東南亞地域研究。主要著作有《多民族國家新加坡的政治和語言——南洋大學「消滅」的25年》（明石書店）等。

今井昭夫

一九五六年出生。東京外國語大學名譽教授。東京外國語大學大學院地域研究研究科碩士課程畢。專攻為越南地區研究、越南近現代史。主要的著作有《潘佩珠——追求民族獨立的開明志士》（山川出版社）等。

西尾寬治

一九五八年出生。防衛大學校教授。東京大學大學院人文社會科學研究科博士課程南亞東南亞歷史社會專門分野畢，博士（文學）。專攻為東南亞史。主要的共著書籍有《岩波講座東南亞史3　東南亞近世的成立》（岩波書店）等。

＊總監修

姜尚中

一九五〇年出生。東京大學名譽教授。主要著作有《馬克斯韋伯與近代》、《邁向東方主義的彼岸》（皆為岩波書店）、《煩惱的力量》（集英社）等。

圖片出處

照片皆出自 UNIPHOTO PRESS

p.102　參考大塚和夫等編，《岩波イスラーム辞典》（岩波書店，二〇〇二年）繪製

p.152　參考大塚和夫等編，《岩波イスラーム辞典》（岩波書店，二〇〇二年）、林佳世子，《オスマン帝国５００年の平和》（講談社，二〇〇八年）繪製

p.218　參考 Habib, Irfan, *An Atlas of the Mughal Empire*, Delhi: Oxford University Press, 1982. 繪製

p.449　參考吉田光男編著，《韓国朝鮮の歴史》（放送大學教育振興會，二〇一五年）繪製

p.451　參考北島万次，《秀吉の朝鮮侵略と民衆》（岩波新書，二〇一二年）繪製

p.468　參考岡田英弘等，《紫禁城の栄光》（講談社學術文庫，二〇〇六年）繪製

p.755　參考 Cribb, Robert, *Digital Atlas of Indonesian History*, Copenhagen: Nordic Institute of Asian Studies, 2010. 繪製

p.765　同前

亞洲人物史7

近世帝國的繁榮與歐洲：16—18世紀

2025年5月初版　　定價：新臺幣1100元

總監修	姜尚中
著者	三浦徹等
譯者	郭凡嘉
叢書主編	王盈婷
副總編輯	蕭遠芬
內文排版	菩薩蠻
封面設計	許晉維

編輯委員
三浦 徹、小松久男、古井龍介、伊東利勝、
成田龍一、李成市、村田雄二郎、妹尾達彥、
青山 亨、重松伸司

出版者	聯經出版事業股份有限公司
地址	新北市汐止區大同路一段369號1樓
叢書主編電話	(02)86925588轉5316
台北聯經書房	台北市新生南路三段94號
電話	(02)23620308
郵政劃撥帳戶第	0100559-3號
郵撥電話	(02)23620308
印刷者	文聯彩色製版印刷有限公司
總經銷	聯合發行股份有限公司
發行所	新北市新店區寶橋路235巷6弄6號2樓
電話	(02)29178022

編務總監	陳逸華
副總經理	王聰威
總經理	陳芝宇
社長	羅國俊
發行人	林載爵

行政院新聞局出版事業登記證局版臺業字第0130號

本書如有缺頁，破損，倒裝請寄回台北聯經書房更換。　　ISBN 978-957-08-7653-6 (平裝)
聯經網址：www.linkingbooks.com.tw
電子信箱：linking@udngroup.com

Supervised by Kang Sang-Jung,
Edited by Toru Aoyama, Toshikatsu Ito, Hisao Komatsu,
Shinji Shigematsu, Tatsuhiko Seo, Ryuichi Narita, Ryosuke Furui, Toru Miura,
Yujiro Murata, Lee Sungsi

ASIA JINBUTSU SHI GREAT FIGURES IN THE HISTORY OF ASIA
DAINANAKAN KINSEI TEIKOKU NO HANEI TO EUROPE

Edited and first published in Japan in 2022 by SHUEISHA Inc., Tokyo.

This Traditional Chinese edition published by arrangement with Shueisha Inc., Tokyo
in care of Tuttle-Mori Agency, Inc., Tokyo, through Keio Cultural Enterprise Co., Ltd.,
New Taipei City.

國家圖書館出版品預行編目資料

近世帝國的繁榮與歐洲：16—18世紀/姜尚中總監修．三浦 徹等著．郭凡嘉譯．初版．新北市．聯經．2025年5月．800面．15.5×22公分（亞洲人物史7）

譯自：アジア人物史第7巻：近世の帝国の繁栄とヨーロッパ

ISBN　978-957-08-7653-6（平裝）

1.CST：神話 2.CST：亞洲

783　　114004024